दुख की शक्ति

दुख की शक्ति

बदलते चीन में परिवर्तन के लिए आवाज़ उठाती एक लेखिका की आत्मकथा

चाङ यावन

अनुवाद

नरेश कौशिक

वाणी प्रकाशन

प्रकाशन के उत्कृष्टतम 60 वर्ष

सजिल्द प्रथम संस्करण : 2023

vaniprakashan.com

वाणी प्रकाशन

4695, 21-ए, दरियागंज, नयी दिल्ली-110 002

फ़ोन : +91 11 23273167, 23275710

शाखाएँ

अशोक राजपथ, पटना-800 004, बिहार

कॉफ़ी हाउस कैम्पस, महात्मा गांधी मार्ग, इलाहाबाद-211 001, उत्तर प्रदेश

महात्मा गांधी अन्तरराष्ट्रीय हिन्दी विश्वविद्यालय, वर्धा-442 001, महाराष्ट्र

36/ए, शेक्सपियर सरणी, रानी बिरला गर्ल्स कॉलेज के पास, कोलकाता-700 017, प. बंगाल

sales@vaniprakashan.in
vaniprakashan@gmail.com

Dukh ki Shakti
by Zhang Yawen
Hindi Translation of *Cry For Life*
Translated by Naresh Kaushik

ISBN : 978-93-90678-23-5
Autobiography

China Translation and Publishing House

Published in collaboration with the China Translation & Publishing House
(a member of the China Publishing Group Corporation)

मूल्य : ₹ 795

Sponsored by B&R Book Program

आर. टेक ऑफ़सेट प्रिंटर्स, दिल्ली-110 032 में मुद्रित

वाणी प्रकाशन का लोगो•मक़बूल फ़िदा हुसेन की कूची से

अनुक्रम

भूमिका

उसकी कहानी परीकथा से भी अधिक रोमांचक है

–क्राई फ़ॉर लाइफ़ के लिए ली पिङयिन द्वारा समर्पित

चाङ यावन के साथ अपनी पहली मुलाक़ात मुझे याद है। ये साल 1988 था, और हम साहित्यिक रिपोर्ताज़ पुरस्कार समारोह 'चाइनीज़ वेव' में शामिल होने के लिए आये थे। इस समारोह में पूरे चीन से 108 साहित्यिक पत्र–पत्रिकाओं ने शिरकत की थी। इस समारोह में चाङ यावन द्वारा लिखे गये एक छोटे लेख *ए शेर, नॉट जस्ट फ़ॉर ए सिंगल पर्सन, ए सिंगल माउंटेन* को तीसरा पुरस्कार मिला था जो किसी व्यक्ति के बारे में नहीं बल्कि एक पहाड़ के बारे में लिखी गयी रचना थी। उनके इस छोटे से लेख ने मुझ पर गहरा असर छोड़ा, यह लेख छन च्येनलिन की दिल को छू लेने वाली कहानी बताता है। छन फुजियान प्रान्त के माउंट वू यी में रहता था। वह माउंट वू यी प्राकृतिक अभयारण्य में काम करता था। चाङ ने छन की बहादुरी और निःस्वार्थ भाव से काम करने की लगन के बारे में इतनी ख़ूबसूरती से लिखा है कि छन मुझे आज भी याद आता है। उसने इमारती लकड़ी के ग़ैर–क़ानूनी कटान को रोकने के लिए अपनी ज़िन्दगी लगा दी थी। चाङ यावन उत्तर–पूर्वी चीन के हेइलूङच्याङ प्रान्त के च्या मू स स्थित अपने घर से इतनी दूर यात्रा करके दक्षिणी–पश्चिमी चीन के इस सुदूर प्रान्त फुजियान तक पहुँची, और इस प्रकार का लेख लिखा...यह अपने आप में इस बात का सबूत है कि चाङ के भीतर सामाजिक ज़िम्मेदारी की समझ की जड़ें कितनी गहरी थीं। इससे यह भी पता चलता

है कि उन्हें अपने हाथ गन्दे होने और अपने काम के लिए कड़ी मेहनत करने से डर नहीं लगता। उनका लेखन उनके जुनून और उनकी शान्त चित्त तार्किक क्षमता को ही नहीं दर्शाता है; बल्कि इन सबसे आगे बढ़कर यह उनके चरित्र की शुद्धता और अच्छाई का भी परिचय देता है जो उनके काम में भी बख़ूबी झलकता है। जिस समय उन्होंने इस लेख को लिखा, उस समय पर्यावरणवाद के प्रति जागरूकता और उसकी स्वीकार्यता काफ़ी हद तक एक उदार अवधारणाएँ थीं।

बाद में मुझे पता चला कि चाङ ने काफ़ी समय पहले ही 1979 में लिखना शुरू कर दिया था और उनके समाचार–पत्र और पत्रिकाओं में छोटे और मध्यम आकार के लेख प्रकाशित हो चुके थे। उन्होंने कुछ बड़ी परियोजनाओं पर भी काम किया था। शायद, 'चाइनीज़ वेव' पुरस्कार से उनका जो उत्साहवर्द्धन हुआ, उसी के बलबूते पर उन्होंने अपना काफ़ी काम प्रकाशित करवाया जिसका लक्ष्य जनता की पर्यावरण के प्रति चेतना को जाग्रत करना था। इसमें उनका *क्रॉसिंग दी लैंड ऑफ़ सेडनेस इट्स नॉट फ़ॉर वन विलेज और वन पर्सन* को प्रमुख रूप से सराहा गया।

चाङ ने मंचुरियन टाइगर के लिए एक लेख लिखा था जो शिकारियों की गोलियों का शिकार हो गया था। इसका शीर्षक *ले डाउन योर हंटिंग गन–इट्स नॉट जस्ट फ़ॉर वन नॉर्थ ईस्ट टाइगर* था। यह कहना काफ़ी न्यायसंगत होगा कि ये कुछ लेख ऐसे थे जिन्होंने साहित्यिक जगत में चाङ की जगह को पुख़्ता कर दिया और उनके करियर को गति देने में मदद की। इसके बाद उन्होंने पीछे मुड़कर नहीं देखा और *दी प्रेसीडेंट ऑफ़ साउथ कोरियाज़ चाइनीज़ इम्पीरियल फिजीशियन, रशियन रूले, फ़ोर थाउजेंड टाइम्स फ़ोर थाउजेंड ट्रबल्स* के साथ ही छोटे–बड़े बहुत से लेख लिखे जो उपन्यासों से इतर फ़ीचर लेख थे। उन्होंने अपना लम्बा उपन्यास *ए वीमेन क्रॉसिंग दी रिवर ऑफ़ मैन* भी प्रकाशित करवाया। इसी उपन्यास को एक टेलीविज़न धारावाहिक में रूपान्तरित किया गया। यह धारावाहिक काफ़ी लम्बे समय तक चला था। उन्होंने *ए चाइनीज़ वीमेन एट गेस्टापो गनपॉइंट* भी उनके लेखन संसार की एक प्रमुख रचना है। इसे भी एक

टेलीविज़न धारावाहिक के रूप में प्रसारित किया गया था जो काफ़ी लम्बे समय तक चला। उन्होंने फ़िल्म और टेलीविज़न की दुनिया में भी अपना एक मज़बूत आधार तैयार किया और यहाँ भी उनकी भूमिका कोई कम अहमियत वाली नहीं थी। लेकिन मेरी राय में मूल रूप से एक फ़ीचर लेखिका हैं। उनका दिल इसी काम में बेहतर रमता है।

चीन के बेहद विशाल साहित्यिक जगत में एक लेखक के लिए पुरस्कार जीतना और अपने लिए एक जगह बनाना कोई आसान काम नहीं है। चाङ यावन को सफलता तक ले जाने वाले रास्ते में बड़ी दुश्वारियों का सामना करना पड़ा है और अब उन्होंने अपने उन्हीं अनुभवों को चीन के आधुनिक समय की सच्ची परिकथा लिखने में इस्तेमाल किया है। मेरे दिल में उनके लिए बहुत सम्मान है। यदि पाठक मेरी सलाह मानेंगे और चाङ यावन की आत्मकथा *क्राई फ़ॉर लाइफ़* पढ़ेंगे तो उन्हें निराशा नहीं होगी।

यदि कोई चाङ यावन के शुरुआती बचपन के दिनों का लेखा–जोखा पढ़ेगा तो यह साफ़ है कि उसे उनके जीवन और साहित्य के बीच एक विशाल खाई देखने को मिलेगी। उनका जन्म ल्याओ निङ प्रान्त में क्वेई य्वान के समीप एक सुदूरवर्ती पहाड़ी बीहड़ में हुआ था। बाशिन्दों के नाम पर उस इलाक़े में एकमात्र उनका ही परिवार था। चूँकि उनका परिवार बेहद ग़रीब था तो उन्होंने फ़ैसला किया कि वे लोग हेइलूङच्याङ प्रान्त में लेसर ख़िंकान रेंज़ की पहाड़ियों में जाकर रहेंगे। लेकिन यहाँ भी उनके परिवार ने ख़ुद को पहाड़ी बीहड़ों में ही पाया। उन्हें स्कूल जाने के लिए क़रीब दस किलोमीटर का रास्ता पैदल तय करना होता था। तेज़ हवाओं और बर्फ़ से ढँके पहाड़ी रास्तों से होकर गुज़रना पड़ता था और वह भी अकेले। उन्हें ऐसे इलाक़े से होते हुए स्कूल जाना पड़ता था जहाँ जंगली जानवर खुले घूमते थे; उन्होंने जिन कठिनाइयों का सामना किया, उनके बारे में तो एक साधारण इन्सान कल्पना तक नहीं कर सकता। इस बीच क़िस्मत कुछ मेहरबान हुई और उनका परिवार शहर में आ बसा। क़िस्मत उन पर कुछ ज़्यादा ही मेहरबान थी कि वह आइस स्केटिंग

एथलीट बन गयीं। लेकिन क़िस्मत ने बहुत अधिक समय तक साथ नहीं दिया; उन्हें चोट लगी और वह स्केटिंग रिंक से बाहर कर दी गयीं। इसके बाद वह एकाउंटेंट बन गयीं। बाद में 35 साल की उम्र में, जब उनके पास केवल प्राथमिक स्तर तक की औपचारिक शिक्षा थी, तो उन्होंने लेखन के करियर की शुरुआत की। यह कहानी हो सकता है कि किसी चमत्कारिक फ़न्तासी की तरह दिखे लेकिन चाङ यावन ने जो कुछ भी बयाँ किया है वह पूरी तरह सच्चाई पर आधारित है। बहुत सम्भव है कि किसी भी व्यक्ति का जीवन अगर मुसीबतों में बीता है और उसे ज़िन्दगी के कड़वे अनुभव देकर गया है तो वे कोई सुखद यादें तो नहीं ही होंगी लेकिन एक लेखक के लिए इस प्रकार की यादें ज़िन्दगी की जड़ें होती हैं और ये उसके रचनाकर्म में किसी उर्वरा भूमि की तरह काम करती हैं। यह चाङ यावन का दुर्भाग्य था कि उन्हें इतनी परेशानियों का सामना करना पड़ा लेकिन कौन कह सकता है कि उनके ये अनुभव स्वर्ग से मिले किसी आशीर्वाद की तरह ही हों; एक अनोखी ही तरह से, ऊपर वाले ने उनके लेखन करियर को अनुभवों के रूप में लिखने के लिए बहुत कुछ दिया है।

हालाँकि पहले मुझे चाङ यावन के बारे में बहुत ही सतही सी जानकारी थी। लेकिन उन्होंने अपनी ज़िन्दगी में जो संघर्ष किये और जो पीड़ा सही उसके बारे में जानने के बाद मेरा नज़रिया ही बदल गया। मेरी राय में, इतनी गहराई के साथ भावनाओं को जिस प्रकार से किताब में उकेरा गया है, उसमें पूरी ईमानदारी बरती गयी है और इसी लिहाज़ से यह बेहद महत्त्वपूर्ण किताब हो जाती है। किताब में जो भी लेखा–जोखा दिया गया है, वह पाठक के लिए सकारात्मकता और प्रेरणा का एक शक्तिशाली स्रोत बनना चाहिए। इस बात में कोई सन्देह नहीं है कि यह एक उम्दा प्रेरणादायी काम है।

जब मेरी मुलाक़ात चाङ यावन से हुई तो मैं कह सकता था कि वह एक महत्त्वाकांक्षी इन्सान हैं और वे एक मज़बूत इच्छा–शक्ति की मालिक हैं। वह बुद्धिमान भी हैं, सीखने से उन्हें प्यार है और वे उस क़िस्म की इन्सान हैं जो हमेशा आगे बढ़कर पहल करते हैं और आगे ही रहते हैं। लेकिन मैं कभी अन्दाज़ा

नहीं लगा सकता था कि अपने लेखन के करियर में वह कितना आगे तक जा सकती हैं। सच कहूँ तो उनसे मिलने के बाद पहले कुछ सालों तक मुझे उनमें कोई अच्छी सम्भावनाएँ नज़र नहीं आ रही थीं। लेकिन उसके बाद से चाङ यावन मुझे अक्सर हैरानी में डालती रहीं और मेरी उम्मीदों से आगे निकल गयीं। इसके लिए, मैं उनका बहुत सम्मान करता हूँ।

चाङ यावन ने केवल ग़ैर–गल्प फ़ीचर लेखन में ही विश्व में सफलता हासिल नहीं की है, बल्कि उन्होंने अपने उपन्यासों और पटकथा लेखन में भी अपने मौलिक लेखन की प्रतिभा का परिचय दिया है। उनकी सफलता से कहीं अधिक महत्त्वपूर्ण है उनका विवेक और उनके सपने जो उनकी कई रचनाओं में नज़र आते हैं। इन सपनों को वह अपने लेखन में बयाँ करती हैं। उदाहरण के लिए *ए वीमेन क्रॉसिंग दी रिवर ऑफ़ मैन* में वह एक किसान लड़की की कहानी बताती हैं लेकिन कहानी कहने का यह अन्दाज़ वास्तविक और तार्किक परिदृश्य समेटे हुए है। साथ ही उसमें किसान लड़की के भविष्य की गहरी समझ और उसके व्यक्तित्व का प्रतिबिम्ब भी है। *दी प्रेसीडेंट ऑफ़ साउथ कोरियाज़ चाइनीज़ इम्पीरियल फिजीशियन* और *ए चाइनीज़ वीमेन एट गेस्टापो गनपॉइंट* में भी यही बात सच है। आप चाहें इन रचनाओं में व्यक्त किये गये कलात्मक विचारों या विषय–वस्तु की गहराई पर बात करें, हर रचना अपने ही रूप में उच्च कोटि की मौलिकता समाहित किये हुए है।

उनके रचनाकर्म को कोई ऐसा पुरस्कार नहीं है जो नहीं मिला हो और वह स्वयं एक एकाउंटेंट से अपने करियर की शुरुआत करते हुए आज राइटर्स एसोसिएशन ऑफ़ हेइलूङच्याङ प्रोविंस की उपाध्यक्ष बन चुकी हैं। उनकी गिनती चीन की प्रमुख लेखिकाओं में होती है।

चाङ यावन की आत्मकथा के प्रति मैं बेहद सम्मान का भाव रखता हूँ। यह किताब उनके विचारों की दृढ़ता प्रदर्शित करती है। आप शायद पहले ही इस बात को जानते होंगे कि इस देश में जहाँ हमारा सामाजिक रुतबा, पद और रैंक, जिनकी व्याख्या काफ़ी विस्तार से की जाती है, वहाँ आत्मकथा लिखने पर अलग

प्रकार के प्रतिबन्ध हैं। शायद चाङ यावन के दिमाग़ में उनके अनुभवों की यादें अभी ताज़ा हैं या शायद उन्हें यह एहसास है कि उनके जीवन की कहानी और अनुभव साहित्यिक जगत में युवा पाठकों को प्रेरित कर सकते हैं, उन्होंने बड़ी ही दृढ़ता के साथ इसे लिखा है। उनके लेखन में उनकी साफ़गोई और ईमानदारी एक साथ नज़र आती है और इन दोनों ही सिद्धान्तों पर खरा उतरते हुए उन्होंने अपनी ज़िन्दगी के अनुभवों को समेटते हुए एक बड़ी ही शानदार रचना इस पुस्तक के रूप में पेश की है।

मैं उनके लिए बहुत ख़ुश हूँ और उनकी सफलता के लिए उन्हें बधाई देता हूँ!

राइटर्स एसोसिएशन ऑफ़ चाइना द्वारा आयोजित एक समारोह में कुछ विचार–विमर्श चल रहा था और उसी दौरान मुझे चाङ यावन की किताब को लेकर उनकी योजना का पता चला। इस समारोह में लेखक उन विषयों पर एक–दूसरे से सलाह–मशविरा करते हैं जिन्हें वह अपनी किताब की विषयवस्तु बनाना चाहते हैं। मैंने इस किताब का एक कच्चा ख़ाका पढ़ा और उन्हें इसमें संशोधन के लिए कुछ सुझाव दिये। और अब यह किताब आख़िरकार प्रकाशित हो रही है। प्रकाशन से पूर्व चाङ यावन ने सवाल किया था कि क्या मैं उनकी किताब के लिए एक छोटी–सी भूमिका लिख सकता हूँ और इसी के चलते आज मैं यहाँ अपनी बात रख रहा हूँ।

7 जुलाई 2007, बीजिंग

अध्याय 1

मेरी आख़िरी परीक्षा : हज़ारों परेशानियाँ

मैं मौत के सामने खड़ी थी, मैंने दो चिट्ठियाँ लिखीं; एक अपने पति के लिए, और एक अपने लिए। जो चिट्ठी मैंने अपने लिए लिखी थी, उसमें केवल कुछ ही लाइनें थीं।

'परमात्मा ने तुम्हें ज़िन्दगी दी है, मुश्किलों से भरी लेकिन इसके बावजूद भी वह ज़िन्दगी बहुत हरी–भरी है, तुम इस पर अपना क़ाबू रखने में सक्षम नहीं थीं और यह आगे बढ़ गयी। कैसी बर्बादी है। तुम मर नहीं सकतीं; तुम्हें ज़िन्दगी और मौत के बीच के इस महत्त्वपूर्ण दौर से बचकर निकलना ही होगा!'

1

मेरी ज़िन्दगी कोई खुशियों के फूलों से भरी झोली की तरह नहीं रही है, और अपनी पूरी ज़िन्दगी मैं अपनी बदक़िस्मती से और मेरी बदक़िस्मती मुझसे लड़ती रही है।

6 नवम्बर, 2003 का दिन था, मेरी ज़िन्दगी को एक और बड़ा झटका लगा; मैं उस मुहाने के बहुत क़रीब पहुँच गयी थी, जहाँ से लौटने का कोई रास्ता नहीं होता है।

उस दिन श्री वाङवनलू, जो कि मेरे गृह नगर के एक पुराने साथी थे, वह मुझसे मिलने आये थे और उन्होंने मुझे प्रख्यात हृदय रोग विशेषज्ञ एवं सर्जन ल्यू श्याओछङ पर एक लेख लिखने की पेशकश की। श्री ल्यू थ्येन चिन के तेडा अन्तर्राष्ट्रीय हृदय रोग अस्पताल के अध्यक्ष भी हैं।

दिल से कहूँ तो मैं इस प्रकार का काम करने के लिए क़तई इच्छुक नहीं थी, और वह भी ऐसे समय पर जब मेरी अपनी सेहत इस तरह का काम करने की इजाज़त नहीं दे रही थी। अक्सर मुझे एंजाइन (सीने में दर्द) का दर्द शुरू हो जाता था। लेकिन श्री वाङ मेरे गाँव के प्रमुख व्यक्ति थे; मैं उन्हें सीधे मना नहीं कर सकती थी। और नतीजा यह हुआ कि मैं उनके साथ थ्येन चिन के लिए निकल पड़ी।

अध्यक्ष ल्यू से मिलने के बाद, उन्होंने जो पहली बात मुझसे कही थी, "मैं आमतौर पर साक्षात्कार के लिए राज़ी नहीं होता हूँ लेकिन चूँकि आप मेरे गृह नगर से हैं तो मैं मना भी नहीं कर सकता हूँ। मैं जानना चाहता हूँ कि सही मायने में आप मेरे बारे में किस तरह से लिखना चाहती हैं?" मैंने कहा, "सावधानीपूर्वक और तमाम बारीकियों पर ध्यान देते हुए।"

जब उन्होंने यह बात सुनी तो अध्यक्ष ल्यू के चेहरे पर एक मुस्कान फैल गयी; वह बुद्धिमान और शानदार प्रतिभाशाली इन्सान थे।

उसके बाद, हम दोनों ही वहाँ रह गये। हम एक–दूसरे के लिए पूरी तरह से अजनबी थे और पहली बार एक–दूसरे से मिल रहे थे, भले ही हम एक गृह नगर के थे। हमारी ख़ूब बातें हुईं जिनके बीच में कोई सरकारी बोझिल या बेवजह का शिष्टाचार नहीं था।

साक्षात्कार समाप्त होने से पहले, मैंने फ़ैसला किया कि चूँकि मैं यहाँ हूँ तो मुझे अध्यक्ष ल्यू से अपने दिल के सीटी स्कैन की सी.डी. की जाँच करा लेनी चाहिए। कुछ क्षण बाद उन्होंने जो कहा, वो बात मेरे कानों में किसी बम धमाके की तरह गूँज उठी। मैं हतप्रभ बैठी रह गयी, मानो मैं पत्थर की मूर्ति बन गयी हूँ।

''जहाँ आपको पहले से ही स्टैंट डला हुआ है, उसके अलावा छह और जगह हैं जहाँ गम्भीर क्षति पहुँच चुकी है। इनमें सबसे ख़तरनाक बात यह है कि यह 90 फ़ीसदी तक अवरुद्ध है। आपको किसी भी क्षण दिल का दौरा पड़ सकता है। मेरी तो आपको यही सलाह है कि आप जितना जल्द हो सके, बाईपास सर्जरी करा लें। आपको पाँच या हो सकता है कि छह ग्राफ़्टिंग की ज़रूरत होगी!''

अचानक से मुझे लगा कि मेरे हाथ और पैर जैसे बर्फ़ की सिल्लियों में बदल रहे हैं। मेरे पूरे शरीर में पसीना आ गया। और दिल का जो पुराना दर्द था, वह अचानक फिर से हिलोर–सी लेने लगा...

2

ज़्यादा समय नहीं हुआ था, मैंने अपने गृह नगर में हार्ट ऑपरेशन करवाया था। उस दिन, मैं ऑपरेशन टेबल पर लेटे हुए डॉक्टरों और नर्सों को ऑपरेशन की तैयारी करते हुए देख रही थी। वे मेरे दोनों ओर खड़े हुए थे। वे इन्तज़ार कर रहे थे कि कब डॉक्टर हार्ट रेडियोग्राफ़ी मशीन को साफ़ करेगा जो मेरी जाँघ की रक्तवाहिनी शिराओं से लेकर दिल तक लगी हुई थी, यह पता लगाने के लिए कि कहीं कुछ गड़बड़ तो नहीं है। मैं ख़ुद को अपराधी जैसा मान रही थी जो कठघरे में खड़ा होकर अदालत के फ़ैसले का इन्तज़ार कर रहा है। कुछ मिनट बाद, डॉक्टर कमरे से बाहर चला गया। मुझे अगर कुछ नज़र आ रहा था तो केवल अपने पति श्री च्याओ हियु का गहरा लाल पड़ा हुआ चेहरा, जिस पर बेचैनी के कारण हवाइयाँ उड़ रही थीं। वह ऑपरेशन थियेटर के बाहर खड़े थे और काँच की खिड़की से उनका चेहरा साफ़ नज़र आ रहा था।

मैंने जल्दी से नर्स का ध्यान अपनी ओर खींचकर कहा, ''प्लीज़, डॉक्टर से कहिए कि मेरे पति को कुछ न बतायें; वह ये सब बर्दाश्त नहीं कर पायेंगे। डॉक्टर से कहिए कि सीधे मुझे बतायें, मैं बेहतर तरीक़े से ख़ुद को समझा सकती हूँ!''

नर्स ने जवाब दिया, ''आप दोनों एक–दूसरे को बहुत चाहते हैं, आप ऑपरेशन टेबल पर हैं और फिर भी अपने पति के बारे में सोच रही हैं!''

नर्स की बात सच थी। किसी को नहीं पता था कि हम दोनों ने मिलकर ज़िन्दगी की कितनी दुश्वारियों से पार पाया था और कोई नहीं जानता था कि हमारा प्यार कितना गहरा था। बाद में, मेरे पति ने मुझे बताया कि जब मुझे ऑपरेशन थियेटर में ले जाया जा रहा था तो उनकी दोनों टाँगें बुरी तरह से काँप रही थीं। जब डॉक्टर प्रतीक्षा कक्ष में आये तो उनके हाथ की सिगरेट फ़र्श पर गिर गयी थी।

मुझे पता था कि मुझे कुछ दिल की समस्या है, लेकिन ज़रा भी अन्दाज़ा नहीं था कि यह इतनी गम्भीर होगी।

कुछ देर बाद कई डॉक्टर भीतर आये और उनमें मेरे पुराने मित्र ल्यू श्याओछङ भी शामिल थे। वह मेरे एथलेटिक्स के दिनों के दोस्त थे। वह ब्रेन सर्जरी के विशेषज्ञ थे और साथ ही डॉक्टरेट करने वाले छात्रों के

निर्देशक भी। लम्बे–तगड़े उस डॉक्टर ने कमरे में प्रवेश किया और मेरा हाथ अपने हाथों में थाम लिया, साफ़ नज़र आ रहा था कि वह अपने आँसुओं को रोकने की कितनी बेबस कोशिश कर रहे थे।

एक साल पहले की ही बात है। उनकी पत्नी वन हाईमेई को अचानक दिल का दौरा पड़ा और उनकी मौत हो गयी थी। उस समय उन्होंने मुझे फ़ोन किया और फ़ोन पर ही रो पड़े, ''चाङ, सब कुछ ख़त्म हो गया है! मैंने इतने लोगों की ज़िन्दगी बचाई लेकिन अपनी पत्नी की ही ज़िन्दगी नहीं बचा पाया! मुझे ऐसा लगता है कि मेरे चारों तरफ़ मेरी दुनिया बिखरी पड़ी है!''

वन हाईमेई एक फिगर स्केटिंग कोच थी और अपने ज़माने में वह नेशनल फिगर स्केटिंग चैम्पियन रही थीं। लेकिन अचानक से उनकी मौत हो गयी, वह महज़ 60 साल की थीं। उनकी मौत ने मुझे हिलाकर रख दिया था।

और अब ऐसा लग रहा था कि मेरा भी वक़्त आ गया है और मेरी दुनिया भी भरभराकर गिरने वाली है।

''चाङ, आगे की दाहिनी कैविटी 95 फ़ीसदी अवरुद्ध हो चुकी है। जो भी काम चल रहा है वह एक शिरा से ही चल रहा है जो टूथपिक जितनी मोटी है। अगर यह शिरा नहीं होती तो तुम अब तक मर चुकी होतीं!'' ल्यू श्याओछङ ने बिजली की तेज़ी से ये शब्द कहे। ''मैं पक्का ये नहीं कह सकता कि बीजिंग लौटते हुए रास्ते में तुम्हें कोई दिक़्क़त नहीं होगी, इसलिए मैंने तुरन्त अभी तुम्हारी बायपास सर्जरी करने का फ़ैसला कर लिया है! इसके बारे में सोचो भी मत। हमें हाईमेई के साथ जो हुआ, वह इतिहास नहीं दोहराना है!''

उस क्षण, अचानक मुझे महसूस हुआ कि सब बेकार है; केवल एक टूथपिक जितनी शिरा ही सब कुछ है क्योंकि एक उसी के दम पर मेरी ज़िन्दगी अटकी हुई है। चौंकाने वाली बात यह थी कि मैंने पहले भी कई टेस्ट कराये थे और इलेक्ट्रोकार्डियोग्राम पर कभी भी कोई असामान्य चीज़ नज़र नहीं आयी थी; उसमें केवल एक ही चीज़ नज़र आती थी कि मुझे अक्सर एंजाइना का दर्द उठता है। ऐसा लगा कि इलेक्ट्रोकार्डियोग्राम भी हमारे साथ मज़ाक़ कर गया था!

एक डॉक्टर ने स्टैंट डाला था लेकिन एंजाइना दर्द मुझे परेशान करता ही रहा। कई बार यह दर्द इतना बढ़ जाता था कि शॉवर लेना

तक एक बड़ी चुनौती होती थी; जब भी मैं शॉवर लेती तो मैं ख़ुद को बहुत बीमार–सा महसूस करती थी और शॉवर के बाद मैं कई घण्टों तक सोफ़े पर लेटी रहती थी, बिना हिलेडुले।

इस बात की कल्पना की जा सकती है कि ल्यू श्याओछङ के शब्दों को सुनकर मुझ पर क्या गुज़री होगी। मुझे अभी–अभी पता चला था कि मेरा दिल, जो एक बँधी मुट्ठी से ज़्यादा बड़ा नहीं था, उसमें स्टैंट के अलावा भी छह अलग–अलग जगहों पर ब्लाकेज़ थी। साफ़–सी बात थी कि जो कभी मेरा दिल हुआ करता था, आज वह एक टूटी हुई छलनी से अधिक नहीं बचा था! क्या ये टूटा हुआ इंजन मेरी ज़िन्दगी की गाड़ी को धकेल सकेगा? मैं जानती हूँ कि मेरी ज़िन्दगी किसी भी क्षण मेरा साथ छोड़ सकती है, लेकिन अभी भी मेरे पास ऐसे ढेरों काम थे, जो मैंने नहीं किये थे, कई सारे लेखन सम्बन्धी काम जिन पर मैंने अभी क़लम तक नहीं उठाई थी और इतनी प्यारी ज़िन्दगी जिसका आनन्द उठाने, और जीने का मौक़ा मुझे मिला ही नहीं था!

मुझे ऐसा महसूस हुआ, मानो परमात्मा ने मेरे साथ अन्याय किया है और वह भी बड़ी ही बेरहमी के साथ।

मैं एक साक्षात्कार के लिए आयी थी और अचानक अब मैं अस्पताल में, मौत के दरवाज़े पर खड़ी थी। अचानक से ज़िन्दगी में मची उथल–पुथल को समझने में मेरा दिमाग़ काम ही नहीं कर रहा था और न ही वह नयी और कड़वी सच्चाई को स्वीकार करने को तैयार था। मैं अगर कुछ कर सकती थी तो केवल अपने आँसुओं का रोकने की कोशिश कर सकती थी, चेहरे पर जबरन मुस्कान लाते हुए मैंने ल्यू श्याओछङ से कहा, ''श्याओछङ, मैं केवल 58 साल की हूँ, एक लेखिका के नाते, मैं अभी अपने स्वर्णिम काल के बीच में हूँ। मैं ज़्यादा कुछ नहीं माँग रही हूँ, मुझे सिर्फ़ 15 साल और दे दो, और मैं ख़ुश हो जाऊँगी। मुझे लेखन से इतनी ज़्यादा मोहब्बत है कि मैं अभी मरना नहीं चाहती।''

उन्होंने जवाब दिया, ''अपने दिल को मुझ पर छोड़ दो। वैसे, 15 साल तो बहुत कम हैं, तुम अभी और 20 साल लिखोगी!'' मुझे पता था कि वह सिर्फ़ मुझे दिलासा देने की कोशिश कर रहे हैं।

ल्यू श्याओछङ ने मेडिकल क्लीनिक के उपप्रमुख डॉक्टर लिन वनह्वा को बुलाया और मेरी देखभाल करने को कहा। उन्होंने कड़े शब्दों में आदेश दिया कि सर्जरी से पहले कुछ भी उल्टा–सीधा नहीं होने पाये

और एक बार फिर मुझसे कहा, ''बेहद ज़रूरी है कि तुम्हारा यह ऑपरेशन जल्द–से–जल्द हो जाये ताकि किसी भी तरह की अनहोनी से बचा जा सके।''

जब यह सब ख़त्म हो गया तो मैं भारी दिल के साथ घर के लिए रवाना हो गयी।

घर लौटते वक़्त जब मैं ट्रेन की खिड़की से बाहर निहार रही थी तो मेरी आँखें पतझड़ के मौसम की यादों में खो गयीं। मैंने पाया कि मैं बीते बरसों की दहलीज़ पर खड़ी हूँ।

मैंने हमेशा दीवानों की तरह अपने सपनों के पीछे दौड़ लगाई है, मैंने साहित्य को अपनी ज़िन्दगी बनाया था। रास्ते में चाहे कितनी ही बड़ी मुश्किलें क्यों न आयी हों, मैंने कभी उम्मीद का दामन नहीं छोड़ा, कभी अपने क़दम पीछे नहीं खींचे। हमेशा मुझे *मैनसियस* की कही गयी एक बात प्रेरणा देती रही–और जब भी परमात्मा किसी इन्सान को कोई महान कार्य करने के लिए चुनता है तो वह हमेशा उसकी प्रतिबद्धता की परीक्षा लेता है, उसकी बाजुओं की ताक़त को तौलता है, उसके शरीर की ताक़त को तौलता है, उसे भूखा मारता है और उसकी हर कोशिश को नाकाम करता है। इस तरह से इन्सान का दिल मज़बूत होता है, और जब वह सक्षम हो जाता है तो वह जो चाहे हासिल कर सकता है।

लेकिन मुझे अपनी लड़ाई अन्त तक लड़नी पड़ी, मेरा दिल पहले ही बिखर चुका था और मेरी ज़िन्दगी का सफ़र जल्द ही ख़त्म होने वाला था और अभी भी मेरे पास वो सपने बचे थे, जिन्हें मुझे पूरा करना था। परमात्मा ने कभी मुझे महान कार्य करने की ज़िम्मेदारी नहीं सौंपी। *ए चाइनीज़ वीमेन एट गेस्टापो* लिखते वक़्त मैंने सोचा था कि परमात्मा ने वह काम मुझे सौंपा है लेकिन ये पूरा सफ़र कहाँ जाकर ख़त्म हुआ, दिल टूटने के साथ! इस दिल ने मुझे तीन मुक़दमों में फँसा दिया और अब दिल की बीमारी दे दी। अदालत में हर कोई कार्यवाही शुरू करने के लिए मेरा इन्तज़ार कर रहा है और यहाँ मैं दिल का ऑपरेशन करवा रही हूँ जिसके बारे में मुझे यह नहीं पता कि मैं ज़िन्दा रहूँगी या नहीं!

विचारों का मेरा क़ाफ़िला मुझे मेरे माता–पिता के पास ले चला, जिनमें से किसी को भी दिल की बीमारी नहीं हुई थी और दोनों 70 या 80 साल तक जिये थे। मेरी सेहत हमेशा अच्छी रही है। मैं एक एथलीट

थी और हमेशा नियमित रूप से कसरत करती थी; तैरना और दौड़ना, इसी के चलते मेरे पति प्यार से मुझे 'बिजी बनी' बुलाते थे।

तीन साल पहले, मैं रोज़ स्विमिंग पूल जाती थी और हज़ार मीटर तक तैरती थी। और आज मैं एक इमरजेंसी केस हो गयी हूँ; अपने दिल को चालू रखने के लिए मुझे तुरन्त पाँच या छह स्टैंट की ज़रूरत है।

मुझे मौत से कोई दिक़्क़त नहीं है। आख़िरकार, मौत एक प्राकृतिक क़ानून है और जब परमात्मा का बुलावा आता है तो विरोध करना बेकार है। लेकिन जो बात मुझे समझ नहीं आ रही थी, वह ये कि मेरे दिल की ऐसी हालत हुई ही क्यों। मेरे दिल को जो रोग लगा है, उसकी शुरुआत वास्तव में कहाँ से हुई? मुझे उन वजहों को लेकर असली परेशानी थी जिनके कारण मुझे दिल की बीमारी हुई है।

अध्याय 2

ज़िन्दगी के नये मायने समझाने वाली प्रेरणा : एक चीनी महिला और नाज़ी जनरल की कहानी

3

ये 1999 में मई महीने की बात है। यहीं से उस अध्याय की शुरुआत होती है जब मेरी ज़िन्दगी की एक नयी शुरुआत हुई।

सुबह की शुरुआत ख़ुशनुमा थी और हवाएँ इतनी मुलायमियत से छू रही थीं कि अपने आप ही मन ख़ुशी से झूम रहा था। माहौल में ही एक रूमानियत थी। उसी समय मेरे एक लेखक दोस्त ली चाङहङ का फ़ोन आया। ''यावन'', उसने कहा, ''मैंने *ग्लोबल टाइम्स* अख़बार में एक लेख देखा है, उस पर आगे काम किया जा सकता है। मैं सोच रहा था कि क्या तुम इसमें दिलचस्पी लोगी या नहीं?'' उसने मुझे बताया कि दूसरे विश्व युद्ध के दौरान छयेन श्यूलिङ नाम की चीनी महिला थी जिसने एक नाज़ी जनरल के साथ अपने सम्बन्धों का इस्तेमाल करते हुए बेल्जियम के बहुत से लोगों की जान बचायी थी। इन लोगों को गेस्टापो ने मौत की सज़ा सुना रखी थी। इस उल्लेखनीय सेवा के लिए बेल्यिजम की सरकार ने छयेन श्यूलिङ को पदक से सम्मानित किया था। दूसरे विश्व युद्ध के बाद, उस महिला ने नाज़ी जनरल को बचाने के लिए अपना जीवन समर्पित कर दिया। इस जनरल को एलाइज ने जेल में डाल दिया था।

अगर पारम्परिक जीवन चक्र की बात की जाये तो 55 साल की उम्र ज़िन्दगी का ऐसा पड़ाव होती है, जब कोई महिला रोज़मर्रा की भागमभाग से सुकून पाना चाहती है और आख़िरी पड़ाव को घर में शान्ति से गुज़ारना

चाहती है, या वह कोई मनपसन्द लेख लिखना चाहती है। लेकिन जैसे ही मैंने इस औरत के बारे में सुना, मेरे मुँह से केवल एक ही शब्द निकला, ''वाह! ये तो बहुत ही रोमांचक लग रहा है! अगर, ये इतना ही शानदार विषय है तो तुम ख़ुद इस पर आगे काम क्यों नहीं करते?''

ली चाङहङ ने जवाब दिया, ''मैं सेना में हूँ तो ऐसे में वीज़ा हासिल करना मुश्किल है। तुम्हें यह काम सौंपने का कारण यह है कि तुम कई बार रूस और दक्षिण कोरिया जा चुकी हो...तुम युद्धग्रस्त चेचन्या में भी रही हो। तुम्हें विदेशों में जाकर साक्षात्कार करने का अनुभव है और लेखन में तुम्हारी रचनात्मकता की ख़ूबी का तो कहना ही क्या! मुझे यक़ीन है कि तुम इस पर गहराई से काम कर कोई शानदार लेख लिख सकोगी।'' ली चाङहङ, शानयांग सैन्य ज़िले के एक प्रसिद्ध लेखक हैं, और उन्होंने कई सफल रचनाएँ प्रकाशित करवायी हैं। वह मेरे पति के सहपाठी हुआ करते थे और हमारे ही समय में वे एक शानदार एथलीट भी थे; वह स्कीइंग करते थे जबकि मैं और मेरे पति स्केटिंग में थे। मुझे यह सोचकर इतना अच्छा लगा कि उन्होंने इतना बढ़िया विषय मुझे सुझाया है। मैंने इस पर काम करने का फ़ैसला कर लिया।

लेकिन वीज़ा हासिल करना बहुत बड़ी परेशानी साबित हुआ।

उस समय बेल्जियम विदेशियों के लिए खुला नहीं था और वहाँ का वीज़ा हासिल करने के लिए बड़े ही कड़े मानदण्डों को पूरा करना पड़ता था। कई महीने गुज़र गये और मैं वीज़ा हासिल नहीं कर सकी थी। मैंने श्री शी श्ये छेहुआ से मदद लेने की सोची। वह कोरिया में तैनात रह चुके एक पूर्व चीनी राजनयिक थे। और अन्त में चीन के संस्कृति मन्त्रालय में कार्यरत श्री ली यिङच्ये के ज़रिये मुझे य्वी मेईह का फ़ोन नम्बर मिल गया जो कि बेल्जियम में चीनी दूतावास के संस्कृति विभाग में अधिकारी थे। वह मेरे लिए पूरी तरह अजनबी थे लेकिन मैंने उनको फ़ोन किया और एक फ़ैक्स भेज दिया जिसमें मैंने उन्हें समझाया कि छयेन श्यूलिङ की कहानी का अन्तर्राष्ट्रीय स्तर पर क्या महत्त्व है। ऐसा लगा कि मेरी ईमानदारी और लगन ने इस राजनयिक पर गहरा प्रभाव छोड़ा। उन्होंने बेल्जियम में उस समय रह रहे एक चीनी पेंटर श्री लू वेईह्वा को ढूँढ़ निकाला। वह शंघाई चाइनीज़ ओवरसीज़ फ्रैंडशिप एसोसिएशन के महासचिव थे। अधिकारी ने मेरी ओर से एसोसिएशन के अध्यक्ष चाङ शाओथाङ से बेल्जियम आने के लिए एक औपचारिक निमन्त्रण पत्र भेजने को कहा।

जैसे ही मुझे निमन्त्रण पत्र मिला, मैं वीज़ा के लिए आवेदन करने के वास्ते सीधे बीजिंग में बेल्जियम दूतावास पहुँच गयी। मैं विमान का टिकट पहले ही बुक कर चुकी थी। मैं ख़ुद को सातवें आसमान पर महसूस कर रही थी और अपना वीज़ा लेने के लिए मैं दूतावास पहुँच गयी। लेकिन जैसे ही मैं दूतावास पहुँची, दूतावास की एक महिला अधिकारी ने सख़्त चीनी लहजे में जो कहा, उसे सुनकर मुझे लगा कि मेरे ऊपर किसी ने बाल्टी भर ठण्डा पानी डाल दिया हो, ''आपके निमन्त्रण पत्र में वित्तीय गारंटी शामिल नहीं है, मैं आपको वीज़ा नहीं दे सकती!''

मैं बेल्जियम दूतावास के गलियारे में खड़ी थी, वीज़ा हासिल करने वाले लोग एक–एक कर मेरी बगल से गुज़र रहे थे, सभी के चेहरों पर मुस्कुराहट थी। लेकिन बीतते पतझड़ की, कोहरे भरी उस शाम में मैं उदास खड़ी थी। मेरे चेहरे पर कुछ ऐसे भाव थे कि जिन्हें कोई और तो क्या, मैं ख़ुद बयाँ नहीं कर सकती थी। मैं पूरी तरह हैरान परेशान थी, समझ नहीं आ रहा था कि अब आगे क्या करना है। मेरे पति ने मुझे सलाह दी कि इस मामले को छोड़ दूँ। उन्होंने कहा कि यदि दूतावास मुझे वीज़ा नहीं देगा, तो कुछ नहीं किया जा सकता।

''मैं उनमें से नहीं थी जो बिना लड़े हथियार डाल देते हैं। जब तक कहीं सफलता मिलने की 1 फ़ीसदी भी उम्मीद बाक़ी होगी, मैं हार नहीं मानूँगी। उसी रात मैंने बीजिंग में बेल्जियम दूतावास के महावाणिज्य दूत को एक ख़त लिखा। मैंने उन्हें बताया कि मैं एक 55 वर्षीय चीनी लेखिका हूँ और इस बात के मद्देनज़र कि मैं कोई विदेशी भाषा नहीं बोल सकती, और मेरे पास पैसा नहीं है और चीन में मेरे पति और मेरे बच्चे हैं...तो ऐसे में इस बात की क़तई कोई आशंका नहीं है कि मैं नागरिकता हासिल करने के लिए बेल्जियम में बसने की कोशिश करूँगी या इसी तरह की कोई और हरकत करूँगी। इससे भी अधिक, छयेन श्यूलिङ चीन के साथ ही बेल्यिजम के लोगों का सम्मान पाने की हक़दार हैं। इस मक़सद के लिए, दूतावास को बेल्जियम में साक्षात्कार सम्बन्धी मेरी कोशिशों का पूरे दिल से समर्थन करना चाहिए।

मैंने श्री यिन छङतूङ के जानकारों में से एक श्री शी खाङछयाङ से पत्र को फ्रांसीसी में अनुवाद करने के लिए कहा। इसके बाद, मैंने बीजिंग में बेल्जियम दूतावास के महावाणिज्य दूत से मुलाक़ात की अपील की। बेल्जियम दूतावास की सुश्री वेई चिनफङ की मदद से, आख़िरकार मुझे

महावाणिज्य दूत से मिलने का मौक़ा मिल ही गया। जब उन्होंने मेरी चिट्ठी पढ़ ली तो उन्होंने केवल एक वाक्य बोला, ''मैं वीज़ा हासिल करने में आपकी मदद कर सकता हूँ लेकिन आपको वित्तीय गारंटी के लिए पाँच हज़ार अमेरिकी डालर जुटाने होंगे।''

26 अक्तूबर 1999, आख़िरकार मुझे वीज़ा मिल ही गया।

28 अक्तूबर को, मैं फ्रैंकफुर्त जाने वाले बोइंग 747, फ़्लाइट नम्बर 721 में सवार हो गयी। मेरे पास एक ट्रेवल बैग था जिसमें मेरा किया हुआ कुछ काम और छयेन परिवार तथा इस पूरे संघर्ष में मेरी मदद करने वाले दोस्तों के लिए कुछ तोहफ़े रखे हुए थे।

अज्ञात कारणों से, फ़्लाइट बीजिंग में क़रीब दो घण्टों तक अटकी रही।

विमान के उड़ान भरने के बाद, मैंने अपने टी.वी. स्क्रीन पर बने तीरों के निशानों को देखा। ये निशान विमान के मार्ग को दर्शा रहे थे।

मुझे बेचैनी के साथ ही उत्सुकता भी हो रही थी। फ्रैंकफुर्त में मुझे कनेक्टिंग फ़्लाइट पकड़नी थी और वहाँ तक पहुँचने के लिए मेरे पास केवल दो घण्टे थे। मेरी बेचैनी काफ़ी बढ़ गयी थी। एक ओर तो मैं इसलिए बेचैन थी कि विमान देर से उड़ा और दूसरी ओर, मैं अपने ही ख़यालों में खोयी हुई थी कि छयेन श्यूलिङ इस समय क़रीब 90 साल की हो चुकी होंगी, बिस्तर पर लेटी हुई मिलेंगी और हो सकता है कि उन्हें अपनी ही कहानी पूरी तरह याद नहीं हो। मैंने चीन से रवाना होने से पहले, छयेन परिवार से सम्पर्क तक नहीं किया था।

हवा में नौ घण्टे का सफ़र करने के बाद विमान जर्मनी के विश्वविख्यात फ्रैंकफुर्त हवाई अड्डे पर उतरा। स्थानीय समय के हिसाब से उस समय शाम के 3:45 बजे थे। चार बजे मेरी कनेक्टिंग फ़्लाइट, नम्बर 4452 को उड़ान भरनी थी।

मेरे पास इस विमान से उतरकर दूसरे विमान में सवार होने के लिए केवल 15 मिनट का समय था और इस बीच मुझे अपना वीज़ा आदि देखना था, फ़्लाइट ट्रांसफ़र व्यवस्था से गुज़रकर बोर्डिंग गेट ढूँढ़ना था...

जब भी मैं चीन से बाहर जाती हूँ, मैं हमेशा ख़ुद को यह सोचे बिना रोक नहीं पाती कि ज़िन्दगी की सबसे बड़ी ग़लती यही रही कि मैंने कोई विदेशी भाषा नहीं सीखी। मेरे पास बोलने के लिए एक मुँह था, लेकिन मैं उस भाषा में बोल ही नहीं सकती थी, जिससे दूसरे लोग मेरी बात समझ पाते। मेरे पास आँखें थीं लेकिन मैं दिशा–निर्देशक चिह्नों को पढ़ नहीं

सकती थी, मेरे पास पैर थे लेकिन मैं जहाँ चाहे, वहाँ जा नहीं सकती थी। सच में कहूँ तो मुझमें और दुनिया के बड़े–से–बड़े बेवकूफ़ के बीच में कोई अन्तर नहीं था।

पहले जब मैं रूस गयी थी तो मैं पहले से ही अपने पते की फ़ोटो कॉपी करवा ली थी। लेकिन आज वह छोटी–सी समझदारी भी मेरे काम नहीं आयेगी, क्योंकि इतना समय ही नहीं था।

जैसे ही केबिन का दरवाज़ा खुला, मैं किसी सौ मीटर की दौड़ दौड़ने वाले धावक की तरह भागी, तेज़ी से विमान से उतरी और टर्मिनल की तरफ़ दौड़ी। मेरी नज़रें पोडियम पर टिकी थीं। लेकिन मैं दिशा–निर्देशों को पढ़ नहीं सकी। मुझे पता ही नहीं था कि वीज़ा प्रोसेसिंग कहाँ पर होता है और न ही मुझे कोई भान था कि रवानगी गेट किस ओर था। अपना टिकट और पासपोर्ट हाथ में दबाये, और कैमरे तथा वीडियो रिकॉर्डर को पीठ पर लादे मैं इधर–उधर भाग रही थी। मैं पागलों की तरह ठीक उसी तरह इधर–उधर नज़रें घुमा रही थी जैसे कोई कीट पतंगा अँधेरे में घूमता है। आख़िर में मुझे हवाई अड्डे के कुछ कर्मचारी नज़र आये और मैंने अपना पासपोर्ट तथा टिकट उनकी ओर बढ़ा दिया। एक अश्वेत पुलिसकर्मी ने मेरे टिकट पर बी "10" लिख दिया। उसने उसके बाद कुछ कहा लेकिन मेरे पल्ले कुछ नहीं पड़ा। मुझे केवल इतना समझ आया कि जिस दिशा में उसने इशारा किया था मैंने उस दिशा में दौड़ना शुरू कर दिया। एक बार जब मैं गेट बी 10 पर पहुँच गयी तो स्टॉफ़ के एक कर्मचारी ने मुझे जल्दी से एक ख़ाली बस में बिठा दिया और वह बस मुझे लेकर काफ़ी दूर एक छोटे यात्री विमान की ओर चल पड़ी। मुझे विमान में सवार हुए एक मिनट भी नहीं हुआ था कि उसने उड़ान भर ली। मेरा सामान उसी दिन मुझे नहीं मिला। सामान अगले दिन बेल्जियम पहुँचा।

एक घण्टे बाद विमान ब्रसेल्स हवाई अड्डे पर उतरा। राजनयिक अधिकारी य्वी मेईह और श्रीमती चाङ शाओथाङ के साथ मुझे हवाई अड्डे पर लेने आये थे। उनके साथ सह अध्यक्ष चाङ यीश्याङ, महासचिव लू वेईह्वा और संघ के कई अन्य नेता भी थे। उस रात उन लोगों ने अध्यक्ष चाङ शाओथाङ के रेस्त्राँ में मेरे सम्मान में रात्रिभोज दिया। बाद में मेरे मित्र हमेशा इसके बारे में मुझसे मज़ाक़ करते और पूछते, "यावन, मैंने सुना है कि तुमने फ्रैंकफुर्त में दौड़कर विमान को पकड़ लिया था। भई वाह!"

मुझे अच्छी तरह से पता था कि उस विमान में मैं केवल अपनी लम्बी और एथलेटिक टाँगों तथा अपने स्वस्थ दिल की वजह से सवार हो सकी थी। इनके बिना, कोई रास्ता ही नहीं था कि मैं 55 साल की औरत ये करने में सक्षम हो पाती। जहाँ समय की ऐसी मारामारी हो, वहाँ एक अच्छे भले स्वस्थ युवक की जान निकल जाती है। लेकिन सिर्फ़ तीन साल बाद, मेरा वह तन्दुरुस्त दिल एक टूटी हुई छलनी की तरह हो गया था।

4

हांगकांग के लेखक रूआन सिशान ने एक बार कहा था, ''यदि कोई व्यक्ति 30 साल की उम्र तक पहुँचने के बावजूद अपने सपनों पर भरोसा रखता है तो उसके लिए हमेशा सम्भावनाओं के द्वार खुले रहेंगे। यदि वह बेहद साधारण इन्सान भी है, तब भी उसमें यह चुनाव करने की क्षमता होगी कि वह किस प्रकार का जीवन जीना चाहता है।''

मुझे यह बताते हुए शर्म आती है कि सीमित साधनों वाली एक लेखिका के तौर पर, मैंने अपनी सारी जमा पूँजी यूरोप की यात्रा पर जाने में लगा दी थी और मेरी आँखों में कुछ सपने थे, अपनी ज़िन्दगी की सबसे मूल समस्याओं में से एक मेरे सामने खड़ी थी; मेरे पास पैसा बहुत कम था। चीन में मैंने जो आत्म–सम्मान और सन्तुष्टि का भाव अपने भीतर सींचा था, वह यहाँ बेनकाब हो गया था, उसी छिले हुए अंडे की तरह जो अकेला और चमकता हुआ प्लेट के बीच में बैठा है। यह बात तो अब साफ़ हो चुकी थी कि कुछ एक हज़ार डॉलर, जो मैंने चोरी के डर से अपने अंडरवियर में छुपाकर रखे थे, वे किसी होटल में ठहरने और कुछ ढंग का खाना खाने के लिए भी पर्याप्त नहीं थे।

पहले कुछ दिन मैं लुवायन ला नूव में अध्यक् चाङ के रेस्त्राँ में रुकी। हालाँकि लुवायन ला नूव ब्रसेल्स से 60 किलोमीटर से भी अधिक की दूरी पर था जहाँ छयेन श्यूलिङ रहती हैं और इसलिए मैंने ब्रसेल्स जाने का फ़ैसला कर लिया।

लेकिन ब्रसेल्स आने के बाद एक और समस्या आ खड़ी हुई। वहाँ जितने भी होटल मैंने ढूँढ़े वे सब बहुत ज़्यादा महँगे थे। सबसे सस्ते होटल में एक रात का किराया 1600 बेल्जियम फ्रैंक था। यह धनराशि

400 युआन से भी ज़्यादा थी। आख़िर में मुझे एक बूढ़ी बेल्जियम चीनी महिला मिल गयीं जो कि 400 फ्रैंक में, अस्थायी रूप से एक कमरा किराये पर दे रही थीं। यह कमरा चौथे माले पर था और साफ़ पता चल रहा था कि इसमें लम्बे समय से कोई ठहरा नहीं था; गलियारे में कोई लाइट नहीं थी, कमरे को गर्म रखने का भी कोई इन्तज़ाम नहीं था, एक गद्दा और तकिया तक नहीं था। कमरे में केवल एक लोहे का पलँग पड़ा था और खिड़की का शीशा टूटा हुआ था जिसे गत्ते से ढँक दिया गया था। हड्डियों को कँपाने वाली ठण्डी हवा सीधे कमरे में आ रही थी।

बूढ़ी महिला के पति ने सोचा कि यह कमरा रहने लायक नहीं है और इसीलिए उन्होंने कमरे को किराये पर देने के लिए अपनी पत्नी को डाँटा। दोनों ने आपस में लड़ना शुरू कर दिया। मैंने तुरन्त बीच–बचाव करने की कोशिश की और चेहरे पर मुस्कुराहट लाकर बूढ़े आदमी को शान्त करने का प्रयास किया। मैंने उनसे हाथ जोड़ते हुए प्रार्थना की कि मेहरबानी कर मुझे कमरे में रहने दें। मैंने उन्हें बताया कि कमरे की हालत से मुझे कोई फ़र्क़ नहीं पड़ता; मुझे सिर्फ़ सोने के लिए एक जगह चाहिए। बूढ़ा आदमी दयालु था और उसने मुझे अपनी रज़ाई दे दी जिसे मैंने गद्दे और कम्बल की तरह इस्तेमाल कर लिया।

यह दौरा ख़त्म होने के काफ़ी समय बाद, उस समय मैं जिन हालात में रही थी, इस पर य्वी मेईह के साथ बात होने लगी। ''वास्तव में वो तुमने बड़ा बुरा समय बिताया; कोई पैसा नहीं, खाने को कुछ नहीं, रहने को ठिकाना नहीं और न ही कोई दुभाषिया। मैं काम के प्रति तुम्हारी प्रतिबद्धता का क़ायल हो गया हूँ!'' उन्होंने लम्बी ठण्डी साँस छोड़ी जिसमें सहानुभूति का भाव भी छुपा था।

मेरे पास एक दमड़ी तक नहीं थी और न ही मैं स्थानीय भाषा में बात कर सकती थी। मेरे पास दुभाषिये की सेवाएँ लेने के लिए भी पैसा नहीं था, होटल में रह रही थी और न ही ढंग से खाना खा पा रही थी; मैं केवल थोड़ा बहुत ब्रेड और फटाफट बनने वाले नूडल्स खाकर गुज़ारा कर रही थी जो मैं चीन से साथ लेकर आयी थी। मेरी जेबों में काग़ज़ के छोटे–छोटे टुकड़े हर समय भरे रहते थे, जिन पर मैंने चीनी भाषा से अंग्रेज़ी और फ्रांसीसी में अनुवादित कुछ शब्द लिख रखे थे; जब भी मुझे बाहर जाना होता, मुझे लोगों से बात करने के लिए इनमें से ही काग़ज़ का कोई टुकड़ा निकालकर काम चलाना पड़ता...ऐसा नहीं है कि इन

मुश्किलों की वजह से मेरी नींद उड़ गयी थी। मैं विपरीत हालात का सामना करते हुए बड़ी हुई थी और आइस रिंक में मैंने बदतर हालात से लड़ते हुए कई साल बिताये थे। और रूस की मेरी यात्रा के विपरीत, इस यात्रा में मेरी सुरक्षा को कोई ऐसा बड़ा ख़तरा नहीं था।

मुझे सबसे ज़्यादा जो बात परेशान कर रही थी, वो ये कि ब्रसेल्स आये सात दिन हो चुके थे और मैं अभी तक छयेन श्यूलिङ से मिल नहीं पायी थी। लू वेईह्वा उस बुज़ुर्ग महिला के एक भतीजे को जानते थे लेकिन शायद उनका यह भतीजा कहीं बाहर गया हुआ था और अभी तक ब्रसेल्स लौटा नहीं था। इस बीच, मैंने अलग–अलग सूत्रों से यह सुना कि वह बिस्तर पर पड़ी हैं और बुढ़ापे की परेशानियों ने उन्हें घेर रखा है। मुझे यह भी पता चला कि उनके बेटे को इस बात की बहुत चिन्ता है कि लोग उसकी बूढ़ी माँ को चैन से नहीं रहने दे रहे हैं। इसीलिए वह साक्षात्कार आदि के लिए भी लोगों को इनकार कर रहा है।...

ब्रसेल्स का मौसम कुल मिलाकर बीजिंग के मौसम जैसा ही है; नवम्बर का महीना शुरू हो चुका था और पतझड़ बीतने वाला था। नयी ठण्डी हवा ने लोगों की हड्डियों को जमाना शुरू कर दिया था। यूँ कहिए कि सर्दी के मौसम की ठण्डी हवाएँ दस्तक दे चुकी थीं। ब्रसेल्स के कम ऊँचाई पर होने के कारण सूरज के दर्शन कभी–कभार ही हो पाते थे। बारिश कई दिनों तक होती रही और बादलों ने भी आसमान में डेरा जमाये रखा। इसका असर यह हुआ कि मुझे अपने भीतर एक शून्य–सा पैदा होता महसूस हुआ। मुझे ऐसा लग रहा था मानो मैं एक विशाल शून्य के मुहाने पर खड़ी हूँ। ये विशाल शून्य मुझे मेरे घर से अलग कर रहा था, वो जगह जहाँ मेरी जड़ें जमी हुई थीं।

मेरे कमरे की खिड़की का शीशा टूटा हुआ था और उसमें एक कार्डबोर्ड अटका रखा था। इसी कारण रात में तेज़ हवा और बारिश की आवाज़ साफ़ सुनाई देती थी। ऐसा लगता मानो, ठण्डी हवा लहरों की तरह मेरे शरीर को धकेल रही और मेरे सीने में घुसी जा रही है। मुझे नींद नहीं आ रही थी। जब यह साफ़ हो गया कि नींद आँखों से दूर जा चुकी है तो मैं बिस्तर से बाहर निकली और *फू लेई के पारिवारिक ख़तों* को पढ़ने लगी।

एक अजनबी देश में, रात में अकेले जाग रही थी मैं और फू लेई की अपने बेटे को दी गयी सलाह को पढ़ रही थी। मैं लम्बी–सी ठण्डी

साँस लेने से ख़ुद को रोक नहीं पायी। ये लगभग वैसा ही था जैसे मेरे पिता ने एक बार सलाह देते हुए कहा था, ''तुम्हें सब्र और इन्तज़ार की कला सीखनी होगी...।''

हाँ, मुझे सीखना चाहिए कि मैं कैसे अपनी बेचैनी को क़ाबू में रखूँ, अपने सब्र खोते दिल को कैसे सँभालूँ।

अगले कुछ दिन मैंने यूरोपीय संस्कृति को जानने–समझने में लगा दिये। कुछ प्रसिद्ध ऐतिहासिक स्थलों की यात्रा की, द्वितीय विश्व युद्ध पर एक प्रदर्शनी भी देखी...

5

शाम के तीन बजे, 8 नवम्बर, 1999।

लू वेईह्वा और लू च्याशिङ की मदद से आख़िरकार मैं उस घर की दहलीज़ तक पहुँच ही गयी। बिल्डिंग नम्बर 30 के अपार्टमेंट के बाहर खड़े होकर मैंने दरवाज़े की घण्टी बजा दी। उस वक़्त मेरे दिलोदिमाग़ में जो भावनाओं का ज्वार उफ़ान मार रहा था, उसे शब्दों में बयाँ करने की हिम्मत तो मुझमें नहीं है; मैं एक ही क्षण में उत्साह, बेचैन, ख़ुशी और हल्के से डर में बही जा रही थी...मुझे छयेन श्यूलिङ के बारे में कुछ भी नहीं पता था। मैं केवल यह जानती थी कि हो सकता है, वह डिमेंशिया से पीड़ित हों या उन्हें स्मृति लोप हो गया हो या वह बोल पाने की हालत में ही नहीं हों।

दरवाज़ा खुला और एक चाँदी की तरह चमकते बालों और दमकते चेहरे वाली बुज़ुर्ग महिला मेरे सामने खड़ी थीं, चेहरे पर मुस्कान थी।

मैं एकदम हैरान रह गयी!

मैंने अपनी ज़िन्दगी में कभी भी इतनी ख़ूबसूरत और ऐसी अज़ीज़ लगने वाली बुज़ुर्ग महिला को नहीं देखा था। उन्होंने लाल रंग का पैंट सूट पहन रखा था, चेहरे पर मेकअप की हल्की–सी परत थी, और उस चेहरे पर प्यारी–सी मुस्कान के साथ उनके भीतर की उदारता झलक रही थी। उनके बोलचाल के ढंग को देखकर ऐसा आभास होता था जैसे कि वह किसी सम्भ्रान्त परिवार की पश्चिमी शिक्षा हासिल करने वाली बेटी रही हैं। मैं अवाक् थी ये सोचकर कि इतनी सम्भ्रान्त और ऐसी ख़ूबसूरत महिला ने

उस दौर में नाज़ियों की नाक के नीचे से लोगों की जान बचाई होगी, जब द्वितीय विश्व युद्ध में चारों ओर अराजकता और बर्बरता का बोलबाला था!

जैसा कि कहा गया है, जहाँ चाह, वहाँ राह। कई दिनों के इन्तज़ार के बाद आख़िर वह घड़ी आ गयी थी जब मेरी छयेन श्यूलिङ से मुलाक़ात हो रही थी। मैं उस क्षण को इतनी उत्साहित हो गयी कि मैंने अपनी बाँहें फैला दीं और उन्हें कसकर गले से लगा लिया। हैरानगी भरे उन क्षणों में मेरे मुँह से केवल एक ही वाक्य निकला, ''माँ छयेन श्यूलिङ, मैं बता नहीं सकती, आपसे मिलकर मुझे कितनी ख़ुशी हुई है!''

उनका छोटा–सा अपार्टमेंट था; उसमें एक बेडरूम और एक लिविंग रूम था जिसमें एक सोफ़ा, एक टेलीविज़न था और एक कालीन बिछा था। दीवारों पर कैलिग्राफ़ी स्क्रॉल से सजावट की गयी थी जो उनके चचेरे भाई जनरल छयेन चवोलुन ने बनाई थीं। मेज़ पर एक पगोड़ानुमा अगरबत्ती बॉक्स रखा हुआ था जो उन्हें एकाउसिनेस के मेयर ने बतौर तोहफ़ा दिया था। खिड़की की पट्टी पर कुछ मिश्रित नस्लों के बच्चों के फ़ोटो फ्रेम रखे हुए थे–ज़ाहिर तौर पर वे छयेन श्यूलिङ के बेटे और बेटियाँ थे।

जब उन्होंने यह सुना कि मैं उनका साक्षात्कार करने के लिए, ख़ासतौर से चीन से आयी हूँ तो वह किसी बच्चे की तरह हँस पड़ीं और अपने सिर को आगे पीछे हिलाते हुए बोलीं, ''नहीं, नहीं, नहीं! मुझमें ऐसा कुछ नहीं है जिससे कि आप कुछ लिख सकें; मैंने जो किया, वो किया, क्योंकि वही करना सही था!''

छयेन श्यूलिङ का पूरा परिवार यह जानकर हैरान रह गया कि मैं बुज़ुर्ग महिला से मिलने के लिए चीन से आयी हूँ। वे यह जानकर बड़ी आत्मीयता से भर गये। हर कोई मुझसे मिलने आ गया; छयेन श्यूलिङ के बड़े बेटे डॉ. मी च्या और उनके भतीजे छयेन श्यारन और क्वियान वेईजियांग। क्वियान शियानरेन ने मेरे सम्मान में लू जियाशिंग के रेस्त्राँ में एक छोटा–सा रात्रिभोज दिया।

रात्रिभोज के अवसर पर *ए चाइनीज़ वीमेन एट गेस्टापो गनपॉइंट* के शीर्षक को लेकर चर्चा छिड़ गयी। माँ छयेन ने मज़ाक़ में कहा, ''दरअसल गेस्टापो ने कभी मुझे अपनी बन्दूक़ें दिखाकर धमकी नहीं दी। सच बात तो यह है कि मैं कभी गेस्टापो से मिली ही नहीं थी।''

डॉक्टर मी च्या ने मुझसे कहा, ''ये बात मेरी समझ में नहीं आयी कि आप मेरी माँ से मिलने के लिए इतनी उत्सुक क्यों थीं? सही में, मुझे ऐसा

कुछ नज़र नहीं आता जिसके लिए इतना उत्साही हुआ जाये। उन्होंने केवल वही किया, जो उन्हें करना था। सच कहूँ तो इसमें लिखने जैसी कोई बात ही नहीं है। मुझे समझ नहीं आ रहा कि आप इतना पैसा ख़र्च करके यहाँ उनका साक्षात्कार लेने के लिए आयी हैं?'' मी च्या रंगढंग से पूरी तरह यूरोपीय नज़र आ रहे थे और चीनी भाषा का एक शब्द भी नहीं बोल सकते थे। इसलिए छयेन येनरन ने हमारे दोनों के लिए दुभाषिए का काम किया।

मैंने जवाब दिया, ''माँ छयेन चीनी हैं और भले ही यूरोप के युद्ध से उनका या चीनी लोगों का कोई लेना–देना नहीं था, इसके बावजूद उन्होंने बहुत से बेल्जियाई लोगों की जान बचाने के लिए अपनी ज़िन्दगी को ख़तरे में डाला। उनकी मानवीय सोच और अन्तर्राष्ट्रीय भाईचारे की भावना ज़रूर सराहनीय है।'' लेकिन मी च्या ने कहा, ''युद्ध के दिनों में बहुत से लोगों ने ऐसे ही काम किये थे। मेरी माँ उनसे कोई अलग नहीं हैं। आप उनके बारे में इतना सब क्यों लिखना चाहती हैं? क्या केवल इसलिए कि वह चीनी हैं? ''

''हाँ, बेल्जियम के साथ ही चीन भी उनका ऋणी है!''

मी च्या बैठकर अपना पाइप पीते रहे और अपना सिर हिलाते रहे। उन्होंने न समझने के अन्दाज़ में अपने कन्धे झटके। उन्हें अब भी मामला समझ में नहीं आ रहा था।

यह बिल्कुल सही था कि कुछ छोटे–मोटे वाक्यों में पूर्व और पश्चिम के बीच के सांस्कृतिक भेदों को पूरी तरह से समझाना असम्भव होगा। चीन में, यदि कोई बहुत दूर से किसी के परिवार के किसी सदस्य का साक्षात्कार करने के लिए आता है तो यह पूरे परिवार के लिए बेहद गर्व की बात होती है। हालाँकि यहाँ इसका उल्टा ही सच था; छयेन श्यूलिङ के बेटे को समझ नहीं आया और उनकी पोती ने कहा कि उनकी दादी माँ को जो भी सम्मान मिला है, वह उन्होंने अकेले अपने बूते पर हासिल किया है और किसी और का इससे कोई लेना–देना नहीं है। इसके बावजूद मी च्या मेरे काम को लेकर काफ़ी मददगार रहे। उन्होंने समय निकालकर मुझे उनकी माँ को बेल्जियम सरकार द्वारा दिया गया बहादुरी पदक भी दिखाया। साथ ही उन्होंने वह चिट्ठी भी मुझे दिखायी जो जनरल फाल्कनहोसेन की पत्नी ने जनरल की मौत के समय 1966 में उनकी माँ के लिए लिखी थी।

मैं सबसे अधिक छयेन श्येनरन और उनकी पत्नी की ऋणी हूँ। जब उन्होंने देखा कि मेरे रहने की जगह कितनी ख़राब है तो उन्होंने तुरन्त मुझे अपने घर में बुला लिया। इससे साक्षात्कार की प्रक्रिया कुछ और सुविधाजनक हो गयी।

छयेन श्येनरन की पत्नी सुश्री तू के ऊपर छयेन श्यूलिङ की देखभाल की ज़िम्मेदारी थी। हर रोज़ सुबह, मैं सुश्री तू के साथ बुज़ुर्ग महिला के घर जाती, जहाँ मैं उनसे बातें करती, सैर पर उनके साथ जाती और दोपहर का भोजन भी उन्हीं के साथ करती। बुज़ुर्ग महिला की कई आदतें पश्चिमी शैली की थीं : हर रोज़ वह मेकअप करतीं और ब्रा तथा स्कर्ट पहनतीं। वह हमेशा बड़े अच्छे तरीक़े से, अच्छे सलीक़े से कपड़े पहनकर तैयार होतीं। एक दिन मैं उनकी भौंहों को रंगने में उनकी मदद कर रही थी। लेकिन उन्हें मेरा तरीक़ा पसन्द नहीं आ रहा था। उन्होंने भौंहों से रंग साफ़ किया और ख़ुद से नये सिरे से उन्हें रँगा। जब वह ये काम ख़त्म कर चुकीं तो हम दोनों ने शीशे के सामने खड़े होकर देखा और उसके बाद, हम दोनों अपने ऊपर ज़ोर–ज़ोर से हँसे। छयेन श्यूलिङ बुढ़ापे के कारण थोड़ा याददाश्त कमज़ोर होने की समस्या से भी जूझ रही थीं। उन्हें अपने जीवन की बहुत–सी बातों को याद करने के लिए कड़ी मेहनत करनी पड़ रही थी। मैंने उनका उत्साह बढ़ाया और सवालों को बार–बार दोहराने से उन्हें बीती स्मृतियों को खोजकर निकालने में काफ़ी मदद मिली। ये वे यादें थीं जो आधी सदी से भी अधिक समय से उनके दिलोदिमाग़ के किसी कोने में दब चुकी थीं। कुछ यादें तो हमेशा के लिए दफ़न हो गयी थीं।

कभी उन्हें कोई बात याद आ जाती तो कभी वह बोलते–बोलते बीच में ही भूल जातीं। इसीलिए मुझे अपने काम की रफ़्तार उन्हीं की रफ़्तार के अनुसार कम ज़्यादा करनी पड़ी। वो दूर मन के किसी कोने में दबी यादों के सफ़र पर मुझे भी साथ लेकर जातीं और कई बार यह सफ़र यादों की इतनी गहराइयों में ले जाता कि मुझे उनकी याददाश्त पर हैरानी होती।

6

छयेन श्यूलिङ का जन्म यीशिङ सिटी ज़िले के वाङ पो ब्रि के एक गाँव में छयेन परिवार में हुआ था। यह ज़िला च्याङ सू प्रान्त में पड़ता है।

वह एक सम्भ्रान्त परिवार में पैदा हुई थीं। उनके पिता गाँव के प्रधान थे और बड़े ही सहृदयी नेता थे। छयेन परिवार ने क्वोमिनताङ के दो जनरलों को पैदा किया था; छयेन चवोलुन और छयेन श्येनचाङ, साथ ही उनके परिवार में आठ लोग डॉक्टरेट की डिग्री रखते थे जिनमें छयेन श्यूलिङ, छयेन चवोरू और छयेन श्येनरन शामिल थे।

1934 में च्याङ काई शेक ने जर्मन जनरल अलेक्जेंडर वान फाल्कनहोसेन को अपने सैन्य सलाहकार के रूप में काम करने के लिए बुलाया था। छयेन श्यूलिङ के चचेरे भाई छयेन चवोलुन को जर्मन के साथ तालमेल स्थापित करने की ज़िम्मेदारी सौंपी गयी थी। यही वह सम्पर्क था जो छयेन श्यूलिङ की कहानी में घटित होने वाली घटनाओं की वजह बना।

यी शिङ के टी.वी. स्टेशन के प्रमुख थे श्वी फङ। उनकी अगुवाई में एक बार मैं छयेन परिवार के पुराने घर को खोजने के लिए गयी थी, लेकिन जितना समय बीत चुका था, उसे देखते हुए छयेन परिवार के घर के नाम पर जो कुछ शेष बचा था, उसमें पुरानी सीढ़ियाँ, एक घनी लकड़ियों से बनी जगह जहाँ कभी उनका पूरा घर खड़ा था। और बची थी एक फ़ोटो। यह फ़ोटो छयेन श्यूलिङ ने गाँव में उनके एक रिश्तेदार को उस समय दिया था, जब वह 1988 में चीन की अपनी पिछली यात्रा पर आयी थीं।

श्वी फङ ने बताया कि यी शिङ *जामुनी मिट्टी* का एक प्रमुख मुद्दा है। यी शिङ को कुदरत ने अनेक नेमैतें नवाज़ी हैं। ये नेमतें प्राकृतिक संसाधनों के साथ ही इन्सानों के रूप में भी हैं। यह शहर प्राचीन समय से ही संस्कृति और शिक्षण का बेहद महत्त्वपूर्ण केन्द्र रहा है। अपने समय में यी शिङ ने पुरानी इम्पीरियल परीक्षा में सर्वाधिक अंक हासिल करने वाले दस उम्मीदवार दिये थे, दस प्रधानमन्त्री दिये थे, 20 विधि विशेषज्ञ अकादमिशियन, सात हज़ार से अधिक प्रोफ़ेसर, यूनिवर्सिटी के दो अध्यक्ष : एक छिङह्वा यूनिवर्सिटी में और एक पीकिंग यूनिवर्सिटी में : शिक्षा विभाग में दो मन्त्री : एक ताइवान में और एक मुख्य चीन में : दिये थे। कई अन्य प्रसिद्ध हस्तियाँ भी यी शिङ से ताल्लुक रखती हैं जिनमें च्याङ नानश्याङ, चओ फेइय्वान, श्वी पेईहूङ, वू क्वानचूङ और फान हानन्येन शामिल थे। यी शिङ के ऐसे सांस्कृतिक समृद्धि से भरपूर माहौल का छयेन श्यूलिङ की ज़िन्दगी पर बहुत गहरा असर पड़ा।

छयेन परिवार सामाजिक कल्याण के कामों से भी जुड़ा था; उसने एक छोटा स्कूल स्थापित किया और उसे सफलतापूर्वक चलाया। गाँव के दर्जनों छात्र इस स्कूल में मुफ़्त में शिक्षा हासिल करते थे। छयेन श्यूलिङ छह बच्चों में से चौथे नम्बर पर थीं और बहुत छोटी उम्र से ही उन्होंने अपनी विलक्षण बुद्धि का परिचय देना शुरू कर दिया था। जब वह मात्र तीन साल की थीं तो *बुक ऑफ़ फ़ैमिली नेम्स* को याद कर चुकी थीं और *दी ब्लाड ऑफ़ मुलान* भी उन्हें कण्ठस्थ हो चुकी थी। और जब तक वह 11 साल की हुईं तो वह सु चओ नॉर्मल स्कूल में दाख़िला हासिल कर चुकी थीं। यह लड़कियों का स्कूल था। मिडिल स्कूल से ग्रेजुएट होने से पहले ही उन्हें शाङहाए में ता थूङ यूनिवर्सिटी में प्रवेश हासिल हो गया था जहाँ उन्होंने विज्ञान की पढ़ाई करनी थी। यूनिवर्सिटी में उन्होंने रसायन शास्त्र में विशेषज्ञता हासिल की। उन्होंने एक सपना देखा था। वह चीन की मैडम क्यूरी बनना चाहती थीं।

साल 1929 में यह बसन्त ऋतु का मौसम था और उन्हें पता चला कि उनके बड़े भाई छयेन चवोरू पढ़ाई के लिए बेल्जियम जा रहे हैं। वह तुरन्त घर लौट आयीं। उन्होंने ख़ुद भी पढ़ाई के लिए विदेश जाने की ख़ातिर अपने पिता को मनाने की सोची। जब उनके पिता ने इनकार कर दिया तो उन्होंने ख़ुद को अपने बेडरूम में बन्द कर लिया और भूख हड़ताल का ऐलान कर दिया। उन्हें उम्मीद थी कि खाना–पीना छोड़ने के कारण उनके पिता का मन पिघल जायेगा और वह उन्हें पढ़ाई के लिए विदेश जाने की अनुमति दे देंगे।

3 नवम्बर, 1929 की बात है। 16 साल की छयेन श्यूलिङ, शाङहाए से मार्सिली जाने वाले यात्री जहाज़ पर सवार थीं। बड़ी मेहनत से उन्हें यह ख़ुशी मिली थी। जहाज़ पर उनके बड़े भाई समेत 30 चीनी छात्र सवार थे। यहीं से उनकी यूरोपियन यात्रा की शुरुआत होती है जो जीवन यात्रा के रूप में बदल गयी।

लेकिन उनके पिता के राज़ी होने का क्या कारण था। वजह ये थी कि उस समय श्यूलिङ के मंगेतर भी बेल्जियम में थे; वह ल्यूवेन यूनिवर्सिटी में पढ़ाई कर रहे थे। उनके पिता ने यह रिश्ता उस समय पक्का किया था जब श्यूलिङ मात्र तीन साल की थीं और उन्हें यही उम्मीद थी कि वह बेल्जियम में इस रिश्ते को आगे बढ़ाने में सफल होंगी। लेकिन एक बार जब वह ब्रसेल्स पहुँच गयीं और पहली बार अपने मंगेतर से मिलीं

तो उन्होंने तुरन्त कह दिया कि वह इस शादी को तोड़ना चाहती हैं।

''मैं ऐसे आदमी से शादी नहीं कर सकती जिसकी शक्ल भी मैंने कभी ज़िन्दगी में न देखी हो और जिससे मुझे प्यार न हो।'' बुज़ुर्ग महिला ने मुझे बताया।

मेरी राय में वह मे फोर्थ मूवमेंट से काफ़ी गहरे तक प्रभावित रही थीं। उनकी पढ़ाई–लिखाई और उनकी रोमांटिक ज़िन्दगी में भी, जिस तरह के विचारों की आज़ादी उन्होंने दिखाई थी, वह किसी प्रगतिशील नारीवादी में ही नज़र आ सकती थी। अकादमिक रूप से उल्लेखनीय प्रतिभा के चलते वह पहले ही प्रतिष्ठित ल्यूवेन यूनिवर्सिटी के रसायन शास्त्र विभाग में अपनी जगह बना चुकी थीं। उनके साथ एक और महिला को इस विभाग में जगह मिली थी लेकिन यह सम्मान हासिल करने वाली चीन से वह पहली महिला थीं। छह साल बाद उन्हें डॉक्टरेट की डिग्री मिल गयी और उसके बाद वह एक सहायक अध्यापक के रूप में ल्यूवेन में ही पढ़ाने लगीं।

27 अक्तूबर, 1935 को उन्होंने एक क्रिश्चियन चर्च में श्री बेलांझी से शादी की जो ल्यूवेन यूनिवर्सिटी के मेडिसिन विभाग में कार्यरत एक युवा बेला रूसी नागरिक थे।

60 सालों तक दोनों ने एक सादगी भरी लेकिन ख़ुशहाल ज़िन्दगी गुज़ारी। उनके पाँच बच्चे थे जिनको उन्होंने पढ़ाया–लिखाया।

अपनी शादी के बाद उन्होंने चीन जाकर वहीं बस जाने का फ़ैसला किया लेकिन जैसे ही उन्होंने अपनी नौकरी छोड़ी और यात्रा की तैयारियाँ करना शुरू किया, उसी समय जापान ने चीन के ख़िलाफ़ भीषण युद्ध छेड़ दिया। हालात उनके हक़ में नहीं थे इसलिए श्यूलिङ ने अपने पति के साथ एक छोटे से गाँव हरब्यूमेंट जाने का फ़ैसला किया। यह गाँव ब्रसेल्स से 160 किलोमीटर की दूरी पर स्थित था। वे दोनों वहाँ बस गये और गाँव में एक क्लीनिक खोल लिया।

वह इस सुदूरवर्ती गाँव में काफ़ी लम्बे समय तक रहीं। यहाँ उन्होंने एक शान्त ज़िन्दगी गुज़ारी। वह दिन में अपने बच्चों को पढ़ातीं और अपने पति के क्लीनिक में हाथ बँटातीं।

12 मार्च, 1943 को गाँव में एक बुलेटिन चिपका दिया गया जिसने उस छोटे से गाँव की शान्ति को भंग कर दिया और श्यूलिङ की ज़िन्दगी के साथ ही बहुत से बेल्जियाई लोगों के जीवन की दिशा बदल दी।

बुलेटिन में ऐलान किया गया था कि तीन दिन में गेस्टापो एक स्थानीय युवक रोज़र को फाँसी पर लटका देगा। उसका क़सूर केवल इतना बताया गया था कि उसने जर्मन के क़ब्जे का विरोध किया था। रोज़र एक भूमिगत प्रतिरोध संगठन का सदस्य था और गेस्टापो ने उसे एक बारूदी सुरंग बिछाते हुए पकड़ लिया था। बारूदी सुरंग बिछाने का मक़सद जर्मनी की एक सैन्य ट्रेन को उड़ाना था। वह अपने परिवार का इकलौता बच्चा था। उसके पिता एक पुलिसकर्मी थे और रोज़र की सगाई एक प्राइमरी स्कूल की टीचर से हो चुकी थी। परिवार उसकी शादी की तैयारियों में लगा था लेकिन अब उसे फाँसी पर लटकाये जाने का ऐलान हो चुका था।

ये बुलेटिन किसी बम धमाके की तरह था जिसने पूरे गाँव को आतंकित करने के साथ ही निराशा में धकेल दिया था। एक–एक करके सभी रोज़र के घर गये और मातम मनाने लगे। उसी समय छयेन श्यूलिङ ने ज़ोर से कहा, ''आप लोग चुप हो जाइए। मेरे पास एक योजना है जिससे रोज़र की जान बच सकती है!''

किसी ने उनकी बात पर विश्वास नहीं किया। रोज़र के पिता पहले ही राजा से अपील कर चुके थे लेकिन उसका कोई फ़ायदा नहीं हुआ था। जिस काम को एक राजा नहीं कर पाया, उसे तीन साल पहले आयी श्यूलिङ ने कर दिखाया। जर्मनी को बेल्जियम पर पहला हमला बोले ज़्यादा समय नहीं हुआ था कि छयेन श्यूलिङ ने अलेक्जेंडर वान फाल्कनहोसेन का नाम एक समाचार–पत्र में देखा था। उन्होंने तुरन्त अपने चचेरे भाई जनरल क्वियान झोउलुन को एक चिट्ठी भेजी और उनसे पूछा कि क्या यह वही फाल्कनहोसेन हैं जिन्होंने च्यांग काई शेक के सैन्य सलाहकार के रूप में काम किया है। उनके पास यह सोचने का एक कारण था। यदि ऐसी ही बात है तो फाल्कनहोसेन स्वाभाविक रूप से चीनी सेना के बहुत सारे राज़ जान चुके हैं; क्या ऐसी कोई सम्भावना थी कि वह इन गोपनीय सूचनाओं को जापान के साथ साझा करेंगे? छयेन चवोलुन ने ख़त के जवाब में लिखा कि हालाँकि फाल्कनहोसेन एक जर्मन जनरल थे लेकिन वे बेहद निष्ठावान इन्सान थे और न्याय की भावना का वह बहुत सम्मान करते थे। और उनका चीन के साथ गहरा लगाव था। वह चीन को धोखा देकर जापान के साथ नहीं जायेंगे। उनके चचेरे भाई ने यह भी कहा कि फाल्कनहोसेन उनके घनिष्ठ मित्र हैं और वह उन पर

भरोसा कर सकती हैं। यदि श्यूलिङ को किसी भी प्रकार की मदद की ज़रूरत होगी तो जनरल फाल्कनहोसेन के अधिकार क्षेत्र में जो भी होगा, वह करेंगे। महिला कैसे कर सकती है?

केवल उनके चचेरे भाई की चिट्ठी पढ़ने के बाद ही सभी लोगों ने छयेन श्यूलिङ को गम्भीरता से लेना शुरू किया। गाँव के लोगों ने एक चिट्ठी फाल्कनहोसेन के नाम लिखी जिस पर सभी लोगों के हस्ताक्षर थे। गाँव के मेयर ने ख़ुद अलग से एक चिट्ठी लिखी जिसमें मदद की गुहार लगाई गयी थी।

उसी रात छयेन श्यूलिङ 160 किलोमीटर दूर ब्रसेल्स जाने के लिए ट्रेन में सवार हो चुकी थीं और उनकी गोदी में उनका नन्हा शिशु था। उन्होंने नन्हे शिशु की रज़ाई में गाँव वालों की सभी चिट्ठियाँ छुपा रखी थीं। रात एक बजे उन्होंने ब्रसेल्स में रहने वाले अपने एक मित्र के घर का दरवाज़ा खटखटाया...

वह 12 मार्च, 1943 का दिन था। संयोग से यह उनका 30वाँ जन्मदिन भी था।

अगले दिन उन्होंने चीनी दूतावास के ज़रिये फाल्कनहोसेन का टेलीफ़ोन नम्बर हासिल कर लिया। जब फाल्कनहोसेन ने सुना कि छयेन चवोलुन की चचेरी बहन उनसे मिलने आयी हैं तो वह तुरन्त उनसे मिलने के लिए तैयार हो गये।

13 मार्च, 1943 की सुबह थी। वह पहली बार ब्रसेल्स में जर्मनी के सैन्य दूतावास के भीतर पहुँचीं। दूतावास को किसी सैन्य छावनी में बदल दिया गया था। उन्हें दूतावास में दो कड़ी जाँच के दायरों से गुज़रना पड़ा। दूतावास सेनेफी कैसल में था।

कर्नल फाल्कनहोसेन क़रीब साठ साल के व्यक्ति रहे होंगे। सैन्य वर्दी में उनकी छवि और दमदार लग रही थी। उन्होंने बेहद सम्मान के साथ छयेन श्यूलिङ का स्वागत किया। उनका स्वागत सत्कार करने के बाद उन्होंने श्यूलिङ से सवाल किया कि वह उनकी क्या मदद कर सकते हैं।

उन्होंने तुरन्त कई चिट्ठियाँ निकालीं और यह कहते हुए फाल्कनहोसेन के हाथ में दे दीं, ''जनरल फाल्कनहोसेन, मैंने अपने चचेरे भाई चवोलुन से सुना है कि आप बहुत ही नैतिकतावादी इन्सान हैं, उदार हृदय के हैं और लोगों की मदद करते हैं। मैं आपसे हाथ जोड़कर विनती करती हूँ कि आप मेरे गाँव वालों और रोज़र के माता–पिता की नज़र से इस

हालात को देखें। कृपया रोज़र को माफ़ कर दें, उसे उसकी ज़िन्दगी बख़्श दें। हम सभी आपके ज़िन्दगी भर ऋणी रहेंगे!''

जब वह अपनी बात ख़त्म कर चुकी तो बेचैनी के साथ जनरल को देखने लगी जो पत्रों को पढ़ रहे थे। हालाँकि उनके चचेरे भाई ने अपने ख़तों में बार–बार जनरल की न्यायप्रियता का उल्लेख किया था, लेकिन वह बेल्जियम में हिटलर के प्रतिनिधि थे और उनके पास वे सभी शक्तियाँ थीं, जो उस पद पर बैठे किसी भी व्यक्ति के पास होनी चाहिए। और यहाँ श्यूलिङ को एक इन्सान की ज़िन्दगी बचाने के लिए उनसे उसकी ज़िन्दगी की भीख माँगनी पड़ रही थी जिसे नाज़ियों का विरोध करने के कारण मौत की सज़ा सुनाई गयी थी...

लेकिन जब जनरल ने ऊपर सिर उठाया तो उन्होंने बड़े ही आराम से कहा, ''ठीक है। तुम्हारी मदद करने के लिए मेरे पास जो भी ताक़त है, मैं उसका इस्तेमाल करूँगा!''

यह ख़ुशख़बरी तीन दिन बाद गाँव पहुँची। रोज़र की सज़ा को फाँसी से सश्रम कारावास में बदल दिया गया था और उसे बर्लिन में बन्दी शिविर में भेज दिया गया। यहीं एक और भी वाक़या हुआ। रोज़र नाम का ही एक अन्य व्यक्ति जो बेरिन्जेन जैसे छोटे क़स्बे में जेल की सज़ा काट रहा था, उसकी भी सज़ा को फाँसी से बदलकर आजीवन कारावास कर दिया गया। ऐसा केवल नाम में समानता के कारण हुआ।

उस समय, जो भी नाज़ी क़ब्ज़े का विरोध करता पाया जाता, नाज़ी उसे तुरन्त मौत के घाट उतार दे रहे थे। यहाँ तक कि सज़ायाफ़्ता लोगों के लिए राजा के पास भी हस्तक्षेप करने की ताक़त नहीं बची थी। और इसके बावजूद, श्यूलिङ ने दो लोगों को फाँसी पर चढ़ने से बचा लिया था। ये ख़बरें पूरे बेल्जियम में जंगल की आग की तरह फैल गयीं और पूरे देश में सदमे की लहर दौड़ गयी। किसी को नहीं पता था कि उसका क्या नाम है, केवल लोग इतना भर जानते थे कि वह एक चीनी महिला है। इसलिए एक रहस्यमयी चीनी महिला की यह ख़बर चारों ओर फैल गयी और किसी के दिल को इस कहानी ने छू लिया। जैसे–जैसे यह ख़बर फैलती गयी, यह उतनी ही रहस्यमय होती चली गयी।

'चीनी महिला' धीरे–धीरे बेल्यिजम के लोगों के दिलो–दिमाग़ में किसी नायिका की तरह घर कर गयीं। वह नाज़ियों का प्रतिरोध करने वाले बेल्जियम के लोगों की जान बचाने वाली मसीहा बन गयीं। छयेन

श्यूलिङ को हरब्यूमेंट के लड़ाकों के बीच नायक की तरह देखा जाने लगा और जो लोग नाज़ियों द्वारा पकड़े गये थे, उनके परिजन छयेन श्यूलिङ के घर आकर उनकी रिहाई की गुहार लगाने लगे। श्यूलिङ को लगा कि जो भी उसके पास आ रहा है, उन सबके परिजनों की जान बचाना उनका कर्तव्य है। तो दिन–रात वह हरब्यूमेंट और ब्रसेल्स के बीच ट्रेन से आवाजाही करने लगीं। सिनेफ़ी कैसल में उनका आना–जाना बढ़ गया।

जब भी वह फाल्कनहोसेन के पास जातीं, जनरल हमेशा ही उनकी ओर एक कागज़ का टुकड़ा तथा पेन बढ़ा देते ताकि वह जेल में डाले गये बेल्जियाई लोगों के नाम उस पर लिख सकें। और कई बार वह अपनी ओर से भी कुछ सलाह देतीं। जनरल ने एक बार कहा कि वह विरोधी लड़ाकों की देशभक्ति की बहुत सराहना करते हैं और उन्होंने कई बार श्यूलिङ को भी चेतावनी दी थी, ''तुम्हें बहुत सावधानी से काम करना होगा, हर ओर बेल्जियाई देशद्रोही और गेस्टापो के एजेंट बिखरे हुए हैं। हमेशा इस बात का ध्यान रखना कि तुम नामों की सूची ख़ुद आकर मुझे दो!''

जब मैंने छयेन श्यूलिङ के मुँह से ये बातें सुनीं तो वे सभी दृश्य मेरी आँखों के सामने बनने–बिगड़ने लगे जब उन्होंने अपनी जान जोख़िम में डालकर देशभक्त बेल्जियाई लोगों की मदद की थी। मेरी आँखें उस बीते समय को किसी चलचित्र की तरह देख रही थीं; एक युवा चीनी महिला, अपनी बाँहों में नन्हे शिशु को उठाये हुए...सज़ायाफ़्ता लड़ाकों के नामों की सूची अपने सीने में छुपाये, ट्रेन में बैठी हुई है, डर के मारे कलेजा मुँह को आ रहा है...वे नाज़ी सैनिक जो पलक झपकाये बिना, आदमी को मौत के घाट उतार देते हैं, वे उनके बगल से गुज़र रहे हैं, उन पर सन्देहभरी नज़र डाल रहे हैं...मैंने बार–बार अपने आप से सवाल किया : एक इतने नाजुक से शरीर में इतनी निडर आत्मा कैसे बसी थी? उनके दिल में इतना साहस कैसे आया, और वह भी निःस्वार्थ। उनकी बहादुरी इस मायने में और महान हो जाती है कि उन्होंने ऐसे लोगों की मदद की जिनका उनसे कोई निजी रिश्ता नहीं था।

"माँ छयेन, आप तो उन लोगों को जानती तक नहीं थीं, फिर आपने उनकी जान बचाने के लिए बार–बार अपनी जान ख़तरे में क्यों डाली? क्या आपको वाक़ई डर नहीं था कि गेस्टापो आपको गिरफ़्तार कर लेंगे?"

''नहीं, नहीं'' बुज़ुर्ग महिला ने मुस्कुराते हुए कहा और अपना सिर

हिलाया, ''मैंने उतनी दूर तक सोचा ही नहीं था। मैं सिर्फ़ उन लोगों की मदद करना चाहती थी। वे सब अच्छे लोग थे और ज़िन्दगी पर उनका हक़ बनता था।''

''आपने कुल जमा कितने लोगों की ज़िन्दगी बचायी?''

''मुझे याद नहीं।''

जाँच–पड़ताल के दौरान कुछ रिकॉर्ड मेरे हाथ लगे। इनमें से कुछ रिकॉर्ड बताते थे कि मार्च 1943 से मई 1944 के बीच, उन्होंने 25 लोगों की जान बचायी, इनमें से कुछ 50 साल से अधिक उम्र के थे। कुछ दस्तावेज़ों में दावा किया गया था कि उन्होंने अपने आख़िरी प्रयास में 96 बन्धकों को बचाया था। बन्धक बनाये जाने की यह घटना इकाउसिनेस शहर में हुई थी जो ब्रसेल्स से क़रीब 60 किलोमीटर दूर था। यह गठबन्धन फ़ौजों के नार्मेंडी में क़दम रखने के तीसरे ही दिन की बात है।

मैं छयेन श्यूलिङ के साथ शहर को देखने गयी। कॉउंसलर य्वी मेईह ने दूतावास के संस्कृति विभाग के श्री ल्यू छूङ को हमें वहाँ ले जाने का ज़िम्मा सौंप दिया था।

मेयर ड्यूट्रियूक्स ने हमारा काफ़ी गर्मजोशी से स्वागत किया।

इकाउसिनेस कोई बहुत बड़ा शहर नहीं है लेकिन बहुत से छोटे यूरोपीय क़स्बों की तरह ही यहाँ बहुत शान्ति है और शहर एकदम शानदार है। आबोहवा में अलग ही क़िस्म का ठाठ है। यह नायकों का शहर है। द्वितीय विश्व युद्ध के स्मारक स्थल पर मैंने शहीदों और लड़ाकों का कुछ पुराना सामान देखा; राइफ़लें, रेडियो ट्रांसमीटर और भी ऐसी अनेक चीज़ें देखीं। स्मारक हॉल के दरवाज़े के एकदम बाहर सिट्रोन कार खड़ी हुई थी जिसमें जंग लग चुका था। यह कोई साधारण प्राचीन कार नहीं थी। इसके भीतर एक कहानी छुपी थी...उस रात जो कुछ भी हुआ, ये कार उस सबकी गवाह थी और इसके सीने में वही कहानी आज भी ज़िन्दा थी।

मैं क्वियान शिउलिंग के साथ एक डॉक्टर का भी इंटरव्यू करने गयी। श्यूलिङ ने युद्ध के समय उनकी जान बचाई थी। जब हम पहुँचे तो डॉक्टर व्हीलचेयर पर बैठे हुए थे और जैसे ही उन्होंने श्यूलिङ को देखा, उन्होंने कसकर उन्हें गले लगा लिया, उनकी आँखों में ख़ुशी के आँसुओं की चमक थी।

मेयर के ऑफिस के बाहर, मैंने दो बेहद ख़ास फ़ोटोग्राफ देखे : इनमें

से एक फ़ोटो 90 से अधिक क़ैदियों का था। यह फ़ोटो उन्हें यातना शिविर से छोड़े जाने के तुरन्त बाद लिया गया था और दूसरे फ़ोटो में छयेन श्यूलिङ और मेयर के पिता थे।

मेयर ड्यूट्रियूक्स ने मुझे बताया कि उनके पिता बन्धकों में शामिल थे। बाद में उन्होंने टी.वी. ड्रामा *ए चाइनीज़ वीमेन एट गेस्टापो गनपॉइंट* के लिए एक संवाददाता सम्मेलन में एक बयान दिया था। उन्होंने इस बयान में कहा था, ''मेरी दो माँएँ हैं, मेरी बेल्जियाई माँ और मेरी चीनी माँ। यदि छयेन श्यूलिङ नहीं होतीं तो आज मैं यहाँ आपके सामने नहीं होता...'' इस ड्रामे को इकाउसिनेस में फ़िल्माया गया था।

मेयर ने एक इतिहासकार को आमन्त्रित किया ताकि वे मुझे 96 बन्धकों की कहानी का ब्योरा दे सकें। ल्यू छूङ दुभाषिए का काम कर रहे थे।

2 जून, 1944 की बात है। गेस्टापो ने एक भूमिगत विद्रोही लड़ाके और उसकी दो बेटियों को गिरफ़्तार कर लिया था। 8 जून की शाम को, गेस्टापो के तीन प्रमुख लड़ाकों को इकाउसिनेस की ओर ले जा रहे थे। लड़ाकों को चारों ओर से सैनिकों ने घेर रखा था। उन्हें विद्रोही लड़ाकों के गुप्त रेडियो ट्रांसमीटर का पता लगाने के लिए ले जाया जा रहा था। लेकिन कॉमरेड लड़ाकों ने घात लगाकर हमला किया और वे मारे गये। गेस्टापो के जो एजेंट मारे गये थे उनमें गेस्टापो का ब्रसेल्स का प्रमुख भी था...अगले दिन तड़के मुँह अँधेरे ही जर्मन सेना की एक टुकड़ी ने इकाउसिनेस को घेर लिया और 96 युवकों को बन्दी बना लिया। जर्मन सेना ने साथ ही सार्वजनिक रूप से ऐलान किया, ''जिस आदमी ने हमारे अधिकारियों को मारा है, वह 36 घण्टे के भीतर हमारे क़ब्ज़े में होना चाहिए। यदि ऐसा नहीं किया गया तो हम 15 क़ैदियों को मौत के घाट उतार देंगे। इसके बाद हर बीतते 36 घण्टों में यदि दोषी को हमारे हवाले नहीं किया गया तो हम और 15 क़ैदियों का भी वही अंजाम करेंगे। दोषी के हमारे क़ब्ज़े में आने तक यह सिलसिला इसी तरह जारी रहेगा!''

पूरे शहर पर मौत की ख़ामोशी छा गयी। उस समय, क़स्बे के कुछ लोगों ने 'चीनी महिला' के बारे में सोचा। लेकिन इकाउसिनेस, हरब्यूमेंट से 160 किलोमीटर की दूरी पर स्थित था और चूँकि कोई कार उपलब्ध नहीं थी, इसलिए समय पर वहाँ तक पहुँचना असम्भव होता। हमले के बाद, जर्मनी ने सभी वाहनों और रेडियो को अपने क़ब्ज़े में ले लिया था। लेकिन तीन युवक अचानक से एक पुरानी टूटी–फूटी सिट्रोन ले आये। उन्होंने इसे घास–फूँस

से ढँककर वाइन के गोदाम में छुपा रखा था। इन युवकों ने इस कार में थोड़ी बहुत मरम्मत की। वे जर्मन सेना के एक तेल के डिपो से कुछ पेट्रोल भी चुराकर ले आये थे। इसके बाद वे उस सिट्रोन को चलाते हुए सीधे श्यूलिङ के घर जा पहुँचे। गाड़ी की न तो कोई रजिस्ट्रेशन प्लेट थी और न ही कोई ड्राइविंग परमिट ही था। वे छोटे–छोटे रास्तों से होते हुए बहुत जल्दी अपनी मंज़िल पर पहुँच गये। उन्होंने गाड़ी को न तो बड़ी सड़क पर चढ़ाया और न ही उसकी लाइटों का इस्तेमाल किया। वे क़रीब आधी रात के आसपास श्यूलिङ के घर पहुँचे थे।

लम्बे सफ़र से बुरी तरह थके हुए तीन अजनबी उनके दरवाज़े पर खड़े थे, डॉ. बेलांजी ने अपनी पत्नी को एक बार फिर से अपनी जान जोख़िम में डालने की अनुमति देने से मना कर दिया। अभी तक वह पूरी तरह से अपनी पत्नी का साथ देते आये थे। यह उस समय की बात है, जब गठबन्धन की फ़ौजों ने नारमेंडी में क़दम रखा ही था और दोनों पक्षों के बीच भारी गोलीबारी हो रही थी। और जहाँ तक छयेन श्यूलिङ की बात है, वह उस समय पाँच महीने की गर्भवती थीं। उस बात को बहुत अधिक समय नहीं बीता था जब कुछ ही दिन पहले वह फाल्कनहोसेन गयी थीं। उस समय उन्होंने उन डॉक्टर की जान बचायी थी, जिनका पहले ज़िक्र किया गया था। लेकिन जब वह क़िले में पहुँची तो उन्हें एक सचिव ने बताया कि जनरल अपनी ही कुछ समस्याओं को सुलझाने में लगे हुए हैं और उनसे नहीं मिल सकते। सचिव ने साथ ही यह भी बताया कि अब वे और मदद माँगने फाल्कनहोसेन न आयें क्योंकि अब जनरल के पास ऐसा कुछ बचा नहीं है जिससे कि वह उनकी मदद कर सकें।

लेकिन तीनों युवक उनके आगे गिड़गिड़ा रहे थे, ''श्रीमती श्यूलिङ, हम आपसे उन 96 क़ैदियों और उनके परिवारों के जीवन की भीख माँगते हैं। मेहरबानी करके, बस आख़िरी बार इन लोगों को छुड़वा दीजिए। भले ही कोई उम्मीद न बची हो, लेकिन आख़िरी बार कम–से–कम एक कोशिश तो करनी ही चाहिए।'' सुश्री श्यूलिङ अपने पति की ओर मुड़ी और बोलीं, ''प्रिय, मुझे जाना ही होगा। भले ही कोई उम्मीद नहीं बची है, मुझे कोशिश करनी होगी अन्यथा मेरी आत्मा मुझे चैन से जीने नहीं देगी।''

डॉ. बेलांजी ने यह सुनकर केवल इतना भर किया कि अपनी पत्नी को गले लगाया और उन्हें अलविदा कह दिया। इसके बाद वह तीनों युवकों

की ओर मुड़े और उन्हें आदेश दिया, ''तुम्हें किसी भी क़ीमत पर मेरी पत्नी को सुरक्षित मेरे पास वापस लाना है।'' तीनों युवक बाहर की ओर दौड़े और डॉक्टर की नज़रें उन्हें आँखों से ओझल होते हुए देखती रहीं।

घनी अँधेरी रात में, अलग–अलग नस्लों के पाँच लोग : एक चीनी महिला, तीन बेल्जियाई युवक और अजन्मा बच्चा जो आधा चीनी और आधा बेलारूसियाई था : सिट्रोन गाड़ी में बैठ गये। सभी गाड़ी में ऐसे बैठे थे, मानो उन्हें ज़बरदस्ती उसमें ठूँसा गया हो। गाड़ी टूटे–फूटे छोटे रास्तों से, अँधेरे को चीरती हुई आगे बढ़ रही थी। कार में बैठे हुए लोगों को लड़ाई में हो रहे बम विस्फोटों की आवाज़ सुनाई दे रही थी।

''माँ छयेन, आपको डर नहीं लगा?'' मैंने सवाल किया।

''नहीं! मेरे पास डरने के लिए समय ही कहाँ था; मेरा सारा ध्यान तो उन 96 क़ैदियों की जान बचाने पर लगा हुआ था!''

उनके इन सीधे सादे शब्दों के ज़रिये मुझे उनकी पूरी दुनिया नज़र आ रही थी।

रास्ते में कार तीन बार ख़राब हुई और आख़िरकार अगली सुबह पाँच बजे वे लोग इकाउसिनेस पहुँच गये। जर्मन सेना ने सारे रास्तों को सील कर दिया था। तीनों युवकों को उन्हें क़िले तक पहुँचाने में सुबह के दस बज गये। उन्होंने एक गार्ड को सन्देश दिया कि फाल्कनहोसेन को सूचित कर दें। सन्देश था कि वह तुरन्त उनसे मिलना चाहती हैं। 11:30 बजे जनरल ने एक सचिव को उनसे मिलने के लिए भेजा। श्यूलिङ ने सचिव से कहा, ''मेहरबानी करके जनरल फाल्कनहोसेन से कहिए कि वह बन्धकों को फाँसी दिये जाने की सज़ा को तुरन्त रुकवाने का आदेश जारी करें!'' सचिव ने जवाब दिया कि वह अगली सुबह 11:30 बजे आयें। उसी समय वह जनरल से ख़ुद मिल सकती हैं।

तो अगले दिन 11:30 बजे श्यूलिङ फाल्कनहोसेन के कार्यालय में पहुँचीं। यह आख़िरी बार था। जैसे ही वह अन्दर पहुँचीं उन्होंने देखा कि जनरल एक अधेड़ उम्र के जनरल के कान में कुछ फुसफुसा रहे थे। उनके चेहरे पर कुछ नाराज़गी के भाव थे। बाद में श्यूलिङ को पता चला कि वह जनरल और कोई नहीं बल्कि इर्विन रोमेल थे जिन्हें डेसर्ट फॉक्स के नाम से भी जाना जाता है।

श्यूलिङ ने अपने आने का मक़सद बताया। उन्होंने जनरल को समझाने का प्रयास किया कि वे 96 लोग निर्दोष हैं और गेस्टापो के तीन अधिकारियों

की हत्याओं से उनका कोई लेना–देना नहीं है। उन्होंने जनरल से अपील की कि वह किसी भी तरह से उन लोगों की जान बचा लें।

''मेरी परिस्थितियाँ इस समय ठीक नहीं हैं। गेस्टापो गोपनीय तरीक़े से मुझ पर नज़र रख रहा है। जल्द ही मुझे मेरे पद से मुक्त कर दिया जायेगा। लेकिन परेशान न हों, मैं इन निर्दोष लोगों की जान बचाने के लिए अपने आख़िरी तुरूप के पत्ते का इस्तेमाल करूँगा। एक इन्सान के हाथ में जितना सम्भव हो सकता है, वह मैं सब करूँगा।'' जनरल ने जवाब दिया।

ज़्यादा समय नहीं बीता था कि छयेन श्यूलिङ को पता चला कि उन सभी 96 क़ैदियों को बर्लिन में यातना केन्द्रों में भेज दिया गया था। युद्ध समाप्त होने तक वे वहीं रहे।

जहाँ तक जनरल फाल्कनहोसेन की बात है, 29 जुलाई को हिटलर की गुप्त पुलिस ने उन्हें गिरफ़्तार कर लिया और बर्लिन के एक यातना केन्द्र में भेज दिया।

सितम्बर 1944 की बात है। ब्रिटेन के जनरल मोंटगोमरी गठबन्धन सेना के प्रमुख के रूप में ब्रसेल्स पहुँचे और शहर को आज़ाद करा लिया।

21 जुलाई, 1945 को इकाउसिनेस शहर में एक भव्य समारोह का आयोजन किया गया। इस समारोह में मारे गये लोगों को श्रद्धांजलि अर्पित करने के साथ ही युद्ध के नायकों का सम्मान किया गया। छयेन श्यूलिङ के परिवार को शहर के लोगों ने सिर आँखों पर बिठा लिया। समारोह के दौरान बेल्जियाई सरकार ने शिउलिंग को नेशनल हीरो का पदक प्रदान किया। शहर के मेयर ने छयेन श्यूलिङ को पगोडा के आकार का एक अगरबत्ती जलाने का स्टैंड दिया जो चीनी शैली में ताँबे से बना हुआ था। इसके साथ ही जिस सड़क पर क़ैदियों को गिरफ़्तार किया गया था, उसका नाम छयेन श्यूलिङ रख दिया गया। ऐसा इस उम्मीद में किया गया कि शहर के लोग हमेशा छयेन श्यूलिङ की उदारता, सहृदयता को याद रखेंगे और साथ ही याद रखेंगे कि उन्होंने इस शहर के ऊपर कितना बड़ा अहसान किया है।

इसी बीच, जनरल फाल्कनहोसेन को एक जेल से दूसरी जेल भेजा जाता रहा। उन्हें नाज़ी कारागार अधिकारियों और जेल के क़ैदियों की ओर से दोगुनी सज़ा का सामना करना पड़ा। अधिकारी उन्हें रैह शासन का राष्ट्रद्रोही समझते थे तो क़ैदी उन्हें नाज़ी जनरल के रूप में देखते थे

और इस तरह क़ैदियों की नज़र में वह एक दमनकारी थे। क़ैदी उनके प्रति ज़रूरत से अधिक निर्दयी थे। जब मई 1945 में युद्ध समाप्त हुआ तो यातना शिविर के सभी क़ैदियों को रिहा कर दिया गया, केवल जनरल को छोड़कर। उन्हें गठबन्धन बलों के हवाले कर दिया गया और उनके क्षेत्राधिकार में उनकी सज़ा आगे बढ़ती रही।

अगले तीन सालों के दौरान जनरल फाल्कनहोसेन को ब्रिटेन, हॉलैंड और फ्रांस की जेलों में घुमाया जाता रहा और 1948 के बसन्त के समय उन्हें वापस ब्रसेल्स भेज दिया गया। यहाँ उन्हें शीर्ष युद्ध क़ैदी के रूप में अपने मुक़दमे की सुनवाई का इन्तज़ार करना था। बेल्जियम के लोगों के बीच यह बात फैल गयी कि किसी समय नाज़ी गवर्नर रहा एक जनरल एक बार फिर से उनके देश की सीमाओं के भीतर है। बेल्जियम के पीड़ित लोग इस आदमी पर अपना ग़ुस्सा निकालने के लिए तुरन्त इकट्ठा हो गये। उनके हिसाब से नाज़ियों ने बेल्जियम पर जो भी कहर ढाये, उनके लिए यही आदमी ज़िम्मेदार था। ये कहर इतने भयानक थे कि ख़ुद नरक की यातनाओं को भी इन्होंने पीछे छोड़ दिया था। बेल्जियम के लोग जनरल के ख़ून के प्यासे हो उठे; वे चाहते थे कि जनरल को फाँसी पर लटकाया जाये। एक बार फिर से पूरे बेल्जियम में छयेन श्यूलिङ प्रमुख हस्ती बनकर उभर आयीं। उन्होंने बेल्जियम में चीनी दूतावास से सम्पर्क किया और एक चीनी नागरिक के नाते फाल्कनहोसेन से जेल में मिलने की इजाज़त माँगी। नौकरशाही की थोड़ी उठापटक के बाद आख़िर में उन्हें भारी सुरक्षा बन्दोबस्त वाली ब्रसेल्स की जेल में जाने का मौक़ा मिल ही गया। एक समय सैन्यवर्दी में, सीने पर लगे तमगों से रौबदार नज़र आने वाले जनरल की शक्ल–सूरत ही बदल गयी थी। फटी–पुरानी सैन्य वर्दी में उनका सूखकर तिनका हो चुका शरीर किसी कंकाल के समान नज़र आ रहा था। उनका चेहरा और बाल गन्दे थे। वह ख़ुद भी पूरी तरह होशोहवास में नज़र नहीं आ रहे थे। उन्हें जेल की एक अँधेरी और सीलन भरी कोठरी में डाल रखा था। उन्हें देखते ही छयेन श्यूलिङ के शरीर में बिजली का करंट–सा लगा और हज़ारों भावनाएँ उनके चेहरे पर उमड़ आयीं; श्यूलिङ जीवन की अस्थिरता को देखकर हैरान थीं। उन्होंने जनरल फाल्कनहोसेन को बताया कि उनके चचेरे भाई ने एक पत्र भेजा है। इस पत्र में कहा गया है कि च्याङ काई शेक ने पहले ही एक प्रतिनिधिमण्डल को गठबन्धन देशों के राष्ट्राध्यक्षों से मुलाक़ात के

लिए रवाना कर दिया है। यह प्रतिनिधिमण्डल जनरल की सज़ा को कम करवाने के लिए लामबन्दी करेगा। श्री च्याङ ने रिहाई के बाद स्थायी रूप से चीन में रहने का निमन्त्रण भी फाल्कनहोसेन को भेजा था।

लेकिन फाल्कनहोसेन ने केवल इतना कहा, ''अब इस दुनिया में मेरे लिए कुछ नहीं बचा है : न परिवार है, न कोई नाते–रिश्तेदार, न पैसा। मेरे पास कुछ बचा है तो सिर्फ़ जीने के लिए बुढ़ापे के कुछ साल, उन्हें भी मौत का इन्तज़ार करते हुए बिता दूँगा। अब मुझे कोई बहुत ज़्यादा फ़र्क़ नहीं पड़ता कि मेरे साथ क्या हो रहा है। कृपया, श्री छयेन चवोलुन से कहिए कि वे श्री च्याङ को मेरी ओर से शुक्रिया कह दें...'' फाल्कनहोसेन की पत्नी उनकी गिरफ़्तारी के कुछ समय बाद ही गुज़र गयी थीं।

उन्होंने उनसे पूछा, ''जनरल फाल्कनहोसेन, जिस समय आपने मेरी मदद की थी, उस समय आपने अपनी ज़िन्दगी को ख़तरे में डाल दिया था। क्या आपको कोई पछतावा है?''

''नहीं! मेरा यह मानना है कि जो कुछ भी मैंने किया, वह सही किया। यदि मैं बीते वक़्त में लौटकर कुछ बदल सकूँ तो मैं यही चाहूँगा कि ज़्यादा–से–ज़्यादा लोगों की ज़िन्दगी बचा पाता।''

उसके बाद से, श्यूलिङ अक्सर जेल में उनसे मिलने के लिए जाने लगीं और उनकी मदद के लिए वह जो कुछ भी कर सकती थीं, वह उन्होंने किया; प्रेस की ओर से पूछे गये सवालों के जवाब देना, लेख प्रकाशित करवाना, फाल्कनहोसेन के मामले की सुनवाई के सम्बन्ध में बेल्जियम की जनता को अपने विचारों के बारे में निडरता के साथ बताना आदि। ये सब करते हुए श्यूलिङ ने आम जनता के विचारों के दबाव को कोई तव्वजो नहीं दी और कुछ समूहों द्वारा इसके लिए उन्हें परेशान भी किया गया, लेकिन वह किसी दबाव के आगे झुकी नहीं। जिस तरह उन्होंने अपनी जान दाँव पर लगाकर बाग़ी लड़ाकों की ज़िन्दगी बचाई थी, आज उसी प्रकार बिना किसी प्रकार का ख़ौफ़ खाये वह जनरल के बारे में जनता के सामने अपनी राय रख रही थीं।

अपने शोध के दौरान, मुझे 1948 में एक बेल्जियाई अख़बार में उनके लिखे गये लेखों में से एक लेख मिला, जिसका एक हिस्सा यहाँ पढ़कर सुनाती हूँ, ''मैंने युद्ध के समय बेल्जियाई लोगों के लिए जो कुछ भी किया, और जिसके लिए मुझे सरकार ने पदक से सम्मानित किया, जनता ने मुझे अपने प्यार से लाद दिया...यदि उस सब प्यार और सम्मान की

कोई अहमियत है तो मैं सबको यह बताना चाहती हूँ कि ये सब मेरी कड़ी मेहनत का नतीजा था लेकिन इस काम को करने का अवसर मुझे जनरल फाल्कनहोसेन ने दिया! मैंने जो कुछ भी किया वह उनकी अनथक मेहनत के कारण ही सम्भव हो सका था। इसके लिए उन्होंने अपनी ख़ुद की सुरक्षा की भी परवाह नहीं की। उनकी मेहनत के बिना, मेरे पास कुछ भी करने की ताक़त ही नहीं होती। यह केवल इसलिए सम्भव हुआ क्योंकि जनरल फाल्कनहोसेन ने अपनी ताक़त के भीतर जितना सम्भव हो सकता था, उन्होंने किया। उनकी बदौलत ही बेल्जियम के लोगों पर उतने अत्याचार नहीं हुए जितने अत्याचार हॉलैंड, नार्वे, पोलैंड और नाज़ी क़ब्ज़े वाले अन्य देशों में हुए! हालाँकि जनरल फाल्कनहोसेन एक नाज़ी जनरल थे, लेकिन इसके बावजूद वह एक सही सोच और शान्तिप्रिय व्यक्ति थे और न्याय की भावना उनके भीतर कूट–कूटकर भरी हुई थी। मैं हमेशा उनका तहेदिल से सम्मान करती रहूँगी और ज़िन्दगीभर उनकी आभारी रहूँगी। मैं अदालत तक में यह कहानी बताने की क़सम खाती हूँ!''

उनके लेख पर नाटकीय प्रतिक्रिया हुई; कुछ ने उनका समर्थन किया तो कुछ ने विरोध। कुछ लोगों ने उन पर यहाँ तक आरोप लगाये कि वह नाज़ियों से सहानुभूति रखने वाली एक झूठी नायिका हैं...उनके लेख का एक और बेहद अजीब नतीजा निकला।

एक दिन एक अधेड़ उम्र की महिला छयेन श्यूलिङ से मिलने आयीं। उसने कहा कि उसे सेसिल वेंट कहा जाता था और उसे युद्ध में उनके प्रयासों के लिए बेल्जियाई सरकार से पदक भी मिला है। उसने छयेन श्यूलिङ का एक लेख भी पढ़ा था और वह यह जानकर बेहद प्रभावित और हैरान हैं कि जनरल फाल्कनहोसेन की न्यायप्रियता किस प्रकार सरहदों और नस्लों के पार जाकर देखती थी। उस महिला को फाल्कनहोसेन से पागलपन की हद तक प्यार हो गया था। उसने छयेन श्यूलिङ से कहा कि वह उसका एक पत्र जनरल तक पहुँचा दें, उन्हें बतायें कि वह उन्हें प्यार करती है और यह भी कि वह उनका इन्तज़ार करेगी, चाहे वह कितने ही साल सलाखों के पीछे क्यों न रहें...

लेकिन जब छयेन श्यूलिङ ने यह चिट्ठी फाल्कनहोसेन को दी तो उन्होंने कहा, ''मैं एक युद्ध अपराधी हूँ। चाहे मैं ज़िन्दा रहूँ या मर जाऊँ, मेरी क़िस्मत पहले ही मेरे हाथों से निकल चुकी है, तो मैं कैसे एक महिला के प्रेम को स्वीकार कर सकता हूँ? हालाँकि मैं इस शानदार महिला का

बहुत–बहुत आभारी हूँ। कृपया कर, मेरी ओर से उस महिला को शुक्रिया कह दीजिएगा, उस सबके लिए जो भी उसने मेरे लिए किया।''

जेल में सात साल बिताने के बाद, मार्च 1951 में आख़िरकार वह समय आ गया, जब जनरल फाल्कनहोसेन को सज़ा सुनाई गयी।

इस समय पूरा देश लम्बे समय से अनसुलझे इस मामले को उत्सुकता से देख रहा था और बेचैनी के साथ हर कोई नतीजे के इन्तज़ार में था। हर किसी के दिमाग़ में यही था कि इस हाई प्रोफ़ाइल युद्ध अपराधी की क़िस्मत का फ़ैसला क्या रहेगा। क्या उन्हें भी हॉलैंड के पूर्व नाज़ी गवर्नर आर्थर सेसेल्क्वार्ट की तरह फाँसी के तख़्ते पर लटका दिया जायेगा...

छयेन श्यूलिङ को छोड़कर, जिस भी आदमी ने मामले की सुनवाई के दौरान अदालत में गवाही दी, सभी ने जनरल की निन्दा की। सभी युद्ध पंचाटों में, श्यूलिङ ही एकमात्र ऐसी महिला थीं जो एक नाज़ी युद्ध अपराधी की ओर से न्याय के पक्ष में बोलने की हिम्मत जुटा रही थीं। एक बार फिर उन्होंने यह दिखा दिया था कि वह किसी से नहीं डरती हैं और जनता के विचारों के दबाव के आगे खड़े रहने में वह पूरी तरह सक्षम हैं। एक सच्चे नायक के अदम्य साहस के साथ वह खड़ी हुई थीं और उन्होंने यह सुनिश्चित भी किया था कि न्याय के पक्ष में उनकी आवाज़ सुनी जाये!

एक बार फिर से समय जैसे उनकी परीक्षा ले रहा था। उन्होंने उन सभी लोगों की गवाही एकत्र की जिन्हें फाल्कनहोसेन ने मौत के पंजों से बचाया था। उन सभी के संयुक्त हस्ताक्षर वाला एक पत्र उन्होंने अदालत में पेश किया। उन्होंने ऐसे कई दर्जन लोगों को भी संगठित किया जिनकी जान जनरल ने बचाई थी। उन सभी को अदालत में गवाह के बतौर पेश किया गया। आख़िर में, उन्होंने जज से निजी तौर पर अपील की। जज से कहा कि वह बेल्जियाई लोगों की ओर से जनरल फाल्कनहोसेन के प्रयासों का सम्मान करें और जान बचाने के उनके प्रयासों को देखते हुए उनके साथ न्यायोचित व्यवहार किया जाना चाहिए।

उनकी गवाही से पूरी अदालत सकते में आ गयी और जज पर इसका गहरा असर पड़ा। ज्यूरी के प्रत्येक सदस्य पर भी उनकी गवाही ने गहरी छाप छोड़ी। उनकी गवाही ने जनरल फाल्कनहोसेन को भी भीतर तक छू लिया जो ज़िन्दगी से हार मान बैठे थे। उनकी गवाही ने न केवल न्याय का आह्वान किया बल्कि इससे उनकी दोस्ती की गहराई और ईमानदारी भी प्रदर्शित हुई। जनरल के हृदय में एक ऐसा अपनापन उपजा जो किसी

प्रिय की क़रीबी मौजूदगी में ही पैदा हो सकता है। कई सालों बाद, जब जनरल मृत्यु शैया पर पड़े थे और अपनी आख़िरी साँसें गिन रहे थे, यह अपनापन तब भी उनके साथ था। वह कभी भी छयेन श्यूलिङ के प्रयासों को नहीं भुला पाये। उन्हें हमेशा याद रहा कि कैसे उन्होंने उनकी ज़िन्दगी को बचाने के लिए जंग लड़ी थी।

आख़िर में जनरल फाल्कनहोसेन को 12 साल जेल की सज़ा सुनाई गयी लेकिन एक साल बाद ही उन्हें रिहा कर दिया गया। मिस वेंट को साथ लेकर वह जर्मनी लौट गये जहाँ बॉन शहर में उन्होंने अपना ठिकाना बना लिया और 1966 में 88 साल की उम्र में निधन होने तक वह इसी शहर में रहे।

अब कहानी ख़त्म होने को है। मैं उस चमकते चेहरे वाली, मीठी मुस्कुराहट लिए बूढ़ी औरत की ओर देखती हूँ जो मेरे सामने बैठी हैं। मैं अपनी कल्पना–शक्ति की सारी ताक़त लगा देती हूँ, उनके चेहरे पर वही पुरानी हिम्मत और दमखम की एक झलक ढूँढ़ने की कोशिश करती हूँ। लेकिन मेरे तमाम प्रयासों के बावजूद मेरी खोज का कोई परिणाम मुझे नहीं मिलता है। उनकी बातचीत की शैली में भी कोई रोबीलापन नहीं था, न ही गर्व का कोई भाव था, उनके चेहरे पर एक छोटी–सी शान्त मुस्कान थी। तभी अचानक मुझे एक मूलभूत सच समझ में आया : जो लोग व्यथित हुए बिना विपरीत हालातों का सामना कर सकते हैं, वे उन बहादुर और लड़ाकू नायकों की तरह नहीं होते, जो अपनी बहादुरी के क़िस्से सुनाते हुए घूमते हैं!

मेरे भी दिल में जनरल फाल्कनहोसेन के प्रति बेहद सम्मान था; वह एक प्रसिद्ध जर्मन जनरल थे और साथ ही बेल्जियम के सैन्य गवर्नर भी, जिन्हें हिटलर ने ख़ुद नियुक्त किया था। इसके बावजूद, उन्होंने अपना करियर और अपनी ज़िन्दगी उन लोगों की जान बचाने के लिए ख़तरे में डाली, जो उनके ख़िलाफ़ ही लड़े थे। संकुचित राष्ट्रवाद की सीमाओं से ऊपर उठने की क्षमता उनमें थी और उनमें यह ग़ज़ब की शक्ति थी कि वह सही और ग़लत को समझते थे। ये दोनों ही खूबियाँ युद्ध के बीच में बिरले ही देखने को मिलती हैं। इसीलिए मैंने ए चाइनीज़ वीमेन एट गेस्टापो गनपॉइंट में मैंने लिखा है, ''एक इन्सान के रूप में हम यह चयन करने में शक्तिहीन हैं कि हमें किस देश में जन्म लेना है और इससे भी अधिक हम इस बात में शक्तिहीन हैं कि हमें कब जन्म लेना है, और इसके बाद भी हमारे पास अपनी क़िस्मत का चयन करने की ताक़त होती है...''

7

इस शोध के बाद, मैंने श्री छयेन श्येनरन का फिर से इंटरव्यू किया और उनके साथ ही श्री छयेन वेईछयाङ और श्री तथा श्रीमती मी च्या का भी। मैं बूढ़ी माँ छयेन को साथ लेकर जिस दिन मी च्या दम्पति के घर के लिए निकली तो आसमान से बर्फ़ गिरने लगी। हम घर से कुछ ही क़दम दूर निकले थे। बर्फ़ के कतरे आश्चर्यजनक रूप से बड़े थे और इससे पहले कि मेरी आँखें बदलते नज़ारे की अभ्यस्त हो पातीं, हर चीज़ पर बर्फ़ की एक मोटी परत जम चुकी थी। मुझे डर लग रहा था कि श्यूलिङ कहीं फिसल न जायें। इसलिए मैंने उनके बाजू को कसकर पकड़ लिया। कुछ क़दम चलने के बाद मैंने उन्हें अपने कन्धे से सटा लिया ताकि वह आराम कर सकें। मैं उनके साथ सड़क के एक किनारे खड़ी थी और हम दोनों बर्फ़ के गिरते कतरों को देख रही थीं। अचानक से हम दोनों ज़ोर से हँस पड़े। मुझे उनके साथ खड़े होकर अपनेपन की ऐसी गर्माहट–सी महसूस हुई जो मुझे अपनी माँ के क़रीब सटकर बैठने पर होती थी। वह भी इसी तरह मेरे कन्धे पर अपना सिर झुका देती थीं। अब तो उनका देहान्त हुए भी कई साल हो चुके हैं। यह याद ताउम्र मेरे साथ रहेगी।

जैसा कि मुझे पता चला, छयेन वेईछयाङ रोज़र के साथ अच्छे दोस्त थे और उन्होंने ही सारा प्रबन्ध किया था। वह मुझे उस पहले बेल्जियाई व्यक्ति का इंटरव्यू कराने के लिए ले जाने वाले थे जिसे छयेन श्यूलिङ ने बचाया था। लेकिन उसी शाम मेरे लिए एक अजनबी का फ़ोन आ गया जिसकी मैंने उम्मीद भी नहीं की थी। उसने मुझे बताया कि वह भी छयेन श्यूलिङ की कहानी पर रिपोर्टिंग कर रहा है। उसने मुझसे कहा कि मैं अपने बाक़ी के इंटरव्यू पर काम न करूँ। मुझे ये बात बड़ी ही अजीब लगी; इस आदमी को कैसे पता कि मैं इंटरव्यू कर रही हूँ? मैंने कहा कि मैं पहले ही कई दिनों से इंटरव्यू कर रही हूँ और अब इन्हें बन्द करने का तो सवाल ही पैदा नहीं होता।

इस अजनबी की बातें सुनकर मेरा दिल बैठने लगा। मैं इतनी दूर से चलकर आयी थी और वह भी अपने ख़र्चे पर। और यहाँ तक मैं ये इंटरव्यू ही करने आयी थी। ये बात सही है कि मैं कोई विवाद नहीं चाहती थी और किसी अनावश्यक परेशानी में भी नहीं पड़ना चाहती थी।

अगले दिन, रोज़र ने यह बताने के लिए फ़ोन किया कि मुझे इंटरव्यू नहीं देंगे। छयेन श्यूलिङ ने भी उनसे बात करने की कोशिश की लेकिन कोई नतीजा नहीं निकला। मेरा मूड ख़राब हो गया था लेकिन मैं कुछ कर नहीं सकती थी; मैं अकेली थी और वह भी एक अजनबी देश में। मैं केवल इतना कर सकती थी कि यहाँ से अपना सामान उठाकर लौट चलूँ और इंटरव्यू नहीं कर पाने के अपने पश्चात्ताप को भी अपने साथ ले चलूँ। शुरुआत में मेरी योजना ये थी कि मैं जनरल फाल्कनहोसेन के सम्बन्ध में कुछ और जानने के लिए मैं जर्मनी भी जाऊँगी। और मैं इसके लिए जर्मन दूतावास के साथ पहले से ही अपना इन्तज़ाम कर चुकी थी। लेकिन आख़िर में मैंने अपनी योजना रद्द करने का फ़ैसला किया और तुरन्त चीन लौटने की सोची ताकि मैं जितना जल्द–से–जल्द सम्भव हो सके, अपनी स्क्रिप्ट लिखना शुरू कर सकूँ। और साथ ही *ए चाइनीज़ वीमेन एट गेस्टापो गनपॉइंट* की शूटिंग भी एक प्रोडक्शन कम्पनी के साथ जल्द से जल्द शुरू कर पाऊँ।

उसी शाम, मैं हवाई अड्डे गयी ताकि रिटर्न ट्रिप के लिए अपने टिकट की जाँच–पड़ताल कर लूँ लेकिन मैं अपने साथ तीन भाषाओं वाले नोट्स ले जाना भूल गयी। अभी–अभी बारिश होकर थम चुकी थी और गीली सड़क के एक तरफ़ मैं पूरी तरह अकेली खड़ी थी, अजनबी चेहरे मेरी आँखों के सामने से गुज़र रहे थे। ऐसे में मुझे अपनी बेबसी और अकेलेपन का जिस शिद्दत से एहसास हुआ, वैसा पहले कभी नहीं हुआ था। मैंने एक बेल्जियाई लड़की को देखा जो मेरी ओर आ रही थी और मैं अचानक अपने दोनों हाथ अपनी कमर के पीछे की ओर फैलाकर इस प्रकार दौड़ी जैसे कोई विमान उड़ रहा हो...युवती तुरन्त मेरी बात समझ गयी कि मैं क्या कहना चाहती हूँ और वह मुझे एक सबवे स्टेशन तक ले गयी जहाँ से उसने सबवे का टिकट ख़रीदने में मेरी मदद की और उसके बाद मुझे उसने एक महिला के हवाले कर दिया जो हैंडबैग लिए खड़ी थी। युवती ने प्यारी–सी मुस्कान के साथ मुझे गुड बाय कहा। जब कोई बेबसी वाली हालत होती है और ऐसे में कोई मददगार आपको मिल जाये तो आप बहुत जल्दी भावुक हो जाते हैं। उस युवती की मेरी ओर पीठ थी और वह आगे बढ़ी जा रही थी। मेरी आँखों में आँसू भर आये, जिन्हें मैंने आँखों में ही रोक लिया।

जब तक हवाई अड्डे पर सब कामकाज निपटा, तब तक अँधेरा हो चुका था और ख़ाली, लम्बे सबवे प्लेटफ़ॉर्म पर न कोई बन्दा था न बन्दे

की जात। सौभाग्य से यह एक अच्छा संयोग हुआ कि एक ट्रेन प्लेटफॉर्म पर आकर रुकी और मैंने देखा कि ट्रेन के एक डिब्बे में दो अश्वेत लोग बैठे थे। मैं जल्दी से खिड़की पर उनके पास गयी और उन्हें अपना सबवे टिकट दिखाकर इशारों में पूछा कि क्या मेरा टिकट इस ट्रेन के लिए वैध है। एक अश्वेत व्यक्ति ने न में सिर हिलाया। ट्रेन से उतरने के बाद, दो लोग मेरे पास आ गये। दोनों लोगों ने मुझे रास्ता बताना शुरू कर दिया, इधर–उधर मुड़ते हुए, दायें–बायें, कभी ऊपर, कभी नीचे चढ़ते–उतरते हम एक–दूसरे सबवे प्लेटफ़ॉर्म पर पहुँच गये। इतने चक्कर काटने पड़े कि मुझे दिशा भ्रम हो गया और कहीं–न–कहीं मैं भीतर से डर भी गयी थी। प्लेटफ़ॉर्म पर पहुँचने के बाद ही दोनों अजनबी मेरी ओर मुड़े और वापस मुड़ने से पहले, मुस्कुराहट से उन्होंने मुझे बाय कहा। पूरे सुनसान पड़े प्लेटफ़ॉर्म पर केवल मैं अकेली खड़ी थी। एक प्रेमी जोड़ा बेंच पर बैठा एक–दूसरे को चूमने में मगन था। स्थिति बड़ी ही पसोपेश में डालने वाली थी। उस झेंप से बचने के लिए मैंने अपना सबवे टिकट आगे बढ़ाकर पूछा कि मुझे किस ट्रेन में जाना चाहिए। दोनों ने तुरन्त एक–दूसरे को चूमना बन्द कर दिया और तुरन्त बताया कि मैं दूसरी ओर के प्लेटफ़ॉर्म पर चली जाऊँ और वहाँ ट्रेन का इन्तज़ार करूँ।

जब मैं दूसरी ओर के प्लेटफॉर्म पर गयी तो मैंने फिर से एक अधेड़ उम्र के व्यक्ति से पूछा कि बी 1 लाइन के लिए मुझे कौन–सी ट्रेन में जाना चाहिए। उसी समय, एक लाइन 55 ट्रेन प्लेटफ़ॉर्म पर आकर रुकी और उस अधेड़ व्यक्ति ने जल्दी से मुझे ट्रेन के भीतर खींच लिया। ट्रेन में चढ़ने के बाद, उसने एक सबवे नक़्शे की ओर इशारा करते हुए बताया कि वह तीसरे स्टेशन पर उतर जायेंगे और मुझे पाँचवें स्टेशन पर उतरकर लाइन बी 1 के लिए ट्रेन बदलनी होगी। इसके बाद उन्होंने मुझे एक अश्वेत महिला के हवाले कर दिया...

जब मैं श्री छयेन श्येनरन के घर पहुँची तो पहले ही काफ़ी रात हो चुकी थी। मैं तीसरे माले की बरसाती में बहुत देर तक बिस्तर पर करवटें बदलती रही। इस अजनबी देश में, जहाँ बाहर दो क़दम रखते ही बड़ी समस्या सामने आ रही थी, वहाँ इतने अच्छे लोगों से मेरी मुलाक़ात हुई –बेहद अच्छे विदेशी। ये सब एक–दूसरे को ना जानते हुए भी अच्छाई की डोर से एक–दूसरे से बँधे थे और एक रिले टीम की तरह काम कर रहे थे, वे मुझे बैटन की तरह एक के बाद एक–दूसरे हाथों में सौंपते

चले गये; ये कोई एक या दो लोग नहीं थे बल्कि जिनसे भी मैं मिली, वे सभी बेहद भले लोग थे। 25 नवम्बर, 1999, को मैं 27 दिन तक चले इंटरव्यू के सिलसिले को पूरा कर चुकी थी। मैं क्वियान परिवार, शंघाई चाइनीज़ ओवरसीज़ फ्रैंडशिप एसोसिएशन और बेल्जियम में चीनी दूतावास के संस्कृति विभाग की बहुत आभारी थी। मैं अपने साथ न केवल इंटरव्यू में समाये हज़ारों–हज़ार शब्दों और दस्तावेज़ों को अपने साथ लेकर जा रही थी बल्कि बहुत से बेशक़ीमती फ़ोटोग्राफ़ भी मुझे मिले थे। इस सच्ची कहानी की विषय–वस्तु इतनी विशाल, समृद्ध और ऐसे हैरतअंगेज़ कथानकों, गहरे और मज़बूत रोमांचक किरदारों की कहानी है जो हॉलीवुड मूवी *शिंडलर्स लिस्ट* के पीछे की सच्ची कहानी से भी कहीं अधिक आत्मा को आन्दोलित कर देती है। एक लेखक के नाते, जिसने साहित्य को अपनी ज़िन्दगी बना लिया है, उसके लिए इस कहानी की विषय–वस्तु का अचानक से मिल जाना कुछ ऐसा ही है, मानो स्वर्ग से परमात्मा ने यह कहानी मेरे लिए भेजी है।

यह कुछ ऐसा ही था मानो कोई सोने की तलाश में निकला हो और अचानक से सोने की ख़दान ही उसके सामने खुल जाये। मैंने छयेन श्यूलिङ और नाज़ी जनरल की कहानी के बारे में 20 एपिसोड की टीवी सीरीज की पटकथा लिखने का फ़ैसला किया। मैं चाहती थी कि टी. वी. की ताक़त के ज़रिये चीन की इस बेटी की कहानी जल्द–से–जल्द दुनियाभर में दर्शकों के सामने हो और वे उसके बारे में जानें। मैं इसे बहुत बड़े पैमाने पर करने की सोच रही थी!

लेकिन मैंने कभी भी अन्दाज़ा नहीं लगाया था कि आगे क्या होने वाला है...

8

बीजिंग लौटने पर मेरे सामने एक और ही खुलासा हुआ। सरकारी स्वामित्व वाली जिस कम्पनी के साथ मैंने चीन से रवाना होने से पहले बात की थी, उसके पास असलियत में विदेशी मामलों सम्बन्धी फ़िल्मों की विदेश में शूटिंग करने के ज़रूरी अधिकार ही नहीं थे। *ए चाइनीज़ वीमेन एट गेस्टापो गनपॉइंट* की शूटिंग करने की मेरी शुरुआती योजना पहले

ही धराशायी हो चुकी थी। मुझे महसूस हुआ कि मैं एक गहरी खाई में गिरती जा रही हूँ। इसलिए मैं हार्बिन लौट आयी और बिना समय गँवाये पटकथा लिखना शुरू कर दिया। साथ ही ऐसे लोगों की सेवाएँ लीं जो मेरी स्रोत सामग्री का अनुवाद कर सकें।

मेरे लेखकीय जीवन में ऐसे हालात मेरे सामने कभी पेश नहीं आये थे। सभी दस्तावेज़ मेरे पास थे, जीवन की अजीबोग़रीब कहानियाँ मेरे सामने थीं लेकिन भाषायी बाधा के चलते वे मेरे लिए अजनबी थे। मैंने ख़ुद को अपने अध्ययन कक्ष में बन्द कर लिया जहाँ अपने अधिकतर समय मैं अपने स्रोतों से विचार–विमर्श करने में और वीडियो टेप पर द्वितीय विश्व युद्ध की डॉक्यूमेंट्री और फ़ीचर फ़िल्में देखने में बिता रही थी–मैं *ए हिस्ट्री ऑफ़ यूरोप, दी राइज एंड फाल ऑफ़ दी थर्ड रैह, शिंडलर्स लिस्ट* और ऐसी ही अन्य सामग्री से भरी फ़िल्में और किताबों में डूब गयी थी। इनसे जो समय बचता, वह मैं अपनी कल्पना में पटकथा का ख़ाका खींचने में लगा रही थी।

मेरे रास्ते की पहली सबसे बड़ी बाधा ये थी कि काल्पनिक कहानी लेखन और तथ्यों के साथ ईमानदारी के बीच सन्तुलन किस प्रकार क़ायम किया जाये। मैं कहानी में काल्पनिक पक्ष को हावी नहीं होने देना चाहती थी; आख़िर तो, क्वियान शिउलिंग अभी ज़िन्दा थीं और मुझे इस बात की चिन्ता थी कि यदि मैंने कहानी को अधिक काल्पनिक बना दिया तो उनके परिवार को आपत्ति हो सकती है। दूसरी ओर, अगर काल्पनिकता पर्याप्त अनुपात में नहीं होगी तो बुज़ुर्ग महिला की कहानी को 20 टी.वी. एपिसोड में पेश करने के लिए पर्याप्त मसाला नहीं मिलेगा। इसके साथ ही समस्या ये भी थी कि कहानी की मुख्य विषय–वस्तु के चित्रण में तथ्यों से हट जाना क़तई स्वीकार्य नहीं होगा; मुझे तथ्यों पर ही अपने आपको क़ायम रखना पड़ा। बेल्जियम में एक रस्म होती है कि किसी महिला के सामने शादी का प्रस्ताव रखते समय पुरुष महिला को एक अँगूठी देता है। मैं इसके बारे में पुष्टि करना चाहती थी और इसके लिए मैंने श्री छयेन श्येनरन को आई.एस.डी. कॉल लगाया। मैंने उन बाक़ी बातों की भी एक सूची बना ली थी जिन्हें मैं समझ नहीं पा रही थी और उनके लिए मैंने अपने बेल्जियाई मित्रों को फ़ैक्स कर दिये थे। उदाहरण के लिए : ''क्या युद्ध के दौरान बेल्जियम में सबवे प्रणाली थी?'', "युद्ध के दौरान कर्फ़्यू कितने घण्टों तक लगता था?'', "बर्लिन के यातना शिविरों में कैसे

हालात थे?", ''कैथोलिक लोग किस भाषा में प्रार्थना करते हैं?'', ''जर्मन सैन्य अदालतों में जजों की यूनिफ़ॉर्म कैसी होती थी?'' और भी ऐसे ही ढेरों सवाल। कई महीनों की कड़ी मेहनत और ख़ूब पसीना बहाने के बाद, वह 2 मार्च, 2000 का दिन था और मैंने अपने 20 एपिसोड की शुरुआती पटकथा उठायी। *ए चाइनीज़ वीमेन एट गेस्टापो गनपॉइंट* को लेकर मैं बीजिंग गयी ताकि मेरी पटकथा को लेने के लिए कोई योग्य पार्टनर मिल सके। 18 मार्च का दिन था। काफ़ी सुबह की बात है, अचानक मुझे अपने पूरे शरीर में बेहद कमज़ोर महसूस हुई। इतनी कमज़ोरी कि मेरे पैर लड़खड़ा गये और मैं सीढ़ियों से एक तरह से गिर ही गयी थी। मैं चेकअप के लिए डॉक्टर के पास गयी और मैंने पाया कि मुझे हेपेटाइटिस हो गया है और वह भी गम्भीर स्तर का। मेरे पास हार्बिन लौटने के सिवाय कोई रास्ता नहीं था। मैं उसी दिन लौट आयी और अस्पताल में भर्ती हो गयी।

अस्पताल में लेटे हुए मैं महसूस कर सकती थी कि मेरे शरीर को बेचैनी हो रही है क्योंकि मुझे अभी तक फ़िल्माने के लिए कोई पार्टनर नहीं मिला था। मैंने कई फ़िल्म कम्पनियों से सम्पर्क किया, वे सब मेरी विषय–वस्तु की गुणवत्ता को लेकर बहुत अधिक प्रभावित थे। लेकिन सम्भावित ख़तरे को भाँपकर वे भी पीछे हट गये। पीछे हटने का एक कारण यह भी था कि इस ओवरसीज़ परियोजना में काफ़ी धन निवेश करने की भी ज़रूरत थी। मेरे पास सभी विकल्प धीरे–धीरे ख़त्म हो रहे थे और ऐसे में मैंने स्टीवन स्पीलबर्ग और स्टीवन जेलियान को पत्र लिख भेजे। स्पीलबर्ग *शिंडलर्स लिस्ट* के निर्देशक और जेलियान पटकथा लेखक थे। इन पत्रों में मैंने उन्हें छयेन श्यूलिङ की कहानी की पेशकश की। एक अमेरिकी मित्र की मदद से मैंने अपने पत्रों को भेजने से पहले उनका अंग्रेज़ी में अनुवाद करवा लिया था। मैंने कई चिट्ठियाँ लिखीं लेकिन ऐसा लगता है कि वे सब कहीं ग़ायब हो गयीं। सेहत थोड़ा सुधरने के बाद मैं इस बार अपने पति के साथ एक बार फिर से बीजिंग...जाकर निवेशकों की तलाश में जुट गयी।

9

जून का महीना आधा बीत चुका था और साल था 2000 का। सुबह काफ़ी गर्म थी। मुझे एक अजनबी–सा फ़ोन कॉल आया।

यह फ़ोन श्याओ श्याङ फ़िल्म स्टूडियो के प्रोडक्शन डायरेक्टर श्री चओ का था। श्री चओ ने बताया कि उन्होंने मेरे 20 एपिसोड की टी.वी. श्रृंखला पटकथा पढ़ी है जो *ज़िन्दगी और मौत का दंगल* के बारे में थी। वह पटकथा से बहुत प्रभावित हुए थे और जानना चाहते थे कि इस पर पहले ही प्रोडक्शन शुरू हो चुका है या नहीं। मैंने उन्हें बताया कि मैं इसे पहले ही चाइना बीजिंग टेलीविज़न स्टेशन को सौंप चुकी हूँ। उन्हें यह सुनकर बड़ी निराशा हुई। उन्होंने पूछा कि क्या मेरे पास कोई और ऐसी पटकथा है जिस पर अभी काम नहीं हुआ हो। मैंने उन्हें *ए चाइनीज़ वीमेन एट गेस्टापो गनपॉइंट* के बारे में बताया; उन्होंने उसमें काफ़ी रुचि दिखायी और इस पर चर्चा करने के लिए मुझे आमन्त्रित कर दिया।

श्री चओ के साथ मेरी बातचीत काफ़ी अच्छी रही और मुझे अपने दिल में ऐसा महसूस हुआ, मानो फिर से कोई उम्मीद जग रही है। क़ानूनी रूप से बाध्य क़रार होने के बाद मेरी उम्मीद बहुत जल्द ठोस आकार ले चुकी थी। कुछ दिन बाद श्री चओ ने मेरी पटकथा पढ़ने के लिए लोगों को बीजिंग बुलाया और बाद में वह दो फ़िल्म निर्माताओं को लेकर आये ताकि वे मेरे साथ औपचारिक रूप से एक एग्रीमेंट साइन कर सकें।

6 जुलाई, 2000 को मेरे पति मेरे साथ बीजिंग गये जहाँ ओसकोनो होटल में श्री चओ ठहरे हुए थे। माहौल काफ़ी दोस्ताना था और हमने एक क़रार पर हस्ताक्षर किये। इसके तहत फ़िल्मिंग के लिए पटकथा के अधिकार 20 एपिसोड का टी.वी. ड्रामा फ़िल्माने की ख़ातिर हस्तान्तरित किये गये थे। इस टीवी एपिसोड ड्रामा का शीर्षक *ए चाइनीज़ वीमेन एट गेस्टापो गनपॉइंट* ही रखा जाना तय हुआ। इसके बाद श्री चओ ने क़रार पर मोहर लगायी। मोहर श्याओ श्याङ फ़िल्म स्टूडियो की थी। तुरन्त ही उन्होंने मुझे मेरी बतौर लेखक फ़ीस के रूप में पहली किस्त दे दी। हमारे चेहरों पर मुस्कान थी, हमारी नीयत साफ़ थी और हमने बड़ी ही गर्मजोशी के साथ हाथ मिलाये।

सब कुछ बहुत ही आराम से हो रहा था, इतना आराम से कि उस पर यक़ीन करना मुश्किल लग रहा था। मुझे यह कभी सूझा ही नहीं कि जब काम इतने आराम से हो जाते हैं तो अक्सर इसका मतलब यह होता है कि सतह के नीचे कोई बहुत बड़ी समस्या छुपी हुई है। ख़ुशी के मारे मेरे पैर ज़मीन पर नहीं टिक रहे थे और मैं दिल में उम्मीदों के सुनहरे दीप जलाये हार्बिन लौट आयी। ख़ुशी–ख़ुशी मैंने श्री चओ के सुझावों के अनुसार पटकथा का सम्पादन शुरू कर दिया। सितम्बर में मैंने क़रार के

अनुसार, पहली सम्पादित पटकथा श्याओ श्याङ ऑफ़िस को भेज दी। 8 अक्तूबर को चाइना वीमेंस डेवलपमेंट फ़ाउंडेशन और चाइना सेंट्रल टेलीविज़न (सी.सी.टी.वी.) के फ़िल्म निर्माण विभाग ने *ए चाइनीज़ वीमेन एट गेस्टापो गनपॉइंट* पर चाइना वीमेन्स लीग के कॉन्फ्रेंस हॉल में एक बैठक बुलायी। मैं थोड़ा उत्सुक और बेचैन थी, इसलिए नहीं थी कि मुझे अपनी पटकथा की आलोचना होने की चिन्ता थी; पटकथा में सम्पादन की सलाह पर मेरी कोई विशेष आपत्ति नहीं थी, लेकिन मुझे चिन्ता सता रही थी कि कहीं पूरी परियोजना पर ही आपत्ति न जता दें। इस चिन्ता का कारण था कि पटकथा एक नाज़ी जनरल को सकारात्मक रूप से उदार दिल वाले इन्सान के तौर पर दिखाती थी। यदि पटकथा की स्रोत सामग्री पर वीटो हो गया तो ये मेरे दिल के लिए बहुत बड़ा सदमा होगा।

मेरी आशंकाओं के विपरीत फ़ॉरम के विशेषज्ञों ने ड्रामा का आधार बनी स्रोत सामग्री को सराहा और सभी ने एक स्वर में इसे अपने आप में अनूठी कहानी बताते हुए इसकी तारीफ़ की। हालाँकि पटकथा के लिए उन्होंने कई नकारात्मक विचार भी रखे थे। मेरा यह मानना है कि विशेषज्ञों के सुझाव सही थे, ख़ासतौर से श्री ल्यू याङथी को लेकर जो चाइनीज़ एकेडमी ऑफ़ सोशल साइंसेज के साहित्य विभाग में शोधकर्ता होने के साथ ही प्रख्यात फ़िल्म समीक्षक और सी.सी.टी.वी. के डिप्टी डायरेक्टर थे। उन्होंने मुझे प्रोत्साहित किया कि मैं मूल स्रोत सामग्री से आगे बढ़ने की हिम्मत दिखाऊँ। उन्होंने ही मुझे यह हिम्मत दी कि मैं कहानी के तथ्यात्मक विवरण सम्बन्धी उन ज़ंजीरों को तोड़ूँ जिन्हें मैंने अपने चारों ओर बाँध लिया था।

मैंने एक बड़ा ही हिम्मत वाला क़दम उठाया : अपनी मूल पटकथा को रद्दी की टोकरी में डालकर, नये सिरे से 20 एपिसोड के टी.वी. ड्रामा की पटकथा लिखूँ, लेकिन द्वितीय विश्व युद्ध के पूरे ड्रामे को लिखने के लिए मेरे पास केवल दो महीनों का समय था। कहना बहुत आसान है, लेकिन करना मुश्किल!

मेरा बचपन हेइलूङच्याङ प्रान्त में बर्फ़ीले तूफ़ानों के बीच बीता था। उत्तर की हड्डियों को जमा देने वाली ठण्ड ने मेरे चरित्र को गढ़ने में महत्त्वपूर्ण भूमिका अदा की थी; जब भी मैं गिरती, तो मेरे भीतर से कोई मुझे फिर से पहाड़ पर चढ़ने की प्रेरणा देता। यदि ऐसा नहीं करती तो शायद मैं सालों पहले ठण्ड से मर चुकी होती और वह भी ऐसे सुनसान

इलाक़े में जो सभ्यता से कोसों दूर था। बचपन से ही बर्फ़ीली हवाओं और सर्दियों के मौसम में आने वाले बर्फ़ीले तूफ़ानों ने मुझे बहुत सख़्त जान बना दिया था। थोड़ा–बहुत पीछे हटने से मुझे कभी कोई परेशानी नहीं हुई थी। मैंने तुरन्त अपने आप को खड़ा किया, अपने आत्मबल को फिर से चुनौती के लिए तैयार किया, अपना रवैया थोड़ा बदला और तुरन्त नयी पटकथा पर काम करने में जुट गयी।

19 दिसम्बर का दिन था, श्री चओ ने मेरी पटकथा के सम्पादन के बारे में अपने विचारों को मेरे साथ साझा करने के लिए श्याओ श्याङ फ़िल्म स्टूडियो के सम्पादक को हार्बिन भेज दिया। श्री पान युफ़ान मेरे घर में ही ठहरे और दिन के तीनों समय उनके लिए बढ़िया खाने का इन्तज़ाम करने की ज़िम्मेदारी मेरे पति ने सँभाली। श्री पान एक पटकथा लेखक भी थे। वह बड़े ही सीधे–सादे, ईमानदार इन्सान थे; हमने पटकथा को लेकर ढेरों विचारों को एक–दूसरे के साथ साझा किया।

तीन दिन बाद श्री पान चले गये। मैंने ख़ुद को अपने अध्ययन कक्ष में बन्द कर लिया और दो महीने तक मैं बहुत ही कम घर से बाहर निकली। लेकिन अभी भी मैं रोज़ाना शाम को तैराकी के लिए बिना नागा जा रही थी। हार्बिन में उन सर्दियों में काफ़ी ठण्ड थी और तापमान–30 डिग्री सेल्सियस तक नीचे चला गया था। लेकिन मौसम के बावजूद मैं लगातार तैराकी के लिए जाती रही। मेरे लिए अपने दिलो–दिमाग़ और शरीर को आराम देने का तैराकी सबसे बढ़िया साधन है। तैराकी के बिना मुझे पक्का यक़ीन नहीं था कि मैं अपने लेखन कार्य में जुटी रह पाऊँगी या नहीं। गेटे ने एक बार कहा था, ''इन्सान की क्षमता एक विशाल ताक़त के समान है, कई बार उसकी ऊर्जा बाहर की ओर निकलती है तो उसकी ताक़त देखते ही बनती है।''

हाँ, कई बार हम यह यक़ीन करने की हिम्मत नहीं जुटा पाते कि हम ऐसे बड़े–बड़े कार्यों को करने में सक्षम हैं!

10

पटकथा का इस समय जो सम्पादन चल रहा था उसने उसे कहानी के तथ्यों के बिल्कुल ही विपरीत कर दिया था।

कहानी मई 1940 में शुरू होती है, जब नाज़ी बेल्जियम पर अपना क़ब्ज़ा जमा रहे थे। कहानी की मुख्य नायिका चिन लिङ एक चीनी छात्रा है। चीन लौटने का अपना जहाज़ का टिकट खो जाने के कारण वह ब्रसेल्स की सड़कों पर बदहवास–सी खड़ी है। संयोग ही कहिए कि उसकी मुलाक़ात डॉक्टर विक्टर से हो जाती है। डॉक्टर विक्टर भूमिगत विद्रोही संगठन के सदस्य हैं। वह उनके साथ एक छोटे से क़स्बे में पहुँचती है और उनके लिए बतौर नर्स काम करना शुरू कर देती है। धीरे–धीरे दोनों के बीच प्यार के अंकुर फूटने लगते हैं। चिन लिङ, डॉक्टर के क़दमों पर चलते हुए विद्रोही गतिविधियों में शामिल हो जाती है और बाद में नाज़ी जनरल हौफमैन के साथ अपने सम्बन्धों का इस्तेमाल करते हुए वह बहुत से बाग़ी लड़ाकों को गेस्टापो के फाँसी के फन्दे से बचाती है...

दोनों मुख्य किरदारों को किस प्रकार आकार दिया जाये; चिन लिङ और जनरल हौफ़मैन, दोनों ही पूरी पटकथा में सबसे अहम हैं।

अगले दो महीने मैं पूरी तरह से अपनी ही दुनिया में खो गयी थी, किसी शराबी के माफ़िक़ या किसी बेवकूफ़ की तरह। मैं अपने मुख्य किरदारों के साथ ज़ार–ज़ार रोयी भी, उनकी बेचैनी को महसूस किया और जीत का जश्न मनाने के लिए भी मैं उनके साथ खड़ी थी।

दिन के तीनों वक़्त मेरे खाने–पीने का ध्यान रखने के अलावा मेरे पति ने स्रोत सामग्री को सही से इस्तेमाल करने में भी मेरी मदद की। पूरी सामग्री को वह छाँट–छाँटकर अलग करते रहे और मुझे मेरी ज़रूरत के मुताबिक़ वह सामग्री उपलब्ध कराते रहे। कई बार मैंने श्री ल्यू याङथी को फ़ोन करना चाहा जिनसे मेरी केवल हाल ही में जान–पहचान हुई थी। मुझे उनकी मदद की ज़रूरत थी। बातचीत के दौरान उन बुज़ुर्ग महाशय ने मेरे ऊपर गहरा प्रभाव छोड़ा था। उन्होंने मेरी पटकथा को नकारात्मक नज़रिये से देखकर उसे तहस–नहस करने की बजाय कुछ रचनात्मक सुझाव दिये थे। न ही उन्होंने कोई 'अजीबोग़रीब' सलाहें ही मुझ पर थोपी थीं। मैं अपने सपनों के खँडहर पर खड़ी थी लेकिन उन्होंने मुझे उम्मीद की एक किरण दिखायी और मेरे भीतर वह आत्मविश्वास भरा कि मेरी पटकथा एक शानदार आलीशान कृति में बदलने वाली है। उन्हीं की बदौलत ही मुझमें एक नया और उत्साह को बढ़ाने वाला विश्वास पैदा हुआ था। अभी भी मेरे दिमाग़ में कुछ ग़लतफ़हमियाँ थीं लेकिन मुझे उन्हें परेशान करते हुए चिन्ता हो रही थी। कहीं इतने प्रतिभाशाली फ़िल्म

आलोचक के पास मेरी मदद करने के लिए समय ही नहीं हो तो? बाद में जाकर मुझे एहसास हुआ कि *ए चाइनीज़ वीमेन एट गेस्टापो गनपॉइंट* की पटकथा लिखने में ही मेरी क़िस्मत का ताला खुलने वाला था और इस क्रम में श्री ल्यू याङथी से मुलाक़ात मेरे लिए कोई ख़ज़ाना मिलने से कम नहीं थी। चाहे बात उनकी विद्वत्ता की हो, उनके शोधपरक ज्ञान की हो, कलात्मक कार्य के प्रति उनकी पैनी और स्पष्ट समझ की हो, लेखकों के साथ काम करने के उनके उत्साह की हो, या उनके जड़ों से जुड़े होने की हो, वह एक निष्पक्ष, भरोसेमन्द किरदार थे और उन्हें कला तथा साहित्य की दुनिया के समक्ष एक उदाहरण के तौर पर पेश किया जा सकता है। वह अपने आप में एक आदर्श थे।

उस शाम, आख़िरकार मैंने बुज़ुर्ग सज्जन को फ़ोन करने की हिम्मत जुटा ही ली। उनकी मुलायम, सधी हुई और जोश से लबरेज़ बातें मुझे अँधेरी रात के बीच में किसी रौशनी की किरण की तरह सुनाई दे रही थीं। उनकी बातों ने मेरे दिमाग़ में फैली धुन्ध को तुरन्त साफ़ कर दिया, मेरी सारी बेचैनी जाती रही।

''यावन, यदि तुम्हारे कोई और भी सवाल हों तो मुझे फ़ोन करने में झिझकना मत, किसी प्रकार की औपचारिकता की कोई ज़रूरत नहीं है।'' इसके बाद ये सज्जन जिनसे मैं केवल एक ही बार मिली थी, वह मेरे अनमोल संरक्षक बन गये थे, वे मेरे लिए एक ऐसा स्तम्भ बन गये जिनको ध्यान में रखकर मैंने *ए चाइनीज़ वीमेन एट गेस्टापो गनपॉइंट* की पटकथा की रचना की। उनका ज्ञान का अथाह भण्डार और उनकी बुद्धिमत्ता मेरी प्रेरणा को दिशा देती, मेरी सोच को निखारती और मेरी पटकथा की विषय–वस्तु को समृद्ध करती चल रही थी। वह एक ऐसे भले इन्सान थे, जिनसे मेरी केवल एक ही मुलाक़ात हुई थी और उन्होंने मुझ पर ऐसी उदारता न्यौछावर की कि मैं उसे कभी नहीं भूल पाऊँगी।

24 दिसम्बर, 2000 की बात है, अपने क़रार और हमारे साझा एग्रीमेंट के अनुसार, विश्वास से भरे हुए, मैंने अपनी पटकथा की दूसरी पाण्डुलिपि श्री चओ को एक्सप्रेस डिलीवरी के ज़रिये भेज दी। मैंने एक कॉपी श्री ल्यू याङथी को भी भेजी।

30 दिसम्बर को मैं अपनी नयी पटकथा पर फ़िल्म कम्पनी के विचारों को सुनने के लिए हार्बिन से बीजिंग गयी। हालाँकि मैंने श्री चओ और सी.सी.टी.वी. ब्रॉडकास्टिंग विभाग के श्री ए को उनके विचार जानने के

लिए फ़ोन किया था, लेकिन उन्होंने केवल इतना ही कहा, ''परेशान होने की कोई ज़रूरत नहीं है। एक बार डायरेक्टर ह्वाङ च्येनचूङ के शामिल होने के बाद हम सब एक साथ अपने–अपने विचारों को साझा करेंगे!" जब मैंने सुना कि ह्वाङ च्येनचूङ इसके फ़िल्मांकन पर काम करेंगे तो मेरी ख़ुशी का ठिकाना नहीं रहा; मुझे पक्का यक़ीन था कि इतने बड़े डायरेक्टर मेरे शो को एक शानदार शो बना देंगे।

बाद में, मैं पहली बार में श्री ल्यू याङथी के घर गयी, मेरे हाथों में ताज़ा फूलों का गुलदस्ता था। बूढ़े सज्जन की पत्नी ल्यू फंग पेशे से अनुवादक हैं। दोनों एक साथ सफ़ेद बालों में बड़े ही गरिमामय और सम्भ्रान्त दम्पति लगे। दोनों ने ही बड़ी गर्मजोशी से मेरा स्वागत किया।

श्री ल्यू याङथी ने सबसे पहले बात शुरू करते हुए कहा, ''यावन, मुझे तुमसे उम्मीद नहीं थी कि दो महीनों में तुम इसे पूरी तरह नये रूप में और नये ढाँचे में ढालकर पटकथा को लिख पाओगी, और ख़ासतौर से पटकथा में इतने व्यापक पैमाने पर जो गुणात्मक सुधार तुमने किया है, वह वाक़ई क़ाबिले तारीफ़ है। मुझे सच में ही इसकी क़तई उम्मीद नहीं थी। दरअसल, मुझे चिन्ता थी कि तुम पटकथा की इतनी आलोचना बर्दाश्त नहीं कर पाओगी या इस आलोचना का इस्तेमाल तुम पटकथा को सुधारने में रचनात्मक रूप से करोगी। एक लेखक के लिए अपनी ही कमज़ोरियों को देख पाना कोई आसान काम नहीं है। मैंने सुना है कि तुम कभी एथलीट रही थीं; अगर मैं ये कहूँ कि एथलीट के रूप में तुम्हारा जो जुझारूपन रहा है, वही तुम्हारे यहाँ पर काम आया है, तो क्या मेरा सोचना सही है?''

बूढ़े सज्जन और मैंने चार घण्टे से भी अधिक समय तक बातचीत की, इस बातचीत के दौरान भी उन्होंने एक बार फिर से व्यापक रूप से सम्पादन की सलाह दी।

अगले दिन, चीनी नववर्ष की पूर्व सन्ध्या थी तो इसलिए मैंने अपने पति और बच्चों से कहा, ''कल आप सब लोगों को एक साथ जाना चाहिए। मुझे घर पर रहकर और अपनी पटकथा पर काम करके ही बहुत ख़ुशी मिलेगी।''

उन्हें यक़ीन ही नहीं हुआ, वे मेरी तरफ़ आँखें फाड़कर देखे जा रहे थे...

मैं अपने लेखन के प्रति इतनी समर्पित हूँ कि कई बार यह मेरी सारी

ताक़त निचोड़ लेता है। जब तक आसमान ही टूटकर सिर पर न गिर पड़े, और आसमान सीधे मुझ पर ही टूटकर न गिर पड़े, तब तक मैं नया साल, जन्मदिन या किसी भी अन्य छुट्टी के दिन की परवाह नहीं करती! मुझे मेरा लेखन इतना प्यारा है।

नये साल के दिन, मैंने अपने पति और बच्चों को मियुन जलाशय पर छुट्टी बिताने भेज दिया। मैं अपनी मर्ज़ी से घर पर ही रही और श्री ल्यू के सुझावों के अनुसार पटकथा का सावधानीपूर्वक सम्पादन करने में जुटी रही।

जब से मैंने पाण्डुलिपि 24 दिसम्बर को फ़िल्म कम्पनी को भेजी थी, तब से मैं इस ख़बर का इन्तज़ार कर रही थी कि डायरेक्टर आ गये हैं, मेरा दिल काफ़ी बेचैन था। मुझे फ़िल्म कम्पनी की ओर से पटकथा पर उनकी प्रतिक्रिया का भी इन्तज़ार था। मैं इन्तज़ार कर रही थी और नववर्ष के दिन से लेकर बसन्त उत्सव तक आ पहुँचा, सर्दियाँ जाते–जाते बसन्त का स्वागत कर रही थीं और कलियाँ फूल बनने लगी थीं। मैं बड़ी ही बेचैनी के साथ तीन महीने से इन्तज़ार कर रही थी, और 29 मार्च, 2001 की तारीख़ भी आ पहुँची...

अध्याय 3

'काला शुक्रवार' : मौत की हदों तक

11

29 मार्च, 2001—एक ऐसा काला शुक्रवार जिसे मैं जीते जी नहीं भूल पाऊँगी।

मैंने अपनी नयी संशोधित पाण्डुलिपि श्री चओ को चार दिन पहले ही भेज दी थी, जिसके बाद मैं कुछ दिनों के लिए आराम करने की ख़ातिर अपने पति के साथ नान ताएह चली गयी। उस दिन, आसमान नीला और साफ़ था। सूरज काफ़ी तेज़ चमक रहा था; ये ऐसा नज़ारा था कि कोई भी जीवित प्राणी इसे देखकर नयी ताज़गी से भर सकता था। मैं अभी–अभी अपने अध्ययन कक्ष से बाहर निकली थी, जहाँ कि मैंने पटकथा लिखने में अपनी पूरी ऊर्जा लगा दी थी। मैं चाँदी–से चमकते रेत वाले बीच पर घूम रही थी। जैसे ही मैंने विशाल समुद्र की ओर देखा, मेरे भीतर कुछ भावना–सी जगी, मानो मैं कितनी ख़ुशक़िस्मत हूँ।

शाम के 4:30 बजे मुझे श्री सी की ओर से एक फ़ोन आया जो कि फ़िल्म कम्पनी के कर्मचारी थे। उन्होंने मुझसे कहा कि मसला बहुत महत्त्वपूर्ण है और वह मुझसे इस बारे में तुरन्त मिलना चाहते हैं। मैंने उनसे सवाल किया कि क्या हम अगले दिन मिल सकते हैं, लेकिन उन्होंने कहा कि उनका मुझे उसी दिन मिलना बेहद ज़रूरी है। कोई ट्रेन भी नहीं थी तो मेरे पास बीजिंग के लिए आख़िरी बस पकड़ने के सिवाय कोई और विकल्प नहीं था। जब तक मैं पहुँची, रात के 11 बज चुके थे।

मेरा दिल छाङआन सड़क पर किसी लैम्प की तरह नाच रहा था। मुझे पक्का विश्वास था कि यह सब इसलिए हो रहा है क्योंकि पटकथा को लेकर

कुछ निर्णायक बात हुई है; हो सकता है कि कल हम पटकथा पर चर्चा करें, हो सकता है कि मुझसे इसमें और सम्पादन कराना चाहते हों...

संक्षेप में अगर बात कहूँ तो मैं ओसकोनो होटल (जहाँ एक बार मैंने क़रार पर हस्ताक्षर किये थे) के कमरा नम्बर 207 में पहुँची और मेरी जागती आँखें कई सपने देख रही थीं। लेकिन श्री सी से मेरी मुलाक़ात, मेरे सिर पर किसी डण्डे के वार की तरह हुई, ''सुश्री यावन, सी.सी.टी.वी. ब्रॉडकास्टिंग विभाग कहता है कि पटकथा के साथ कुछ समस्या है और इसका किसी तीसरे पक्ष से सम्पादन कराना होगा, अन्यथा वे परियोजना को शुरू करने से इनकार कर देंगे!''

मैं पत्थर की तरह जहाँ खड़ी थी, वहीं जड़ हो गयी।

मैंने कभी भी इस तरह के परिणाम की उम्मीद नहीं की थी। फ़िल्म कम्पनी के लोगों ने मुझे बार–बार बताया था कि किसी भी चीज़ के बारे में चिन्ता करने की कोई बात नहीं है। और मुझे केवल डायरेक्टर के आने का इन्तज़ार करना है ताकि परियोजना पर काम शुरू हो सके। लेकिन अब...

मैंने श्री सी से सवाल किया, ''तीन महीने तक कम्पनी ने मुझे एक बार भी क्यों नहीं कुछ बताया और मुझे यह कहकर धोखे में रखा कि डायरेक्टर के आने का इन्तज़ार हो रहा है? आप अचानक से अब क्यों कह रहे हैं कि अगर मैं किसी तीसरे पक्ष से पटकथा के सम्पादन की बात स्वीकार नहीं करती हूँ तो सी.सी.टी.वी. परियोजना को आगे बढ़ाने की अनुमति नहीं देगा? आख़िर हो क्या रहा है?''

श्री सी का जवाब था, ''सुश्री यावन, मुझे भी नहीं पता। मैं आपको केवल यह बता रहा हूँ कि प्रोडक्शन टीम ने फ़ैसला कर लिया है। यदि आप किसी ओर से पटकथा का सम्पादन कराने पर सहमत नहीं होती हैं तो सी.सी.टी.वी. शो को मंजूरी नहीं देगा, और यह कभी भी तैयार नहीं हो पायेगा!''

मुझे ये शर्तें किसी भी सूरत में मंजूर नहीं हो सकती थीं; वे मुझे डराने की कोशिश कर रहे थे। श्याओ श्याङ फ़िल्म स्टूडियो के साथ मैंने जो क़रार किया था वह साफ़ कहता है कि मैं इसकी एकमात्र लेखिका हूँ। पटकथा के तीसरे पक्ष से सम्पादन कराने का तो क़रार में कोई ज़िक्र ही नहीं था, सी.सी.टी.वी. की मंजूरी या मंजूरी नहीं मिलने की बात तो जाने ही दीजिए। मेरे वकील ने बाद में बताया कि आपसी सहमति से किये गये क़रार में सी.सी.टी.वी. द्वारा पटकथा का मूल्यांकन करने और परियोजना

की मंजूरी का अधिकार होने को लेकर तो क़रार में कोई उपबन्ध था ही नहीं; श्याओ श्याङ फ़िल्म स्टूडियो को एकतरफ़ा रूप से क़रार को बदलने का कोई अधिकार नहीं था।

इससे भी आगे की बात यह थी कि यदि पटकथा के सम्पादन की ज़रूरत है भी, तो उन्हें सबसे पहले मुझे बताना चाहिए था। क़रार करने वाले दोनों पक्षों का यह क़ानूनी अधिकार और ज़िम्मेदारी है और पूरी दुनिया में फ़िल्म प्रोडक्शन के क्षेत्र में यही सामान्य प्रक्रिया होती है। यदि वे सम्पादन का अपना सुझाव पहले ही सामने रखते तो मैं बहुत कम समय में ही उसका सम्पादन ख़त्म कर चुकी होती, उस पर इतने अर्थात् तीन महीने क्यों लगाती। उन्होंने ऐसा क्यों नहीं किया? उन्होंने मुझे धोखा देने के लिए डायरेक्टर वाली बात का नाटक ही क्यों किया और ऊपर से मुझे यह धमकी दे रहे हैं कि सी.सी.टी.वी. ऐसा नहीं करने पर परियोजना को आगे नहीं बढ़ायेगा। मुझे डरा–धमकाकर मुझसे मेरे सम्पादन का अधिकार हड़पना चाहते हैं। मुझे महसूस हुआ कि जैसे मेरे अधिकारों को कुचला जा रहा है और उन्होंने मेरा सम्मान रखने तक की कोई ज़रूरत नहीं समझी।

मैंने कहा, ''मेरा श्याओ श्याङ फ़िल्म स्टूडियो के साथ क़रार हुआ है, इसलिए मैं केवल उनके प्रति जवाबदेह हूँ। सी.सी.टी.वी. इस परियोजना को मंजूर करे या नहीं करे, उसका क़रार से कोई लेना–देना नहीं है!''

श्री सी ने जवाब दिया, ''सुश्री यावन, सी.सी.टी.वी. ने शो में पैसा लगाया है तो ज़ाहिर–सी बात है कि उनके विचारों को हमें ध्यान में रखना होगा! यदि आप राज़ी होती हैं तो अभी भी लेखक का श्रेय आपको दिया जायेगा; तीसरा पक्ष केवल सम्पादक होगा।''

''तो क्या, उस सूरत में मैं इस सम्पादक के साथ पटकथा पर काम कर सकती हूँ?'' मैंने सोचा कि इस प्रकार का सम्पादन पटकथा की गुणवत्ता के लिए फ़ायदेमन्द हो सकता है।

''नहीं ये सम्भव नहीं है।''

''क्यों नहीं? ये मेरा शो है। मैं इस दूसरे सम्पादक के साथ पटकथा पर काम क्यों नहीं कर सकती?''

''मुझे नहीं पता, क्यों नहीं कर सकतीं, मैं केवल आपको प्रोडक्शन क्रयू का फ़ैसला बता रहा हूँ...''

''ये थर्ड पार्टी सम्पादक वैसे है कौन?''

''मुझे नहीं पता, इस मामले में सी.सी.टी.वी. को ही आख़िरी अधिकार है।''

वह झूठ बोल रहा था। उसी दिन सुबह, उसकी मुझसे बात हुई थी। श्री सी, श्याओ श्याङ फ़िल्म स्टूडियो के प्रतिनिधि के तौर पर काम कर रहा था।

उसने मुझे बताया था कि कम्पनी के प्रतिनिधि के तौर पर उसने सम्पादन के लिए किसी सुश्री चओ के साथ कोई क़रार किया है। क़रार पर श्रीमान सी का नाम था। दो साल बाद मैंने वह क़रार अदालत में देखा। यही कारण था कि श्री सी को मुझसे उसी दिन मिलना था।

मेरी श्री सी के साथ सुबह के चार बजे तक बात हुई, कुल मिलाकर पाँच घण्टे से भी ज़्यादा समय तक और उसके बावजूद कोई ठोस परिणाम नहीं निकला था। उसने सुझाव दिया कि हम थोड़ी देर आराम कर लें। वह रात सबसे बुरी रात थी, मेरी पूरी ज़िन्दगी की ऐसी रात जिसे बर्दाश्त करना मेरे बस में नहीं था।

मैं भीतरी तौर पर एक बेहद मामूली इन्सान हूँ जिसका कोई भविष्य नहीं है; मैं बहुत ग़रीबी देखकर यहाँ तक पहुँची हूँ और अपनी मेहनत के दम पर मैंने ख़ुद को कमल की तरह कीचड़ से निकाला है। जहाँ तक मैं पहुँची हूँ, वहाँ तक पहुँच जाना कोई आसान काम नहीं था और इससे भी मुश्किल अपना रास्ता स्वयं बनाना था। जब से मैंने अपने शो के लिए क़रार पर हस्ताक्षर किये थे, मैं तब से ही इस दुर्लभ अवसर को पाकर ख़ुश हो रही थी और पूरी निष्ठा के साथ मैंने सम्पादन किया था। मैं इस बात को लेकर बहुत ख़ुश थी कि किस प्रकार हर कोई मिलकर काम कर रहा है। मैंने हर किसी के साथ गर्मजोशीपूर्ण और ईमानदारी के साथ व्यवहार किया था। श्री चओ और श्री फान दोनों ही हार्बिन आये थे और मेरे घर में रहे थे। मैंने और मेरे पति ने उनकी शानदार मेहमाननवाज़ी की थी और जब वे लोग जाने लगे थे तो हमने उन्हें बहुत–सा खाना साथ ले जाने के लिए दिया था। श्री चओ ने कहा था कि एक संवाददाता सम्मेलन होने जा रहा है और इसकी तैयारी के लिए उन्होंने मुझसे छयेन श्यूलिङ के 30 से ज़्यादा फ़ोटोग्राफ़्स के निगेटिव भेजने को कहा था। मुझे यह जानकर बहुत निराशा हुई कि उन्होंने सबसे पाँच बेशक़ीमती निगेटिव खो दिये थे। मेरे लिए यह बहुत बड़ा नुक़सान था।

श्री सी ने मुझे बताया था कि वे लोग इन सब तैयारियों में जुटे हुए थे कि मैं प्रोडक्शन टीम और डायरेक्टर को लेकर फ़िल्मिंग लोकेशनों को देखने के लिए बेल्जियम चली जाऊँ। उन्होंने मुझसे छयेन परिवार

से सम्पर्क करने के लिए भी कहा था। मैंने छयेन श्येनरन से बात करने के लिए कई अन्तर्राष्ट्रीय फ़ोन कॉल्स कीं और बहुत से फ़ैक्स भेजे; मैंने किसी तरह से धन जुटाकर प्रोडक्शन मैनेजर की ओर से वहाँ फ़िल्मिग का इन्तज़ाम करने के लिए दिन–रात एक किया था...

मुझे फ़िल्म कम्पनी के कामकाज की बहुत गहरी समझ नहीं थी और इसलिए मुझे कम्पनी के काम करने के तौर–तरीक़ों का भी पता नहीं था। न ही मुझे यह पता था कि चमक–दमक की बाहरी दुनिया के पीछे का असली सच क्या है? कौन किससे जुड़ा है? मेरे पास यह समझने का भी कोई रास्ता नहीं था कि इस पूरे मामले से मेरे लेखन करियर पर भविष्य में क्या असर पड़ेगा। अब बार–बार ये बातें मेरे दिमाग़ में घूम रही हैं कि एक फ़िल्म कम्पनी के कैसे–कैसे अदृश्य, अनसुलझे और इसके बावजूद बेहद महत्त्वपूर्ण नियम होते हैं जिन्हें कहीं लिखा नहीं गया है। श्री सी के कहे हुए शब्द मेरे दिमाग़ में चक्कर काट रहे थे...

मैं सुबह होने तक बिस्तर पर पड़े–पड़े जागती रही। सात बजे मैंने श्री ए को फ़ोन लगाया, जो कि सी.सी.टी.वी. प्रोडक्शन कम्पनी के कर्मचारी थे। वैसे कहूँ तो श्री ए मेरे दोस्त थे और पहले भी हमारी कई बार साफ़–साफ़ बिना किरी लाग–लपेट के बातें हो चुकी थीं। इंटरव्यू करने के लिए चीन से रवाना होने से पहले ही मैंने उनसे एक दोस्त होने के नाते इस परियोजना के बारे में उनकी राय माँगी थी। उन्होंने निवेशक तलाशने की भी कोशिश की थी। हालाँकि उनकी खोज का अन्त में कोई परिणाम नहीं निकला।

मैंने फ़ोन करके उनसे पूछा कि ये सब हो क्या रहा है। उन्होंने कहा, ''ये सब मैं नहीं कर रहा हूँ। ऊपर बैठे लोग आपके अस्तित्व को स्वीकार करने से इनकार कर चुके हैं और मैं इस बारे में कुछ नहीं कर सकता।''

''एक दोस्त होने के नाते तो आपको मुझे यह बताना चाहिए था...''

''यह पहले ही तय किया जा चुका था। मैं आपको सलाह देता हूँ कि इसे जाने दो। अगर कोई हिस्सा मारता है तो उसे मारने दो।''

''ये मेरा शो है, मुझे क्यों किसी को अपना हिस्सा मारने देना चाहिए?''

''यदि यह आपकी राय है तो मेरे करने के लिए कुछ भी नहीं बचा है...''

मैंने उनसे पूछा, "सम्पादन के लिए किस कम्पनी को लिया जा रहा है।"

उन्होंने बताया "वे शानदोंग टेलीविज़न स्टेशन की सुश्री झाओ को ले रहे हैं। यह पहली बार था जब मैंने सुश्री झाओ का नाम सुना था। मैंने सवाल किया कि उन्हें किसने लिया है और उनका जवाब था कि उन्होंने ख़ुद उसे इस काम के लिए लिया है।"

मैंने पूछा, ''क्या उन्होंने मेरी पटकथा पढ़ी है?''

उन्होंने कहा "वह पटकथा पढ़ चुकी हैं।"

जब श्री ए से मेरी बात ख़त्म हो गयी तो मैंने अपने पति को फ़ोन किया।

मेरे पति ने कहा, ''तीन महीने तक उन्होंने पटकथा पर कोई राय ज़ाहिर नहीं की, तुम्हें अँधेरे में रखने के लिए डायरेक्टर का बहाना लगाये रखा और अब वे अचानक कह रहे हैं कि तुम्हें धमकाने के लिए सी.सी.टी.वी. शो को लांच नहीं करेगा। इसका मतलब यह है कि यह सब सोची समझी साज़िश थी। उन्होंने तुमसे तुम्हारे शो के बारे में जानकर और सम्पादन के तुम्हारे अधिकारों से वंचित कर दिया है। लेकिन अब चीज़ें उस मोड़ पर पहुँच गयी हैं जहाँ तुम उन्हें कुछ भी कहोगी, उससे कोई फ़ायदा नहीं होगा। रोने और ग़ुस्सा होने का कोई मतलब नहीं है, तुम्हें अपनी ऊर्जा इस बात पर लगानी चाहिए कि तुम अपने अधिकारों को किस प्रकार बेहतर तरीक़े से सुरक्षित रख सकती हो। तुम्हें कुछ शर्तें लगानी चाहिए थीं। क़ानून की भाषा में इसे सशर्त अधिकार कहा जाता है।" दूसरे शब्दों में कहें तो, ''यदि आप मेरी शर्तों पर राज़ी होते हैं तो ही मैं आपको अधिकार दूँगी।'' मेरे पति क़ानूनी पेशे में हैं। उन्होंने जो कुछ भी कहा, वह एकदम सही था।

30 मार्च की सुबह नौ बजे, मैंने श्री सी के सामने चार शर्तें रखीं :

1. मुझे एकमात्र लेखक का श्रेय दिया जाये। मैं किसी और को लेखन का श्रेय देने की अनुमति नहीं देती।

2. मैं अन्तिम पटकथा देखूँगी, और सम्पादन के मामले में मेरा बैठकों में होने वाली चर्चाओं में भाग लेने का अधिकार है।

3. मुझे क़रार के अनुसार पूरी फ़ीस का भुगतान किया जायेगा।

4. फ़िल्म कम्पनी द्वारा जिस किसी भी संवाददाता सम्मेलन का आयोजन किया जाता है, मुझे उसमें शामिल होने का अधिकार है और फ़िल्म कम्पनी को अपनी मार्केटिंग गतिविधियों में मेरे योगदान को उचित तरीक़े से मान्यता देनी होगी।

''ओके, ओके, मैं आपकी सभी शर्तों पर राज़ी हूँ, कोई समस्या नहीं है! अगर आपकी कोई और भी शर्त है तो मेहरबानी करके हमें जितना जल्द सम्भव हो सके, बता दें और हम एक पूरक एग्रीमेंट साइन करेंगे।'' जब श्रीमान सी ने बात ख़त्म कर ली तो उन्होंने तुरन्त फ़ोन उठाया और श्रीमान ए को फ़ोन लगाया, ताकि वह उन्हें वे सब बातें बता सकें जो मैंने उनसे कही थीं।

मुझे एकदम पक्का पता है कि श्रीमान सी ने क्या किया था। वह अपने दिमाग़ से काम नहीं कर रहे थे; उनके पास इतने ऊँचे स्तर के अधिकार ही नहीं थे।

इसके बाद, श्रीमान सी ने मुझे होटल के बाहर एक प्रिंटिंग दुकान पर भेजा, 'पूरक एग्रीमेंट' की दो कॉपियाँ प्रिंट कराने के लिए। ये मेरी चार शर्तों पर आधारित था जिन पर हमारे बीच सहमति बनी थी, इसके बाद ही उन्होंने मुझसे उस पर हस्ताक्षर करने को कहा।

मेरे हाथ में पेन था लेकिन मैं पेपर की ओर झुक नहीं सकी। मेरा दिल काँप रहा था, मेरे हाथ काँप रहे थे और आँसू निकलकर गालों पर लुढ़के जा रहे थे। धरती पर 57 साल बिताने के बाद ये सबसे मुश्किल काम था जो मैंने किया था; 'पूरक एग्रीमेंट' मेरे हाथ में थमा दिया गया था और ऐसा लग रहा था मानो मैं अपने ही शरीर के सौदे के क़रार पर हस्ताक्षर कर रही हूँ। लेकिन मेरे पास कोई और विकल्प नहीं था; मुझे शो की ख़ातिर समझौता करना ही था। मैंने कभी बुरे से बुरे सपने में भी नहीं सोचा था कि मुझे जो कुछ मिला है, वह एक समझौता नहीं बल्कि उससे भी गहरा जख़्म था।

मेरी हालत देखकर श्रीमान सी थोड़ा पिघले और बोले, ''सुश्री यावन, आपको इतने तनाव में देखकर मुझे बहुत दुख हुआ है। यह कुछ–कुछ वैसा ही है जैसे कोई आपका बलात्कार करना चाहता है और आपको राज़ी होना पड़ता है!''

इन शब्दों के लिए, मैं श्रीमान सी को माफ़ करना चाहती हूँ। मुझे लगता है कि भीतर से वह एक नरम दिल वाले इन्सान हैं।

लेकिन उन्होंने एग्रीमेंट पर अपने हस्ताक्षर नहीं किये। मेरे हस्ताक्षर करने के बाद उन्होंने तेज़ी से काग़ज़ उठाये और बोले कि वह इन काग़ज़ों को शियाओशियांग फ़िल्म स्टूडियो लेकर जा रहे हैं, ताकि कम्पनी

की आधिकारिक स्टैम्प उस पर लगाई जा सके। उन्होंने कहा कि उसके बाद वह मुझे एग्रीमेंट भेज देंगे।

''पक्का आप मुझे इसे भेज देना!'' मैंने कई बार उनसे अपील की।

''सुश्री यावन, परेशान मत होइए, जैसे ही मुझे यह वापस मिलेगा, मैं तुरन्त इसे आपको भेज दूँगा।'' उन्होंने मुझे आश्वस्त किया था।

इसके बाद मैंने कई बार उनसे एग्रीमेंट भेजने को कहा और वह बात शुरू होते ही कहते, ''सुश्री यावन, परेशान न हों, जैसे ही स्टाम्प लगकर मुझे काग़ज़ मिलेंगे, मैं आपको भेज दूँगा!'' लेकिन समय बीतता गया और कोई आसार नज़र नहीं आ रहे थे। जब मैंने उनसे फिर से सम्पर्क किया, तो वह बोले कि उन्हें याद नहीं आ रहा कि एग्रीमेंट के काग़ज़ कहाँ रख दिये। बाद में उन्होंने सच्चाई बतायी; वह एग्रीमेंट काग़ज़ों को अपने साथ ले ही नहीं गये थे। उन्होंने उन काग़ज़ों को होटल में ही फाड़कर फेंक दिया था।

पूरक एग्रीमेंट और कुछ नहीं बल्कि मुझे मजबूर करने की एक बहुत बढ़िया चाल थी ताकि मैं पटकथा की किसी और द्वारा एडिटिंग किये जाने के लिए 'राज़ी' हो जाऊँ। कुछ भी हो, श्रीमान सी ने उसी दिन सुबह सुश्री झोउ के साथ क़रार पर हस्ताक्षर किये थे।

बाद में अदालत में, श्रीमान झोउ ने यह स्वीकार करने से ही इनकार कर दिया कि कभी कोई पूरक एग्रीमेंट हुआ भी था। और उन्होंने यह स्वीकार करने से भी इनकार कर दिया कि श्रीमान सी ने मुझसे 29 मार्च को आकर उनसे बात करने को कहा था। उन्होंने श्रीमान सी से दो मौक़ों पर झूठी गवाही दिलवायी थी। उन्होंने ऐसा इसलिए किया क्योंकि यदि यह स्वीकार कर लिया जाता कि 29 मार्च को क्या हुआ था तो इसका मतलब यह होता कि क़रार का उल्लंघन किया गया और मेरे अधिकारों पर डाका डाला गया। मैंने श्रीमान सी को पकड़ लिया और एक नया पूरक एग्रीमेंट बनाने की पेशकश की। लेकिन उन्होंने जवाब दिया, ''सुश्री यावन, मैं उम्मीद करता हूँ कि आप मेरे मुश्किल हालात को समझ सकती हैं। मैं यहाँ इसलिए हूँ क्योंकि डायरेक्टर झोउ ने मुझे इस शो पर काम करने के लिए निजी तौर पर लिया है; मैं शियाओशियांग फ़िल्म स्टूडियो का कर्मचारी नहीं हूँ। यदि मैंने आपका साथ दिया तो इससे मेरा फ़ायदा नहीं होगा।" मैं उनकी हालत समझ रही थी; वह भी तो अपनी आजीविका ही कमा रहे थे...

12

29 मार्च से, मुझे ऐसा महसूस हो रहा था, मानो मैं किसी अँधेरे कुएँ में गिरती जा रही हूँ।

उस अँधेरे कुएँ के भीतर से मैं ज़ोर से आवाज़ लगा रही हूँ और पूरी ताक़त लगाकर उससे निकलने की कोशिश कर रही हूँ। जिस कुएँ में मैं गिरती जा रही हूँ, मैं कूदकर उससे बाहर निकलना चाहती हूँ लेकिन मेरी हर कोशिश नाकाम साबित हो रही है। मैं एकदम बदहवास हो चुकी हूँ और मदद के लिए किसी को पुकार रही हूँ, लेकिन किसी के भी कानों तक मेरी आवाज़ नहीं पहुँच रही है। मदद के बजाय, मैं और भीतर ही भीतर धँसती जा रही हूँ...

पाँच अप्रैल का दिन था। पूरक एग्रीमेंट पर श्रीमान सी के साथ हस्ताक्षर किये हुए पाँच दिन हो चुके थे। मैंने डायरेक्टर हुआंग जियांझोंग से बीजिंग फ़िल्म अकादमी के समीप एक रेस्त्राँ में लंच के लिए मिलने को कहा। अभी तक मैं उनसे मिली नहीं थी। मैं उनसे मिलकर यह प्रार्थना करना चाहती थी कि मेरी पटकथा को ज़रा सँभालकर इस्तेमाल करें। उसके साथ ठीक से बर्ताव करें। मुझे इस बात का अच्छी तरह पता था कि शो के भविष्य का फ़ैसला पटकथा की गुणवत्ता से ही तय होगा। यह कुछ वैसा ही था जब कोई माँ किसी और को अपने बच्चे को सौंपती है, उसके मन में तमाम तरह के डर और आशंकाएँ होती हैं कि अजनबी के हाथों में उसका बच्चा ठीक से रहेगा भी या नहीं। घटनाक्रमों ने यह साबित कर दिया कि मेरी चिन्ताएँ अपनी जगह पर एकदम सही थीं।

लंच के दौरान हुआंग जियांझोंग ने कहा कि क्वियान शिउलिंग की कहानी में स्रोत सामग्री कमाल की है और यदि उन लोगों ने कहानी के साथ न्याय नहीं किया तो वह अपने देश की जनता को मुँह दिखाने लायक नहीं रहेंगे; उन्होंने मेरी पटकथा पर अच्छा काम करने का मुझसे वादा किया। उन्होंने यह भी बताया कि वह अगले दिन प्रोडक्शन टीम और सुश्री झोउ के साथ ब्रसेल्स के लिए रवाना हो रहे हैं।

उसी समय मुझे एहसास हुआ कि चीज़ों पर काफ़ी पहले से ही काम हो रहा था; मुझे अँधेरे में रखा गया। श्रीमान सी के साथ मेरी बातचीत हुए केवल पाँच दिन ही हुए थे; ऐसा सम्भव ही नहीं था कि वे इन्हीं पाँच दिनों में सुश्री झोउ के लिए वीज़ा और विमान के टिकट का बन्दोबस्त कर सकते थे।

लोग ईंट–पत्थर के तो बने नहीं होते हैं, फिर वे इतने निर्दयी कैसे हो सकते हैं?

श्रीमान सी ने मुझसे कहा था कि मैं उन्हें लोकेशन की तलाश करने के लिए बेल्जियम ले जाऊँगी; मैं वो हूँ जो क्वियान परिवार को जानती हूँ, मैं लेखक हूँ और मैंने ही उनकी क्वियान शियानरेन से सम्पर्क करने में मदद की थी। लेकिन अब सारी तैयारियाँ कर ली गयी हैं और मेरी जगह किसी और को ले लिया गया! मुझे अचानक से महसूस हुआ कि मेरे साथ धोखा हुआ था, मेरा मज़ाक़ बनाया गया और दूध में गिरी मक्खी की तरह मुझे निकालकर फेंक दिया गया था। मुझे अपने मुँह में कसैलापन–सा महसूस हुआ। लेकिन मैं डायरेक्टर के सामने रो नहीं सकती थी, इसलिए मैंने बड़ी बहादुरी से हालात का सामना किया और रेस्त्राँ से बाहर आ गयी। उसके बाद अधिक देर तक मैं अपने आप को रोक नहीं सकी। किसी इन्सान की क़द्र उसके आत्म–सम्मान और गरिमा से होती है और दोनों ही चीज़ों का दूसरों द्वारा सम्मान किया जाना बेहद ज़रूरी होता है।

अगले दिन श्रीमान ए और श्रीमान झोउ डायरेक्टर, सुश्री झोउ तथा कुछ और लोगों के साथ ब्रसेल्स जाने वाले विमान में सवार थे, वे उन पुलों के सहारे वहाँ उड़े जा रहे थे, जो मैंने बनाये थे, इसके लिए मैंने अपने सम्पर्कों का इस्तेमाल किया था। मैं दिल में कड़वाहट लिए हार्बिन लौट आयी। जून के आख़िरी दिन थे, फ़िल्म के लोगों ने मुझे बताये बिना सुश्री झोउ के साथ विचार–विमर्श के लिए एक बैठक बुलायी। बार–बार माँगे जाने के बाद मुझे आख़िर में श्रीमान पान की ओर से 15 जुलाई को सम्पादित पटकथा की कॉपी मिली।

पटकथा को खोलने पर मुझे दो पन्नों के बीच में एक सन्देश लिखा मिला। ये श्रीमान पान के हाथ का लिखा हुआ था :

''सुश्री झोंग, मैंने आपके कहे अनुसार पटकथा आपको भेज दी है। डायरेक्टर झोउ ने मुझसे कहा था कि मैं यह सन्देश आपको दे दूँ : भविष्य में आप जो भी लिखें, मेहरबानी करके यह सुनिश्चित कर लें कि सुश्री झोउ की पटकथा के ब्योरे से दूर रहें...'' मैंने बाक़ी सारी सामग्री के साथ ये सन्देश भी आज तक सँभालकर रखा है। मैं सच में ही इस बात को नहीं समझ पायी; उसने मेरी पटकथा का सम्पादन किया लेकिन उसने न तो कभी मुझसे सम्पर्क करने की कोशिश की और उससे भी ऊपर अब वह ख़ुद को लेखक के रूप में पहचान दिये जाने की माँग

कर रही है और दूसरे लोगों के ज़रिये मुझे कूटनीति भरे सन्देश भेज रही है... इससे भी अधिक इस बात पर यक़ीन करना मुश्किल था कि पटकथा के कवर पेज पर लिखा था : "20 एपिसोड टेलीविज़न ड्रामा सीरीज़ : *ए चाइनीज़ वीमेन एट गेस्टापो गनपॉइंट*, लेखक : झांग योनय सम्पादक झाओ।" पटकथा के भीतर एक अलग शीर्षक था : *लव एज़ वास्ट एज़ दी अर्थ* और साथ ही एक टिप्पणी भी जो संकेत दे रही थी कि यह 16 एपिसोड की सीरीज़ होगी!

यह सब देखकर मुझे कुछ आभास–सा हुआ।

मैं उस रात जागती रही और जितनी तेज़ी से मैं पटकथा पढ़ सकती थी, मैंने पढ़ी। जितना ज़्यादा मैं पढ़ती जाती, उतना ही बेचैन होती जाती, उतनी ही तेज़ी से मेरे दिल की धड़कन बढ़ती जाती। मैं बिस्तर पर जिस करवट लेटी हुई थी, उसी हालत में मैंने पूरी पटकथा पढ़ डाली। मुझे महसूस हुआ कि बदली हुई पटकथा में कुछ बेचैन करने वाला था, जो शब्दों के पीछे छुपा हुआ था। हालाँकि कहानी की रूपरेखा, ब्योरा, समय, स्थान और चरित्र वैसे ही थे जैसे मूल पटकथा में थी लेकिन मुझे महसूस होने लगा कि इसके बावजूद इसमें मूल पटकथा से काफ़ी भटकाव है। इसने मुझे न चाहते हुए भी सोचने पर मजबूर कर दिया कि क्यों श्रीमान झोउ ने सुश्री झाओ का ज़िक्र किया था जो लेखक के तौर पर मान्यता हासिल करना चाहती थीं...

मुझे डर था कि मैं पटकथा को तटस्थ रहते हुए पढ़ नहीं पा रही हूँ और मेरी भावनाएँ इसका निष्पक्ष मूल्यांकन करने से मुझे रोकेंगी। इसलिए मैंने पटकथा पढ़ने के लिए अपने पति को दे दी। बाद में मैंने अपने एक मित्र सम्पादक से भी कहा कि वह इसे पढ़कर देखें। उन्होंने मेरी मूल पटकथा भी पहले पढ़ी थी। आख़िर में हम तीनों की सर्वसम्मति से एक राय थी; ये नयी सम्पादित पटकथा मेरी मूल पटकथा के जैसी नहीं थी, बल्कि मूल पटकथा को तो पूरी तरह नकार दिया गया था। इसमें सोच के स्तर पर मूल पटकथा से एकदम भिन्न अलग सोच अपनायी गयी थी।

सुश्री झाओ ने कहानी का प्लॉट मूल पटकथा से बेहद बेढंगे तरीक़े से इस्तेमाल किया था और सही बात तो यह थी कि कई जगहों पर पटकथा को पूरी तरह बदल दिया था। मूल पटकथा में मैंने लिखा था कि जिन लिंग का चीन लौटने का टिकट गुम हो गया था लेकिन सम्पादित संस्करण में कहा गया था कि उसने ख़ुद से ही टिकट छोड़ दिया; मूल

पटकथा में मैंने लिखा था कि जिन लिंग, विक्टर से अचानक ही मिली थी लेकिन सम्पादित संस्करण में उसे विक्टर से सिमोन नाम के किसी आदमी ने मिलवाया था...नयी पटकथा ऐसे ही बदलावों से भरी पड़ी थी। सुश्री झाओ ने उस आधार को भी ख़त्म कर दिया था जिस पर कहानी का प्लाट टिका हुआ था और जिसके चलते चरित्र इतने दमदार थे; उन्होंने हौफ़मैन की पत्नी के चरित्र को एकदम उलटकर रख दिया था। वह मेरी कहानी का चरित्र लग ही नहीं रही थी। सुश्री झाओ की पटकथा में जनरल की पत्नी न केवल अपने बेटे को युद्ध में जाने के लिए प्रोत्साहित करती है बल्कि वह हिटलर के लिए ख़ुफ़ियागिरी का भी काम करती है और अपने ख़ुद के पति को धोखा देती है। जब उसे यह ख़बर मिलती है कि उसका बेटा युद्ध में मारा गया है तो वह बड़ी ख़ुशी के साथ कहती है, ''उसकी मौत फ़्यूहार (नेता हिटलर) के लिए बलिदान है, मुझसे इससे अधिक ख़ुशी नहीं मिल सकती!'' उन्होंने कहानी की मुख्य लाइन को भी काट दिया था, जो कि फ़ासीवाद के ख़िलाफ़ बेल्जियाई लोगों का संघर्ष था। इसकी जगह पर उन्होंने राष्ट्रद्रोही, वेश्याएँ, बलात्कारी और भी न जाने ऐसे ही कितने चरित्र जोड़ दिये थे। उन्होंने जिन लिंग के सभी बाधाओं पर जीत हासिल करने वाले नायक की छवि को भी बदल दिया था। जनरल हौफ़मैन को उनके मूल चरित्र के विपरीत एक डरपोक क़िस्म का इन्सान बना दिया था...

दो साल बाद, चाङशा इंटरमीडिएट पीपुल्स कोर्ट में मैंने वो दो क़रार देखे, जिन पर सुश्री झाओ ने शियाओशियांग फ़िल्म स्टूडियो के साथ हस्ताक्षर किये थे। कुछ और सबूत भी देखें जिन्हें शियाओशियांग कम्पनी के प्रवक्ता ने अदालत में पेश किया था। केवल उसके बाद ही आख़िर में मुझे सारी बात समझ में आयी कि असलियत में हुआ क्या था।

पहला क़रार 9 मार्च, 2001 को हुआ था, उसी दिन की सुबह श्रीमान सी और मेरी बातचीत हुई थी : जिस फ़ैक्स के ज़रिये क़रार भेजा गया था उस पर भेजने का समय सुबह के 10:30 बजे का था। यह क़रार साफ़–साफ़ कहता था कि सुश्री झाओ *ए चाइनीज़ वीमेन एट गेस्टापो गनपॉइंट* के सम्पादन का काम करेंगी।

लेकिन दूसरा एक पूरक एग्रीमेंट था जिस पर 16 जुलाई, 2001 की तारीख़ पड़ी हुई थी। दूसरे पूरक एग्रीमेंट में उसके नाम के आगे 'पटकथा लेखक' का नाम लिखा हुआ था। और उधर, मैं, जिसके पास कॉपीराइट था,

उसे इन दस्तावेज़ों के बारे में कुछ भी नहीं पता था। केवल मुझे ही अँधेरे में नहीं रखा गया था बल्कि चाइना वीमेंस डेवलेपमेंट फंड को भी इसके बारे में कुछ नहीं पता था। जबकि वे शो के प्रोडक्शन के पार्टनर थे।

13

लेकिन उस समय तक, मुझे क़तई इस बात की कोई जानकारी नहीं थी कि पटकथा लेखक के रूप में कोई मेरी जगह पहले ही ले चुका है।

मैंने तुरन्त श्रीमान ए और श्रीमान झोउ को फ़ोन लगाया लेकिन दोनों में से किसी से भी बात नहीं हो सकी। इसलिए मैंने श्रीमान पान को फ़ोन लगाया। उन्होंने मुझसे केवल इतना कहा, ''सुश्री झोंग पटकथा को लेकर मुझे दोबारा फ़ोन मत करना, यह आपके समय की बर्बादी है। जाओ और जाकर सी.सी.टी.वी. से बात करो!'' बाद में मुझे पता चला कि सम्पादित पटकथा के बारे में सन्देह ज़ाहिर करने के कारण श्रीमान पान को कड़ी आलोचना का शिकार होना पड़ा था। आख़िर में शो में उनका नाम तक नहीं दिया गया।

20 जुलाई को मैंने सम्पादित पटकथा पर अपने विचार लिखकर एक्सप्रेस डिलीवरी के ज़रिये श्रीमान कांग जियानमिन को भेज दिये जो कि शियाओशियांग फ़िल्म स्टूडियो के प्रमुख थे। उसी शाम मैं बीजिंग के लिए रवाना हो गयी। मैं अपनी नये सिरे से सम्पादित की गयी पटकथा भी अपने साथ ले गयी थी। अगले दिन जैसे ही मैं सुबह ट्रेन से उतरी, सीधे सी.सी.टी.वी. के ऑफ़िस पहुँच गयी। श्रीमान ए तब तक आये नहीं थे इसलिए ऑफ़िस के डाइनिंग हॉल में सी.सी.टी.वी. के किसी अन्य कार्यकारी से मिलने की अनुमति माँगी। मैंने नाश्ता भी नहीं किया था लेकिन इसके बावजूद डाइनिंग हॉल में रखे खाने में मेरी कोई दिलचस्पी नहीं थी।

सी.सी.टी.वी. के एक एग्जीक्यूटिव ने मुझे बताया कि पटकथा पहले ही शो के डायरेक्टर हुआंग जियांझोंग को भेज दी गयी है और यदि मुझे इसके बारे में कुछ कहना है तो सीधे उन्हीं से बात करनी होगी। आगे कुछ कहे बिना उसने वहीं बैठे–बैठे अपना फ़ोन निकाला और डायरेक्टर को फ़ोन लगा दिया।

हाथ में उसका फ़ोन लिए मुझे ऐसा लग रहा था मानो मैंने फ़ोन नहीं

बल्कि उम्मीद की अपनी आख़िरी डोर पकड़ रखी है, ''श्रीमान डायरेक्टर, मुझे लगता है कि पटकथा में कुछ समस्याएँ हैं...''

''क्या समस्या है?''

''मुझे लगता है कि पूरी कहानी का आधार ही बड़ा काल्पनिक है...'' उन्होंने मेरी बात ख़त्म होने का इन्तज़ार ही नहीं किया और बड़ी ही रूखाई से बोले "झांग योन, मुझे यह सुनकर बहुत ख़राब लग रहा है कि तुम ये बातें कह रही हो। सही बताऊँ तो ये सरासर बदतमीज़ी है! मैं आपको बता दूँ, मैं आपकी बहुत इज़्ज़त करता हूँ, लेकिन मैं चाहता हूँ कि आप दूसरों की अच्छी बातों को भी देखें! यदि आप ऐसा महसूस करती हैं तो मुझे सी.सी.टी.वी. को बताना होगा कि मैं इस प्रोजेक्ट पर काम नहीं करूँगा!" मेरे मुँह से आवाज़ तक नहीं निकली। मुझे समझ ही नहीं आया; क्या एक लेखक को खुद अपनी कहानी पर टीका–टिप्पणी करने का कोई हक़ ही नहीं है? मुझे यह बात तो क़तई समझ नहीं आयी कि डायरेक्टर मेरा एक वाक्य सुनकर ही क्यों इतना आगबबूला हो गये। बाद में मुझे पता चला कि सम्पादन के बाद बैठक में जो बातचीत हुई उसमें इन्होंने सुश्री झाओ का सबसे पहले बढ़कर समर्थन किया था। मुझे हैरानी है कि इतना अनुभवी डायरेक्टर पटकथा की इतनी ख़ामियों को कैसे नहीं देख पाया या कोई और बात थी जिसकी वजह से उनकी कलात्मकता को तौलने वाली नज़रें सच देख नहीं पा रही थीं? मेरी आख़िरी उम्मीद पर पानी फिर चुका था और डाइनिंग हॉल में ही मेरी आँखों से आँसू बह निकले; वहाँ बैठे सभी लोग मेरी ओर देख रहे थे।

सी.सी.टी.वी. के एग्जीक्यूटिव ने मुझसे कहा, ''आप रो क्यों रही हैं? यदि आपके पास कहने के लिए कुछ है तो कह डालिए!''

मैंने कहा, ''मुझे उम्मीद है कि आप इस पटकथा पर अच्छे से ग़ौर कर पायेंगे...'' इतना कहकर मैंने अपनी पटकथा और सुश्री झाओ की सम्पादित पटकथा पर अपनी टिप्पणियों की सूची उन्हें थमा दी। जैसे ही मैं डाइनिंग हॉल से निकली, बहुत ज़ोर से बिजली कड़की और खिड़की के बाहर आसमान फटता–सा नज़र आया। पलक झपकते ही भारी बारिश शुरू हो गयी। मुझे बारिश की कहाँ परवाह थी, मैं चाङआन स्ट्रीट पर बढ़ चली। एक तूफ़ान बाहर और एक तूफ़ान मेरे भीतर आया हुआ था। मेरे आँसू बारिश की बूँदों के साथ मिल गये थे। टैक्सी में बैठे दो घण्टे से ज़्यादा हो चुके थे लेकिन अभी तक मैं अपना घर नहीं ढूँढ़ पा रही थी।

बाद में किसी तरह मैंने डायरेक्टर की असिस्टेंट को पकड़ लिया और सुबह का पूरा समय उसे अपनी बात समझाने में लगा दिया। उसके ज़रिये, मैंने एक लम्बा–चौड़ा ख़त डायरेक्टर के लिए भेजा और उसमें विनती की कि मेहरबानी करके शो के साथ न्याय करें। ख़त में मैंने लिखा, ''चीज़ों का श्रेय किसे दिया जा रहा है, इस बात से कोई फ़र्क़ नहीं पड़ता, महत्त्वपूर्ण बात यह है कि हम दर्शकों के सामने एक उम्दा शो पेश करें। अगर ऐसा नहीं होता है तो यह स्रोत सामग्री के साथ ही क्वियान शिउलिंग के साथ भी अन्याय होगा...''

मुझे इस बात की कोई जानकारी नहीं थी कि सुश्री झाओ पहले ही फ़िल्म निर्माता के साथ पूरक एग्रीमेंट कर चुकी हैं। और अब तो मैं उस कहानी की लेखिका भी नहीं रह गयी हूँ...और यह चिट्ठी लिखने में भी मैं एक भुलावे में अन्धी कोशिश कर रही थी।

14

ज़िन्दगी में इतनी बेबसी कभी महसूस नहीं की। इसी बीच, मुझे एक आदमी ने बार–बार फ़ोन किया। वह बड़ा ही रहस्यमय–सा लग रहा था। इस रहस्यमयी कॉलर के ज़रिये मैंने फ़िल्म स्टूडियो के भीतर की दुनिया के कामकाज के बारे में कई बातें सीखीं। उस रहस्यमय आदमी का पहला फ़ोन 25 अगस्त, 2001 को आया। रात के क़रीब दस बजे थे। फ़ोन पर किसी आदमी की आवाज़ सुनाई दी, ''क्या आप झांग यावन बोल रही हैं?''

मुझे उस आदमी की आवाज़ बेहद अजनबी–सी लगी। सही बात तो ये थी कि मैंने इससे पहले इस आवाज़ को कभी नहीं सुना था। इसलिए मैंने पूछा कि आप कौन हैं? उसने केवल इतना कहा, ''झांग योन, *ए चाइनीज़ वीमेन एट गेस्टापो गनपॉइंट* की अगली प्रेस कॉन्फ्रेंस में आपको हर हालत में, शो की लेखिका की हैसियत से मीडिया के सामने जाना है, अन्यथा आप कभी बतौर लेखिका अपने अधिकार को हासिल नहीं कर पायेंगी।''

''ऐसा नहीं हो सकता, शियाओशियांग फ़िल्म स्टूडियो के साथ मैंने कॉन्ट्रेक्ट साइन किया है!"

“प्लीज़, बताइए, आप कौन हैं?” मैंने फिर से पूछा।

उसका जवाब था, ''आप बड़ी नौसिखिया हैं! वे पहले ही कॉन्ट्रेक्ट साइन कर चुके हैं...''

''कौन–सा कॉन्ट्रेक्ट? किसने साइन किया कॉन्ट्रेक्ट?''

वह आदमी कुछ सेकेंड के लिए झिझका और फिर बोला, ''आपको ख़ुद इस बारे में सोचना चाहिए।'' और उसने फ़ोन काट दिया।

हाथ में फ़ोन लिए, मैं वहीं खड़ी रही, जहाँ मैं काफ़ी देर से बैठी हुई थी। कौन है ये आदमी? उसने मुझे फ़ोन क्यों किया? क्या उसे सच में ही कुछ पता है या वह मेरे और फ़िल्म निर्माताओं के बीच में झगड़े के बीज बोना चाहता है? उसकी आवाज़ पर ग़ौर करूँ तो वो काफ़ी समझदार और सुलझा हुआ इन्सान लग रहा था। वो ऐसा ही कोई मज़े लेने वाला कच्ची उम्र का युवक नहीं था। मैंने तुरन्त अपने पति को फ़ोन किया और सारी बात बतायी। हम दोनों ने काफ़ी माथापच्ची की कि अब क्या करना चाहिए।

उन्होंने कहा, ''ये आदमी ज़रूर ऐसा कुछ जानता है जो हमें नहीं पता; तुम्हें उसकी सलाह पर ग़ौर करना चाहिए...''

अगले दिन, मैंने फ़िल्म वालों को बताया दिया कि *ए चाइनीज़ वीमेन एट गेस्टापो गनपॉइंट* की प्रेस कॉन्फ्रेंस में शो की पटकथा लेखिका के रूप में शामिल होना चाहती हूँ और मैं प्रेस कॉन्फ्रेंस में आने वाले इकासिनेस शहर के मेयर श्रीमान डयूट्रियूक्स का फूलों का गुलदस्ता देकर स्वागत करना चाहती हूँ। उन्होंने मेरी बात मान ली। लेकिन प्रेस कॉन्फ्रेंस में मेरा कहीं कोई ज़िक्र नहीं किया गया।

इससे भी बड़ी बात ये थी कि जब फूलों का गुलदस्ता भेंट किये जाने के बाद कुछ पत्रकार मेरा इंटरव्यू करने के लिए आगे बढ़े तो शियाओशियांग के कुछ कर्मचारियों ने उन्हें रोक दिया!

7 सितम्बर को रात क़रीब 11 बजे मेरे एक दोस्त श्रीमान फान का फ़ोन आया जो कि एक फ़िल्म डायरेक्टर हैं। उन्होंने बड़े सँभले से अन्दाज़ में मुझसे पूछा, ''सुश्री झांग, हो क्या रहा है? आप *ए चाइनीज़ वीमेन एट गेस्टापो गनपॉइंट* की लेखिका नहीं हैं? जल्दी करो, सी.सी.टी.वी. 1 लगाओ!''

मैंने जल्दी से टी.वी. चालू किया। प्रोग्राम लगाया : *तुम और मैं* प्रोग्राम आ रहा था। और सुश्री झाओ सेट पर बड़े ही आत्मविश्वास और तसल्ली

के साथ *गई* 'Gai' की लेखिका के तौर पर बात कर रही हैं। कार्यक्रम में उप शीर्षक के ज़रिये बताया जा रहा था कि वास्तव में वही लेखिका हैं। मेरे नाम का कोई नामोनिशान तक नहीं था। उसी क्षण, मुझे अपना दिल बैठता सा महसूस हुआ, मेरे हाथ–पैर सुन्न पड़ गये और ऐसा लगा जैसे किसी ने मेरे शरीर की सारी ताक़त निचोड़ ली हो। मैंने हार्बिन में अपने घर का फ़ोन नम्बर लगाया ताकि अपने पति से इस बारे में बात कर सकूँ।

उन्होंने कहा, ''ऐसा लगता है कि इन लोगों ने पहले से ही सारी तैयारी कर रखी थी। एक लेखक के लिए यह शो एक स्वर्णिम अवसर है और मुझे कोई सन्देह नहीं है कि कुछ लोग तुम्हें रास्ते से हटाने के लिए कुछ भी करने को तैयार थे। वे तुम्हें कई तरीक़ों से शो से बाहर करने की कोशिश कर रहे हैं, इसमें ख़ुद पटकथा, कॉन्ट्रेक्ट और मीडिया कवरेज़ भी शामिल है। जब तक शो दर्शकों के सामने जायेगा, वे पहले से ही कहानी को अपने तरीक़े से तोड़–मरोड़कर पेश कर चुके होंगे और तुम कुछ नहीं कर पाओगी! इसलिए, तुम्हें उनसे हर तरीक़े से लड़ना है, लेकिन तुम ये गाँठ बाँध लो कि तुम्हें ग़ुस्सा नहीं होना है...''

उस रात मैंने बड़ी हिम्मत करके एक बहुत ही बड़ा फ़ैसला किया।

वह मेरी ज़िन्दगी का एक महत्त्वपूर्ण मोड़ होने वाला था।

मेरे पास यह पता लगाने का कोई रास्ता नहीं था कि यह फ़ैसला सही है? नहीं पता, इसका मेरी ज़िन्दगी पर क्या असर होगा। मुझे केवल इतना पता था कि मेरा सब्र का बाँध बस टूटने ही वाला था। मैं उस मिट्टी की बनी ही नहीं थी जो असहाय हालत में सबकुछ होते देखता रहे। आख़िरकार मैंने अपने उस शिशु को तीन साल तक अपने गर्भ में रखा था जिसे मुझसे चुरा लिया गया था!

ज़िल्लत में जीने से बेहतर है, सिर उठा के मर जाना!

गले में कुछ चुभन–सी महसूस हुई तो मैंने उसे ठीक करने के लिए उठकर थोड़ा–सा पानी पीया। और फिर उसके बाद, अपने कम्प्यूटर के सामने बैठ गयी...

अगले दिन सुबह 7 बजे मैं अपने कमरे से बाहर निकली और मेरे हाथ में नये सिरे से प्रिंट की हुई पाँच चिट्ठियाँ थीं।

8:30 बजे थे और पाँच चिट्ठियाँ पाँच अलग–अलग पतों के लिए एक्सप्रेस डिलीवरी के ज़रिये भेजी जा चुकी थीं। एक चिट्ठी सी.सी.टी.वी. चीफ़ झाओ हुयाओंग के नाम, दूसरी डिप्टी चीफ़ ह्यू ईन के नाम, तीसरी

शियाओशियांग फ़िल्म स्टूडियो के चीफ़ कांग जियानमिन को और बाक़ी दो चिट्ठियाँ शियाओशियांग के एग्जीक्यूटिव को। मैंने चिट्ठियों में उन्हें यह सन्देश भेज दिया था कि मैं क़ानून की अदालत में उनके ख़िलाफ़ जंग का ऐलान करती हूँ और मरते दम तक एक लेखिका के अपने अधिकारों के लिए लड़ती रहूँगी! चिट्ठियों में मैंने पूरा ब्योरा दिया था कि किस प्रकार मुझसे मेरा अधिकार छीना गया है और वह भी दो बार। मैंने साथ ही उम्मीद जताई थी कि इन संस्थाओं के ज़िम्मेदार पदों पर बैठे अधिकारी मेरे साथ न्याय करेंगे, अगर ऐसा नहीं हुआ तो मैं चीनी और विदेशी पत्रकारों का एक संवाददाता सम्मेलन बुलाऊँगी। हालाँकि मैं पहले ही कई बार भावनात्मक स्तर पर चोट खा चुकी थी, लेकिन इस ओर क़दम बढ़ाने से पहले मैंने ख़ुद को मज़बूती से खड़ा किया। जब मुझे ऐसे मोड़ पर लाकर खड़ा ही कर दिया गया था और मैं पहले ही बहुत अन्याय बर्दाश्त कर चुकी थी तो इस बार– आख़िरी बार मैं अपने अधिकारों की रक्षा करने के लिए मज़बूती के साथ खड़ी हुई थी।

तीन दिन बाद, श्रीमान ए की ओर से मुझे एक फ़ोन आया और उन्होंने कहा कि वह मुझसे बात करना चाहते हैं, लेकिन मैंने तुरन्त फ़ोन काट दिया!

मेरी ज़िन्दगी में यह पहला मौक़ा था, जब मैंने किसी के साथ ऐसा बर्ताव किया था।

इसके कुछ ही दिन बाद, *ए चाइनीज़ वीमेन एट गेस्टापो गनपॉइंट* के कलाकार और फ़िल्म यूनिट के लोग कहानी को फ़िल्माने के लिए बेल्जियम जाने वाले थे।

उनके रवाना होने से ठीक पहले, मैंने श्रीमान झोउ के साथ एक अच्छे से रेस्त्राँ में डिनर किया और एक बार फिर से बतौर लेखक अपनी फ़ीस का मुद्दा उठाया।

उन्होंने कहा कि उन्हें जैसे ही पैसा मिल जायेगा, वह मेरी फ़ीस का भुगतान तुरन्त कर देंगे।

इसके बाद, मैं एक बार फिर अपने शहर जाने वाली ट्रेन में सवार हो गयी। कुछ इस तरह से मानो कि आख़िरी बार बीजिंग छोड़कर जा रही हूँ। मेरा दिल दुख से इतना भारी था कि अपना वजूद ही बेमतलब नज़र आ रहा था। किसे पता था कि आगे क्या होगा?

15

हार्बिन लौटने के बाद मुझे नींद न आने की बीमारी हो गयी; बीमारी ने इतनी बुरी तरह से मुझे जकड़ लिया कि मैं पूरी रात बिस्तर पर करवटें बदलती रहती और नींद आँखों से कोसों दूर तक नज़र नहीं आती थी। जब कभी नींद आ भी जाती तो बुरा सपना शुरू हो जाता। मुझे सपने में ऐसा दिखता, मानो कुछ लोगों ने मेरे बच्चे का अपहरण कर लिया है। मैं अपनी पूरी जान लगाकर उन लोगों से लड़ती हूँ, लेकिन कोई फ़ायदा नहीं होता। मैं सपने में अपनी पूरी ताक़त लगाकर चीख़ रही होती थी, ''मेरा बच्चा मुझे लौटा दो! मेरा बच्चा मुझे लौटा दो!''

मुझे पहले नींद में बोलने की आदत कभी नहीं रही थी लेकिन उसके बाद से अक्सर मैं रात के समय ज़ोर–ज़ोर से चीख़ने लगती। ये आज तक भी होता है। कुछ दिन पहले, मेरी पोती मेरे साथ रहने के लिए आयी। उसके स्कूल की छुट्टियाँ हो चुकी थीं। आधी रात के समय मेरे रोने और चीख़ने की आवाज़ से वह डर गयी। आँखों में आँसू लिए, उसने कहा, ''नानी, जब आप नींद में बात करती हो तो बहुत डरावना लगता है! मुझे बहुत डर लग रहा है, मुझे अपने घर जाना है...''

मैंने लोगों से मिलना–जुलना बन्द कर दिया और सारा दिन, कम्प्यूटर पर बैठकर पागलों की तरह *ए चाइनीज़ वीमेन एट गेस्टापो गनपॉइंट* को नये सिरे से उपन्यास के रूप में लिखने लगी। मेरा उपन्यास चार महीने में जाकर पूरा हुआ। उपन्यास में 4,50,000 शब्द थे। उपन्यास को लिखने के दौरान मुझे अपनी बीमारी से थोड़ी राहत मिली। जैसे ही मैं कम्प्यूटर पर से उठती, मुझे अजीब तरह का डिप्रेशन घेरने लगता और मैं अपने आपको असहाय महसूस करती।

मैं हमेशा ख़ुशमिज़ाज, और आशावादी रवैया अपनाने वाली महिला रही हूँ। हमेशा मैंने अपनी समस्याएँ ख़ुद ही सुलझायी हैं, लेकिन इस बार हालात मुझे अपने क़ाबू से बाहर नज़र आ रहे थे। पहली बार, उम्मीद और मज़बूत हौसला मेरा साथ छोड़ रहा था। मैं हमेशा गाती गुनगुनाती रहने वाली प्राणी थी, जिसकी ज़बान पर या तो गीत होते थे या फिर होंठों पर हँसी होती थी। लेकिन अब लाख कोशिश करने पर भी चेहरे पर मुस्कुराहट नहीं आ पाती। उस रहस्यमयी फ़ोन कॉलर के फ़ोन आने

के बाद स्थिति अधिक विकट हो गयी थी। मैं दिन–ब–दिन गहरी उदासी में डूबती जा रही थी।

नहीं जानती कि मुझे क्लीनिकल डिप्रेशन ने घेर लिया था या ये सिज़ोफ्रेनिया था; जो कुछ भी हो, मुझे ये तो यक़ीन हो गया था कि मुझे कोई गम्भीर मानसिक बीमारी हो गयी है। यही वक़्त था जब मुझे ज़िन्दगी की एक सच्चाई का शिद्दत से एहसास हुआ : एक इन्सान बेइन्तहा दर्द बर्दाश्त कर सकता है, लेकिन इतना बड़ा अन्याय सहन करना बस के बाहर था, अपने साथियों, दोस्तों के हाथों बेइज़्ज़ती बर्दाश्त नहीं कर सकता; गरिमा, निष्ठा और हमारे अधिकार, हमारी वे जड़ें हैं जिन पर एक इन्सान के रूप में हम खड़े होते हैं। ये आधार अगर ज़िन्दगी में नहीं हो तो इन्सान ख़ुद को मुर्दा महसूस करता है।

उसी शाम, फ़ोन की घण्टी बजी और जैसे ही मैंने फ़ोन उठाया... दूसरी तरफ़ वही रहस्यमय आवाज़ थी। उसने मुझसे तुरन्त सवाल किया, ''झांग योन, क्या ये सच है कि तुमने कभी पटकथा लेखन के बारे में कोई कोर्स वग़ैरह नहीं किया?''

''तुम ये सब क्यों पूछ रहे हो?'' मैं तुरन्त अपने बचाव में खड़ी हो गयी और सवाल के बदले में सवाल दाग दिया।

''क्या ये सच है कि तुम केवल प्राइमरी तक पढ़ी हो?'' उसने फिर से सवाल किया। ''नहीं! मैं कभी प्राइमरी से आगे नहीं पढ़ी! मेरे पास कोई ग्रेजुएशन सर्टिफ़िकेट नहीं था, प्राइमरी स्कूल का भी नहीं!''

उसका पहला सवाल सुनते ही मेरे भीतर गुस्से का एक गुबार–सा हिलोर लेने लगा था और मैं अपने आपको रोक नहीं पायी, सारा गुस्सा उसी पर निकाल दिया। ''तो क्या इसीलिए वे लोग मुझे बतौर लेखिका गम्भीर रूप से नहीं ले रहे? क्या यही वजह है कि वे मुझसे इस तरह का बर्ताव कर रहे हैं? मैं तुम्हें एक बात बता दूँ, वे सिर्फ़ बहानेबाज़ी कर रहे हैं!''

फ़ोन के दूसरी तरफ़ की आवाज़ अचानक ख़ामोश हो गयी; ऐसा लगा, जैसे मेरे गुस्से के कारण वह डर गया था। कुछ ही सेकेंड बाद, उसने फिर से सवाल किया, ''क्या तुमने कभी किसी की बेइज़्ज़ती की है?''

''मैंने अपनी ज़िन्दगी में कभी किसी का अपमान नहीं किया, ये तो वे लोग हैं जिन्होंने धोखेबाज़ी...''। मेरी बात ख़त्म हो चुकी थी, वह कुछ झिझका और उसके बाद बोला, ''मैं सोच रहा हूँ कि तुम्हें बता ही दूँ, प्रोडक्शन टीम तुम्हें लेखक होने का श्रेय भी नहीं देगी...''

जैसे ही मैंने यह सुना, मुझे अपने दिल में भयंकर दर्द–सा महसूस हुआ।

फ़ोन कटने के बाद, मैं तुरन्त सोफ़े पर जाकर लेट गयी, माथे पर पसीने की बूँदें छलक आयी थीं। मेरे पति ने तुरन्त मुझे उठाकर, बिस्तर पर लिटा दिया।

पूरी रात आँखों ही आँखों में बीत गयी। पलक तक नहीं झपका पायी। नींद तो कहाँ आनी थी, उल्टे फ़ोन वाली बात दिमाग़ में हथौड़े की तरह बजती रही।

अगले दिन सुबह उठी। चीन वीमेंस लीग की महासचिव को फ़ोन लगाया और उनसे मैंने जानना चाहा कि लेखक को श्रेय देने के मामले में क्या चल रहा है।

उनकी हैरानी का कोई ठिकाना न था, ''योन, तुम्हें कैसे पता चला? किसने बताया? देखो, अब जब तुम्हें पहले से ही इतनी बातें पता हैं तो मैं बाक़ी की बातें भी तुम्हें बता सकती हूँ। शुरुआत में यह फ़ैसला किया गया था कि लेखिका तुम हो और यहाँ चाइना वीमेंस लीग में पूरी तरह उस क़रार का सम्मान करने की मंशा थी। यदि वे अपने एजेंडा को इसी प्रकार आगे बढ़ाते रहे तो तुम्हें कोई दूसरा रास्ता निकालना होगा...''

सच्चाई यह थी कि श्रीमान ए ने चाइना वीमेंस लीग की महासचिव के सामने यह बात स्वीकार की थी कि लेखिका मैं ही हूँ लेकिन जब प्रोडक्शन टीम ने *ए चाइनीज़ वीमेन एट गेस्टापो गनपॉइंट* के रचनाकारों की सूची सौंपी तो उन्होंने सुश्री झाओ का नाम 'पटकथा लेखिका' के रूप में दर्ज कर दिया और मुझे 'मूल लेखक' का ही श्रेय दिया। लेकिन चाइना वीमेंस लीग डेवलपमेंट फंड की प्रमुख को यह बात पता चली तो उन्होंने तुरन्त दो फ़ोन किये। पहला फ़ोन श्याओशियांग फ़िल्म स्टूडियो के प्रमुख को और सी.सी.टी.वी. के सम्बन्धित एग्जीक्यूटिव को। उन दोनों के सामने उन्होंने अपनी राय रखी। उन्होंने कहा, ''शुरुआती दौर में ही यह फ़ैसला लिया गया था कि झांग योन इसकी लेखिका होंगी, आप अचानक से इस तरह बदलाव नहीं कर सकते!''

यह सारा घटनाक्रम मुझसे बर्दाश्त नहीं हो रहा था। मेरी नींद न आने की बीमारी ने मुझे जकड़ लिया था। मेरे दिल की धड़कन नियमित नहीं थी, हर वक़्त मुझे एक धुकधुकी–सी लगी रहती...एंजाइना का दर्द भी अचानक से उठ जाता, मेरी नाड़ी भी ठीक नहीं चल रही थी। कभी धीमी तो कभी तेज़ हो जाती थी। रात के घने अँधेरे में जहाँ लोग अपने घरों में चैन की नींद

सो रहे होते थे तो वहीं मैं अपने बेडरूम में किसी भूत की तरह आगे–पीछे चक्कर काटती रहती। एक रात को, मुझे अचानक अपना दिल इतना सख़्त और भिंचता–सा महसूस हुआ, लगा मानो अभी ये फट जायेगा...मैंने ताज़ा हवा लेने के लिए खिड़की खोल दी। आवाज़ से मेरे पति की नींद खुल गयी, वे हैरान से मुझे देख रहे थे, उन्होंने तुरन्त आगे बढ़कर मुझे कसकर अपनी बाँहों में जकड़ लिया। उन्होंने विनती करते हुए कहा, "योन, तुम इन बेकार की बातों को इतनी गम्भीरता से लेना बन्द कर दो! नहीं तो तुम अपनी ही जान ले बैठोगी, और फिर क्या ज़िन्दगी से बड़ी कोई चीज़ है?"

मैंने उनके कन्धे पर अपना सिर रखा और ज़ोर–ज़ोर से सुबकने लगी, "वे मुझसे ऐसा बर्ताव क्यों कर रहे हैं? हर मौक़े पर मेरे साथ दगाबाज़ी क्यों कर रहे हैं? मुझसे ऐसी क्या ग़लती हो सकती है?"

"योन, तुमने कुछ भी ग़लत नहीं किया है, तुम्हारे साथ इस तरह से बर्ताव करना, ये सब उनकी ग़लती है! मैं तुमसे भीख माँगता हूँ, इसे भूल जाओ; नहीं तो ये परिवार बहुत जल्द बिखर जायेगा!"

इस घटना को ज़्यादा दिन नहीं बीते थे कि एक और इससे भी बड़ा पहाड़ टूट पड़ा।

16

वे सर्दियाँ मेरी ज़िन्दगी का सबसे बुरा मौसम थीं। मेरा शरीर और मेरा दिमाग़... दोनों ही फटने के कगार तक पहुँच चुके थे, पूरी तरह नींद की गोलियों ने मुझे अपने वश में कर लिया था, बीच–बीच में एंजाइना का दर्द भी आता–जाता रहता। इतना ही सब कहाँ काफ़ी था। कुछ ही दिन बाद मेरे मसूड़ों में से ख़ून आने लगा और उनमें अल्सर हो गया, मेरा मुँह हर वक़्त सूखा–सूखा–सा रहता, और फिर यह लाल होकर सूज गया; हालत इतनी ख़राब हो गयी कि मुझे हर बार घर से बाहर निकलने पर मुँह पर मास्क लगाना पड़ता था। इसके बाद मुझे भयंकर ठण्ड सताने लगी। चाहे कितने ही गर्म कपड़े पहन लेती, लेकिन ठण्ड थी कि मेरी हड्डियों में ही समा गयी थी। मेरी नाक हर समय बहती रहती।

लेकिन इससे भी बुरा यह हुआ था कि मैं बाहर की दुनिया से पूरी तरह कटती जा रही थी। मन इस क़दर कसैला हो चुका था कि मेरा

किसी से मिलने का मन ही नहीं करता था। मैं बीजिंग के एक रिहायशी इलाक़े में रह रही थी। यहाँ मैं कुछ चुनिन्दा लोगों को ही जानती थी। इनमें ली झेनरू और उनकी पत्नी झांग जूफांग शामिल थे। दोनों मेरे पुराने मित्र और राष्ट्रीय खेल प्रभाग के सहकर्मी भी थे। और जैसे ही मैंने उन्हें देखा, मैंने अपनी सारी समस्याएँ उनके सामने खोल कर रख दीं। ठीक उसी तरह से, जैसे कि लू शुन का काल्पनिक चरित्र शियांग लिंसो करता है।

हालाँकि मेरी हालत बहुत ही दयनीय हो चुकी थी लेकिन उसके बावजूद भी मैं पागलों की तरह *ए चाइनीज़ वीमेन एट गेस्टापो गनपॉइंट* की पटकथा और उपन्यास, दोनों ही संस्करणों के सम्पादन में जुटी थी। मैं पटकथा और उपन्यास दोनों के लिए ही शब्दों को चार लाख से कम करके साढ़े तीन लाख तक लाने की कोशिश में लगी थी। पीपुल्स लिटरेचर पब्लिशिंग हाउस और चाइना यूथ प्रेस दोनों को ही साढ़े तीन लाख शब्दों तक की रचनाओं की ज़रूरत थी। मैं इस तेज़ी से काम में जुटी थी कि जब मैं नेशनल राइटर्स कांफ्रेंस में भाग लेने गयी तो वहाँ भी मेरे हाथ से क़लम नहीं छूटी।

ये चीनी नववर्ष 2002 की पूर्व सन्ध्या की बात है। आधी रात हो चुकी थी और पूरा परिवार सी.सी.टी.वी. पर आ रहा स्प्रिंग फेस्टिवल ईवनिंग गाला कार्यक्रम देख रहा था। सब टेलीविज़न को घेरे बैठे थे। मेरी नन्ही, प्यारी सी पोती पूरे कमरे में एक दिल के आकार के गुब्बारे को पकड़ने के लिए दौड़ रही थी। मेरे पति उसे यह गुब्बारा दिलाकर लाये थे। अचानक से 'फट्ट' की आवाज़ हुई और उसके बाद नन्ही बच्ची के रोने की आवाज़ आने लगी, "वा! मेरा दिल टूट गया! मेरा दिल टूट गया!"

मैंने इसकी कल्पना नहीं की थी लेकिन नन्ही बच्ची के मासूमियत भरे शब्द मेरी हालत को एकदम सही से बयान कर रहे थे।

टेलीफ़ोन की घण्टी बजी। मैं रिसीवर उठाने के लिए बढ़ी। मेरे हाथों में पकौड़ों से भरी ट्रे थी। एक दोस्त का फ़ोन था जिन्होंने नववर्ष की मुबारक़बाद देने के लिए फ़ोन किया था। लेकिन जब शुभकामना दे चुके तो उन्होंने अपनी बात जारी रखते हुए कहा, "योन, मैंने सी.सी.टी.वी. का विज्ञापन देखा है उसमें उन्होंने *ए चाइनीज़ वीमेन एट गेस्टापो गनपॉइंट* के बारे में घोषणा की और ऐसा लगता है कि वे लेखिका का श्रेय किसी और को दे रहे हैं..."

''किसे?'' मैंने सवाल किया, मेरी आवाज़ में एक बेचैनी थी।

''ऐसा लगता है कि...''

मैंने फ़ोन नीचे पटक दिया, अपने पति की ओर मुड़ी और पूछा, ''हेयू वो टी.वी. गाइड कहाँ है जो मैंने आपसे ख़रीदने के लिए कहा था?'' मुझे पता था कि वे ब्रॉडकास्टिंग से पहले *ए चाइनीज़ वीमेन एट गेस्टापो गनपॉइंट* को लेकर विज्ञापन देंगे। इसीलिए, उसी दोपहर को मैंने अपने पति से टी.वी. गाइड ख़रीदकर लाने को कहा था लेकिन उन्होंने लौटकर बताया कि सब कॉपियाँ बिक गयीं।

मेरे सवालों से परेशान होकर, उन्हें सच्चाई बतानी ही पड़ी, ''योन, मैं केवल ये चाहता था कि तुम्हारा नया साल हँसी ख़ुशी के साथ शुरू हो...''। वह बेडरूम में गये और 'टीवी गाइड' की एक कॉपी उठाकर ले आये। उन्होंने वह कॉपी मुझे दे दी और मरी–सी आवाज़ में बोले, ''योन, मुझे उम्मीद है कि तुम इसे दिल पर नहीं लोगी, चलो, इस पूरी बात पर ही मिट्टी डालो।''

मुझे अपने पति की आवाज़ दूर कहीं डूबती–सी महसूस हुई और पकौड़ों की ट्रे अचानक मेरे हाथों से छूटकर गिर पड़ी।

मेरी बेटी ने कहा, ''माँ, वे लोग लेखन का श्रेय चाहते हैं, यही न? तो ठीक है, हमें न मिले, उन्हें ले लेने दो श्रेय और इसके बारे में अब भूल जाओ!''

मुझे अपनी आँखों पर विश्वास नहीं हुआ। 'टी.वी. गाइड' के पिछले चार अंकों में से, हर अंक में *ए चाइनीज़ वीमेन एट गेस्टापो गनपॉइंट* के बारे में आधे पन्ने का विज्ञापन था। लेखक के नाम पर केवल एक व्यक्ति का नाम दिया गया था : सुश्री झाओ, उसका नाम ख़ास तरह के फॉण्ट में लिखा गया था। झांग योन का कहीं दूर–दूर तक कोई नाम नहीं था!

'टी.वी. गाइड' के लगातार चार अंकों में विज्ञापन पहले से ही छप चुका था। देश में हर कोई उसे देख चुका था और किसी ने मुझे बताने की हिम्मत ही नहीं की।

उस वक़्त मुझे अपना दिल फूटे हुए गुब्बारे की तरह महसूस हुआ जिस पर सिकुड़ने के कारण झुर्रियाँ–सी पड़ चुकी थीं। फूटा हुआ गुब्बारा अभी भी फ़र्श पर पड़ा हुआ था। बस फ़र्क़ केवल इतना था कि मेरा दिल टूटा नहीं था, बल्कि वह फट गया था। मेरा यह मानना रहा है कि हर इन्सान की बर्दाश्त करने की एक सीमा होती है और बिना फटे उस सीमा

को आगे नहीं बढ़ाया जा सकता। लेकिन जब दिल में विस्फोट होता है तो ये फूटे गुब्बारे की तरह केवल टुकड़े–टुकड़े नहीं होता बल्कि इसमें से ताज़ा ख़ून निकलता है। आख़िरकार तो, इन्सान मांस और ख़ून से ही तो बना है, लेकिन उसमें एक मानवीय चेतना होती है। लेकिन वह मानवीय चेतना अब कहीं दिखाई नहीं दे रही थी और मुझे अपने सिर में गूँजते छह शब्द ही सुनाई दे रहे थे, ''उन्होंने मुझे मेरी हदों से बाहर धकेल दिया!''

मुझे उस वक़्त जो निराशा हुई वैसे पहले कभी महसूस नहीं की थी–मैं मानवता के लिए तड़प रही थी!

मेरे पति मेरी ओर दौड़े और कई दर्दनिवारक कार्डियो गोलियाँ मेरे मुँह में ठूँस दीं।

मेरी पोती डर के मारे एक जगह ही जम–सी गयी। वह मेरी ओर घूर रही थी और उसके बाद प्लेट से कुछ पकौड़े लेकर दौड़ी हुई आयी और बोली, ''दादी माँ, मेरे ले लो।'' अभी उसकी वह उम्र थी, जहाँ बच्चे दुनियादारी नहीं समझते; बच्ची को लगा, मैं इसलिए परेशान थी क्योंकि पकौड़ों की प्लेट मेरे हाथ से छूट गयी थी और पकौड़े नीचे बिखर गये थे।

मेरा शरीर काँप रहा था, मैंने फ़ोन उठाया, मैं श्री ए को फ़ोन कर उनसे सारी बात जानना चाहती थी लेकिन जैसे ही मैंने अन्तिम नम्बर मिलाया, उसके तुरन्त बाद फ़ोन नीचे रख दिया। मैंने सोचा कि उसे अपने नये साल की पूर्व सन्ध्या का मज़ा ले लेने दो।

अगले दिन चीनी नववर्ष था। रातभर जगने के बाद, मैंने आख़िरकार श्री ए को क़रीब दज बजे फ़ोन लगाया और उनसे पूछा कि क्या चल रहा है। उन्होंने कहा, ''ये मैंने कुछ नहीं किया है और न ही ये मेरी ज़िम्मेदारी है। मैं पहले ही मार्केटिंग डिपार्टमेंट को अपनी आपत्ति ज़ाहिर कर चुका हूँ, वे कहते हैं कि वे अगले अंक में इसे ठीक करवा देंगे!''

मुझे नहीं पता कि ये किसने किया या आख़िरकार ज़िम्मेदारी किसकी है लेकिन मुझे इतना पता है कि इसका ख़मियाजा तो मुझे ही भुगतना पड़ेगा : मेरा अपना टूटा हुआ दिल, इसके बोझ से दब चुका था।

नया साल था और मैं अपने टूटे हुए दिल को सहला रही थी और साथ ही अपनी पाण्डुलिपि का सम्पादन कर रही थी। शाम को छह बजकर 15 मिनट पर, मैंने पाण्डुलिपि में आख़िरी पूर्ण विराम टाइप किया। उसके बाद मैंने ग़ुस्से में 'टी.वी. गाइड' के विज्ञापन विभाग को एक पत्र लिखा।

17

हेमिंग्वे ने एक बार कहा था, ''इन्सान हारने के लिए नहीं बना है। इन्सान को ख़त्म किया जा सकता है, लेकिन हराया नहीं जा सकता।''

शायद मैं सेंटियागो के जैसी हूँ, वही हेमिंग्वे की कहानी वाला बूढ़ा मछुआरा, जो अपने शिकार के कंकाल को भी हाथ से नहीं जाने देता। यहाँ तक कि शार्क मछलियों ने उसे सफ़ाचट कर दिया था, लेकिन इसके बावजूद वह लड़ता रहा।

सारे अपमान और ग़ुस्से को मैंने भीतर ही भीतर जज़्ब कर लिया। नववर्ष की पूर्व सन्ध्या थी और मैं अपने घर से निकल पड़ी–मैं दूसरी बार ब्रसेल्स जा रही थी।

मेरे परिवार का कोई एक भी सदस्य मेरे ब्रसेल्स जाने के हक़ में नहीं था। उन्हें डर था कि यूरोप में ही मेरा दम निकल जायेगा। मुझे लौटकर जाना ही था; उन लोगों ने दुर्लभ फ़ोटो के पाँच निगेटिव गुम कर दिये थे। ये वही फ़ोटो थे जो छयेन श्युलिंग ने मुझे दिये थे। एक कारण और भी था। मैं बुज़ुर्ग महिला के फ़ोटोग्राफ़ को अपनी किताब में इस्तेमाल करना चाहती थी। मुझे उनकी अनुमति लेने के लिए भी जाना ही था।

मेरे पति ने जब देखा कि मैं जाने के लिए एकदम तैयार हूँ तो उन्होंने हार मान ली। मुझे दिल की बीमारी की कुछ और दवाइयाँ रखने को दीं। उन्होंने मेरे हाथों में दो पुर्जे थमा दिये। एक पर लिखा था, ''तुम्हारी यात्रा सुरक्षित हो'' और दूसरी पर लिखा था, ''तुम्हारी सारी उम्मीदें पूरी हों।''

14 फरवरी, 2002 का दिन था। दोपहर का एक बजा था और चीनी नववर्ष को बीते तीसरा दिन हो चुका था। मैं हवाई अड्डे पर खड़ी थी, विमान में चढ़ने को तैयार। मेरे पति ने अपने हाथ मेरे कन्धों पर रखे हुए थे। उन्होंने बड़ी ही कड़क आवाज़ में कहा, ''क़तई परवाह मत करना कि ब्रसेल्स में क्या होता है। अपने रुख़ पर क़ायम रहना। एक बात याद रखना, तुम जो चाहती हो, वो तुम्हें मिले या न मिले, मैं और बच्चे तुम्हारी वापसी का बेसब्री से इन्तज़ार करेंगे...''

मैंने अपने पति की बात पर हाँ में सिर हिलाया और उसके बाद कस्टम की ओर बढ़ गयी।

कस्टम से मुक्ति पाने के बाद, मैंने पीछे मुड़कर अपने पति और बच्चों की ओर देखा। वे हाथ हिलाकर मुझे अलविदा कह रहे थे। मेरे भीतर

एक ठण्डी–सी सिहरन दौड़ गयी; यह कुछ ऐसा एहसास था मानो जैसे कोई अन्तिम सफ़र पर जाने से पहले गहरी शान्ति का अनुभव करे। मेरी दोनों आँखों के सामने अचानक धुँधलापन–सा छा गया। इससे पिछली रात को, मैंने घर के लोगों को बिना बताये हू युपिंग को फ़ोन किया। युपिंग पीपुल्स लिटरेचर पब्लिशिंग हाउस के सम्पादक हैं। ''युपिंग, अगर मैं बेल्जियम से वापस न लौट सकूँ तो यह किताब मेरी आख़िरी निशानी है। ये किताब हर हाल में छपनी चाहिए...''

''यावन, तुम कैसी बातें कर रही हो? ऐसी बेसिरपैर की बातें मत करो!''

युपिंग ने मुझे अच्छी–ख़ासी डाँट पिला दी।

मेरा शरीर और दिमाग़ दोनों फटने को तैयार थे। नहीं जानती थी कि मैं विमान में दस घण्टे का सफ़र तय कर भी पाऊँगी या नहीं। परेशानी ये भी थी कि छयेन श्यूलिङ के परिवार के लोग मुझे अनुमति देने को तैयार भी होंगे या नहीं। सच कहती हूँ, मुझे तो ये भी नहीं पता था कि मैं चीन लौट भी सकूँगी या नहीं...

लेकिन जब ख़ुद से सब कहासुनी हो चुकी तो मेरे भीतर की यावन ने हरकत में आने का फ़ैसला किया और मेरी क़िस्मत की डोरी भी अपने हाथ में ले ली।

दस घण्टे बाद विमान फ्रैंकफुर्त हवाई अड्डे पर उतर गया। इस बार मुझे काफ़ी ज़्यादा देर तक इन्तज़ार करना था। और इससे भी मज़े की बात ये थी कि मेरी कनेक्टिंग फ़्लाइट लेट थी। मुझे फ्रैंकफुर्त हवाई अड्डे पर छह से भी ज़्यादा घण्टे वक़्त काटना पड़ा। और कोई चारा भी तो नहीं था।

बड़े से प्रतीक्षा कक्ष में मैं किसी तरह समय बीतने का इन्तज़ार कर रही थी। दिमाग़ पिछली स्मृतियों में चला गया। इसी हवाई अड्डे पर पिछली बार मुझे अपनी फ़्लाइट पकड़ने के लिए किस कदर रेस लगानी पड़ी थी। और मैं छयेन श्यूलिंग से मिलने के लिए कितनी उत्साहित थी...उस बार मेरे दिल में उम्मीदों का ज्वार उमड़ रहा था और मुझे किसी परेशानी या मुश्किल का तो भान तक नहीं था। लेकिन आज मेरे पंख टूटे हुए थे और मैं भीतर से भी टूट चुकी थी; मुझे यह तक नहीं पता था कि स्क्रीनप्ले पर मेरा नाम भी होगा या नहीं, हालाँकि उस पटकथा को मैंने ही लिखा था। पटकथा का क्या हुआ, इस बात को तो भूल ही जाओ।

मुझे याद आया... मैंने लेखक के रूप में अभी कुछ नाम कमाना ही शुरू किया था कि मेरी माँ ने एक दिन अपने पाइप से धुएँ के छल्ले बनाते हुए मुझसे कहा था, ''ज़िन्दगी में, नाम, पैसा, ख़ुशी और लम्बी ज़िन्दगी –इन सबका फ़ैसला ऊपर वाला ही करता है। तुम्हें केवल एक बात याद रखनी चाहिए कि तुम केवल उसी की कामना करो, जो सही मायने में तुम्हारा है। भले ही सोने के पहाड़ सामने हों लेकिन अगर वे तुम्हारें नहीं हैं तो उनके लिए हाय–तौबा मचाने का कोई फ़ायदा नहीं है। ऊपर वाले ने वे किसी और के नसीब में लिखे हैं। इसका सीधा–सा मतलब यह है कि ऊपर वाले ने तुम्हारे लिए कुछ और सोच रखा है।''

मेरी माँ के कहे शब्द भले ही कड़वे थे, लेकिन वे एक बहुत सीधी और गहरी सच्चाई की ओर इशारा कर रहे थे। हर किसी को अपने कर्मों के फल को स्वीकार करना चाहिए। मेरी माँ को तो यह पता भी नहीं था कि उनकी रहमदिल बेटी, दूसरे की दगाबाज़ी के चलते अपनी पूरी ज़िन्दगी खपा देगी। और उसे अपने पैरों तले कोई ठोस ज़मीन तक नहीं मिलेगी। दूसरों का हक़ मारने की बात तो मैं सोच भी नहीं सकती थी।

सात घण्टे बाद मेरा विमान (फ़्लाइट नम्बर 4226) ब्रसेल्स हवाई अड्डे पर उतर गया। उस समय ब्रसेल्स में रात के क़रीब सवा 12 बजे थे। कस्टम डेस्क पूरी तरह सूना पड़ा था। मैं अपना सामान लिए जब वहाँ से गुज़र रही थी तो एक युवक दौड़ते हुए मेरी ओर आया और बोला, ''माफ़ कीजिएगा, क्या आप सुश्री चाङ यावन हैं? मैं चीनी दूतावास के संस्कृति विभाग से बेई गुटांगमिंग हूँ।

रात की ख़ामोशी में और वह भी अजनबी देश के हवाई अड्डे पर, ऐसी अपनेपन वाली आवाज़ सुनकर, मेरे दिल को थोड़ी राहत हुई। मैंने तुरन्त जवाब दिया, ''हैलो, मिस्टर बेई! लगता है आप काफ़ी समय से मेरा इन्तज़ार कर रहे थे।''

यह जानने के बाद कि मैं बेल्जियम आ रही हूँ, राजनयिक अधिकारी य्वी मेईह ने दूतावास के सांस्कृतिक विभाग के मौजूदा प्रमुख श्री चाङ वेनमिन को मेरा ख़याल रखने की ज़िम्मेदारी सौंपी थी। श्री चाङ ने श्री बेई को निर्देश दिया था कि वह पाँच दिन तक बतौर ड्राइवर मेरे साथ रहें। उनकी यह मदद मेरे बहुत काम आयी।

सुबह दो बजे, श्री बेई मुझे एक गेस्ट हाउस में छोड़ आये। इस गेस्ट हाउस को शेनयांग से ताल्लुक रखने वाले श्री गाओ जियान्वू और

उनकी पत्नी चलाते थे। मैंने इन लोगों से बीजिंग से चलने से पहले ही सम्पर्क किया था।

अगले दिन दोपहर के समय, सूरज बेल्जियम के आसमान में ऐसे चमक रहा था, मानो पहली बार निकला हो। सूरज की खिलती रौशनी ने दिल को थोड़ा सुकून दिया। बेई गुआनमिंग मुझे ल्यू च्याशिंग के रेस्त्राँ में ले गये। मैंने ग़ौर किया, छयेन श्यूलिङ पिछले दो सालों में कितनी बूढ़ी हो गयी हैं, लेकिन उनकी मुस्कुराहट अब भी वैसी ही थी, उनके चेहरे पर बेहद अपनेपन की आभा थी।

''माँ, श्यूलिंग, आपने मुझे पहचाना?'' मैंने कहा।

''हाँ, मैंने पहचान लिया।''

''आपको याद है, मैं कौन हूँ?''

लेकिन इस बार उन्होंने न में सिर हिला दिया। साफ़ ज़ाहिर था कि याददाश्त धीरे–धीरे उनका साथ छोड़ने लगी है। मैं सबके लिए जो भी उपहार लेकर आयी थी, वे सब बाहर निकाले : छयेन श्यूलिंग के लिए, एक फूलों की कढ़ाई वाला गर्म शॉल, श्री और श्रीमती मी च्या के लिए मैं चीनी कलाकृति और चीनी रेशम लेकर आयी थी।

मेरे बैठते ही श्री और श्रीमती मी च्या ने ढेरों सवाल करने शुरू कर दिये। मुझे समझ नहीं आया कि वे क्या कह रहे हैं लेकिन उनके हावभाव से मैं बता सकती थी कि वे लोग ग़ुस्से में थे।

श्री बेई ने दुभाषिए का काम किया और उनके सवालों का मतलब कुछ इस तरह समझाया, ''वे आपसे पूछना चाहते हैं कि पटकथा लेखक आप नहीं हैं तो कोई और क्यों है? जब फ़िल्म प्रोडक्शन यूनिट के लोग बेल्जियम पहुँचे तो उन्होंने हमारी इस तरह से बेइज़्ज़ती क्यों की? उन्होंने हमसे मिलने के लिए समय तय करना भी ज़रूरी नहीं समझा। उन्होंने सामान्य शिष्टाचार तक नहीं बरता और बिना किसी झिझक के मीडिया में हमारी माँ का नाम लेकर गिद्धों की तरह झपट पड़े। क्यों?'' श्री बेई ने एक क्षण के लिए अपनी आवाज़ धीमी की और मुझसे कहा, ''हमें इस तनाव को थोड़ा कम करना होगा...''

फ़िल्म प्रोडक्शन यूनिट ने छयेन श्यूलिंग के परिवार को बिल्कुल किनारे ही कर दिया था। और दोनों पक्ष अपने–अपने वकीलों के पास पहुँच गये थे। श्री और श्रीमती मी च्या ने यूनिट को छयेन श्यूलिंग के नाम का विज्ञापनों में क़तई कोई इस्तेमाल नहीं करने की चेतावनी तक दी थी।

बाद में छयेन श्यूलिंग की पोती उनके बारे में एक वृत्तचित्र बनाने के लिए चीन आयी थीं और और ये मैं थी जिसने पीपुल्स लिटरेचर पब्लिशिंग हाउस की ओर से उनके लिए निमन्त्रण पत्र भेजने की व्यवस्था की थी।

श्री और श्रीमती मी च्या से मेरी मुलाक़ात ऐसी होगी, मैंने सोचा नहीं था। उनकी अनुमति लेने का सवाल भी मेरे दिमाग़ में घूम रहा था, मैं परेशान थी। लेकिन मैं केवल इतना ही कर पायी कि चेहरे पर बेचारगी वाली मुस्कान लाकर मैंने उनसे क्षमा याचना की, ''मुझे ये सब जानकर बहुत ही दुख है। फ़िल्म यूनिट ने प्रोडक्शन में नयी जान डालने के लिए लेखक का नाम बदल दिया। यदि वे लोग आपके पास नहीं आये और आपके सम्मान का ख़याल रखना भूल गये तो इसकी एक ही वजह हो सकती है कि वे युवा लोग हैं और उन्होंने काम को उचित तरीक़े से नहीं किया। मैं केवल आपसे माफ़ी माँग सकती हूँ। उम्मीद करती हूँ कि इससे हमारी दोस्ती पर कोई असर नहीं पड़ेगा।''

श्री बेई ने फिर से अपनी आवाज़ धीमी की और कहा, ''चाङ, आपको इसके लिए माफ़ी नहीं माँगनी चाहिए...।''

जब श्री बेई ने मेरी बात का अनुवाद करके बताया तो डॉक्टर मी च्या ने ज़ोर–ज़ोर से अपने हाथ हिलाते हुए कहा, ''नहीं, नहीं! आप इसकी क़तई चिन्ता न करें। इस सबका हमारी दोस्ती पर कोई असर नहीं होगा।''

मैंने तुरन्त श्री बेई के कान में फुसफुसाकर जानना चाहा कि फ़िल्मांकन की अनुमति के बारे में सवाल करने का क्या ये सही समय है। उन्होंने कहा कि अब सब ठीक है। मैं जितनी विनम्रता से कह सकती थी, उतना विनम्र होते हुए मैंने छयेन श्यूलिंग की अनुमति का मुद्दा उठाया।

जब श्री बेई मेरी बात का अनुवाद कर रहे थे तो मेरा दिल ज़ोर–ज़ोर से धड़क रहा था। मुझे लगा मेरे सीने में कोई ड्रम बज रहा है। मुझे पता था कि शो की सफलता या विफलता का फ़ैसला अगले कुछ क्षण में ही हो जाना है। अगर इन्होंने अनुमति नहीं दी तो मेरा इतनी दूर यहाँ तक आना बेकार हो जायेगा।

मैंने देखा डॉक्टर मी च्या ने अपना सिर हिलाया और एक काग़ज़–पेन बाहर निकाला। काग़ज़ और पेन को उन्होंने डिनर टेबल पर रख दिया और तुरन्त अनुमति–पत्र लिख दिया...

कई दिनों से साँस अधर में अटकी हुई थी। आख़िरकार, मेरी रूह को

चैन मिला और मैंने एक लम्बी साँस ली। मैं अपनी जगह से उठी और श्री तथा श्रीमती मी च्या को बाँहों में भर लिया।

अगले पाँच दिन श्री बेई मुझे अपनी कार में लेकर जगह–जगह घुमाते रहे, एक सेकेंड का भी आराम करने का मौक़ा उन्हें नहीं मिला। हम कई बार इकाउसिनेस गये, जहाँ मेयर डयूट्रियूक्स ने हमारा गर्मजोशी के साथ स्वागत किया। क़रीब 90 क़ैदियों के फ़ोटो के डुप्लीकेट तैयार करवाये। वे मुझे द्वितीय विश्व युद्ध के प्रदर्शनी हॉल में भी लेकर गये ताकि मैं और फ़ोटोग्राफ़ ले सकूँ। मैं मेयर साहब के लिए एक उपहार लेकर आयी थी–एक फ़ोटोग्राफ़ी एलबम। यह उस समय की थी जब मैं उन्हें ग्रेट वॉल दिखाने ले गयी थी। श्री बेई ने मुझे सिनेली क़िला भी दिखाया जो कभी नाज़ी सैन्य शासन का बेल्जियम मुख्यालय था; हम 160 किलोमीटर दूर हरब्यूमेंट शहर भी गये जहाँ हमने छयेन श्यूलिङ का पुराना घर देखा; हम एक पुराना हथियार संग्रहालय देखने भी गये जहाँ मुझे जनरल फाल्कनहोसेन के 20 से ज़्यादा फ़ोटोग्राफ़ मिले। जब मैंने इन बेशक़ीमती तस्वीरों को देखा तो ख़ुशी के मारे मेरी आँखें छलछला आयीं। लेकिन प्रदर्शनी हॉल ने इनकी डुप्लीकेट कॉपी तैयार करवाने के लिए फ़ीस काफ़ी ज़्यादा रखी थी।

''सुश्री चाङ, वे एक फ़ोटो का 50 अमेरिकी डॉलर माँग रहे हैं, क्या आप उन्हें अभी भी ख़रीदना चाहती हैं?'' श्री बेई ने मुझसे सवाल किया।

''हाँ! मुझे क़ीमत की परवाह नहीं। वे चाहे कितनी भी फ़ीस ले लें, मैं उन्हें ख़रीदूँगी! अगर मेरे पास ज़्यादा पैसे नहीं हुए तो मैं कुछ पैसा दूतावास से उधार ले लूँगी।''

श्री बेई ने उन लोगों के साथ काफ़ी मगजमारी करके कुछ पैसे कम कराये लेकिन आख़िर में मुझे क़रीब 20 फ़ोटोग्राफ़ ही मिले।

उस दिन दोपहर में श्री बेई व्यस्त थे तो मैंने श्री और श्रीमती गाओ जियानवू से कहा कि वे मुझे ब्रसेल्स में उस जेल तक ले चलें जहाँ जनरल फाल्कनहोसेन को क़ैद करके रखा गया था। मैं ल्यूवेन यूनिवर्सिटी भी जाना चाहती थी, जहाँ छयेन श्यूलिंग ने अपनी पढ़ाई की थी। मैंने दोनों जगह पर बहुत से फ़ोटोग्राफ़ लिए।

मेरी चीन वापसी में एक दिन का समय बचा था। शाम के समय बेल्जियम में चीनी दूतावास के एक उच्च स्तरीय राजनयिक गुआन छेंगुयान और चाङ वेनमिन ने एक यूरोपीय रेस्त्राँ में एक छोटा–सा डिनर दिया।

ये आयोजन उन्होंने मेरी विदाई के सम्मान में दिया था। गुआन छेंगुयान ने चीन और बेल्जियम के बीच सांस्कृतिक आदान–प्रदान के लिए मेरे काम को शानदार बताया और उसकी काफ़ी तारीफ़ भी की। मैंने उनका शुक्रिया अदा किया। दूतावास के सांस्कृतिक विभाग की ओर से उन्होंने मेरी जो हरसम्भव मदद की थी, उसके लिए भी मैंने उनका आभार जताया।

अगले दिन, दोपहर के समय मुझे चीन के लिए रवाना होना था। अपने इस दौरे के दौरान मैं छयेन श्यूलिंग की तस्वीर का इस्तेमाल करने का अथॉरिटी लेटर लेकर आयी थी। मैंने जनरल फाल्कनहोसेन के फ़ोटोग्राफ भी ख़रीदे थे, जो फ़ोटो मेरे गुम हो गये थे, उनकी जगह भी मैंने दूसरे फ़ोटो ले लिए थे। जेल, ल्यूवेन यूनिवर्सिटी और छयेन श्यूलिंग के पुराने घर के फ़ोटो भी अब मेरे पास थे। इन सबको मिलाकर कहा जा सकता था कि मेरी इस बार की बेल्जियम यात्रा मेरी उम्मीद से अधिक सफल रही। लेकिन एक पछतावा अभी भी रह गया था; मैं फाल्कनहोसेन का उस समय का फ़ोटो नहीं ले पायी, जब उनके ख़िलाफ़ मुक़दमा चलाया जा रहा था।

अगले दिन मैं सुबह उठी, एक क्षण को तो थोड़ी झिझक महसूस हुई लेकिन आख़िरकार मैंने श्रीमती गाओ से कह ही दिया, ''श्रीमती गाओ, मुझे आपकी थोड़ी मदद की ज़रूरत है। मैं एक बार फिर से अभिलेखागार जाना चाहती हूँ। क्या ये सम्भव है? एक और बेहद महत्त्वपूर्ण फ़ोटो छूट गया जो मैं पिछली बार भी नहीं ले पायी थी...''

बारिश हो रही थी। हम दोनों ने किसी तरह एक टैक्सी ढूँढ़ी। जब हम अभिलेखागार हॉल में पहुँचे तो मैंने उनसे पूछा कि क्या उनके पास जनरल फाल्कनहोसेन का ऐसा कोई फ़ोटोग्राफ़ है जिसमें वह मुक़दमे का सामना कर रहे हैं। अभिलेखागार कर्मचारी ने न में सिर हिलाया और साथ ही हमसे एक दूसरे अभिलेखागार स्टोरहाउस में जाने को कहा। जब तक हम वहाँ पहुँचे, पहले ही 11 बज चुके थे; श्री बेई को क़रीब 12 बजकर 20 मिनट पर आना था। वह मुझे हवाई अड्डे ले जाने वाले थे। श्रीमती गाओ और मैं जल्दी–जल्दी सीढ़ियाँ चढ़ते चले गये। ऊपर हमें एक सफ़ेद बालों वाले सज्जन मिले। श्रीमती गाओ ने मेरी परेशानी उन्हें बतायी। बूढ़े सज्जन ने हाँ में सिर हिलाया और हमें एक कमरे में ले गये।

बुज़ुर्ग सज्जन ने आख़िरकार फाल्कनहोसेन के चार फ़ोटो निकालकर दिये। इनमें वह एक धूल भरे कठघरे में मुक़दमे की सुनवाई के लिए खड़े

नज़र आ रहे हैं।'' पूरे बेल्जियम में जनरल फाल्कनहोसेन के मुक़दमे की सुनवाई करते हुए के केवल ये चार फ़ोटो ही हैं।'' उन सज्जन ने कहा।

मुझे ऐसा लगा, परमात्मा हमारी मदद कर रहा था! मैं इतनी ख़ुश थी कि मैं ख़ुद को रोक नहीं सकी; मैंने अपने बाँहें फैला दीं, आगे बढ़ी और बूढ़े बेल्जियाई सज्जन को गले लगा लिया।

उन बेशक़ीमती फ़ोटो को हासिल करने की यह सारी कहानी थी। इन सैकड़ों फ़ोटोग्राफ़ को मैं उपन्यास और *ए चाइनीज़ वीमेन एट गेस्टापो गनपॉइंट* की पटकथा में इस्तेमाल करने वाली थी।

21 फ़रवरी को सुबह दस बजे मैं बेल्जियम की यात्रा से चीन लौट आयी। मेरे बच्चे और पति हवाई अड्डे पर मुझे लेने के लिए पहुँचे हुए थे। वे सब भागकर मेरे गले मिले और मेरे हाथों को कसकर पकड़ लिया। कोई शब्द बीच में नहीं था केवल भावनाओं का ज्वार आँखों के ज़रिये बह निकला था।

मेरी ये यात्रा काफ़ी सफल रही थी।

हवाई अड्डे से निकलकर मैं घर नहीं गयी बल्कि सीधे चाइना फ़ोटोग्राफ़ी स्टूडियो गयी। उसी दिन मैंने वे फ़ोटो बनवाये और शाम के ठीक पाँच बजे, मैंने सौ से ज़्यादा फ़ोटो के दो सेट पीपुल्स लिटरेचर पब्लिशिंग हाउस और चाइना यूथ प्रेस के सम्पादकीय प्रतिनिधियों को सौंप दिये। दोनों ही मेरी पाण्डुलिपि को प्रकाशन के लिए भेजने का इन्तज़ार कर रहे थे।

18

18 मार्च, 2002, तीन साल की उठापटक, तनाव और भागदौड़ के बाद, *ए चाइनीज़ वीमेन एट गेस्टापो गनपॉइंट* आख़िरकार सी.सी.टी.वी. 1 के प्राइम टाइम में प्रसारित हो गया।

टी.वी. स्क्रीन पर शो से जुड़े लोगों के नाम आ रहे थे। मैंने देखा, मेरा नाम अपनी सही जगह पर था। मेरे नाम के ठीक आगे लिखा था–''लेखक।''

मुझे वैसी ख़ुशी नहीं हुई जो होनी चाहिए थी। दिल में कहीं एक मीठी–सी टीस उठ रही थी और मन कर रहा था, ज़ोर–ज़ोर से रोऊँ।

इस बीच मेरे लम्बे उपन्यास और पटकथा की पहली एक लाख प्रतियाँ प्रकाशन के लिए जा चुकी थीं। ये दोनों काम पीपुल्स लिटरेचर पब्लिशिंग हाउस और चाइना यूथ प्रेस के बीच बँटे थे। श्री ल्यू याङथी ने उपन्यास की प्रस्तावना लिखी। इससे काफ़ी पहले ही विदेशी भाषा प्रेस मेरे उपन्यास को अंग्रेज़ी में अनुवादित करवा चुका था और उसे फ्रैंकफुर्त पुस्तक मेले में भेज दिया गया था। 27 मार्च को बेल्जियम दूतावास ने एक स्वागत समारोह में मुझे आमन्त्रित किया। स्वागत समारोह की मेज़बानी और कोई नहीं, बेल्जियम के प्रधानमन्त्री ग्यूए वेरहौफस्ट्ड ने की थी। स्वागत और भोज समारोह में प्रधानमन्त्री ने ख़ुद मेरी अगवानी की। मैंने इस अवसर को उपयुक्त जानकर *ए चाइनीज़ वीमेन एट गेस्टापो गनपॉइंट* की एक कॉपी उन्हें भेंट कर दी।

उसी दिन, मैं चाइना वीमेंस लीग के मुख्यालय भी गयी थी जहाँ मैंने चाइना वीमेंस डेवलपमेंट फंड के दो नेताओं का निजी तौर पर शुक्रिया कहा। यदि इन दो नेताओं का मुझे अटूट समर्थन नहीं मिलता तो बतौर लेखिका मेरी मेहनत का श्रेय कोई और छीन ले गया होता।

ए चाइनीज़ वीमेन एट गेस्टापो गनपॉइंट का प्रसारण समाप्त होने के बाद, एक और इन्सान मेरे दिमाग़ में आया–जिसने मेरी सबसे ज़्यादा मदद की थी और उस इन्सान का मैं नाम तक नहीं जानती। मैं अपने इस दोस्त का शुक्रिया अदा करना चाहती हूँ और उसे अपनी किताब की एक कॉपी देती हूँ। यह बड़ी शर्मिन्दगी की बात है कि मैं अभी भी उसे ढूँढ़ नहीं पायी हूँ। मैं उसे बताना चाहती हूँ कि मैं हमेशा उसकी आभारी रहूँगी। उसकी शान्त, दूरदर्शी और अजनबी–सी आवाज़ ने मेरी मदद की। इस दयालु दोस्त का शुक्रिया।

शुक्रिया मेरे दोस्त!

19

मैंने सोचा कि अब *ए चाइनीज़ वीमेन एट गेस्टापो गनपॉइंट* का प्रसारण ख़त्म हो चुका है तो इससे जुड़ी बुरी यादें भी जल्द ही ख़त्म हो जायेंगी। इस सफ़र में जो भी संघर्ष था, जो निराशा, गिरकर फिर से उठने की उम्मीद–ये सब बातें जल्द ही मेरे दिमाग़ से निकल जायेंगी। मेरी ज़िन्दगी

का यह सबसे बुरा एपिसोड था और मैं चाहती थी कि यह जितना जल्द सम्भव हो सके, मेरा पीछा छोड़ दे। मैं चाहती थी, इन घटनाओं ने मेरे तन–मन पर जो घाव छोड़े थे, मैं अब शान्ति से उन्हें भर सकूँ, उन्हें सहला सकूँ और ख़ुशियों भरे पुराने दिन फिर से लौट आयें।

लेकिन एक बार फिर, मैं ग़लत साबित हुई।

जब ड्रामे का प्रसारण शुरू हुआ तो दर्शकों ने इसकी बड़ी आलोचना की। शो की ग़लतियों के लिए सार्वजनिक माफ़ी माँगने के सिवाय डायरेक्टर के पास कोई चारा नहीं था।

जब मैं अपनी किताब की कुछ प्रतियाँ बेल्जियम दूतावास को देने गयी तो वहाँ मुझे दूतावास की एक कर्मचारी मिली जो चीनी भाषा बोल सकती थी। उस युवती ने काफ़ी कठोर लहजे में मुझसे सवाल किया, ''सुश्री चांग, क्या मैं आपसे पूछ सकती हूँ कि आपने बेल्जियाई लोगों का ऐसा निन्दनीय चित्रण क्यों किया है? क्या आपको सही में नहीं पता कि बेल्जियाई लोगों ने जर्मन फ़ासीवाद के ख़िलाफ़ लड़ाई में कितना महान योगदान दिया था?'' उसका सवाल सुनकर मेरी जीभ एकदम जैसे तालू से चिपक गयी; मुझे समझ नहीं आया क्या जवाब दूँ।

उस दौरान कई रिपोर्टरों ने बहुत कोशिश की, किसी तरह मेरा मुँह खुलवा सकें और ड्रामे के बारे में मेरी राय जान सकें। मैंने कोई भी टीका टिप्पणी करने से इनकार कर दिया। मेरा कहना केवल यही था कि शो को बनाना काफ़ी मुश्किल काम है और निर्माताओं ने इसमें बहुत पैसा निवेश किया और ड्रामे में शामिल हर व्यक्ति ने अपना बेहतर योगदान दिया। मुझे यह भी लग रहा था कि ये एक अन्तर्राष्ट्रीय मसला था, दोनों देशों की जनता और नेता इसमें शामिल थे और उनकी शो में गहरी रुचि थी और मैं पहले से ही तनावपूर्ण स्थिति को और नहीं बिगाड़ना चाहती थी।

लेकिन बाहरी दुनिया के हमले लगातार बढ़ रहे थे। लोग मेरी अच्छी नीयत पर भी सवाल खड़े कर रहे थे।

पहला हमला उस समय हुआ, जब निदेशक ने मीडिया में मेरी आलोचना की। एक दोस्त ने फ़ोन किया, ''यावन, क्या हो रहा है? फ़िल्म, टेलीविज़न, लिटरेचर मैगज़ीन के दूसरे अंक में कहा गया है कि *ए चाइनीज़ वीमेन एट गेस्टापो गनपॉइंट* की पटकथा लेखिका कोई झाओ नाम की महिला थीं और ये कि तुम मूल लेखिका हो...''

मुझे यक़ीन ही नहीं हुआ, शो कुछ समय पहले ही ख़त्म हो चुका था और उसकी क्रेडिट लाइन में साफ़–साफ़ लिखा हुआ था कि मैं लेखिका हूँ और सुश्री झाओ सम्पादक हैं।

अब इस तरह की कोई बात कैसे हो सकती है?

इसके तुरन्त बाद फ़ोन कट गया। एक और दोस्त का फ़ोन आया, ''यावन, तुम तुरन्त *ए चाइनीज़ वीमेन एट गेस्टापो गनपॉइंट* की एक वी.सी.डी. या डी.वी.डी. ढूँढ़ो। कवर कहता है कि तुम लेखिका नहीं हो और...''

मैंने तुरन्त 2002 की फ़िल्म, टेलीविज़न, लिटरेचर मैगज़ीन का दूसरा संस्करण खोजा और जैसा कि मेरे दोस्त ने कहा था, सुश्री झाओ का नाम पटकथा लेखक के रूप में दर्ज था और मुझे 'मूल लेखक' का दर्जा दिया गया था। वी.सी.डी. और डी.वी.डी. डिस्क के कवर पर न मेरा नाम था और न ही सुश्री झाओ का बल्कि श्री ए का नाम था।

सारे हालात चौंका देने वाले थे!

मुझे समझ नहीं आया कि वे ऐसा क्यों करना चाहते थे। क्या उन्होंने ये इसलिए किया कि वे मुझे और चोट पहुँचाना चाहते थे? हालाँकि वे पहले ही काफ़ी घाव मुझे दे चुके थे। मुझे इतनी बुरी तरह नुक़सान पहुँचा कर भी उनका मन नहीं भरा था?

मैंने श्री झाओ को फ़ोन किया। मैं जानना चाहती थी कि वे मुझे दो लाख पचास हज़ार युआन की बकाया राशि कब देंगे। ये धनराशि मेरी उन पर बकाया थी। लेकिन वे पूरी तरह अपना मन बदल चुके थे और अब वह इस बात से भी मुकर गये कि ''पूरक समझौते'' पर कभी हस्ताक्षर भी किये गये थे। इससे भी अधिक वे मुझे मेरी फ़ीस का भुगतान करने से मना कर रहे थे। इसके बाद मैंने श्याओ श्याङ फ़िल्म स्टूडियो के अध्यक्ष को फ़ोन किया।

''यह सब देखना निदेशक झाओ की ज़िम्मेदारी है। मैं पहले ही उनसे बात कर चुका हूँ और अगर वह भुगतान करने को राज़ी नहीं होते हैं तो अब इसमें मैं कुछ नहीं कर सकता। आपको जो करना है, आप करिए, मैं आपकी स्थिति को पूरी तरह समझ रहा हूँ।''

मेरे जख़्मों पर अभी नमक रगड़ा जाना बाक़ी था। फ़िल्म निर्माताओं ने सार्वजनिक तौर पर ये ऐलान कर दिया, ''हम पहले ही चाङ यावन को बतौर लेखक तीन लाख युआन का भुगतान कर चुके हैं, लेकिन उन्हें लगता है कि यह काफ़ी नहीं है और इसीलिए वह ज़्यादा पैसा माँग रही हैं!''

मुझ पर कीचड़ उछालने के लिए ये जो इतना बड़ा झूठ बोला गया, इसने मुझे आसमान से पटक दिया। हालाँकि मैंने लोगों को समझाने की कोशिश की लेकिन किसी ने मुझ पर यक़ीन नहीं किया। मैं अब केवल इतना कर सकती थी कि अपने परिवार के नाम पर क़सम उठाऊँ, ''मुझे बतौर लेखक मेरे पारिश्रमिक की अभी तक केवल पहली किस्त मिली है, एक लाख युआन की, अन्यथा...''

जब एक वरिष्ठ लेखक को मामले की सच्चाई पता चली और उन्होंने सुना कि सार्वजनिक रूप से मुझ पर कीचड़ उछाला गया है, तो कई लोगों ने तुरन्त उनका नाम काली सूची में डाल दिया। इसके बाद उन्होंने जितने भी टी.वी. शो के लिए लिखा, उसमें अपने काल्पनिक नाम का ही इस्तेमाल किया!

मेरे कुछ दोस्त मुझसे सवाल कर रहे थे, ''यावन, उन लोगों ने तुम्हारे साथ ऐसा बर्ताव क्यों किया?''

ठीक यही बात थी, जो मुझे समझ में नहीं आ रही थी। मैंने कभी किसी के साथ ग़लत नहीं किया था। एक अनुभवी पटकथा लेखक ने एक बार मुझसे एक बात कही थी। और अब मुझे लग रहा था कि मेरी आँखों के सामने धीरे–धीरे सच्चाई पर से परदा हट रहा था।

''यावन, तुम्हें समझना होगा, इन सब बातों को अपने ऊपर हावी मत होने दो! फ़िल्मी दुनिया हमेशा से ही ऐसी रही है, न कोई क़ानून, न कोई तार्किकता और न ही कोई नैतिकता। फ़िल्म जगत में ये जो कॉपीराइट की समस्या है, इसकी जड़ें पूरे कला सिस्टम और आधी अधूरी क़ानूनी व्यवस्था तक फैली हैं। और भी कई सारी समस्याएँ हैं। साहित्य की दुनिया से जुड़े हम लोगों को अपना व्यवहार सही रखना है, अन्यथा हम सब एक–दूसरे से ही लड़ते रहेंगे और कोई क़ानून हम पर लगाम नहीं लगा पायेगा। जिस तरह का माहौल है, उसमें हम अच्छा काम कैसे कर सकते हैं? हम इस माहौल को साफ़–सुथरा करने की शुरुआत कैसे कर सकते हैं?''

मुझे काफ़ी समय बाद में पता चला कि कई दूसरे लेखकों और पटकथा लेखकों को भी अपने कॉपीराइट उल्लंघन के लिए भारी क़ीमत चुकानी पड़ी थी।

अधिकारों पर डाका डालना अब कोई इक्का–दुक्का मामला नहीं होता है; कला जगत के दामन पर पूरी दुनिया में ही यह दाग लग चुका है।

बड़े पैमाने पर इस तरह की लूट–खसोट मची है और इसके चलते कई लेखक और पटकथा लेखकों को बहुत कुछ बर्दाश्त करना पड़ रहा है।

भले ही बार–बार और खुलेआम मेरे अधिकारों का हनन किया गया, भले ही अभी तक मुझे दो लाख पचास हज़ार युआन में से एक धेला भी नहीं मिला था जो कि मेरी मेहनत की कमाई थी, भले ही इस सारी बेइज़्ज़ती और परेशानियों ने मुझे भीतर तक पुर्जा–पुर्जा कर दिया था, भले ही उन लोगों ने सरेआम मुझे पर कीचड़ उछाला, जिनके साथ मुझे काम करना था–लेकिन इस सबके बावजूद, इतना अपमान सहने के बाद भी, मेरे आत्म–सम्मान और मेरे मज़बूत इरादों ने चुप रहने से इनकार कर दिया।

मैंने एक बड़ा साहसी फ़ैसला किया : मैं मीडिया से बात करूँगी और क़ानून का सहारा लूँगी! मेरे मुँह पर जो कालिख पोती गयी थी, उसे साफ़ करने का और कोई रास्ता नहीं था। मेरे साथियों ने भी मेरी ही तरह इन लोगों की दादागिरी का सामना किया था। अपने और अपने साथियों के हितों की रक्षा करने का भी कोई और उपाय नहीं बचा था!

5 मई, 2002। *साउथ डेली* के एक पत्रकार ने मेरा साक्षात्कार लिया। वे आधे पन्ने का एक लेख छापने जा रहे थे, जिसका शीर्षक था ''पटकथा सम्पादकों के अधिकारों की सीमा क्या है?''

मुझे अच्छी तरह इस बात का पता था कि एक पटकथा लेखक अगर एक शक्तिशाली फ़िल्म कम्पनी के ख़िलाफ़ युद्ध का ऐलान करता है तो उसका अंजाम क्या होगा। ये एक चट्टान को अंडे से तोड़ने जैसा था; मेरे भारी मुसीबत में पड़ने की पूरी–पूरी गुंजाइश थी। हक़ीक़त तो यही थी कि मेरा हाल ही अंडे की तरह हो सकता था। यदि मैं मुक़दमा जीत भी जाती हूँ तब भी मैं बाक़ी पूरी लड़ाई हार जाऊँगी। और अगर क़ानूनी मुक़दमा हार गयी तो ये सबसे बुरा होगा।

मेरे पति को जैसे ही पता चला, उन्होंने सख़्त विरोध किया, ''यावन, तुम अपना वक़्त बेकार की मुक़दमेबाज़ी में मत बर्बाद करो! मैंने क़ानून के क्षेत्र में ही 20 साल से ज़्यादा वक़्त तक काम किया है और इसलिए मैं तुमसे कहीं ज़्यादा क़ानून को अच्छी तरह समझता हूँ। और मैं चीन के क़ानूनी माहौल को भी तुमसे ज़्यादा जानता हूँ। मैं तुम्हें पहले ही चेतावनी दे देता हूँ, क़ानून से बहुत बड़ी उम्मीद मत लगाना! क़ानून मर चुका है लेकिन जज पूरी तरह ज़िन्दा हैं। जज भी तो इन्सान ही हैं और उन्हें भी

लालच दूसरे लोगों की तरह ही लुभाता है। वे भी सौ तरह के रिश्तों से बँधे होते हैं... और इससे भी बड़ी बात यह है कि बौद्धिक सम्पदा अधिकार क़ानून हमारे देश में पिछले कुछ सालों में ही लागू हुआ है। कई क़ानूनों पर तो अभी भी काम चल रहा है; कई पर काम ख़त्म भी नहीं हुआ है। इस बीच, तुम तीन मुक़दमे शुरू करना चाहती हो। तुम जानती हो, इस सबका तुम पर कितना दबाव पड़ेगा, क्या इतना तनाव और बोझ झेल पाओगी? मैं तुमसे विनती करता हूँ कि इस अन्याय की ओर से अपनी आँखें मूँद लो।''

ग्वी मेईह एक शीर्ष राजनयिक हैं। उन्हें भी जब इस बात का पता चला तो बहुत गुस्सा हुए, "वे तुम्हारे साथ ये सब क्यों कर रहे हैं, अगर तुम नहीं होतीं यावन, तो क्या वे इस शो को बना सकते थे? ज़ाहिर–सी बात है कि इन लोगों की आत्मा मर चुकी है!" बाद में उन्होंने अदालत में गवाही भी दी और सार्वजनिक रूप से फ़िल्म निर्माताओं के व्यवहार की निन्दा की।

सच बताऊँ तो इस पूरे समय भी मैं समझौता करना चाहती थी; अगर इसको कुछ इस तरह से किया जा सकता कि मेरी गरिमा और मेरे क़ानूनी अधिकार मुझे बहाल कर दिये जाते तो मैं ऐसा कर सकती थी। लेकिन मुझे समझ में आ गया कि 'समझौता' बहुत मुश्किल था और इसका मतलब सही मायने में मुझसे एक–एक करके मेरे सारे अधिकार छीन लेना था। *ए चाइनीज़ वीमेन एट गेस्टापो गनपॉइंट* का प्रसारण ख़त्म हो चुका था। लेकिन उसके बाद भी मेरे अधिकारों पर उनका डाका डालना जारी था। दूसरों के अधिकारों की इस तरह छीना–झपटी से चीनी साहित्य जगत में और अराजकता पैदा हो गयी थी। कुछ तो पहले से ही वहाँ क़ानून और नैतिकता के नाम पर कुछ भी नहीं बचा था।

बचपन में मेरी माँ ने सिखाया था कि दूसरे अगर तुम्हें कुछ देते हैं तो तुम्हें उनका आभार जताना चाहिए और तुम्हें भी बदले में उन्हें कुछ देने की कोशिश करनी चाहिए। इसलिए मैं हर उस इन्सान के लिए कुछ–न–कुछ करने की कोशिश करती हूँ जिसने मेरी कभी भी कोई मदद की थी।

लेकिन मेरी माँ ने मुझे यह भी सिखाया था कि कहीं भी कमज़ोर नहीं पड़ना है, किसी की दादागिरी बर्दाश्त नहीं करनी है क्योंकि इससे तुम्हारा स्वाभिमान कुचला जाता है। अगर तुमने दूसरे लोगों को अपने ऊपर हावी होने की मंजूरी दे दी तो तुम कभी भी सीधे नहीं खड़े हो पाओगे, फिर चाहे घर के भीतर हो या बाहर की दुनिया हो।

ये कहा जाता है कि वफ़ादारी की तरह ही आत्म–सम्मान की कोई क़ीमत नहीं होती और एक व्यक्ति के अधिकार इन सबसे भी अधिक कीमती होते हैं!

मैंने हमेशा दूसरे के हक़ों की रक्षा की ख़ातिर अपनी क़लम उठायी थी और अब मुझे अपने लिए क़ानून का इस्तेमाल करना होगा। मैं फ़ैसला कर चुकी थी। बतौर एक लेखक और मेरे अपने आत्म–सम्मान के लिए, मुझे पूरी जान लगाकर ये तीन मुक़दमे लड़ने ही थे।

जून 2002 का ही समय था जब मैंने अपने तीन मुक़दमे दायर किये। मैंने बीजिंग फॉर ईस्ट लॉ फर्म के ओ दोंगशेंग और सुन शुली से मेरा केस वकील के तौर पर अपने हाथों में लेने को कहा। इन मुक़दमों को इस क्रम में लगाया गया :

1. सुश्री चाओ के ख़िलाफ़ अधिकारों के उल्लंघन का मामला।

2. ग्वांदोंग प्रोविंस वेइजिया ऑडियो विजुअल कॉर्पोरेशन और श्याओश्यांग फ़िल्म स्टूडियो ऑडियो विजुअल कम्पनी के ख़िलाफ़ वी.सी.डी. और डी.वी.डी. के मामले में मेरे अधिकारों के उल्लंघन का मामला।

इन दोनों ही मुक़दमों पर बीजिंग के सेकेंड इंटरमीडिएट पीपुल्स कोर्ट में सुनवाई शुरू हुई। एक तीसरा मुक़दमा श्याओशियांग फ़िल्म स्टूडियो के ख़िलाफ़ दाख़िल कराया गया। यह विवादित नियम–पत्र, कॉपीराइट के सौंपे गये कार्य के सम्बन्ध में था। यह मुक़दमा हुनान प्रान्त के छाङ शा इंटरमीडिएट पीपुल्स कोर्ट में दायर किया गया था।

जिन दिनों, मैं इन दोनों मुक़दमों को दायर करने के काम में जुटी थी, तो मुझे अक्सर अपने माता–पिता की याद आती। मुझे याद आता कि जिस स्याह दुनिया में वे रहते थे, उसमें उन्हें कितनी दुश्वारियों का सामना करना पड़ा था...

अध्याय 4

माता-पिता जिनसे मुझे ज़िन्दगी की नयी ताक़त मिली

20

बचपन की कुछ यादें आज भी मेरे ज़ेहन में हैं। मुझे याद आता है, मेरे बड़े भाई के कमरे की दीवार पर एक फ़ोटो हमेशा टँगी रहती थी। उसकी लम्बाई क़रीब एक फ़ीट थी।

ये फ़ोटो एक बूढ़े इन्सान का था, जो बेहद पतले से और बहुत ही सभ्य नज़र आते थे। उस बूढ़े इन्सान ने अपने सिर पर एक टोपी पहन रखी थी, लम्बा–सा चोगा और चीनी जैकेट पहन रखी थी जिस पर बटन टँके हुए थे। वह बूढ़ा इन्सान अपने घुटनों पर हाथों को टिकाये बैठा था। उसकी छोटी मोतियों जैसी आँखें, फ़ोटो को देखने वाले हर व्यक्ति को ऐसा डरावना–सा एहसास कराती थीं कि जैसे बूढ़ा इन्सान उसी को देख रहा है। जब भी मैं भाई के कमरे में जाती, उस बूढ़े की आँखें हमेशा मेरा पीछा करती रहतीं। मैं फ़ोटोग्राफ़ से डरने लगी थी, इसलिए उस कमरे में कभी–कभार ही जाती थी। और जब भी कमरे में जाना होता तो या तो माँ को आगे–आगे ले जाती या बहन को। मैं बिल्ली के नन्हे बिलौटने की तरह उनके पीछे छुप जाती थी। माँ या बहन के पीछे छुपे–छुपे ही मैं हल्की–सी गर्दन बगल में निकालकर फ़ोटो को देखती।

कभी यह नहीं समझ पायी कि मेरा डर बूढ़े आदमी के डराने वाले हावभाव की वजह से था या उस आदमी के चेहरे पर जो रहस्यमयी तेज़ था, उसके कारण था।

मेरी माँ ने मुझे बताया था कि वह एक ताओ धर्म से ताल्लुक रखने वाले पुजारी चाङ तिंगकुआन थे। यह भी बताया था कि वे मेरे अपने परिवार के कुल के एक बुज़ुर्ग सदस्य थे। ये 1920 की बात है। उनके पास जादुई ताक़तें थीं। ल्याओनिंग प्रान्त के काइयुआन काउंटी के या ओबाओ और दाताई क्षेत्रों के बाशिन्दे इन्हीं जादुई शक्तियों के चलते उन्हें परम पूजनीय मानते थे। और उन्हें मास्टर चाङ कहकर बुलाते थे। दाताई गाँव के दक्षिण में दूर एक पहाड़ी बीहड़ था जहाँ कोई नहीं रहता था। वहाँ पर मास्टर चाङ ने अपने परिवार के लिए बहुत सारी ज़मीन ख़रीद ली थी। हर चन्द्रमास के पहले और 15वें दिन वह ताओ धर्म के रीति–रिवाज के अनुसार अपना उपवास तोड़ते थे। और उसी दिन वह अपने अनुयायियों के लिए प्रवचन भी देते थे। चन्द्रमास के पहले और 15वें दिन बीहड़ का इलाक़ा लोगों से भरा रहता था; पहाड़ी के आसपास बसे आठ गाँवों से उनके सभी अनुयायी उनके प्रवचन सुनने के लिए आते थे। और सभी लोग भाप में पकाकर बनाया गया गेहूँ का ब्रेड खाते थे। उस ज़माने में आम आदमी के लिए वह गेहूँ की ब्रेड एक दुर्लभ पकवान थी। आमतौर पर जब भी इलाक़े के किसी धनीमानी परिवार के किसी बुज़ुर्ग सदस्य का निधन हो जाता तो वे लोग मास्टर चाङ को उनके अनुयायियों के साथ आमन्त्रित करते और उनसे दिवंगत व्यक्ति के परिवार की ओर से कुछ शास्त्रीय धर्म पुस्तकों का वर्णन करने को कहते। एक पाठ को पूरा करने में कई दिन और रात लग जाते।

आज कोई बहुत ज़्यादा लोग धर्म को नहीं मानते लेकिन उस ज़माने में बहुत लोग धर्म में आस्था रखते थे; तुम कहीं भी चले जाओ, तुम्हें बौद्ध, ताओ धर्म के अनुयायी मिलते थे। विभिन्न देवताओं में यक़ीन करने वाले लोग मिल जाते थे, जिनमें येलो इम्मोर्टल और फॉक्स इम्मोर्टल के अनुयायी भी शामिल रहते थे। इसके अलावा और भी कई धार्मिक आस्थाओं को मानने वाले लोग थे। मेरी नानी और मेरी मौसी दोनों बहुत ही नियम के साथ ताओ धर्म का पालन करती थीं; दोनों ने अपनी पूरी ज़िन्दगी में कभी न मांस खाया था और न ही मछली। यहाँ तक कि प्याज भी नहीं। उन्होंने मेरी माँ को भी बहुत समझाया कि वह ताओ धर्म में आ जाये, लेकिन मेरी माँ ने कहा, ''मैं कभी भी ताओवादी नहीं बन सकती, ज़िन्दगी भर के लिए मांस और मछली खाना छोड़ना मेरे बस की बात नहीं है!''

मेरी माँ कहती थीं कि मास्टर चाङ अविवाहित रहे और पूरी ज़िन्दगी उन्होंने अकेले ही बितायी। माँ यह भी बताती थी कि वे जादू की कला में बेहद कुशल थे और ताओ धर्म में इस्तेमाल किये जाने वाले यिन और यांग की सन्तुलन कला में भी पारंगत थे। इन कलाओं में वह इतने सधे हुए थे कि बहुत दूर बैठे–बैठे भी वह अपनी जादुई ताक़त से किसी इन्सान को मार सकते थे। मैंने अपनी माँ से सवाल किया था कि क्या उन्होंने मास्टर चाङ को अपनी जादुई ताक़त से किसी को मारते देखा था। उन्होंने सिर हिलाते हुए बड़ी उदासी के साथ कहा था, ''मास्टर चाङ ने एक शाकाहारी विधवा को अपना लिया था और उसके बाद से ही उनकी सारी शक्तियाँ कमज़ोर पड़ गयीं।''

अपनी मौत से एक साल पहले तक, मेरी माँ लगातार मुझे उस समय हुई घटनाओं के बारे में कहानियाँ सुनाती रही थीं। मेरा परिवार मूल रूप से पहाड़ी बीहड़ में नहीं रहता था बल्कि वे लोग दाताई गाँव में रहते थे।

मास्टर चाङ अब बूढ़े हो चुके थे। उनके बाल पक गये थे। एक दिन उन्होंने मेरे पिताजी के लिए एक सन्देश भेजा। उन्होंने कहा था कि पिताजी मेरे छह साल के भाई को लेकर उनके पास पहुँच जायें। वह भाई से पहाड़ पर मिलना चाहते थे। मेरे माता–पिता, भाई को लेकर सुनसान पहाड़ी इलाक़े में स्थित मास्टर चाङ के घर ले गये। उनका घर घास–फूँस और मिट्टी का बना हुआ था, लेकिन भीतर एक पुराने फ़ैशन की चौकोर मेज़ रखी हुई थी। उसके आसपास आठ लोग बैठ सकते थे। कमरे में लकड़ी की एक पुरानी आरामकुर्सी और ऐसा ही कुछ और फ़र्नीचर रखा था। घर में प्रवेश करते ही मेरे पिता ने मास्टर चाङ का पूरे सम्मान के साथ अभिवादन किया।

सबसे पहले मास्टर चाङ ने कहा, ''चाङ गाओछिंग मैं तुम्हारे बेटे को अपने पोते के रूप में गोद लेना चाहता हूँ। तुम राजी हो? अगर तुम्हारी हाँ है तो हम कल एक कागज़ पर दस्तख़त करेंगे। मेरी अब उम्र हो गयी है और अब आगे परिवार की सम्पत्ति की देख–रेख तुम्हें करनी चाहिए।'' ये बात कहने के साथ ही मास्टर चाङ ने अपनी ठण्डी गहरी आँखों से ऊपर से नीचे तक पिताजी का जायज़ा लिया। वह उन्हें नज़रों ही नज़रों में तौल रहे थे...

मेरे पिता एक आदर्श इन्सान कहे जा सकते हैं और वह उम्र के उस पड़ाव पर पहुँचे थे जहाँ इन्सान अपनी शारीरिक और मानसिक ताक़त का

मसीहा होता है। वह क़रीब 20 साल के थे। उन्होंने बटन वाली सफ़ेद रंग की जैकेट, काली पतलून पहन रखी थी। उन्होंने कुछ ही दिन पहले सिर पर उस्तरा फिरवाया था और उनकी खोपड़ी चमक रही थी। वे किसी भी साधारण ग्रामीण युवक जैसे लग रहे थे, लेकिन इस बात से कोई इनकार नहीं था कि वह सुन्दर थे; उनकी क़दकाठी लम्बी और शरीर गठीला था। आँखें बड़ी–बड़ी और घनी भौंहें थीं। मेरी माँ बताती हैं कि उन्हें पूरे इलाक़े में ख़ूबसूरत सजीले जवान के रूप में जाना जाता था। माँ यह भी कहती थीं कि हम भाई–बहनों में से कोई भी उन पर नहीं गया।

एक साल पहले, मास्टर चाङ ने मेरे पिताजी के छोटे भाई को अपने बेटे के रूप में गोद लिया था। परिवार की ज़मीन जायदाद उत्तराधिकारी के रूप में उन्हें सौंपने के लिए यह क़दम उठाया गया था। लेकिन ज़्यादा वक़्त नहीं बीता कि मेरे चाचाजी अचानक बीमार पड़ गये और उनकी मौत हो गयी। अपने पीछे वह अपनी विधवा पत्नी को छोड़ गये। वे बेऔलाद थे। कुछ लोगों का कहना था कि नयी विधवा दरअसल उनकी बेटी थी और उस लड़की की माँ एक बार उनसे ग़ुस्सा हो गयी थी। उसने ताओ पुजारी होने के बावजूद उसके साथ हम बिस्तर होने के लिए बहुत लताड़ लगाई थी।

उस समय, मेरे माता–पिता लीज़ पर ली गयी ज़मीन पर गुज़र–बसर करते थे। दोनों को परिवार पालने के लिए कड़ी मेहनत करनी पड़ रही थी। दोनों ही सदियों पुरानी इस कहावत में यक़ीन करते थे, ''अगर तुम्हारे पास धन–सम्पदा नहीं है तो इसलिए क्योंकि तुम्हारी क़िस्मत में ही ग़रीब होना लिखा है।'' इसी कारण, उन्होंने कभी भी मास्टर चाङ की सम्पत्ति में कोई रुचि नहीं दिखायी। हालाँकि यह परिवार की ही सम्पत्ति थी, जिस पर वे अपना दावा कर सकते थे। उन्होंने कभी ये उम्मीद ही नहीं लगाई थी कि यह सम्पत्ति बिना किसी कोशिश के उनके चरणों में रख दी जायेगी।

''श्रीमान चाङ, यदि मेरा बेटा क्यूई वू किसी भी तरह से आपको प्रसन्न कर सकता है तो यह मेरे पिछले जन्म के किसी पुण्य का फल होगा। मुझे केवल एक बात का डर है कि बच्चा अभी छोटा और नासमझ है। वह अभी आपका आशीर्वाद पाने के क़ाबिल नहीं है। क्यूई वू अपने दादाजी को प्रणाम करो, जल्दी!''

पिताजी पाँच साल तक प्राइवेट स्कूल में पढ़े थे। वह हर रोज़ बड़े

ही जोश के साथ अपना भाषण तैयार करते थे और इसमें बड़ी ही किताबी भाषा इस्तेमाल करते।

जिस दिन पिताजी और मास्टर चाङ ने गोद लेने सम्बन्धी काग़ज़ों पर हस्ताक्षर किये, मेरी माँ बहुत ही परेशान हो उठीं। उन्होंने देखा था कि उनका बेटा किस तरह मास्टर चाङ के सामने घुटने टेक रहा था और अब वह उनका पोता बन चुका था। वह मेरे भाई से अलग होने की सोच भी नहीं सकती थीं। इससे भी ज़्यादा परेशानी उन्हें इन बीहड़ों में आकर रहने से थी। वह सपने में भी नहीं सोच सकती थीं कि उन्हें अपनी पूरी ज़िन्दगी अपने पड़ोसियों से इतनी दूर बितानी होगी। लेकिन मेरे पिता पर तो उनका कोई वश चलता नहीं था। ये वह ज़माना था, जब कोई औरत अपने पति के फ़ैसलों में दख़ल देने की हिम्मत तक नहीं जुटा सकती थी।

उसी साल पतझड़ के दिनों की बात है। पिताजी अपने चार जनों के परिवार को लेकर बीहड़ों में आ बसे। हालाँकि बीहड़ अब धीरे–धीरे ख़त्म हो रहा था। इसी इलाक़े में तीन कमरों का एक नया घर बनाया गया था, हमारे परिवार के रहने के लिए।

पतझड़ का मौसम था और हल्की–हल्की बूँदाबाँदी हो रही थी। रात हो चुकी थी और उसी समय मास्टर चाङ ने अपने कारिन्दे द्वारा पिताजी को बुला भेजा। पिताजी ने बूढ़े बाबा की ओर देखा। वे अपनी आरामकुर्सी में बैठे हुए थे। मोमबत्ती की लौ लहरा रही थी और उनका पतला चेहरा मोमबत्ती की रौशनी में कुछ और डरावना लग रहा था।

मास्टर चाङ ने पिताजी से कहा, ''चाङ गाओछिंग ये धन सम्पत्ति इतनी है कि तुम्हारे परिवार का कई सालों तक गुज़र–बसर हो जायेगा, सही कहा न मैंने?''

''ओह, जी जी, आपकी कृपा के बिना, मैं इतनी बड़ी सम्पत्ति तो कभी भी जमा नहीं कर सकता था। कई जन्मों में भी मैं इतनी धन–दौलत नहीं जुटा पाता!'' पिताजी ने जल्दी से जवाब दिया। उनके चेहरे के भाव साफ़ दिखा रहे थे कि वे मास्टर चाङ के कितने आभारी थे। ये सही मायने में काफ़ी बड़ी सम्पदा थी; सब लोग कहते थे कि यह सम्पदा सात पहाड़ी चोटियों तक फैली हुई थी।

मास्टर चाङ कुछ क्षण के लिए मौन रहे और फिर बोले, ''चाङ गाओछिंग, मैं तुमसे कुछ बात करना चाहता हूँ...''

''जी, मैं हाज़िर हूँ।''

''तुम्हारे भाई की विधवा अभी काफ़ी छोटी है, उसे एक परिवार की ज़रूरत है। मैं चाहूँगा कि तुम उसे अपनी दूसरी पत्नी बनाकर रख लो।''

उस ज़माने में किसी आदमी के लिए दूसरी बीवी या रखैल रखना कोई बड़ी बात नहीं थी। लेकिन ये औरत, पिताजी के भाई की विधवा थी। उसके दायें हाथ की सबसे छोटी उँगली पर एक फोड़ा–सा हो रखा था जिसमें से पूरे साल मवाद बहती रहती थी। इस फोड़े के चलते उस औरत में से अजीब सी गन्ध आती थी। इससे भी ज़्यादा बड़ी एक और बात थी। पिताजी ने सुना था कि वह औरत मास्टर चाङ की ही बेटी थी...

''मास्टर चाङ, क्या आपको नहीं लगता कि...ये कुछ ठीक नहीं होगा?'' पिताजी ने कहा।

''इसमें ग़लत क्या है? ये तो पूरी तरह प्रकृति के क़ानून के अनुसार है। एक आदमी पत्नी और रखैल दोनों रख सकता है!'' साफ़ समझ में आ गया था कि पिताजी का सवाल मास्टर चाङ को बड़ा ही नागवार गुज़रा था।

पिताजी के चेहरे पर तुरन्त एक समझौता करने जैसी मुस्कुराहट आ गयी। उन्होंने तुरन्त जवाब दिया, ''मास्टर चाङ, आपको तो पता ही है कि मेरी पत्नी पढ़ी–लिखी है और उसकी अपनी भी एक राय...''

''चाङ गाओछिंग!'' पिताजी ने अपनी बात ख़त्म भी नहीं की थी, तभी मास्टर चाङ ने बड़ी ही भारी और हड्डियों में सिहरन–सी दौड़ाने वाली आवाज़ में कहा, ''मैंने कह दिया, तुम्हें उसे रखना ही होगा!''

''मैं इनकार करता हूँ!'' पिताजी भी आपा खो बैठे और अब उन्हें खुलेआम मास्टर चाङ की बात पर अपना विरोध दर्ज करा दिया था।

दोनों के बीच बहस ने बड़ा ही घिनौना रूप ले लिया; दोनों लोग एक–दूसरे के दुश्मन बन गये। दोनों ने ही ग़ुस्से में ऐसे–ऐसे शब्द बाण छोड़े थे कि उन्हें अब लौटाया नहीं जा सकता था।

''अगर तुम उसे नहीं लोगे तो फिर मैं क्यों तुम्हें बेफ़ालतू में ये सम्पत्ति दूँ?'' मास्टर चाङ आख़िरकार मामले की तह में पहुँच गये। ग़ुस्से में उनकी मंशा साफ़ हो चुकी थी।

''मैं आपको एक बात साफ़ कर देता हूँ, आपकी ज़मीन में मेरी कभी कोई दिलचस्पी नहीं रही! आपने ही मुझे ये ज़मीन देने के लिए यहाँ बुलाया था!'' पिताजी ग़रीब परिवार में भले ही पैदा हुए थे, लेकिन उन्हें बेइज़्ज़ती के बजाय ग़रीबी में दम तोड़ना कहीं ज़्यादा मंजूर था। मान–सम्मान ही उनकी सारी जमा पूँजी थी।

''ऐसी बात है, तो मैं तुम्हारी विरासत वाले क़रार को पुर्जे–पुर्जे कर दूँगा!''

''हाँ, हाँ! फाड़कर फेंक दीजिए!'' पिताजी ने भड़ाक से दरवाज़ा खोला और तूफ़ान की तरह बाहर निकल गये। उन्हें अपने पीछे कोई सामान ज़ोर से ज़मीन पर पटकने की आवाज़ सुनाई दी, जैसे कोई चाय का प्याला ज़ोर से ज़मीन पर देकर मारा गया हो।

उस रात, मेरे माँ–बाप की शादी एक इम्तिहान से गुज़र रही थी। मेरी माँ एक अच्छे परिवार में पैदा हुई थीं; उनके पिता यानि मेरे नाना का घर परिवार मेझाई इलाक़े में सबसे अमीर ख़ानदान माना जाता था। उनके पास 40 एकड़ से अधिक उपजाऊ ज़मीन थी। परिवार में चार बन्दूक़धारी, चार ख़ानसामे और दर्जनभर मज़दूर काम पर लगे रहते थे। मेरी माँ और उनके तीन भाई–बहन हर रोज़ गाँव से गधे पर सवार होकर एक प्राइवेट स्कूल में पढ़ने के लिए जाते थे। अपनी पढ़ाई–लिखाई के लिए ही पूरे गाँव में उनकी सराहना होती थी। मेरी माँ स्कूली शिक्षा के आख़िरी साल में थीं और अभी से ही वह समाचार–पत्र और किताबें पढ़ लेती थीं।

मेरी माँ की अभी शादी भी नहीं हुई थी और उनकी कुशलता, सुघड़ता और पढ़ाई में होशियारी की चर्चा दूर–दूर तक होने लगी थी; वही थी जो सारे परिवार के खातों को सँभालती थी। लेकिन जब वह 16 साल की थीं तो उनकी एक आँख की रौशनी जाती रही। वह 23 साल की हुई थीं कि उनकी मेरे पिता से शादी हो गयी। पिताजी, उनसे उम्र में छह साल छोटे थे और पहले भी उनकी एक शादी हो चुकी थी। उनकी पहली पत्नी जच्चगी के दौरान चल बसी थी।

मेरी माँ कहती थीं कि उनकी ज़िन्दगी का सबसे शानदार दिन वह था, जब उनकी शादी हुई। उनके पिता ने अपने चार बन्दूक़धारियों को मेरी माँ को सलामी गारद पेश करने का ज़िम्मा सौंपा था। माँ के लिए एक विशाल पालकी मँगवाई गयी थी जिसे आठ लोग उठाकर चल रहे थे। 12 रथ थे और एक दर्जन से अधिक कुली थे; ये सब मेरे नाना ने मेरी माँ को दहेज में दिया था। शादी में ऐसी शानो–शौक़त हुई थी कि लोगों ने गलियों में खड़े होकर शादी देखी थी। माँ के दहेज में कोई सामान ऐसा नहीं था जो नाना ने नहीं दिया हो।

ज़्यादा समय की बात नहीं हुई है। मैंने अपनी बहन के घर में उन

तकियों का एक जोड़ा देखा था जो माँ के दहेज में से बचा हुआ था। मेरी माँ ने 80 साल पहले जो कशीदाकारी की थी, जो बेलबूटे बनाये थे, उन्हें देखकर मेरी आँखें फटी की फटी रह गयीं। ये इतने ख़ूबसूरत थे...यक़ीन करना मुश्किल था कि ये 80 साल पहले बनाये होंगे।

मेरे पिताजी का परिवार काफ़ी ग़रीब था। रोज़ी–रोटी के लिए उन्हें पट्टे पर ली गयी ज़मीन पर खेती करनी पड़ती थी; परिवार में 20 से ज़्यादा लोग और सब तीन कमरों के फूँस के कच्चे मकान में रहते थे। मेरी दादी ने कभी भी रूई भरकर बनाया गया पायजामा नहीं पहना था। और इसीलिए जब मेरे माता–पिता की शादी हुई तो मेरी माँ ने दादी के लिए ऐसा एक जोड़ा पायजामा बनाया। मेरे माता–पिता की शादी अभी हुई ही थी कि उन्हें सोने के लिए कांग पर मेरे दादा–दादी के बिस्तर को ही साझा करना पड़ा। दादा–दादी के वहाँ से चले जाने के बाद ही माँ और पिताजी को अलग से अपनी एक जगह मिली। कांग उत्तरी चीन के घरों में कमरे के एक कोने में बना कच्ची मिट्टी का चबूतरा–सा होता है। इसके नीचे आग जलती रहती है, जो घर को गर्म रखती है और यह इतना बड़ा होता है कि रात के समय घर के लोग इसके ऊपर बिस्तर बिछाकर सोते हैं।

हालाँकि मेरी माँ जो दहेज लेकर आयी थी, उससे बड़े ठाठ से गुज़ारा हो सकता था, लेकिन उसके बावजूद मेरे माता–पिता ग़रीबी के जंजाल से छुटकारा न पा सके। मेरी माँ हमेशा मेरे सामने अपनी ग़रीबी का रोना रोती रहतीं और कहतीं, तुम्हारे नाना ने मुझे दहेज से लादकर भेजा था, लेकिन आज भी हम ग़रीबी के दलदल में फँसे हुए हैं। ओह, ये सब क़िस्मत का लिखा होता है!

मेरी माँ कोई ख़ास ख़ूबसूरत नहीं थीं और क़द काठी भी बेहद पतली और छोटी थी; उनका वजन बस 40 किलोग्राम के आसपास ही था और ऊपर से उनको एक आँख से तो दिखता ही नहीं था। नाना के घर में जब तक वह रहीं, तब तक राजकुमारियों जैसे उनके ठाठ थे; उनकी सेवा में नौकर हाथ बाँधे खड़े रहते थे लेकिन इधर शादी हुई और उधर वो एक किसान की बीवी बनकर रह गयीं। दिन–रात काम में जुटी रहतीं। मैंने इतनी मेहनती औरत अपनी ज़िन्दगी में नहीं देखी थी; हर वक़्त वह किसी–न–किसी काम के लिए इधर से उधर चकरघिन्नी की तरह घूमती रहतीं; और काम के बोझ तले दबने के बावजूद चेहरे पर शिकन नहीं

होती थी। न जाने उनमें इतनी ताक़त कहाँ से आती थी। उनकी अगर बात की जाये तो परमात्मा ने उन्हें बड़े ही मज़बूत और तन्दुरुस्त पैर दिये थे। उस ज़माने में औरतों को अपने पैरों को बाँधकर रखना पड़ता था ताकि वे नन्हे और ख़ूबसूरत दिखें। उपन्यासकार श्री फेंग जिकाई ने औरतों के इस दर्द को ''तीन इंच की सुनहरी कुमुदिनी'' कहा है। इस तरह से बाँधकर रखने से औरतों के पैर एक इन्सान की हथेली के आकार जितने हो जाते थे। मेरी माँ को पैरों को इस तरह से बाँधना बड़ा तकलीफ़ देता था। जब भी नानी एक सफ़ेद कपड़े से उनके पैर बाँधतीं, वह चुपके से उन्हें खोल देतीं। जल्द ही नानी को माँ की चालाकी पता चल गयी। अब क्या था! नानी ने दोनों छोटी मौसियों को फ़रमान सुना दिया कि माँ पर नज़र रखनी है। मौसियाँ, माँ पर तो क्या नज़र रखतीं, उल्टा उन्होंने अपने पैर ही बाँधने छोड़ दिये। नतीजा यह रहा कि सभी बहनों के पैर बड़े–बड़े हो गये।

पतझड़ की बारिश में भीगते–भीगते, माँ और पिताजी पहाड़ से लौटे। दोनों रातभर कांग के पास बैठे रहे। चेहरों से चिन्ता साफ़ झलक रही थी।

''तुम उसे अपनी दूसरी पत्नी की तरह रख सकते हो, मैं बेटे और बेटी को लेकर अपने पिता के घर चली जाऊँगी।'' मेरी माँ ने पिताजी से कहा। ''तुम क्या बात कर रही हो? अगर मुझे दूसरी बीवी रखनी भी होती तो भी मैं उसे नहीं रखता!'' पिताजी ने माँ को डाँटा। उनका पूरा शरीर अभी भी ग़ुस्से से काँप रहा था।

''अगर तुम नहीं चाहते हो, तो क्या लगता है, मास्टर चाङ आपको छोड़ देंगे?''

''वो क्या करेंगे मेरे साथ? वह मुझे ताले में तो बन्द नहीं कर सकते!''

जैसा डर था, पिताजी के कहे शब्द उन्हें ही डराने लगे।

माँ ने पिताजी से कहा कि वे अपनी ससुराल चले जायें और वहाँ कुछ दिन छुपकर रहें। पिताजी का जवाब था कि ये तो ऐसा होगा कि आग, काग़ज़ के पीछे छुपने की कोशिश करे। मुसीबत कम नहीं थी। माँ के पेट में तीसरा बच्चा था, पतझड़ का मौसम बीत रहा था और ठण्ड शुरू हो गयी थी। ये वक़्त सर्दियों के मौसम के लिए खाना इकट्ठा करने का वक़्त था।

पहाड़ों पर अभी पौ फटी ही थी कि पिताजी ने माँ की सलाह के आगे हथियार डाल दिये।

"ठीक है, अपना ख़याल रखना, मैं कुछ दिनों में लौट आऊँगा!" पिताजी ने माँ से कहा उन्होंने एक जैकेट उठायी और दरवाज़े की ओर बढ़े। माँ ने दरवाज़े पर पिताजी को पकड़ लिया और एक बरसाती उनके कन्धे पर डाल दी। माँ पिताजी को जाते हुए देख रही थीं। बूँदाबाँदी शुरू हो गयी थी और पिताजी धीरे–धीरे आँखों से ओझल हो गये...

उसी सुबह, मास्टर चाङ भी निकल पड़े। उनके साथ उनका नौकर था जो उनका सामान लेकर चल रहा था। उस दिन उन्होंने अपनी रोज़ाना की पूजा नहीं की। इसके बाद, उस सुनसान बीहड़ में सिर्फ़ मेरी माँ, मेरा नवजात भाई और बहन ही रह गये।

21

इसके बाद, माँ की मुलाक़ात पिताजी से दो महीने बाद हुई। दोनों काउंटी सिटी काईयुआन की जेल में मिले।

सारी कहानी बाद में पता चली। नानी के घर पहुँचने के तीसरे दिन काईयुआन काउंटी प्रशासन ने दो सरकारी यमनी सिपाहियों को उन्हें गिरफ़्तार करके लाने को भेज दिया। उन्हें जेल में डाल दिया गया। जल्द ही एक सन्देशवाहक उनके पास आया। वह सन्देश लेकर आया था कि अगर पिताजी अपने भाई की विधवा को अपनी दूसरी पत्नी के तौर पर अपनाने को राज़ी हो जायें तो उन्हें रिहा कर दिया जायेगा और घर जाने की मंज़ूरी दे दी जायेगी।

इतना सुनना था कि पिताजी पर जैसे ग़ुस्से का दौरा–सा पड़ गया, "मैं चाङ गाओछिंग, उस घिनौनी औरत के साथ रहने के बजाय पूरी ज़िन्दगी इस जेल में बैठा रहूँगा।"

उन्होंने मेरी माँ से सीधे घर लौटने, पैसों का इन्तज़ाम करने को कहा। उन्होंने माँ से कहा कि वह उन्हें जेल से निकालने का रास्ता सोचे।

काईयुआन शहर के बाद माँ सीधे घर नहीं गयी। इसके बजाय, वह मास्टर चाङ से मिलने के लिए एक दूसरे गाँव पहुँच गयीं। गोदी में भाई और बहन को लिए उन्होंने इतना लम्बा सफ़र तय किया। जब माँ को मास्टर चाङ का ठिकाना पता चल गया तो वह सीधे उनके घर में गयीं और पैरों पर गिर पड़ीं। उन्होंने गिड़गिड़ाते हुए कहा, "मास्टर चाङ, मैं

आपसे भीख माँगती हूँ, अपने पोते के बारे में सोचें, हमारे परिवार की हालत को देखें, मेहरबानी कर मेरे पति को वापस ले आइए!"

लेकिन मास्टर चाङ पर उनके दुख का कोई असर नहीं हुआ। उन्होंने अपनी आँखें बन्द कर कोई मन्त्र बुदबुदाना शुरू कर दिया। उन्होंने माँ की पूरी तरह उपेक्षा की और ऐसा बर्ताव किया, मानो वह वहाँ थी ही नहीं। दो घण्टे उनके सामने घुटनों के बल बैठे–बैठे माँ के पैर सुन्न पड़ गये थे। उन्होंने किसी तरह ख़ुद को खड़ा किया और अपने बच्चों को लेकर घर चली आयी।

लेकिन उसके बाद से मेरी माँ दिन–ब–दिन चट्टान की तरह मज़बूत होती चली गयीं। उनका पेट दिन–ब–दिन बढ़ रहा था। तीसरा बच्चा आने को था। माँ नाना के घर से जो भी क़ीमती सामान लेकर आयी थी, वह सब धीरे–धीरे बिक गया और उन्होंने परिवार की कुछ ज़मीन भी बेच दी। जब कुछ पैसा इकट्ठा हो गया तो वह एक बार फिर 50 किलोमीटर दूर काईयुआन शहर के लिए निकल पड़ीं। वह पिताजी को जेल से छुड़ाने के लिए जी–जान से लगी हुई थीं। उन्होंने ऐसे बहुत से लोगों पर पैसा ख़र्च किया जो पिताजी को छुड़ाने में किसी भी तरह से मददगार हो सकते थे। उन्होंने पैसा पानी की तरह बहाया। मेरी माँ उधर, पिताजी को छुड़ाने में जुटी थीं और दूसरी ओर, मेरे चाचा की विधवा भी मास्टर चाङ की सम्पत्ति को बेच रही थी। वह भी काईयुआन में जड़ें जमाने की कोशिश कर रही थी। इसी बीच, दोनों ने एक–दूसरे के ख़िलाफ़ मुक़दमा ठोंक दिया। दोनों ही मास्टर चाङ की सम्पत्ति बेचकर इकट्ठा किया गया पैसा फ़ीस चुकाने में ख़र्च कर रही थीं।

इस तरह से, दोनों एक ही पायदान पर थीं और विरोधी ताक़तों के रूप में काम कर रही थीं। एक इस बात पर पैसा ख़र्च कर रही थी कि पिताजी को कैसे जेल में ही सड़ने दिया जाये और दूसरी उतनी ही ताक़त उन्हें जेल से बाहर निकालने में लगा रही थीं।

गर्मियों का मौसम आ गया। पिताजी अभी भी जेल में बन्द थे। माँ को किसी भी समय प्रसव–पीड़ा शुरू हो सकती थी। माँ उस रात के बारे में बताती थीं जिस रात उन्होंने बच्चे को जन्म दिया। पहाड़ी हवाएँ साँय–साँय करते हुए शोर मचा रही थीं। मकान की खिड़कियाँ हवा के दबाव से हिल रही थीं और उन पर लगा काग़ज़ फड़–फड़ की आवाज़ कर रहा था। बाहर दूर पहाड़ियों पर भेड़िये ज़ोर–ज़ोर से चिल्ला रहे थे।

तेज़ हवा, खिड़कियों की भड़भड़ाहट और भेड़ियों की आवाज़ें रात को और डरावना बना रही थीं।

इलाक़े में कई सारे भेड़िये थे। वे अक्सर पहाड़ी बीहड़ में घूमते रहते थे। एक–एक करके वह हमारे कई सारे सूअरों और गधों को उठा ले गये थे। जब मैं छोटी थी, मैंने पूर्णमासी की रातों में भेड़ियों को पहाड़ की चोटी पर खड़े देखा था, वे अपनी थूथन को आसमान की ओर उठा लेते और बड़ी ही बुरी आवाज़ में रोते थे। मैं उस आवाज़ से इतना डरती थी कि सुनते ही घर के भीतर दौड़ जाती।

ये उस शाम की बात है, माँ मेरे भाई और बहन को बिस्तर में सुला चुकी थीं। तभी अचानक से उन्हें पेट में दर्द उठने लगा। दर्द रुक–रुक कर हो रहा था। और पेट और कमर में दर्द की लहरें–सी उठ रही थीं। दर्द तेज़ी से बढ़ रहा था। दर्द को पीने के लिए माँ ने अपने दाँत कसकर भींच रखे थे। वह उठी और एक बर्तन में पानी गर्म किया...

घर में पश्चिम की ओर एक कमरा ख़ाली पड़ा था। उसमें कोई नहीं रहता था। माँ ने उस कमरे में फूँस का एक ढेर लगा दिया। फूँस के ऊपर एक कम्बल डाला और पास ही में कैंची का एक जोड़ा रख लिया...

मेरे छह भाई और बहन सब फूँस के बिस्तर पर ही पैदा हुए थे, लेकिन मैं पहाड़ी ढलान पर नागफनी के एक पेड़ के नीचे पैदा हुई थी।

माँ बताती है कि उस समय, कोई भी औरतों को इन्सान तो मानता ही नहीं था। और ऐसे में बच्चे को जन्म देना कोई बहुत बड़ी बात नहीं होती थी। औरतों को कांग पर बिछाये जाने वाले कम्बल पर बच्चा नहीं पैदा करने दिया जाता था। ऐसा इसलिए क्योंकि मर्दों को लगता था कि बच्चे के जन्म के समय निकलने वाले ख़ून और बाक़ी गन्दगी से क़ीमती कम्बल ख़राब हो जायेगा। इससे भी ज़्यादा बुरी हालत थी औरतों की। बच्चे पैदा होने के बाद औरत से उम्मीद की जाती थी कि वह बिस्तर से खड़ी होकर घर के कामकाज करे। इसका नतीजा यह होता था कि बहुत–सी औरतों का गर्भाशय शरीर से बाहर निकल आता था। गर्भाशय के बाहर लटके–लटके ही औरतें दिनभर काम करती रहतीं और रात को जब वे बिस्तर पर सोने जातीं तभी उसे हाथ से अन्दर धकेल पाती थीं। एक बार अगर गर्भाशय शरीर से बाहर निकल जाता था तो हर रोज़ सुबह सोकर उठने के बाद वह फिर बाहर आ जाता। दिनभर वे इसी हालत में काम करती रहतीं। ऐसा लगता, मानो दोनों जाँघों के बीच में कोई बैंगन

लटक रहा हो। चलते और काम करते समय दोनों जाँघें आपस में रगड़ खातीं तो गर्भाशय में से रगड़ के कारण ख़ून निकलने लगता। इस तरह की चीज़ें केवल मेरी माँ के ज़माने में ही नहीं होती थीं; बल्कि 60 और 70 के दशक में भी ये सब जारी था। जियामुसी स्ट्रीट पर कोयला तोड़ते, या आरा चलाते या सीमेंट लादते जो भी अकेला इन्सान नज़र आता, वह औरत ही होती थी। वे अपने वजन से कहीं ज़्यादा वजन ढोती थीं। कुछ औरतों को तो अपने शरीर के वजन से एक दर्जन से भी ज़्यादा भारी वजन खींचना पड़ता था! उनके चेहरे से काला पसीना बहता रहता और शरीर क़रीब–क़रीब धरती तक झुककर दोहरा हुआ जाता। मैंने एक बार इन हालातों के बारे में सोचा और इस नतीजे पर पहुँची कि चीन के पुरुषों की मेहनत करने की क्षमता, चीन की महिलाओं के मुक़ाबले बहुत कम है। और ऐसा शायद इसलिए है क्योंकि चीनी महिलाएँ सदियों से इसी तरह हाड़तोड़ मेहनत करती चली आ रही हैं!

फिर उसी शाम पर लौटते हैं। घर के पश्चिमी सिरे पर बने कमरे में माँ दर्द के मारे कभी इस करवट तो कभी उस करवट कराह रही थी। दर्द सारी हदों को पार कर गया था। रात भी गहरी होती जा रही थी। लेकिन ये क्या हुआ? शिशु तो पेट से बाहर आ गया लेकिन उसकी गर्भनाल गर्दन से लिपटी हुई थी; बच्ची का पूरा शरीर जामुनी रंग का था और उसके शरीर में कोई साँस बाक़ी नहीं थी। मेरी माँ की जान ही निकल गयी। उसकी नन्ही बच्ची इस दुनिया से इतनी जल्दी और ऐसे अचानक चली गयी? उसकी माँ उसे ठीक से देख भी नहीं पायी थी। पिता को तो बच्ची के पैदा होने की ख़बर तक नहीं मिली थी। माँ ने एक छोटा लाल रंग का कपड़ा बच्ची के मृत शरीर पर रखा और उसे फूँस में लपेट दिया। अगली सुबह, उन्होंने मेरे भाई से कहा कि वह इस फूँस के गट्ठे को हमारे घर की पीछे वाली पहाड़ी से नीचे फेंक दे। कुछ दिन बाद माँ को पहाड़ी पर लाल कपड़ा और कुछ नन्ही हड्डियाँ मिलीं।

मेरी माँ ने न जाने कितनी बार मुझसे कहा था, "ज़िन्दगी में तुम्हारे साथ कुछ भी हो सकता है। कोई अन्दाज़ा लगा सकता था मेरे बारे में, एक धनी ख़ानदान की दूसरी लड़की, जिसका पूरी ज़िन्दगी बदक़िस्मती ने पीछा नहीं छोड़ा? लोगों को हमेशा पता होता है कि किन हालात में उन्हें क्या कहना है। अगर तुम्हें मजबूर ही कर दिया जाये तो तुम कुछ भी कर सकते हो, अगर सही मायने में वह ज़रूरी है तो!"

मेरी माँ की बात एकदम सही थी। जब तुम इस तरह के हालात में फँस जाते हो, तो वहाँ से निकलने के सिवाय और क्या किया जा सकता है?

22

एक महीने बाद, मेरी माँ भाई और बहन को काईयुआन शहर ले आयीं। आख़िरकार वह काउंटी अधिकारी से मिलने में सफल हो गयीं। ये काउंटी अधिकारी पिताजी के मामले को देख रहे थे। माँ अपने किसी चचेरे भाई के ज़रिये अधिकारी से मिली थीं। अधिकारी छोटे क़द का काला–सा आदमी था जिसका कुल नाम शी था। मेरी माँ ने हमेशा उन्हें शी साहब कहकर बुलाया था।

माँ ने शी साहब को सारी कहानी बतायी। यही कि विधवा औरत और उसकी माँ ने उनके पति को ग़लत तरीक़े से फँसाया था। माँ ने अधिकारी से न्याय माँगा और पिताजी को रिहा करने की अपील की। शी साहब लकड़ी की बनी अपनी आरामकुर्सी पर बैठे थे, पत्थर की तरह ख़ामोश। मेरी माँ ने उसकी मेज़ पर तीन सौ चाँदी के युआन सिक्के रख दिये। उन्हें देखकर शी साहब बोले, ''घर जाओ और पति का इन्तज़ार करो।''

अधिकारी के इतना कहते ही माँ तुरन्त उनके सामने घुटने टेककर बैठ गयी और उनका शुक्रिया अदा किया।

तीन दिन बाद, साल में पहली बार मेरे पिता को काउंटी यमन के हॉल में लाया गया। मेरे पिता ने हॉल में आकर स्पष्ट किया कि उन्होंने विधवा औरत से किसी तरह का दुर्व्यवहार नहीं किया है। उन्होंने साथ ही कहा कि विधवा महिला ने उनके ख़िलाफ़ झूठे आरोप लगाये हैं क्योंकि उन्होंने उसे दूसरी पत्नी के रूप में रखने से इनकार कर दिया था। पिताजी सोच रहे थे कि हॉल में सुनवाई के बाद उन्हें रिहा कर दिया जायेगा, लेकिन वे ग़लत थे।

शी साहब ने अपना फ़ैसला सुनाया, ''चाङ गाओछिंग ने इस देश के क़ानून का उल्लंघन किया है और कई मौक़ों पर अपने भाई की पत्नी के साथ अश्लील व्यवहार किया है। मैंने पाया है...''

मेरे पिता फ़ैसले को सुनते ही आगबबूला हो गये, ''नहीं! मैंने इसके

साथ कभी कुछ नहीं किया! ग़लत तो ये मेरे साथ कर रही है! ये मुझे फँसाने की कोशिश कर रही है..."

बाद में पता चला कि शी साहब एक धार्मिक व्यक्ति थे और मास्टर चाङ के साथ उनके निजी सम्बन्ध थे। और इससे भी अधिक, विधवा औरत पहले ही उन्हें काफ़ी सोना दे चुकी थी।

उसी क्षण, तीन लोग अचानक से हॉल में आये, अचानक से अधिकारी की बोलती बन्द हो गयी। ये तीनों आदमी थे, मेरी माँ, उनकी गोदी में मेरी बहन और उनके पीछे मेरा भाई। यमन के कर्मचारियों ने उन्हें रोकने की बहुत कोशिश की थी, लेकिन वह किसी तरह लड़–झगड़कर हॉल तक पहुँच गयी थीं।

मेरी माँ सीधे शी साहब के पास गयी और घूरती नज़रों से उन्हें देखा। ग़ुस्से में उनके मुँह से आग निकलने लगी और कमरे में मौजूद सभी लोगों को जैसे लकवा मार गया।

''शी, नीच कमीने रिश्वतख़ोर, तुमने मुझसे पैसा लिया और उसके बावजूद तुम मेरे पति को सलाख़ों के पीछे रखना चाहते हो! मेरी बात याद रखना, अगर इस दुनिया में मैं ये केस नहीं जीत सकती तो मैं परमात्मा के पास जाऊँगी। कह देती हूँ, जो तुमने किया है, उसका फल तुम्हें भुगतना ही पड़ेगा!'' जब उन्होंने अपनी बात ख़त्म कर ली, तो उन्होंने अपना एक हाथ बाहर निकाला जिसमें अफ़ीम के लच्छे थे। उन्होंने टँगारों की तरह जलती आँखों के बीच लच्छों को अपने मुँह में ठूँस लिया।

शी साहब की तो ये देखकर जान सूख गयी। उन्हें डर लगा कि माँ आत्महत्या कर रही है। उन्होंने ऐलान कर दिया कि अदालत बर्ख़ास्त की जाती है।

दूसरे दिन मेरी माँ घर लौट आयीं। उन्हें अपने चचेरे भाई से पता चला कि पिताजी के मामले की सुनवाई अगले दिन हॉल में शुरू होगी। उन्होंने यह भी बताया कि मामला कुछ ठीक नहीं लग रहा है। मेरी माँ ने एक घोड़ागाड़ी किराये पर ली और रात में ही काईयुआन शहर के लिए निकल पड़ीं।

अफ़ीम के लच्छे निगल जाने के बाद मेरी माँ मरी नहीं। अफ़ीम उनके पाखाने में निकल गयी। अफ़ीम के लच्छों के चारों ओर एक मोमिया काग़ज़ लिपटा हुआ था। और जब तक वह काग़ज़ लिपटा रहेगा, तब तक उसे निगलने में कोई नुक़सान नहीं है। यह कुछ–कुछ उसी तरह से

था जिस तरह से आजकल मादक पदार्थों के तस्कर, मादक पदार्थों को एक जगह से दूसरी जगह ले जाने के लिए उन्हें अपने शरीर के विभिन्न हिस्सों में छुपाकर रखते हैं।

माँ की हालत ने यमन कार्यालय में सनसनी फैला दी और ख़बर पूरे काईयुआन में फैल गयी। दाताई गाँव के आसपास के इलाक़ों में काफ़ी लम्बे समय तक मेरी माँ की बहादुरी की कहानी सुनाई जाती रही कि कैसे उन्होंने पिताजी की ज़िन्दगी को बचाने के लिए अपनी जान ख़तरे में डाली थी।

1988 में जब मैं पहली बार अपनी बुआ को देखने गाँव गयी तो वह तब भी उस घटना के बारे में बात कर रही थीं।

काफ़ी समय पहले माँ ने मुझे यह कहानी सुनाई थी। उस समय मुझे इसके बारे में कुछ समझ नहीं आया था। लेकिन अब इस किताब को लिखते समय जब मैं अपनी ज़िन्दगी को पीछे मुड़कर देख रही हूँ, अपने माता–पिता की पीढ़ी के लोगों के बारे में सोच रही हूँ, तो ये घटनाएँ मेरे भीतर कहीं गहराई में एक हलचल मचा रही हैं।

मेरे माता–पिता साधारण किसान थे और शहर जा बसने के बावजूद, वे सामाजिक ढाँचे में सबसे निचले स्तर पर ही रहे; उनके बारे में कुछ भी ऐसा नहीं था कि उनके बच्चे होने के नाते, हम उनके बारे में कोई डींग मार सकें।

लेकिन उस ज़माने में जब चीन का समाज इतना ख़तरनाक और भ्रष्ट था, वे दोनों अपने परिवार की ख़ातिर मारे–मारे फिरते रहे। उनके लिए ये अपने परिवार की गरिमा को बचाये रखने की लड़ाई लड़ने के साथ ही अपने अस्तित्व की लड़ाई भी थी। वे एक काउंटी अधिकारी के सामने तन कर और निडर होकर खड़े हो गये थे, जिसके पास उनकी ज़िन्दगी को ख़त्म करने की ताक़त थी। इसी घटना के चलते उनके बच्चे उनका बहुत सम्मान करते थे और उन्हें अपने माँ–बाप पर गर्व था। बाद की पीढ़ियों के लिए भी यह गर्व की बात थी! अदम्य साहस के लिए मैं अपनी माँ को सराहती हूँ। वो मौत से भी नहीं डरी थीं। उससे भी ज़्यादा मैं अपने पिता का सम्मान करती हूँ, जिन्होंने झुकने के बजाय ज़िन्दगीभर के लिए जेल में रहना मंजूर किया था। मुझे अपना जीवन ही उनकी छाया प्रतीत होता है। मेरा चरित्र जिन मूलभूत मूल्यों से गढ़कर बना है, वो सब भी उनके ही चरित्र की ताक़त थी।

यमन काउंटी में जो कुछ भी हुआ, उसके कुछ ही समय बाद विधवा चाची की भी मौत हो गयी। लेकिन उनके रिश्तेदारों ने साफ़ कह दिया था कि उन्हें भी मास्टर चाङ की सम्पत्ति में हिस्सा चाहिए। मेरे माता–पिता इसके लिए सहमत हो गये और परिवार की सम्पत्ति में से एक पहाड़ उन्हें दे दिया। इसके साथ ही लम्बे समय से चला आ रहा मुक़दमा ख़त्म हो गया। दोनों ओर की क़ानूनी लड़ाई में सम्पत्ति का काफ़ी हिस्सा ख़र्च हो चुका था। और जब भूमि सुधार शुरू हुआ तो मेरे परिवार को 'मध्यम दर्जे के किसान' की श्रेणी में रखा गया।

जेल से छूटकर जब मेरे पिता घर लौटे तो माँ और पिताजी दोनों अँगीठी के पास बैठे रहे और आधी रात तक बातों ही बातों में गुज़र गयी।

पिताजी के कपड़ों में जुँएँ हो गयी थीं। माँ कपड़ों से जुँएँ निकालकर उन्हें अँगीठी की आग में फेंक रही थीं, जुँएँ निकालती जातीं और पिछले साल आयी सारी विपदाओं को दोहराती जातीं। जब उन्होंने मरी हुई बच्ची पैदा होने की बात बतायी तो रोने लगीं।

लेकिन पिताजी ने कहा, "अच्छा हुआ वह मर गयी, नहीं तो ये ज़िन्दगी उसके लिए एक सज़ा ही होती!" अभी भी उन्हें दुनिया से शिकायतें थीं और माँ को सामने पाकर उन्होंने अपना ग़ुस्सा निकालना शुरू कर दिया, "ये दुनिया कितनी घिनौनी है, सोचकर उबकाई आती है। लोग जिस तरह से एक–दूसरे से पेश आते हैं, उसके बारे में सोचकर तो मेरा माथा फटने लगता है, मन कड़वा हो उठता है! मेरे छोटे भाई के आँख मूँदते ही उसकी बीवी किसी चुड़ैल की तरह सामने आयी और मुझे फँसा दिया...अगर तुम नहीं आतीं और उस दिन तुमने अफ़ीम के लच्छे मुँह में नहीं डाले होते तो शायद मैं सालों तक जेल में सड़ता रहता! कैसा समाज है!"

जेल में रहने के दिनों को याद कर–करके पिताजी बहुत ही चिड़चिड़े हो गये थे। जेल से तो अब रिहा हो चुके थे, लेकिन उनके साथ जो कुछ हुआ था, वह उसे पचा ही नहीं पा रहे थे। इसी के मारे वह हर रोज़ कांग के ऊपर लेट जाते और हताश होकर छत की ओर देखते रहते। उन्होंने फेंगत्यान (आज के शेनयांग का पुराना नाम) जाकर कोई काम ढूँढ़ने का फ़ैसला किया। उम्मीद थी कि इस तरह वह अपने बीते वक़्त को भूल जायेंगे और साथ ही मास्टर चाङ के हाथों जो

उनका हाल हुआ था, वह भी उनके दिमाग़ से निकल जायेगा। लेकिन जिस रात वह फेंगत्यान जाने की तैयारी कर रहे थे, हमारे परिवार पर फिर से एक मुसीबत आ पड़ी।

23

आधी रात के समय, अचानक से ऐसी आवाज़ हुई मानो कोई काग़ज़ की खिड़कियों को तोड़ डालना चाहता है।

माँ और पिताजी हड़बड़ाकर नींद से उठे। उन्होंने देखा, कुछ लोग हाथों में बन्दूकें लिए घर के बाहर दरवाज़े पर खड़े हैं। चाँदनी रात थी इसलिए सब साफ़ नज़र आ रहा था। माँ पिताजी ने सोचा कि वे कोई डाकू लुटेरे हैं।

पिताजी तुरन्त बिस्तर से उठे, उनके चेहरे पर एक अजीब तरह की मुस्कुराहट थी, मानो वे आगन्तुकों से समझौता करना चाहते हों। उन्होंने बड़े ही दोस्ताना अन्दाज़ में उन लोगों का स्वागत किया, ''ऑफ़िसर, हम तो बहुत साधारण से लोग हैं और आपको देने के लिए हमारे पास कुछ भी नहीं है... बच्चो, जाओ जाकर चाय और अंडों के लिए पानी उबलना चढ़ाओ, जल्दी करो!''

उनमें से एक आदमी, जो वाक़ई में कोई अधिकारी–सा जान पड़ता था, उसने कहा कि वे रास्ता भूल गये हैं। मेरे पिता से उन्होंने कहा कि वह उन्हें चींज़ तक छोड़ आये।

चींज़ हमारे घर से क़रीब 15 किलोमीटर था और पिताजी जानते थे कि अगर वह गये तो बहुत सम्भावना है कि वह कभी वापस नहीं आयेंगे। लेकिन मना करने की उनकी हिम्मत नहीं हुई। उन्होंने माँ से कहा, ''मैं थोड़ी देर के लिए बाहर जा रहा हूँ, तुम और बच्चे सो जाओ!''

माँ बताती है कि उस रात चाँद काफ़ी बड़ा था। घर के बाहर, माँ पहाड़ की ढलान पर खड़ी रही। वह पहाड़ की ओर आते रास्ते को देख रही थीं। उनकी आँखें ख़ाली–ख़ाली सी दूर कहीं देख रही थीं। पहाड़ के पीछे से सूरज उग आया था और तब भी वह वहीं पर खड़ी इन्तज़ार कर रही थीं, लेकिन पिताजी का दूर–दूर तक कोई अतापता नहीं था।

अगले दिन माँ, मेरे भाई और बहन को लेकर चींज़ के लिए रवाना हो

गयीं। वह पिताजी को ढूँढ़ने के लिए निकली थीं। वापसी के दौरान माँ बीमार पड़ गयीं। हालात ठीक नहीं थे और माँ को लग रहा था, मानो वह किसी दुष्चक्र में फँसती जा रही हैं। पिताजी अभी–अभी जेल से छूटकर आये थे और अब वे लोग उन्हें फिर से ले गये। माँ को तो यह भी नहीं पता था कि पिताजी ज़िन्दा भी हैं या नहीं।

लेकिन दुश्वारियाँ जो भी रही हों माँ आगे बढ़ती रहीं। माँ पहाड़ वाले घर में लौट आयीं जहाँ सुनसान इलाक़े में उन्हें अपनी ज़िन्दगी की नयी चुनौतियों को झेलना था।

अगले साल बसन्त के मौसम में माँ को आख़िरकार पिताजी का भेजा हुआ ख़त मिला। उन्हें जबरदस्ती सेना में भर्ती कर लिया गया था। ख़त माँ के हाथों में था। ज़िन्दगी में कभी रोयी नहीं थीं वो लेकिन उस दिन दहाड़ें मार–मार कर रोयीं। उन्हें आख़िरकार पता चल ही गया था कि पिताजी ज़िन्दा हैं।

पिताजी को गये दूसरा साल लग गया था। सर्दियों की पूर्णमासी की रात थी। एक लम्बी और दुबली–पतली छाया पहाड़ चढ़ती नज़र आयी। माँ को अपनी आँखों पर विश्वास नहीं हुआ। उनकी आँखों की रौशनी धुँधली पड़ चुकी थी, शायद इसलिए भी। उन्होंने मेरे भाई को आवाज़ लगायी।

माँ की उम्मीद सही थी, साया और कोई नहीं, पिताजी थे, सेना की वर्दी में! कई दिन पहले की घटना है। माँ को पता चला कि मास्टर चाङ काईयुआन से लौट रहे थे। लेकिन अचानक से वह अपनी गाड़ी से गिरे और उनकी वहीं पर मौत हो गयी। इस ख़बर को सुनते ही माँ ने पिताजी को चिट्ठी लिखी।

पिताजी को जब जबरन सेनापति चाङ ज्युओलिन की सेना में भर्ती किया गया तो अधिकारियों ने जब पाया कि उन्हें पढ़ना–लिखना आता है तो उन्होंने दस्तावेज़ लिखने और उनकी कॉपियाँ बनाने का काम सौंप दिया। जब उन्हें माँ की चिट्ठी मिली तो उन्होंने अपने उच्च अधिकारियों से अन्तिम संस्कार की तैयारी करने के लिए वहाँ से जाने की अनुमति माँगी।

पिताजी ने मास्टर चाङ के अन्तिम संस्कार की पूरी तैयारी की; हर रीति–रिवाज को उचित तरीक़े से और ताओ धर्म के नियमों के अनुसार सम्पन्न किया गया; उन्होंने मास्टर चाङ के लिए एक कफ़न बनाया जिसमें उनके पार्थिव शरीर को बैठी हुई स्थिति में रखा जाना था।

ऐसा इसलिए क्योंकि मौत के समय वह इसी स्थिति में थे। कफ़न को पहाड़ पर देवदार के जंगल में रखा जाना था। जब मैं छोटी थी तो कभी भी उस देवदार के जंगल में जाने की हिम्मत नहीं जुटा पायी। मुझे डर लगा रहता था कि फ़ोटो वाला बूढ़ा आदमी कफ़न तोड़कर बाहर निकल आयेगा और मुझे पकड़ लेगा। ताओ पुजारी के रूप में मशहूर मास्टर चाङ इस नश्वर संसार से विदा हो चुके थे तो मेरे पिताजी भी आख़िरकार घर लौट आये। मेरा परिवार उसी सुनसान पहाड़ी बीहड़ में रहता रहा। वो जगह बाहरी दुनिया से पूरी तरह कटी हुई थी। वहाँ एक–एक साँस लेने के लिए भी कड़ा संघर्ष करना पड़ता था।

उस समय हमें नहीं पता था कि जबरन सेना में भर्ती किया जाना उनकी ज़िन्दगी पर एक दाग बन जायेगा और उनकी पूरी ज़िन्दगी को तबाह कर देगा। काम ढूँढ़ने के लिए पिताजी शहर गये, लेकिन उन्हें बड़ी परेशानी का सामना करना पड़ा। उनके पिछले रिकॉर्ड के चलते, हम बच्चों को भी इसका ख़मियाज़ा भुगतना था। मेरा भाई प्रतिभाशाली था, लेकिन उसे सेक्शन चीफ़ पद तक कभी पदोन्नति नहीं दी गयी। जहाँ तक मेरी बात है, मेरे पिताजी के 'ख़राब इतिहास' के कारण, काफ़ी लम्बे समय तक मुझे कम्युनिस्ट यूथ लीग में शामिल होने तक की अनुमति नहीं मिली।

24

अपने माँ और पिताजी में मुझे वो पूरी पीढ़ी नज़र आती थी, जिन्होंने बेबसी के मारे त्रासदियों को झेला था। ख़ासतौर से मुझे अपनी माँ में चीनी महिलाओं का साहस, हिम्मत और दृढ़ प्रतिज्ञा नज़र आती थी। उन्होंने मुझे दिखाया कि कैसे एक औरत अपने अधिकारों के लिए, बिना किसी डर के, सत्ता के सामने खड़ी हो सकती है। उन्होंने मुझे चरित्र की गरिमा और ताक़त दिखायी, जो हर चीनी महिला में थी।

मेरी माँ एक मामूली किसान औरत थी, लेकिन बुरी तरह जड़ें जमा चुके पितृसत्तात्मक समाज के दौर में उन्होंने मेरे पिता को बचाने के लिए अपनी ज़िन्दगी दाँव पर लगायी, यमन काउंटी के ग्रेट हॉल में सबके सामने तमाशा खड़ा किया, एक भ्रष्ट अधिकारी के मुँह पर थूका और

समाज की उन दुष्ट ताक़तों को फटकार लगायी जो उनके समाज को कठपुतली की तरह नचाती थीं!

वफ़ादारी किसी इन्सान के दुनियावी रुतबे में नहीं होती है या उसकी ताक़त में नहीं होती है, और पैसे के तराजू में तो इसे तौला ही नहीं जा सकता।

सालों तक चीन दुनिया के सामने घुटने टेककर बैठा रहा, लेकिन लड़ाई नहीं लड़ने के बावजूद उसे वह सब नहीं मिला, जिसकी उम्मीद थी। उसे क्या मिला? सिर्फ़ अपमान। यह हमारी सम्प्रभुत्ता पर हमला था, आठ शक्तिशाली गठबन्धन बलों ने बीजिंग को रौंद दिया, जापान ने 14 साल तक चीन के पूर्वोत्तर क्षेत्र को गुलामी में रखा, यह चीन के मुख्य क्षेत्र पर जापान की बड़ी घुसपैठ थी...

एक व्यक्ति एक देश की तरह होता है। ये उस समय की बात है जब मैं यह फ़ैसला करने की कोशिश कर रही थी कि मुक़दमा दायर करूँ या नहीं। मैंने न जाने कितनी बार अपने आप से पूछा, तुम, एक सम्मानित लेखक हो और तुम ऐसे कर रही हो, कभी आगे बढ़ती और कभी पीछे हट जाती हो। कहीं ऐसा तो नहीं कि तुम्हारे भीतर अपने माता–पिता जैसा साहस ही नहीं है? क्या तुम सच में ही अपने भले–बुरे और ईमानदारी को ऐसे ही रौंदा जाना देखती रहोगी? तुम्हें डराया–धमकाया जा रहा है और तुम्हारे अन्दर खड़े होकर मुक़ाबला करने की हिम्मत तक नहीं है! तुम क्या चाहती हो कि तुम्हारी आत्मा ज़िन्दगीभर तुम्हें धिक्कारती रहे।

नहीं, मैं एक इन्सान हूँ और मैं अपने पैरों पर खड़े होकर अपनी ज़िन्दगी को जिऊँगी। मैं अपनी माँ की तरह बनना चाहती हूँ, मैं गर्व और ईमानदारी के साथ जीना चाहती हूँ! मेरी आत्मा ने ख़ुद को ये आख़िरी चेतावनी दी। उसी आत्मा ने जिसे मक्कार लोगों ने मुट्ठी में भींचकर मसलने की कोशिश की थी।

अध्याय 5

माँ ने जब अपने 'सबसे प्यारे बच्चे' को कांग मेज़ के भीतर छुपाया

25

मेरी माँ ने मुझे बताया था, वो पतझड़ की साँझ थी, साल की पहली बर्फ़ गिरने में अभी समय था। काले आसमान को देखकर ही समझ में आ रहा था। मेरी माँ को नौवाँ महीना लगा था। पहाड़ी की ढलान पर माँ एक नागफनी के पेड़ से फल तोड़ रही थी। अचानक उन्हें लगा, टाँगों के ऊपर से कुछ गर्म–गर्म पानी–सा बह गया है। माँ समझ गयी कि यह जेर है जो पेट के भीतर शिशु के नीचे आने से बाहर आ गयी है। उन्हें पता चल गया था कि मैं दुनिया में आने वाली हूँ। उन्होंने मेरी गीली, नन्ही खोपड़ी को छुआ और एक बार ज़ोर लगाते ही मैं चारों ओर फैली पत्तियों पर आन पहुँची। पहाड़ी पर बर्फ़ गिरी हुई थी। उन्होंने जल्दी से अपने एप्रेन में से एक टुकड़ा फाड़ा और उसमें मेरा सिर लपेट लिया। वह बेचैनी के साथ घर की ओर चल पड़ीं। उनका पेट अभी भी फूला हुआ था क्योंकि सिर तो माँ ने पकड़ रखा था लेकिन मेरा धड़ अभी पेट के भीतर ही था। वह आधे रास्ते ही पहुँची होंगी कि उनकी हिम्मत जवाब दे गयी। वह एक क़दम भी नहीं हिल पा रही थीं। किसी तरह पूरी ताक़त लगाकर उन्होंने एक–एक क़दम घर की ओर बढ़ना शुरू किया। तभी रास्ते में मेरे पिता एक बड़े, पीले कुत्ते को साथ लेकर भागते हुए वहाँ पहुँचे...

पता नहीं, मेरी माँ ने मुझे बहुत ज़्यादा भींच दिया था या गर्भ की थैली का पानी ख़त्म हो गया था, जो भी हो, घर पहुँचने के बाद मैंने पेट

से बाहर आने से मना कर दिया। हालाँकि मेरा सिर पहले ही बाहर आ चुका था। दोपहर भी सिर के ऊपर से बीत गयी और तब कहीं जाकर माँ की जान में जान आयी। मैं युद्ध से तबाह दुनिया में क़दम रख चुकी थी। जिस परिवार में पहले से ही खाने के लाले पड़े थे, वहाँ एक और मुँह खाने वाला पैदा हो गया था।

परिवार में पहले से ही क़रीब एक दर्जन पेट थे तो ऐसे में मेरे आने से न केवल परिवार पर बोझ बढ़ गया बल्कि मेरी माँ को लोगों से नज़रें मिलाने में भी शर्म आने लगी। मेरी माँ ने 43 साल की उम्र में मुझे पैदा किया था। जिस समय मैं पैदा हुई, ठीक उसी समय, मेरे बड़े भाई की बीवी यानी बड़ी भाभी ने कुछ दिन पहले ही मेरी भतीजी को जन्म दिया था। और अब वह दूसरे बच्चे को पेट में लिए घूम रही थीं। उस ज़माने में यह बड़ी शर्म की बात थी कि औरत अपनी बहू के साथ ही बच्चे को जन्म दे। माँ घर के लोगों का भी सामना नहीं करना चाहती थीं। इसलिए वह तड़के जल्दी अपने काम पर चली जातीं और देर रात लौटतीं; सुबह से लेकर शाम तक वह फलियाँ काटती, मक्का पीसती, नागफनी के पेड़ से फल तोड़ती और बाक़ी के सभी काम करती। जब अँधेरा हो जाता तो वह चुपके से दबे पाँव घर में घुसती।

मेरे पैदा होने की देर थी कि मुझे माँ ने कांग* चौकी के भीतर रख दिया। दरअसल मेरी माँ ने सोचा था कि अब उनके और गर्भ नहीं ठहर सकता। पर जब उन्हें पता चला कि वह पेट से हैं तो उन्होंने उसी समय से मुझे 'नन्ही फ़ालतू कुमारी'। नाम दे दिया। पर मामला फँस गया। पिताजी को उम्मीद थी कि लड़का ही होगा और उन्होंने मेरे लिए पहले से ही लड़के वाला नाम सोच लिया था 'कुइयेन।' इसका मतलब था, पढ़ा–लिखा। मेरे भाई को कुइव्यू कहकर बुलाया जाता था जिसका मतलब था 'फ़ौजी'।

इस तरह उनके बच्चे क़लम और तलवार दोनों में पारंगत होंगे। उस ज़माने में अधिकतर चीनी माता–पिता की यही इच्छा होती थी। जैसे ही उन्होंने देखा कि मैं लड़की हूँ तो उन्होंने मुझे यावन बुलाने का फ़ैसला किया। मेरी तीन बड़ी बहनों के नाम या च्यी, या क्विन और यायान थे। सभी नामों का अर्थ कुलीन और विद्वान था।

---

* उत्तरी चीन में कांग एक ईंटों का बना बिस्तर होता है जिसे नीचे आग जलाकर गर्म किया जाता है।

माँ ने मुझे बताया था कि मेरे पैदा होने से कुछ दिन पहले, पिताजी को एक सपना आया था। सपने में वह हुलु (लौकी) के एक खेत में थे। पूर्णमासी की रात थी और वह खेत से हुलु तोड़ रहे थे। उन्होंने तोड़े गये एक हुलु की ओर देखा और वह सूख गया। उन्होंने एक और हुलु लिया लेकिन वह भी सूख गया। पूरा खेत सूखे हुए हुलु से भर गया। तभी अचानक आसमान से एक हुलु तैरता हुआ आया और उनके सीने से लग गया। जब वह सुबह सोकर उठे तो उन्होंने मेरी माँ से कहा, 'नन्ही फ़ालतू कुमारी' मरेगी नहीं। इतना मैं यक़ीन से कह सकता हूँ।''

बड़ी होने पर मैंने पिताजी से पूछा, ''सपने में हुलु दिखने का ये मतलब कैसे था कि मैं मरूँगी नहीं?''

पिताजी ने कहा कि हुलु उनकी आत्मा में समा गया था और यह एक पवित्र संकेत था जिसे बौद्ध धर्म में 'धर्म' तत्त्व कहा गया है जो कि अच्छे भाग्य और अच्छी सेहत का शगुन माना जाता है।

''क्या तुमने दाओजी में ताओवादी अनश्वर लाओजी और शोउश्यांग (लम्बी उम्र के देवता) की तस्वीरों में नहीं देखा है?'' उन्होंने सवाल किया।

''ज़रा सोचो, हम हुलु के कलछुल को किस प्रकार पानी निकालने और चावल धोने के लिए इस्तेमाल करते हैं। यह कभी भी ख़राब नहीं होता। तुम अगर इसे पानी में फेंकोगे तो यह डूबता नहीं है, एक तरफ़ से दबाओगे तो दूसरी तरफ़ से बाहर निकल जाता है। चाकू के बिना इसे काटना भी सम्भव नहीं है। तुम क्या सोचती हो कि कोई इन्सान हुलु की तरह है तो वह आसानी से मरेगा?''

अब जब मुड़कर अपनी ज़िन्दगी के कँटीले रास्ते पर नज़र दौड़ाती हूँ तो सोचती हूँ कि पिताजी के कहे शब्दों में ज़रूर कोई बात थी।

उस समय मेरे परिवार के पास एक सपनों की किताब होती थी। इसके पन्ने रूखे और एक धागे से नत्थी होते थे। पन्नों पर बहुत से नक़्शे और रेखाचित्र बने थे जो सपनों की व्याख्या करते थे। बदक़िस्मती से जब हमने घर बदला तो वो किताब कहीं गुम हो गयी। ये किताब फ्रायड की *सपनों की व्याख्या* नामक किताब से एकदम अलग थी। यह चीनी सपनों की किताब थी और इसमें रहस्यमय तथा अजीबोग़रीब चीज़ें थीं। मेरे पिताजी को किताब का एक एक पन्ना याद था। जब भी मुझे कोई अजीब–सा सपना आता तो पिताजी हमेशा बड़ी ही गम्भीर आवाज़ में कहते, ''सपनों की किताब कहती है कि अगर तुमने एक साँप मारा है

तो तुम धनवान बनोगे...!'' कई बार पिताजी जो सपनों की व्याख्या करते, वह एकदम सही होती। मुझे आज तक नहीं पता चला कि वह ये कैसे करते थे।

मेरे जन्म के बाद के एक महीने में मेरी माँ ने एक भी अंडा नहीं खाया था। बाक़ी लोगों की तरह वह भी ज्वार और चावल खाती थीं। मेरे पैदा होने के बाद उन्होंने केवल तीन दिन आराम किया और फिर से अपने रोज़मर्रा के घरेलू कामों में जुट गयीं। मेरी माँ पहले ही बूढ़ी हो चुकी थीं और खाने के लिए उन्हें कोई पौष्टिक खाना नहीं मिल रहा था। इसलिए उनका दूध भी बहुत पौष्टिक नहीं था। मैं इतनी भूखी रहती थी कि हर वक़्त रोती रहती। मेरी माँ आधा पका ज्वार और चावल मुँह में भरकर चबाती, उसे एक कपड़े के टुकड़े पर मुँह से निकालती, उसकी पोटली सी बनाकर उसका सारा रस निकालती और उसके बाद उस रस को वह मुझे पिलातीं। इस तरीक़े का अपना एक नाम था ''चबाया हुआ और कपड़े से छना दूध।'' हो सकता है कि अधपके ज्वार और चावल को ज़्यादा चबाने के कारण ही मेरी माँ के सारे दाँत गिर गये थे। उस समय उनकी उम्र 50 साल भी नहीं हुई थी।

अगर माँ काम से बाहर जाती तो वह मेरी बड़ी बहन को, मेरे लिए ज्वार और चावल चबाने का काम सौंप कर जाती। मेरी बहन ने ऐसा ही किया लेकिन उसके बाद मैंने उसे खाने से ही मना कर दिया। जब मेरी माँ लौटीं और रस को चखा तो पाया कि वह मसालेदार था। बाद में पता चला कि मेरी बहन ने वो ज्वार और चावल चबाये थे जिनमें मिर्च मसाले मिलाये गये थे।

माँ ने बताया, ''उस ज़माने में बच्चे छोटे पिल्लों की तरह होते थे; न उस ज़माने में पाउडर दूध होता था, तो अगर माँ का दूध पूरा नहीं पड़ रहा है तो बच्चे को चबाया हुआ दूध पिलाया जाता था। अगर उनकी क़िस्मत अच्छी रही तो वे ज़िन्दा रहते थे और नहीं तो मर जाते थे।''

अपनी माँ के बारे में लिखते हुए मैं परेशान हो जाती हूँ। एक औरत होने के नाते उन्हें जो कुछ सहना पड़ा, वह बहुत ही बर्बर था। उनके सात बच्चे थे जिनमें से दो बचपन में ही मर गये। मेरे बड़े भाई के अलावा, उन्होंने बाक़ी सारे बच्चों की गर्भनाल ख़ुद ही काटी थी। न सिर्फ़ मेरी माँ, बल्कि उस ज़माने की सभी औरतों को हज़ारों हज़ार मुश्किलों का सामना करना पड़ता था। मेरी आंटी क़रीब 30 साल की थी, जब उनके पति की मौत हो

गयी। अंकल उन्हें घर और चार बच्चों की देखभाल करने के लिए अकेला छोड़ गये थे। मेरी एक और आंटी थीं जिन्हें मानसिक बीमारी हो गयी थी। उनके ऊपर तेल डालकर उनके पति ने उन्हें ज़िन्दा जला दिया था। उस समय पूरा चीन ग़रीबी और बदहाली में जी रहा था। लोगों की ज़िन्दगी नरक से बदतर थी।

25

अपने बचपन की यादों के बारे में सोचती हूँ तो याद आता है कि मेरे पिताजी की नाक पर हर समय ग़ुस्सा सवार रहता था। एक जुमला वह बार–बार दोहराते रहते थे, ''ये ख़ानदान एक तमाशा है।'' जैसे ही उन्हें ग़ुस्सा आता, पूरा परिवार, बच्चे और बूढ़े सब बुरी तरह से डर जाते और जितना हो सके, उनकी नज़रों से दूर छुपने की कोई जगह ढूँढ़ते। जब उनका ग़ुस्सा कम होना शुरू होता तो वह पहाड़ की तलहटी में छोटे से झरने की ओर दौड़ पड़ते, वहाँ जाकर वे बैठ जाते और अगली सुबह होने तक वहीं सोते। मैंने अक्सर उन्हें एक बड़ी–सी चट्टान के पास सोते देखा था।

कुछ देर बाद, मेरी माँ मुझे उनके पीछे जाने को कहती। उस समय तक गुस्से का आवेग थम चुका होता और मैं उन्हें चट्टान पर सोने से रोकने की कोशिश करती। ऐसा करने से उन्हें ठण्ड लगने का डर रहता था।

मैं छोटे–से झरने के किनारे तक पिताजी के पीछे जाती, वहाँ जाकर जूते उतारती और पानी में पाँव डालकर बैठ जाती। उस समय पिताजी चट्टान के ऊपर बैठे होते, विचारों में खोए, उदास और मन–ही–मन कुछ बुदबुदाते रहते।

शाम के समय मौसम बहुत गर्म था। मैंने देखा कि पिताजी के कपड़े पसीने में तरबतर हैं। जहाँ पसीना सूख चुका था, वहाँ से कपड़ों पर सफ़ेद–सफ़ेद दाग नज़र आ रहे थे। मेरा दिल तेज़ी से धड़क रहा था, मैंने उनके पायजामे के पायचों को ऊपर की ओर मोड़ा, उनके कैनवास जूते उतारे और पैरों को ठण्डे पानी की बाल्टी में रख दिया। जब मैंने देखा कि वह मुझ पर ग़ुस्सा नहीं हो रहे हैं तो मैंने उनकी फटी एड़ियों के बीच से कीचड़ निकालना शुरू कर दिया...

धीरे–धीरे, मेरे और पिताजी के बीच एक ख़ामोश समझौता–सा हो गया था। जब भी हम लोग झरने के किनारे पर आते, हम दोनों अपने–अपने जूते उतार लेते और अपने–अपने पाँव पानी में डालकर बैठ जाते। झरने का ठण्डा, ताज़ा पानी अनोखा सुकून देता। झरना ऊपर पहाड़ से गिरता था। झरने पर पिताजी के साथ बिताये दिन, मेरे बचपन की कभी न मिटने वाली यादों में शामिल हैं।

जब रात घिर आती, गहरे नीले आसमान में जब पूरा चाँद निकलता या कभी जब दूज का चाँद निकलता, पहाड़ों की ख़ामोशी और गहरी हो जाती। ऐसा लगता, मानो देवदार के पेड़ भी ख़ामोशी से और भारी हो गये हैं। ख़ामोशी इतनी गहरी होती कि इन्सान तो क्या भेड़ियों तक की कोई आवाज़ सुनाई नहीं देती थी। सुनाई देती थी तो केवल झरने की कल–कल और मेढकों का टर्राना। मैं और पिताजी चट्टान पर बैठकर पानी में चाँद की परछाईं देखते। पिताजी की साँसों की आवाज़ भी बहुत हल्की हो जाती, मानो पहाड़ के नीचे सब कुछ ख़ामोश हो गया है। जब वह बोलते, तो मैं उनकी बातें सुनती रहती, उनकी बहुत–सी बातें तो मेरी कभी भी समझ में नहीं आयीं...

''मेरे बेटे, (मेरे पिताजी हमेशा मुझे 'बेटा' कहकर बुलाते थे) तुम्हारे पिताजी की ये ज़िन्दगी तो पूरी खेतों की मिट्टी में ही मिट्टी हो जायेगी! तुम्हारे पिता ने इस परिवार के लिए जी–जान लगा दी। इस बिखरते परिवार ने मेरी ज़िन्दगी को कुचल दिया है, जान निकाल ली है मेरी!''

ज़ाहिर–सी बात है, एक चार साल की बच्ची के पल्ले इनमें से कुछ नहीं पड़ा था। मैं सिर्फ़ पानी में अपने छोटे–से पैर को पिताजी के बड़े से पैर से उलझा–उलझाकर खेलने में लगी रहती थी। अक्सर पिताजी अपने कमीज़ की जेब से एक जेब घड़ी निकालते। ये घड़ी उन्हें जान से प्यारी थी और कभी भी उसे अपनी आँखों से ओझल नहीं होने देते थे। वह इसे निकालते, खोलते और काफ़ी देर तक उसे घूरते रहते...

वह घड़ी हमेशा मेरे लिए एक रहस्य बनी रही। मैं उसे छूना चाहती थी लेकिन पिताजी ने कभी उसे हाथ नहीं लगाने दिया। एक बार जब मैंने देखा कि वह घड़ी निकालने वाले हैं, मैंने अपना सिर थोड़ा पिताजी के क़रीब किया और आख़िरकार मुझे उस पुरानी घड़ी की एक झलक मिल ही गयी। उसके डायल पर चाँदी का पानी चढ़ा था लेकिन वह घड़ी पहले ही इतनी घिस चुकी थी कि नीचे का ताँबा दिखने लगा था। इसके डायल

पर एक डिज़ाइन बना था; दो राइफ़लें एक–दूसरे को काटती हुई बनी थीं। घड़ी में नम्बर रोमन में लिखे थे जैसे घर की घड़ी में थे। मैं घड़ी को छूने ही वाली थी कि पिताजी ने अचानक उसे बन्द कर दिया। वह लेट गये, चट्टान पर उनका सिर टिका हुआ था और वह आसमान में चमकते तारों को लगातार घूरे जा रहे थे। इसके बाद वह ख़ामोश हो गये।

गर्मियों में जब, आसमान साफ़ होता, चाँदनी रात होती तो पिताजी मुझे अक्सर तरबूज़ के बगीचे में ले जाते ताकि तरबूज़ों की रखवाली की जा सके।

बगीचे में मैं तरबूज़ों को लात मारती। लेकिन पहले यह पक्का कर लेती थी कि पिताजी की नज़र मुझ पर तो नहीं है। मैं पके हुए तरबूज़ों को लात मारती थी, कच्चों को नहीं। पिताजी की डाँट नहीं सुनना चाहती थी इसलिए उतनी ही शरारत करती थी।

कई बार वे तरबूज़ के बग़ीचे में ज़मीन पर बैठ जाते, चाँद को घूरते रहते और ख़ुद से ही बात करते, ''क्या ये कभी ख़त्म नहीं होगा? इस बियाबान पहाड़ी पर क्या मेरे दुखों का कभी कोई अन्त नहीं होगा?...क्या कभी इस खेतीबाड़ी और हल–हथौड़े से पीछा नहीं छूटेगा मेरा? ये सब इस बिखरे परिवार की ग़लती है... ये सब मेरी बदक़िस्मती का नतीजा है!'' ख़ुद से बात करते हुए पिताजी एक तरबूज़ उठाते और ग़ुस्से में, उसे ज़मीन पर ज़ोर से पटक देते। इससे मैं इतना डर जाती कि मेरी साँस तक लेने की हिम्मत नहीं होती। मुझे डर लगता कि वह तरबूज़ उठाकर ज़मीन पर दे मारने के बजाय, एक दिन मुझ पर ही दे मारेंगे।

पिताजी एक शब्द इस्तेमाल करते थे, 'क़िस्मत।' लेकिन मुझे तब इस शब्द का अर्थ समझ में नहीं आता था। लेकिन इस शब्द के साथ वे लम्बी गहरी साँस लेते और लगातार शिकायत करते जाते। इससे मैंने यह अन्दाज़ा लगाया कि यह 'क़िस्मत' कोई शक्तिशाली चीज़ है और मेरे पिता पर उसका 'क़ब्ज़ा' है।

इतना ही नहीं उस बियाबान पहाड़ी से भी पिताजी नफ़रत करते थे और इस बात ने मेरे नन्हे से दिल पर एक गहरा निशान छोड़ दिया। पिताजी के कारण ही मेरे भीतर एक आग–सी जलने लगी कि मुझे इन पहाड़ों को छोड़कर जाना है।

27

बचपन की कुछ यादों में पिताजी का ग़ुस्सैल चेहरा भी शामिल था। उनका वो ग़ुस्सा जो वह मुझ पर और मेरे भाई–बहन पर उतारते थे, हमारे चेहरों पर छाने वाला ख़ौफ़ आज भी मेरी यादों में है।

एक दिन वह ऐसे ही ग़ुस्से में थे। कारण तो मुझे अब याद नहीं पड़ता। वह झरने की ओर दौड़े। उन्होंने पीछे मुड़कर एक सेकेंड के लिए मेरी ओर देखा। मैं तुरन्त उनके पीछे–पीछे दौड़ने लगी। मैं उनके पास पहुँचने को थी कि पिताजी मुड़े और मुझे अपनी बाँहों में उठा लिया। जब हम झरने पर पहुँचे तो उन्होंने मेरे जूते उतारे और मेरे नन्हे काले पैरों को चूम लिया; उन्होंने ऐसा आज से पहले कभी नहीं किया था। सारी ज़िन्दगी मैं इस याद को अपने सीने से लगाये रही। उस ज़माने में बहुत बिरले ही बच्चे होते थे जिन्हें उनके पिता इस तरह से प्यार जताते थे।

उस रात मैं नदी के किनारे ही सो गयी। पिताजी मुझे अपनी कमर पर बिठाकर घर लेकर आये।

उसके बाद से मेरे और पिताजी के बीच में एक अनकहा–सा समझौता हो गया। हम दोनों एक–दूसरे की बातें बिन कहे ही समझने लगे।

जब भी वह गुस्सा होते, कांग पर जाकर लेट जाते और वहाँ से हिलने से मना कर देते। किसी में हिम्मत नहीं थी जो कोई जाकर उन्हें खाना खाने के लिए बुलाकर लाता। इसलिए माँ मुझे भेजती उन्हें बुलाने के लिए। मैं अपने दोनों हाथों से उनका सिर हिलाती और तब तक चिल्लाती रहती जब तक मेरा चेहरा लाल नहीं हो जाता और गला न दुखने लग जाता, ''पिताजी, उठिए और खाना खा लीजिए! गुस्सा मत करिए!''

ग़ुस्से में वह अजीब–सा मुँह बनाते और ख़ुद से ही बड़बड़ाते, ''मुझे अब भी घटिया परिवार के साथ बैठकर खाना खाना पड़ता है...''

''ठीक है, तो मत खाइए!'' उस दिन झरने के किनारे हमारे बीच में जो समझौता हुआ था, उसके कारण मैं उनसे ग़ुस्से में भी थोड़ा मज़ाक़ करने की छूट ले सकती थी।

वह मुँह फुलाते और रुखाई से मेरी ओर देखते।

और इस तरह से मैं समझ जाती थी कि अब वह ग़ुस्से में नहीं हैं।

जब भी देखती कि पिताजी उदास हैं तो मैं उनके लिए कोई गाना गाने लग जाती–''गडरिया सू वू या मस्तमौला मछुआरा।'' अक्सर वह मेरे

बालों में हाथ फिराते और लम्बी साँस लेकर कहते, ''ओह, यह बहुत बुरा है! मेरा नन्हा बेटा, लड़का नहीं है। अगर तुम लड़का होतीं तो ज़िन्दगी में तुम्हारा कोई भविष्य होता।''

कभी–कभार, जब वह ख़ुश होते तो वह अपने गंजे सिर पर हाथ फिराते और मुझे आवाज़ लगाते, ''बेटा, यहाँ आओ! अपने पिताजी के सिर से सिर टकराओ! नहीं तो तुम भी बड़े होकर सू दोंगपो की छोटी बहन जैसी हो जाओगी, कोई तुम्हें पसन्द नहीं करेगा!''

मैं हँसते हुए अपना सिर आगे करती और पिताजी के सिर से टकराती। हम दो भेड़ों की तरह सिर टकराते और मेरा चेहरा लाल होने तक हम ऐसा ही करते रहते।

जब हमारा सिर टकराने का खेल ख़त्म हो गया तो पिताजी ने मुझे सू दोंगपो और उसकी छोटी बहन की कहानी सुनाई। दोनों भाई–बहन एक–दूसरे का मज़ाक़ उड़ाने के लिए कविताएँ बनाते थे। सू दोंगपो कहता कि उसकी बहन का माथा इतना बड़ा है कि ''तुम केवल तीन–चार क़दम ही चलती हो लेकिन उससे पहले ही तुम्हारा माथा पेंटिंग वाले कमरे में पहुँच जाता है।'' उसकी बहन अब उसके लम्बे चेहरे को निशाना बनाती और कहती, ''पिछले साल तुम उदास हुए थे और थोड़ी देर रोये थे, लेकिन तुम्हारे आँसू अभी तक आँखों से निकलकर तुम्हारे गालों तक भी नहीं पहुँचे हैं।''

ऐसा नहीं था कि पिताजी ऐसे ही कभी भी ख़ुश हो जाते थे। कभी–कभार ही उनका मन गाने गुनगुनाने को करता। कभी वह ज़िन्दगी के बारे में कुछ कहते, ''सुनो, हर कोई कहता है कि सभी सभ्य लोगों की एक सुन्दर औरत को पाने की इच्छा होती है। लेकिन इतनी सारी ख़ूबसूरत औरतें अच्छे नक्षत्रों में पैदा नहीं हुईं...ओह ज़िन्दगी, कोई तुम्हें समझ नहीं सकता।''

हर बीतते दिन के साथ हमारे परिवार पर ग़रीबी का बोझ और भारी होता जा रहा था। पिताजी का ग़ुस्सा भी उसी रफ़्तार में बढ़ रहा था। मेरे और पिताजी के बीच में जो अनबोला समझौता हुआ था, उसकी डोर भी कमज़ोर पड़ने लगी थी। हर समय उनके चेहरे पर मुर्दनगी छायी रहती, जो आज भी मेरी यादों में ज्यों–की–त्यों है। कई बार तो उनकी इस उदासी ने मुझे गहरे चोट पहुँचायी थी।

एक बार की बात है, मैं बड़ी हो चुकी थी। मेरे पिता शराब पीने में

खोए हुए थे। मैंने पूछा, ''पिताजी, आप बार–बार इतनी लम्बी साँसें क्यों भरते हो? आप कभी भी खुश क्यों नहीं होते?''

''बेटा,...'' उन्होंने फिर से लम्बी साँस ली, ''तुम्हारे पिता की ज़िन्दगी बेमक़सद है। ज़िन्दगी में मैंने बड़े–बड़े सपने देखे थे लेकिन मेरी क़िस्मत ने मेरा साथ नहीं दिया। मैं हमेशा कुछ अलग करना चाहता था... ख़ैर, यही काफ़ी है। इसके बारे में बात करने से भी क्या फ़ायदा! अच्छा यही है कि मैं पीता रहूँ...''

उन्होंने बाईज्यू* से भरा अपना गिलास एक ही झटके में ख़ाली कर दिया।

उस दिन उन्होंने जीभर कर पी और तब तक पीते रहे जब तक कि वह शेर की तरह दहाड़ने नहीं लगे। वह टेबल पर ही पसर गये और रोने लगे।

कुछ समय बाद पिताजी गुज़र गये। उनके चले जाने के बाद माँ ने मुझे एक प्रेम–प्रसंग के बारे में बताया। पिताजी जब युवा थे, तब उन्हें किसी से इश्क़ हुआ था।

वह घर के चार लड़कों में से सबसे बड़े थे। उन्होंने एक निजी अकादमी में पाँच साल तक पढ़ाई की थी और वह अच्छे से लिख लेते थे। उन्होंने बहुत साहित्य पढ़ा था और *थ्री करेक्टर क्लासिक* तथा *बुक ऑफ़ सांग्स* पूरी तरह याद हो चुकी थी। उन्होंने काव्य रचनाएँ भी काफ़ी पढ़ी थीं। चूँकि उनका परिवार ग़रीब था तो उनकी पहली शादी मात्र 15 साल की उम्र में ही हो गयी थी। ये अलग बात है कि वह इतनी कम उम्र में शादी नहीं करना चाहते थे। वे तो मेरी माँ से भी शादी करने के इच्छुक नहीं थे लेकिन मेरी माँ का ख़ानदान काफ़ी अमीर था तो उनके पास मेरी माँ से शादी करने के सिवाय कोई और रास्ता नहीं था।

पिताजी को जबरन चाङ ज्युओलीन की सेना में भर्ती कर दिया गया था। वहाँ एक कमांडिंग अफ़सर ने देखा कि वह पढ़े–लिखे हैं तो उन्होंने पिताजी का तबादला मुख्यालय में कर दिया। मेरी माँ को पक्का पता नहीं था कि ये रेजीमेंट का मुख्यालय था या कम्पनी का। ख़ैर जो भी हो, पिताजी को वहाँ दस्तावेज़ लिखने और कॉपियाँ बनाने का काम सौंप दिया गया। उनका व्यक्तित्व काफ़ी सुन्दर और प्रभावशाली था। वह सेना की वर्दी में तो और ग़ज़ब ढाते थे। यही कारण था कि एक वरिष्ठ सैन्य अधिकारी की बेटी को उनसे प्यार हो गया। जब वह घर लौटे तो एक

---

* एक प्रकार की चीनी शराब।

जेब घड़ी और एक जोड़े तकिये लेकर आये जिन पर चार चीनी शब्द उकेरे गये थे, एई ग्यू नान एर यानी एक देशभक्त युवा।

''क्या ये वही घड़ी थी जिसे वे हमेशा अपनी जेब में रखते थे?'' मैंने माँ से पूछा।

माँ ने तम्बाकू पाइप से कश लगाते हुए हाँ में सिर हिलाया, ऐसा लगा, वह किसी गहरे सवाल में उलझी हुई थीं, ''पता नहीं तुम्हारे पिताजी वह घड़ी ख़रीदकर लाये थे या उस लड़की ने उन्हें तोहफ़े के तौर पर दी थी लेकिन वह कभी भी घड़ी को अपनी आँखों से दूर नहीं होने देते थे। जिस दिन उन्होंने आख़िरी साँस ली, मेरी इच्छा थी कि उस घड़ी को उनकी चिता पर ही रख दूँ ताकि वह अगली दुनिया में भी उसे अपने साथ ले जा सकें। लेकिन तुम सब मुझे ऐसा नहीं करने देते...''

माँ की सहनशक्ति और उनकी उदारता देखकर मेरे मन में उनके लिए सम्मान और गहरा हो गया। मन किया माँ को गले से लगा लूँ।

''माँ, क्या तुमने कभी उस लड़की की कोई फ़ोटो देखी?'' मैंने उनसे ऐसे ही पूछ लिया।

''हाँ, वह मुझसे जवान थी और सुन्दर भी।'' मेरी माँ ने अपना हाथ ऊपर की ओर उठाया, मैं समझ गयी, ये हाथ आँखों से बहते आँसुओं को रोकने के लिए बढ़ा है। उनकी एक आँख में रौशनी नहीं थी, लेकिन जब कहीं माँ का दिल रोता तो उसमें से भी आँसू छलक जाते थे।

''मैं जानती हूँ, तुम्हारे पिताजी की भावनाएँ कुचली गयी थीं, उनकी आत्मा मर गयी थी। मैं उनसे उम्र में छह साल छोटी थी और ये बताने की ज़रूरत तो है ही नहीं कि मैं एक आँख से अन्धी भी थी। अगर वे सेना में ही रहते तो मुझे पक्का यक़ीन है, काफ़ी तरक़्क़ी करते। लेकिन इस सबके बावजूद वह एक भले इन्सान थे...तुम्हारे पिताजी ज़िन्दगी में कुछ बड़ा करना चाहते थे, औरों से कुछ नया...लेकिन वह एक किसान की मौत ही मर गये। बेटी, मेरी और उनकी, दोनों की ज़िन्दगी निराशा में ही डूबी रही; अगर मैं एक आँख से अन्धी नहीं होती तो मैं भी उनसे शादी नहीं करती...''

मैं हमेशा यही सोचती रही कि मेरे माता–पिता की पीढ़ी में केवल शादियाँ होती थीं, प्यार नहीं। मैं कभी सोच ही नहीं पायी कि वे मेरी पीढ़ी के लोगों के दिलों में जलती प्यार की आग के बारे में कुछ जानते–समझते हैं। मुझे कभी इस बात का पता ही नहीं चला कि मेरे पिताजी इस तरह

रोमांटिक भी थे या कि वे सारी ज़िन्दगी अपने प्यार को खोने के पछतावे के बोझ से ही दबे रहे। अब मुझे समझ में आया था कि वे एक नन्ही बच्ची के सामने क्यों अपना दुख इस तरह खोलकर रखते थे। कोई ऐसा न था जो उनके दिल के दर्द को समझ पाता और इसलिए वे मुझसे बातें करते थे। मैं तो एक छोटी नन्ही बच्ची थी जिसकी नाक बहती रहती थी और जिसे कुछ समझ भी नहीं आता था कि वह क्या बात कर रहे हैं। मुझे कहीं दूर से अपने पिता की लम्बी–लम्बी और गहरी साँसों की आवाज़–सी सुनाई दी। उन लम्बी गहरी साँसों का मतलब आज समझ में आ रहा था। उनके भीतर, गहराई में दबे दर्द का आज मुझे एहसास हो रहा था।

लेखन कार्य शुरू करने के बाद मैं समझ पायी; मेरे पिताजी ने भले ही एक किसान की ज़िन्दगी जी...जिनका चेहरा हमेशा धरती की ओर और पीठ आसमान की ओर रही, लेकिन भीतर से वे एक सभ्य सुसंस्कृत और संवेदनशील इन्सान थे। उन्होंने कभी भी अपनी क़िस्मत के आगे घुटने नहीं टेके, लेकिन क़िस्मत का मुक़ाबला करने की ताक़त भी उनमें नहीं बची थी। कुदरत ने ही उन्हें एक सख़्त इन्सान बनाया था लेकिन भीतर से वह बड़े ही उदार और नरम दिल के थे। कोई भी अगर उनसे मदद माँगता तो वह हमेशा हर सम्भव मदद करने को तैयार रहते थे।

जब माँ उनके लिए अंडों का पेस्ट बनाती तो वह मुझे और मेरे भाई बहनों को बुला लेते। हम सब उनके चारों तरफ़ झुण्ड बनाकर खड़े हो जाते। हमारे मुँह अबाबील की तरह खुल जाते और हम इन्तज़ार करते कि कब पिताजी हमें खिलायेंगे। मेरे माँ–बाप की पीढ़ी के लोग अपने बच्चों पर इस तरह का लाड़–प्यार बिरले ही लुटाते थे। मुझे महसूस होता है कि मेरे भीतर का जो उदार भाव है, वह मुझे पिताजी से ही विरासत में मिला है। उन्होंने ज़िन्दगी में हमेशा एक सम्मानित दर्जा चाहा, लेकिन उनकी इच्छाएँ कभी फलीभूत भी नहीं हो पायीं। समाज की बनायी जो सीढ़ी है, उसमें वह हमेशा एक किसान के पायदान पर ही खड़े रहे। वो इस समाज की पारम्परिक सामन्तवादी नैतिकता के जाल से ख़ुद को मुक्त करने की हिम्मत नहीं जुटा पाये। जैसा कि माँ कहती थीं, "तुम्हारे पिताजी ने कभी भी अपनी आत्मा के साथ दगाबाज़ी नहीं की।" इसके बजाय वह शिकायतें करते रहे और गहरी लम्बी साँसों के साथ दिल के गुबार को उड़ाते रहे। पिताजी की ज़िन्दगी में हमेशा ही सच्चाई और उनके सपनों के बीच एक दरार रही। और वह दोनों से ही संघर्ष करते

रहे। ये उनके जीवन की त्रासदी है और उनकी पीढ़ी के जीवन की भी। माँ जब पिताजी के बारे में कहानियाँ सुनातीं तो बेहद शान्त नज़र आतीं, लेकिन उनकी सूनी आँखों के रास्ते, मैं उनके दिल में मचे तूफ़ान का शोर सुन सकती थी। हक़ीक़त तो यह थी कि पिताजी के मुक़ाबले माँ की ज़िन्दगी कहीं अधिक मुश्किल भरी रही। वे हालात के हर बोझ को अपने सीने में दफ़नाती रहीं। और चेहरे पर कभी शिकन तक नज़र नहीं आयी। ज़िन्दगी की सच्चाइयों को माँ, पिताजी के मुक़ाबले कहीं अधिक बेहतर तरीक़े से समझती थीं और दुश्वारियों को स्वीकार करने की ताक़त भी उनमें ज़्यादा थी। उन्होंने अपनी नन्ही–सी जान को पिताजी और ग़रीबी से संघर्ष करते इस परिवार की सेवा में लगा दिया था। माँ का बलिदान था कि हमारा परिवार हर मुसीबत से निकलता चला गया।

अपनी माँ में मुझे एक आग दिखाई देती थी जो सत्ता के दुरुपयोग के ख़िलाफ़ भड़कती है और उस ज़माने की औरतों के चरित्र की यह एक बड़ी ख़ूबी थी। यही आग उन्हें चुनौतियों के सामने घुटने नहीं टेकने देती। अपने चरित्र की इस ख़ूबी की जड़ें मुझे अपनी माँ के चरित्र में ही नज़र आती हैं। मुझे हर चुनौती की आँखों में आँखें डालकर देखने की ताक़त अपनी माँ से ही मिली है।

28

पूरा साल बीत जाता। मुझे पिताजी के चेहरे पर केवल एक दिन ही मुस्कुराहट नज़र आती और वह दिन होता बसन्त उत्सव से एक दिन पहले की शाम। उस समय, हर किसी को कोई भी ग़लत बात बोलने की मनाही रहती। सब चीज़ों को कागज़ से ढाँपकर रखा जाता और उन पर कुछ कविताएँ–सी लिखी होतीं। घर के भीतर और बाहर, हर चीज़ पर ऐसे ही लिखा जाता। मुर्गियों के दड़बे पर लिखा जाता, ''दड़बा सोने की मुर्गियों से भरा है, वे अंडे देंगी लेकिन बाहर नहीं निकलेंगी।'' इसके साथ ही लिखा होता, ''इस घर में दबा ख़ज़ाना है।'' हमारी गाड़ी पर लिखा होता, ''यह गाड़ी हज़ारों मील का सफ़र कर सकती है। यह उछलती है, कोई जल्दी करने की ज़रूरत नहीं।'' इसके पास ही लिखा होता, ''क़िस्मत तुम पर मेहरबान हो, और तुम्हें ख़ूब धन मिले।''

सूअर की चर्बी से एक तरह का साबुन बनाया जाता था और पिताजी आधी रात के समय ताँबे के बर्तन में इस साबुन से हाथ धोते। इसके बाद वह ख़ुद आत्माओं को उपहार देते और अगरबत्ती जलाते। इसके बाद वह धन के देवता का स्वागत करते...

धन के देवता का स्वागत करते हुए पिताजी घर के बाहर चारों ओर एक लालटेन हाथ में उठाकर चलते, जिसे माँ बनाती थीं। लालटेन हाथ में उठाकर वह ज़ोर–ज़ोर से बोलते जाते, ''हमें धन दो! हमें धन दो! हमें धन दो!'' हम सब भाई–बहन भी उनके पीछे–पीछे उछलते हुए चलते और उनके पीछे–पीछे बोलते जाते, ''हमें धन दो! हमें धन दो! हमें धन दो!''

पिताजी चाहे कितनी ही धन के देवता की चिरौरी करते लेकिन देवता कभी मेहरबान नहीं हुए। और हमारे परिवार की हालत बद से बदतर होती चली गयी। हम सुबह जल्दी उठते और रात में देर से सोते। सारा साल कड़ी मेहनत करते। इसके बावजूद जब नया साल आता तो हमारे पास पेट भरने के लिए भी भोजन नहीं होता।

समय बीतने के साथ पिताजी की आदतें भी बदल गयीं। अब उन्हें जब भी ग़ुस्सा आता, वह शहर में जाते और जुआ खेलते। वह कई–कई दिन घर से ग़ायब रहते और इसी के कारण लोग उन्हें चिढ़ाने के लिए अनोखे नाम से बुलाने लगे, ''चाँदी का सिक्का चाङ।'' आज भी, उस घाटी के लोग जिसकी पहाड़ी पर हमारा घर था, वे उसे ''चाँदी का सिक्का चाङ घाटी'' कहकर पुकारते हैं।

एक बार वह तीन दिन और तीन रात तक घर ही नहीं आये। चौथे दिन जब शाम हो गयी तो मेरी माँ ने एक लोहे की छड़ उठायी और घर से बाहर निकल गयीं। वह काफ़ी दूर तक जा चुकी थीं, लेकिन मैं छड़ की 'ठक ठक' की आवाज़ सुन सकती थी।

आधी रात थी, अचानक शोर हुआ और मैं नींद से जाग गयी। मेरी आँखें डर के मारे फैल गयीं और मैंने बाहर देखा, पिताजी ने माँ को घूँसा मारा और वह ज़मीन पर गिर गयीं। वह मुर्गी के पंखों से बने झाड़न से माँ को मार रहे थे। मेरी दोनों बड़ी बहनें माँ के पास घुटनों के बल बैठी रो रही थीं।

मैं जल्दी से बाहर निकली और बहनों के साथ घुटनों के बल बैठ गयी। हम तीनों एक पंक्ति में घुटनों के बल बैठी हुई थीं। रोते–रोते, हम पिताजी से दया की भीख माँग रही थीं, ''पिताजी, माँ को मत मारो। अगर आप किसी को मारना चाहते हो तो हमें मारो!'' मैं पिताजी के पैर

से लिपट गयी और गिड़गिड़ाते हुए बोली, "पिताजी, मेहरबानी करके माँ को मत मारो, आप मुझे मार लो!"

उन्होंने झाड़न उठाया, जैसे कि वह सच में ही मुझे मारने वाले हैं, लेकिन जब उन्होंने मेरी रोती हुई की हालत देखी तो वह मुझ पर हाथ नहीं उठा सके। उन्होंने झाड़न नीचे फेंका और चले गये।

माँ के दुबले–पतले शरीर से ख़ून बह रहा था, मुझे देखकर बहुत दुख हुआ और मैंने फिर से रोना शुरू कर दिया। लेकिन माँ की आँख से एक आँसू नहीं निकला। उन्होंने बस इतना कहा, "जल्दी करो! जाओ और देखो कहीं तुम्हारे पिताजी फिर से तो नहीं चले गये। उन्हें खींचकर यहाँ ले आओ!"

मेरी दोनों बहनें और मैं नीचे झरने की ओर दौड़ीं। पिताजी एक बड़ी–सी चट्टान पर लेटे हुए थे और लम्बी–लम्बी साँसें ले रहे थे। उन्हें किसी–न–किसी तरह से मनाकर हम लोग वापस घर ले आये।

अगले दिन मेरी माँ, हर रोज़ की तरह जल्दी उठीं, चूल्हे में आग जलायी और नाश्ता बनाया। उन्हें देखकर लग रहा था, मानो बीती रात कुछ हुआ ही नहीं था।

हम खाना भकोसने में लगी थीं। मेरी एक बहन बरामदे में खड़ी थी। उसने देखा तीन लोग पहाड़ पर चढ़ते आ रहे हैं। जब मेरी माँ ने सुना तो उन्होंने तुरन्त पिताजी को आवाज़ लगायी। माँ ने पिताजी से कहा कि घर के पीछे की खिड़की से बाहर कूदकर भाग जायें। पता चला कि वह जुए में बुरी तरह हार गये थे। इतने क़र्ज़ में दब गये थे कि घर का सब सामान बेचकर भी वह क़र्ज़ा नहीं चुका पाते।

जैसी कि उम्मीद थी, तीनों लोग अपना क़र्ज़ा वसूलने आये थे। वे घर के भीतर घुस आये, पिताजी वहाँ नहीं थे। उन्होंने माँ से पैसे माँगे। माँ ने कहा कि उनके पास कोई पैसा नहीं है। तीनों उसके बाद घर के मवेशियों के बाड़े की ओर बढ़े...

माँ ग़ुस्से से फट पड़ीं।

पहली बार उन्हें ग़ुस्से में देखा था। दुबली, पतली काया,...वह बाड़े के दरवाज़े पर हाथ फैलाकर खड़ी हो गयीं। उन्होंने दोनों हाथ अपनी कमर पर रखे और चिल्लायीं, "देखती हूँ तुम में से किस में इतनी हिम्मत है जो मेरे परिवार के मवेशियों को हाथ लगाता है! याक्वीन, यायान, यावन, श्यू, यहाँ आओ!" मेरी बड़ी बहन की पहले ही शादी हो चुकी थी और

मेरा बड़ा भाई तथा उसकी पत्नी घर पर नहीं थे; घर में मेरे केवल दो भतीजे थे।

माँ की आवाज़ सुनकर, हम दौड़कर उनके पास पहुँचे। उनके चेहरे के भाव देखते ही जैसे हमें सब समझ आ गया। हम तीनों नन्हे सैनिकों की तरह अपने मवेशियों और अपने घर को बचाने के लिए!

तीनों लोगों ने अचकचाकर एक–दूसरे की ओर देखा; उन्होंने हम सब को धकियाकर मवेशियों के बाड़े में घुसने की सोची, लेकिन वे हिचक रहे थे। आख़िरकार वे वहाँ से चले गये। जाते–जाते ग़ुस्से में चिल्ला रहे थे, ''पैसा तो हमारा चुकाना ही पड़ेगा!''

उनके चले जाने के बाद, माँ मेरी ओर मुड़ी और बोली, ''घर के पीछे के पहाड़ पर जाओ और पिताजी को नीचे बुला लाओ, बोलना आकर नाश्ता कर लें!''

पहाड़ पर जाकर देखा तो पिताजी वहाँ थे। चेहरा आँसुओं में भीगा हुआ था...

वो दिन है और आज का दिन, वह कभी जुआ खेलने नहीं गये। उस साल पतझड़ के मौसम में उन्होंने ख़ूब सारी पीली फलियाँ बेच दीं। इतनी फलियाँ तो वह पूरे सालभर में बेचते थे। तब कहीं जाकर उनके पास क़र्ज़ चुकाने लायक पैसे हुए। उन्होंने अपना सारा क़र्ज़ उतार दिया।

29

उस दिन कड़ाके की ठण्ड थी। मैं और मेरे भाई–बहन बाहर खेलने भी नहीं गये। इसके बजाय हम कांग के ऊपर गोल घेरा बनाकर बैठ गये। हमारे बीच में अँगीठी रखी थी। मेरी दूसरे नम्बर की बहन कहानियाँ सुना रही थी। दीदी केवल भूतों की कहानियाँ ही सुनाती थीं। एक कहानी में एक साँप को जादुई शक्तियाँ मिल जाती हैं। फिर साँप एक औरत में बदल जाता है। घर के दरवाज़े की दरारों से वह साँप लोगों के घरों में घुसता और फिर औरत में बदल जाता। और वह औरत घर के मर्दों को रिझाती।

...इस कहानी ने मुझे इतना डरा दिया कि मैं कई सालों तक दरवाज़ों में बनी दरारों को देख–देखकर काँपती रहती। अक्सर दीदी एक चेरी पहाड़ की कहानी सुनाती। इस कहानी में बहुत दूर एक पहाड़ था।

उस पहाड़ पर बहुत बड़ा शहतूत का पेड़ था। उस पेड़ पर ख़ूब सारे शहतूत लगते थे।

कोई भी इन्सान शहतूत खा सकता था, लेकिन अपने साथ नहीं ले जा सकता था; अगर किसी ने शहतूत अपने साथ ले जाने की कोशिश की तो वह पहाड़ से उतर ही नहीं सकता था। उसके पेट में दर्द शुरू हो जाता। धीरे–धीरे पेट दर्द इतना भयानक हो जाता कि वह आदमी दर्द के मारे ज़मीन पर गिरकर एड़ियाँ रगड़–रगड़कर रोने लगता। शहतूत वापस करने के बाद ही पेट दर्द ख़त्म होता। दीदी ये भी बताती थी कि पेड़ के पास एक बहुत गहरा कुआँ था। कुआँ इतना गहरा था कि उसकी थाह तक नज़र नहीं आती थी। कुएँ के भीतर एक लोहे की चेन लटकती रहती, वो इतनी लम्बी थी कि तुम उसे कुएँ से बाहर खींचते–खींचते मर भी जाओ लेकिन वह ख़त्म नहीं होती थी...

इन प्राचीन और रहस्यमय कहानियों को सुनकर मैं दिन में भी सपने देखने लगी थी। अपनी संस्कृति से मेरी पहली पहचान इन कहानियों के ज़रिये ही हुई। बाद में हुआ ये कि ये कहानियाँ कहीं–न–कहीं मेरे उपन्यासों में जगह पाने लगी थीं।

कहानी बहुत ही रोचक मोड़ पर थी, तभी हमने देखा कि पिताजी माँ को सहारा देते हुए दरवाज़े से अन्दर आये। सिर से पैर तक वह बर्फ़ से ढँकी हुई थीं। और उनके पूरे चेहरे पर ख़ून की बूँदें थीं। पिताजी काफ़ी ग़ुस्से में नज़र आ रहे थे। वह ज़ोर–ज़ोर से अनाप–शनाप बोले जा रहे थे, ''आग लगे उस घोड़े को, ये साला, ज़िन्दगी ही बर्बाद है इस घर में, मैं जो कह रहा हूँ, कुछ सुनने की ज़रूरत नहीं है!''

सर्दियों का मौसम था और बहुत सारी बर्फ़ गिरी थी। हड्डियों को कँपाने वाली ठण्ड थी; हमने जलाने के लिए बहुत–सी लकड़ियाँ इकट्ठा कर रखी थीं। हम लोग उठे और लकड़ियों के बीच में से रास्ता बनाते हुए वहाँ से निकल गये। मेरा बड़ा भाई किसी कारोबार के सिलसिले में काईयुआन गया था। वह घर पर नहीं था तो पिताजी पहाड़ पर लकड़ी काटने के लिए घोड़ागाड़ी ले गये थे। आमतौर पर मैंने कभी उन्हें घोड़े के पास जाते नहीं देखा था। एक साल पहले ही हमने एक काफ़ी ग़ुस्सैल और लाल रंग का घोड़ा ख़रीदा था जो भाई का हुक्म मानता था। घोड़ा पिताजी की तो सुनता ही नहीं था। चाहे वे कितना भी ज़ोर से चिल्ला लें। माँ अपनी कमर पर लकड़ियों का गट्ठर लेकर चली आ रही थी कि

अचानक से घोड़ा बिदक गया। वह माँ की ओर दौड़ा और गाड़ी समेत उन्हें टक्कर दे मारी। पिताजी माँ को सावधान करने के लिए चिल्लाये भी थे लेकिन तब तक देर हो चुकी थी...ये तो परमात्मा का शुक्र था कि कमर पर लदे लकड़ी के गट्ठर ने माँ को बचा लिया।

माँ के चेहरे पर ख़ून देखकर मैं इतनी दुखी हो गयी कि रोना शुरू कर दिया, ''माँ, तुम्हारे चेहरे से ख़ून बह रहा है। तुम्हें बहुत दर्द हो रहा होगा!''

मुझे याद है, एक बार मैंने माँ को पहाड़ से नीचे उतरते देखा था। उनकी पीठ पर जलावन की लकड़ियों का पूरा पहाड़–सा लदा था। उनके चेहरे पर जगह–जगह खरोंच के निशान थे और उनमें से ख़ून बह रहा था। कमर पर लकड़ियों का गट्ठर इतना बड़ा था, पता ही नहीं चल रहा था कि माँ कहाँ है। लकड़ियों के गट्ठर से लदी मेरी माँ की वो तस्वीर आज भी मेरी आँखों के सामने घूमती रहती है। आज भी किसी को जलावन की लकड़ियाँ ले जाते देखती हूँ तो माँ की वही तस्वीर आँखों के सामने घूम जाती है...

मैंने उनसे पूछा कि क्या आपको दर्द होता है। वह बोली, "दर्द नहीं होता, अब तो उन्हें इसकी आदत हो गयी है।"

मैंने कहा, ''माँ, जब मैं बड़ी हो जाऊँ, तब मेरे लिए लड़का ढूँढ़ना, और पहाड़ का मत ढूँढ़ना। मैं बड़ी बहन की तरह शहर में जाकर रहना चाहती हूँ!''

मैंने ये उम्मीद नहीं की थी, भले ही मैं उस समय केवल छह साल की थी, मेरी बचकानी बात ने मेरी माँ के दिल को छू लिया। उनकी आँखों में आँसू छलक आये और मुझसे बोलीं, ''चल पगली, ये सब तो तुम्हारी क़िस्मत तय करेगी। तुम्हारी माँ ने तो कभी सपने में भी नहीं सोचा था कि इस बियाबान जंगल में ब्याह दी जाऊँगी, ज़िन्दगी इस बीहड़ में बीत जायेगी!''

मैं अपनी ज़िन्दगी में केवल एक बार तेइलिंग गयी थी। वह पूरा सफ़र मैंने अपनी माँ की गोदी में तय किया था। तब मैं केवल एक महीने की थी। मैं कभी काईयुआन भी नहीं गयी थी। मैं भी पहाड़ के और बच्चों जैसी थी; मैं घण्टों–घण्टों सोचती रहती कि एक दिन मैं भी शहर जाऊँगी। मेरी ज़िन्दगी की सबसे बड़ी इच्छा यही थी कि शहर में जाकर देखूँ, कैसा होता है शहर। मुझे तो यह भी नहीं पता था कि जिस शहर की मैंने अपने दिमाग़ में कल्पना की है और जिसके बारे में बात करती हूँ, वह शेन्यांग या तेइलिंग हैं। यह एकदम चाओ बेनशेन की कहानी के

जैसा था; उस ज़माने में एक किसान का तेइलिंग शहर में जाना बहुत बड़ी बात होती थी। हालाँकि तेइलिंग छोटा क़स्बा था।

माँ अक्सर मेरा कन्धा पकड़ लेती और दूर कहीं देखते हुए कहती, ''जब मैं बूढ़ी हो जाऊँगी और तुम बड़ी हो जाओगी, हम इस घटिया घाटी को छोड़कर चले जायेंगे और इसके भूतों को भी यहीं छोड़ जायेंगे...'' मैं कभी समझ नहीं पायी कि वह ख़ुद से बात कर रही थीं या मुझसे।

माँ और बड़ी बहनें पहाड़ की ज़िन्दगी से छुटकारा चाहती थीं। इस बात ने मेरे दिमाग़ पर गहरा असर किया था। जब वे जलावन की लकड़ियाँ लेने जातीं तो अक्सर पहाड़ की चोटी पर खड़ी हो जातीं और बाहर की दुनिया को देखने की कोशिश करतीं, सोचतीं कि इस पहाड़ के बाहर ज़िन्दगी कैसी होती होगी, लेकिन उनके सवाल सामने की पहाड़ियों से टकराकर लौट आते...जब मैंने अपना उपन्यास *ए वीमेन क्रॉसिंग दी रिवर ऑफ़ मैन* लिखा, तब मैंने उसमें मुख्य चरित्र एक महिला को बनाया जिसका नाम था शानशिंग। उसके दिल में एक आग जल रही है– पहाड़ को छोड़कर जाने की आग, प्यार को पाने की टीस। ज़ाहिर–सी बात है कि ये मैं ख़ुद के बारे में लिख रही थी और साथ ही अपनी माँ और बहनों के बारे में भी...

पिताजी माँ को भीतर लिवा लाये और उसके बाद फिर से बाहर चले गये। ग़ुस्से से उनकी साँस फूली हुई थी। मैं जानती थी, वह लाल घोड़े से हिसाब–किताब बराबर करने गये थे।

उन्होंने घोड़े को पेड़ से बाँध दिया और उस पर कोड़े बरसाने लगे। चाबुक मारने के साथ ही साथ वह कोसते जाते, ''ये सत्यानाशी घर और ये घोड़ा, मेरी ज़िन्दगी का श्राप। मैं देखता हूँ तुम मेरा कहना कैसे नहीं मानते हो! देखता हूँ तुम मेरा कहना कैसे नहीं मानते हो!

हर कोड़े के साथ मेरा ग़ुस्सा बढ़ता जा रहा था। मैं अपने आपको रोक नहीं सकी। मुझे वह दिन याद आ गया, जब पिताजी ने मुझे अपने जूते से पीटा था...

मैंने पहले भी लाल घोड़े की सवारी की थी या कम–से–कम भाई ने इस पर सवारी की थी और मुझे अपनी गोदी में बिठाकर ले गये थे। घोड़ा मेरे साथ बड़े ही प्यार से पेश आया था और उसने मुझे आँगन में ही कई चक्कर लगवाये थे। भाई जब घोड़े को चारा खिलाता तो मैं भी कुछ चारा उठाकर घोड़े के सामने डाल देती। मैं हिम्मत जुटाकर उसके

पास जाती और उसकी नाक को थपथपाती। वह मेरी तरफ़ देखता और नाक से हल्की–सी हिनहिनाने की आवाज़ निकालता। मैंने भी उसकी ओर देखा और हिनहिनाकर जवाब दिया।

मैं रोते–रोते माँ के पास भागी और उन्हें सब बात बतायी। वह बाहर आयीं और पिताजी से बोलीं, ''इसे मारना बन्द करो, यदि इस घोड़े को लोगों की थोड़ी बहुत समझ नहीं होती तो मैं अभी ज़िन्दा नहीं बचती!''

पिताजी ने चाबुक फेंक दिया और घर के भीतर चले गये। अभी भी ग़ुस्से के मारे उनकी साँस तेज़–तेज़ चल रही थी।

मैं घोड़े के पास गयी। मैंने देखा, उसकी दोनों आँखों से आँसू बह रहे थे और उसका पूरा शरीर काँप रहा था। मैंने उसे प्यार से थपथपाया और रोती रही। मैंने कहा, ''रोओ मत, भाई के घर आने पर सब ठीक हो जायेगा, पिताजी की तुम्हें हाथ लगाने की भी हिम्मत नहीं होगी।''

अगले दिन, सुबह बहुत बर्फ़ गिरी।

पिताजी को चिन्ता थी, माँ के चेहरे पर जो घाव था वह जम जायेगा। इसलिए उन्होंने सबसे बड़ी से छोटी बहन को उनके साथ पहाड़ पर लकड़ी चीरने के लिए चलने को कहा। बहन की क़तई कोई इच्छा नहीं थी, पर क्या करे, पिताजी का आदेश, तो वह किसी तरह पैरों को घसीटते हुए चल पड़ी। पिताजी, बहन के इस रवैये से खीझ गये और बहन को डाँटते हुए बोले, ''सत्यानाशी परिवार, सत्यानाशी लड़की, तुम्हारे पास दिमाग़ नाम की चीज़ है या नहीं? अगर पहाड़ पर नहीं जाओगी तो चूल्हे में तुम्हारी टाँगें जलायेंगे लकड़ी की जगह!''

मैं आँगन में उकड़ूँ बैठी शौच कर रही थी। तभी पिताजी बहन को खींचते हुए, घर के पीछे के पहाड़ की ओर ले गये। अचानक मैंने देखा कि एक छोटा–सा कपड़े का थैला बहन के रूई वाले पायजामे में से निकलकर गिर गया। मैंने जल्दी से अपना पायजामा ऊपर चढ़ाया और बहन के पीछे दौड़कर उस थैलेनुमा चीज़ को उठा लिया। बहन ने मुझसे वह थैला छीन लिया और मेरे ऊपर भेदभरी–सी नज़र डाली, और दबी आवाज़ में कहा, ''ज़रा ध्यान रखना...''

मुझे उनकी बात का मतलब समझ आ गया था।

पिछले पतझड़ की बात है, वो शाम बेहद ख़ूबसूरत थी। धुँधलका–सा हो गया था। दीदी मुझे मक्का तोड़ने के लिए मक्का के खेत में ले गयी थी। अचानक हमने पहाड़ी रास्ते से आती झुनझुने की आवाज़ सुनी। फेरीवाला था।

हमने घाटी में कभी फेरीवाला नहीं देखा था और न ही हमने कभी उसके झुनझुने की आवाज़ सुनी थी। बहन के हाथ में भुट्टे थे, वह उन्हें वहीं फेंककर, मुझे अपने साथ घसीटते हुए दौड़ीं...

एक साँवले से रंग का लड़का लकड़ी के दो ट्रंक लिए जा रहा था। एक बड़े से डण्डे के दोनों सिरों पर एक–एक ट्रंक लटका हुआ था। ट्रंकों में सूईयाँ और धागे की रीलें रखी हुई थीं। उसने मेरी बहन की ओर देखा, उसके चेहरे पर मुस्कुराहट थी। उसने बहन से पूछा, ''आज आपको क्या दिखाऊँ?''

बहन ने बिरले ही कोई अजनबी पहाड़ पर देखा था। उसने शर्माते हुए अपना सिर न में हिलाया लेकिन उसकी नज़रें ट्रंक में रखे लाल मखमल के रिबन पर अटक गयी थीं।

लड़के ने ट्रंक में से मखमल के दो रिबन निकाले और मेरी बहन की चोटी से सटाकर कुछ इस तरह से देखा, मानो वह बताना चाहता हो कि रिबन कैसे लगेंगे।

''तुम बहुत सुन्दर हो, अगर अपने बालों में ये रिबन लगाओगी तो और ख़ूबसूरत लगोगी।''

बहन ने माँ का बनाया फूलों के डिज़ाइन वाला सूट पहना था और उसका चेहरा चमक रहा था। दूर क्षितिज में सूरज डूब रहा था, डूबते सूरज की किरणें उसके गुलाबी चेहरे को छूकर मानो निहाल हो गयी थीं। बहन किसी परी जैसी लग रही थी। उसकी काली आँखों में एक चमक थी। उसके होंठ लाल थे, जैसे अभी–अभी उसने शहतूत खाया हो। उसकी ख़ूबसूरती बेमिसाल थी।

''वो ठीक कह रहा है दीदी, तुम लाल रंग के रिबन लगाकर और सुन्दर लगोगी!'' मैंने कहा था।

''चुप, चुप! इसे ख़रीदने के लिए हमारे पास पैसे कहाँ हैं?'' बहन ने मुझे डाँटकर चुप करा दिया। उस ज़माने में दो मखमली रिबन ख़रीदना, आज सोने का नेकलेस ख़रीदने से कहीं अधिक महँगा था।

लड़का मुस्कुराया और बोला, ''पैसे की कोई ज़रूरत नहीं है, मैं तुम्हें मुफ़्त में दे दूँगा।''

''ठीक है, तो फिर मैं तुम्हारे लिए कुछ मूँगफलियाँ तोड़ लाती हूँ, साथ ले जाना!'' आख़िरी शब्द बोलते ही वह फिर से मुझे साथ–साथ घसीटते हुए मूँगफली के खेत की ओर दौड़ी।

हमने ख़ूब सारी मूँगफलियाँ इकट्ठी कीं और उसके ट्रंक के नीचे भर दीं। जाने से पहले वह लड़का बहन से बोला, ''अगली बार जब आऊँगा तो तुम्हारे लिए रेशम के रिबन लेकर आऊँगा। लाल मखमल के बजाय रेशम के रिबन पहनकर तुम ज़्यादा ख़ूबसूरत लगोगी!''

बहन मुस्कुरायी और शरमाकर लड़के की ओर देखा।

हम दोनों बहनें पहाड़ के ढलान पर खड़ी थीं और लड़के को नीचे उतरते देख रही थीं। पहाड़ से नीचे उतरने के बाद वह लड़का आँखों से ओझल हो गया। उसके झुनझुने की खनखनाहट आज भी कानों में एक मीठा–सा रस घोलती है। ये भी बचपन की एक ख़ूबसूरत यादों में से एक है। जब वह आँखों से ओझल हो गया तो बहन मक्का के खेत की ओर दौड़ी, बताने की ज़रूरत नहीं कि मुझे भी अपने साथ घसीटते हुए ले गयी।

दौड़ते–दौड़ते ही बहन ने आँखें तरेरीं, ''ख़बरदार! जो इस बारे में तुमने माँ या पिताजी को कुछ बताया!''

''दीदी, तुम आज बहुत सुन्दर लग रही हो!'' मैंने कहा था।

लेकिन उनका जवाब था, ''बेवकूफ़ी की बातें मत करो; बड़ी बहन ही सुन्दर है!''

अपनी तीनों बहनों के बारे में जब कुछ लिखती हूँ तो मैं हमेशा ही परेशान हो जाती हूँ। जब मैं छोटी थी तो वे हमेशा आपस में ही मस्ती करती रहती थीं। एक–दूसरे की ख़ूबसूरती की तारीफ़ें करतीं, लेकिन कभी मुझसे नहीं कहा कि मैं ख़ूबसूरत हूँ। शायद ऐसा इसलिए था क्योंकि मैं बहुत छोटी थी और कुछ इसलिए था कि वे तीनों एक से बढ़कर एक ख़ूबसूरत थी। मैं हमेशा मुँह फुलाकर माँ से कहती, ''माँ, वे सब मुझसे ज़्यादा ख़ूबसूरत क्यों हैं?''

माँ मुझे दिलासा देने की कोशिश करती, ''चिन्ता मत करो, बड़ी होकर तुम भी ख़ूबसूरत हो जाओगी। लड़कियाँ जब 18 साल की होने को आती हैं, तो उनमें बहुत बदलाव आते हैं और ज़ाहिर–सी बात है कि वो जितना बदलेंगी, उतनी ही ख़ूबसूरत होती जायेंगी।''

मेरे भाई और बहनों, सभी की क़िस्मत बहुत ख़राब निकली और वे कभी ज़िन्दगी से सन्तुष्ट नहीं हुए। मेरी सबसे बड़ी बहन अपनी पूरी ज़िन्दगी कभी स्कूल का मुँह तक नहीं देख पायी और जब वो 16 साल की थी तो एक आदमी से उसकी शादी कर दी गयी जो शेन्यांग में एक

शिंह्वा बुक स्टोर में काम करता था। वह केवल अपने नाम के अक्षरों को ही पढ़ सकती थी। उसने शेन्यांग...की सड़कों पर बर्फ़ के गोले बेचे थे। वह और उसके बर्फ़ के गोले इतने मशहूर थे कि लोग उसे 'आइस लॉली सिलेब्रिटी' बुलाते थे। उसके पति एक अच्छे इन्सान थे, लेकिन उनके साथ एक हादसा हो गया। अभी उम्र केवल 40 साल से थोड़ा ही ऊपर रही होगी कि उन्हें ग्लूकोमा हो गया। दोनों आँखों की रौशनी जाती रही। बहन बाँस की लकड़ी के सहारे अपने पति को रास्ता दिखाती चलती थी। मेरी तीसरी बहन प्राथमिक स्कूल में केवल दूसरी कक्षा तक पढ़ी थी और जब हम लोग च्यामुसी में आ बसे, उससे पहले ही वह 15 साल की हो चुकी थी। उसे अपनी से आधी उम्र के बच्चों के साथ कक्षा में बैठने में शर्म आती थी। इसलिए उसने पढ़ाई छोड़ दी और काम सीखने लगी। उसके पति बड़े गुणी इन्सान थे। उन्होंने विश्वविद्यालय तक में पढ़ाई कर रखी थी, लेकिन दुर्भाग्य ही कहिए कि सांस्कृतिक क्रान्ति के दौर में वह दिमाग़ी बुखार की चपेट में आ गये और 30 साल की उम्र में ही उनकी मौत हो गयी। भाई को तेइलिंग में कई साल तक स्कूल में पढ़ने का मौक़ा मिला, लेकिन उनकी पत्नी पढ़ी–लिखी नहीं थी; वह अपना नाम भी नहीं पढ़ सकती थी। भाई अपने परिवार में कमाने वाले इकलौते थे। परिवार में कई बच्चे होने के कारण उनका हाथ हमेशा ही तंग रहता था। उनके दोनों बेटों की अचानक मौत हो गयी थी। लेकिन क़िस्मत ने दूसरे नम्बर की बहन के साथ सबसे बुरा किया। मात्र 24 साल में ही वो दुनिया को छोड़कर चली गयी।

जब से झुनझुने बेचने वाला लड़का बहन को मखमल के रिबन दे गया था, तब से वो अक्सर आँगन में खड़ी होकर पहाड़ी रास्ते को निहारती रहती जो क़स्बों और शहरों की ओर जाता था। वह अपने ही ख़यालों में खोयी पगडण्डी को ताकती रहती। लेकिन वो कभी दोबारा नहीं आया। जब भी वह किसी काम के लिए जाती तो हमेशा मुझसे वही बात कहती, ''ज़रा ध्यान रखना!''

उस दिन, मैंने बर्फ़ में गिरा रूई का थैला उठाया और बहन को वापस कर दिया। मैंने देखा मेरे हाथ में ख़ून लगा हुआ था। बर्फ़ में जहाँ वह गिरा था, वो भी ख़ून से लाल हो गयी थी। मैं डर गयी और माँ को बताने के लिए घर की ओर दौड़ी। माँ ने बस लम्बी गहरी साँस ली लेकिन बोली कुछ नहीं। जब मैं बड़ी हो गयी तो माँ ने बताया कि उस

दिन बहन को माहवारी हुई थी। कपड़े के थैले में थोड़ी–सी राख भी भरी हुई थी। और जब बहन पहाड़ से नीचे आयी तब तक कपड़े का थैला सारा ख़ून चूस चुका था।

माँ बताती थी कि उस ज़माने में जब औरतों को माहवारी होती थी तो साफ़–सफाई के लिए टॉयलेट पेपर नाम की कोई चीज़ नहीं थी। इसके बजाय वे फटे–पुराने कपड़ों से छोटे–छोटे थैले बनाती थीं। इन थैलों में राख भर दी जाती थी। माहवारी के समय इस थैले को पायजामे के भीतर रख लिया जाता था और राख माहवारी में निकलने वाले ख़ून को चूस लेती थी। जब औरतें काम करती थीं तो राख से भरा यह थैला उनकी जाँघों से रगड़ खाता रहता था।

बहन पिताजी के साथ पहाड़ पर सारा दिन लकड़ियाँ चीरती रही। शाम को लौटी तो हिम मानव जैसी दिख रही थी। उसके पूरे शरीर पर बर्फ़ जमी थी जो सूरज की रौशनी में चमक रही थी। पता नहीं, ये बर्फ़ीली हवा का असर था या बहन के ठण्ड के कारण जमे पसीने का, जो भी रहा हो, वह अगली सुबह अपने पैर हिला भी नहीं पा रही थी। बहन बिस्तर तक से नहीं उठ पायी। उसकी टाँगें इतना दर्द कर रही थीं, जैसे कोई उन पर चाकू से वार कर रहा हो। माँ ने एक विशेष विधि से बहन की मालिश की ताकि उसका दर्द कम हो सके। यह प्राचीन तकनीक है जिसमें शरीर पर तेल लगाया जाता है। उसके बाद छोटे–छोटे काँच के कपों से हवा निकाली जाती है। हवा निकालने के लिए एल्कोहल में डूबे हुए कपड़े के टुकड़े में आग लगायी जाती है। अब आग लगे कपड़े के टुकड़े को काँच के कप के भीतर घुमाया जाता है और तुरन्त उसे बाहर निकाल लिया जाता है। अब कप को शरीर के तेल लगे हिस्से पर रख दिया जाता है। कप वहाँ चिपक जाता है और फिर कप को त्वचा से सटाकर रगड़ा जाता है। इससे मांसपेशियों को आराम मिलता है जिससे दर्द कम करने में मदद मिलती है।

माँ ने कुछ जड़ी–बूटियाँ पकाकर बहन के लिए एक दवाई भी बनायी। कई दिन तक बिस्तर में रहने के बाद वह किसी तरह से उठ पायी। उसकी रीढ़ की हड्डी के ऊपर एक गाँठ–सी बन गयी और समय बीतने के साथ वह बढ़ती गयी। जब बहन देखती कि अब आसपास कोई नहीं है तो वह ज़ोर–ज़ोर से रोती। मैं भी हमेशा उसके साथ रोती थी।

मैं अपनी दूसरे नम्बर की बहन के ज़्यादा क़रीब थी। सबसे बड़ी

बहन की तो बहुत कम उम्र में शादी हो गयी थी और तीसरी बहन मेरी ही तरह छोटी थी, तो एक तरह से ये मेरी दूसरे नम्बर वाली बहन थी, जिसने एक तरह से मुझे पाला था। अक्सर अपनी पीठ पर बिठाकर वह मुझे पहाड़ पर ले जाती, जहाँ हम चेरी, आड़ू और शहतूत तोड़ते। हम लाल पहाड़ी नागफनी भी इकट्ठा करते...

माँ ने मुझे बताया था कि वह जब 16 साल की थी तो पहले उनकी आँख की रौशनी गयी। वह अपने परिवार में दूसरी लड़की थी, उसी तरह से जैसे मेरी दूसरे नम्बर की बहन थी। मेरी बहन भी 16 साल की थी... ये बात करते–करते माँ अपनी आँखों से आँसू पोंछने लगती। उनकी बेनूर आँख भी रोती थी। बहन का एक ही फ़ोटो था और माँ रोते–रोते बातें करती...फ़ोटो को देखती जाती...

वो आधी रात का वक़्त रहा होगा, एक दिन मैं एक अजीब–सी आवाज़ से जाग गयी। कुछ चरचराहट की सी आवाज़ थी।

कमरे में लालटेन की रौशनी फरफरा रही थी। हवा में अगरबत्ती की महक थी और मेरे सिर के ऊपर एक फटा पुराना परदा लटक रहा था। परदे पर दो छाया थीं; छाया माँ और पिताजी की लग रही थी। ऐसा लग रहा था कि वे आमने–सामने बैठे हैं। कमरे में ख़ामोशी थी, केवल पिताजी के फुसफुसाने की आवाज़ आ रही थी, ''बताओ, क्या याक्विन ठीक हो पायेगी? अगर वह ठीक हो जायेगी तो एक गोला खींचो; अगर ठीक नहीं होगी तो इस डण्डे को मारो...''

जैसे ही समझ आया कि वे मेरी बहन की बीमारी की बात कर रहे हैं, मेरे कान खड़े हो गये। मैं ध्यान लगाकर उनकी बातें सुनने की कोशिश करने लगी।

लेकिन अब कोई बात ही नहीं कर रहा था; एक मनहूस–सी ख़ामोशी कमरे में पसर गयी थी। कराहने की आवाज़ भी अचानक से बन्द हो गयी। केवल पिताजी की साँस की तेज़–तेज़ आवाज़ आ रही थी। कुछ ही क्षणों के बाद कराहने की आवाज़ फिर शुरू हो गयी, अचानक मैंने पिताजी को उत्साह से कहते सुना, ''तुम्हारा बहुत–बहुत शुक्रिया, बूढ़ी लोमड़ी! ऐसा लगता है कि मेरी दूसरे नम्बर की बेटी की जान बच जायेगी, वरना मेरी आत्मा को शान्ति नहीं मिलती!''

जब मैंने सुना कि मेरी बहन बच जायेगी तो मेरी उत्सुकता जागी। मैंने तुरन्त परदे में से एक छोटा–सा धागा खींचा; और इतना करते ही

मेरी आँखों के सामने ऐसा रहस्यमयी मंज़र था, जो मैंने ज़िन्दगी में कभी नहीं देखा था...

कांग की मेज़ फ़र्श पर रखी हुई थी और उसके ऊपर चावल फैले हुए थे। माँ और पिताजी ने दोनों हाथों से एक टोकरी पकड़ी हुई थी। उसके नीचे एक चीनी काँटा (चापस्टिक) लटक रहा था। काँटे ने चावल में एक गोल घेरा बनाया और उसमें से कराहने की आवाज़ निकली; काँटे से गोल घेरा बनता जा रहा था और वह बड़ा होते–होते पूरी मेज़ पर आ गया...

पिताजी इतने भावुक हो उठे कि उनका चेहरा आँसुओं से भीग गया। उन्होंने टोकरी और काँटे को छोड़ दिया और झुक कर अभिवादन करना शुरू कर दिया। उन्होंने एक तख़्ती–सी उत्तरी दीवार की ओर फेंकी और फिर से अभिवादन की मुद्रा में झुक गये। वह सुबकते हुए बोले जा रहे थे, ''बूढ़ी लोमड़ी, मेरी बच्ची को ठीक करने के लिए बहुत–बहुत शुक्रिया। नये साल पर तुम्हारे लिए मैं एक सूअर काटूँगा, धूपबत्ती जलाऊँगा और चढ़ावा चढ़ाऊँगा...''

इसके बाद पिताजी आकर जलती हुई तीन अगरबत्तियों को देखने लगे। वो अब तक आधी जल चुकी थीं। उनकी आवाज़ में फिर से जोश आ गया, बोले, ''हे मेरे परमात्मा, मेरी बच्ची की जान बच गयी! देखो! ये आकृति नीले ड्रेगन ने बनायी है...''

माँ भी घुटने मोड़कर नीचे बैठ गयी और तीनों अगरबत्तियों को घूरने लगी।

बीच की अगरबत्ती थोड़ी बड़ी थी, लेकिन उसके आसपास की अगरबत्तियाँ छोटी हो गयी थीं; ये नीले ड्रेगन के आशीर्वाद की पहचान थी।

बचपन से ही देखती आ रही थी कि पिताजी अगरबत्ती जलाते हैं। इसीलिए मैं अगरबत्तियों के अलग–अलग संकेतों का थोड़ा बहुत मतलब समझती थी। जब बीच वाली अगरबत्ती लम्बी हो और बाक़ी की दो छोटी तो ये समझो कि ये नीले ड्रेगन की छाप है जिसे कि सबसे अधिक शुभ माना जाता है। जब बीच की अगरबत्ती छोटी हो और बाक़ी दोनों लम्बी तो इसे सफ़ेद टाइगर कहा जाता है। यह सबसे अशुभ चिह्न होता है।

बड़े होने के बाद ही माँ ने मुझे बूढ़ी लोमड़ी की कहानी सुनाई थी। ये उन दिनों की बात है जब पिताजी पहाड़ी बीहड़ में घर बना रहे थे। उन्होंने देखा कि पहाड़ की ओर एक छेद था, ठीक बिल्कुल एक दीवार की नींव के पास। उन्होंने इस छेद को भर दिया और इसके बारे में कुछ

नहीं सोचा। लेकिन आधी रात को उन्हें एक सपना आया। सपने में एक बूढ़ी औरत उनके ऊपर चिल्ला रही थी। कह रही थी कि उन्होंने अपना घर बनाते हुए उसका घर तोड़ दिया है। बूढ़ी औरत ने ग़ुस्से से कहा कि पिताजी ने छेद के भीतर उसके बच्चों को दफ़ना दिया है।

वह एकदम परेशान हाल में उठ बैठे। जल्दी से लालटेन उठायी और घर की पिछली दीवार की ओर भागे जहाँ उन्होंने दिन में छेद को भरा था। जब वह उस जगह पर पहुँचे तो पाया कि जहाँ छेद था, वहाँ किसी ने खोद रखा था। छेद के भीतर से लोमड़ी की दम घोंटने वाली बदबू आ रही थी। और ज़मीन पर लोमड़ी के पैरों के ताज़ा निशान नज़र आ रहे थे। अचानक से पिताजी पसीने से नहा उठे; साफ़ ज़ाहिर था कि यह कोई आम लोमड़ी नहीं थी जो कि उनके सपने में एक बूढ़ी औरत बनकर आयी थी। उन्होंने सिर ऊपर उठाया और देखा कि घर के पीछे, काले पहाड़ के ऊपर दो आँखें पूर्णमासी के चाँद की तरह चमक रही थीं...

माफ़ी माँगने के लिए पिताजी ने लोमड़ी की आत्मा को घर में बुलाने का फ़ैसला किया। उन्होंने उसकी याद में एक तख़्ती रखी और त्योहार के अवसर पर वे उसके लिए अगरबत्ती जलाते और चढ़ावा चढ़ाते। जब भी उन्हें मदद की ज़रूरत होती, चाहे बहुत ज़रूरी काम के लिए या ऐसे ही, वह हमेशा लोमड़ी की आत्मा से मार्गदर्शन और आशीर्वाद माँगते।

इसके बाद कम्युनिस्ट क्रान्ति तक हमारा परिवार नियमित रूप से लोमड़ी की आत्मा को चढ़ावा चढ़ाता रहा।

माँ और पिताजी ने बहन के लिए अगरबत्ती जलायी थी। यह देखकर मैं घर से बाहर भागी और घर के पीछे के पहाड़ की ओर गयी। वहाँ मैंने कुछ अगरबत्तियाँ ज़मीन में गाड़ दीं। मैंने भी अपनी बहन के लिए 'अगरबत्तियाँ' जलायीं। मैंने यह पक्का कर लिया था कि बीच वाली अगरबत्ती, बाक़ी दोनों से बड़ी रहे ताकि नीले ड्रेगन का चिह्न बन सके। मैंने झुककर अभिवादन किया, और प्रार्थना की, ''बूढ़ी लोमड़ी, मैं तुमसे भीख माँगती हूँ, मेरी बहन को ठीक कर दो। अगर तुमने उसे ठीक कर दिया तो मैं तुम्हें नये साल में अपने हिस्से की मूँगफली और बब्बूगोशा दूँगी...।''

उसके बाद से मेरा मन होता कि मैं अपनी बहन की कमर पर बनी गाँठ को छूकर देखूँ। मैं जानना चाहती थी कि बूढ़ी लोमड़ी से की गयी प्रार्थना का कुछ असर हुआ है या नहीं। लेकिन बहन के ग़ुस्से के डर

से मैं गाँठ को छूकर नहीं देख सकी। एक दिन आख़िरकार मैंने इतनी हिम्मत जुटा ही ली लेकिन बहन ने तुरन्त मेरा हाथ झटक दिया। उसने मुझे डाँटा और ज़ोर–ज़ोर से रोने लगी।

मैं हमेशा कल्पना करती कि एक रोज़ सुबह मैं सोकर उठूँगी और देखूँगी कि बहन का कूबड़ हमेशा–हमेशा के लिए ख़त्म हो गया है। वह पहले की तरह सीधी खड़ी है और मुझे पहाड़ पर ले जाने के लिए खींच रही है। और हम पहले की तरह ही दौड़–दौड़ कर खेल रहे हैं। लेकिन मेरी बहन के लिए वह वक़्त बीत चुका था। वह केवल 16 साल की थी। मैंने सोचा कि बूढ़ी लोमड़ी ने हमारे साथ धोखा किया है। उसने दिये गये वचन का पालन नहीं किया और जो घेरा उसने बनाया था, उससे मेरी बहन का कोई भला नहीं हुआ।

माँ कहती थी कि हमने बहन की बीमारी का इलाज कराने में देर कर दी। अगर पहले ही इलाज कराते तो शायद वह अपाहिज नहीं होती। अगला बसन्त आने तक, बहन की हालत ये हो गयी कि वह कांग पर से उठ भी नहीं पाती थी। लम्बा इन्तज़ार करने के बाद, पिताजी ने आख़िरकार कुछ अनाज बेचा और बहन को गाड़ी में बिठाकर उसे तेइलिंग डॉक्टर को दिखाने ले गये।

रवानगी के दिन मैंने बहन की ओर देखा, बहन कम्बल में लिपटी हुई गाड़ी में लेटी थी। उसका चेहरा बीमारी के कारण एकदम सफ़ेद हो गया था। उसका चेहरा कुछ वैसा ही था जैसा कि पहाड़ी की ढलानों पर आख़िर में बची बर्फ़ का होता है। उसका चेहरा अब कभी गुलाब की तरह ख़ूबसूरत नहीं हो पायेगा, जैसा पिछले पतझड़ में था।

बहन ने मेरे ऊपर उड़ती–सी नज़र डाली और इस तरह से देखा जैसे वो मुझसे कुछ कहना चाहती थी। लेकिन पिताजी, भाई और भाभी उसकी बगल में बैठे थे। सो वह कुछ नहीं बोली। मैं समझ गयी थी कि वह क्या कहना चाहती है और मैंने अपने आँसुओं को रोकते हुए हल्के से सिर हिलाया।

बहन को गये ज़्यादा दिन नहीं हुए थे कि एक दिन मैंने पहाड़ के नीचे से फेरीवाले के झुनझुने की आवाज़ सुनी। मैं हैरान रह गयी। मैं दौड़कर वहाँ गयी जहाँ से आवाज़ आ रही थी...

जिसकी उम्मीद थी, वही था। वही गहरे साँवले रंग वाला लड़का। अपने कन्धे पर डण्डे से लटके दो ट्रंकों में वह ख़ूब सारा सामान भर

कर लाया था। उसके पाँव पीले कीचड़ से सने थे। जैसे ही उसने मुझे देखा, उसकी आँखों में चमक आ गयी और बोला, ''तुम्हारी बहन क्यों नहीं आयी?''

''वह अभी तेइलिंग में डॉक्टर से मिलने गयी है।''

वह निराश हो गया। उसने पहाड़ी रास्ते पर गाड़ी के पहियों के निशान देखे। उन्हें कुछ देर देखने के बाद, उसने अपने ट्रंक से लाल रेशम की दो पट्टियाँ निकालीं और मेरी ओर बढ़ा दीं, बोला, ''मैंने तुम्हारी बहन से वादा किया था...''

''ज़रा रुको, मैं घर से तुम्हारे लिए कुछ मूँगफली लाती हूँ!'' मैंने जल्दी से कहा।

उसने कहा कि ज़रूरत नहीं है। अपने ट्रंकों को कन्धे पर लादकर वह चल पड़ा।

हाथ में रेशम की पट्टियाँ लिए मैं छोटे झरने की ओर दौड़ी। झरना अभी पिघलना शुरू हुआ था। मैंने रेशम की पट्टियाँ अपने सिर के ऊपर रखीं और बेशर्मी से पानी में अपनी छाया को निहारने लगी। चूँकि ये उपहार लड़के ने मेरी बहन के लिए दिया था, इसलिए मैं उन्हें असली में पहनने की हिम्मत नहीं जुटा पायी।

जिस दिन बहन तेइलिंग से लौटी, मैंने चुपके से उसे लाल रंग के रेशमी रिबन दे दिये। उसका चेहरा जैसे निचुड़ गया था। एकदम सफ़ेद। रेशमी रिबन देखते ही उसका रक्तहीन चेहरा शर्म से लाल हुआ, लेकिन यह लाली क्षणभर में ही ग़ायब हो गयी। उसकी आँख से एक आँसू निकल कर सिल्क के रिबन पर गिर गया। उसने तुरन्त हाथ बढ़ाकर रिबन से आँसू पोंछ दिया...

वह कभी रेशमी रिबन नहीं पहन पायी; जब मैंने कारण पूछा तो बोली कि जब वह ठीक हो जायेगी, तब पहनेगी।

लेकिन चीनी दवाइयों को खाने के बावजूद उसकी सेहत में कोई सुधार नहीं हो पाया। मैंने अक्सर देखा कि दीदी छुप–छुपकर रेशमी लाल रिबनों को हाथों से सहलाती रहती; ऐसा लगता, उसने अपनी आख़िरी उम्मीद उन रिबनों से ही लगा रखी थी। रिबनों को सहलाने से उसे अपने दर्द से बड़ी राहत मिलती।

जब उसकी हालत थोड़ी–सी बेहतर हुई; हालाँकि कमर का कूबड़ दिनोंदिन बड़ा होता जा रहा था, लेकिन इसके बावजूद वह घिसटते हुए

किसी तरह आँगन में आती। वहाँ बैठकर वह पहाड़ से नीचे गुज़रते रास्ते को देखती रहती। उसके चेहरे पर एक बेसब्री का सा भाव रहता। लेकिन घोड़ागाड़ी के पहियों के निशान के सिवाय, पहाड़ी रास्ते पर किसी इन्सान का कोई नामोनिशान न होता।

30

चीन में वह बड़े बदलाव का दौर था लेकिन वे बदलाव हमारे पहाड़ी वाले घर के लिए नहीं थे। दुनिया जहान में जो मर्ज़ी होता रहे, हमारे पहाड़ पर समय भी ठहर गया था। लगता था, हमारे परिवार पर भी उनका कोई असर नहीं हुआ है। लेकिन जब लाल सेना ने 'सिपिंग' आज़ादी आन्दोलन चलाया तो मेरे पिता सेना की एक पुकार पर निकल पड़े। उन्हें कुछ दिनों के लिए एक कम्पनी में शामिल कर लिया गया जो स्ट्रेचर खींचने वालों की थी। वह इसके टीम लीडर थे। वरिष्ठ अधिकारियों ने उनके काम को सराहा; यह उनकी ज़िन्दगी का सबसे बड़ा सम्मान था।

परिवार का हर सदस्य पूरा–पूरा दिन काम में लगा रहता था; पौ फटते ही हम खेत में हल चलाना शुरू कर देते थे और उसके बाद दिन छिपने पर ही कमर सीधी हो पाती थी। क्या बच्चे और क्या बूढ़े, सब सालभर बसन्त उत्सव की पूर्व सन्ध्या का इन्तज़ार करते थे। उस दिन हमें गुलगुले और पकौड़ियाँ खाने को मिलतीं। इसके अगले दिन बसन्त उत्सव दिवस होता था। उस दिन हम सूखे चावल से बना भोजन करते। पूरे साल में गुलगुले, पकौड़ियाँ और सूखे चावल से बने भोजन का स्वाद मुँह में लगा रहता। हम पूरा साल इस दिन के सपने देखते थे।

1952 का साल था और मौसम सर्दियों का। हेलुंगजांग प्रान्त के च्यामुशी से हमारी मौसी आयी थीं। वह माँ से मिलने के लिए आयी थीं। उन्होंने जब हमारे दुर्दिन देखे तो मौसी ने हम लोगों से च्यामुशी चलने की सलाह दी। मौसी का कहना था कि इस पहाड़ी बियाबान में रहने के बजाय च्यामुशी शहर में दो जून की रोटी कमाना कोई मुश्किल काम नहीं है।

लेकिन माँ ने मुझे अनोखी बात बतायी कि बूढ़ी लोमड़ी ने पहाड़ छोड़कर जाने से मना किया है। मौसी ने जिस दिन माँ से बात की थी,

उसी दिन काँटे वाली लकड़ी ने ख़ासतौर पर बड़ा घेरा बनाया, घेरा इतना बड़ा था कि चावल मेज़ से नीचे गिर गये।

एक किसान की छोटी–सी ज़िन्दगी को छोड़कर जाना, अपनी ज़मीन–जायदाद छोड़कर दूर किसी अनजान शहर में जा बसना, बसी–बसायी गृहस्थी को उखाड़कर चल देना...पिताजी और भाई को ये सुझाव ख़ास पसन्द नहीं आया। एक दर्जन से ज़्यादा लोग थे परिवार में और ऐसा कोई भी फ़ैसला करना इतना आसान नहीं था। ख़ासतौर से मेरी जैसी छोटी बच्ची के लिए। इस क़दम से मेरी ज़िन्दगी कितनी बदलने वाली थी, यह रहस्य तो अभी वक़्त की मुट्ठी में बन्द था।

अभी हम पहाड़ वाले घर में ही थे कि एक दिन मैंने कुछ अनोखी चीज़ देखी : पिताजी के चेहरे पर मुस्कान! पिताजी काम में व्यस्त थे और ख़ुश भी; उन्हें देखकर ऐसा लगा कि हमारी ग़रीबी और मुश्किलें बहुत जल्द ही ख़त्म होने वाली हैं। ज़िन्दगी में उम्मीदों की रौशनी और पैसा आने वाला है। पिताजी ने घोड़ा बेच दिया, गाड़ी बेच दी और खेती किसानी के औज़ार भी। किसी ने गेहूँ पीसने की चक्की और हल नहीं ख़रीदा तो पिताजी ने दोनों चीज़ें ऐसे ही मुफ़्त में दे दीं। हम अपने साथ सिर्फ़ दो बाल्टियाँ, अपने कपड़े और बिस्तर बिछौना ही ले गये। जाने से एक दिन पहले पिताजी बिग यलो, यानी हमारे कुत्ते को किसी को देना चाहते थे। हम सभी भाई–बहन और हमारी मौसी के बच्चे कुत्ते के घर के आगे हाथ फैलाकर खड़े हो गये और रोने लगे। हम सब पिताजी को रोकने की कोशिश कर रहे थे। बिग यलो को भी लगता है कि माज़रा समझ में आ गया था। वह अपने घर के भीतर जा घुसा और अपनी पूँछ टाँगों के नीचे दबा ली। उसने अपने घर से बाहर निकलने से ही मना कर दिया। लेकिन आख़िरकार पिताजी को सफलता मिल ही गयी। उन्होंने उसे टाट के टुकड़े में लपेटा और घोड़ागाड़ी पर बैठाकर ले गये। घोड़ागाड़ी काफ़ी दूर जा चुकी थी लेकिन मुझे अभी भी बिग यलो के रोने की आवाज़ सुनाई दे रही थी। उसकी आवाज़ में ग़ुस्सा भी था और उदासी भी।

रवानगी से एक दिन पहले की रात बड़ी ठण्ड थी, साफ़ आसमान और तारों भरी रात। मैंने फूलों के डिज़ाइन वाला रूई भरे कपड़े से बना गाउन पहना था। माँ ने उसे मेरे लिए ही बनाया था। अपनी बहनों और चचेरे भाई–बहनों के साथ मैं कूदकर गाड़ी में बैठ गयी।

जैसे ही हम लोग रवाना होने वाले थे, पिताजी ने अपने हाथों की मुट्ठी बाँधी और दोनों मुट्ठियों को सीने के सामने लाकर आगे की ओर झुक गये। घर वीरान था, पिताजी झुककर उसी से विदा ले रहे थे। इसके बाद वह कूदकर हमारे रिश्तेदारों की गाड़ी में बैठ गये। पिताजी हमें उस पहाड़ी बियाबान घर से दूर लेकर जा रहे थे। इस पहाड़ी वाले घर में वह सालों से रहे थे। पहाड़ी रास्ते पर बर्फ़ गिरी हुई थी। गाड़ी के पहियों की चर्र–चर्र की आवाज़, बर्फ़ टूटने की आवाज़ के साथ मिलकर, एक नयी आवाज़ पैदा कर रही थी। घर धीरे–धीरे निगाहों से दूर होता जा रहा था। दूरी बढ़ती गयी और घर बहुत छोटा और बहुत छोटा होता चला गया। मैं अभी भी अपने कुत्ते के बारे में सोच रही थी; पिताजी उसे कहाँ छोड़कर आये होंगे?

पता नहीं गाड़ी ने कितने घण्टों का सफ़र तय किया होगा कि अचानक हमने देखा कि एक बड़ी–सी झबरीली चीज़ सड़क पर हमारे पीछे–पीछे दौड़ती आ रही है। पहले तो यह इतनी दूर थी कि समझ ही नहीं आया क्या है, लेकिन आख़िर में जब वह थोड़ा पास आयी तो हम हैरान रह गये। हे परमात्मा! ये तो बिग यलो था! मैंने और बाक़ी बच्चों ने चिल्लाना शुरू कर दिया। "बिग यलो! बिग यलो! जल्दी! गाड़ी में चढ़ जाओ!"

बिग यलो पूरी तरह बर्फ़ से ढँका हुआ था और बहुत थक भी गया था; उसकी साँसों की धौंकनी–सी चल रही थी। कई बार कोशिश की और आख़िर में वह गाड़ी में चढ़ ही गया, जहाँ पहले से ही बड़ी भीड़ थी। जब उसने हमें देखा तो ऐसे पूँछ हिला–हिलाकर ख़ुश हुआ, मानो ना जाने कितने सालों बाद वह अपने प्रियजनों से मिला है। उसके मुँह से लार टपक रही थी और वह प्यार जतलाने के लिए अपना मुँह हम लोगों के मुँह के पास लाकर रगड़े जा रहा था। कभी हमारे कपड़े चाटता, कभी हाथ। उसे देखकर ऐसा लगा, मानो कहीं वह हमसे फिर से न बिछुड़ जाये। हम डर रहे थे कि कहीं पिताजी को बिग यलो के लौटने की भनक न लग जाये। इसलिए हमने उसे एक कम्बल के नीचे छुपा लिया।

घोड़ागाड़ी चलती जा रही थी, रात आधी बीत चुकी थी। एक सराय में हम लोग आख़िरकार दो मिनट के लिए रुके। इस जगह का नाम होंगअ था। रात की ख़ामोशी में कानों को चीरने वाली, सीटी की लम्बी आवाज़ सुनाई दी। और उस सीटी के तुरन्त बाद एक विशाल दैत्याकार जीव मुँह से सफ़ेद भाप–सी छोड़ता दौड़ा आ रहा था। पास आते हुए

वह चीत्कार भी मार रहा था। मैं माँ से लिपट गयी और उनकी जैकेट को कसकर पकड़ लिया। मुझे डर लग रहा था कि ये दैत्याकार जीव मुझे निगल जायेगा...

बाद में मुझे पता चला कि ये ट्रेन थी। हम सब ट्रेन में चढ़ रहे थे कि मेरी दूसरे नम्बर की बहन प्लेटफ़ॉर्म से गिर पड़ी; पिताजी और भाभी ने बड़ी मुश्किल से उसे ऊपर निकाला। इस बीच, बाल्टियाँ और दूसरा बाक़ी सामान गाड़ी से उतारकर ट्रेन में चढ़ाया गया। माँ पिताजी ने मुझे भी ट्रेन में चढ़ा दिया। मैं ट्रेन के भीतर चढ़ने ही वाली थी कि मेरे क़दम अचानक रुक गये, बड़ा ही हृदय विदारक दृश्य था...

बिग यलो अचानक बावला–सा हो उठा। वह लगातार भौंके जा रहा था, आगे–पीछे दौड़ रहा था, और ट्रेन में चढ़ने की कोशिश कर रहा था। उसे कई बार लात मार कर भगाया गया, लेकिन इसके बावजूद वह चढ़ने की जुगत में लगा रहा।

ट्रेन ने प्लेटफ़ॉर्म छोड़ना शुरू कर दिया था, लेकिन बिग यलो अपनी पूरी ताक़त लगाकर प्लेटफ़ॉर्म छोड़ती गाड़ी के साथ–साथ भागता रहा। धीरे–धीरे बिग यलो प्लेटफ़ॉर्म पर बहुत पीछे छूट गया और ट्रेन हम लोगों को लेकर आगे बढ़ गयी। ट्रेन ने अब रफ़्तार पकड़ ली थी।

खिड़की से मैं उसे पीछे छूटते देख रही थी। वह जान की बाज़ी लगाकर दौड़ रहा था। मन इतना उदास हुआ कि मैं बहुत देर तक रोती रही।

अगले साल पतझड़ फिर आया। घोड़े और गाड़ी को बेचने के पैसे अभी मिले नहीं थे। इसलिए पैसे लेने की ख़ातिर पिताजी पुराने घर गये। जब पिताजी पुराने घर में पहुँचे तो उनका स्वागत जानते हैं किसने किया?–बिग यलो ने। पिताजी के क़दमों की आहट सुनकर वह घास की पुरानी झोंपड़ी से निकलकर आया। बिग यलो बूढ़ा हो चुका था। वह लड़खड़ाकर चल रहा था और उसके बाल भी छितरा गये थे; उसे देखकर ऐसा लगा मानो उसकी दुनिया में जीने की इच्छा ही ख़त्म हो चुकी है, लेकिन जब उसने पिताजी को देखा, उसकी आँखों में आँसू आ गये और वह उनकी ओर दौड़ा। वह ज़ोर–ज़ोर से पिताजी के आसपास उछलने लगा, कभी उनके धूल से सने जूतों को चाटता, कभी उनसे सटकर खड़ा होता, कभी पूँछ हिला–हिलाकर बस उनकी ही ओर देखता जाता।

पिताजी की आँखों में भी आँसू आ गये। उन्हें पता था बिग यलो की वफ़ादारी का। लेकिन उन्हें यह नहीं पता था कि उसकी वफ़ादारी इतनी

दूर तक साथ निभायेगी। बिग यलो इस ख़ाली घर को भी छोड़कर नहीं गया। हालाँकि उसे यहाँ खाने–पीने को भी कुछ नहीं मिल रहा था। पिताजी ने एक सिंका हुआ ब्रेड का टुकड़ा उसके सामने डाला। बिग यलो ने उसे सूँघा लेकिन खाया नहीं। पिताजी वहाँ से रवाना होने से पहले आख़िरी बार बिग यलो को देखने के लिए पुराने घर में गये, लेकिन उन्होंने देखा कि वह घर के दरवाज़े पर ही लेटा हुआ था। बिग यलो मर चुका था। ब्रेड का टुकड़ा, ज़मीन पर उसके मुँह के पास पड़ा हुआ था।

आधी सदी से ज़्यादा वक़्त बीत गया। याद नहीं आता, कौन रिश्तेदार हमें रेलवे स्टेशन लेकर गया था? मुझे सिर्फ़ बिग यलो कुत्ते की याद है और ये भी याद है कि पिताजी ने मुझे चीनी के दो बड़े–बड़े ढेले से दिये थे।

हम सबके ट्रेन में बैठने पर पिताजी ने एक पीले रंग के कागज़ के लिफ़ाफ़े में से कुछ मिठाइयाँ निकालीं और हममें से सबको दो–दो दीं। हमने इससे पहले कभी मिठाई नहीं देखी थी। मैं हरे रंग की, खीरे के आकार की मिठाई को हाथ में पकड़े रही। मैं उसे खा नहीं पा रही थी। कुछ देर बाद मैंने उसे स्वाद ले–लेकर चाटना शुरू कर दिया।

मैं सवारी गाड़ी के ठसाठस भरे गलियारे में बैठी थी। मिठाई पूरी रात मुट्ठी में पकड़े रही। अगली सुबह जब आँख खुली तो पाया, मेरे हाथ में चिपचिपा सा हरा पानी बचा रह गया था। मैंने जल्दी से हाथ को चाट लिया।

वो ज़िन्दगी में पहला मौक़ा था, जब मैंने मिठाई देखी थी। पहली बार मुझे पता चला कि दुनिया में ऐसी मीठी चीज़ें भी होती हैं।

उसके बाद से जब भी मैं कभी ट्रेन में बैठी और खिड़की से किसी पहाड़ी घाटी के इक्का–दुक्का घर नज़र आते तो मैं हमेशा अपने आप से सवाल करती : अगर मैं आज भी उसी पहाड़ी घर में रहती, जहाँ दुनिया नाम की कोई चीज़ नहीं थी तो क्या होता? मेरी ज़िन्दगी कैसी होती? इस सवाल का जवाब तलाशने की ज़रूरत नहीं है। मैं भी अपनी बहन की तरह अनपढ़ होती; पीली धरती और सूने आसमान के नीचे ज़िन्दगी से लड़ती रहती। इतना ही हो सकता था कि मुझे शहर का पति मिल जाता; बिना पढ़े–लिखे मैं अपनी क़िस्मत नहीं बदल पाती।

इसके लिए, मैं अपनी आत्मा से माँ और पिताजी की शुक्रगुज़ार हूँ। अगर वे पहाड़ नहीं छोड़ते तो जो होता, उसके बारे में सोचकर रूह काँप जाती है।

अध्याय 6

लेसर खिंगान रेंज : जंगल में जानवरों का आतंक और बचपन के सबसे बुरे दिन

31

मैंने पहाड़ पर अपनी ज़िन्दगी दिन–रात एक ही सपना देखने में बिताई थी। एक दिन मैं शहर जाऊँगी और वहाँ मुझे अच्छा पति मिलेगा। ये सपना देखते–देखते मैं च्यामुशी पहुँच गयी। ये हेलोंगच्यांग प्रान्त का एक ऐसा क़स्बा था जो सर्दियों में पूरी तरह जम जाता था। उत्तरी हिस्से में बसे इस शहर की आबोहवा में सिंके हुए ब्रेड और तली हुई ब्रेडस्टिक की महक तैरती रहती थी।

मेरी नन्ही आँखों ने नौ साल तक पहाड़ के सिवाय कुछ नहीं देखा था। अचानक से इन आँखों को पहली बार बाहर की दुनिया देखने को मिली जिसे 'शहर' कहते हैं। वही शहर जिसका मैं इतने सालों से दिन–रात सोते–जागते सपना देखती रही थी...

यही वजह थी कि कुछ दिन हर बात नयी लगती थी। च्यामुशी में हर रोज़ मेरे लिए एक नया आश्चर्य इन्तज़ार करता रहता। जब मैंने पहली बार इलेक्ट्रिक लाइट देखी तो हैरान होकर ख़ुद से ही सवाल किया : कहीं कोई आग नहीं, रौशनी आ कहाँ से रही है? कभी–कभार मुझे सड़क पर दौड़ती 'लोहे की गाड़ी' दिख जाती। वह चलती तो अपने पिछवाड़े से सफ़ेद धुएँ का गुबार छोड़ती। यह मेरे लिए बिजली से भी ज़्यादा हैरत भरा था; कहीं कोई घोड़ा नज़र नहीं आता, फिर ये चलती कैसे है? मैं और मेरी छोटी भतीजी कारों के पीछे दौड़ते, चिल्लाते। हमें पेट्रोल के धुएँ

की ख़ुशबू बहुत अच्छी लगती, इसीलिए हम हमेशा धुएँ को अपनी साँस से अन्दर लेने की कोशिश करते।

च्यामुशी एक छोटा क़स्बा–सा है और यह बड़ी ही शानदार जगह पर बसा है। इसके उत्तर में सोंगहुआ नदी बहती है जबकि दक्षिण में पहाड़ नज़र आता है। सोंगहुआ नदी आख़िर में आमुर नदी में मिल जाती है जो रूस के साथ लगती सीमा का निर्माण करती है। पूर्वोत्तर में जब जापानियों ने घुसपैठ की थी तो लोग 'नन्हें छोटे हार्बिन और विशाल च्यामुशी' के बारे में बातें करते थे। च्यामुशी बाद में कम्युनिस्ट प्रतिरोध का केन्द्र बन गया और इसे 'पूर्वोत्तर का यान आन' कहा जाने लगा। चाङ वेंतियान, लिन फेंग और पार्टी के कई महत्त्वपूर्ण लोग तथा कला जगत की हस्तियों ने कभी इस शहर में काम किया था। अन्तर्राष्ट्रीय जापानी कार्यकर्ता वेरदा माजो और उनके पति की बीमारी के चलते यहीं पर मौत हुई थी। ज़ाहिर–सी बात है कि इन सब बातों के बारे में मुझे काफ़ी देर में जाकर पता लगा।

हमारे परिवार में दर्जनभर से अधिक लोग थे और कुछ समय के लिए हमारे पास रहने का कोई ठिकाना नहीं था। इसलिए हम लोग कोई इन्तज़ाम होने तक एक टूटे–फूटे पुराने मन्दिर में रहने लगे। एक शाम की बात है, परिवार के सभी लोगों के मुँह से सफ़ेद रंग का झाग–सा निकलने लगा और एक–एक कर सभी फ़र्श पर लेटने लगे। हमने तुरन्त मन्दिर छोड़ा और गुटांगफू रोड पर एक मकान में रहने लगे। यह मकान दंगच्यांग के सोयाबीन के खेतों के पास था। यह घर भाई को फैक्ट्री से मिला था जहाँ वह काम करता था।

हर रोज़, मैं और मेरी भतीजी चिलिन पार्क में जाते जहाँ हम झूलों पर झूलते, स्लाइड पर फिसलते और हिंडोरे पर खेलते। वे दिन बड़े ही मस्ती के दिन थे। साल में गर्मियों के दिनों में, मेरी बड़ी भतीजी और मेरा एक साल के लिए च्यामुशी के तीन नम्बर के प्राथमिक स्कूल में दाख़िला करा दिया गया।

जब मैं स्कूल के बाद घर लौटी, तो मैं बहुत ख़ुश थी और चहक रही थी। लेकिन मैंने देखा कि पिताजी दहलीज़ पर बैठे कहीं खोये हुए हैं। वह राहगीरों को गुज़रते हुए देख रहे थे। उनकी आँखें सूनी–सूनी सी लग रही थीं; ऐसा लगता था कि उनका पुराना ग़ुस्सा भी पूरी तरह से ग़ायब हो गया था। जब कभी मैं उनसे पूछती कि वह क्या देख रहे हैं

तो पिताजी कभी जवाब ही नहीं देते। सूनी आँखें लिए वे ऐसे ही ख़ामोश बैठे रहते।

पिताजी के मन में एक उम्मीद थी, एक सपना था, सारी ज़िन्दगी वे यही सपना देखते रहे थे। एक दिन पहाड़ से निकलकर, इज़्ज़त की ज़िन्दगी जीने का। बहुत सालों बाद मुझे समझ में आया, इस सपने का मतलब क्या था। पर जब सपना पूरा हुआ तो? शहर में उनके सामने मुँह बाये खड़ा था कोलाहल और एक अजनबीपन। शहर की भीड़ में उनका वजूद गुम–सा हो गया था। उन्हें शहर की गलियों से गुज़रते हुए हर चीज़ बेगानी लगती। शहर आ तो गये लेकिन वे उसे अपना नहीं पाये। ऐसा उन्हें पहले कभी महसूस नहीं हुआ था। बड़ा भाई और तीसरे नम्बर की बहन, दोनों फैक्ट्री में काम करने जाते लेकिन पिताजी को कोई काम नहीं मिला। वह सालों तक पहाड़ की सीमित ज़िन्दगी जीते रहे थे और यहाँ इस अजनबी से शहर में उन्हें अपनी सोच भी परायी–सी लगती। शहर के माहौल के अनुसार वह अपना व्यवहार नहीं बदल पा रहे थे, कुछ बदलने की कोशिश भी करते तो उन्हें उसमें बनावटीपन लगता। वह मेरे भाई की तरह रोज़गार ढूँढ़ने नहीं जा सकते थे, क्योंकि एक तो शायद वे बूढ़े हो गये थे और कुछ उनके 'बुरे अतीत' के कारण, उन्हें कोई काम नहीं मिल पाया था। लेकिन भाई के लिए भी अकेले दम पर पूरे परिवार का पेट पालना सम्भव नहीं था। एक रात जब नींद में सपना देख रही थी तो फिर से वही रहस्यमय कराहट सुनाई दी। तुरन्त मैंने आखें खोलीं। कमरे में घुप्प अँधेरा था। एक पतले से परदे ने बाहर की रौशनी रोक रखी थी और इलेक्ट्रिक लाइट बन्द थी; एक छोटी–सी मोमबत्ती जल रही थी। मैंने देखा, पिताजी और माँ लकड़ी के बोर्ड वाली मेज़ के सामने बैठे थे; उनके हाथों में छोटी टोकरी थी जिसे वे पुराने घर से लेकर आये थे। माँ को देखकर लग रहा था जैसे उनके दिमाग़ पर कोई भारी बोझ है...

पिताजी ने रहस्यमयी बूढ़ी लोमड़ी से कुछ फुसफुसाहट की। बूढ़ी लोमड़ी का कोई आकार नहीं था, पिताजी के लिए उसका अस्तित्व केवल हवा में था। शुरुआत में तो मैं समझ नहीं पायी कि वह क्या कह रहे हैं लेकिन कुछ देर बाद सब साफ़ सुनाई दे रहा था।

''ओ बूढ़ी लोमड़ी, नाराज़ मत होना, हम अभी अगरबत्ती नहीं जला सकते और न ही चढ़ावे के लिए हमारे पास कुछ है। अभी हमारी थोड़ी हालत ठीक नहीं है...आज मुझे तुम्हारी मदद की ज़रूरत है; मैं च्यामुशी

को छोड़कर जाना चाहता हूँ। सोच रहा हूँ लेसर खिंगान रेंज में जाकर कुछ ज़मीन ही देख लूँ...''

जब मैंने सुना कि वह च्यामुशी छोड़कर जाना चाहते हैं तो मेरी आँखें हैरत से फैल गयीं। मैंने नन्ही टोकरी की ओर देखा, ख़ुद से प्रार्थना करने लगी, ''हे नन्ही टोकरी, ओ छोटी टोकरी, घेरा मत बनाना! मैं तुमसे भीख माँगती हूँ, मेहरबानी करना, घेरा मत बनाओ, डण्डे पर मारो! मैं यहाँ से नहीं जाना चाहती, मुझसे बर्दाश्त नहीं होगा, इस जगह को छोड़ना!'' मेरी निगाहें टोकरी पर थीं; टोकरी ने धीरे–धीरे हिलना शुरू किया... हे परमात्मा! टोकरी घेरा बना रही थी! तुमने फिर से ये बेकार घेरा क्यों बना दिया? तुमने घेरा बनाकर पहले हमें बताया कि बहन की बीमारी ठीक हो जायेगी लेकिन ऐसा कभी हुआ नहीं! ये सब तुम्हारी ही ग़लती है!

मैं मन–ही–मन कोस रही थी कि मैंने पिताजी को दूसरा सवाल बुदबुदाते सुना, ''बूढ़ी लोमड़ी, मैं तुमसे कुछ और भी पूछना चाहता हूँ। दूसरे नम्बर की बेटी का हमारे साथ रहना ठीक नहीं है। मैं उसके लिए लड़का ढूँढ़ना चाहता हूँ...।''

जब मैंने सुना कि पिताजी बहन की शादी करना चाहते हैं तो मेरी निगाहें उसकी ओर चली गयीं, मेरी बगल में वह बेख़बर सो रही थी...

अगले दिन जब मैं स्कूल से घर लौटी तो देखा कि बच्चों का झुण्ड दूसरे नम्बर की बहन को घेरे खड़ा था और वे उस पर फ़ब्तियाँ कस रहे थे; ये शब्द नर्सरी कक्षा की एक कविता से लिए गये थे जो उस समय बड़ी लोकप्रिय थी :

''मैं कहता हूँ, डूबी–डूबी हॉर्न बजाओ, कुबड़ी कितनी सुन्दर है, कुबड़ी कितनी सुन्दर है!

भोजन ख़रीदना हो तो वह जाती है बाज़ार, गिर पड़े तो अपने पैरों पर खड़ी होने में है लाचार!

सही हुआ भई, सही हुआ, वैसे ये कूबड़ उसे किसने दिया?''

मैं दौड़कर गयी और बच्चों पर चिल्लायी, ''मेरी बहन को कुबड़ी कहा तो देख लेना! वो कुबड़ी नहीं है, तुम सब कुबड़े हो!'' मेरी बहन को कोई सताये, ये मैं बर्दाश्त नहीं कर सकती थी; अगर उसे किसी ने कुबड़ी कहा तो, कहने वाले से मैं पूरी ताक़त लगाकर लड़ूँगी।

"कुबड़ी! कुबड़ी! तुम तो ग़ुस्सा हो गयीं! तुम तो ग़ुस्सा हो गयीं!" बच्चे और ज़ोर–ज़ोर से चिल्लाने लगे।

मैं उनकी ओर दौड़ी; एक लड़के ने ऊपर से मुझे मारा और मेरी नाक से ख़ून बहने लगा। बहन मुझे खींचकर घर के भीतर ले गयी, जहाँ मुझे सीधे पिताजी के कोप का भाजन बनना पड़ा। उन्होंने जो मुझे फटकार लगाना शुरू किया तो बोलते चले गये, ''ये परिवार भी नरक है और ये बच्चे भी। जितना ज़्यादा पढ़ोगी, उतना ज़िन्दगी में कुछ कर सकोगी, लेकिन तुमने तो लड़ना सीखा है! ऐसा लगता है, तुम्हारी ठीक से सुताई हुई है!''

बहन मुझे खींचते हुए भाई के कमरे में ले गयी। मेरे मुँह से बहता ख़ून साफ़ किया और बोली, ''तुम क्यों परेशान होती हो उनकी बातों से? उन्हें मज़े करने दो और वैसे भी तो मैं कुबड़ी ही हूँ।''

''नहीं! मैं उन्हें ऐसा नहीं कहने दूँगी, वे कुबड़े हैं!'' मैंने सुबकते–सुबकते चिल्लाकर कहा। ज़िन्दगी में जब भी किसी कुबड़ी लड़की या किसी विकलांग को देखती तो, मुझे अपनी बहन याद आ जाती। ऐसे बेचारे लोगों के लिए मेरा दिल हमेशा दया से भर उठता।

अँधेरे कमरे में बहन तकिये पर सिर टिकाये लेटी हुई थी, उसकी आँखें बन्द थीं और उसकी लम्बी पलकें धीरे–धीरे काँप रही थीं। इससे पहले ही काँटे ने एक और घेरा खींचना शुरू कर दिया था। मैंने मुड़कर बहन की ओर देखा। आँसुओं ने उसके चेहरे को ढँकना शुरू कर दिया था। मैंने फुसफुसाकर कहा, ''दीदी...'' बहन ने क़म्बल अपने सिर तक खींचकर चेहरा छुपा लिया।

अपनी आँखों में उमड़ते आँसुओं को मैं रोक नहीं पायी, ''माँ, दीदी के लिए लड़का मत ढूँढ़ो, देखो, वो रो रही है! मैं उन बच्चों से फिर कभी नहीं लड़ूँगी। माँ, पिताजी, मत करो ऐसा!''

जब उन्होंने सुना कि मैं जगी हुई हूँ, मेरी माँ ने तुरन्त मोमबत्ती बुझा दी। अगले दिन बहन बहुत रोयी और माँ के सामने गिड़गिड़ाती रही। उसका कहना था कि वह शादी नहीं करना चाहती। उसने माँ के सामने हाथ जोड़ते हुए कहा कि मेहरबानी करके उसके लिए लड़का न ढूँढ़ें।

अब पीछे मुड़कर सोचती हूँ तो लगता है, उस टोकरी और काँटे ने दशकों तक हमारी ज़िन्दगी के लगभग हर पहलू को अपने हुक्म से चलाया; चाहे छोटा हो या बड़ा, हर मामले में अन्तिम फ़ैसला उन्हीं का होता, यहाँ तक कि भाई और बहन की शादियों के फ़ैसले भी उन्हीं से पूछकर लिए गये। ये वैसे बहुत हैरान होने वाली बात नहीं है; उस ज़माने में लोग बहुत–सी चीज़ों से अनजान थे। वे अपनी क़िस्मत की कमान

अपने हाथों में रखने में अक्षम थे। इसलिए वे अपनी तकदीर का फ़ैसला करने की ज़िम्मेदारी काल्पनिक आत्माओं को सौंप देते थे। लेकिन मैं कभी यह समझ नहीं पायी कि एक टोकरी और काँटा किस प्रकार घेरा बना सकता है और डण्डे को कैसे मार सकता है?

रहस्यमय टोकरी और काँटे ने एक बार और मेरे माँ पिताजी की क़िस्मत का फ़ैसला किया था...

1954 का साल था और मौसम था गर्मियों का। मैं क़तई नहीं चाहती थी लेकिन मुझे अपने माँ–बाप के साथ जबरन च्यामुशी को छोड़ना पड़ा। हम लोग लेसर खिंगान रेंज के जंगलों में पहाड़ पर चले गये। यह इलाक़ा हेईलोनच्यांग प्रान्त के यिचुन में नांचा शहर के समीप था। यही वो जगह थी, जहाँ बचपन के सबसे बुरे दिन मैंने बिताये।

पिताजी ने जो जगह बसने के लिए चुनी थी, वो एक पहाड़ी घाटी थी जिसे तीन ओर से विशाल पहाड़ों ने घेर रखा था। चारों तरफ़ घना और आदिकालीन जंगल था। पहाड़ी दर्रे के पीछे एक बहुत बड़ा घास का मैदान था, इतना विशाल था कि जहाँ तक नज़र जाती, घास–ही–घास नज़र आती। घाटी में मुट्ठीभर लोग और रहते थे। लेकिन सबके घर एक–दूसरे से इतनी दूर थे कि उन्हें देखकर लगता, इनका एक–दूसरे से कोई वास्ता नहीं है। मैंने सुना था कि ये सब वे लोग थे जो किसी–न–किसी मुसीबत के मारे बाहरी दुनिया से भागकर यहाँ आ बसे थे। दुनिया की नज़रों से दूर रहने के लिए उन्होंने इस जगह को चुना था।

1999 के बसन्त के मौसम में, श्री गेई वेईजू जो कि यिचुन...राइटर्स एसोसिएशन के अध्यक्ष हैं, उनके साथ मैं 42 साल बाद अपने पुराने घर को देखने के लिए लौटी थी। इस बीच में बहुत कुछ बदल गया था; विशाल घास का मैदान ख़त्म हो गया था जो मेरी यादों में बसा था। उसकी जगह पर खेती की ज़मीन थी। आदिकालीन जंगल को काट दिया गया था; बची थीं तो कुछ छोटी–मोटी झाड़ियाँ। किसी समय तेज़ धार से बहता झरना अब सूख चुका था और अब एक गड्ढे के सिवाय वहाँ कुछ नहीं बचा था। कुछ एक चीज़ें थीं जिन पर वक़्त का चाबुक नहीं चला था; वहाँ अब भी एक मंज़िला घास की झोंपड़ी थी और आज भी वहाँ बिजली नहीं पहुँची थी। ये वही जगह थी, जहाँ से मुझे मेरे बचपन ने कड़वी यादों के सिवाय कुछ नहीं दिया।

साल 2000 की गर्मियों की बात है, श्री गेई वेईजू ने मुझे यह बताने

के लिए फ़ोन किया कि उन्होंने आख़िरकार पहाड़ी घाटी को नेशनल इलेक्ट्रिसिटी ग्रिड से जुड़वा दिया है।

आप अच्छी तरह से अन्दाज़ा लगा सकते हैं कि 1950 के दशक में उस जगह पर क्या हालत रही होगी! जब मैं वहाँ गयी तो पाया कि छोटा–सा घोड़े का अस्तबल अब कहीं नहीं था। हैरानी की बात यह थी कि वहाँ आसपास नाशपाती का कोई पेड़ नहीं था लेकिन वहाँ दो नाशपाती के पेड़ उग आये थे, जहाँ हमारा घोड़ा बँधता था। संयोग ऐसा बना कि जब मैं वहाँ गयी तो उन नाशपाती के पेड़ों में फूल आने का मौसम था; अचानक से हवा का तेज़ झोंका आया और पेड़ पर खिले सारे फूल झड़कर हवा में तैर गये और मेरे ऊपर आ गिरे। उसी क्षण, मेरे दिल में कुछ हलचल–सी हुई : ज़िन्दगी वाक़ई किसी सपने की तरह है, पलक झपकते ही 100 साल बीत जाते हैं। उन दिनों में पंखुड़ी जैसी जो नन्ही बच्ची होती थी, आज वो एक बुज़ुर्ग महिला का रूप ले चुकी है, उसके बालों में वैसी ही सफ़ेदी है, जैसे नाशपाती के फूलों में थी।

मेरी माँ बड़ी मेहनती और मज़बूत दिल की औरत थी, मुश्किलों से उसे डर नहीं लगता था। लेकिन पहले दिन जब हम उस लेसर खिंगान रेंज के जंगली वीराने में पहुँचे, माँ झाड़ियों के पास बैठ गयी और ज़ोर–ज़ोर से रोने लगी। रोते–रोते ही बोली कि क्या ये पाखाने की बाल्टी से निकलकर पेशाब के कीचड़ में जा गिरने जैसा नहीं है? हमने पहाड़ी बीहड़ से निकलने के लिए इतनी जद्दोजहद की और फिर वैसे ही माहौल में लौटकर आ गये। क्या कभी वो दिन आयेगा, जब हम अपनी ग़रीबी और बदक़िस्मत से पीछा छुड़ा पायेंगे?

माँ रो रही थी और साथ ही मैं भी।

मुझे बूढ़ी लोमड़ी से नफ़रत थी और उसकी बात सुनने के लिए मैं पिताजी को क़सूरवार पाती हूँ। उसी की बात मानकर पिताजी हमें ऐसी भुतहा जगह ले आये थे, जहाँ हमारे पास रात में सोने की जगह तक नहीं थी!

पिताजी पर माँ का कोई वश नहीं चलता था, इसलिए वो कुछ नहीं कर सकती थी। लिहाज़ा अपने आँसुओं को पोंछकर वह लकड़ियाँ चीरने और गारे को लकड़ी से मिलाने लगी। दोनों ने मिलकर हमारे लिए एक छोटा–सा झोंपड़ा बनाया। ये घोड़े के अस्तबल जैसा ज़्यादा लग रहा था; ये एक कमरा था जो आकार में सात वर्ग मीटर से अधिक नहीं था।

घोड़े का अस्तबल न केवल छोटा होता था बल्कि उसकी छत भी काफ़ी नीची होती थी। ये कुछ–कुछ वैसा था जैसा किसान फ़सलों की रखवाली के लिए तरबूज़ के खेतों में छोटी–सी झोंपड़ी बना लेते हैं। रसोई का मुँह सीधे कांग की ओर था और छत इतनी नीची थी कि अगर कांग पर खड़े हो गये तो छत से सिर टकरा जायेगा। कांग भी ज़मीन से मात्र आधा फ़ीट की ऊँचाई पर था। कांग पर खड़े होना तो एकदम असम्भव था। बेल्ट बाँधने के लिए कांग से नीचे उतरना पड़ता था। इस कमरे में केवल एक खिड़की थी। खिड़की इतनी छोटी थी कि मेरी हथेली भी उससे बड़ी लगती थी। गर्मियों में यह कमरा बेहद गरम हो जाता और भीतर से ऐसा लगता मानो मक्खियों का जंगल हो। और रात में, मक्खियों की जगह मच्छर ले लेते। इसके अलावा कुछ और कीट–पतंगे रात में आकर काटने लगते। मेरा पूरा शरीर मच्छरों के काटने से छिला हुआ था। मैं नाख़ूनों से मच्छर काटे की जगह को खुजाती और खुजाते–खुजाते उनमें संक्रमण हो जाता। सर्दियों में ये हालत होती कि कमरे की छत बर्फ़ की तरह ठण्डी हो जाती; दीवारों पर सफ़ेद–सफ़ेद कोहरा जम जाता और घड़े में पानी जम जाता। वहाँ कोई कुआँ नहीं था इसलिए हम घर के पास ही के झरने से पानी पीते थे। गर्मियों में इसी झरने से पानी आता और सर्दियों में इसी से बर्फ़ लाकर पिघलाते।

जब माँ और पिताजी घर बना रहे थे तो कुछ दिन के लिए उन्होंने मुझे एक बूढ़े आदमी के घर में छोड़ दिया जिनका नाम ली था। मैं उन्हें दादा ली कहकर बुलाती। वह अकेले रहते थे और उनके हाथ टेढ़े–मेढ़े हो गये थे। इसीलिए जब वह अपना चेहरा धोते तो उनका हाथ पीछे गर्दन तक नहीं पहुँच पाता था। वह मुझे बहुत पसन्द करते थे। जब भी वह कद्दू की कोंगी बनाते तो वह मुझे भी खाने के लिए बुला लिया करते थे। जब मैं खा चुकी होती, वह मेरे पेट को थपथपा कर पूछते कि पेट भर गया।

घर में नमक ख़त्म हो गया था। माँ ने मुझे दादाजी के घर से थोड़ा नमक माँग लाने को कहा। दरवाज़ा बन्द था, मैंने उसे धक्का दिया तो वह खुल गया। मैंने देखा दादाजी ज़ोर–ज़ोर से सुबक रहे थे, उनके हाथों में फूलों के डिज़ाइन वाली औरतों के कपड़े थे। वह रोते ही जा रहे थे। रोते–रोते ही उन्होंने कपड़ों को अपने पतलून के अगले हिस्से में ठूँसना शुरू कर दिया... इसके बाद, माँ ने कभी मुझे उनके घर जाने के लिए

नहीं कहा। बाद में मैंने उन दादाजी के ऊपर एक चरित्र रचा था, जो मेरे उपन्यास *ए वीमेन क्रॉसिंग दी रीवर ऑफ़ मैन* में आया है।

जब घर में सब ठीकठाक हो गया तो माँ और पिताजी ने इस जंगली इलाक़े में जंगली झाड़ियों को काटकर फ़सल की बुआई शुरू कर दी। इस इलाक़े में बहुत से ख़तरनाक जानवर थे। रोज़मर्रा की ज़िन्दगी पहले से कहीं अधिक मुश्किलों भरी हो गयी थी। पहाड़ से निकलने का सपना तो था लेकिन यहाँ तो वह सपना देखने की भी गुंजाइश नहीं बची थी।

स्कूल का नया साल लगभग शुरू होने वाला था। मैंने माँ से पूछा, ''माँ, मैं स्कूल कहाँ जाऊँगी?''

''अरे मेरी बच्ची, पगली लड़की है तू। अपने आसपास देख, यहाँ सिर्फ़ और सिर्फ़ पहाड़ हैं, तुम्हें कोई स्कूल नज़र आता है?''

मेरा रोना छूट गया। मैंने कहा, ''नहीं! मैं स्कूल जाना चाहती हूँ...''

''बच्ची, इस घाटी में एक भी बच्चा स्कूल नहीं जाता। यहाँ कोई पढ़ता नहीं है तो तुम भी नहीं पढ़ोगी। चलो अब उठो, तुम प्यारी बेटी हो न!'' उन्होंने मेरे आँसू पोंछे और बहलाते हुए बोलीं, ''क्या तुमने रात में भेड़ियों की आवाज़ें सुनीं? ज़रा सोचो, तुम अगर पहाड़ के बाहर स्कूल गयीं और लौटते में किसी भेड़िये ने तुम्हें खा लिया तो? तुम्हें पता भी है, तुम्हारी माँ कितना रोयेगी, मैं तो रो–रोकर ही मर जाऊँगी।''

हमारे पहाड़ी वाले पुराने घर के मुक़ाबले यहाँ ज़्यादा भेड़िये थे। जैसे ही अँधेरा होता, तुम उनकी गुर्राने की आवाज़ सुन सकते थे। उनकी हुआं हुआं की आवाज़ इतनी भयानक थी कि ख़ून जम जाता। ऐसा लगता, मानो भूत रो रहे हैं। रीढ़ की हड्डी में सिहरन–सी दौड़ जाती। हमारा सूअरों का बाड़ा घर के बगल में ही था और अगर पिताजी को रात में वहाँ कोई हलचल सुनाई देती तो वह तुरन्त बिस्तर से उठ जाते, बाहर की ओर दौड़ते, कोई डण्डा उठाकर मारते और टॉर्च जलाते...एक रात थोड़ी–सी देर हो गयी और पिताजी ने देखा कि भेड़िया सूअर के एक बच्चे को जबड़े में दबाकर ले जा रहा है। सूअर के इस बच्चे को थोड़े ही दिन पहले ख़रीद कर लाये थे। उस ज़माने में लेसर खिंगान रेंज के जंगलों में केवल भेड़िये ही नहीं थे बल्कि जंगली सूअर, काले भालू और बाघ भी थे।

लेकिन मैं अपनी बात पर अड़ी रही, ''माँ, मुझे डर नहीं लगता, मुझे स्कूल जाने दो न!''

मैं च्यामुशी में स्कूल में रह सकती थी, लेकिन मेरे बड़े भाई और भाभी के पहले से ही अपने चार बच्चे थे और साथ ही मेरी दूसरे और तीसरे नम्बर की बहन की भी देखभाल करनी थी। माँ और पिताजी भाई का बोझ नहीं बढ़ाना चाहते थे, इसलिए वे मुझे अपने साथ ले गये।

''बेटी,'' मेरी माँ ने बड़ी ही बेबसी के साथ कहा, ''ऐसा नहीं है कि मैं तुम्हें स्कूल नहीं भेजना चाहती, लेकिन यहाँ कोई स्कूल नहीं है। तुम कहाँ स्कूल जाओगी?''

''तो फिर मैं अपने आप ही च्यामुशी चली जाऊँगी।'' मैंने रोते हुए ही चिल्लाकर कहा।

"तुम्हें डर नहीं लगता? देखती रह, पहले तो मैं तेरी टाँगें तोड़ता हूँ!" पिताजी ज़ोर से चिल्लाकर बोले। उनका चेहरा ग़ुस्से में विकृत हो गया था और उनके हाथों से काले रंग का गारा टपक रहा था। वह छत पर प्लास्टर करने में लगे थे। "इस सत्यानाशी घर की सत्यानाशी औलाद, यहाँ बड़ों को तो खाने के लाले पड़े हैं और तुम पर साला स्कूल जाने का भूत सवार है? क्या है स्कूल? चल उठ, गारा लेकर आ।"

पिताजी का पारा चढ़ता ही जा रहा था। और वह अक्सर बिना वजह ही मेरे और माँ के ऊपर बरस पड़ते थे।

''क्या आपने एक बार नहीं कहा था समय का सबसे बड़ा उपयोग किताबें पढ़ना है?'' मैंने सवाल दागा।

''छोकरी, तू मेरे से ज़बान लड़ा रही है!'' उन्होंने शहतूत की एक लचकदार लकड़ी उठायी और मेरी ओर दौड़े। माँ तुरन्त मेरे और पिताजी के बीच ढाल बनकर खड़ी हो गयी। माँ ने मुझसे चिल्लाकर कहा, "भाग!"

उस शाम हवा में नमी और गरमी थी। कमरे में इतने मच्छर भर गये थे कि हवा में हाथ घुमाकर ही कई मच्छर मार सकते थे। पिताजी ने आधी रात मुझे कोसते हुए बिता दी। मेरी आधी रात रोते हुए ही बीती।

च्यामुशी में मैंने केवल प्राथमिक स्कूल का पहला साल ही पूरा किया था, लेकिन किताबें पढ़ने और सीखने में मेरी गहरी रुचि पहले ही पैदा हो चुकी थी। मुझे किताबों में लिखी गयी बातें इतनी नयी लगतीं कि उन्हें पढ़कर मेरा उत्साह बढ़ जाता। कक्षा में जब परीक्षाएँ होतीं तो मुझे पहले नम्बर पर आना बहुत अच्छा लगता था। वो एहसास ही कुछ अलौकिक–सा होता था। अध्यापिका मेरे बालों को थपथपातीं और पूरी कक्षा के सामने खड़ा करके मेरी तारीफ़ें करतीं। वह बच्चों से कहतीं कि

इस बच्ची से कुछ सीखो। मेरे सहपाठी तालियाँ बजाते। उनकी आँखों में मेरी लिए सराहना होती...ये मेरे बचपन का सबसे ज़्यादा ख़ुशी और गर्व का क्षण था। मेरी कक्षा के कुछ बच्चों का चयन यंग पाइनियर्स ऑफ़ चाइना के रूप में हुआ था। उन बच्चों के पहले समूह में मैं भी चुनी गयी थी। लाल चमकीला स्कार्फ़ जब मैंने अपने गले में बाँधा जो कि यंग पाइनियर्स की सदस्यता का संकेत होता था, तो ख़ुशी के मारे मेरे पैर ही ज़मीन पर नहीं पड़ रहे थे; मुझे एहसास हुआ कि मैं एक अच्छी लड़की हूँ। आत्म–सम्मान की वह भावना मेरे दिल में कहीं गहरे समा गयी थी और सालों तक वह मुझे प्रेरित करती रही। हर शाम को मैं अपने स्कार्फ़ को तह करके रखती ताकि वह साफ़–सुथरा रहे। तह करके उसे मैं अपने तकिये के नीचे रख देती। जब पिताजी गाली–गलौच पर उतर आते तो मुझे यह सोचकर ही अच्छा लगता कि लाल स्कार्फ़ मेरे तकिये के नीचे रखा है। पता नहीं क्यों मुझे यह सोचना ही राहत देता।

मेरा पूरा ध्यान पढ़ाई पर ही लगा था। और इसका सबसे बड़ा कारण मेरी तीनों बड़ी बहनें थीं। बसन्त का मौसम था और मेरी सबसे बड़ी बहन शेनयांग से आयी थी, माँ–पिताजी से मिलने। मैं अभी स्कूल से ही लौटी थी और बस्ता मेरी कमर पर ही था। बड़ी बहन ने हैरानी से पूछा, ''यावन, तुम स्कूल जाती हो? मुझे तुमसे जलन हो रही है...मेरी बहन, मेहनत से पढ़ाई करना! मेरी तरह अनपढ़ मत बनना, मैं तो लिखा हुआ अपना नाम तक नहीं पहचान सकती...''

मेरी बहन की आँखों में आँसू छलक आये थे।

च्यामुशी आने के बाद मेरी दूसरे नम्बर की बहन कुछ दिन शाम की कक्षा में गयी थी। एक रात वह रोते हुए स्कूल से लौटी और मुझसे बोली, ''बहन, तुम्हें मेरे लिए पढ़ना होगा!'' उसने मुझे गले से लगा लिया और रोती रही। शाम की कक्षा में कुछ दूसरे छात्रों ने उसका मज़ाक़ उड़ाया था। उन्होंने कहा था कि एक कुबड़ी के पढ़ने का क्या फ़ायदा? मेरी बहन बड़ी स्वाभिमानी थी और इस तरह बेइज़्ज़त किया जाना उससे बर्दाश्त नहीं हुआ। वह फिर कभी शाम की कक्षा में नहीं गयी। वह कभी–कभार किताबें निकालकर बैठ जाती, पन्नों पर हाथ फिराती रहती और इसी से सन्तोष कर लेती। किताबों से उसे बड़ा प्यार था। कई बार वह मुझसे पूछती कि इस शब्द का उच्चारण क्या है या ये क्या लिखा हुआ है।

मेरी तीसरे नम्बर की बहन एक फैक्ट्री में काम करने जाती थी और

वह भी मुझसे मेहनत से पढ़ाई करने की मिन्नत करती थी; उसने कहा था, जब बड़ी हो जाओगी, तो सिर्फ़ पढ़ाई ही ऐसी चीज़ है जो तुम्हारी ज़िन्दगी सँवार सकती है।

बहनों के आँसुओं और उनकी सलाह से मुझे जीवन की कुछ ज़रूरी सच्चाइयाँ समझ में आयी थीं। ये उनका ही असर था कि मेरे दिल में कहीं गहरे सीखने की लगन थी : मुझे पढ़ना ही होगा, मैंने अपनी बहनों की तरह अनपढ़ रहने से इनकार कर दिया था!

शहर में मैंने जो समय बिताया, उसका भी मेरी ज़िन्दगी पर गहरा असर हुआ। वहाँ मुझे एक नयी ज़िन्दगी देखने को मिली जबकि पहाड़ पर था सिर्फ़ और सिर्फ़ एकाकीपन, दुनिया से दूर बियाबान पें। शहर को देखकर पहली नज़र में जो एहसास मुझे हुआ था, वह ताउम्र मुझे जीने का नया हौसला देता रहा।

मेरी हालत आज के किसानों जैसी ही थी जो पहली बार शहर में आते हैं। मैं कभी वापस नहीं जाना चाहती थी। नहीं चाहती थी कि फिर से वही हाड़तोड़ मेहनत वाली ज़िन्दगी शुरू हो जहाँ साल के सारे दिन काम में खटना पड़ता था और सालभर सब लोग नये साल के पकौड़े और गुलगुलों का इन्तज़ार करने में लगे रहते थे। न ही मैं अपने पिताजी जैसी दयनीय हालत में जीना चाहती थी; वो रूखी और बेस्वाद ज़िन्दगी जीने की मेरी कोई इच्छा नहीं थी। मैं शहर के बच्चों की तरह जीना चाहती थी, उनकी तरह स्कूल में गाना, बजाना, डांस करना और पढ़ना सीखना चाहती थी। इसके बाद मैं बड़ी होकर नौकरी करना और ख़ुशनुमा जीवन जीना चाहती थी।

मेरे सपनों की उड़ान इतनी ऊँची थी कि कोई उन्हें छू नहीं सकता था। मैंने अगले ही दिन भागकर च्यामुशी जाने का फ़ैसला कर लिया।

लोगों की क़िस्मत का फ़ैसला अक्सर उस समय होता है जब वे छोटे होते हैं। उस समय वे यह सोच भी नहीं पाते थे कि ये सब घटनाक्रम उनकी क़िस्मत तय कर रहे हैं।

अगली सुबह, जब मैं सो रही थी, पिताजी ने ज़ोर से चिल्लाकर मुझे उठाया, ''जल्दी करो, उठो!'' मैंने आँखें खोलीं और पिताजी की ओर देखा, पता नहीं वह क्यों मुझे उठाना चाहते थे, मुझसे क्या चाहते थे? माँ दूसरी तरफ़ बैठी खाना पका रही थीं। उनके और मेरे बीच में एक फ़ीट ऊँची मुँडेर–सी थी। माँ ने कहा, ''क्या तुम स्कूल नहीं जाना चाहती थीं?''

जैसे ही मैंने 'स्कूल' शब्द सुना, मैं उछलकर बिस्तर से खड़ी हो गयी। ख़ुशी में मैं भूल ही गयी कि कमरे की छत बहुत नीची थी और मेरा सिर क्रॉस बीम से टकरा गया। और सिर में बड़ा–सा गुमड़ निकल गया।

माँ ने बाद में मुझे बताया कि उस रात जब मैं सोने चली गयी तो पिताजी ने माँ से कहा कि अगर मैं लड़का होती तो ज़िन्दगी में मेरे लिए बेहतर अवसर होते।

''उसकी आँखों में देखो! वो इतनी मज़बूत है...उसकी आँखों में बड़े–बड़े सपने हैं!'' पिताजी ने कहा था।

मैंने उनकी बात सुनी, लेकिन उनके कहे शब्दों से मैं सहमत नहीं हुई। ''लड़कों में ऐसी क्या ख़ास बात होती है?'' मैंने हैरानी में खुद से कहा।

जैसे ही हम घर से निकले, पिताजी लम्बे–लम्बे डग भरते हुए चल पड़े। मेरी पीठ पर किताबों का बस्ता था। मैं अपने छोटे–छोटे पैरों से उनके पीछे दौड़–दौड़कर चल रही थी। बस्ता कमर से फिसला जा रहा था। कुछ देर पहले ही बारिश हुई थी और मेरे लाल सूजी जूते, जो माँ ने मेरे लिए बनाये थे, उनके तलवों पर काली गारा की मोटी–सी परत चढ़ गयी; कुछ क़दम चलने के बाद, हर बार मुझे गारे को झटककर झाड़ना पड़ता।

जब हम पहाड़ी दर्रे से गुज़र रहे थे तो मेरी आँखों के सामने विशाल घास का मैदान था। घास के मैदानों में सालभर दलदल–सी रहती थी और हर जगह छोटे–छोटे द्वीप से बने थे जहाँ लम्बी–लम्बी घास उगी हुई थी। यह घास सालों से ऐसे ही उग रही थी। वहाँ झाड़–झंखाड़ भी इतना बड़ा था कि उसमें पूरा इन्सान ही खो जाये। कई बार घास के कारण रास्ता ही नज़र नहीं आता था और मुझे कूदकर घास के ऊपर से देखना पड़ता था। एक घास के टुकड़े से दूसरे घास के टुकड़े तक कूदने के लिए लम्बी छलाँग लगानी पड़ रही थी। जहाँ छलाँग लगाकर मैं पार नहीं कर पाती, वहाँ कीचड़ में गिर जाती। मेरे जूते पूरे कीचड़ में सन चुके थे। मैं चाहती थी कि पिताजी थोड़ा रुक जायें और मेरा इन्तज़ार करें। भले ही इसके लिए वह मुझे गालियाँ भी देते तो बुरा नहीं मानती। लेकिन रुकना तो दूर पिताजी ने मुड़कर भी नहीं देखा, वह एकदम नाक की सीध में सिर उठाये चलते रहे। मैं किसी तरह दलदली घास में तेज़ चलने की कोशिश कर रही थी।

घास के मैदान को पार करने के बाद हम एक पहाड़ के साथ–साथ

बहने वाली नदी के किनारे–किनारे चलते रहे। ये युंगकुई नदी थी। इसका पाट दस मीटर से भी ज़्यादा चौड़ा था। पिताजी नदी के किनारे बहुत तेज़ी से चले जा रहे थे, मुझे ग़ुस्सा आने लगा; मेरी नन्ही–नन्ही टाँगें उनकी बड़ी और लम्बी टाँगों का मुक़ाबला कैसे कर सकती थीं? मुझे लगा, पिताजी को मुझसे कोई मतलब ही नहीं है, मैं चाहे मरूँ या जीऊँ।

मुझे बाद में जाकर एहसास हुआ कि यह उनका एक नयी सच्चाई से सामना कराने का अपना तरीक़ा था। वह बताना चाहते थे कि आज के बाद मुझे पहाड़ी सड़क पर अकेले ही चलना होगा, रास्ते में मुझे जो भी मिले, कीचड़, पानी या साँप, सबसे मुझे अपने आप ही निपटना होगा। अगर मैं ऐसा नहीं कर सकती हूँ तो मुझे स्कूल के बारे में भूल जाना चाहिए! पिताजी चाहते थे कि मैं हार मान लूँ लेकिन मैं उस मिट्टी की बनी ही नहीं थी। मैं उनके पीछे–पीछे ख़ुद को घसीटते हुए चलते रही। मुझे सिर्फ़ स्कूल ही नज़र आ रहा था। बाक़ी मुझे किसी बात की परवाह नहीं थी।

क़रीब दो घण्टे चलने के बाद, हम आख़िरकार एक छोटे–से गाँव में पहुँचे। मुझे उस गाँव का नाम अब याद नहीं है। मुझे केवल इतना याद है कि वहाँ एक जर्जर, पुरानी और एक कमरे की इमारत–सी थी। कमरा बाँस से बना था; ये मेरा स्कूल था।

स्कूल में एक अध्यापक थे, क़रीब 25–26 साल उनकी उम्र रही होगी। उनके बाल खिचड़ी से थे। उन्होंने एक पुरानी रूई भरकर बनायी हुई जैकेट पहन रखी थी। बेल्ट के नाम पर उन्होंने अपनी कमर में घास की एक रस्सी बाँध रखी थी। वह नंगे पैर थे और उनकी उँगलियों में से काला कीचड़ दिख रहा था। वह ख़ुद कीचड़ की मछली जैसे नज़र आ रहे थे। चेहरे पर बड़ी–सी मुस्कुराहट लाकर उन्होंने मुझे देखा और मुझसे पूछा कि मैं कौन–सी कक्षा में हूँ।

ये अध्यापक कैसे हो सकते हैं, मैंने अपने आप से सवाल किया। इन्होंने पुरानी फटी हुई जैकेट पहन रखी है और पैरों में तो जूता भी नहीं है...

उनका परिवार का नाम था ल्युओ और वह स्कूल के एकमात्र अध्यापक थे। स्कूल में एक कक्षा का कमरा था और एक ही कक्षा थी। एक ही कक्षा को तीन ग्रेड में बाँटा हुआ था।

पिताजी ने मुझे श्री ल्युओ के हवाले कर दिया और मुझसे कहा, "क्या तुम घर का रास्ता अपने आप ढूँढ़ लोगी?"

मैंने हाँ में सिर हिला दिया। हालाँकि मेरा जो आत्मविश्वास था, वो

झूठा था। पिताजी ने कहा कि वह शहर जा रहे हैं, अनाज ख़रीदने। इसके अलावा उन्होंने कुछ नहीं कहा और चले गये।

लेसर खिंगान रेंज में ये मेरी पढ़ाई की शुरुआत थी। हर रोज़ कक्षा शुरू होने पर श्री ल्युओ सबसे पहले पहली कक्षा को पढ़ाते, इसके बाद वह उन्हें गृह कार्य करने को देते और उसके बाद दूसरी कक्षा को पढ़ाते और सिलसिला इसी तरह चलता...

सालों बाद जाकर मुझे महसूस हुआ कि स्कूल जाने के लिए उस दिन जो मैं रोयी और चिल्लाई थी, वहाँ मैं कितनी सही थी।

अगर मैं उस दिन रोयी नहीं होती तो मैं भी पहाड़ के बाक़ी बच्चों की तरह मूढ़ मति होती, मेरी ज़िन्दगी भी बहनों की तरह ही मिट्टी में मिल जाती, जिसे न पढ़ना आता न लिखना, जो अज्ञानता की ज़िन्दगी जीती रहती और एक शादी में फँसे–फँसे ही ज़िन्दगी बिता देती, जिसमें प्यार नाम की कोई चीज़ नहीं थी। मेरी ज़िन्दगी कितनी नारकीय हो सकती थी, यह सोचकर ही आज रोंगटे खड़े हो जाते हैं!

ज़िन्दगी में यह मेरी पहली जीत थी और यह भी पहली बार हुआ था कि मैंने अपनी इच्छा ज़बरदस्ती मनवायी थी। मैंने अपनी क़िस्मत पर पहली बार अपनी चाहत और अपने व्यक्तित्व की छाप छोड़ी थी। मैं अपने आप से ख़ुश थी और साथ ही अपने माता–पिता की अहसानमन्द भी कि उन्होंने स्कूल जाने के मेरे सपने को पूरा करने के लिए पहल की।

मेरे एक पत्रकार दोस्त ने एक बार मुझसे पूछा था, ''अगर दूसरे बच्चे स्कूल नहीं जाते थे, तो तुम इतनी उतावली क्यों थीं पढ़ाई के लिए? क्या ऐसा इसलिए था कि तुम उस समय, आज के किसानों के बच्चों की तरह महत्त्वाकांक्षी थीं और पहाड़ से निकलना चाहती थीं, क़िस्मत बदलने के लिए पढ़ना चाहती थीं और अपने परिवार को ग़रीबी से निकालना चाहती थीं?''

मैंने पत्रकार दोस्त को बताया कि उस ज़माने में किसान बहुत अज्ञानी होते थे; वे सब ग़रीब थे और किसी को भी यह समझ नहीं थी कि क़िस्मत किस चिड़िया का नाम है, इस बात को तो भूल ही जाओ कि किसी ने पढ़ाई के ज़रिये अपना भाग्य बदलने की सोची होगी। साथ ही यह भी था कि उस समय चीन सरकार पढ़ाई की उतनी पैरोकार नहीं थी, जितनी आज है। ग्रामीण समाज में यह विचार ही पैदा नहीं हुआ था कि अपनी बेहतरी के लिए इन्सान पढ़ाई–लिखाई का इस्तेमाल कर सकता है। जहाँ तक भाग्य के साथ मेरे माता–पिता के सम्बन्धों की बात है; मेरे पिताजी

अपनी क़िस्मत से ख़फ़ा थे, लेकिन वे शिकायत करने के सिवाय कुछ नहीं कर सकते थे, बाक़ी रही मेरी माँ, तो उन्होंने बहुत सालों पहले ही अपनी ज़िन्दगी की पतवार को क़िस्मत के हवाले कर दिया था।

मैं तो दस साल की एक नन्ही बच्ची थी, और न ही मुझे शिक्षा की अवधारणा को लेकर इतनी गहरी समझ थी, न ही इससे जुड़ा दर्शन पता था। मेरी एक मामूली–सी इच्छा थी कि मैं अपनी ज़िन्दगी पहाड़ की घाटी में नहीं गुज़ारना चाहती थी। मैं शहर के बच्चों से चिढ़ती थी। मैं उनके जैसे ही गाना चाहती थी, डांस करना चाहती थी, पढ़ाई करना चाहती थी...

यही असली वजह थी कि मैं स्कूल जाने के लिए इतनी अड़ी हुई थी।

32

हर रोज़ एक दस साल की नन्ही बच्ची झाड़–झंखाड़ भरे दलदली रास्ते से होकर आने–जाने में दस किलोमीटर का सफ़र तय करती थी और वह भी पैदल। इस पहाड़ी रास्ते में ख़तरनाक जंगली जानवर थे, आँधी–बारिश का भी मौसम होता था। मैं रोज़ाना तीन से चार घण्टे चलने में बिताती। जल्द ही मेरे पाँव सफ़ेद पड़ गये और उन पर झुर्रियाँ आ गयीं। दलदली रास्ते से आने–जाने के कारण सारा दिन मेरे पैर भीगे हुए रूई के जूतों में रहने के कारण ये सब हुआ। एक दिन माँ ने मुझे सूती जूतों की एक और जोड़ी दी। माँ ने कहा कि इन्हें किताबों वाले बस्ते में रख लूँ तो इससे मेरे पास पहनने के लिए स्कूल पहुँचने पर सूखे जूते होंगे। कक्षा ख़त्म होने के बाद, मैं घर जाने के लिए फिर से गीले वाले जूते पहन लेती।

रास्ते में मैं पूरा गला खोलकर गाना गाती, ''यहाँ आओ और देखो, विलो पेड़ों की टहनियाँ हरी हो रही हैं। यहाँ आओ और देखो, आड़ू के पेड़ों पर फूल आ गये हैं। हर कोई ख़ुश होकर गा रहा है, आख़िरकार बसन्त का मौसम लौट आया है!, लाल फूलों से धरती ढँक गयी है, बच्चे तालियाँ बजा–बजाकर खेल रहे हैं...''

जब स्कूल में सीखे गये गीत ख़त्म हो जाते तो मैं ख़ुद से ही गीत बनाने लगती। सड़क के किनारे–किनारे खिले इन्द्रधनुषी–गुलाबी फूलों को देखकर मैं गाती, ''इन्द्रधनुषी गुलाबी फूल, कितने सुन्दर हैं। मैं तुम्हें छूऊँगी तो मत होना ग़ुस्सा...''

आज भी उन नन्हे इन्द्रधनुषी गुलाबी फूलों की ख़ुशबू मेरी यादों में बसी है; जब मैं पहाड़ पर सैर के लिए जाती हूँ तो मैं कभी–कभार नन्हे गुलाबी फूलों का गुच्छा तोड़कर ले आती हूँ और उन्हें फूलदान में लगा देती हूँ। एक बार मेरे पति ने मुझसे पूछा, ''हमारे घर में इतने सारे क़िस्म के फूल हैं और तुम उन्हें कभी एक नज़र देखती भी नहीं हो। इन नन्हे घटिया फूलों में क्या दिखता है ऐसा?''

मैंने उनको बताया कि ये इन्द्रधनुषी गुलाबी फूल मेरे बचपन के उन सालों के साथी रहे हैं जब मैं पहाड़ पर अकेली थी।

जब भी कभी सड़क से गुज़र रही होती और सूर्यास्त के समय ख़ूबसूरत गुलाबी बादल नज़र आते या ठण्डी हवा विशाल घास के मैदान में उगी लम्बी घास को हौले से सहलाती, या बारिश के बाद इन्द्रधनुष आसमान में नज़र आता...तो हमेशा मेरे भीतर गीत गाने की लालसा उमड़ पड़ती, प्रकृति के इन ख़ूबसूरत नज़ारों को देखकर मेरा मन गाने को होता। लेकिन मुझे बहुत ज़्यादा गीत याद नहीं हैं तो इसलिए मुझे अपनी ही बनायी कविताओं से काम चलाना पड़ता। कितना पीछे छूट गया वो वक़्त, अब मुड़कर देखती हूँ तो लगता है कि गीत जो मैंने बनाये थे, वे प्रकृति माँ के उपहार रहे होंगे, जो मेरे होंठों पर गीत बनकर फूट पड़े थे : प्रकृति के उस रूप को देखकर ही सौन्दर्य और कलात्मकता के प्रति एक समझ मेरी आत्मा में पैदा हुई होगी।

हर रोज़ मैं सूरज के लिए गाना गाती, पहाड़ी नदी के लिए गीत गाती, या सड़क किनारे उगे इन्द्रधनुषी गुलाबी फूलों के लिए गाती, मेरे पास उन पहाड़ी जंगली रास्तों पर ख़ुद की हिम्मत बढ़ाने के लिए और कोई रास्ता नहीं था; मैं सोचती थी कि अगर भेड़ियों ने मेरी आवाज़ सुनी तो वे डर जायेंगे और मेरे पास नहीं आयेंगे।

हर रोज़ रात को जब कांग के ऊपर लेटती तो मुझे चिन्ता हो जाती, कल स्कूल का रास्ता कैसा कटेगा? अक्सर मुझे सपने आते कि भेड़िये मेरा पीछा कर रहे हैं और मैं इतनी डर गयी हूँ कि मैं नींद में ही रो रही हूँ, चिल्ला रही हूँ। लेकिन सुबह होते ही सारा डर भाग जाता। रात में चाहे मैं कितना भी डरी होती लेकिन जहाँ सुबह पौ फटती वहीं एक नन्ही बच्ची स्कूल जाने के लिए तैयार हो जाती, जिसे विशाल घास के मैदानों और घुमावदार पहाड़ी रास्तों से होते हुए अपनी मंज़िल तक जाना था।

मुसीबतें कभी भी बच्चों से उनका बचपन नहीं छीन सकतीं। मैंने अपनी माँ से लोहे के तार से मछली पकड़ने का एक काँटा बनाने को कहा। सुबह सवेरे, मैंने काँटे के हुक में एक केंचुआ फँसा लिया और उसे योंगकुई नदी में फेंक दिया। मेरी योजना ये थी कि स्कूल से घर लौटते वक़्त मैं इसे वापस निकाल लूँगी। मैंने कभी कोई मछली नहीं पकड़ी लेकिन मैं हर रोज़ बिला नागा अपना मछली पकड़ने का सामान साथ लेकर आती और पूरे उत्साह से नदी में उसे डालकर बैठी रहती।

एक बार एक छोटी–सी मुश्किल से दो इंच लम्बी मछली मैंने पकड़ी थी। हमारे घर के बाहर जो छोटा–सा झरना था न, मैंने उसी में इसको पकड़ा था। मछली पकड़ते ही मैं ख़ुशी के मारे उछलने लगी और घर की ओर भागी। मैंने माँ से कहा कि इस मछली को मेरे लिए पका दो। जब माँ ने वह नन्ही मछली मेरे हाथ में देखी तो ख़ूब हँसी। इतना हँसी कि उनकी आँखों में आँसू आ गये। आख़िरकार, माँ को मेरी बात माननी ही पड़ी और उन्होंने उस मछली की चटनी बना दी।

एक दिन पिताजी ने ग़ुस्से में मुझे आदेश दिया, ''आगे से रास्ते में न कोई फूल तोड़ने हैं और न ही तितलियाँ पकड़नी हैं! पहाड़ के पार एक छोटे लड़के ने नदी के पास एक मेढक पकड़ लिया था और अचानक से एक साँप उछलकर उसके मुँह में चला गया और उसकी दम घुटने से मौत हो गयी!''

जहाँ हम रहते थे, वहाँ बहुत से साँप थे; लोग कई बार लापरवाही करते और उनका पैर साँप पर पड़ जाता। एक दिन जब माँ और पिताजी घर पर नहीं थे तो मैंने एक नन्हा, मुश्किल से एक इंच भर का साँप देखा। वह दरवाज़े के नीचे से घर के भीतर आ गया था। हालात का बहादुरी से सामना करने के बजाय मेरे पास कोई चारा नहीं था। मैंने उसे मछली पकड़ने वाले काँटे से उठाया और बाहर फेंक दिया। एक बार और ऐसे ही हुआ। मैं, माँ के साथ लोबिये की फलियाँ तोड़ने के लिए खेतों की ओर जा रही थी। हमने एक पुराने विशाल जंगली पेड़ में एक छेद देखा, जिसमें साँप ही साँप थे, सब एक–दूसरे से लिपटकर बैठे हुए थे और देखने पर ऐसा लग रहा था, मानो तले हुए नूडल्स हों। माँ ने मुझे तुरन्त पेड़ के पास से दूर खींच लिया। उन्होंने मुझे बताया कि साँप और ऐसे ही दूसरे बिना पैर वाले जीव इसी तरह समूह में प्रेम करते हैं। अगर तुमने उन्हें परेशान किया तो वे तुम्हें काट लेंगे।

एक दिन, जब मैं स्कूल से घर लौट रही थी तो मैंने पहाड़ी की ढलान पर कुछ काला–काला देखा। वह पेड़ों से रगड़ खा रहा था और इसीलिए पत्तियों के खड़खड़ाने की आवाज़ हो रही थी। मुझे लगा कि ये कोई गाय है, शायद पहाड़ पर रहने वाले किसी परिवार की होगी। लेकिन पिताजी ने बताया कि हो सकता है कि वह भालू रहा हो। उन्होंने मुझे बताया कि अगर रास्ते में भालू मिल जाये, तो मुझे एक ही दिशा में सीधे नहीं दौड़ना है, बल्कि टेढ़े–मेढ़े तरीक़े से दौड़ना है। उन्होंने मुझे यह भी बताया कि भालू बेवकूफ़ होते हैं; वे मक्का के खेत में जायेंगे और सारे भुट्टे तोड़–तोड़कर फेंक देंगे। और जब तक एक भी भुट्टा बचा रहेगा, वे ऐसा ही करते रहेंगे।

एक बार मैंने पहाड़ी ढलान पर एक सूअर को देखा, वह अपने आप को एक पेड़ से रगड़ रहा था। मैं हैरान थी कि यह किसका सूअर हो सकता है जो घर से इतनी दूर पहाड़ी पर चला आया। मैंने एक डण्डी उठायी और उसे वापस गाँव की ओर खदेड़ने लगी। उसका सिर बहुत बड़ा था, उसकी टाँगें भी लम्बी थीं और आगे की ओर दो दाँत निकले हुए थे। जब उसने मेरी आवाज़ सुनी तो उसने मेरी ओर देखा, फूँ–फूँ की आवाज़ निकाली और पहाड़ की ओर भाग गया...

घर पहुँची तो पिताजी ने जमकर डाँट लगायी, ''ये सत्यानाशी परिवार और ये सत्यानाशी लड़की, तुम ज़िन्दा रहना चाहती हो या नहीं? किसी का सूअर घर से इतनी दूर क्यों जायेगा? वो जंगली सूअर था! जंगली सूअर! क्या तुमने पहाड़ी लोगों को यह कहावत कहते नहीं सुना, सबसे पहले जंगली सूअर, फिर भालू और उसके बाद बाघ? जंगली सूअर, भालू और बाघ से भी ज़्यादा ख़तरनाक होता है। अगली बार जंगली सूअर दिखे तो उससे जितनी दूर हो सके, दूर जाकर छुप जाना!''

मैं इस बात से इतना डर गयी कि मुझे आधी रात तक नींद ही नहीं आयी।

माँ ने मुझे दिलासा देने की कोशिश की और कहा, ''डरो मत, पिताजी की चिन्ता मत करो, वे तुम्हें डराने की कोशिश कर रहे हैं। सब ठीक है! बूढ़ी लोमड़ी तुम्हारी रक्षा कर रही है!''

माँ अक्सर मेरे लिए अगरबत्ती जलाती और बूढ़ी लोमड़ी से प्रार्थना करती, ''मेरी बच्ची का ख़याल रखना। देखना, कोई मुसीबत उसके पास भी न फटके।''

पहाड़ पर गर्मियाँ और पतझड़ का मौसम इतना ख़राब नहीं होता था लेकिन सर्दियाँ ज़रूर जानलेवा होती थीं।

सर्दियों में दिन छोटे होते और हर चीज़ बर्फ़ से ढँकी रहती। बाहर रौशनी होने से पहले मुझे उठना पड़ता और कक्षा ख़त्म होने से पहले ही रात हो जाती। बाहर तापमान शून्य से 20 या 30 डिग्री नीचे होता। और मेरे पास पहनने के लिए कोई क़मीज़ या अन्तःवस्त्र नहीं थे, सिर्फ़ अपनी रूई वाली जैकेट पहनती और उसके नीचे रूई भरा हुआ पायजामा। इसके नीचे मैं अपने सूती मोजे पहनती जो गहरी बर्फ़ में पैर धँसने से निकल जाते। स्कूल में खाने के लिए मैं घर से मक्के से बना भोजन लेकर आती। पहाड़ी रास्ते पर बर्फ़बारी के बीच मैं फिसलते और गिरते–पड़ते पहुँचती। मेरे हाथ और पैर ठण्ड के मारे जमकर सूज जाते और लाल पड़ जाते। और जब मेरे कान बहुत ठण्डे हो जाते तो उनमें से पीली मवाद टपकने लग जाती। लेकिन मैंने माँ को नहीं बताया। मुझे डर था कि पिताजी को पता चल जायेगा और वे मेरा स्कूल जाना बन्द कर देंगे। एक दिन माँ ने देखा कि मेरे पैर सूजकर भाँप में पकी हुई ब्रेड की तरह हो गये हैं; मुझसे जूते तक नहीं पहने जा रहे थे। माँ ने बड़े ही प्यार से कहा, ''बेटा, तुमने बताया क्यों नहीं कि तुम्हारे हाथ–पैर इतने सूज गये हैं?''

उसके बाद से माँ बैंगन के पौधे की टहनियों को हर रोज़ पकाती और उस पानी से मेरे सूजे हुए पैरों में बने फोड़ों को धोती। हर बार सर्दियों में मेरे पैरों को पाला मार जाता और उनमें बुरी तरह खुजली होती। आज भी मेरे बायें पैर पर पाला मारने से बने घाव का निशान था...

मुझे सबसे अच्छा स्टोव के पास बैठने पर महसूस होता। मैं वहाँ बैठी रहती और माँ आलू भूनकर खिलाती जाती। कभी–कभार हमें गौरैया भी खाने को मिल जाती थी। माँ छलनी से उसे ढँक कर रखती। गौरैया का मांस इतना स्वादिष्ट होता था, बस पूछो ही मत! उस समय गौरैया को देश में हर जगह 'चार बुराइयों' में से एक माना जाता था। देश में हर किसी को यह काम दिया गया था कि वह गौरैया को देखते ही मार डाले।

शहर में लोग गौरैया के इतने पीछे पड़ गये कि उस बेचारी के पास न कहीं छुपने की जगह बची और न ही कहीं पैर टिकाने की, लिहाज़ा वे थकान से ही मर गयी।

सर्दियों के मौसम में मैं अपनी छोटी–सी स्लेज निकालती और बर्फ़ की मोटी परत पर उसे चलाते हुए माँ–पिताजी के साथ लकड़ियाँ काटने

पहाड़ पर जाती। पहाड़ की चोटी से, मुझे बहुत दूर, इल्ली की जैसी कोई चीज़ टेढ़ी–मेढ़ी चलती हुई नज़र आती। ये रेलगाड़ी थी। जब भी मैं ट्रेन को देखती, मैं अपने ही ख़यालों में खो जाती : कब मैं ट्रेन में बैठकर च्यामुशी जाऊँगी? मैं शहर के बच्चों की तरह कब रहूँगी, कब उनकी तरह पढ़ूँगी, कब आरामदायक और गर्म कक्षा में उनकी तरह नाचूँगी, उनकी तरह गाऊँगी?

बर्फ़ की चमक से माँ की आँखें चुँधिया गयी थीं और वह अपनी एक आँख से बहुत दूर कुछ देख रही थीं। मैंने पूछा, ''माँ, क्या देख रही हो?'' मुझे पता था कि माँ की आँखें कमज़ोर हैं और वह ट्रेन को नहीं देख सकतीं।

आख़िर में उन्होंने लम्बी साँस छोड़ते हुए कहा, ''मैं किसी चीज़ को नहीं देख रही। मैं यह देखने की कोशिश कर रही हूँ कि बर्फ़ कब पिघलेगी।'' इसके बाद वह फिर से सिर नीचा करके टहनियों को काटने लगीं।

मुझे पता है माँ बर्फ़ की ओर नहीं देख रही थी। वह पहाड़ों के पार की ज़मीन को देख रही थी, मेरी ही तरह। मेरी माँ शहर में पली–बढ़ी थीं और जिस दिन से उन्होंने पहाड़ पर क़दम रखा था, वह वहाँ से निकलने की उम्मीद में जी रही थीं, लेकिन उन्होंने कभी ये बात ज़ाहिर नहीं होने दी और न ही कभी शिकायत की।

सालों बाद, माँ ने एक दिन मुझे अपने दिल में दबी ख़्वाहिश बतायी।

''मैं जानती हूँ तुम्हारे पिताजी के स्वभाव को। उनके साथ बहस करने का कोई फ़ायदा नहीं है। मैं सिर्फ़ यही कर सकती हूँ कि परमात्मा पर भरोसा रखूँ और उनके कहे अनुसार चलूँ। मेरी जगह तुम्हारे पिताजी के साथ है, फिर चाहे क़िस्मत उन्हें जहाँ भी ले जाये। ओह! उस ज़माने में औरतें आज की औरतों के जैसी नहीं थीं। आज औरतों की ज़िन्दगी बहुत बेहतर है; वे अपना पैसा कमा सकती हैं और अपने फ़ैसले ले सकती हैं, और अगर पति से उनकी नहीं निभ रही होती है तो वे तलाक़ ले सकती हैं...''

''माँ, अगर आज तुम एक युवती होतीं तो क्या पिताजी को तलाक़ दे देतीं?'' मैंने ज़रा हँसते हुए माँ से पूछा।

''नहीं जानती, लेकिन तुम्हारे पिता मुझसे ज़्यादा जवान और सुन्दर हैं। हो सकता है कि वही पहले मुझे तलाक़ दे देते। तुम्हारी ज़िन्दगी क्या मोड़ लेगी, इसकी कोई भविष्यवाणी नहीं कर सकता।''

जब भी मैं पहाड़ पर लकड़ी काटने के लिए जाती तो मैं ताज़ा पहाड़ी फूलों का एक गुच्छा तोड़कर घर ले आती। इसका नाम पहाड़ी अजेलिया

था जो एक बहुत ही ख़ास पौधा था; बसन्त के शुरुआत में जब फूल केवल खिलने शुरू ही होते थे, पहाड़ी अजेलिया पहले ही पहाड़ों और मैदानी इलाक़ों में खिल चुका होता। दूर से देखने पर, गुलाबी अजेलिया ऐसा लगता मानो पूरे पहाड़ पर उग आया है। अजेलिया को देखकर ऐसा भान होता मानो सूर्यास्त के बाद की गुलाबी रौशनी चारों ओर फैल गयी है और यही गुलाबी रौशनी पहाड़ों से पीली धरती पर उतर आयी है। इस नज़ारे को मैं बार–बार देखती और अपनी आँखों में बन्द कर लेती, ये इतना ख़ूबसूरत जो था। बसन्त के आगमन से पहले धरती अजीब तरह से रूखी हो जाती और अजेलिया फूल धरती पर छा जाता और उसे एक नयी ज़िन्दगी देता।

हर बार बसन्त में, पहाड़ी अजेलिया सबसे पहले हमारे छोटे से घर के भीतर उगता था। उस क्षण की ख़ूबसूरती मैंने आज भी अपनी आँखों में सँजो रखी है। मेरे बचपन में इस अजेलिया ने बहुत से नये रंग भरे थे। जब पहाड़ों पर अजेलिया खिलता तो मुझे पता चल जाता कि कँपकँपाती ठण्ड अब कुछ दिन की ही मेहमान है।

इन दिनों, जब मैं बसन्त के मौसम में ट्रेन से सफ़र करती हूँ तो मुझे खिड़की से बाहर झाँकना और दूर खड़े पहाड़ों को देखना अच्छा लगता है। मैं इन पहाड़ों पर अजेलिया को ढूँढ़ती रहती हूँ।

जब भी पहाड़ की ढलान पर चटकीले रंग के अजेलिया के फूल नज़र आते हैं, मेरा दिल हमेशा झूम उठता, ''हे! पहाड़ी अजेलिया! मेरे पहाड़ी अजेलिया खिल उठे हैं!''

33

लेसर खिंगान रेंज में मेरी पहली सर्दियाँ थीं। इन सर्दियों में मेरे साथ दो भयानक बातें हुईं।

एक दिन दोपहर की बात है श्री ल्यूओ ने ऐलान कर दिया कि वह ड्राइंग की कक्षा शुरू करने जा रहे हैं इसलिए स्कूल की जल्दी छुट्टी हो जायेगी जिससे कि बच्चे नांचा शहर में जाकर ड्राइंग पेपर ख़रीद सकें।

आसमान में बर्फ़ के एकाध क़तरे तैर रहे थे। मैं बड़े उत्साह में थी। कक्षा के बच्चों के एक समूह के साथ मैं शहर में ड्राइंग पेपर ख़रीदने के

लिए जा रही थी। हम लोगों ने जमी हुई यांगकुई नदी को पार किया। मेरी एक सहपाठी ने शहर में दुकान से सिंका हुआ ब्रेड रोल लिया और उसे खाने लगी। उसे ब्रेड रोल खाते देखकर मेरे मुँह में पानी आ गया। दुकानदार की बीवी ने मेरे चेहरे के भाव पढ़ लिए और मेरे गालों को थपथपाकर मुझे चिढ़ाते हुए बोली, ''नन्ही लड़की! अगर तुम मेरी बेटी बनकर, मेरे साथ रहोगी तो मैं तुम्हे हर रोज़ सिंका हुआ ब्रेड खाने को दूँगी!'' मैं पूरी ताक़त लगाकर वहाँ से भागी। मैं ख़ुद को शर्मिन्दा महसूस कर रही थी।

किसानों के बच्चे शहर में गये थे तो उनके लिए हर चीज़ नयी और हैरान करने वाली थी; मुझे समय का पता ही नहीं चला और जब तक मैं अपने सहपाठियों के समूह से अलग हुई, तो आसमान पहले ही काला हो चुका था और हवा ने बर्फ़ को घने कोहरे में बदल दिया था।

जो कोई भी हेइलूङच्याङ में रहा होगा, उसने कभी–न–कभी भीषण बर्फ़ीले तूफ़ान का सामना ज़रूर किया होगा। भीषण बर्फ़ीला तूफ़ान, बीजिंग की रेत की आँधी की तरह होता है, फ़र्क़ केवल इतना होता है कि यह रेत नहीं होता बल्कि यह बर्फ़ होती है जिसे हवा एक बादल में बदल देती है। एक बार जब वह हवा चलनी शुरू होती है तो बर्फ़ को ज़मीन और आसमान से उड़ाना शुरू कर देती है। ऐसे में हालत यह होती है कि आप गली के दूसरी ओर खड़े व्यक्ति को नहीं देख सकते। इन हालातों में घर से निकले लोग अक्सर रास्ता भटक जाते हैं और कुछ तो सुनसान वीरानों में भटककर मौत के मुँह में चले जाते हैं।

शहर से निकलने के तुरन्त बाद मैं रास्ता भटक गयी। मेरी आँखों के सामने अगर कुछ था तो सिर्फ़ बर्फ़ और कोहरे की विशाल सफ़ेद चादर। इस घने कोहरे में मैं इतनी बुरी तरह से रास्ता भूल गयी कि मुझे समझ ही नहीं आ रहा था कि जहाँ मैं खड़ी थी, वह कौन–सा रास्ता था; अब कहाँ जाऊँ, क्या करूँ? आख़िरकर मुझे एक बूढ़ा आदमी अपनी पीठ पर जलावन की लकड़ियों को गट्ठा अपने घर की ओर ले जाते नज़र आया। मैं तुरन्त उसके पास गयी और बोली, ''बाबा, मैं रास्ता भटक गयी हूँ, मुझे अपना घर नहीं मिल रहा।''

''तुम कहाँ रहती हो? ''बूढ़े आदमी ने पूछा।

''आठवें पुल पहाड़ पर।''

बूढ़े आदमी ने हैरानी से देखा, ''तुम्हारा घर यहाँ से पाँच किलोमीटर

से ज़्यादा ही दूर होगा! पहले ही इतना अँधेरा हो चुका है और बर्फ़ीला तूफ़ान आया हुआ है, नन्ही बच्ची, तुम घर कैसे जाओगी?''

''अगर आप मुझे नदी तक पहुँचा दें तो वहाँ से मैं अपना रास्ता ढूँढ़ सकती हूँ।'' मैंने कहा।

''लेकिन नदी पार करने के बाद भी, क्या तुम्हें पाँच किलोमीटर पैदल नहीं चलना पड़ेगा?''

''किसी भी सूरत में, मुझे घर वापस पहुँचना है...''

बूढ़ा आदमी मुझे अपने घर के भीतर ले गया ताकि मैं आग के पास बैठकर कुछ गर्मी पा सकूँ। इसके बाद वह मुझे नदी तक ले गया और बोला, ''नन्ही बच्ची, नदी एकदम तुम्हारे सामने है। नदी पार करके बायें मुड़ जाना और फिर आगे सीधे चलती जाना। कुछ देर बाद तुम घास के मैदान में पहुँच जाओगी। बेटी, सावधानी से जाना!''

मैंने बूढ़े आदमी का शुक्रिया अदा किया और जल्दी से बर्फ़ जमी नदी को पार करने लगी। दूसरी ओर विशाल घास का मैदान मेरा इन्तज़ार कर रहा था।

जैसे ही मैं घास के मैदान में घुसी, मेरा नन्हा शरीर तुरन्त झाड़–झंखाड़ में छुप गया। अब मुझे डर लगने लगा था। छोटा रास्ता, जिससे होकर मैं आमतौर पर घर जाती थी, वह बर्फ़ से ढँका था, इसलिए मुझे रास्ता नज़र नहीं आया; वहाँ अब कुछ नहीं था, सिवाय अन्धों की तरह आगे बढ़ते रहने के। मेरे नन्हे पैर कई बार बर्फ़ में धँस जाते, कई बार जमी हुई घास पर पड़ते। बर्फ़ के उड़ते हुए क़तरे मेरे चेहरे से टकरा रहे थे और कानों में तूफ़ान के गरजने की आवाज़ें आ रही थीं। मैं दौड़ती जा रही थी और पीछे देखती जाती थी; मुझे ऐसा लगा कि घास में हर जगह भेड़िये, जंगली सूअर और बाघ छुपे बैठे हैं...

कुछ एक दिन पहले ही, मैंने दो सच्ची कहानियाँ सुनी थीं :

उस समय नांचा...शहर में कुछ रूसी लोग रह रहे थे। एक दिन एक रूसी ने हमारी घाटी में रहने वाले आदमी ओल्ड वांग को बताया कि वह एक दिन पहाड़ों में शिकार कर रहा था कि उसी समय उसे एक मादा भालू नज़र आयी। वो और उसके दो बच्चे एक बाघ से लड़ रहे थे। उसने कहा कि तीनों भालुओं को ज़रूर बाघ ने मार गिराया होगा। रूसी ने ओल्ड वांग को कुछ दिन पहाड़ पर साथ चलने का निमन्त्रण दिया। वह भालू का मांस लाना चाहता था। पहाड़ों पर रहने वाले सभी लोग

जानते हैं कि भालू और बाघ के बीच लड़ाई कई दिन और कई रातों तक चलती है। लड़ते–लड़ते बाघ थक गया और भोजन की तलाश में निकल गया लेकिन काला भालू बाघ के ख़ून का प्यासा था और इसीलिए मादा भालू ने लड़ाई के मैदान को अपने हिसाब से तैयार करने में अपनी ऊर्जा लगायी। भालू ने उस इलाक़े के सारे पेड़ उखाड़ फेंके। बाघ के आने के बाद लड़ाई फिर से शुरू हो गयी। मादा भालू ने आख़िरी साँस तक बाघ का मुक़ाबला किया, लेकिन आख़िर में वह बाघ का भोजन बन गयी। जैसा कि उम्मीद थी, कुछ दिन बाद ओल्ड वांग को बर्फ़ के नीचे भालू का मांस दबा मिला। वह हमारे परिवार को भी उसका एक टुकड़ा देने आया था। मुझे तो भालू का मांस कोई बहुत ज़्यादा स्वादिष्ट नहीं लगा; यह बेहद कड़ा और रेशेदार था। इसका स्वाद देवदार के तेल जैसा था।

दूसरी कहानी हमारे पड़ोसी दादा ली के बारे में थी।

वह शहर से लौट रहे थे। कुछ बाजरा लेकर आये थे। जब वह घास के मैदान से गुज़र रहे थे तो अचानक उन्हें महसूस हुआ कि कुछ फर जैसी चीज़ ने उनके कन्धे पर झपट्टा–सा मारा है। उन्होंने उस जानवर के मुँह से आती ख़ून की बदबू को सूँघ लिया और वह समझ गये कि यह कोई भेड़िया है। उनकी पीछे मुड़कर देखने की हिम्मत नहीं हुई। उन्हें पता था कि अगर वह पीछे मुड़े तो भेड़िया सीधे उनकी गर्दन में दाँत गड़ा देगा। इसलिए उन्होंने सबसे पहले बाजरे का थैला नीचे गिराया, अपने जूते उतारे और दोनों हाथों में एक–एक जूता लेकर, कन्धे के पीछे हाथ ले जाकर भेड़िये को मारना शुरू कर दिया। उन्होंने अपनी पूरी ताक़त लगा दी। लेकिन उनके हाथ भेड़िये से लड़ने के लिए मज़बूत नहीं थे। अब उन्होंने ज़ोर–ज़ोर से चिल्लाना शुरू कर दिया, ''मैं तुम्हें मार डालूँगा! मैं तुम्हें मार डालूँगा!'' वह तब तक चिल्लाते रहे जब तक कि गाँव के इतने पास नहीं आ गये कि कुत्ते उनकी आवाज़ सुन सकें और भौंकना न शुरू कर दें। वहीं जाकर भेड़िये ने उन्हें छोड़ा।

उस शाम, मैं अपने माता–पिता के साथ दादा ली के घर गयी। वह अभी भी हाथों में जूते पकड़े हुए उन्हें बदहवास से इधर–उधर घुमाये जा रहे थे और साथ ही पागलों की तरह चिल्ला रहे थे, ''मैं तुम्हें मार डालूँगा, मैं तुम्हें मार डालूँगा...'' इसके बाद दादा ली कई दिन तक बीमार रहे।

घास के मैदान में मैं भागी जा रही थी और उधर ये कहानियाँ मेरे दिमाग़ में घूम रही थीं। इससे मेरा डर और बढ़ता जा रहा था। हवा का

हर झोंका और घास में हल्की–सी भी हलचल मेरे होश उड़ा दे रही थी। हर क्षण लग रहा था, अब बेहोश होकर गिर जाऊँगी।

जानती थी कि इस बर्फ़ीले तूफ़ान में चिल्लाने या रोने का कोई फ़ायदा नहीं होगा, उस विशाल वीराने बीहड़ में मेरी आवाज़ कहीं नहीं पहुँचेगी; ज़िन्दा रहने का एक ही रास्ता था कि जितना जल्दी–जल्दी हो सके, घर की ओर बढ़ा जाये, नहीं तो मैं बर्फ़ में जमकर ही मर जाऊँगी या मुझे भेड़िये खा डालेंगे। दोनों में से जो भी होगा, उसके बाद मेरी कुछ गिनी–चुनी हड्डियाँ ही बचेंगी। धीरे–धीरे मेरे दिमाग़ की नसें सुन्न पड़ गयीं और मेरा डर भी। मैं बस मशीन की तरह सिर्फ़ दौड़ रही थी। पता नहीं कितनी देर मैं दौड़ती रही, नहीं पता कितनी बार घास में गिरी–आख़िरकार मैं घास के मैदान से बाहर निकली। जब मैं पहाड़ से आगे बढ़ी तो मुझे गाँव से कुत्तों की आवाज़ आती सुनाई दी। अचानक से मेरी चेतना लौटी और मैंने ज़ोर–ज़ोर से रोना शुरू कर दिया।

अगले दिन, पता चला कि कुत्ते इसलिए भौंक रहे थे क्योंकि भेड़ियों के एक झुण्ड ने बूढ़े ह्यू के गधों के बाड़े को घेर लिया था। पता चला कि भेड़ियों ने उनके गधों और कुत्तों को मार दिया था। माँ ने बताया कि ये भेड़िये मुझ पर भी हमला कर सकते थे। माँ को यही लग रहा था, मेरी क़िस्मत अच्छी थी कि मैं सुरक्षित घर पहुँच गयी।

जब मैंने घर का दरवाज़ा धक्का देकर खोला, तो मैं रोये जा रही थी और मैं हिम मानव जैसी लग रही थी। मैंने मेज़ पर पुरानी टोकरी और काँटा देखा, साथ में कुछ बाजरा रखा हुआ था...

''क्या ये सच में ही यावन है?'' माँ को यक़ीन ही नहीं हो रहा था कि यह मैं हूँ। माँ बर्फ़ीले तूफ़ान में दो बार मुझे खोजने के लिए नदी तक गयी थी और 20 किलोमीटर तक पैदल चली थी। उन्होंने सोचा कि मुझे भेड़िये खा गये हैं और मैं कभी घर वापस नहीं आऊँगी।

''माँ...'' मैंने अपना चेहरा माँ की गोदी में छुपा दिया और बुरी तरह रोती रही।

माँ ने देखा मेरा चेहरा ख़ून से सना हुआ था और मेरे हाथ में पकड़े हुए ड्राइंग पेपर पर लाल धब्बे लगे थे। मेरे आँसू पोंछते हुए माँ ने पूछा कि क्या हुआ था। लेकिन मैं इतनी बुरी तरह से रो रही थी कि मुँह से और कोई आवाज़ निकल ही नहीं रही थी।

पिताजी कांग पर मुँह नीचे किये लेटे हुए थे और उन्होंने ग़ुस्से से मुझे

कोसना शुरू कर दिया, ''सत्यानाशी परिवार और सत्यानाशी औलाद, हम लोगों की जान मुँह में आ गयी थी! अब तुम्हारा स्कूल जाना बन्द। अगर तुमने कल घर से बाहर क़दम रखा, तुम्हारी टाँगें तोड़ दूँगा!'' उन्होंने कांग के पास रखी झाड़ू उठायी और मुझे मारने के लिए बढ़े। पर माँ ने तुरन्त झाड़ू को उनके हाथ से छीन लिया।

उस रात, हवा की तेज़ साँय–साँय और सीटियाँ मेरे कानों में गूँजती रहीं, भेड़ियों और भूतों की आवाज़ें डराती रहीं। आँखें बन्द करती, तो घास का विशाल मैदान आँखों के आगे नाचने लगता। अगले दिन सुबह, अभी पौ भी नहीं फटी थी। मैं चुपके से बिस्तर से नीचे उतरी, माँ जो मेरे लिए ड्राइंग किताब लेकर आयी थी, वो उठायी, ताज़ा सिंके मक्का ब्रेड को अपने बैग में रखा और दबे क़दमों से दरवाज़े की ओर बढ़ी। मुझे चिन्ता थी कि पिताजी जग जायेंगे और मुझे स्कूल नहीं जाने देंगे। जैसे ही मैं कमरे के दरवाज़े से बाहर निकलने को हुई, मैंने पीछे मुड़कर देखा, पिताजी कांग पर लेटे हुए थे। और मुझे बाद में जानकर हैरानी हुई कि वह गुपचुप तरीक़े से मुझ पर नज़र रखे हुए थे। उनकी एक आँख खुली हुई थी।

जैसे ही मैं घर से निकल रही थी, माँ दौड़कर मेरे पीछे आयी, अपने ऐप्रन में से दो उबले अंडे निकाले और उन्हें मेरी जैकेट की जेब में ठूँस दिया। वह मेरे साथ पहाड़ी दर्रे तक आयी और मुझसे बोली, ''स्कूल के बाद सीधे घर आना, फिर ऐसा कुछ मत करना कि मैं और तुम्हारे पिताजी तुम्हारी चिन्ता में ही मरते रहें।''

''ठीक है। अब तुम्हें घर जाना चाहिए, माँ!'' मैंने माँ की ओर से मुँह फेरा और घास के मैदान में घुस गयी।

मैं काफ़ी रास्ता तय कर चुकी थी, लेकिन अभी भी पहाड़ी दर्रे पर मुझे अपनी माँ खड़ी नज़र आ रही थी, वो मुझे देख रही थी। पता था, माँ को ठीक से नज़र नहीं आता। कोई उपाय नहीं था जिससे कि वह मुझे देख पाती।

मेरा हाथ जैकेट की जेब में रखे गर्म अंडों से खेल रहा था। और मैं बर्फ़ से ढँके पहाड़ की ओर खड़ी अपनी माँ की छोटी–सी नज़र आ रही आकृति को देख रही थी। मुझे अपनी नाक में कुछ चुभन–सी हुई और आँखों से ठण्डे आँसू गालों पर लुढ़क पड़े।

बर्फ़ गिरनी बन्द हो गयी थी और हवा भी शान्त थी। और मेरे चारों

ओर बर्फ़ ही बर्फ़ बिछी थी और साथ ही बिछी थी ख़ामोशी। ख़ामोशी इतनी गहरी थी कि मेरे पाँव के नीचे दबती बर्फ़ की चरचर की आवाज़ वीराने में गूँजती–सी लग रही थी। मैंने चलते–चलते अपने कल के पाँवों के निशान ढूँढ़ने की कोशिश की लेकिन हर जगह घनी बर्फ़ थी। कहीं–कहीं कुछ खुरों के निशान थे।

34

उन सर्दियों में एक और भयानक हादसा मेरे साथ हुआ। ये पहले से भी ज़्यादा ख़तरनाक और रूह को कँपाने वाला था।

रात के समय, काफ़ी बर्फ़बारी हुई। इतनी बर्फ़ गिरी, इतनी बर्फ़ गिरी! कि जब मैं सुबह घर से बाहर निकली तो मेरे जूते पूरे बर्फ़ में धँस गये।

माँ ने आसमान में देखा, आसमान का रंग गहरा था और अभी भी हल्की–हल्की बर्फ़ गिर रही थी। माँ को आसमान की ओर देखने भर से कुछ अशुभ की आशंका हुई। मुझसे बोलीं, ''जब कक्षा ख़त्म हो और अगर बर्फ़ ज़्यादा गिर रही हो तो बेटी, घर मत आना। रात को अपनी किसी सहपाठी के घर रुक जाना।''

''ठीक है,'' मैंने कहा और फिर से घास के मैदान की ओर चल पड़ी।

जब कक्षा ख़त्म हुई तो बर्फ़ बहुत ज़्यादा गिर रही थी। मैं झिझक रही थी। मुझे चिन्ता हो रही थी कि मैं अपनी किस सहपाठी से कहूँ रात में उसके घर रुकने के लिए।

श्रीमान लाओ ने पूछा, ''चाङ यावन, जल्दी ही अँधेरा हो जायेगा, तुम पहले ही क्यों नहीं चली गयीं? क्या बर्फ़ के कारण तुम अब घर नहीं जा सकतीं क्या?'' मैंने हाँ में सिर हिलाया।

''अरे, सब ज़रा एक मिनट रुको!'' श्री लाओ ने तुरन्त मेरे सहपाठियों से ऊँची आवाज़ में कहा जो अपने–अपने घर जाने के लिए तैयार हो रहे थे। ''चाङ यावन का घर बहुत दूर है और वह आज रात घर नहीं जा सकती। रात को रहने के लिए कौन उसे अपने घर लेकर जायेगा?''

मेरी कक्षा में ज़्यादातर लड़के थे; पूरे स्कूल में केवल पाँच लड़कियाँ थीं। कुछ लड़कों ने मज़ाक़ बनाना शुरू कर दिया और हँसते हुए एक–दूसरे को धकियाने लगे। एक छोटा लड़का, जो काफ़ी सभ्य था,

उसने थोड़ा हकलाते हुए कहा?, ''मास्टर जी...मास्टर जी, मैं...मैं उसे अपने घर ले जा सकता हूँ...''

पूरी कक्षा में अचानक से ठहाके गूँजने लगे। इस बीच, यह सब देख सुनकर मैं रोने लगी। उस ज़माने में लड़के और लड़कियाँ एक–दूसरे से बिरले ही बात करते थे, एक–दूसरे के घर में रात को रुकने की तो कल्पना ही नहीं की जा सकती थी।

उसी समय, एक लड़की जिसका नाम ह्यू युलिंग था, उसने दबी–सी आवाज़ में कहा, ''मास्टर जी, वह मेरे घर रह सकती है।''

ह्यू युलिंग का परिवार काफ़ी ग़रीब था और उसका घर बहुत ही ख़राब हालत में खँडहर जैसा था। जब मैं उसके घर पहुँची तो देखा कि एक गहरे साँवले रंग का और दुबला–सा आदमी कांग पर बैठा हुआ है। उसकी साँस उखड़–सी रही थी और वह लगातार खाँसे जा रहा था। घर में बाहर वाला कमरा रसोई था और उत्तर की ओर की दीवार के पास एक और छोटा–सा कांग था। उस पर एक अच्छा–ख़ासा स्वस्थ जवान आदमी लेटा हुआ था।

शाम के समय, ह्यू युलिंग, उसकी दो बहनें और मैं एक बिस्तर पर सो गये। हम चारों ने एक कम्बल ओढ़ रखा था जो मछली पकड़ने के जाल जैसा झीना था। आधी रात के क़रीब मैं बाथरूम जाने के लिए उठी। लेकिन मुझे चिन्ता थी कि बाथरूम में पेशाब की आवाज़ से दूसरे लोगों की नींद ख़राब हो जायेगी। इसलिए मैंने अपनी जैकेट पहनी और अँधेरे में किसी तरह रास्ता बनाते–बनाते दरवाज़े की ओर बढ़ी। अचानक मैंने कांग की ओर से किसी की साँस भारी–भारी–सी चलने की आवाज़ सुनी, जैसे कोई हाँफ रहा हो। मैं तेज़ी से बाहर गयी और अपना काम ख़त्म करके तुरन्त वापस आ गयी।

अगली सुबह, नाश्ते का समय था। ह्यू युलिंग...की माँ ने पके हुए बाजरे का कटोरा काफ़ी ज़ोर से मेरी ओर किया। उनके चेहरे पर उदासी के भाव थे। वह बोलीं, ''कमरे में एक पेशाब करने का बर्तन है, आगे से बाहर मत जाना, तुमने दरवाज़ा खोलकर सारी ठण्डी हवा अन्दर भर दी!''

काफ़ी देर तक मैं कटोरे को हाथों में पकड़े रही, काँटा भी नहीं उठाया। बड़ी मुश्किल से अपने आँसुओं को रोकने की कोशिश कर रही थी।

बाद में पता चला कि जिस जवान आदमी को मैंने देखा था, वह ह्यू

युलिंग की माँ का दूसरा पति था। हेइलूङच्याङ के ग्रामीण इलाक़ों में अगर किसी आदमी की सेहत ठीक नहीं है और वह घर के मुखिया और औरत के पति के रूप में अपनी ज़िम्मेदारियाँ पूरा करने में नाकाम है तो उसकी पत्नी चाहे तो दूसरा आदमी रख सकती है। दोनों पुरुष और एक महिला आराम से एक साथ रह सकते हैं।

उस दिन जब कक्षा ख़त्म हुई तो बर्फ़बारी रुक गयी थी। मैं घनी बर्फ़ के बीच से रास्ता बनाते हुए घर की ओर चल दी।

मुझे पहाड़ का रास्ता भी नज़र नहीं आ रहा था। इसलिए मैंने जमी हुई नदी के ऊपर स्लेज के निशानों के साथ–साथ आगे बढ़ना शुरू किया। सर्दियों के दिनों में यहाँ लोग जलावन लकड़ी और भोजन सामग्री की आपूर्ति के लिए घोड़ागाड़ी की बजाय घोड़ों से खींचे जाने वाली स्लेज का इस्तेमाल करते हैं।

मैं चले जा रही थी कि अचानक मुझे बर्फ़ पर अपने पीछे खुरों की आवाज़ सुनाई दी। मैं उछलकर रास्ते से हटी और तभी मेरे पास से एक स्लेज गुज़री, जिसे घोड़ा खींच रहा था। मुझे स्लेज के ड्राइवर की एक झलक दिखी। उसने कुत्ते के फर की टोपी पहन रखी थी। मुझे देखने के लिए वह पीछे मुड़ा और एक हल्की आवाज़ के साथ उसने घोड़े को रोकने के लिए लगाम खींची और मेरी ओर देखकर चिल्लाया, ''नन्ही लड़की, आओ, मैं तुम्हें स्लेज पर बिठाकर ले चलूँगा!''

मुझे अपनी क़िस्मत पर यक़ीन नहीं हुआ और मैं तुरन्त लकड़ी की बिस्तरनुमा स्लेज पर चढ़ बैठी। कुत्ते के फर वाली टोपी पहने ड्राइवर ने मुझसे अपने आगे बैठने के लिए कहा। उसने मुझसे पूछा कि मैं कितने साल की हूँ और कहाँ रहती हूँ। जब मैंने बताया कि मैं क़रीब पाँच किलोमीटर दूर पहाड़ी घाटी में रहती हूँ तो उसने सवाल किया, ''क्या तुम्हें अकेले इतनी दूर स्कूल आने–जाने में डर नहीं लगता?''

मैंने कहा कि मैं डरती नहीं हूँ और मुझे अकेले आने–जाने की आदत है।

फिर उसने पूछा कि मुझे ठण्ड तो नहीं लग रही है। मैंने ना में जवाब दिया।

उसने कहा, ''आज तो बिल्कुल हड्डियों को जमा देने वाली ठण्ड है, तुमने इतने हल्के कपड़े पहने हैं और तुम कह रही हो कि तुम्हें ठण्ड नहीं लग रही? यहाँ आओ, मैं तुम्हें थोड़ा गर्मी दूँगा!'' इतना कहकर उसने अपनी जानवरों के फर की ऊन से बनी जैकेट खोल दी। और मुझे जैकेट

के अन्दर छुपा लिया। उसका एक ठण्डा हाथ मेरी जैकेट के भीतर चला गया और उसने मेरे सपाट सीने और पेट को थपथपाया...

मैं ठण्ड से काँपने लगी और मेरे पूरे शरीर पर रोंगटे खड़े हो गये। मुझे पता नहीं था कि वह असल में कर क्या रहा था। लेकिन मेरी बाल बुद्धि ने कहा कि वह अच्छा आदमी नहीं है। हो सकता है ये उन लोगों में से हो जो बच्चों को नशीली दवा देकर उन्हें उठा ले जाते हैं। मेरी माँ ने मुझे कई बार बताया था कि कुछ ऐसे लोग हैं जो बच्चों के सिर पर डण्डा मारकर उन्हें बेहोश कर देते हैं और उन्हें उठाकर ऐसी जगह ले जाते हैं जहाँ कोई इन्सान नहीं रहता। वह बच्चों को काटकर, उनके मांस के टुकड़े–टुकड़े कर उन्हें गुलगुलों की तरह गलियों में बेचते हैं।

जैसे ही मेरे दिमाग़ में यह बात आयी कि यह उन्हीं लोगों में से एक है तो मैंने तुरन्त चिल्लाना शुरू कर दिया, ''रोको! मुझे तुम्हारी स्लेज में नहीं बैठना! मुझे नीचे उतरना है! रोको!''

''नन्ही बच्ची, क्या तुम्हें अच्छे और बुरे लोगों में फ़र्क़ नहीं पता? जब बाहर इतनी ठण्ड है तो तुम क्यों स्लेज से उतरना चाहती हो?'' उस आदमी ने अपना हाथ पीछे खींच लिया और आवाज़ में थोड़ी मुलायमियत लाकर बोला, ''सुनो, थोड़ी देर बाद मैं तुम्हें टॉफ़ी ख़रीदकर दूँगा और सिंके हुए ब्रेड भी!'' उसने घोड़े की लगाम को थोड़ी ढील दी और स्लेज ने रफ़्तार पकड़ ली।

जितना वह ज़्यादा बातें बनाता, उतना ही मुझे पक्का यक़ीन होता जाता कि वह अच्छा आदमी नहीं है। मैं और ज़ोर–ज़ोर से चिल्लाने लगी, ''नहीं! मुझे नहीं चाहिए टॉफ़ी! मुझे अभी नीचे उतारो! मुझे घर जाना है!''

चीख़ने और रोने से मेरा गला दुख गया लेकिन उस खूँखार आदमी ने स्लेज नहीं रोकी। एक हाथ में उसने घोड़े की लगाम पकड़ रखी थी और दूसरे से मुझे। बीच–बीच में वह भेड़िये जैसी नज़र मेरी ओर दौड़ा रहा था। उसकी पलकों पर बर्फ़ के कारण पपड़ी–सी जमी हुई थी। मेरी आँखों के सामने मीट के पकौड़े घूम रहे थे...लेकिन मैं तो दुबली–पतली बच्ची थी; चाहे मैं कितना भी ज़ोर लगाती, उसकी शिकंजे जैसी पकड़ से ख़ुद को छुड़ा नहीं सकती थी।

रोते–रोते और चिल्लाते हुए मैं उम्मीद कर रही थी कि कोई मुझे देख ले। लेकिन बर्फ़ जमी सड़क पूरी तरह सुनसान थी। ऐसे मौसम में, जब शाम के समय सब कुछ जम जाता है तो उत्तरी चीन के किसान

अपने–अपने घरों में दुबक जाते हैं और कोई बहुत ही मुसीबत आ जाये, तब तो बाहर निकल आयेंगे, अन्यथा नहीं।

बर्फ़ के ऊपर सिर्फ़ घोड़े से बँधी स्लेज दौड़ रही थी, मेरे सामने चारों ओर बर्फ़ ही बर्फ़ थी, किसी इन्सान का कोई नामो–निशान नहीं।

मैंने मन–ही–मन ख़ुद से वादा किया कि इस आदमी के चंगुल से किसी भी तरह बच निकलना है। इसे मैं ख़ुद को पकौड़े बनाने का मौक़ा नहीं दूँगी...मैंने रोना बन्द कर दिया और ख़ामोशी से मौक़े का इन्तज़ार करने लगी। जब उस आदमी ने देखा कि मैं शान्त हो गयी हूँ तो उसने अन्दाज़ा लगाया कि मैं उसकी स्लेज पर अच्छा महसूस कर रही हूँ। उसने मुझ पर से अपनी पकड़ ढीली कर ली।

आसमान धीरे–धीरे काला हो गया था। हम घास के मैदान के किनारे पर पहाड़ी दर्रे के पास पहुँचने वाले थे। उसने घोड़े से कुछ कहा और मुझे मौक़ा मिल गया। पूरी ताक़त लगाकर मैंने उसकी पकड़ से ख़ुद को छुड़ाया और स्लेज के पिछले हिस्से में कूद गयी। पिताजी ने मुझे बताया था कि मुझे कभी भी चलती घोड़ागाड़ी के बराबर से नीचे नहीं कूदना चाहिए क्योंकि इससे मैं पहियों के नीचे आ जाऊँगी। उस आदमी ने हाथ बढ़ाया लेकिन वह मुझे पकड़ नहीं सका। मैं सरकते हुए स्लेज के पिछले हिस्से में पहुँची और स्लेज से छलाँग लगा दी। उस आदमी ने कुछ गालियाँ दीं, जो मुझे सुनाई नहीं दीं। उसने लगाम को तेज़ी से फटकारा और घोड़ा पहले से भी ज़्यादा तेज़ दौड़ने लगा। मैंने अभी–अभी स्लेज से छलाँग लगायी ही थी, लेकिन मेरी किताब वाले बस्ते की एक डोरी स्लेज के पीछे बाँधे गये एक लकड़ी के खूँटे से उलझकर अटक गयी। अचानक मेरे पैरों को झटका लगा और मैं स्लेज के साथ–साथ ज़मीन पर घिसटने लगी।

किसी मरे हुए कुत्ते को जैसे स्लेज से बाँधकर खींचा जाये, कुछ–कुछ वैसे ही मैं स्लेज के साथ घिसटती जा रही थी। बर्फ़ किसी पाउडर की तरह मेरे चेहरे के ऊपर से उड़ रही थी। इसलिए आँखें खोलने में भी बड़ी मुश्किल हो रही थी। हर चीज़ पर सफ़ेद चादर–सी छा गयी थी। मैंने घिसटते हुए ही किसी तरह अपने एक हाथ से बस्ते को खूँटे से निकालने की कोशिश की। लेकिन मेरी साँसें उखड़ रही थीं, और पूरी ताक़त लगाने के बावजूद मेरी कोशिश नाकाम रही।

बस्ते को खोना मैं बर्दाश्त नहीं कर सकती थी। हालाँकि यह पुराना

हो चुका था, फट भी गया था। माँ ने बस्ते में आड़ू के आकार के दो पैबन्द लगाकर पेंसिल का डिब्बा रखने की जगह बना दी थी। लेकिन बस्ते के भीतर मेरी किताबें थीं, एक पुराना पेंसिल का डिब्बा, जो पिताजी को कहीं से मिला था, दो पुरानी पेंसिल और मिटाने वाला रबर... दूसरे शब्दों में कहूँ तो उस बस्ते में मेरी सारी उम्मीदें थीं। मेरे दस्ताने खो चुके थे, जैकेट इतनी ऊँची हो गयी थी कि मेरा पेट उसमें नज़र आता था। हाँ, तो हमारी बात बीच में रह गयी थी। जमी हुई बर्फ़ पर इतनी तेज़ी से घिसटने से मुझे असहनीय दर्द हो रहा था, बर्फ़ मेरे पेट पर आरी की तरह चल रही थी। लेकिन धीरे–धीरे मेरी संवेदनाएँ ख़त्म हो गयीं और मुझे कुछ भी महसूस होना बन्द हो गया। मेरा पूरा शरीर जमकर अकड़ गया और मुझे ऐसा लग रहा था, मानो मेरे हाथ और पैर हैं ही नहीं। लेकिन इसके बावजूद मैंने चूँ तक नहीं की, मुझे डर था कि उसने मेरी आवाज़ सुनी तो वह मुझे फिर से पकड़ लेगा। इसके बजाय, मेरी नज़रें अपने बस्ते की पट्टी पर लगी हुई थीं जिसे मैं खूँटे से जल्द–से–जल्द निकालना चाहती थी। मैंने सोचा, अगर जल्द–से–जल्द ख़ुद को नहीं छुड़ाया तो जल्द ही उस बर्फ़ीले वीराने में मेरे प्राण निकल जायेंगे। बार–बार मेरे दिमाग़ में एक ही बात आ रही थी : किसी तरह घर पहुँच जाऊँ और माँ पिताजी को देख लूँ।

पता नहीं बर्फ़ीले रास्ते पर मैं कितनी देर ऐसे ही घिसटती रही। लेकिन आख़िरकार बस्ते की पट्टी खूँटे में से निकल ही गयी।

अचानक से लगा कि घोड़े की टापों की आवाज़ धीरे–धीरे कहीं दूर होती जा रही थी। बर्फ़ पर मैं लाश की तरह पड़ी थी।

बहुत देर बाद, आख़िरकार मैंने पूरी ताक़त लगाकर अपने आपको खड़ा किया और लड़खड़ाते पैरों से घर की ओर चल पड़ी। सुनसान रास्ता, चारों ओर बर्फ़ ही बर्फ़, इतनी ख़ामोशी कि ख़ुद ख़ामोशी अपनी आवाज़ सुन सकती थी। एक नन्ही बच्ची पैरों को घसीट–घसीटकर क़दम–दर–क़दम आगे बढ़ रही थी।

फिर से आँखों के सामने घास का मैदान था और पीछे थे बर्फ़ पर नन्हे पैरों के निशान।

इस भयानक हादसे के गुज़र जाने के बाद, घर पहुँचने से पहले ही मैं तय कर चुकी थी कि जो भी हुआ, उसके बारे में माँ और पिताजी को नहीं बताना है। नहीं तो पिताजी मेरा फिर से स्कूल जाना बन्द करा देंगे।

घर पहुँची तो पिताजी घर पर नहीं थे; वह ली दादा जी की उनका कांग साफ़ करने में मदद करने गये हुए थे और काम ख़त्म करने के बाद दादाजी ने उन्हें रोक लिया था ताकि वे एक साथ शराब पी सकें।

मेरा पूरा पेट ख़ून में सना था और जब माँ ने देखा तो मैंने रोते हुए अपनी आपबीती सुनाई। माँ ने कभी किसी बात की शिकायत नहीं की थी, ज़िन्दगी ने जो भी उनकी झोली में डाला, उन्हें चुपचाप उसे स्वीकार कर लिया था। लेकिन उस दिन पहली बार माँ ने खुलकर पिताजी को भला–बुरा कहा, ''ये सब तुम्हारे बाप की ग़लती है। वही इस उजाड़ बियाबान में आकर खेती करने पर अड़े थे! अगर तुम्हें वास्तव में कुछ हो जाता तो क्या वह इन्सान ज़िन्दगी भर ख़ुद को माफ़ कर पाता!'' माँ यह सब कहती जा रही थीं और मुट्ठीभर बर्फ़ मेरे ठण्ड के मारे जम चुके हाथों और चेहरे पर रगड़ी। बाद में मेरे हाथों और चेहरे से खाल की जम चुकी सतह झड़ गयी। मैंने माँ से पिताजी को कुछ भी नहीं बताने की मिन्नत की। लेकिन आधी रात के समय मैं डर के मारे चिल्लाने लगी, ''नहीं...मुझे नीचे उतारो, ...रोको...माँ, ये मुझे मार डालेगा...''

माँ ने देखा मुझे बहुत तेज़ बुख़ार था। उन्होंने तुरन्त पिताजी को उठाया और उन्हें ली दादाजी के घर भेजा। पिताजी, दादाजी के घर चावल की वाइन लेने गये थे ताकि उसे मेरे शरीर पर मला जा सके।

अगले दिन भी बुख़ार नहीं उतरा। मैं तेज़ बुख़ार के कारण बड़बड़ाने लगी थी; चावल की वाइन से कोई फ़ायदा नहीं हुआ था। माँ ने मेरा बुख़ार उतारने के लिए बर्फ़ का ही इस्तेमाल किया। उस जंगल में वह इसके सिवाय और कर भी क्या सकती थी। शाम होते–होते, बुख़ार कुछ हल्का होना शुरू हुआ और भूख लगने के कारण मैं नींद से उठ बैठी। मैंने माँ से कहा, ''माँ मुझे आटे का सूप पीना है...''

च्या मू स आने के कुछ समय बाद, माँ मुझे मेरी मौसी के घर लेकर गयी थी और वहाँ मैंने पहली बार आटे का सूप पीया था। इसे गेहूँ के आटे से बनाया जाता है। उसके बाद मैं कई सालों तक सोचती रही कि दुनिया में सबसे स्वादिष्ट चीज़ कोई है तो वह आटे का सूप है। जहाँ तक मुझे याद है, मैंने अपनी ज़िन्दगी में केवल दो बार माँ से कोई ख़ास खाने की चीज़ माँगी थी : एक बार तब जब आटे का सूप पीने को कहा था और एक बार जब मुझे ठण्ड लग गयी थी और मैंने नागफनी का फल माँगा था। माँ ने मुझे दो च्याओ दिये और कहा कि दुकान से जाकर

नागफनी फल ले आऊँ। नागफनी के फल को जेब में रखने से पहले ही मैं बेहोश हो गयी और सारा फल ज़मीन पर गिर गया।

ग़रीब परिवारों में चाहे बच्चे कितने भी भूखे क्यों न हों, वे कभी भी अपने माँ–बाप से खाना माँगने की हिम्मत नहीं कर सकते।

लेकिन आज, माँ ने कुछ नहीं कहा बल्कि उल्टा उन्होंने अपना सिर उठाकर पिताजी की ओर देखा...

वह उठे और दरवाज़े की ओर बढ़े लेकिन उनके बाहर निकलने से पहले ही मैंने उन्हें आवाज़ लगाकर कहा, ''पिताजी, अब ठीक है, मुझे अब सच में नहीं खाना है।''

वह एक क्षण को झिझके और उसके बाद दरवाज़ा खोलने के लिए हाथ बढ़ाया। मैंने उन्हें फिर से रोका, ''पिताजी, मुझे सच में कुछ खाने का मन नहीं है!''

वह बीच दरवाज़े में खड़े रहे। मुझे पता था कि वह थोड़ा–सा गेहूँ का आटा उधार माँगने के लिए पड़ोसी के यहाँ जा रहे थे। और इस बात की भी गारंटी नहीं थी कि पड़ोसी के पास गेहूँ का आटा होगा ही; उस समय जिसे भी हम जानते थे, वह सब ग़रीब ही थे।

यह भी मामला था कि गेहूँ के आटे के बदले में हम उन्हें क्या देंगे?

दरवाज़े के बीच में पिताजी की कमर नज़र आ रही थी, मुझे पता था कि वह रो रहे हैं। भले ही वह बहुत ग़ुस्से वाले थे, लेकिन आत्मा से वह बड़े ही उदार, दयालु और बहुत ही प्यारे इन्सान थे। कुछ क्षण बाद वह बोले, ''मैं कुछ लकड़ियाँ चीरने जा रहा हूँ।''

हमें जल्द ही लकड़ियाँ चीरे जाने की आवाज़ सुनाई दी। लेकिन माँ ने कहा, ''रुको, मैं तुम्हारे लिए थोड़ा–सा आटे का सूप बना दूँगी!''

माँ रसोई में चली गयीं। रसोई से खटर–पटर की आवाज़ आ रही थी। कुछ देर बाद वह आयीं और मुझे एक कटोरा पकड़ा दिया। कटोरे में मक्का के आटे से बना सूप था। माँ बोलीं, ''चलो, इस सूप को चखकर देखो तो ज़रा। मैंने तुम्हारे लिए बनाया है। ये बहुत स्वादिष्ट है, तुम्हारी मौसी के सूप से भी ज़्यादा!''

मैंने एक बार बुकर टी. वाशिंगटन का एक उद्धरण पढ़ा था जिसमें उन्होंने कहा था, ''मेरे पास बहुत–सी टोपियाँ और हैट हैं लेकिन किसी को भी पहनकर इतना गर्व महसूस नहीं हुआ जितना कपड़े के दो टुकड़ों को जोड़कर बनाये गये एक हैट को पहनकर हुआ।'' इसे मेरी माँ ने

बनाया था। वाशिंगटन एक अमेरिकी थे और वह शिक्षा पर अन्तर्राष्ट्रीय स्तर पर विशेषज्ञता हासिल करने वाले पहले अश्वेत व्यक्ति थे। वह और उनकी माँ दोनों गुलाम थे।

मैं भी उनकी ही तरह से हूँ: पिछले 50 सालों में, एक से एक बढ़िया रेस्त्राँ में मैंने एक से बढ़कर एक लज़ीज व्यंजन खाये हैं, शाही–से–शाही खाना खाया है लेकिन मुझे किसी का स्वाद याद नहीं है। पर एक स्वाद मैं आज तक नहीं भूली हूँ। और वह है मेरी माँ के हाथों का बना हुआ मक्के के आटे का सूप। घोड़े के अस्तबल में माँ मक्के के आटे से सूप बनाती थी।

उस सूप को पीने के बाद मुझे ख़ूब तेज़ पसीना आ गया।

पिताजी काफ़ी देर बाद घर आये और वह बर्फ़ में ढँके हुए थे। वह मेरे पास आये, मेरे पसीने वाले सिर को थपथपाया और उसके बाद जो उन्होंने कहा, उसने मुझे भीतर तक हिला दिया, ''बेटा, मैंने तुम्हें निराश किया...''

''पिताजी...'' मैंने उनका ठण्ड से बर्फ़ बन चुका हाथ पकड़ा और बहुत देर तक कमरे में ख़ामोशी छायी रही।

जिस दिन मुझे बुख़ार हुआ था, उसके तीसरे दिन, पिताजी मुझे पहली बार स्कूल लेकर गये। उन्होंने मुझे बार–बार समझाया, किसी अजनबी से न तो बात करना, और न ही उसकी गाड़ी में सवारी करना। उन्होंने मुझे बताया था कि इन्सान, जंगली जानवरों से कहीं अधिक ख़तरनाक है।

उन्होंने सही कहा था; लोग वाक़ई जंगली जानवरों से कहीं अधिक ख़तरनाक हैं।

धरती के सबसे ख़तरनाक माने जाने वाले प्राणी : बाघ, शेर, शार्क और भी बहुत से जानवर लुप्त होने के कगार पर हैं और असंख्य अन्य प्रजातियों का तो इन्सान पहले ही धरती से नामो–निशान मिटा चुका है। इन्सानों के बारे में तो सदियों पहले से ही माना जाता है कि वह धरती पर सबसे क्रूर, सर्वाधिक स्वार्थी और सबसे अधिक अत्याचारी प्राणी है। कोई दूसरा जानवर विश्वयुद्ध नहीं लड़ सकता या नरसंहारों को अंजाम नहीं दे सकता; यह क्षमता तो केवल इन्सानों में ही है।

स्लेज वाले हादसे ने मुझे ज़िन्दगी भर के लिए सबक सिखा दिया था। मैंने फिर कभी न तो किसी पर भरोसा करके लिफ़्ट ली और न ही अजनबियों से कभी बात की।

माँ ने भी चेतावनी दी थी कि जब भी ऐसा कुछ होता है तो तुम सिर्फ़ अपने भरोसे हो; कोई तुम्हारी मदद के लिए नहीं आयेगा।

ज़रा सोचो, अगर मैं उस कुत्ते के फर की टोपी वाले शैतान के चंगुल से नहीं बच पाती तो क्या होता? बहुत ज़्यादा आशंका इसी बात की थी कि मैं उसकी हवस का शिकार हो जाती और हो सकता है कि वह मेरी जान ले लेता। उस दिन, ज़िन्दगी मुझे जबरन एक बेहद अहम सबक सिखा गयी; तुम केवल अपने पर भरोसा कर सकते हो, जब ज़रूरत होगी तो दूसरे तुम्हारी मदद को नहीं आयेंगे। उस हादसे ने मेरे भीतर से ज़िन्दगी और ख़तरों का डर भी निकाल दिया, मुझे हिंसा और ताक़त का मुक़ाबला करना भी सिखा दिया।

35

स्कूल में सर्दियों की छुट्टियाँ हो गयी थीं।

एक शाम की बात है, मैं स्लेज पर बैठकर नदी से घर पहुँची और देखा कि हमारे कांग पर एक नन्हा पिल्ला बैठा हुआ है। वह ठण्ड के मारे काँप रहा था। मैंने हैरानी से अपनी माँ से पूछा, ''माँ! ये पिल्ला कहाँ से आया?''

''तुम्हारे पिताजी शहर से लाये हैं।''

जब से कुत्ते के फर की टोपी वाले आदमी की घटना हुई थी, पिताजी ने कहा था कि वह मेरे लिए एक कुत्ता लाकर देंगे जो घर से बाहर जाने पर मेरे साथ रहेगा।

''ये बहुत छोटा है, कब बड़ा होगा?''

''ये कुछ ही दिन में बड़ा हो जायेगा।'' पिताजी बोले।

उन्होंने सही कहा था। पिल्ला तेज़ी से बड़ा हो गया। वह हमारे परिवार के पुराने कुत्ते जैसा था। उसके गहरे पीले फर थे। मैंने उसका नाम 'बिग यलो' रखने का फ़ैसला कर लिया।

बिग यलो चौबीसों घण्टे मेरे साथ रहता। हम दोनों की जान एक–दूसरे में बसने लगी थी; दिन में वह मेरे साथ बाहर खेलने जाता और रात में वह मेरे सिर के पास फ़र्श पर सोता।

स्कूल फिर से खुल गये और मैं बिग यलो के साथ स्कूल की ओर

बढ़ चली। रास्ते भर हम दोनों एक–दूसरे के साथ पकड़म–पकड़ाई खेलते। मैं बहुत ख़ुश थी। अब मैं भेड़ियों से भी बिल्कुल नहीं डरती थी। जब भी कोई आवाज़ होती, बिग यलो रुक जाता, उसके नन्हे–नन्हे कान खड़े हो जाते और वह ज़ोर–ज़ोर से भौंकना शुरू कर देता। मुझे पक्का पता था कि कुत्तों की आवाज़ सुनकर भेड़ियों की क्या हालत होती है।

बिग यलो मेरे साथ–साथ कक्षा में पहुँच गया। बच्चे किसी मज़ेदार बातचीत में मशगूल थे। सब अध्यापक को घेरे खड़े थे। मैं भी उनके पास जाकर खड़ी हो गयी, मुझे उत्सुकता हो रही थी कि वे किस बारे में बात कर रहे हैं। मैंने मेज़ पर लोहे का एक पेंसिल का डिब्बा (बॉक्स) रखा देखा। उस पर लिखा था, ''मेहनत का फल मीठा होता है।'' उसमें कुछ पेंसिल थीं जिन पर फूलों की आकृतियाँ बनी थीं। मेरे सहपाठियों ने जैसे ही मुझे देखा, वे बोले, "चाङ यावन, ये अध्यापक ने तुम्हें इनाम दिया है।''

मैं हैरान थी, मुझे कुछ समझ ही नहीं आ रहा था। मैंने आँखें फैला कर कहा, ''क्या ये सब मेरे लिए है?''

हालाँकि उस समय मुझे समझ नहीं आया लेकिन उसके बाद जो हुआ, वह मेरे अवचेतन मन में एक सबक की तरह बैठ गया। यह सबक ज़िन्दगी भर मेरे काम आया है।

कक्षा के सारे बच्चे मेरी ओर मुड़े। उनके चेहरों पर कुछ अनोखा–सा भाव था। ख़ासतौर से कक्षा के मॉनिटर की नज़रों में। वह स्कूल में सबसे बड़ा लड़का था। उसका काम यह था कि जैसे ही अध्यापक कक्षा में आये, उसे ज़ोर से आवाज़ लगाकर बोलना होता था, ''खड़े होंगे, खड़े हो!'' उसने जिस तरह से मुझे देखा, मुझे अपनी रीढ़ की हड्डी में सिहरन–सी हुई। और मैं घबरा गयी।

मैं अध्यापक के पास से तेज़ी से चलती हुई अपनी सीट पर लौट आयी।

पढ़ाई शुरू होने से पहले, श्री ल्युओ ने पेंसिल बॉक्स अपने हाथ में पकड़ा और बोले, ''बच्चो, नयी कक्षा शुरू हो गयी है। मैं सबसे अच्छे छात्र के लिए कुछ उपहार लाया हूँ। सुनो, मैं चाहता हूँ कि आप उस छात्र का चयन करें, जो आपकी नज़रों में श्रेष्ठ है!'' यह वाक्य बोलकर उन्होंने अर्थपूर्ण नज़रों से मेरी ओर देखा।

मुझे स्कूल में तीनों कक्षाओं में सबसे श्रेष्ठ छात्र के तौर पर चुना गया था। न केवल हर परीक्षा में मेरे सबसे अधिक अंक आये थे बल्कि हमेशा मेरे पूरे नम्बर आये थे। परीक्षाएँ समाप्त होने के बाद,

श्री ल्युओ ने मेरी तीसरी कक्षा के अंकगणित की परीक्षा ली। मैंने हर सवाल का सही जवाब दिया। जब श्री ल्युओ तीसरी कक्षा को पढ़ा रहे होते थे तो मैं बड़े ध्यान से उनकी बात सुनती थी। उन्होंने मेरा पर्चा हाथ में उठाया और मेरी तारीफ़ करते हुए बोले, ''सब बच्चों को चाङ यावन से सीखना चाहिए; यह तुम सबसे ज़्यादा दूर रहती है, लेकिन हमेशा परीक्षा में इसके अच्छे नम्बर आये हैं...''

लेकिन जब श्री ल्युओ ने पेंसिल बॉक्स को लेकर बच्चों की राय माँगी तो केवल ह्यू युलिंग...ने मुझे वोट देने के लिए हाथ उठाया। मैंने आँसुओं को रोकने के लिए अपना होंठ दाँतों तले दबा लिया। आख़िर में, कक्षा के मॉनिटर को पेंसिल बॉक्स मिला। मुझे केवल फूलों वाली पेंसिल ही मिली।

घर पहुँची तो आँखों में आँसू थे। मैंने माँ से पूछा, ''माँ, मैं सबसे अच्छी छात्रा हूँ, फिर सहपाठियों ने मुझे क्यों नहीं चुना? मुझे वह नया पेंसिल बॉक्स बहुत पसन्द था!''

लेकिन माँ ने मेरे सवाल का जवाब नहीं दिया। वह तेल के लैम्प के पास बैठी एक जूते के तलवे की मरम्मत कर रही थीं। वह अपनी ही बातें बोले जा रही थीं और ऐसे दिखा रही थीं जैसे मैंने तो कुछ कहा ही नहीं है। माँ अपनी ही धुन में बोले जा रही थीं, ''यावन, मेरे पिताजी बहुत धनी हैं लेकिन ये बात कोई मायने नहीं रखती कि मैं कितनी ग़रीब हूँ, मैं उनसे पैसे माँगने नहीं जा सकती। जिस दिन मेरी शादी हुई, उन्होंने कहा था कि उन्होंने मुझे हर वह चीज़ दी है जिसकी उनसे उम्मीद की जाती है। और उसके बाद से ही, चाहे मैं अमीरी में डूबी रही या ग़रीबी की दलदल में धँसी, मैं कभी अपने पिता के घर पैसे लेने के लालच में नहीं गयी!

मुझे समझ नहीं आया कि वह ये सब बातें क्यों कर रही हैं, लेकिन इसके बाद उन्होंने जो बात कही, वह बात पूरी ज़िन्दगी मेरे कानों में गूँजती रही।

''एक बात हमेशा याद रखना, तुम्हारी अमीरी या ग़रीबी कोई मायने नहीं रखती, तुम्हारे दिल में किसी चीज़ के लिए लालच नहीं होना चाहिए या तुच्छ चीज़ों के लिए तुम्हें पागल नहीं होना चाहिए। ज़िन्दगी में महत्त्वाकांक्षाएँ रखो और वे महत्त्वाकांक्षाएँ भी तुम्हारी ऊँची होनी चाहिए।''

पिताजी ने भी कहा, ''अरे, पुराने जंग लगे पेंसिल बॉक्स में ऐसी क्या ख़ास बात है? पुराने ज़माने के लोगों ने एकदम सही कहा था : मैं भीख में दिया हुआ खाना नहीं खाऊँगा!''

मैं इस प्राचीन कहावत को उस समय समझ नहीं पायी थी या 'लालच' का भी अर्थ मुझे नहीं पता था। 'तुच्छ चीज़ों का लोभ' के क्या मायने होते हैं, यह भी मेरी समझ से बाहर था, लेकिन इस कहावत का सार हमेशा मुझे याद रहा।

इस घटना को ज़्यादा दिन नहीं हुए थे। पिताजी ने एक दिन मुझे चौंका दिया। कक्षा के मॉनिटर को जैसा पेंसिल बॉक्स इनाम में मिला था, ठीक वैसा ही पिताजी ने मेरे लिए ख़रीदा था। पेंसिल बॉक्स पाकर मैं इतनी ख़ुश हुई, मानो वह असली सोने का बना हो। मेरा नया पेंसिल बॉक्स देखकर कुछ लड़कों ने मुझे यह कह–कहकर चिढ़ाना शुरू कर दिया, ''चाङ यावन, क्या मास्टरजी ने तुम्हारे लिए ये पेंसिल बॉक्स ख़रीदा है?''

''नहीं, पिताजी मेरे लिए लाये हैं!'' मैंने अपना बचाव करते हुए तुरन्त जवाब दिया।

''नहीं, नहीं, तुम्हारे पिताजी ने नहीं ख़रीदा है! मास्टरजी तुम्हारे लिए ख़रीदकर लाये हैं! तुम मास्टरजी की चहेती जो हो, क्योंकि तुम मन लगाकर पढ़ाई करती हो!'' लड़के एक सुर में यह गाते हुए मेरे चारों ओर चक्कर काटने लगे। मेरा पेंसिल बॉक्स मेरे हाथ से छीनकर इधर उधर दौड़ते रहे। और कुछ देर बाद बॉक्स को नीचे फ़र्श पर गिरा दिया।

मेरी आँखों में आँसू आ गये। मैं मास्टरजी को उनके बारे में बताने गयी। उन्होंने लड़कों को डाँटा और एक लम्बे लड़के से बोले, जिसके परिवार का नाम ली था, ''मेरी बात कान खोलकर सुन लो, अगर तुमने दोबारा शैतानी की तो मैं तुम्हें स्कूल से निकाल दूँगा!''

कक्षा ख़त्म हो चुकी थी, मैं बिग यलो के साथ घर की ओर चल पड़ी। तभी मैंने देखा, कुछ लड़के मेरा पीछा कर रहे थे। इन लड़कों का लीडर वही लम्बा लड़का था जिसे मास्टरजी ने डाँटा था। उन लड़कों ने मेरा पेंसिल बॉक्स छीन लिया और ज़मीन पर पटक दिया। इसके बाद लम्बे लड़के ने उस पेंसिल बॉक्स को अपने पैरों के नीचे कुचल दिया। वह दाँतों को चबाते हुए मुझसे बोला, ''अगर तुमने मेरी फिर कभी चुगली की तो तुम्हें मैं नदी में डूबो दूँगा!''

''नहीं! नहीं...'' मैं रोते हुए उन लड़कों के पैरों पर गिर पड़ी। मैंने उनसे रोते हुए कहा कि मेरे पेंसिल बॉक्स को ज़मीन पर मत फेंको, लेकिन तब तक काफ़ी देर हो चुकी थी।

मैंने अपना टूटा हुआ पेंसिल बॉक्स उठाया और सारे रास्ते रोती रही।

घर पहुँचने पर भी मेरा रोना बन्द नहीं हुआ था। मैंने माँ और पिताजी को सलाह दी कि मेरा तबादला नांचा क़स्बे के स्कूल में करा दें लेकिन पिताजी का कहना था कि क़स्बे का स्कूल तो और भी दूर है।

''चाहे कितनी भी दूर क्यों न हो, मुझे कोई फ़र्क़ नहीं पड़ता!'' मैंने जवाब दिया।

अगले दिन मैंने मास्टरजी से कहा कि मैं दूसरे स्कूल में तबादला चाहती हूँ।

''तुम तबादला क्यों चाहती हो?'' उन्होंने मुझसे सवाल किया।

मैंने अपना सिर नीचा कर लिया और अपने पैरों को घूरती रही। मैंने कोई जवाब नहीं दिया।

मैं जैसे ही जाने को हुई, मेरे सभी सहपाठी मुझे विदा करने के लिए आये, यहाँ तक कि वे शरारती लड़के भी। वे कुछ शर्मिन्दा नज़र आ रहे थे, लेकिन कहीं–न–कहीं ख़ुश भी दिखाई दे रहें थे।

मास्टरजी मेरे साथ योंगकुई नदी तक आये। उन्होंने अपने कोट से दो फूलों के डिज़ाइन वाली पेंसिल निकाली और मुझे देते हुए बोले, ''चाङ यावन, तुम्हें जाते देखकर मुझे वाक़ई दुख हो रहा है, तुम मेरी अब तक की सबसे समझदार छात्रा हो...लेकिन यहाँ से जाना ही तुम्हारे लिए बेहतर होगा, क़स्बे का स्कूल यहाँ से ज़्यादा अच्छा है। मुझे उम्मीद है कि तुम जिस भी स्कूल में जाओगी, कड़ी मेहनत से पढ़ाई करोगी और जब दुनिया में तुम्हारा नाम रौशन हो जाये तो मुझे और मेरे फटे–पुराने कोट को मत भूलना। हम दोनों ही तुम्हें अलविदा कहने आये हैं।'' अपनी बात ख़त्म करते ही वह हल्के से मुस्कुराये। उनकी मुस्कुराहट के पीछे छुपी उदासी मुझसे छुपी न रह सकी।

गाँव के मास्टरजी की ये अन्तिम यादगार थी। मुझे नहीं पता कि क्या कारण था लेकिन मैंने सुना कि उन्होंने ट्रेन के नीचे अपनी जान दे दी थी। यह ख़बर सुनकर मैं बहुत रोयी। मैं उस पहले दिन को कभी नहीं भुला पाऊँगी, जब मैंने पहली बार उनको देखा था; वह वही फटा पुराना कोट पहने हुए थे और कमर पर बेल्ट की जगह घास–फूँस की बनी रस्सी बाँध रखी थी। उनके पैरों में जूते तक नहीं थे। ना ही मैं कभी यह भूल पाऊँगी कि वह योंगकुई नदी तक मुझे छोड़ने आये थे। जब मैं जाने लगी तो उन्होंने हाथ हिलाकर अलविदा कहा, लेकिन इन सबसे भी ऊपर उनके कहे शब्द थे जो तमाम उम्र मेरी यादों में रहेंगे।

36

नांचा में उत्तरी पहाड़ी की तलहटी में नांचा प्राइमरी स्कूल है। वहाँ पहुँचने के लिए, हर रोज़ मुझे यांगकुई नदी पार करनी पड़ती और उसके बाद दूर नांचा तक पैदल जाना पड़ता। आना–जाना मिलाकर क़रीब 15 किलोमीटर का रास्ता था। यह रास्ता गाँव के स्कूल के रास्ते से भी ज़्यादा लम्बा था।

नये स्कूल का अपना खेल का मैदान था जिसकी चारदीवारी हो रखी थी। ईंटों से बनी इमारत में साफ़–सुथरी कक्षा थी। मेरे पुराने स्कूल से यह काफ़ी बेहतर था। मैं बड़े ही जोश से स्कूल के गेट की ओर बढ़ी, बिग यलो मेरे पीछे–पीछे था। एक बड़ी ही ख़राब आवाज़ और दुबले–पतले बूढ़े आदमी ने मुझे रोक लिया।

''एकदम सीधी खड़ी हो जाओ! कौन–सी कक्षा में हो?''

''मेरा अभी–अभी तबादला हुआ है, मुझे अभी कक्षा नहीं बताई गयी है।'' मैंने कहा।

''कहाँ से आयी हो तुम? क्या तुम्हें पता है कि ये एक स्कूल है?''

''हाँ...''

''क्या तुम्हें पता है कि तुम्हारे साथ एक कुत्ता भी है? अगर इसने दूसरे छात्रों को काट लिया तो कौन ज़िम्मेदार होगा?'' बूढ़े आदमी ने मुझे डाँटा।

मैंने कहा कि यह मेरा स्कूल में पहला दिन है और मैं अपना नाम लिखाने आयी हूँ। मैंने यह भी कहा कि आगे से मैं कुत्ते को साथ लेकर नहीं आऊँगी। लेकिन बूढ़े आदमी ने तुरन्त बिग यलो को भीतर जाने से रोक दिया। हार कर मुझे उसके लिए चारदीवारी के बाहर एक जगह ढूँढ़नी पड़ी जहाँ ठण्डी हवाओं से उसका बचाव रहता। मैंने उसे वहाँ बैठा दिया। मैंने बिग यलो को समझाया कि वह वहाँ लेट जाये और यह भी कहा कि कहीं भाग मत जाना। कक्षा ख़त्म होते ही मैं उसे ढूँढ़ने के लिए गेट की ओर भागी। उसके बाद से हर रोज़ बिग यलो को मैं स्कूल के बाहर ही छोड़ देती और मैं कक्षा में चली जाती।

जब उसे स्कूल की छुट्टी ख़त्म होने की घण्टी सुनाई देती तो वह ख़ुशी के मारे इधर–उधर उछलना शुरू कर देता। मुझे देखकर तो वह

पागल ही हो जाता था। स्कूल के बाक़ी बच्चों ने चुपके से मेरा नाम ''कुत्ते वाली लड़की!'' रख दिया था।

मुझे मेरे कुत्ते को स्कूल साथ लाने की जब तक अनुमति है, तब तक मुझे कोई फ़र्क़ नहीं पड़ता कि कौन क्या कहता है।

स्कूल ख़त्म होते ही, सारी दुनिया बस हम दोनों की होती थी। हम एक–दूसरे के साथ खेलते, दौड़ लगाते और ऐसे ही खेलते हुए घर पहुँच जाते...

एक कुत्ता और एक लड़की, पहाड़ी रास्ते पर बढ़े जा रहे हैं, अपनी ही दुनिया में मगन!

रास्ते से मैं फूल इकट्ठे कर लेती : तरह–तरह के फूल, हॉर्स लोटस, सतरंगी गुलाबी फूल, पीली पत्तियों वाले फूल...आह! इतने सारे फूल, ज़्यादातर के तो मुझे नाम तक मालूम नहीं थे। मैं अपने सिर पर राजकुमारी के ताज की तरह रखने और बिग यलो के गले में पहनाने के लिए गोल आकार में फूलों की लड़ी बनाती। जब मैं अपने सिर पर फूलों का ताज और बिग यलो गले में फूलों की माला पहने घर पहुँचते तो माँ हमेशा एक ही बात कहतीं, ''हाय, मैं मर जाऊँ, तुम्हें दुनिया में किसी की परवाह है या नहीं!''

पिताजी कई बार लम्बी गहरी साँस छोड़ते हुए कहते, ''हाँ, बच्चों को कहाँ पता होती हैं दुनियादारी की मुसीबतें।''

एक सुबह बारिश हो रही थी। बिग यलो और मैं हर रोज़ की तरह नदी पार करने के लिए नाव की ओर बढ़ रहे थे। लेकिन बूढ़ा नाववाला उस दिन कुछ गुस्से में था। गुस्से में इसलिए था क्योंकि आज ज़्यादा सवारियाँ नहीं मिलीं। वह छाया में बरसाती पहने बैठा था और तम्बाकू पीकर वक़्त काट रहा था। जब तक मैं और बिग यलो स्कूल पहुँचे, पहला पाठ तो ख़त्म ही हो चुका था।

मैं नंगे पाँव धीरे–धीरे पंजों के बल चलती हुई कक्षा में घुसी, बरसाती मैंने पहन रखी थी और जूते हाथ में उठा रखे थे। मैं एक भीगे चूहे जैसी लग रही थी। मेरे सहपाठी साँस रोककर दबी ज़बान में फुसफुसाने लगे, ''कुत्ते वाली लड़की, कुत्ते वाली लड़की...''

नये स्कूल के मास्टरजी का नाम था श्रीमान लियु। वह ब्लैकबोर्ड पर कोई सवाल लिख रहे थे। अचानक रुके और मेरी ओर देखा। लेकिन कुछ बोले नहीं। मैं दरवाज़े के बीच खड़ी थी, मेरे शरीर के हर हिस्से से पानी टपक रहा था। मैंने उनसे माफ़ी माँगी।

कुछ देर बाद कक्षा ख़त्म हो गयी। घण्टी बज चुकी थी। मास्टर लियु मेरे पास आये और बोले, ''क्या तुम्हें पता है, मुझे किस तरह के छात्रों से सबसे ज़्यादा नफ़रत है?''

मेरी ठुड्डी पकड़कर उन्होंने मेरा सिर ऊपर उठाया और सख़्त आवाज़ में बोले, ''तो ठीक है, मैं तुम्हें बताता हूँ। मुझे देर से आने वाले बच्चों से सबसे ज़्यादा नफ़रत है!''

मैंने अपना सिर झुकाया और धीरे–से कहा, ''सर...मैं आगे से देर नहीं करूँगी।''

''तो क्या अब से तुम्हें वक़्त पर आना याद रहेगा?''

''जी...''

उसी समय, हमारी क्लास टीचर, चाओ युक्विन ने कमरे में प्रवेश किया। वह थोड़ा मोटी थीं। वह अपनी दोनों चोटियों को हिलाते हुए कक्षा में आयी थीं। उन्होंने कुछ नहीं किया लेकिन मुझे बाँह से पकड़ा और कक्षा के बाहर ले गयीं। वह मुझे डारमेट्री में अपने कमरे में ले गयीं और मुझे अपना ब्लाउज़ बदलने को दिया। ब्लाउज़ पर फूलों का डिज़ाइन बना था। उसी समय मास्टर लियु भीतर आये और उनका चेहरा सपाट था। वह कुछ कहने वाले थे लेकिन मिस चाओ ने उन्हें बीच में रोक दिया।

''यह बच्ची आठ नम्बर के ब्रिज के दक्षिणी छोर पर पहाड़ों में रहती है। इसे स्कूल आने के लिए रोज़ाना क़रीब दस किलोमीटर चलना पड़ता है। वह भेड़ियों से अपनी रक्षा करने के लिए एक कुत्ते को साथ लेकर आती है...''

मास्टर लियु ने दोबारा मेरी ओर देखा। उनके चेहरे पर हैरत का भाव था। छमाही परीक्षाओं के परिणाम आ चुके थे। न सिर्फ़ मेरे अच्छे नम्बरों ने मुझे स्कूल में एक पहचान दिलाई थी बल्कि बिग यलो का भी दर्जा सबकी नज़रों में बढ़ गया था। मिस चाओ ने मुझे पूरी कक्षा के सामने बुलाया और मेरा कन्धा पकड़कर, पूरी कक्षा से बोलीं, ''आज से, किसी को इस लड़की को 'कुत्ते वाली लड़की' कहकर बुलाने की अनुमति नहीं होगी। उसका उल्टा–सीधा नाम रखने के बजाय, तुम लोगों को उससे सीखना चाहिए, यह तुम सबके लिए एक उदाहरण है...''

उस दिन के बाद से कहीं से भी मेरे कानों में 'कुत्ते वाली लड़की' की फुसफुसाहट सुनाई नहीं दी। मेरे सहपाठियों ने बल्कि मेरे साथ मिलकर स्कूल की दीवार के बाहर बिग यलो के लिए एक बाड़ा भी बनवाया। ठण्डी हवाओं और बारिश से बिग यलो को बचाने के लिए बाड़ा बनाया गया था।

एक दिन की बात है, कक्षाएँ ख़त्म हो चुकी थीं। मैं किताबों वाला बस्ता पीठ पर लादकर कक्षा से बाहर निकल ही रही थी कि मिस चाओ ने मुझे अचानक रोक लिया।

''एक मिनट रुको, चाङ यावन! मास्टर लियु और मैं तुम्हारे साथ चलकर तुम्हारा घर देखना चाहते हैं।''

''सच में? वाह!'' मैं ख़ुशी से चिल्लाई। अभी तक कोई अध्यापक मेरे घर नहीं आये थे।

ये मेरे बचपन का सबसे ज़्यादा ख़ुशी का दिन था।

वह शाम बेहद ख़ूबसूरत थी। सूरज दूर आसमान में छिपने को था और आसमान ढलते सूरज की रौशनी से लाल हो गया था। हम तीनों डूबते सूरज की सुहावनी गुलाबी रौशनी में नहाये आगे बढ़ रहे थे। घर के पूरे रास्ते मैं इतनी ख़ुश थी कि मन हुआ, मेरे पंख लग जाते और मैं उड़कर घर पहुँच जाती। ख़ुशी मुझसे सँभाले नहीं सँभल रही थी। मैं चिड़िया की तरह लगातार बातें करती रही। उस दिन बिग यलो की भी चाल बदली हुई थी। वह बार–बार ख़ुश होकर पूँछ हिला रहा था। कभी दौड़कर हम लोगों से आगे निकल जाता और फिर मुड़कर पीछे लौटता, आकर पैरों में लेट रहा था।

एक बार घास का मैदान और पहाड़ी दर्रा पार करने के बाद हमारी पहाड़ी घाटी नज़र आने लगी जहाँ मुट्ठीभर घर इधर–उधर बने हुए थे। सूरज अब डूबना ही चाहता था, उसकी आख़िरी किरणें घरों की छतों पर फैली हुई थीं। घरों की चिमनियों से धुआँ उठ रहा था। घाटी ख़ामोश थी, कभी–कभार कुछ कुत्तों के भौंकने की आवाज़ घाटी की ख़ामोशी में कुछ पल के लिए हलचल पैदा करती। फिर वही ख़ामोशी तैर जाती।

''तुम्हारा घर कौन–सा है?'' मिस चाओ ने मुझसे पूछा।

''आप अन्दाज़ा लगाइए!'' मैंने मुस्कुराते हुए जवाब दिया।

घाटी के मुहाने पर उन्होंने एक छोटे–से घास–फूँस के घर की ओर इशारा किया।

''क्या ये वाला है?''

उन्होंने एक और घर की ओर इशारा किया। मैंने कहा, ''ये भी नहीं है! मैं आपको दिखाती हूँ। पूरी घाटी में मेरा घर सबसे छोटा और सबसे ज़्यादा टूटा–फूटा है!''

मिस चाओ ने जिस तरह से मेरी ओर देखा, मुझे लगा कि उन्हें मेरी बात पर यक़ीन नहीं हुआ।

दूर से ही मैंने देख लिया था कि माँ दहलीज़ पर उकड़ू बैठी नागदौन के पेड़ की डण्डी को जला रही थीं। इससे मच्छरों को भगाने में मदद मिलती है। वह हर शाम को इस डण्डी को जलाती थीं। अगर ऐसा नहीं करतीं तो घर में इतने मच्छर घुस जाते कि रात को सोना मुश्किल हो जाता। मैं पूरा दम लगाकर चिल्लायी, ''माँ...मेरे टीचर आये हैं...''

माँ खड़ी हो गयी और अपनी जैकेट के अगले हिस्से से अपने आँसू पोंछने लगी जो डण्डी के धुएँ के क़ारण आँखों से बह रहे थे। उन्होंने बड़ी हैरानी से हमारी ओर देखा।

जैसे ही हम पास पहुँचे, मिस चाओ ने कुछ शक के साथ मुझसे पूछा, ''ये तुम्हारी दादी माँ हैं?''

जहाँ तक मुझे याद है, मैंने अपनी माँ को किसी बूढ़ी औरत की तरह अपने बालों का जूड़ा बनाये देखा था। वह कपड़े भी किसी बूढ़ी महिला की तरह ही पहनती थी : वह पायजामा पहनती और उसके ऊपर एक ढीला ढाला गाउन। उस ज़माने में 50 साल से ऊपर की किसी भी औरत को बूढ़ी ही माना जाता था।

''नहीं, वो मेरी दादी माँ नहीं हैं। मेरी माँ हैं!'' मैंने मुस्कुराते हुए मिस चाओ से कहा। उसी समय पिताजी भी खेत से लौट आये। कुदाली उनके कन्धे पर रखी हुई थी। वह तुरन्त नागदौन के धुएँ से बाहर निकले और कुछ शर्मीले से अन्दाज़ में हँसे, ''आप ज़रूर सोच रहे होंगे कि यह घर कितना बदहाल है। घर को देखकर शर्म आती है, लेकिन मेहरबानी करके भीतर ज़रूर आयें और कुछ जलपान करें। हम आपको केवल साधारण भोजन ही खिला सकते हैं। मैं अभी बाहर जा रहा हूँ लेकिन जल्द ही लौट आऊँगा!'' वह मुड़कर बाहर की ओर चले गये। लेकिन मिस चाओ ने उन्हें रोक लिया। मुझे पता था कि वह थोड़ा बहुत गेहूँ या चावल का आटा माँगने के लिए किसी पड़ोसी के घर जा रहे हैं।

''नहीं, नहीं! हमें भूख नहीं है। हम तो केवल चाङ का घर देखने आये थे। हमें जल्द ही लौटना होगा!''

''मिस चान और मास्टर लियु, आप हमारे साथ भोजन करें। मेरी माँ के हाथ का बना आटे का सूप बहुत स्वादिष्ट होता है!'' मैंने कहा। मैंने मिस चाओ का हाथ पकड़ लिया और उन्हें रोकने के लिए मिन्नत करने लगी।

माँ ने अजीब–सी नज़रों से मेरी ओर देखा।

दोनों टीचर हमारे घर के छोटे–से सायबान में बैठ गये। वे दोनों धुएँ से भरे एक कमरे के घर को देखे जा रहे थे। मैंने देखा, मिस चाओ रो रही थीं। पता नहीं, वह धुएँ की वजह से रो रही थीं या किसी और कारण से।

जब वे जाने लगे तो पिताजी और मैं उन्हें पहाड़ी दर्रे तक छोड़कर आये। मास्टर लियु ने पिताजी से हाथ मिलाया और पिताजी से बड़ी गम्भीरता से कहा, ''श्रीमान, आपकी बेटी बहुत प्रतिभाशाली है। निश्चित रूप से वह ज़िन्दगी में कुछ बनेगी।''

''जी, आपका शुक्रिया, श्रीमान!'' पिताजी का जो चेहरा आमतौर पर गुस्से में रहता था, उस पर बनावटी–सी मुस्कुराहट आयी। वह बार–बार एक ही बात को दोहराते रहे, ''ये सब आपके परिश्रम का नतीजा है। आपने इतनी अच्छी तरह से इसे पढ़ाया है, इसलिए यह सब सीख पायी है!''

उस रात मैं इतनी ख़ुश थी कि मैं सो भी नहीं पायी। इसलिए मैं मच्छरों को मारती रही। अचानक मैंने माँ और पिताजी की आवाज़ सुनी। वे बात करते हुए बीच–बीच में गहरी लम्बी साँस छोड़ रहे थे।

''सुनो, दोनों मास्टर–मास्टरनी हमारी बच्ची का कितना ध्यान रखते हैं। ज़रूरत से ज़्यादा, हम उन्हें कुछ जलपान कराते तो वे इस बहाने से कुछ देर बैठ भी जाते, लेकिन हमारे पास उन्हें परोसने के लिए कुछ भी नहीं था...''

''हम उन्हें खाने को क्या देते? हमारे पास गेहूँ या चावल का आटा तक नहीं है। हमें उनका शुक्रिया अदा करने के लिए कोई और रास्ता सोचना होगा।''

मास्टरजी और मास्टरनी जी मुझे पहले से भी अधिक लाड़ करने लगे। वे मेरी पढ़ाई का भी पूरा ध्यान रखने लगे।

एक दिन स्कूल ख़त्म हुआ तो उस समय भारी बारिश हो रही थी। बादल गरज रहे थे और बिजली चमक रही थी। मेरे सभी सहपाठी दौड़ते हुए अपने घरों को चले गये। स्कूल के गलियारे में मैं अकेली खड़ी थी। स्कूल के ख़ाली मैदान को देखते हुए मुझे समझ नहीं आ रहा था कि क्या करूँ?

''बाहर बहुत तेज़ बारिश हो रही है, बाहर मत जाना! चलो मेरे साथ चलो, रात को तुम मेरे डोरमेट्री कमरे में रह जाना।'' मिस चाओ ने मुझसे कहा।

''क्या...क्या ये ठीक रहेगा?'' उनकी उदारता देखकर मुझे समझ में नहीं आया कि क्या कहूँ।

''हाँ, क्यों नहीं! डारमेट्री में केवल मैं ही हूँ और कोई नहीं है!''

वह मुझे अपने साथ डायनिंग हॉल में ले गयीं और चावल से भरा कटोरा मुझे खाने को दिया। चावल बेहद स्वादिष्ट थे। लेकिन जब रात हुई तो मैंने बेड पर सोने सें मना कर दिया। इसके बजाय, मैंने कहा कि मैं बेंच पर सोना चाहती हूँ।

''तुम बेड पर क्यों नहीं सो रही हो?''

बेड पर हम दोनों आराम से सो सकते हैं!'' मिस चाओ ने कहा।

मैंने अपना सिर झुका लिया। बड़ी शर्मिन्दगी महसूस हो रही थी कि कैसे कहूँ। कुछ देर बाद मैंने धीरे–से कहा, ''मुझे डर है कि कहीं मेरे सिर में जुँएँ न हों...''

''तुम उसके लिए इतना परेशान क्यों हो रही हो? जब मैं छोटी थी, तुम्हारे जितनी, तो मेरे सिर में भी जुँएँ थीं। ग़रीब परिवारों के कितने ऐसे बच्चों को तुम जानती हो जिनके बालों में जुँएँ नहीं हैं?''

उस ज़माने में गाँव–देहात में रहने वाले लोग न केवल ग़रीब थे बल्कि अनजान भी थे; उन्हें अपनी साफ़–सफ़ाई के बारे में कोई ज्ञान नहीं था। लोग कई दिनों तक नहीं नहाते थे और गन्दे–सन्दे कपड़े कई दिनों तक पहने रहना कोई बुरी बात नहीं मानी जाती थी। इसलिए बच्चों के साथ बड़े लोगों के भी जुँएँ होना आम बात थी।

उस रात, मिस चाओ और मैं एक ही कम्बल ओढ़कर सोये। मिस चाओ के बालों में से भीनी–भीनी ख़ुशबू आ रही थी। और खिड़की के बाहर आँधी–तूफ़ान भी ज़ोरों का था। मूसलाधार बारिश हो रही थी। दोनों का ही असर था कि मुझे रात को देर से नींद आयी।

जल्द ही सर्दियों की छुट्टियाँ हो गयीं।

एक दिन, बिग यलो को साथ लेकर मैं स्कूल गयी। छुट्टियों का गृह कार्य लेने के लिए मैं अपने टीचरों से मिलने गयी थी। मैंने कमरे के दरवाज़े को हल्के से धक्का दिया और देखा कि मास्टर लियु कक्षा में पाइप ऑर्गन बजा रहे थे। मिस चाओ गा रही थीं। मिस चाओ ने मुझे बुलाया और कोई गीत गाने को कहा। मैंने ज़ोर–शोर से गाना शुरू कर दिया, ''धरती पर फैले हैं लाल फूल, बच्चे तालियाँ बजा–बजाकर खेल रहे हैं...''

जब मैंने गाना बन्द किया तो मास्टर लियु ने कहा, ''हूँ, बुरा नहीं है। तुम्हारी आवाज़ मीठी और क़रारी है।''

लेकिन मैंने उनसे सवाल किया, ''मास्टर लियु, आप तो अंकगणित पढ़ाते हैं तो ये फिर आप ऑर्गन कैसे बजा सकते हैं?''

''क्या अंकगणित का टीचर होने का ये मतलब है कि मैं ऑर्गन नहीं बजा सकता? अगर तुम्हें ऑर्गन पसन्द है तो मैं तुम्हें बजाना सिखा सकता हूँ।'' उन्होंने मुस्कुराते हुए मुझसे कहा।

''क्या आप सही कह रहे हैं?'' मुझे ऑर्गन बहुत पसन्द था। ऑर्गन से मुझे बहुत प्यार था। मुझे लगता था कि यह बहुत ही ख़ूबसूरत और प्यारा वाद्य यन्त्र है। इसे सुनना भी कितना सुकून देता है। ज़िन्दगी भर मुझे संगीत से बहुत प्रेम रहा है। मैं हमेशा सोचती रही कि एक दिन पाँव के पैडल से चलने वाला पाइप ऑर्गन लूँगी, लेकिन जब छोटी थी तो हालत ऐसी थी कि सोच ही नहीं सकती थी। और अब जब जेब इजाज़त दे रही है तो उम्र उस लायक नहीं रही। आज, जब भी अपनी पोतियों को पियानो पर कोई बाख या बिथोवन की कोई रचना बजाते हुए देखती हूँ तो हमेशा मेरी आँखों में आँसू आ जाते हैं। सच कहूँ तो मुझे उनसे जलन होती है कि वे इतने अच्छे और समृद्ध वक़्त में पैदा हुई हैं।

''हाँ, हाँ, क्यों नहीं! मैं सही कह रहा हूँ!'' मास्टर लियु ने कहा।

लेकिन मिस चाओ ने मास्टर लियु की ओर कुछ डाँटने वाले से अन्दाज़ में देखा और मुझसे पूछा, ''चाङ यावन, तुम हम दोनों टीचर के बारे में क्या सोचती हो?''

''मैं सोचती हूँ कि आप दोनों बहुत अच्छे टीचर हैं।''

''अगर तुम यहाँ से चली जाओगी, तो क्या हमें याद करोगी?''

''जी, बिल्कुल। मुझे आप दोनों की बहुत याद आयेगी!''

मैंने सोचा था कि मिस चाओ की बात का मतलब था कि क्या मैं सर्दियों की छुट्टियों में उन्हें याद करूँगी। मुझे पता था कि दोनों में से कोई स्कूल के पास नहीं रहता और वे भी अपने–अपने परिवारों से मिलने के लिए जायेंगे। मिस चाओ ने मेरे बालों में उँगलियाँ घुमाते हुए कहा, ''याद रखो, यदि ज़िन्दगी में कुछ करना चाहती हो तो तुम्हें मेहनत से पढ़ाई करनी पड़ेगी।''

''जी, जानती हूँ!'' मैंने फिर से यही सोचा कि वह ज़रूर सर्दियों की छुट्टियों में पिछली छमाही परीक्षा से पूर्व कराई गयी पढ़ाई को दोहराने के बारे में कह रही हैं। मुझे पता नहीं था कि मिस चाओ की यह आख़िरी

सलाह होगी। उन्होंने मुझे ज़िन्दगी में इसके अलावा कभी कोई और सलाह नहीं दी थी।

उस साल, सर्दी की छुट्टियों में छुट्टी जैसा मज़ा नहीं था। मैं बेसब्री से छुट्टियाँ ख़त्म होने और स्कूल खुलने का इन्तज़ार करती रही।

स्कूल खुलने का दिन जैसे–जैसे पास आ रहा था, मेरी ख़ुशी बढ़ती जा रही थी। मैं मन–ही–मन सोच रही थी कि स्कूल खुलने पर मास्टर लियु से पाइप ऑर्गन बजाना सीखूँगी।

और आख़िर स्कूल खुल ही गया। मैं ख़ुशी–ख़ुशी घर से स्कूल के लिए निकली। मेरे हाथ में पाइन नट्स का एक बैग था। माँ ने मेरे लिए पाइन नट्स तले थे और थैले को किताबों वाले बस्ते के साथ ही बाँध दिया था। मैं जैसे ही स्कूल पहुँची, दौड़कर कक्षा की ओर गयी, जहाँ ऑर्गन रखा होता था। मैंने दरवाज़े की दरार में से झाँककर देखा, लेकिन मुझे दोनों टीचर कहीं नज़र नहीं आये। मैंने एक दूसरी टीचर से पूछा कि मिस चाओ कहाँ मिलेंगी।

''मिस चाओ वापस नहीं आयेंगी। वह और मास्टर लियु शादी करने के लिए अपने घर चले गये हैं।''

''तो क्या शादी करने के बाद वे लौटेंगे नहीं?'' मैंने अपनी घबराहट पर क़ाबू पाते हुए पूछा।

''नहीं। वे अपने शहर में ही कोई काम खोजेंगे।''

घर लौटते समय मैं पूरा रास्ता रोती रही।

50 साल बीत चुके हैं और मैं कभी भी मिस चाओ की दी हुई सलाह को नहीं भुला पायी, ''याद रखो, यदि तुम ज़िन्दगी में कुछ करना चाहती हो तो तुम्हें बहुत मेहनत से पढ़ाई करनी पड़ेगी।'' और न ही मैं मास्टर लियु के अधूरे वादे को भुला पायी।

1999 का बसन्त आ गया था। 40 साल से भी ज़्यादा वक़्त बीत चुका था और मैं अपने पुराने स्कूल में लौटी थी। मैं कैम्पस में घूम रही थी, कितना बदल गया था सब कुछ। पहचान पाना ही मुश्किल। कैम्पस में घूमते हुए मुझे फिर से मिस चाओ और मास्टर लियु की याद आयी।

पता नहीं, वे दोनों अब कहाँ हैं, मुझे नहीं पता कि उनकी ज़िन्दगी कैसी रही लेकिन मैं उन्हें बताना चाहती हूँ कि वे दोनों हमेशा मेरे दिल में रहे। एक ग़रीब बच्ची पर उन्होंने जो प्यार और स्नेह लुटाया, उसके लिए मैं हमेशा–हमेशा उनकी आभारी रहूँगी।

37

एक रात बहुत–बहुत बर्फ़ गिरी।

लेकिन अगली सुबह आसमान साफ़ था। मैं मुँह धोने के लिए पानी का कटोरा लेकर बाहर निकली। सूरज इतनी तेज़ चमक रहा था कि मुझसे आँखें ही नहीं खोली गयीं। अचानक मुझे आसमान से कौं–कौं की आवाज़ सुनाई दी। मैंने आसमान की ओर देखा। दो बड़े पक्षी, पंख फड़फड़ाते हुए, मेरे घर के सामने के छोटे से झरने के पास बर्फ़ में आ गिरे। मैंने अपना पानी का कटोरा फेंका और पक्षियों की ओर दौड़ी।

तभी अचानक एक लड़का लू परिवार के आँगन की ओर से दौड़ता हुआ आया। वह झरने के दूसरी ओर था। वह भी पक्षियों के लिए दौड़ता आया था। मैं उनके पास पहले पहुँची और मैंने दोनों पक्षियों को उठा लिया। मैंने उस लड़के को पहले कभी नहीं देखा था। मैंने उसकी ओर नज़रें घुमायीं; वह मेरी ही उम्र का था। बड़ी–बड़ी आँखें और मोटे होंठ और एक तरह से उसके चेहरे पर बेवकूफ़ी का सा भाव था। उसकी रूई भरी जैकेट गन्दी थी और उसके साइज़ के हिसाब से काफ़ी छोटी लग रही थी। उसकी क़मीज़ की बाजुएँ फटी हुई थीं और उनमें से रूई के टुकड़े बाहर झाँक रहे थे।

हम दोनों में से कोई कुछ नहीं बोला। हम अपने–अपने घर की ओर मुड़े और वहाँ से चल दिये। मैं दौड़ते हुए चिल्लाई, ''माँ, पिताजी, देखो, मुझे क्या मिला!''

बूढ़े लू के घर से एक आदमी की आवाज़ सुनाई दी, ''बेवकूफ़ की औलाद, तू किसी काम का नहीं है, तुम एक छोटी लड़की से हार गये!''

''तू साला...'' उस आदमी ने लड़के को कोसना जारी रखा और बीच–बीच में वह, 'हरामज़ादे,' की गाली बार–बार दिये जा रहा था। लेकिन लड़के के मुँह से चूँ तक नहीं निकली। मुझे लड़के पर दया आयी, उस पर डाँट जो पड़ रही थी।

पिताजी ने बताया कि ये पक्षी जंगली मुर्गे नहीं हैं, वे शिकारी पक्षी थे। वे दोनों लड़ रहे थे और उनके पंजे आपस में फँस गये थे। इस वजह से वे उड़ नहीं पाये। पिताजी ने दोनों की रस्सियाँ काटीं और उन्हें अलग–अलग रस्सियों से बाँध दिया। लेकिन दोनों ने कुछ नहीं खाया और तीसरे दिन सुबह दोनों मर गये।

उसके बाद कई बार ऐसा हुआ कि झरने के दूसरी ओर से लकड़ियाँ काटने की आवाज़ आती। और अक्सर मुझे बूढ़े लू की लड़के को कोसने की भी आवाज़ सुनाई देती। कभी–कभी लगता कि बूढ़ा लू लड़के पर कोड़े बरसा रहा है, लेकिन कोई रोने की आवाज़ सुनाई नहीं देती।

एक सुबह की बात है। मैं और बिग यलो पहाड़ी दर्रे से गुज़र रहे थे, अचानक मुझे ऐसे लगा कि कोई बर्फ़ पर हमारे पीछे–पीछे चला आ रहा है। पैरों के नीचे बर्फ़ के चटकने की आवाज़ आ रही थी। मैं पलटी और देखा कि वही लड़का था। उसकी कमर पर किताबों का बस्ता लटका हुआ था और उसने वही गन्दी–सी जैकेट पहन रखी थी। उसके जूते फटे हुए थे जो मुश्किल से उसके टखनों को ही ढँक रहे थे। उसने टोपी भी नहीं पहन रखी थी। वह अपने हाथों से ही दोनों कानों को ठण्ड से बचाने की कोशिश कर रहा था। उसके हाथों के पीछे की चमड़ी ठण्ड के मारे सूख गयी थी और उसमें से ख़ून निकल रहा था। उसने चेहरे पर जबरिया मुस्कान लाकर मुझे देखा और हँसने की कोशिश की। और वही क्षण था जब हम पहली बार मिले।

उसका नाम ल्यू श्याओलिंग था। वह शांगदोंग प्रान्त में बसे अपने पैतृक शहर से यहाँ आया था। यहाँ वह अपने मामा के साथ रह रहा था। वह गाँव के उसी प्राइमरी स्कूल में पढ़ रहा था, जहाँ मैं शुरुआत में गयी थी। मैंने उससे पूछा कि तुम्हारी माँ ने तुम्हारे लिए रूई भरे हुए जूते या दस्ताने क्यों नहीं बनाये। उत्तर–पूर्वी चीन में हम दस्तानों को 'हाथ बन्द' कहते हैं। उसने बताया कि उसके माँ–बाप अब इस दुनिया में नहीं हैं और उसका एक बड़ा भाई है जो यिचुन में मिड्ल स्कूल में पढ़ रहा है।

हम दोनों अक्सर एक साथ स्कूल जाने लगे। सड़क पर पहुँचने के बाद वह कुछ देर के लिए मेरी टोपी और दस्ताने पहनता; कुछ देर पहनने के बाद वह उन्हें मुझे वापस दे देता। जब हमारे हाथ ठण्ड के मारे जम जाते तो हम एक–दूसरे की जैकेट में अपने हाथों को डालकर गरम कर लेते। हालाँकि हम दोनों ठण्ड से काँपते रहते, लेकिन हम अपनी इस व्यवस्था से ख़ुश थे।

कई बार मुझे उसके चेहरे पर ख़ून की ताज़ा बूँदें नज़र आतीं और मैं उससे पूछती कि क्या तुम्हारी पिटाई हुई है। वह कभी जवाब नहीं देता। वह सिर्फ़ सिर झुका लेता और अपने पैरों की ओर देखना शुरू कर देता।

मेरी माँ ने कई बार उसे हमारे घर के पास से गुज़रते समय रोते हुए देखा था। माँ मुझे सिंके हुए मक्का के ब्रेड का एक टुकड़ा ज़्यादा देती और कहती, उसने नाश्ता नहीं किया होगा, उसे दे देना।

वह कभी मेरे सामने नहीं रोया। लेकिन जब नदी से हम अपने–अपने रास्ते चल देते तो मैंने अक्सर नदी पार से उसके सुबकने की आवाज़ सुनी थी। एक बार वह ख़ूब रोया, उसके रुदन में इतनी पीड़ा थी कि मुझे अपना दिल डूबता–सा महसूस हुआ। मैं दौड़कर नदी के पार गयी और उसे अपने दस्ताने देने चाहे लेकिन उसने साफ़ मना कर दिया। मैंने उसे चुप कराने की कोशिश की। उसे दिलासा देते हुए कहा कि सर्दियाँ ख़त्म होने पर सब ठीक हो जायेगा। बसन्त में थोड़ी गर्माहट होगी।

आँसुओं में डूबे अपने चेहरे को मेरी ओर घुमाकर वह बोला, ''लेकिन यहाँ सर्दियाँ बहुत लम्बी होती हैं!''

''जल्द ही सर्दियों की छुट्टियाँ हो जायेंगी और फिर तुम्हें सर्दी में इतनी देर बाहर रहने की ज़रूरत नहीं पड़ेगी।''

''छुट्टियों में मुझे अपने मामा के साथ पहाड़ पर लकड़ी काटने जाना पड़ेगा। और वह काम तो स्कूल जाने से भी ज़्यादा बुरा है...'' उसने जवाब दिया। ''ख़ैर, बसन्त आयेगा और जब बसन्त आयेगा तो पहाड़ पर अजेलिया के फूल खिल उठेंगे और उन्हें खिलते हुए देखना अद्भुत होता है!'' मैंने उसे दिलासा देते हुए कहा ताकि उसका ध्यान दर्द से हट सके।

उसने मेरी ओर देखा और मुस्कुराया। तुरन्त उसकी मुस्कुराहट हँसी में बदल गयी।

एक शाम की बात है, मैं जमे हुए झरने पर खेल रही थी। अचानक लू श्याओलिंग दौड़ते हुए आया। वह सिर से पैर तक बर्फ़ में ढँका हुआ था। उसके हाथ में देवदार का फूल था जो पाँच अलग–अलग हिस्सों में उगा हुआ था। हम दोनों देवदार के फूल को भौचक्के से देख ही रहे थे कि अचानक ज़ोर से सटाक की आवाज़ हुई। लू श्याओलिंग ने अचानक अपना चेहरा हाथों से ढँक लिया...मैं पीछे मुड़ी और देखा कि उसके मामा वहाँ खड़े हम दोनों को घूर रहे थे, जैसे अभी हमें ज़िन्दा चबा जायेंगे। उन्होंने एक बार लू श्याओलिंग पर चाबुक बरसाया। मैं तुरन्त लू श्याओलिंग को खींचकर दूसरी ओर ले गयी। मैं उसे मामा के चाबुक से बचाना चाहती थी।

उसके मामा उसे खींचकर ले गये। बर्फ़ पर घसीटने से पहले, उसके

मामा ने ज़ोर से उसको लात मारी। वह ज़मीन पर गिर गया। वह उठने की कोशिश कर ही रहा था कि उसके मामा ने फिर से उसके एक लात जड़ दी।

मैं रोते हुए माँ के पास भागी, ''लू श्याओलिंग के मामा इतने जल्लाद कैसे हो सकते हैं? क्या वे कोई जंगली जानवर हैं?'' मेरा नन्हा दिमाग़ केवल यही सोच पा रहा था कि जानवर ही इतनी बुरी तरह से किसी को घायल कर सकते हैं जितना कि लू श्याओलिंग के मामा ने उसे मार–मारकर कर दिया था।

माँ ने लम्बी साँस छोड़ी, ''बेटा, कौन जानता है, वो क्या हैं? बेचारा ग़रीब बच्चा, न जाने कब उसे इस सबसे छुटकारा मिलेगा?''

लू श्याओलिंग के दुखों का कोई अन्त हुआ या नहीं, लेकिन उससे पहले ही मैंने घाटी छोड़ दी थी।

38

1957 में बसन्त का महीना कुछ जल्दी आ गया। हमारे नन्हे से घर की मुँडेर पर बर्फ़ की जो लम्बी–लम्बी जटायें–सी जमी हुई थीं, उनमें से बर्फ़ पिघलने लगी और पानी बूँद–बूँद कर टपकने लगा। पहाड़ी ढलानों पर जमी बर्फ़ भी कुछ पहले ही पिघलनी शुरू हो गयी। बर्फ़ कहीं–कहीं से पिघल रही थी इसलिए बीच–बीच में धब्बे से बन गये थे। इसके चलते पहाड़ का कुछ हिस्सा काला–सा दिखता तो कुछ सफ़ेद; ऐसा लग रहा था, मानो पहाड़ धीरे–धीरे गंजा हो रहा है। पहाड़ी आइजेल ने अभी खिलना शुरू नहीं किया था।

हमारे घर की परेशानियों का अभी भी कोई अन्त नहीं हुआ था। अक्सर पिताजी लम्बी ठण्डी साँसें छोड़ते और बोलते जाते, ''ये सत्यानाशी परिवार!'' माँ हमेशा किसी–न–किसी काम में लगी रहती। कभी–कभार वह समय निकालकर दरवाज़े पर खड़ी हो जातीं और घास के रास्ते पर देखती रहती। वह स्कूल से मेरे लौटने का इन्तज़ार करती।

बसन्त आ चुका था और उस बार बसन्त में एक बहुत ही भयानक घटना हुई।

पिताजी ने बताया कि नदी पिघलेगी और इसी चक्कर में मैं तीन दिन

तक स्कूल नहीं जा सकी। उनका कहना था कि बसन्त में नदी लम्बाई में पिघलती है जबकि पतझड़ में बर्फ़ धीरे–धीरे ऊँचाई में जमती जाती है। उनका दावा था कि बसन्त में बर्फ़ पर फिसलना ज़्यादा आसान होता है।

एक सुबह मैं पिताजी के पीछे ही पड़ गयी। मेरा मुँह फूला हुआ था, ''आपने तो कहा था कि अब कई दिनों तक नदी पर जमी बर्फ़ पिघलेगी तो ये अब तक क्यों नहीं पिघली? मुझे झुँझलाहट हो रही है!''

''बेवकूफ़ लड़की, तुम्हें कुछ समझ ही नहीं आता है...'' वह धीरे–से बुदबुदाये और सूअरों के बाड़े को बाँधने के लिए घर के पीछे चले गये।

मुझे मौक़ा मिल गया। मैंने किताबों वाला बस्ता उठाया और घर से बाहर दौड़ पड़ी।

जब मैं और बिग यलो नदी के पास पहुँचे तो देखा कि उस पर अभी भी बर्फ़ जमी थी। मैंने बर्फ़ के ऊपर पैर रखा तो नीचे कुछ तड़कने की सी आवाज़ हुई। बर्फ़ इतनी पतली तो नहीं लग रही थी कि मैं इसमें गिर जाऊँगी। मैंने मन–ही–मन पिताजी की बात के बारे में सोचा : उन्हें पता ही नहीं है कि वे क्या बोल रहे हैं, नदी तो अभी तक पिघलनी शुरू नहीं हुई!

जब मैं स्कूल से वापसी में नदी के क़रीब पहुँची तो देखा कि बर्फ़ तो पहले से ही टूटनी शुरू हो चुकी थी। बर्फ़ के सफ़ेद–सफ़ेद टुकड़े टूट कर तैर रहे थे। ऐसा लग रहा था मानो मेमनों का कोई झुण्ड चला जा रहा है। मैं इतनी बेवकूफ़ थी कि मेरे दिमाग़ में ज़रा भी नहीं आया कि यह ख़तरनाक है। उल्टे मैंने सोचा कि अरे! ये तो मस्ती करने का मौक़ा मिल गया। बिग यलो मेरे पीछे–पीछे था। मैं तैरते हुए बर्फ़ के एक टुकड़े से दूसरे टुकड़े पर कूदने लगी। जहाँ बर्फ़ के दो टुकड़ों के बीच ज़्यादा फ़ासला था, वहाँ मैं लम्बी छलाँग लगा रही थी। बर्फ़ के जिस टुकड़े पर मैं खड़ी थी, वह डूबने लगा तो मैंने तुरन्त दूसरे टुकड़े पर छलाँग लगा दी। मेरे जूतों से पूरी तरह पानी गिर रहा था। बर्फ़ीले पानी के चलते मेरे पैर जम चुके थे। बिग यलो एक समझदार कुत्ता था; वह मुझसे पहले ही कूदकर बर्फ़ के टुकड़े पर जा बैठता और मुझे देखने लग जाता। इस घटना के बाद पिताजी ने मुझे ख़ूब डाँटा और कहा कि मेरे में कुत्ते जितना भी दिमाग़ नहीं है। पिताजी ने कहा कि अगर मैं इतनी छोटी और हलकी नहीं होती तो वहीं बर्फ़ीले पानी में ही मेरी क़ब्र बन जाती!

मेरी इस दुस्साहसपूर्ण मूर्खता का नतीजा बिग यलो की मौत के रूप में सामने आया।

उस दिन, जब मैं घास के मैदान से गुज़र रही थी तो मुझे महसूस हुआ कि कहीं कुछ गड़बड़ है। बसन्त की शुरुआत थी और घास का रंग भी बदल रहा था : हल्का पीला–सा और हवा के झोंके घास को सहला रहे थे। बिग यलो कई बार रास्ते में रुका और अपने कानों को खुजाने लगा...उसके बाद उसने जो भौंकना शुरू किया तो भौंकता ही चला गया, ''भौं, भौं, भौं, भौं...!''

इस बीच एक अजीब बात हुई। जैसे ही बिग यलो ने भौंकना शुरू किया, हवा थम गयी और हवा बहने के कारण घास से आने वाली साँय–साँय की आवाज़ भी रुक गयी। हालाँकि मुझे दिखा नहीं कि लम्बी–लम्बी घास में क्या छुपा हुआ था। मैंने इतना तो पहचान लिया था कि घास में से आने वाली आवाज़ हवा की साँय–साँय की आवाज़ नहीं थी; घास में ज़रूर कुछ था। अचानक ऐसा लगा कि घास में कोई जंगली जानवर छुपा हुआ है और यह उस जगह के बिल्कुल पास ही था जहाँ मैं चल रही थी। घास का कोई एकाध तिनका नहीं हिल रहा था बल्कि लम्बी–लम्बी घास में अजीब तरह की हलचल हो रही थी।

डर के मारे मेरी जान सूखने लगी; ऐसा लगने लगा मानो खोपड़ी में तरंग–सी बह रही हैं। किताबों के बस्ते को हाथों में दबाये, मैं अपनी जान बचाने के लिए जी–जान लगाकर भागी। भागते हुए मैं ज़ोर–ज़ोर से हिल रही घास को देख रही थी। मुझे एहसास हो गया था कि घास के भीतर जो कुछ भी छुपा हुआ था, उसने भी मेरे साथ–साथ भागना शुरू कर दिया था। वह मेरे पास, और पास आता जा रहा था। जैसे ही मुझे लगा कि अब वह चीज़ मेरे सामने आने वाली है, मैं पूरे ज़ोर से चिल्लाई, ''बिग यलो!''

बिग यलो शायद मेरी आवाज़ में समाये आतंक को समझ गया। वह मेरा बहुत वफ़ादार कुत्ता था। उसका शरीर तुरन्त कमान की तरह तन गया और वह घास के भीतर घुस गया। वह बड़े ही हिंसक अन्दाज़ में गुर्रा रहा था।

घास किसी लम्बे तगड़े इन्सान जितनी लम्बी थी। बिग यलो उस घास में खो सा गया। और मुझे कुछ दिखाई नहीं दिया कि हो क्या रहा है। मुझे केवल चीरफाड़ और काटने की आवाज़ सुनाई दे रही थी। मेरे रोंगटे खड़े हो गये। बिग यलो के बेहद भयानक अन्दाज़ में भौंकने की आवाज़ भी आ रही थी।

उसके भौंकने की आवाज़ धीमी और धीमी होती चली गयी।

''बिग यलो...यहाँ आओ...बिग यलो...'' मैं पूरा ज़ोर लगाकर उसे पुकार रही थी।

अचानक से घास के भीतर सब कुछ शान्त हो गया; पूरे घास के मैदान में ख़ामोशी छा गयी, सिर्फ़ मेरे सुबकने की आवाज़ सुनाई दे रही थी, ''बिग यलो...बिग यलो...''

मुझे याद नहीं, मैं कैसे घर पहुँची, लेकिन जब घर पहुँची तो मैं रो रही थी, ''पिताजी, जल्दी चलो, बिग यलो को बचा लो!''

पिताजी को मेरी बात समझने में कुछ समय लगा। रोने के कारण मेरी बात उन्हें साफ़ सुनाई नहीं दे रही थी। आख़िर में वह बोले, ''सत्यानाशी परिवार, और सत्यानाशी लड़की, बिग यलो के तो भूखे भेड़िये पहले ही चिथड़े–चिथड़े कर चुके होंगे! भेड़िये बसन्त के मौसम में सबसे ज्यादा भूखे रहते हैं और इसीलिए बेहद ख़तरनाक भी हो जाते हैं। तुम ख़ुशक़िस्मत हो; अगर बिग यलो उनकी पकड़ में नहीं आता तो वे अब तक तुम्हें चट कर चुके होते!''

''पिताजी, मेहरबानी करके उसे बचा लीजिए, हो सकता है कि वह अभी ज़िन्दा हो।'' मैं रोते हुए उनके आगे हाथ बाँधकर खड़ी हो गयी।

आख़िरकार पिताजी मेरे साथ घास के मैदान की ओर चल पड़े। उनके हाथ में एक डण्डा था, लेकिन हमें घास के मैदान में बिग यलो तो नहीं मिला लेकिन उस जगह से कुछ सफ़ेद हड्डियाँ और कुत्ते के फर का ढेर ज़रूर नज़र आ गया...

मुझे यक़ीन ही नहीं हो रहा था कि बिग यलो मर चुका है। रोते–रोते मेरी सुबकी बँध गयी, ''बिग यलो...बिग यलो...।'' मुझे ऐसा महसूस हो रहा था कि वह अभी अचानक मेरे सामने पूँछ हिलाते हुए आ जायेगा और चारों ओर कूदना शुरू कर देगा। लेकिन उस दिन के बाद से बिग यलो मुझे कहीं दिखाई नहीं दिया। दिखाई देता भी तो कैसे!

उस रात, तकिये में मुँह छुपाये रोती रही। बिग यलो की सारी बातें याद आ रही थीं। कैसे वो हमेशा मेरे साथ रहता था। सर्दी, गर्मी, बरसात... हर मौसम में। चाहे कितनी भी सर्दी पड़ती, वो बस थोड़ा–सा गरम पानी पीता और मेरे साथ घर से बाहर जाने को तैयार हो जाता। उसने कभी शिकायत नहीं की। उल्टे उसने अपनी जान देकर अपनी वफ़ादारी निभायी। पहले दिन से लेकर अपनी मौत के दिन तक, उसने हर क़दम

पर मेरा साथ दिया। अब सोचती हूँ कि काश! उस दिन मदद के लिए मैंने बिग यलो को नहीं पुकारा होता; अगर मैं उसे नहीं पुकारती तो वह मरता नहीं। समझ नहीं आ रहा था कि उसके बिना अब कैसे जीऊँगी... उस सुनसान घास के मैदान को अकेले कैसे पार करूँगी...उस लम्बे, बर्फ़ से ढँके पहाड़ी रास्ते पर तूफ़ान का सामना किस तरह करूँगी...?

पिछले तीन सालों में मेरा सामना भेड़ियों, जंगली सूअरों और कुत्ते के फर की टोपी पहनने वाले आदमी से हुआ था और मैंने न जाने कितने ही बर्फ़ीले तूफ़ानों का सामना किया था...मुझे पता नहीं था कि भविष्य में मुझे और कौन–कौन से ख़तरों से जूझना पड़ेगा या और जाने कब तक मुझे इस पाँच किलोमीटर के रास्ते और पहाड़ी रास्ते को पार करते हुए जाना पड़ेगा। लेकिन मुझे एक बात ज़रूर पता थी, भविष्य ने मेरे लिए जो भी तय कर रखा हो, पर कोई भी बड़ी–से–बड़ी मुसीबत मुझे स्कूल जाने से नहीं रोक सकती! यह मुझे अपने सपने से पता चल गया था; कभी–न–कभी एक दिन मैं शहर में जाऊँगी, शहर के बच्चों की तरह स्कूल जाऊँगी...उनकी तरह गाऊँगी और उनकी ही तरह नाचूँगी...''

कुछ गुण मुझे पैदाइशी मिले थे; एक बार मैंने जो रास्ता चुन लिया, फिर चाहे जितनी भी मुसीबतें आयें, जितने भी कष्ट उठाने पड़ें, मैं उस रास्ते पर लगातार आगे बढ़ती रहूँगी, तब तक, जब तक कि मैं अपनी मंज़िल तक नहीं पहुँच जाऊँगी। आप कह सकते हैं कि यह मेरी ज़िद या अड़ियलपन है, लेकिन ये दोनों ही शब्द उसके लिए सही हैं। मैं ऐसी ही बनी हूँ।

रात को माँ अपना पाइप पी रही थी। और पाइप में चेरी जल रही थी। कश खींचते ही चेरी चमकने लगती और घर के अँधेरे में अचानक रौशनी का एक बिन्दु–सा नज़र आता। छोटे–से सायबान में तम्बाकू की महक फैली हुई थी। जब वह तम्बाकू पीती तो अपने आप से ही बुदबुदाती जाती, ''अगर बिग यलो नहीं होता तो मेरी नन्ही बच्ची का न जाने क्या हाल होता, उसकी मौत निश्चित थी। जब भी अपनी नन्ही बच्ची के उस लम्बी घास के बीच से गुज़रने की कल्पना करती हूँ, मेरा कलेजा मुँह को आने लगता है! अगर कुछ हो गया होता तो हम अपने आपको कभी इस अपराध के लिए माफ़ नहीं कर पाते?''

पिताजी ख़ामोश थे, सिर्फ़ सुनाई दे रही थी उनकी भारी साँसों की आवाज़।

माँ फिर बोली, ''हमें कोई समाधान सोचना होगा, हम बच्ची को ऐसे नहीं छोड़...''

''क्या समाधान है? तुम्हें क्या समाधान नज़र आता है?'' पिताजी ने गुस्से में माँ को बीच में ही टोकते हुए कहा, ''ये सब उसकी क़िस्मत में लिखा है और क्या क़िस्मत इतनी ताक़तवर है कि उसे बचा ले! या फिर उसका स्कूल जाना ही बन्द करो। एक लड़की के लिए क्या फ़र्क़ पड़ता है? वह स्कूल गयी हो या नहीं, इससे वैसे भी क्या हासिल होने वाला है?''

जब मैंने उन्हें यह कहते हुए सुना कि लड़कियाँ ज़िन्दगी में कुछ नहीं करती हैं, तो मुझे गुस्सा आ गया। एक लड़की में क्या ख़राबी होती है? ''लड़कियाँ भी इन्सान होती हैं, उन्हें ज़िन्दगी में कुछ बनने का अवसर क्यों नहीं दिया जाना चाहिए? मेरी क्लास के किसी भी लड़के के मेरे जितने अच्छे नम्बर नहीं आये। इसलिए मैं इस बात को स्वीकार करने से इनकार करती हूँ कि लड़कियाँ, लड़कों जितनी बुद्धिमान नहीं होतीं! मैं यह भी जानती हूँ कि मेरी माँ, मेरे पिता से कहीं अधिक सक्षम है। वह पिताजी के मुक़ाबले मुसीबतों का सामना कहीं अधिक बहादुरी से कर सकती है। मेरे नन्हे से दिल में विद्रोह की चिंगारी भड़कने लगी—मैं बड़ी होकर ज़रूर कुछ बनकर दिखाऊँगी!

मैं अपने गुस्से को अधिक देर तक दबाये नहीं रख सकी। मैं चिल्लाई, ''स्कूल जाना बन्द करने से तो अच्छा था कि मुझे भेड़िये खा लेते!'' घास के मैदान में मैंने मौत का मुक़ाबला किया है और अब मैं किसी चीज़ से नहीं डरती, अपने पिता से भी नहीं।

मेरा चिल्लाना सुनकर माँ और पिताजी एकदम सकते में आ गये। उन्होंने मुझे हैरत भरी आँखों से देखा। माँ ऐसे के ऐसे बैठी रही। माँ ने गुस्से में कांग के किनारे पर ज़ोर से पाइप की राख झाड़ी और कड़ी आवाज़ में कहा, ''मेरी बच्ची की जान को इतना बड़ा ख़तरा हो और मैं बैठी–बैठी देखती रहूँ, ऐसा नहीं हो सकता! ये ज़िन्दगी कोई ज़िन्दगी नहीं है! अगर तुम इस बियाबन, सुनसान जंगल से बाहर निकलने को राज़ी नहीं हो तो मैं ख़ुद ही चली जाऊँगी और अपनी बच्ची को अपने साथ ले जाऊँगी!''

जहाँ तक मुझे याद है, हमेशा पिताजी ही माँ पर गुस्सा करते थे। और हमेशा से माँ ही चुपचाप सब सहती चली आ रही थी। लेकिन आज मेरे लिए, उसने सिर झुकाकर हर बात मानने की अपनी पुरानी आदत को छोड़ दिया। पिताजी के मुँह पर उन्होंने क़रारा जवाब दिया।

वह निडर होकर मेरे साथ खड़ी थीं। मैं डर रही थी कि पिताजी अब माँ को मारेंगे। मैं जल्दी से उठी और माँ के पास जाकर बैठ गयी। हम दोनों एक–दूसरे के कन्धे–से–कन्धा मिलाकर बैठी हुई थीं। अँधेरे में पिताजी को देख रही थीं।

मैं नहीं जानती कि पिताजी माँ की दृढ़ता देखकर हैरान हो गये या डर गये या ख़ुद अपने भीतर अपराध बोध से भर गये, जो भी हो, उन्होंने कोई जवाब नहीं दिया।

मैं अपनी माँ के इस साहस के लिए उनकी बेहद सराहना करती हूँ। मुश्किल हालात में, कभी भी माँ ने क़दम पीछे नहीं खींचे और अपने कमज़ोर से शरीर पर पूरे परिवार का बोझ उठाये चलती रही। मैं हर बीतते दिन के साथ अपनी माँ जैसी होती जा रही थी।

अगली सुबह, मैंने अपना किताबों का बस्ता कमर पर टाँगा और दरवाज़े की तरफ़ बढ़ी। पिताजी कांग के ऊपर लेटे हुए थे। उन्होंने भारी आवाज़ में कहा, ''नदी पर अभी भी बर्फ़ के टुकड़े तैर रहे हैं, तुम्हें क्या लगता है, वहाँ अभी नावें होंगी?''

''अगर कोई नाव नहीं होगी, तो मैं वापस आ जाऊँगी!'' मैंने कन्धे से पीछे देखते हुए ज़ोर से कहा और दरवाज़े की ओर बढ़ गयी। उन्होंने मुझे फिर से कोसना शुरू कर दिया था, ''सत्यानाशी परिवार और ये सत्यानाशी लड़की...''

माँ मेरे पीछे भागी और चिल्लाई, ''ज़रा रुको, मैं तुम्हारे साथ चलूँगी!''

''कोई ज़रूरत नहीं है।'' मैंने कहा।

''लेकिन...क्या तुम्हें घास के मैदान से जाते हुए डर नहीं लगेगा?''

''नहीं, मुझे कोई डर नहीं है।'' हालाँकि सच यह था कि मैं डरी हुई थी।

''मैं तुम्हारे साथ दर्रे तक चलूँगी।''

जब हम दर्रे पर पहुँचे, मैंने माँ से घर लौटने को कहा। माँ ने मेरा कन्धा थपथपाया और सावधान रहने को कहा। फिर बोली, ''मैं यहाँ खड़ी हूँ और तुम्हें देखती रहूँगी।''

''सँभल के जाना, अगर नदी पर अभी भी बर्फ़ जमी हो तो सीधे घर लौट आना, तुम्हारा स्कूल का पाठ छूट भी जायेगा, तो मैं ख़ुद पूरा करवा दूँगी...जल्दी घर आना, ठीक है?''

मैंने सिर हिलाया और जैसे ही माँ की ओर से मुँह मोड़ा, मेरी आँखें आँसुओं को सँभालकर नहीं रख सकीं।

घास के मैदान में घुसते ही, कल वाली दहशत मेरे दिलो–दिमाग़ पर छाने लगी। मुझे ऐसा लगा, मानो मैंने बिग यलो की ख़ून जमा देने वाली भौंकने की आवाज़ सुनी है। ऐसा लग रहा था, जैसे घास में हर जगह भेड़िये छुपे हुए हैं, और वे किसी भी क्षण मेरे सामने आकर, अपने ज़हरीले दाँत मेरे शरीर में गड़ा देंगे, वैसे ही जैसे उन्होंने बिग यलो को चीर फाड़ दिया था। और फिर केवल हड्डियाँ ही बचेंगी...

कुछ सूझ नहीं रहा था। मैं बार–बार अपनी हिम्मत बँधा रही थी, बहादुर बनो! बहादुर बनो! और उसके बाद मैं पूरी ताक़त से भागने लगी। लेकिन घास का मैदान काफ़ी बड़ा था और मैं लगातार भाग नहीं सकी। जब मैंने अपनी रफ़्तार कम की तो मैंने गीत गाना शुरू कर दिया। दरअसल, इस गीत से कहीं ज़्यादा चिल्लाने जैसा था; मैं इस तरह गीत को चिल्ला–चिल्लाकर गा रही थी, मानो मेरी ज़िन्दगी इसी पर टिकी थी!

मैं अपने दिल के डर को निकालने के लिए गा रही थी।

''वीरतापूर्वक, बहादुरी से, हमने यालू नदी पार कर ली है! हम अपनी मातृभूमि के लिए लड़ते रहेंगे, अपने परिवारों के लिए लड़ेंगे! चीन के बहादुर बेटो और बेटियो, पूरी ताक़त से, पूरे दिल से एक हो जाओ, अमेरिकी भेड़ियों को हराओ और उत्तर कोरिया की मदद करो...''

काफ़ी देर बाद, मैं घास के मैदान को पार कर नदी के पास पहुँच गयी। बर्फ़ के टुकड़े ख़त्म हो चुके थे और बहुत छोटे–छोटे टुकड़े ही पानी पर तैर रहे थे। बूढ़ा आदमी अपनी नाव लेकर पहले ही लोगों को पार पहुँचाने के लिए आ चुका था।

स्कूल से लौटते समय जैसे ही घास का मैदान आया, मेरे दिल की धड़कनें धौंकनी की तरह चलने लगीं। चाहे मुझे कितना भी डर क्यों न लग रहा हो लेकिन कोई चारा नहीं था। मुझे घर तो पहुँचना ही था! अचानक मैंने देखा कि घास के मैदान के पार किनारे पर एक छोटी–सी दुबली–पतली परछाईं–सी खड़ी है। शाम हो चुकी थी और हवा उसके सफ़ेद बालों को दुलार रही थी। डूबते सूरज की रौशनी से बचने के लिए उसने आँखों पर हाथ से ओट कर रखी थी। वह मुझे ही देखे जा रही थी। हाँ! वह मेरी माँ थी।

''माँ...'' उस क्षण माँ को वहाँ पाकर मैं इतनी ख़ुश पहले कभी नहीं हुई थी! मैंने अपनी बाँहें खोल दीं और एक नन्ही बच्ची की तरह माँ की ओर दौड़ी...

39

एक दिन मैं जब स्कूल से आ चुकी थी तो खेलने के लिए जैसे ही बाहर निकलने लगी, माँ ने कहा, ''बेटा, तुम्हारी परेशानियाँ ख़त्म होने वाली हैं।''

''क्या हम इस जगह को छोड़कर जा रहे हैं?'' मैंने उनसे पूछा।

''हाँ।''

''क्या हम च्यामुसी जा रहे हैं?''

''नहीं, तुम्हारे पिताजी ने नांचा में एक कांग किराये पर लिया है...''

''सच में?'' मुझे यक़ीन नहीं हुआ। एकदम अचानक से पता चला था, इसलिए यक़ीन करना मुश्किल हो रहा था। हालाँकि हमने सिर्फ़ कांग किराये पर लिया था। इसका मतलब था कि हम किसी के घर में मकान मालिक के साथ एक ही कमरे में रहेंगे। मेरे लिए यह इतनी ख़ुशी की बात थी, मानो मुझे किसी ने स्वर्ग में जाने की ख़ुशख़बरी सुनाई है।

''ओह, कितनी अच्छी ख़बर है!'' मैं माँ की बाँहों में झूल गयी।

अगली सुबह, पिताजी ने एक हाथ गाड़ी किराये पर ली और उसमें सारा सामान भर लिया। घर के बर्तन, बिस्तरे और बाक़ी सामान। मैं बेसब्री से सोच रही थी कि लू श्याओलिंग आ जाये ताकि मैं उसे ठीक से अलविदा कह सकूँ।

पिताजी और माँ ने पहले ही चलना शुरू कर दिया था और हम कुछ दूर ही चले थे कि मैंने देखा, लू श्याओलिंग हमारे घर की ओर दौड़ता आ रहा है। उसकी गोद में एक नन्हा–सा पिल्ला था। बिग यलो की मौत के बाद उसने मुझसे कहा था कि वह मुझे एक कुत्ता लाकर देगा।

उसने ख़ुश होकर मुझसे कहा, ''जब यह बड़ा हो जायेगा तो यह बिग यलो से भी बढ़िया बनेगा!''

लेकिन मैंने अपना सिर झुका लिया, मैं उससे आँखें नहीं मिला सकी...

''क्या हुआ? तुम्हें ये पसन्द नहीं?'' उसने परेशान होकर मुझसे पूछा।

''मेरा परिवार यहाँ से जा रहा है।'' मैंने धीरे–से कहा।

वह जहाँ का तहाँ खड़ा रह गया। उसके मोटे होंठ खुले हुए थे और वह मेरी ओर शून्य में ताक रहा था। उसकी आँखों में पानी तैर गया। कुछ क्षण ऐसे ही बीत गये और फिर उसने सवाल किया, ''तो, तुम अच्छे के लिए ही जा रही होगी?''

''हाँ।''

''तो, तुम कभी नहीं लौटोगी?''

''...''

उसी समय माँ की आवाज़ आयी, ''यावन, जल्दी करो!'' मैंने अपने सूती दस्ताने उतारे और उन्हें लू श्याओलिंग की गर्दन पर लटका दिया और माँ–पिताजी की ओर भागी। मैंने अपने दस्ताने उसे देने के लिए पहले ही माँ से मंजूरी ले ली थी। मैं भागती जा रही थी और हम दोनों के बीच का फ़ासला बढ़ता जा रहा था। मेरी आँखों में से आँसू की बूँदें बर्फ़ पर गिरती जा रही थीं। लू श्याओलिंग छोटा, छोटा और छोटा होता चला गया। जब हम पहाड़ी दर्रे पर पहुँचे तो मैंने देखा कि दुबला–पतला लू अभी भी हमारे पुराने घर के सामने खड़ा हुआ था। उसकी केवल नन्ही–सी आकृति ही नज़र आ रही थी।

आधी से ज़्यादा सदी बीत चुकी है, मैं अपने बचपन के दो साथियों को कभी नहीं भूल पायी–लू श्याओलिंग और बिग यलो।

जब मैं 1999 में लौटी तो मैंने लोगों से लू श्याओलिंग के बारे में पूछा लेकिन अब कोई नहीं जानता कि वह कौन था। लगता था कि वह भी वहाँ से जा चुका था। मुझे पता नहीं कि वह आख़िरकार कब अपने मामा के चंगुल से निकलकर भागा होगा या वह कहाँ होगा, कैसी ज़िन्दगी जी रहा होगा लेकिन मैं प्रार्थना करती हूँ कि वह जहाँ भी हो, ख़ुश हो।

मैं अपने बचपन की ज़िन्दगी के बारे में लिख रही हूँ तो बार–बार मेरे दिमाग़ में माँ की उन दिनों कही गयी एक बात घूम रही है। माँ ने कहा था, ''ये इन्सानों की ज़िन्दगी नहीं है।''

उस ज़माने में हम जिस तरह से रहते थे, वह सच में ही इन्सानों के रहने लायक हालात नहीं थे। उस दौर में अधिकतर चीनी किसान परिवार हमारी ही तरह जीवन जी रहे थे; ग़रीबी और अज्ञानता के बीच बस कोल्हू के बैल की तरह जुते रहना। सिर्फ़ कहने को वो लोग ज़िन्दगी जी रहे थे। वे लोग अपनी ही क़िस्मत से लड़ रहे थे। लेकिन इस लड़ाई के आख़िर में भी वे ग़रीबी के जाल से ख़ुद को मुक्त नहीं करा सके।

मैंने एक लेख पढ़ा था कि दुखों का बोझ उठाने से हमेशा महानता हासिल नहीं होती। इस किताब में लेखक लिखता है, ''चीनी लोग दुखों में ही सुकून पाते हैं, वे दुखों का आनन्द उठाते हैं।'' उनकी इस मनोवृत्ति की व्याख्या के लिए एक कहावत है, ''सबसे अधिक दुखों को बर्दाश्त करके ही एक इन्सान साधारण इन्सान के मुक़ाबले बड़ा बन सकता है।''

इन दिनों सफल लोग ये कहना पसन्द करते हैं कि उन्होंने शून्य से शुरू किया था और वे सफलता मिलने तक ख़ामोशी के साथ अपनी पीड़ाओं को पीते रहे।

मिडिल स्कूल के बच्चे भी अपनी माँ के बलिदान और ज़िन्दगी के दुखों को स्वीकार करने के लिए अपनी माँ की सराहना करना पसन्द करते हैं। वे दावा करते हैं कि उनकी माँ ने हज़ारों बलिदान देकर उन्हें पाला–पोसा और बड़ा किया। लेकिन माँओं के इन दुखों का कारण क्या है? बच्चों के होने से माँ के हालातों में क्या सुधार होता है...सच्चाई तो यह है कि दुख सहने से हमेशा आदमी महान नहीं होता। इसके विपरीत, बहुत से मामलों में तो दुखों की पीड़ा इन्सान के आत्म–सम्मान और गरिमा को नष्ट कर देती है, इन्सान की आत्मा को लहूलुहान कर देती है और इन्सान की रचनात्मकता को कुन्द कर देती है। कोई भी ऐसा व्यवहार, जिसे एक इन्सान अपने लिए स्वयं नहीं चुनता है और जिस पर इन्सान को चयन करने की ताक़त नहीं है, वह नैतिकता के सन्दर्भ में बेकार है।

मैं लेखक के इस दृष्टिकोण से बहुत अधिक हद तक सहमत हूँ। दुखों से, पीड़ाओं से न तो सम्पत्ति मिलती है और न ही यह कोई ऐसा शब्द है जिसकी सराहना की जानी चाहिए। यह मानवता को नष्ट कर देता है, इसे लोगों पर जबरन लादा जाता है और यह ऐसा अभिशाप है जो बड़े ही दर्दनाक तरीक़े से आत्म–सम्मान को घायल कर देता है। लेकिन यहाँ एक सवाल उभरता है जो कोई मदद नहीं करता बल्कि गहराई में विश्लेषण करने के लिए प्रेरित करता है : क्या सम्पूर्ण चीनी किसान समुदाय में कोई ऐसा है जिसने दुख न झेले हों?

हालाँकि चीन में सुधारों और अर्थव्यवस्था के दरवाज़े खोलने से किसानों के एक तबक़े के पास धन–दौलत आयी है लेकिन बहुत–से किसान आज भी ग़रीबी और अज्ञानता के बीच संघर्ष कर रहे हैं; ग़रीबी के इस दलदल से बाहर निकलने की उनकी बारी कब आयेगी? यह एक सवाल है, जिस पर हमें बहुत अधिक ध्यान देना चाहिए।

लोग सिर्फ़ इस बात की कामना करते हैं कि उनके पास धन–दौलत हो और वे शानदार ज़िन्दगी जीयें। कोई भी अपनी इच्छा से ग़रीबी का जीवन नहीं चुनता। किसी को भी दुखों से उलझते रहना पसन्द नहीं है। लेकिन लोगों का अपने जन्म के स्थान और समय पर कोई वश नहीं

चलता। न ही वे उस युग और उन हालात को बदलने की ताक़त रखते हैं। मैंने अपने माँ–पिताजी की पीढ़ी को बेइन्तहा दर्द और दुश्वारियों के बोझ के नीचे दबे–दबे संघर्ष करते देखा है। मैं उन हालात की गवाह रही हूँ जहाँ मेरे भाई–बहन के पास इतनी ताक़त नहीं थी कि वे अपने लिए ऐसी ज़िन्दगी को चुन सकें जिसमें त्रासदियाँ और शोक में डूबे दिन–रात न हों। मैंने वह दौर देखा है, जब समाज में खुलापन आया। मैं उसे वक़्त का हादसा ही कहूँगी कि मैं अपनी अदम्य ताक़त और हार न मानने वाले स्वभाव के कारण, आख़िरकार संघर्ष करते हुए... अपनी ज़िन्दगी की पहली जीत की ओर बढ़ रही थी। मेरी ठीक इसी पहली जीत ने, मेरी बाक़ी ज़िन्दगी की तक़दीर का फ़ैसला किया। सोने से सुन्दर आभूषण बनता है लेकिन उस ख़ूबसूरती में ढलने के लिए सोने को कितना तपना पड़ता है, यह वही जानता है। बहुत–से महत्त्वाकांक्षी लोगों के लिए ग़रीबी और दुख एक तरह से उन्हें ज़िन्दगी की राहों पर माँजते जाते हैं। ये उनकी इच्छाशक्ति को धार देते हैं, उसके चरित्र को आकार देते हैं, तूफ़ानों का सामना करने की ताक़त पैदा करते हैं, उनके व्यक्तित्व को चट्टान की तरह इतना कठोर बना देते हैं कि कोई ताक़त उन्हें हिला नहीं सकती, उनका आत्म–सम्मान पर्वत की तरह ऊँचा होता है जो उन्हें मुश्किलों के आगे सिर नहीं झुकाने देता। अगर आप सही मायने में अपनी ज़िन्दगी बदलना चाहते हैं तो अपनी इच्छाशक्ति को एक ज़िद की हद तक ले जायें। इससे आप किसी भी विपरीत हालात से गुज़रने का हौसला अपने आप पा जायेंगे।

दूरदराज के ग्रामीण इलाक़े से बाहर लाने के लिए मैं अपने माँ–पिताजी की आभारी हूँ और मैं परमात्मा की भी शुक्रगुज़ार हूँ कि उसने मुझे इस तरह के घर–परिवार में पैदा होने के लिए भेजा। मेरे बचपन ने मेरे भीतर किसानों की पीड़ाओं, उनके दर्द, उनकी सिसकियों को गहराई तक समझने की सोच दी। उसी की बदौलत मैं *ए वीमेन क्रॉसिंग दी रीवर ऑफ़ मैन* जैसी रचना को जन्म दे सकी।

1957 का पतझड़ आ गया था। और उसी के साथ ही तीन सालों तक हमने जो दुख झेले थे, जो ख़ून के आँसू पिये थे, वे भी सूखे पत्तों की तरह झड़ गये। मैं अपने माता–पिता के साथ च्यामुसी लौट गयी।

अध्याय 7

एक विद्रोही और मूर्ख किशोरी

39

च्यामुसी पहुँचने के बाद, माँ–पिताजी ने सबसे पहले किराये पर एक कांग लिया और आख़िर में उन्हें खुद का अपना कमरा मिल गया–यह एक छोटा–सा, एक कमरे का, एक मंज़िला घर था जो गारे और फूँस से बना था।

मकान का मालिक इस कमरे का इस्तेमाल गोदाम की तरह करता था। जब माँ–पिताजी ने इसे ख़रीद लिया, तो उसने इस पर गारे की ताजा परत चढ़वाकर इसे लिपवा दिया था। भीतर की दीवारों पर कुछ पुराने काग़ज़ लगा दिये और एक कच्चा–पक्का छोटा–सा कांग...भी बनवा दिया। इस तरह से वह हमारा घर बन गया।

मकान बहुत ही छोटा था और पतली सुरंग जैसा था। कमरे की छत भी काफ़ी नीची थी। उत्तर की ओर की दीवार में केवल एक खिड़की थी। खिड़की इतनी बड़ी थी कि इन्सान का हाथ भी उससे बड़ा नज़र आये। चाहे गर्मी का मौसम हो या सर्दी का, उस खिड़की से कभी सूरज की रौशनी के दर्शन तो हमें नहीं हुए; लिहाज़ा घर के भीतर घुप्प अँधेरा रहता था। एक बार में कांग पर चार लोग ही बैठ सकते थे। और एक समय में घर के भीतर एक ही आदमी के खड़े होने के लिए जगह थी। कांग भी बहुत ऊँचा नहीं था। इसलिए रात को सोने के समय हमें कांग से एक लकड़ी का बोर्ड जोड़ना पड़ता था ताकि सोने के लिए पर्याप्त जगह मिल सके। जब मेरे सहपाठी मेरे घर आते तो वे कहते कि तुम्हारा घर तो कुत्ते

के बाड़े जैसा लगता है। बहुत सालों बाद, जब मेरे पति पहली बार हमारे घर आये तो वह भीतर जाने की हिम्मत ही नहीं जुटा पाये।

पूरे च्यामुसी में हमारा घर सबसे छोटा, टूटा–फूटा और बेहद मामूली रहा हो, लेकिन जहाँ तक मेरा सवाल है, मेरे लिए वह स्वर्ग के किसी महल से कम नहीं था। अब मुझे सारा दिन यह चिन्ता नहीं सताती थी कि भेड़ियों का सामना कैसे करूँगी, अब मुझे बर्फ़ीले तूफ़ान से नहीं जूझना पड़ता था। वो बर्फ़ीला तूफ़ान जो मेरे हाथ–पैरों को इतना सुजा देता था कि उनमें से मवाद निकलने लगती थी। अब मुझे रोज़ाना स्कूल जाने के लिए 15 किलोमीटर लम्बा पहाड़ी रास्ता पार नहीं करना पड़ता था। च्यामुसी में जो प्राइमरी स्कूल था, वहाँ तक पहुँचने में मुझे अपने घर से दस मिनट का समय लगता था। प्राइमरी स्कूल एक इलेक्ट्रिकल मशीनरी फैक्ट्री से जुड़ा था। पिताजी को कोई ठीकठाक काम नहीं मिला था इसलिए वह परेशान थे। बसन्त के मौसम में उन्होंने लकड़ी के एक स्टूल पर फूड ब्लैंडिंग मशीन जोड़ ली और वह उस मशीन को कन्धे पर रखकर च्यामुसी की गलियों और सड़कों पर आवाज़ लगाते घूमते रहते, ''सोयाबीन मिक्स्चर ले लो, सोयाबीन मिक्स्चर!'' उत्तर–पूर्वी चीन में लोग घर का बना सोयाबीन पेस्ट बड़े प्यार से खाते हैं और इस पेस्ट को बनाने के लिए सबसे पहले पकायी गयी सोयाबीन का पेस्ट बनाना होता है। पेस्ट बेचने के बाद, पिताजी हाथगाड़ी खींचते, कोयला ढोते, आरी से चीरी गयी लकड़ी का बुरादा ढोते–हर वो सामान ढोते जो हाथ गाड़ी में ले जाया जा सकता था। शहर में इन सब कामों के लिए बहुत कम पैसा मिलता था। ये एक तरह से कुली का काम था।

स्कूल से घर लौटते समय, मैं जब भी पिताजी को कोयला ढोते देखती, तो दौड़कर उनकी मदद के लिए जाती, हाथगाड़ी को धक्का लगाती। उनका शरीर ज़मीन पर झुककर दोहरा हो जाता और चेहरे और गर्दन से पसीना पानी की तरह बह रहा होता–काला–काला पसीना!

जब भी पिताजी मुझे देखते, तो हमेशा मुझसे पूछते, ''मेरी लाट साहब बेटी विश्वविद्यालय से पढ़ाई पूरी कर आयी?'' वह हमेशा मुझे 'लाट साहब' कहते थे, 'छात्रा' नहीं। हाथगाड़ी खींचते समय उनकी साँस फूली रहती थी।

उनका मूड अब काफ़ी ठीक रहने लगा था। उन्होंने मुस्कुराना भी शुरू कर दिया था। अक्सर मुझसे मज़ाक़ करते, ''यहाँ आओ, बेटा! आओ सिर से सिर भिड़ाते हैं!''

मैं हँसते हुए अपना सिर आगे करती, और पिताजी मेरे सिर से अपना

माथा टकराने के बाद, सु दुंगपो* की वही बात दोहराते, जो उन्होंने अपनी बहन से कही थी, ''अपने हण्डे जैसे सिर को देखो, तुमने कमरे में केवल तीन या चार क़दम ही बढ़ाये हैं और तुम्हारा माथा पहले ही पेंटिंग वाले कमरे में पहुँच गया है, अगर तुमने अपना माथा थोड़ा पीछे नहीं किया तो बड़ी होने पर कौन तुमसे शादी करेगा?''

''मुझे कोई पति–वति नहीं चाहिए!'' मैं उन्हें हँसते हुए डाँटती। हम दोनों बाप बेटी अक्सर इसी तरह की छोटी–छोटी ख़ुशियाँ ढूँढ़ने की कोशिश करते, वरना तो ख़ुशी के नाम पर हमारे पास था ही क्या!

शाम को पिताजी लौटते तो पूरे भूत बने होते, कपड़ों पर राख लगी होती, पूरे चेहरे पर पसीने की काली–काली धारियाँ बनी होतीं।

घर में घुसते ही वह कांग पर औंधे लेट जाते और मुझे आवाज़ लगाते, ''लाट साहब! मेरे जूते उतारो!'' माँ को कहते, ''अरे भागवान! जाकर गाड़ी से राख साफ़ कर दे!''

मैं तुरन्त जाकर उनके जूते उतारती, उनके भीतर से राख झाड़ती ओर उनसे पूछती, ''पिताजी, आपके जूतों में इतने कोयले के टुकड़े और राख भरी होती है, क्या ये आपके पैरों में चुभते नहीं हैं?''

''ज़रा अपने को देखो, कैसी मूर्ख लड़की है। तुम्हारी समझ में नहीं आ सकता, समझ पाओगी! चलो, जल्दी से कोयला साफ़ कर दो और उन्हें नांद में डुबो दो!'' जब वह देखते कि मैंने राख फ़र्श पर गिरा दी है तो वह मुझे डाँटते। फिर लम्बी ठण्डी साँस छोड़ते और कहते, ''बिट्टो! कोयला मेरे पैरों में चुभता भी है तो मैं उसका क्या बिगाड़ सकता हूँ?''

''मुझे अपनी लाट साहब बेटी के बड़ा होने का इन्तज़ार करना होगा, जब तुम कुछ बन जाओगी, तो तुम्हारे बाप को यूँ गधे की तरह नहीं खटना पड़ेगा, ये सारे निहायत ही घटिया काम नहीं करने पड़ेंगे!''

जब वह ये बात कहते तो सूनी आँखों से छत को निहारने लगते और उनकी आँखों में एक गहराई–सी नज़र आती। उनकी आँखों की ये गहराई बड़ी पेचीदा–सी थी जिसे मैं काफ़ी सालों बाद ही समझ पायी। इन आँखों में उम्मीदें थीं और एक सपना था, जो हर बुढ़ाती पीढ़ी में अपने बच्चों के लिए होता है। इन आँखों में वो मायूसी और बेबसी भी थी, जो उनकी ज़िन्दगी को खाये जा रही थी।

* सु दुंगपो एक चीनी लेखक, कवि, पेंटर, कैलिग्राफ़र, औषध विज्ञानी और सोंग वंश के विशेषज्ञ हुए हैं।

मैंने हँसते हुए जवाब दिया, ''पिताजी, जब मैं बड़ी हो जाऊँगी और कुछ बन जाऊँगी तो मैं वादा करती हूँ, आपको ये कोयला नहीं ढोने दूँगी!''

शाम होती, पिताजी घर आते और अपनी दिनभर की कमाई माँ को सौंप देते। कई बार ये एक या दो युआन होती। और कई बार केवल कुछ च्याओ ही मिलते और कई बार तो ख़ाली हाथ ही लौटना पड़ता। पैसों पर पसीना चिपका रहता और एक गर्माहट–सी होती। माँ उन्हें सावधानी से गिनती और सँभालकर लकड़ी के एक छोटे बक्से में रख देती। माँ ने यह बक्सा छत में छुपाकर रखा हुआ था। पिताजी, माँ से कहते, ''सँभालकर रखना, हमें इसे अपने बेटे के लिए जोड़ना है ताकि वह यूनिवर्सिटी जाकर पढ़ाई कर सके और अपने लिए दुल्हन ला सके!''

मैं सोचती कि पिताजी मज़ाक़ कर रहे हैं लेकिन बाद में पता चला कि मुझमें उन्हें एक उम्मीद नज़र आती थी, मेरे भीतर वे अपना भविष्य देखते थे। सिद्धान्त की बात की जाये तो मुझे यूनिवर्सिटी की प्रवेश परीक्षा के लिए कड़ी मेहनत से पढ़ाई करनी चाहिए थी। लेकिन इसके बजाय, मैं प्यार के चक्कर में पड़ने जैसी बेवकूफ़ी कर बैठी। इस रोमांस ने मेरी ज़िन्दगी की धारा ही बदल दी।

41

उस साल पतझड़ के मौसम में कुछ ऐसा हुआ कि मुझे च्यामुसी की यादों में लौटना पड़ता है।

दोपहर का वक़्त था, आसमान साफ़ था और दिन बड़ा ही ख़ुशनुमा था। मेरा एक सहपाठी था यांग शुच्युआन। उसका बड़ा भाई खेल के मैदान में अभ्यास कर रहा था और वह उसे देखने के लिए मुझे अपने साथ ले गया। यांग का भाई लम्बी दूरी का धावक था। इससे पहले मैंने किसी एथलीट को नहीं देखा था। सही बात बताऊँ तो मुझे यह भी नहीं पता था कि एथलीट करता क्या है या इस शब्द का मतलब क्या होता है।

पहली बार मैंने किसी एथलीट को उस समय देखा। कुछ साइकिल सवार सुनहरे सलेटी रंग के स्पोर्ट्स की ड्रेस पहने हुए बड़ी तेज़ी के साथ मेरे सामने से गुज़रे। वे दौड़ लगा रहे थे और एक–दूसरे से आगे निकलने की होड़ लगी थी। उन्हें देखना अपने आप में एक अनोखा और

जोश भरने वाला अनुभव था। और अचानक से मेरे मन में एथलीटों के लिए एक अनोखा आकर्षण–सा पैदा हो गया।

यांग ने मुझे बताया कि अगर कोई एथलीट सफल हो जाता है तो उसे बीजिंग जाने का मौक़ा मिल सकता है और वह चीन के लिए पदक भी जीत सकता है।

शायद इस मुक़ाबले में उतरकर जीतने की लालसा रही हो या कुछ और, एथलीटों के पोर–पोर से मुझे एक चिंगारी–सी निकलती महसूस हुई, और इसने मेरे चरित्र की एक और छुपी हुई ख़ूबी को जगा दिया या हो सकता है कि यांग के शब्दों ने मेरी आत्मा में हलचल मचा दी हो क्योंकि मैं हर वो चीज़ पाना चाहती थी जो मुझे एक पहचान दे, मुझे गर्व से भर दे। मेरी नन्ही आँखों में यही सपना उमड़ने लगा। इस बात से कोई फ़र्क़ नहीं पड़ता कि ये क्या था, लेकिन उस दोपहर ने मुझमें एक आग भड़का दी–''जब मैं बड़ी हो जाऊँगी तो मैं भी एक एथलीट बनूँगी!''

इसमें कोई हैरानी की बात नहीं है, एक 13 साल की लड़की का अचानक भावनाओं में बह जाना, किसी को आदर्श मान लेना, कोई सपना बुनने लग जाना, कोई बुरी बात नहीं है या ये भी उम्मीद की जा सकती है कि ये एक सनक है और कुछ दिनों में इसका ख़ुमार उतर जायेगा।

ये उम्र ही ऐसी होती है, ज़िन्दगी आज़ाद ख़याल हो जाती है, बेपरवाह हो जाती है, सपनों के महल बनाती है, जज़्बात उफ़ान पर होते हैं, तुरन्त फ़ैसले लेने और तुरन्त अपना रास्ता बदलने की कैफ़ियत होती है। फिर चाहे कोई गायक बनना चाहता हो या मेरी तरह एथलीट। आमतौर पर, इस प्रकार के सपनों को, सपनों को साकार करने के लिए उन्मादी होने वाली आदत को बचकानापन माना जाता है। इस उम्र में दुनिया की सच्चाइयों से रूबरू नहीं होते हैं तो अपने सपने और ज़्यादा हक़ीक़त के क़रीब लगते हैं। और लगता है कि दुनिया को हम अपने सपनों के हिसाब से रच सकते हैं।

13 साल की उम्र ज़िन्दगी का वो पड़ाव होती है जब बच्चे अपनी ज़िन्दगी को अपनी कल्पना के आईने में देखते हैं, परिकथाओं में उसे ढूँढ़ते हैं। ये नासमझी की उम्र होती है जिसमें बच्चे अपने परों की ताक़त को कुछ ज़रूरत से ज़्यादा आँक लेते हैं लेकिन यही वह उम्र होती है जब किसी बच्चे को किसी भी ढाँचे में ढालना सबसे आसान होता है। इसी उम्र में एक बच्चे पर बाहरी दुनिया का सबसे अधिक असर होता है।

इस उम्र में एक बच्चे की क़िस्मत को आसमान की ऊँचाई दी जा सकती है या फिर उसे गर्त में धकेलना भी उतना ही आसान होता है; ज़िन्दगी उन्हें एक साथ कई दिशाओं में ले जाती है। मैं अपने आपको एक ताक़तवर और अहम शख़्सियत बना सकती हूँ या अपनी ज़िन्दगी को बर्बाद कर सकती हूँ। इसका कारण यह था कि मेरे पास वक़्त बहुत था; मैं अपनी ज़िन्दगी का जो चाहे बना सकती थी। मैं सब कुछ दाँव पर लगा सकती थी और अपनी सारी ताक़त अपने किसी भी सपने को पूरा करने में लगा सकती थी...

मैं बड़ी सख़्त जान थी, उन लोगों में से नहीं थे जिन्हें पहली नज़र में प्यार हो जाता है। और जब भी मुझे प्यार हुआ, मैंने पूरी ईमानदारी और टूटकर प्यार किया। मैंने अपने आपको प्यार में आकण्ठ डुबो दिया–फिर चाहे ये करियर से प्यार हुआ हो या किसी रिश्ते से।

जोहान बेयर ने एक बार कहा था, ''जवान लोग एक ख़ुशमिज़ाज नन्हे राजकुमार की तरह होते हैं। उन्हें नहीं पता कि स्वर्ग बहुत ऊँचाई पर है, न ही उन्हें यह पता होता है कि लोगों की ज़िन्दगी समस्याओं और चिन्ताओं से भरी है। वे आसमान के तारों को तोड़ना चाहते हैं, उन तारों को अपनी राहों में बिछाना चाहते हैं और चाहते हैं कि ज़िन्दगी हमेशा ऐसे ही तारों की तरह जगमगाती रहे।''

ये सच में ही एक बड़ी सच्चाई है कि जब लोग नन्हे बच्चे होते हैं, तो वे नहीं जानते कि आसमान कितनी ऊँचाई पर है, या धरती कितनी गहरी है। असल बात तो यह है कि मैं खेलकूद के लिए बनी ही नहीं थी लेकिन मुझ पर इसका जादू चल गया और मैं खेल के पीछे एकदम दीवानी हो गयी। मैं दिन–रात, सोते–जागते, बस एक ही सपना देखती कि मुझे एथलीट बनना है। मुझे यह तक नहीं पता था कि मुझे किस खेल में जाना है, लेकिन ये जानती थी कि एथलीट बनने के लिए दौड़ने, आइस स्केटिंग और बाल गेम्स का प्रशिक्षण लेना होता है...अगले ही दिन मैं सुबह पाँच बजे उठ गयी और दौड़ने निकल पड़ी। उसके बाद से ही, मेरे नन्हे पैर जो पहाड़ी रास्तों पर घण्टों चलते थे, वे अब नियमित रूप से, हर सुबह सड़कों पर दौड़ने लगे। हर सुबह, चाहे कोई भी मौसम हो, सर्दी या गर्मी।

मैं हमेशा से ही बहुत मज़बूत इच्छाशक्ति और आत्मविश्वास से भरी लड़की रही हूँ। लेकिन एक एथलीट बनने के चक्कर में मैंने अपनी ज़िन्दगी बेहाल कर ली। सर्दियों में मैं आइस स्केटिंग के लिए जाना

चाहती लेकिन मेरे पास स्केट्स ही नहीं थे। इसलिए मैं उस आइस रिंक में जा पहुँची जो इलेक्ट्रिकल मशीनरी फैक्ट्री के कामगारों के लिए बनाया गया था। वहाँ जाकर मैंने एक छोटे से बूथ का दरवाज़ा खटखटाया और स्केट्स उधार देने वाले आदमी से पूछा, ''श्रीमान, मेरे पास स्केट्स किराये पर लेने के पैसे नहीं हैं, क्या आप मुझे एक जोड़ा स्केट्स उधार दे सकते हैं? मैं एथलीट बनना चाहती हूँ...''

''क्या मतलब है तुम्हारा? क्या बनना चाहती हो तुम, एथलीट! टिड्डे जितनी तो लड़की हो तुम!'' वह आदमी बड़े ही धूर्तता के साथ हँसा, ''दफा हो जाओ यहाँ से, दोबारा भूलकर भी न आ जाना इधर!''

लेकिन मैं वहाँ से हिली नहीं। वहीं मँडराती रही और बार–बार उस आदमी की मिन्नतें करती रही, ''श्रीमान, मैं आपसे भीख माँगती हूँ, एक बार थोड़ी देर के लिए स्केट्स दे दो...''

मैं बार–बार हाथ जोड़ती रही और आख़िर में मुझे इतनी भयंकर ठण्ड में, इतनी देर से खड़ा देखकर, उसे मेरे ऊपर दया आ ही गयी। उसने ज़मानत के तौर पर मेरे रूई के दस्ताने रख लिए और मुझे 40 नम्बर के स्केटिंग बूट का जोड़ा दे दिया।

मैं दौड़कर, खुशी से आइस रिंक में जा पहुँची, बगल में स्केटिंग बूटों को दबाये लेकिन मेरे नन्हे पैरों में 40 नम्बर के बूट कहाँ फिट आते; मेरे पैर उन बूटों में ऐसे लग रहे थे मानो समुद्र में कोई नौका तैर रही हो। मेरी नन्ही टाँगें लम्बे–लम्बे नूडल्स जैसी लग रही थीं। जैसे ही मैं उन्हें पहनकर सीधे खड़ी हुई, धड़ाम से बर्फ़ पर गिर पड़ी। पूरे दिन उस रिंक पर मैं अकेली रही। इसलिए मैंने पास की एक बेंच को खींचकर बर्फ़ के ऊपर रख लिया। और अपने विशाल बूटों से उस बेंच के आसपास उल्टी–सीधी स्केटिंग करने की कोशिश करती रही।

मेरे पास दस्ताने तो थे ही नहीं, इसलिए जल्द ही मेरे हाथ जम गये और नाक बहने लगी। मुझे पता नहीं कि मैंने कितनी देर स्केटिंग की या मैंने कितने सर्किट किये लेकिन मुझे याद है कि दिनभर की मेहनत का यह नतीजा हुआ कि मैं बिना बेंच के खड़ी होना सीख गयी।

आसमान का रंग गहराने लगा। वह आदमी आइस रिंक में आया और चिल्लाया, ''तुम कल सुबह तक स्केटिंग करना चाहती हो क्या?'' जब उसने देखा कि मैंने सच में ही स्केटिंग करना शुरू कर दिया है तो वह बोला, ''अरे, वाह! तुम छोटी हो लेकिन बड़ी जल्दी सीख गयीं।''

रात को जब सोने गयी तो पता चला कि मेरे टखनों के पास की खाल रगड़ खा–खाकर छिल गयी थी और वहाँ से ख़ून निकल रहा था। मेरे घुटने भी बार–बार गिरने की वजह से छिल गये थे और आसपास की खाल का रंग जामुनी और काला हो गया था। माँ को बताने की मेरी हिम्मत नहीं हुई।

उस दिन से, स्केट्स वाले आदमी ने मुझे हर रोज़ मुफ़्त में आइस स्केटिंग करने की छूट दे दी।

एक दिन फिजिकल एजुकेशन की कक्षा में टीचर श्री फू डे ने ऐलान किया, ''बच्चो, शहर का खेल और शारीरिक संस्कृति आयोग शहर में मिडिल और प्राइमरी स्कूल के लिए स्केटिंग प्रतियोगिता का आयोजन करने जा रहा है। यहाँ कौन है जिसे स्केटिंग आती है?''

श्री फू डे एक लम्बे–चौड़े और मज़बूत क़द–काठी के इन्सान थे। उनकी आँखें बड़ी–बड़ी और भारी आवाज़ थी; उनका एक नज़र देखना ही किसी भी छात्र को डराने के लिए काफ़ी था। कक्षा में किसी ने हाथ खड़ा नहीं किया। मैं एक क्षण को हिचकी, कुछ ही क्षण बाद मैंने ख़ामोशी के साथ अपना हाथ खड़ा कर दिया।

जैसे ही मैंने अपना हाथ खड़ा किया, मेरे सारे सहपाठियों में कानाफूँसी शुरू हो गयी, ''ये तो गाँव से आती है, फिर भी इसे स्केटिंग आती है...? ''

श्री फू डे ने मुझसे सवाल किया, ''तुमने स्केटिंग कब सीखी?''

मैंने जवाब नहीं दिया, केवल मुस्कुरा दी। जब मैंने स्केटिंग ब्लेड्स अपने पैरों पर बाँधने के लिए डोरी कसी और रिंक में उतरी तो मेरे सहपाठी और टीचर देखते ही रह गये।

उस दिन के बाद से, मेरी फिजिकल एजुकेशन कक्षा के सारे बच्चे अपने जूतों पर स्केटिंग ब्लेड्स बाँधकर प्रैक्टिस करने लगे। एक मैं ही थी जिसके पास भूरे रंग के, फर लगे स्केटिंग बूट थे। हर कोई मुझसे और मेरे बूटों से जलने लगा। मेरे लिए इससे ज़्यादा सुकून की बात कोई और क्या हो सकती थी। आज मेरे पास भी एक ऐसी चीज़ थी, जिससे दूसरे रश्क कर रहे थे। इसके कुछ ही दिन बाद मैंने इलेक्ट्रिकल मशीनरी फैक्ट्री प्राइमरी स्कूल की ओर से स्केटिंग प्रतियोगिता में भाग लिया। अपनी ज़िन्दगी में पहली बार मैं चैम्पियन बनी थी; मैं पाँच सौ मीटर रेस में पहले नम्बर पर आयी थी।

कुछ ही दिन बीते होंगे कि स्कूल ने लड़कियों की बास्केटबॉल टीम बनाने का फ़ैसला किया। इसके लिए मेरी कक्षा की कई लम्बी लड़कियों को लिया गया। मुझे नहीं। लेकिन मैं बास्केटबॉल खिलाड़ियों को देखती रहती और ज़ोर–शोर से ट्रेनिंग शुरू कर दी।

श्री फू डे ने मुझसे कई बार कहा, ''यावन, तुम्हारा क़द छोटा नहीं है। तुम्हें ट्रेनिंग के चक्कर में नहीं पड़ना चाहिए। तुम थोड़ा इन्तज़ार करो और जब लम्बी हो जाओ तो टीम में आ जाना।''

उस समय मैं एक मीटर और 60 सेंटीमीटर से नीचे थी। मेरा वजन भी 40 किलोग्राम से कम था। मेरी बाँहें लकड़ी की तरह पतली थीं। मैं अपनी सारी जान भी लगा देती तो भी पेनल्टी लाइन से बास्केटबॉल को बास्केट में नहीं डाल सकती थी। घर पहुँची तो एक बड़ा–सा पत्थर उठाया और एप्रिकोट फ़ॉरेस्ट रिवर पर बने बाँध पर चली गयी। यह बाँध मेरे घर के पीछे ही था। मैं पत्थर के टुकड़े के साथ बास्केटबॉल को बास्केट में डालने की प्रैक्टिस करने लगी। प्रैक्टिस ख़त्म होने तक मैंने बाँध की सतह पर कई अच्छे–ख़ासे बड़े छेद कर दिये थे।

श्री फू डे की किसी भी बात का मुझ पर असर नहीं हुआ। मैं हमेशा बास्केटबॉल कोर्ट के आसपास मँडराती रहती। छाया की तरह बास्केटबॉल टीम का पीछा करती। आख़िर में हार कर, मुझे विकल्प के तौर पर टीम में शामिल कर लिया गया। एक बार, श्री फू डे ने मुझे असल में खेलने के लिए मैदान में बुलाया। उसके बाद से, श्री फू डे ने मेरे ऊपर ज़्यादा ध्यान देना शुरू कर दिया। मैं उनकी नज़रों में एक अच्छी खिलाड़ी बनती जा रही थी।

एक साल बाद, श्री फू डे अपनी प्राइमरी स्कूल की बास्केटबॉल टीम को शहर के वार्षिक लीग में खिलाने ले गये और टीम को दूसरा स्थान मिला। मुझे वैकल्पिक खिलाड़ी के दर्जे से हटाकर टीम में ले लिया गया। मुझे लगता है कि उस ज़माने में मेरा जोश और उत्साह अमेरिकी फ़िल्म *फ़ॉरेस्ट गम्प* के मुख्य चरित्र फ़ॉरेस्ट गम्प के जैसा था। केवल फ़र्क़ इतना था कि मेरे भीतर फ़ॉरेस्ट गम्प जैसा जन्मजात कौशल नहीं था। मैं कोई बड़ा तीर नहीं मार सकी, लेकिन उसके अलावा, मेरा जुनून, कड़ी मेहनत और लगन, निश्चित रूप से फ़ॉरेस्ट गम्प जैसी ही थी।

42

ये मार्च 1959 की बात है। दोपहर का वक़्त था। श्री फू डे ने हमसे कहा, ''आज मैं आप सब लोगों को आख़िरी ट्रेनिंग के लिए ले जाऊँगा। शहर के खेल और शारीरिक संस्कृति आयोग ने तुममें से पाँच को चुना है...।''

श्री फू डे ने चुने गये खिलाड़ियों की सूची पढ़ना शुरू किया। मेरे दिल की धड़कनें बढ़ने लगीं। सूची में आख़िरी नाम जो पुकारा गया, वह मेरा था। ख़ुशी के मारे मैं उछल पड़ी।

जिस दिन का मुझे सालों से इन्तज़ार था, वो दिन आख़िर आ ही गया! मेरे टीचरों और माँ–पिताजी ने आसमान सिर पर उठा लिया। एक के बाद एक, हर कोई मुझे समझाने में लगा था कि अपनी पढ़ाई पर ध्यान दो ताकि आगे चलकर मैं यूनिवर्सिटी में जा सकूँ। मेरी संगीत टीचर ने कहा, ''यावन, तुम संगीत में बहुत प्रतिभाशाली हो। तुम्हें खेल–वेल के चक्कर में नहीं पड़ना चाहिए। स्कूल ख़त्म करने के बाद, बेहतर होगा कि तुम म्यूज़िक कॉलेज में दाख़िला लो...'' जब स्कूल के प्रिंसिपल श्री चाओ ने मेरे फ़ैसले के बारे में सुना, तो वह बार–बार यही कहते रहे, ''ओह! तुम पर दया आ रही है!'' मेरी कक्षा अध्यापिका मिस फेई लिन मेई ने मुझे बहुत डाँटा। उन्होंने प्यार से, डाँट से...हर तरह से मुझे समझाने की कोशिश की। उन्होंने कहा था कि अगर अब मैंने पढ़ाई पर ध्यान नहीं दिया तो ज़िन्दगी भर मुझे पछताना पड़ेगा।

मिस फेई मुझे बहुत प्यार करती थीं। बिल्कुल अपनी बेटी की तरह मुझे मानती थीं। जब उनके बेटे का जन्मदिन था तो वह मुझे अपने साथ लेकर गयी थीं। मैंने उन दोनों माँ–बेटे के ढेरों फ़ोटो खींचे थे। लेकिन आज जिस मोड़ पर मैं खड़ी थी, वहाँ किसी भी टीचर की बात का मुझ पर कोई असर नहीं हुआ; मैंने उनकी बात पर ध्यान देना तो दूर, सुना तक नहीं। मैं केवल सिर नीचे करके उनकी बातें सुनती रही। जब समझ में आ गया कि मुझे समझाना, भैंस के आगे बीन बजाने के समान है तो वो माँ और पिताजी से बात करने के लिए मेरे घर आ गयीं।

''सत्यानाशी परिवार, और सत्यानाशी लड़की, अगर तुम मेहनत से पढ़ाई नहीं कर सकतीं तो तुम्हारी किसी भी बात का क्या मतलब है? तुम एक लड़की हो, तुम्हारा क्या होगा? सारा दिन दौड़ने और उछलने–कूदने से तुम्हारा क्या भला होने वाला है, ज़रा मुझे बताओगी? तुम्हारे लिए यही

बेहतर है कि तुम पढ़ाई में ध्यान लगाओ। अगर तुमने फिर से खेल समिति में जाने का सोचा भी तो तुम्हारी टाँगें तोड़ दूँगा! सुनाई दिया तुम्हें, मैंने क्या कहा?'' पिताजी ने जी भर कर मुझे कोसा।

मेरी तरफ़ से कोई जवाब नहीं मिलने पर पिताजी का पारा सातवें आसमान पर चढ़ गया। उन्होंने झाड़ू उठायी और मेरी तरफ़ लपके। मैं उन्हें चकमा देकर निकल गयी। झाड़ू मुझ पर बरसने के बजाय, मेज़ पर रखी घड़ी पर जाकर लगी। घड़ी का काँच ज़ोरदार धमाके के साथ चकनाचूर हो गया। इससे पिताजी का गुस्सा और भयंकर रूप ले गया। उन्होंने अपना जूता निकाला, मेरी ओर बढ़े, ''आज तेरी चमड़ी उधेड़ डालूँगा''...जूता मेरी पीठ पर पड़ने ही वाला था कि माँ बीच में आ गयीं। पिताजी गुस्से में आगबबूला हो रहे थे। उनकी आँखें गुस्से के मारे जल रही थीं। उन्हें जब कुछ नहीं सूझा तो भड़ाक से दरवाज़ा खोला और घर से बाहर निकल गये।

माँ ने मुझसे प्यार से बात की। समझाने के अन्दाज़ में बोलीं, ''यावन, तुम्हारे पिताजी बहुत परेशान हैं, तुम्हें उनकी बात समझने की कोशिश करनी चाहिए। उन्होंने तुमसे बहुत बड़ी–बड़ी उम्मीदें लगा रखी हैं, वे तुम्हें लेकर बड़े–बड़े सपने देखते हैं...तुम यूनिवर्सिटी जाओगी, लाट साहब बनोगी, उनका मान बढ़ाओगी... तुम्हें और कुछ नहीं तो अपनी टीचर की बात पर तो ध्यान देना चाहिए बेटा! वो तुम्हें कितना प्यार करती हैं। तुम उनकी बात कैसे टाल सकती हो?''

इलेक्ट्रिकल मशीनरी प्राइमरी स्कूल में मेरे वो दो साल! सच में, मेरी ज़िन्दगी का सबसे ख़ूबसूरत वक़्त था।

मैं स्कूल की सबसे प्रतिभाशाली और होनहार छात्रा थी। मैंने शहर के मिडिल और प्राइमरी स्कूल काव्य पाठ में अपने स्कूल की ओर से भाग लिया। मुझे उस कविता के लिए पुरस्कार मिला जो मैंने स्वयं लिखी थी; यूथ समर कैम्प की पहली बैठक होने वाली थी। और मेरे स्कूल से पाँच श्रेष्ठ छात्राओं को इसके लिए चुना जाना था। इसमें चुनी गयी अपनी कक्षा की मैं एकमात्र छात्रा थी; इलेक्ट्रिकल मशीनरी फैक्ट्री के कई हज़ार कामगारों का एक विशाल सम्मेलन था। स्कूल ने सभी टीचरों और छात्र–छात्राओं के प्रतिनिधि के तौर पर मुझे मंच पर जाने के लिए चुना और मैंने वहाँ भाषण दिया...

लेकिन इस मोड़ पर मैंने अपने माँ–पिताजी की एक भी बात नहीं सुनी। खेल के मैदान में जो तूफ़ानी मुक़ाबला होता है, मैं उस मुक़ाबले

में उतरना चाहती थी, जहाँ पल–पल खेल का रूप बदलता रहता है। मैं अपने लिए तालियों की गड़गड़ाहट सुनना चाहती थी। मैं फ़िल्म *वीमेन बास्केटबॉल प्लेयर नम्बर 5* की तरह ट्रेन में बैठना चाहती थी, गीत गाना चाहती थी और प्रतियोगिताओं में भाग लेने के लिए दूर–दूर जाना चाहती थी। और इन सबसे बढ़कर मैं चाहती थी कि एक दिन खेल जगत की श्रेष्ठ खिलाड़ी के तौर पर मेरा नाम गूँजे और मैं अपने देश का सम्मान बढ़ाऊँ। जैसे एक समय मुझे पढ़ाई के सिवाय कुछ नज़र नहीं आ रहा था, और पहाड़ से बाहर निकलना मेरा सपना था, ठीक उसी तरह अब मेरा पूरा ध्यान स्कूल से बाहर जाने, और एक नयी दुनिया में क़दम रखने पर लगा था–उस दुनिया में जो बड़ी थी, जिसमें तूफ़ानी जोश था, नये रंग थे, छूने को नये आसमान थे...बाहरी दुनिया इतना ललचाती कि ख़ुद को रोक पाना मुश्किल था!

मेरे दिल में हर पल बेचैनी रहने लगी, मुझ पर जीत का नशा सवार हो गया। प्रतियोगिताओं में भाग लेना, तालियों की गड़गड़ाहट सुनना और सिर ऊँचा करके खड़ा होना। इस नशे को वो ही समझ सकता है जिसने इसका स्वाद चखा हो। मेरे चरित्र में एक और ख़ूबी पैदा हो रही थी और ये मेरी बाक़ी ज़िन्दगी की एक नयी क़िस्मत भी लिख रही थी।

जब दस साल की थी तो मैं चिल्लायी और रोयी... मैंने ज़िन्दगी की पहली जीत हासिल की थी; स्कूल जाने की मंज़ूरी हासिल करके। ये जीत दिखने में हो सकता है कि छोटी–सी रही हो, लेकिन इसकी बहुत बड़ी क़ीमत थी। इसने मुझमें ज़िन्दगी में आगे बढ़ने के लिए सोचने–समझने की ताक़त पैदा की। और 15 साल की उम्र में जब मैं खेलों के पीछे पागल थी तो उस समय किसी में हिम्मत नहीं थी कि मेरे रास्ते में आकर खड़ा हो सके।

मैं एक उफनती नदी बन चुकी थी, बीहड़ों की बाग़ी बन चुकी थी; मेरे जुनून ने मेरे दिमाग़ को अपने क़ब्ज़े में कर लिया था और मैंने अपने चारों ओर एक अभेद्य घेरा बना लिया था। ये घेरा मेरा अपना था, बूढ़ी लोमड़ी का नहीं।

10 मार्च, 1959 का दिन; बसन्त के शुरुआती दिन और मेरी क़िस्मत को मोड़ने वाली घटना। अभी काफ़ी सुबह थी। पिताजी काम पर जाने के लिए तैयार थे। वह अपने साथ मक्का का भूजा और आचारी सब्ज़ी लेकर जा रहे थे। वह बस दरवाज़े से निकलने को ही थे कि पीछे मुड़े

और मुझे गुस्से से देखा। माँ घर के कामकाज में लगी थी। कभी भीतर आ रही थी, कभी बाहर जा रही थी। मैं *कांग* पर बैठी थी। चेहरा अपने दोनों हाथों में गड़ाये। हथेली जितनी बड़ी खिड़की से बाहर शून्य में ताक रही थी। सोच रही थी, घर से कैसे भागूँ। स्पोर्ट्स टीम में पंजीकरण करवाने का दिन था।

नौ बजे माँ सब्ज़ियाँ ख़रीदने के लिए चली गयीं। जाते–जाते बोलीं, ''यावन, तुम्हें समझने की कोशिश करनी चाहिए। मैं और तुम्हारे पिताजी जो कुछ भी कर रहे हैं, वह सब तुम्हारे भले के लिए ही है...''

यह वास्तव में सही था कि उन्होंने जो कुछ भी किया, सब मेरी भलाई के लिए किया, लेकिन उस समय मेरे सिर पर जो भूत सवार था, उसके बारे में कोई कुछ नहीं कर सकता था।

माँ को दरवाज़े से बाहर क़दम रखने दो, और मैं उछलकर खड़ी हो गयी। पागलों की तरह मैंने जल्दी–जल्दी एक रस्सी ढूँढ़ी और अपना सामान एक बण्डल में बाँध लिया। उसके बाद माँ का लकड़ी का बक्सा निकाला जिसमें वह अपनी जमा पूँजी रखती थीं। उसमें मैं अपना निवास परमिट ढूँढ़ रही थी। मैंने वह परमिट लिया और बैग कमर पर लटका कर घर से निकल गयी।

आधा साल गुज़र गया। स्पोर्ट्स टीम में छह महीने बिताने के बाद, मैं पहली बार घर लौटी। पिताजी कुछ ही देर पहले काम से लौटे थे, मेरी तरफ़ जलती निगाहों से देखा और कांग पर पेट के बल लेट गये। अपनी आँखें बन्द कर लीं और ऐसे दिखावा किया, जैसे मैं वहाँ थी ही नहीं।

मैं घर आ चुकी थी, 15 साल की हो चुकी थी और अभी तक मैंने प्राइमरी स्कूल पास नहीं किया था। पहली बार मैंने ज़िन्दगी में चोरी की थी। मैंने सिर्फ़ अपना सामान और परिवार का परमिट ही नहीं चुराया था; बल्कि मैंने अपने यौवन की ख़ुशियाँ भी चुरा ली थीं।

43

1959 की गर्मियाँ शुरू हो चुकी थीं और बिना किसी सन्देह के मैं कह सकती हूँ कि वह मेरी पूरी ज़िन्दगी का सबसे ख़ूबसूरत समय था जिसकी यादों को मैं कभी नहीं भूल पायी।

40 साल बाद भी उस समय की यादें मेरे ज़ेहन में आज भी ताज़ा हैं।

उस समय सरकार ''शारीरिक संस्कृति और लोगों का स्वास्थ्य बनाओ'' अभियान को प्रोत्साहित करने की पहल कर रही थी। पहले ''ऑल चाइना नेशनल गेम्स'' के आयोजन की तैयारियाँ ज़ोरों पर थीं। च्यामुसी शहर का स्पोर्ट्स एंड फिजिकल कल्चर कमीशन इस प्रतियोगिता में भाग लेने के लिए बास्केटबॉल, आइस हॉकी खिलाड़ियों और स्कीइंग खिलाड़ियों का चयन करने में जुटा था ताकि इन खेलों में भाग लेने के लिए टीम को भेजा जा सके।

यदि हालात इस तरह से आकार नहीं लेते तो मेरी जैसी कमज़ोर लड़की टीम के लिए नहीं चुनी जाती।

जिस स्टेडियम में हम ठहरे थे, वह मूल रूप से च्यामिंग ऐरिना था लेकिन उसमें इस तरह से बदलाव किये गये थे कि वहाँ खेल के मैदान के चारों ओर दर्शकों के बैठने के लिए गोलाई में स्टैंड लगा दिये गये थे। हमारी डोरमेट्री छोटे–छोटे कमरे थे जिन्हें प्लाईवुड से बनाया गया था। कमरों को गर्म रखने का इन्तज़ाम इतना ख़राब था कि सर्दियों में ठण्ड के मारे दाँत बजने लगते। कई बार तो ऐसा होता कि जब हम सुबह सोकर उठते तो हमारे कम्बल प्लाईवुड बोर्डों के साथ जम जाते। मैं स्टेडियम के उत्तर–पूर्व के कोने में बनी डोरमेट्री में अपनी बास्केटबॉल टीम के खिलाड़ियों के साथ कमरा नम्बर चार और पाँच में रह रही थी। मेरे कोच का कुल नाम मेन था और हर कोई उन्हें कोच मेन कहकर सम्बोधित करता था। टीम की बाक़ी किशोर लड़कियों की तरह मैं भी मासूम और नासमझ थी। उम्र का पड़ाव ऐसा था कि बुद्धि पर भावुकता हावी थी, दिल में जोश था और दुनिया में कोई काम असम्भव नहीं लगता था।

हम अपने आपको *वीमेन बास्केटबॉल प्लेयर नम्बर 5* फ़िल्म के चरित्रों की तरह समझते थे। हम अपने उन सपनों को पूरा करना चाहती थीं, जो हमारी आँखों में बसे थे। हर रोज़ मैदान पर ट्रेनिंग के बाद हम ख़ूब हल्ला–गुल्ला करते, गाते बजाते, दिल खोलकर हँसते, अक्सर पूरा दिन *द एथलीट सांग* गाते रहते, ''जैसे पितरेल पक्षी आसमान में बादलों के बीच से उड़ता है, जैसे शेर पहाड़ पर खड़े होकर नीचे का जायज़ा लेता है, हम विश्व रिकॉर्ड बनाने की ओर बढ़ रहे हैं, हम चीन का गौरव हैं, हम चीन की शानदार खिलाड़ी हैं...'' कई बार हम इसमें ''*वीमेन बास्केटबॉल प्लेयर नम्बर 5* फ़िल्म का साउण्ड ट्रैक डाल देते, ''हरे भरे चरागाहों के ऊपर,

सुनहरी नदी के ऊपर, हमारा ख़ुशी का गीत पंख फैलाकर ऊपर, और ऊपर उड़ता जा रहा है...''

लेकिन उस साल पतझड़ के मौसम में कुछ छोटी–छोटी घटनाएँ भी हुईं। एक शाम, घड़ी में आठ बजे थे, स्पीड स्केटिंग टीम के कोच मुझसे बात करने आये। मुझे ये बड़ा ही अजीब लगा; वह स्पीड स्केटिंग टीम के कोच थे और उनका बास्केटबॉल टीम से कोई लेना–देना नहीं था, वह मुझसे किस बारे में बात करना चाहते हैं? उनकी नाक थोड़ी मुड़ी हुई थी जिससे उनकी शक्ल बाज़ जैसी नज़र आती थी। वह मिडिल और प्राइमरी स्कूल स्पोर्ट्स टीम के इंचार्ज थे तो इसलिए हम सब एथलीट उनसे डरते थे। इससे पहले मैं एक बार ही उनसे मिली थी। यह उस समय की बात है जब वह नये एथलीटों का 'पाँच नम्बर' का हेयरकट कर रहे थे। उन्होंने कैंची से मेरा कान काट दिया और उसमें से ख़ून निकलने लगा, लेकिन मेरी कुछ भी बोलने की हिम्मत नहीं हुई।

हमारी बातचीत डाइनिंग हॉल में हुई।

कमरे में केवल एक छोटा–सा बल्ब जल रहा था, उसकी तार मेरे सिर के ऊपर से जा रही थी। एक छोटी मेज़ पर हम आमने–सामने बैठ गये। उन्होंने कुछ इस तरह से बातचीत शुरू की, ''यावन, क्या तुम मेरे साथ रहना पसन्द करोगी?''

मैं हैरान रह गयी। मैंने सोचा था कि वह मुझे स्पीड स्केटिंग टीम के साथ ट्रेनिंग के लिए आने को कहेंगे। पाँच सौ मीटर की आइस स्केटिंग रेस में मैं प्राइमरी स्कूल में पहला पुरस्कार जीत चुकी थी। उसके बाद स्पोर्ट्स एंड फिजिकल कल्चर कमीशन का एक लीडर कई बार मुझसे स्पीड स्केटिंग टीम में शामिल होने को कह चुका था। हालाँकि मैं टीम में शामिल नहीं होना चाहती थी क्योंकि मैं सोचती थी कि स्पीड स्केटर्स के नितम्ब बड़े हो जाते हैं जो कि मेरे हिसाब से बहुत ही ख़राब लगता है। लेकिन कोच के मुँह पर मैं मना नहीं कर सकी और मैंने मरे मन से कहा, ''जी, मैं चाहती हूँ...''

उन्होंने जवाब दिया, ''ये एक या दो दिन की बात नहीं है, ये ज़िन्दगी भर का वादा है...।''

मैं तब भी नहीं समझी। मैंने सोचा कि वह चाहते हैं कि मैं सारी ज़िन्दगी स्केटिंग करूँ।

गाँव–देहात की मैं बेवकूफ़ लड़की, मानसिक और शारीरिक रूप से

इतनी बड़ी नहीं हो पायी थी कि उनकी बातों की गहराई को समझ पाती। और इससे भी बड़ी बात ये थी कि वह स्पीड स्केटिंग के कोच थे और मुझसे उम्र में पूरे दस साल बड़े। मैं क्या थी? एक जूनियर बास्केटबॉल खिलाड़ी। मैं सिर्फ़ 15 साल की थी और इससे पहले मेरी कभी उनसे बातचीत तक नहीं हुई थी। कोई कारण ही नहीं था कि मुझे उनकी बात समझ में आती।

लेकिन वो मेरे सामने थे, ग़लत जगह का नम्बर डायल कर रहे थे, वे बातें ऐसी कर रहे थे कि मैं और ज़्यादा भ्रम में फँसती जा रही थी और उन्हें इसका एहसास तक नहीं हुआ। पूरे वक़्त, मैं केवल यही सोचती रही कि मुझे स्पीड स्केटिंग में जाना चाहिए या नहीं।

ये सारी गड्डमड्ड–सी बात आख़िर ख़त्म हो गयी। कोच खड़े हुए और उन्होंने लाइट बन्द कर दी। तुरन्त डाइनिंग हॉल में घुप्प अँधेरा हो गया। मैं जाने के लिए उठ ही रही थी कि अचानक उसने मुझे बाँहों में भर लिया और अपने ठण्डे होंठ मेरे मुँह पर टिका दिये। मेरे होंठों को इससे पहले कभी किसी ने नहीं छुआ था। डर के मारे मेरा मुँह और ज़्यादा खुल गया।

मैं बुरी तरह डर गयी, लेकिन इस डर के मारे चिल्ला भी नहीं सकी कि लोगों को पता चल जायेगा। इसके बजाय, मैंने ख़ुद को उसके चंगुल से छुड़ाया और दरवाज़े से बाहर की ओर भागी...

मुझे ठीक से ये भी याद नहीं है कि मैं वापस डोरमेट्री में कैसे पहुँची। याद है तो केवल इतना कि मेरी टीम के सब साथी पहले ही सोने जा चुके थे। मैंने वॉश बेसिन से अपना गीला तौलिया उठाया और अपने मुँह को जितना ज़ोर से रगड़ सकती थी, रगड़ती रही। मैं बिस्तर में जा घुसी और सिर से पैर तक काँपती रही। पूरी रात मुझे नींद नहीं आयी। एक तरह से ख़ौफ़ ने मुझ पर क़ब्ज़ा जमा लिया था। दिमाग़ में वही कुत्ते के फर की टोपी वाला आदमी और मुड़ी हुई नाक घूमने लगे। शायद मेरी मासूमियत, मेरी निश्छलता और बचपने ने कोच को मेरी ओर आकर्षित किया होगा। शायद हो सकता है कि उसे इस प्रकार लड़कियों के पीछे पड़ना पसन्द हो...लेकिन जहाँ तक मेरा सवाल है, कोच और कुत्ते के फर की टोपी पहनने वाले आदमी में कोई अन्तर नहीं था। दोनों ने मेरे मासूम, पाक–साफ़ दिल पर अपने गन्दे निशान छोड़ दिये थे।

पौ फटते ही, जागने की घण्टी बज गयी। सारी रात से मैं इसके बजने का ही इन्तज़ार कर रही थी। मैंने अपनी टीम की कप्तान रेन

गुइलान को जगाया और उनसे एकान्त में चलने को कहा ताकि लोगों के कान खड़े न हों। बीती रात की सारी घटना मैंने उनको ज्यों–की–त्यों कह सुनाई।

रेन मेरी ही कक्षा में पढ़ती थी। वह मुझसे उम्र में एक साल बड़ी थी और मेरे मुक़ाबले उसे दुनिया की समझ थोड़ा बेहतर थी। वह मेरी अब तक की सबसे क़रीबी दोस्त भी थी। उन दिनों, जब मैं अपने माता–पिता को छोड़कर आ गयी थी, तब मैं कम उम्र और मूर्ख थी, वही एकमात्र ऐसी इन्सान थी, जिसके मैं क़रीब थी, अपनी हर छोटी–बड़ी बात साझा करती थी। मैंने उससे कई चीज़ें सीखी थीं।

''जल्दी करो, मुझे बताओ, क्या इसी को बलात्कार कहते हैं? क्या मेरे पेट में बच्चा तो नहीं हो जायेगा?'' आँसुओं के बीच सुबकते हुए मैंने उससे पूछा।

''क्या उसने तुम्हारे शरीर को छुआ था?'' रेन ने मेरे ठण्डे हाथों को अपने हाथों में लेते हुए सवाल किया।

''हाँ! उसकी जीभ ने मेरे मुँह को छुआ था!''

''नहीं, मेरा मतलब है...क्या उसने तुम्हें कहीं और छुआ था?''

''उसने मेरा कन्धा भी छुआ था!''

''ठीक है, इसके बारे में चिन्ता करने की कोई ज़रूरत नहीं है, ये बलात्कार नहीं है।''

''सच में? तुम मुझसे झूठ तो नहीं बोलोगी न, बताओ?''

उस उम्र में मैं एकदम भोली थी।

एक स्पीड स्केटर थी, जो एक बार विश्व चैम्पियनशिप में दूसरे नम्बर पर आयी थी। एक बार उसने मुझे बताया था कि जब वह अपनी शादी की तैयारियाँ कर रही थी, उस समय वह 25 साल की थी। उसकी टीम की एक सहयोगी ने उससे कहा, ''शादी बहुत डरावनी चीज़ है, मैंने सुना है कि पेट की टुंडी यानी नाभि से बच्चे पैदा करने पड़ते हैं।''

जब मैंने यह कहानी सुनी तो हँसते–हँसते मेरा बुरा हाल हो गया। ये इतना मज़ेदार था...एक पीढ़ी के नाते हम कितने भोले और मासूम थे।

रेन की बात सुनकर मुझे बड़ी राहत मिली, लेकिन उससे कोच को लेकर मेरा डर कम नहीं हुआ।

रात को मेरी सोने या बाथरूम तक जाने की भी हिम्मत नहीं हुई। मुझे डर लग रहा था कि वह मुझे पकड़ लेगा और मार डालेगा। ऐसा इसलिए क्योंकि उसे अपने किये पर पछतावा हो रहा होगा। दिन में आमना–सामना हो जाता तो मैं उसे नज़रअन्दाज़ कर देती। जब वह मुझसे चिल्लाकर कुछ कहते, तब भी। हालाँकि मैं कम उम्र, नादान और अनजान थी, लेकिन अपनी मासूमियत बरक़रार रखने की ख़ातिर उसकी नाख़ुशी भी झेलने को तैयार थी।

स्पीड स्केटिंग की टीम जब स्केट ट्रेनिंग के लिए हेई हे चली गयी तो मैंने आख़िरकार चैन की साँस ली। मुझे हेई हे से एक चिट्ठी आयी। मुझे पक्का था कि यह उसी ने लिखी होगी। मेरे होंठ डर से काँपने लगे और मैं उस चिट्ठी को ख़ुद से खोलने की हिम्मत नहीं जुटा सकी। मैं मदद के लिए रेन को ढूँढ़ने भागी।

लेकिन, मेरे सामने तो एक दूसरी ही समस्या आन खड़ी हुई थी। स्पोर्ट्स एंड फिजिकल कल्चर कमीशन के निदेशक मुझसे बात करने आये। उन्होंने कहा कि बास्केटबॉल में सफल करियर बनाने के लिहाज़ से मैं बहुत छोटी हूँ। उन्होंने मुझसे कहा कि मुझे स्पीड स्केटिंग टीम में चले जाना चाहिए।

मैंने बिना कोई क्षण गँवाये कहा, ''मैं स्पीड स्केटिंग टीम में नहीं जाना चाहती...''

''क्यों नहीं?'' निदेशक ने सवाल किया।

''मुझे स्पीड स्केटर की क़द–काठी पसन्द नहीं है। उनके नितम्ब चूल्हे जैसे लगते हैं, वे बहुत बुरी दिखती हैं। मैं उनके जैसा नहीं होना चाहती...''

निदेशक ने मुझे डपटते हुए कहा, ''इतनी–सी उम्र में ऐसी बातें सीखना तुम्हारे लिए क़तई ठीक नहीं है! एक एथलीट ये कैसे सोच सकता है कि शरीर कैसा दिखता है? ये मेरा आख़िरी फ़ैसला है, तुम्हें मानना ही होगा!''

मेरी आँखों से तुरन्त आँसू बहने लगे।

स्पीड स्केटिंग टीम में जाने के अलावा मेरे पास कोई रास्ता नहीं था। लेकिन उस कोच का डर अभी भी मेरे मन में बैठा हुआ था। जैसे ही मैंने बर्फ़ पर पैर रखे, मेरे पैर जम गये और उन्होंने मेरा कहा मानने से इनकार कर दिया। आख़िर में, मेरा सारा डर चला गया। उस कोच से बात करने के बाद ही मैं उस डर से मुक्त हो सकी।

मैं स्पीड स्केटिंग टीम में शामिल हो चुकी थी। 1950 के बसन्त की शुरुआत की एक शाम थी। कोच ने मुझसे फिर से बात करने को कहा। बहादुरी से काम लेने के सिवाय कोई रास्ता नहीं था। मैं हिम्मत जुटाकर उसकी डोरमेट्री में गयी।

मैं आँखें ज़मीन पर गड़ाये उसकी बात सुनती रही। ''यावन, तुम्हारे करियर की ख़ातिर, ताकि तुम एक सफल एथलीट बन सको, चलो हम अपनी बात को सुलझा लेते हैं।''

''हमारे बीच की बात? मुझे तो यह समझ तक नहीं आया कि उस दिन आप मुझसे बात क्या कर रहे थे!'' मैंने अचानक से बीच में कहा। पता नहीं, मेरे भीतर कहाँ से हिम्मत आयी।

''चलो ठीक है, आज से मैं तुम्हारा कोच हूँ। इस बात को लेकर तुम्हारी ट्रेनिंग पर असर नहीं पड़ना चाहिए। तुम अपनी ज़िम्मेदारी तो ले सकती हो।'' उसने कहा।

हमारी बातचीत जल्द ही ख़त्म हो गयी।

मुझे बाद में जाकर एहसास हुआ कि हिम्मत जुटाकर ''न'' कहना कितना महत्त्वपूर्ण था।

कई सालों बाद, मेरी अपने स्पोर्ट्स के दिनों के एक ट्रैक एंड फ़ील्ड कोच से मुलाक़ात हुई। उन्होंने मुझसे कहा, ''यावन, उन दिनों मैं तुम्हारे लिए वाक़ई बहुत चिन्तित रहता था। तुम इतनी मासूम बच्ची थीं। मुझे सच में ही डर लगता था कि तुम...''

हाँ, अगर, मैंने शुरुआत में हिम्मत जुटाकर उसे न नहीं कहा होता, अगर मैंने ख़ुद को नहीं बचाया होता, तो उसका जो परिणाम होता, उसके बारे में मैं सोचने की हिम्मत भी नहीं जुटा पाती हूँ। उस कोच ने कई और महिला एथलीट के साथ ग़लत व्यवहार किया था। जिन एथलीट को उसने बर्बाद किया था, वह उसकी वजह से सिर ऊपर तक उठाने का साहस नहीं जुटा पायी थीं। उनमें से कुछ तो ज़िन्दगी भर इसी वजह से डर में जीती रहीं।

सबसे हैरानी की बात तो यह थी कि हमारी बातचीत के बाद, अब मुझे उस कोच से डर नहीं लगता था, लेकिन उसके बावजूद मैं बेहद सतर्क रहती थी। उसने हमेशा मेरे साथ अच्छा व्यवहार किया; उसने कभी भी पुरानी घटना को नहीं दोहराया।

44

इस तरह मैं स्पीड स्केटिंग में चली आयी; जो एक बेहद मुश्किल खेल है, आपको अपनी पूरी ताक़त लगा देनी पड़ती है। टीम में छह खिलाड़ी थे और मैं उनमें सबसे छोटी थी।

जब मैं पैदा हुई तो हालात काफ़ी दुश्वार थे। न सिर्फ़ मेरी माँ उस समय 43 साल की थी बल्कि घर की माली हालत भी ख़राब थी। मैं कन्द–मूल और भूसी की रोटियों पर पली। 16 साल की उम्र में भी मेरे शरीर पर कहीं मांस का नामो–निशान न था। टीम के बाक़ी खिलाड़ियों के साथ मैंने भी स्पीड स्केटिंग की ट्रेनिंग शुरू कर दी।

60 के दशक की शुरुआत में तीन साल ज़िन्दगी के इम्तिहान के थे। इस दौरान भोजन की भारी कमी पैदा हो गयी थी। स्पोर्ट्स टीम को जितना खाना दिया जाता था, वह काफ़ी था, लेकिन उसकी क्वालिटी बहुत ख़राब थी। इतना ही नहीं, टीम को मिलने वाला फंड भी कम हो गया था। जब भी हम लोग ट्रेनिंग के लिए कहीं जाते तो हमें ट्रेन या बस में सबसे सस्ती सीटों पर बैठना पड़ता। उस ज़माने में चीनी खेल जगत पर जापानी वीमेन वालीवॉल टीम के कोच का तगड़ा प्रभाव था। चीन ने जापानी कोच के ट्रेनिंग नारे को अपना लिया था, ''मुश्किल से मुश्किल हालात और कड़े अनुशासन के साथ ट्रेनिंग करो, ट्रेनिंग ये सोचकर करो कि तुम असलियत में ही प्रतिद्वन्द्वी टीम से मुक़ाबले में हो।'' स्पीड स्केटिंग की टीम पूरी तरह जापानी कोच के दिशा–निर्देशों का अनुपालन करती थी।

गर्मियों में हमने ड्राई लैंड ट्रेनिंग की। इसमें दौड़ना, रस्सी कूदना, साइक्लिंग, पर्वतारोहण, रोलर स्केटिंग, भारोत्तोलन तथा बाक़ी सभी दूसरी तरह की ट्रेनिंग शामिल थी...30 डिग्री सेल्सियस की गर्मी में सड़क पर मीलों दौड़ना, धरती तप रही होती और ऐसा लगता आसमान से आग बरस रही है। कई बार मुझे महसूस होता, मैं इस सबके लिए नहीं बनी हूँ। कोच की आवाज़ कानों में पड़ते ही मेरे पैर अपने आप ही हरकत में आ जाते। कोच चिल्लाते, ''चलती रहो!'' ट्रेनिंग सत्र ख़त्म होने तक मेरी टी–शर्ट पसीने में इतनी भीग चुकी होती थी कि मैं उसे निचोड़ सकती थी। और मैं इतनी थक जाती थी कि खाना भी नहीं खा पाती थी।

सभी खिलाड़ियों को अपनी पीठ पर पाँच या दस किलोग्राम का रेत से भरा बैग उठाकर चलना पड़ता। बैग इतना भारी होता था कि हम

लोगों की कमर ज़मीन तक झुक जाती थी। और उस पर भी मुसीबत यह थी कि हमें बैग को पीठ पर रखकर उसी तरह से एक पैर पर ज़्यादा वजन डालते हुए चलना होता था, जैसे हम आइस स्केटिंग के समय चलते हैं। एक पैर को हवा में उठाकर और दूसरे पैर से ज़मीन को ज़ोर से धक्का देते हुए आगे बढ़ना होता था। कोच ट्रैक पर हमारे साथ–साथ होते और स्टॉप वॉच से हमारे टाइम पर नज़र रखते, हमारे चेहरों और पैरों से पसीना बह रहा होता। मन करता, कोच के पैर पकड़कर उनसे आराम करने की इजाज़त माँग लें और वहीं ज़मीन पर ढेर होकर लेट जायें। एक बार हम 40 किलोमीटर की क्रॉस कंट्री साइकिल रेस पर थे तो बहुत तेज़ बारिश शुरू हो गयी। हम शहर में पहुँचने ही वाले थे। हमारी किसी की भी साइकिल पर मडगार्ड नहीं लगे थे। तो जब हमने रेस ख़त्म की, तब तक सब लोग कीचड़ से लथपथ हो चुके थे।

स्पीड स्केटिंग टीम के हम सब एथलीट बास्केटबॉल टीम के खिलाड़ियों से बहुत चिढ़ते थे। सारा–सारा दिन वे बास्केटबॉल कोर्ट के भीतर रहते थे। वहाँ वे ठण्डी हवा और बारिश से बचे रहते। और जहाँ तक हमारी टीम की बात है, हमें हाड़–तोड़ मेहनत करनी पड़ती लेकिन बास्केटबॉल टीम के मज़े थे। उन्हें ज़्यादा पसीना भी नहीं बहाना पड़ता था।

गर्मियों का मौसम साल का सबसे अच्छा समय होता था। उस समय इनडोर आइस रिंक नहीं होते थे तो हम अपनी सारी ट्रेनिंग आउटडोर करते थे। शून्य से 20 या 30 डिग्री सेल्सियस नीचे के तापमान में हम केवल एक ऊनी पायजामा पहनकर बर्फ़ पर न जाने कितने सर्किट लगाते थे। हमारी जुराबें कई बार हमारे स्केट्स की कीलों में जम जाती थीं। हमारे हाथ–पाँव इतने ठण्डे हो जाते थे जैसे उन्हें पाला मार गया है। एक बार मुझे इतनी ठण्ड लगी कि मेरे दिमाग़ ने काम करना बन्द कर दिया। मैं अपनी नाक को सिनककर साफ़ करना चाहती थी लेकिन नाक की बजाय ग़लती से पलकों पर हाथ चला गया। कुछ क्षण बाद ग़लती समझ आयी। लेकिन तब तक तो साथी एथलीटों को मज़ाक़ बनाने का मौक़ा मिल गया और सब ठहाके लगा–लगाकर हँसे।

चाहे कितनी ही थकान या कितना ही दर्द क्यों न होता हो, मेरा दिल हमेशा ख़ुशी से भरा रहता। मेरी आँखों में एक सपना बसा था चैम्पियन बनने का और जब भी ज़रूरत होती, ये सपना मुझे हिम्मत देता। हालाँकि मुझे ये सच्चाई पता थी कि ये सपना अभी कोसों दूर है और इस बात

की पूरी आशंका है कि हो सकता है, ये सपना कभी पूरा न हो, इसके बावजूद मैं आँखें बन्द किये हुए इस सपने के पीछे दौड़ रही थी। केवल मैं ही ऐसी नहीं थी; सभी एथलीट यही सपना देखती थीं। अगर ये ख़्वाब इतना सुनहरा नहीं होता, तो सब कब के हिम्मत हार चुके होते।

ट्रेनिंग चाहे कितनी भी मुश्किल भरी क्यों न रही हो लेकिन एक एथलीट की ज़िन्दगी होती बड़ी मज़ेदार है।

जब जोश से भरे, उत्साही जवान ख़ून को एक साथ मिला दिया जाता है तो इस बात की गारंटी है कि ये युवा ख़ून गीत–संगीत, हँसी मज़ाक़ और ठहाकों से आसमान को गुंजायमान करने की क्षमता रखता है। इस बात को जाने दीजिए कि एथलीट बहुत अधिक पढ़े–लिखे नहीं होते हैं, लेकिन वे यात्राएँ इतनी करते हैं कि उनका एक व्यापक नज़रिया हो जाता है। वे अपने व्यापक नज़रिये से ही चीज़ों को देखते और सीखते हैं। उस ज़माने में आइस स्केटिंग रिंक में *टू हंड्रेड फ़ॉरेन सांग्स* टाइटल वाला कलेक्शन बेहद लोकप्रिय था। मुझे इसके लगभग सारे गाने याद हो चुके थे। इस कलेक्शन के गाने *इन ए फ़ारअवे फ़ेयरीलैंड* और *सिंग सिंग सो* मेरे सबसे पसन्दीदा गीत थे। इन विदेशी धुनों ने न केवल शैक्षणिक और भावनात्मक रूप से मेरे व्यक्तित्व को निखारा बल्कि इससे मुझे कलात्मक चीज़ों को समझने का नज़रिया मिला और मेरे साधारण से देसी व्यक्तित्व में पश्चिमी संस्कृति का एक प्रभाव आया।

आज, जब भी मैं इनमें से कोई गीत गाती हूँ तो हमेशा मुझे पुराने उन ख़ुशहाल बीते दिनों की याद आती है। पहाड़ों और आइस रिंक वाली परियों की दुनिया।

45

पहाड़ी इलाक़े में आइस रिंक पर मैंने जितना भी समय बिताया, वो मेरी स्पीड स्केटिंग ज़िन्दगी का सबसे प्यारा वक़्त था।

8 मार्च, 1960 की बात है। कुछ समय पहले ही मैंने स्पीड स्केटिंग शुरू की थी। मुझे सत्र के आख़िर में टीम के साथ, एक पहाड़ी के ऊपर स्थित आइस रिंक पर जाने का मौक़ा मिला। यह जगह हेईलिन काउंटी में थी। हमने मुदांच्यांग में ट्रेन बदली और घण्टों तक हमारी ट्रेन जंगल

के रास्ते से गुज़रती चली गयी। जब हम छोटी ट्रेन से नीचे उतरे तो हमारे लिए अच्छी ख़बर नहीं थी। हमें दो घण्टे तक एक मीटर गहरी बर्फ़ में रास्ता बनाते हुए उस जगह तक पहुँचना था। हमारी कमर पर हमारा सामान लदा हुआ था। आख़िरकार दो घण्टे बर्फ़ में चलने के बाद हम पहाड़ी पर बने आइस रिंक के पास पहुँचे। इसे हेईलोंगच्यांग प्रोविंस स्पोर्ट्स एंड फिजिकल कल्चर कमीशन ने बनवाया था। और यह प्रान्त की सभी स्केटिंग टीमों के लिए था। उस बात को कई दशक बीते चुके हैं लेकिन उस जगह की हर बात मुझे आज भी याद है।

वह जगह किसी परिकथा जैसी थी–स्फटिक की तरह एकदम पवित्र, साफ़...देवदार और साइप्रस के पेड़, पहाड़ों की चोटियों पर चमकती सफ़ेद बर्फ़, ...और उनके बीचोबीच बना आइस रिंक। उसके समीप ही लकड़ियों से बने छोटे–छोटे केबिन की क़तार थी। ऐसा लगता था मानो यह दृश्य सीधे 'हैंस क्रिश्चियन एंड्रसन बुक...' से निकलकर आया है।

अचानक मुझे एक अजनबी–सी आवाज़ सुनाई दी, ''मैं यहाँ हूँ...''

तुरन्त सभी ने ज़ोर–ज़ोर से चिल्लाना शुरू कर दिया, ''मैं यहाँ हूँ... मैं यहाँ हूँ...'' ये आवाज़ घाटी में गूँज उठी। आवाज़ की गूँज इतनी तेज़ थी कि पेड़ों की शाखाओं पर जमी बर्फ़ झरने लगी।

पूरे प्रान्त से सौ से भी ज़्यादा श्रेष्ठ स्पीड स्केटर यहाँ जमा हुए थे। हम लकड़ी के केबिन में रहे। दो दिन तक हमें खाना और बाक़ी सामान लाने के लिए पहाड़ से एक बार नीचे उतरना ही होता था। रिंक पहाड़ी के ऊपर था जहाँ कोई सड़क नहीं थी, लिहाज़ा वहाँ कोई गाड़ी भी नहीं जा सकती थी। इसलिए सारा सामान एथलीटों को अपनी कमर पर रखकर ही ढोना पड़ता था। जिनके पास बैग नहीं थे, वे अपने लम्बे अंडरवियर की दोनों टाँगों को बाँधकर बैग–सा बना लेते थे। इसमें ब्रेड, फ्रोज़न मीटर और सब्ज़ियाँ ढोकर पहाड़ पर लायी जातीं।

पहाड़ पर चढ़ते–उतरते, हर कोई गाना ही गाता रहता।

सभी एथलीट कमाल के स्केटर्स थे। बर्फ़ उनके व्यक्तित्व का हिस्सा बन चुकी थी जिस पर वे किसी पंछी की तरह उड़ान भरती थीं। केवल मैं ही थी जिसे स्पीड स्केटिंग उतनी बढ़िया नहीं आती थी। मैंने केवल शौक़ के चलते ये खेल सीखा था। मेरे पैर किसी ताज़ा–ताज़ा सिये हुए घाव की तरह दुखते, बर्फ़ पर फिसलते हुए न जाने कितनी बार गिरी थी, न जाने कितनी खरोंचें शरीर पर लगी थीं। आइस स्केटिंग करते हुए मैं

अपने दोनों हाथ पीछे पंखों की तरह फैला लेती, जैसे कोई पेंग्विन हो। मैं अक्सर इस तरह से स्केटिंग करती, जैसे बर्फ़ पर झाड़ू लग रही हो। गिरना–पड़ना तो चलता ही रहता था। जैसे ही मैं ठोकर खाकर गिरी, एक पुरुष एथलीट चिल्लाये, ''ऐ, बच्ची, बर्फ़ अभी लगता है, साफ़ नहीं है। ज़रा फिर से ऐसे ही साफ़ करो!''

मैं माफ़ी के अन्दाज़ में उनकी ओर देखती।

सत्र समाप्ति के बाद, घूमने–फिरने का अलग ही मज़ा होता था। स्पीड स्केटर्स इस टाइम में आराम करते और साथ ही ख़ूब सारी मस्ती। सालभर की ट्रेनिंग और प्रतियोगिताएँ उस वक़्त तक ख़त्म हो चुकी होतीं। अगले साल का काम का बोझ तब तक शुरू नहीं होता था। तो ऐसे में यही होता कि एथलीटों की सारी ऊर्जा, सारी ताक़त ठहाकों, एक–दूसरे से मज़ाक़ करने, कोच के साथ चुटकुले सुनाते और बर्फ़ के गोले एक–दूसरे को मारने में निकलती।

जब ट्रेनिंग ख़त्म हो रही होती तो मौसम भी बदल चुका होता। रिंक में और केबिनों के चारों ओर हवा में बर्फ़ के क़तरे इधर–उधर उड़ते रहते। सब लोग बाहर निकलकर बर्फ़ के गोले बनाते और फिर अपना शिकार ढूँढ़ने लगते। जिसकी भी कमर नज़र आती, झट से गोला उसी पर पड़ता। और फिर गोला मारने वाले की ख़ैर नहीं। गोला खाने वाला एथलीट, मारने वाले के पीछे दौड़ता और पकड़कर उसे बर्फ़ में जो गिराता तो तालियाँ बज उठतीं।

चूँकि मैं सबसे छोटी थी, तो इस धमाचौकड़ी में मैं कभी शामिल नहीं हुई। लेकिन अक्सर इसके लिए बड़े लोग मुझे चिढ़ाते। एक दिन मैं खड़ी होकर एथलीटों का यही हंगामा देख रही थी। हैरानी से मेरा मुँह खुला हुआ था। अचानक से एक लड़का एथलीट आया और बर्फ़ का बड़ा–सा गोला मेरे मुँह में ठूँस दिया। वह हार्बिन स्पोर्ट्स कॉलेज से था। मुझे अपना दम घुटता–सा महसूस हुआ लेकिन फिर मैं बर्फ़ के गोले को सटक गयी। यहाँ आने के दूसरे ही दिन सुबह की बात है। मैं बिस्तर से उठी ही थी। टॉयलेट की ओर जा ही रही थी कि कुछ एथलीटों ने मेरा रास्ता रोक लिया। मैंने देखा, वे हट्टे–कट्टे लड़के गलियारे में मेरे सामने लाइन बनाकर खड़े हो गये। वे हार्बिन टीम के खिलाड़ी थे। मैंने सोचा, शायद मैं ग़लत रास्ते पर जा रही हूँ। मैं मुड़ी और दूसरी दिशा में दौड़ पड़ी। लेकिन मुझे कुछ ही देर बाद एहसास हो गया कि यह तो ग़लत

रास्ता था। मैं फ़िर से उसी ओर चली गयी, जहाँ से आयी थी। जब उन एथलीट ने देखा कि मैं हड़बड़ी में घबरायी–सी घूम रही हूँ तो वे हँसे और मुझे निकल जाने का रास्ता दे दिया। ये लड़के इतने शैतान थे कि मुझे परेशान करने का कोई मौक़ा न छोड़ते, लेकिन धीरे–धीरे मेरी उनसे दोस्ती हो गयी। जब हम आपस में पहले दिन की मुलाक़ात के बारे में बात करते तो वे हँसते हुए कहते, ''उस समय तुम छोटी–सी, नन्ही पगली–सी, पगली लड़की थीं। तुम्हें बेवक़ूफ़ों की तरह हँसने के सिवाय कुछ नहीं आता था!''

''बर्फ़ साफ़ करने'' वाले एक ख़ास दिन, एक एथलीट लड़के ने अपना पैर मेरे स्केट्स में अड़ा दिया और मैं धड़ाम से गिरी। जैसे ही मैंने उठने की कोशिश की, उसने फिर से पैर अड़ा दिया, मैं फिर से गिर पड़ी। उसने ये हरकत कोई सात या आठ बार की। रिंक में खड़े सभी एथलीट मुझे देख रहे थे और हँस रहे थे। एक घटना उस समय हुई, जब हम लोग पर्वतारोहण के लिए गये थे। घुटनों–घुटनों तक बर्फ़ गिरी हुई थी और मैं उसमें से रास्ता बनाते हुए पहाड़ से नीचे उतर रही थी। अचानक किसी ने मुझे पीछे से हवा में उठा दिया और कई मीटर आगे फेंक दिया...मैं बर्फ़ के एक टीले पर जाकर गिरी। मुड़कर देखा, यह वही एथलीट लड़का था। ख़ुद वह ऐसे बर्फ़ में चला जा रहा था जैसे कुछ हुआ ही नहीं हो। बर्फ़ के ढेर में से बाहर निकलने में मुझे कुछ समय लगा। मैंने सपने में भी नहीं सोचा था कि मेरी टीम का ये लड़का जिसे मुझे 'चिढ़ाने' में इतना मज़ा आता था, वह बाद में मेरा पति बन जायेगा।

एक बार मैंने उनसे पूछा था, ''आपको मुझे इतना रुलाने में क्या मज़ा आता था?''

''मैं सोचता था कि ये लड़की कितनी प्यारी–सी है, छोटी–सी और मासूम है!''

''क्या आपको ये चिन्ता नहीं थी कि मैं आपको कोई नुक़सान पहुँचाऊँगी?''

''तुम्हारी हिम्मत ही नहीं होती। तुम्हें तो बस बेवक़ूफ़ों की तरह हँसना आता था।''

''मान लो, अगर आप मुझे किसी पेड़ पर फेंक देते, और मुझे बहुत चोट लग जाती, तो क्या करते?''

''मैं ज़िन्दगी भर तुम्हारी सेवा करता!''

''बकवास, मुझे आपकी बात पर भरोसा नहीं है!''

जब आप जवान होते हैं तो हर चीज़ कितनी ख़ूबसूरत लगती है।

पहाड़ की मुझे कुछ बातें तो ऐसी याद हैं कि मानो अभी मेरी आँखों के सामने कोई फ़िल्म चल रही हो। हम अँधेरे असेम्बली हॉल में इकट्ठा होते। वहाँ कोई बिजली–विजली नहीं थी। तो हमें मोमबत्तियाँ जलानी पड़तीं और हम दिल खोलकर गाते, तब तक गाते जब तक हमारा मन चाहता। हम एथलीटों का ग्रुप ऐसा था मानो उड़ती तितलियों का एक झुण्ड हो, जिसे दीन–दुनिया की कोई चिन्ता नहीं थी। अपनी ही दुनिया में मगन। पूरे माहौल में हर वक़्त जोश रहता, हँसी रहती, ठहाके गूँजते। सच में, उस समय को कभी भुलाया नहीं जा सकता। हर कोई चाहता था कि मैं कुछ गाऊँ। मैं बहुत शर्मीली थी। लेकिन मैंने एक *वाचिंग दी ओपेरा* गीत के कुछ अन्तरे गाये। जैसे ही मैंने ख़त्म किया, हर कोई चिल्लाने लगा, ''एक बार और, एक बार और।'' इसलिए मैंने *शायी दी एरहात* गाया।

बाक़ी एथलीट मुझे ऊपर से नीचे तक देखते और कहते, ''बच्ची, तुमने ग़लत करियर चुना है। ज़रा ख़ुद को देखो तो सही, तुम तो एक नन्हा–सा डेजी का फूल हो! आइस रिंक तुम्हारे लिए नहीं है, तुम्हें चोट लग जायेगी। तुम क़िस्से–कहानियों की दुनिया में जाओ, साहित्य के क्षेत्र में नाम कमाओ, या फिर कुछ पेंटिंग–वेंटिंग करो! यहाँ अपना बचपन मत बर्बाद करो!''

उनकी बात सुनकर मैं केवल हँस दी और उनकी बातों पर कोई ध्यान नहीं दिया।

महीने भर की हमारी ट्रेनिंग लगभग ख़त्म हो चुकी थी। हम लोग पहाड़ से नीचे उतर आये। एथलीटों ने मिलकर हेइलिन सोंग एंड डांस ट्रूप से मुलाक़ात का एक कार्यक्रम बनाया। मैंने एक कुर्ता पहना हुआ था जो मुझे हार्बिन स्पोर्ट्स कॉलेज की एथलीट चाओ फेंग ने उधार दिया था। मुझे कार्यक्रम की घोषणा करनी थी। मुझे एक गीत भी गाना था।

जब हम सब लोग अपने–अपने घरों को जाने लगे तो कई एथलीट ने मुझसे कहा, ''यावन, तुम कुछ नये गीत सीखकर आना। जब तुम लौटोगी तो हम तुम्हारी सुरीली आवाज़ में वे गाने सुनेंगे, भूल मत जाना। हम पतझड़ के मौसम में मिलेंगे और फिर तुम्हारे गीतों की महफ़िल जमेगी!''

आइस स्केटिंग में मैंने जितना भी समय लगाया हो, लेकिन उसकी

मैं कोई उपलब्धि नहीं गिना सकती। मैंने ऐसा कोई कारनामा ही नहीं किया था कि रिकॉर्ड में मेरा कहीं नाम दर्ज होता। लेकिन अपनी आवाज़ से ज़रूर मैंने लोगों के दिलों पर एक छाप छोड़ी थी। कई सालों बाद, आज भी मुझे अपने आइस स्केटिंग दिनों के कुछ दोस्त मिल जाते हैं। और मिलते ही वे सबसे पहली बात मुझसे यही पूछते हैं, ''यावन, तुम अभी भी गाती हो क्या? आओ, कुछ सुनाओ न!''

46

अक्तूबर 1960 के शुरुआती दिन थे। मैं आइस स्केटिंग पर नये सत्र की शुरुआत में ट्रेनिंग शुरू करने के लिए टीम के साथ बेई आन गयी थी।

गर्मियों में ट्रेनिंग के बाद मेरे खेल में और मेरी सेहत में अच्छा–ख़ासा सुधार हुआ था। लेकिन ज़िन्दगी बड़ी चंचल चीज़ है। आइस स्केटिंग पर लौटे हुए बहुत दिन नहीं हुए थे कि एक मुसीबत फिर से आन पड़ी।

मैं और मेरी टीम के साथी बेई आन के बाहरी इलाक़े में हुआक्विंग जलाशय पर गये थे। सुबह का समय था। अचानक से मौसम ने रंग बदल लिया। जलाशय की सतह जमी हुई थी और अचानक से उसके ऊपर से तेज़ ठण्डी हवाएँ चलने लगीं। सतह पर धूल जमा हो गयी और कई जगह से बर्फ़ चटक गयी। जो एथलीट सबसे पहले जलाशय की जमी बर्फ़ पर स्केटिंग करने के लिए जा चुके थे, उनके स्केट्स टूट गये। हमने कई चक्कर लगाये और सर्किट के बाद कई सर्किट पूरे किये। हमें इसी तरह की ट्रेनिंग दी गयी थी। जैसे ही मैंने 200 मीटर स्प्रिंट के लिए अपनी स्पीड बढ़ायी, मेरा दायाँ स्केट ब्लेड बर्फ़ की एक दरार में फँस गया–मेरा शरीर अचानक हवा में उछल गया। अपने पैरों पर सन्तुलन बनाना मेरे लिए मुश्किल हो गया। अचानक दायें घुटने में बहुत तेज़ दर्द उठा। कोच ने मुझसे पूछा कि सब ठीक है न? और मैंने भी कह दिया कि हाँ, सब ठीक है। दाँत भींचकर दर्द को पीने की कोशिश करती रही। इस सबके बावजूद ट्रेनिंग जारी थी।

ट्रेनिंग ख़त्म होने के बाद, मैं लँगड़ाते–लँगड़ाते टीम के डॉक्टर, डॉ. सुन को ढूँढ़ रही थी। मेरा घुटना नीला–काला पड़ चुका था और जब उन्होंने इसे देखा तो मुझे कुछ चीनी दवाएँ दे दीं। ये दवाइयाँ घुटने

के ऊपर लगानी थीं और उन्होंने मुझे आराम करने की भी सलाह दी। लेकिन ये बात मैंने अपने कोच को नहीं बतायी। मैं इस तरह से ट्रेनिंग करती रही, जैसे कुछ हुआ ही नहीं है। तीन दिन बाद, मेरा दायाँ घुटना इतना सूज गया कि वह ब्रेड बन जैसा दिखने लगा। बाद में यह भी पता चला कि मुझे उस दवाई से एलर्जी थी जो डॉ. सुन ने मुझे दी थी। मेरे घुटने की टोपी पर एक बड़ा–सा फफोला हो गया जिसमें पानी भर चुका था। जब ठण्ड के कारण यह पानी जम जाता तो उसमें भयंकर खुजली होती। मैंने उसे इतना खुजा डाला कि उसमें संक्रमण हो गया। उसमें से पीला–पीला मवाद बहने लगा।

डॉ. सुन बड़े ही भले इन्सान थे, लेकिन उस दिन वे मेरे ऊपर इतना ग़ुस्सा हो गये, ''तुम अपनी टाँग कटवाना चाहती हो क्या? मुझे अपने कोच के पास ले चलो!''

मैंने तुरन्त कहा, ''डॉ. सुन, मैं आपके हाथ जोड़ती हूँ, मेरे कोच को कुछ मत बताना। अगर उन्हें पता चल गया तो वह मुझे बर्फ़ पर पाँव भी नहीं धरने देंगे और मेरी सालभर की मेहनत पर पानी फिर जायेगा!''

''लेकिन मैं एक डॉक्टर हूँ, तुम्हारी टाँग की ज़िम्मेदारी मेरी है! तुम सिर्फ़ 16 साल की हो, अभी बच्ची हो। तुम्हें ज़रा भी पता नहीं है कि अगर इस चोट को तुमने ऐसे ही रखा तो इसके कितने भयंकर परिणाम होंगे...बच्ची, मेरी बात पर ग़ौर करो!''

उन्होंने मुझे बच्ची कहा, और सच बात तो यही थी कि मैं तब भी बच्ची ही थी। मैं 16 साल की थी और अभी भी बहुत छोटी थी; मैं सिर्फ़ और सिर्फ़ अपनी ट्रेनिंग के बारे में सोचती थी, अपने एथलेटिक करियर और तरक़्क़ी के बारे में सपने देखती थी। मैंने किसी और नतीजे पर तो कोई ध्यान दिया ही नहीं था।

मैं दरवाज़े से निकल ही रही थी कि डॉ. सुन ने मेरे कन्धे पर हाथ रखा, मुझे दिलासा देने की कोशिश की, ''इतनी परेशान मत हो, बच्ची! तुम बहुत छोटी हो, तुम्हारे सामने अभी ट्रेनिंग के लिए बहुत दिन हैं।''

अपनी दुख को किसी तरह जज़्ब किया और दोस्तों को छोड़कर ज्या मुसी सिटी सेंट्रल हॉस्पिटल में भर्ती हो गयी।

डॉक्टर ने जाँच कर पता लगाया कि मेरे घुटने के ऊपर की हड्डी टूट गयी थी। उन्होंने प्लास्टर बाँधकर हिदायत दी कि बिस्तर से हिलना नहीं है। आज भी मेरे दायें घुटने की ऊपर की हड्डी में दरार है।

हॉस्पिटल में बिस्तर पर लेटे–लेटे मुझे कई तरह के दुख सता रहे थे। घुटने का दर्द और भूख तो झेलनी पड़ ही रही थी। मैं अपने परिवार के बेहद क़रीब थी, लेकिन उनसे मिल नहीं सकती थी। ये सोचकर भी मेरे मन में एक कड़वाहट–सी भर गयी थी। मुझे उनकी याद सताने लगी। मैंने अपने माता–पिता को नहीं बताया था कि मेरी टाँग की हड्डी टूट गयी है। मैं नहीं चाहती थी कि वे मेरी चिन्ता करें। इससे भी ज़्यादा डर इस बात का था कि पिताजी तो तुरन्त ऐलान कर देंगे, ''आज के बाद कोई स्केटिंग नहीं।''

हॉस्पिटल के बिस्तर पर लेटे–लेटे, खिड़की के बाहर नीले आसमान को ताकती रहती। परमात्मा से यही प्रार्थना करती रहती, कि मेरा पैर जल्दी ठीक हो जाये। मैं फिर से स्केटिंग ट्रेनिंग के लिए रिंक में उतरना चाहती थी।

ये उन दिनों की बात है जब चीन प्राकृतिक आपदाओं के दौर से गुज़र रहा था। तीन साल से देश अलग–अलग हादसों से पीड़ित था। इसलिए स्पोर्ट्स एंड फिजिकल कल्चर कमीशन ने ट्रेनिंग से बाहर रह रहे एथलीटों का राशन कोटा घटा दिया। मुझे हर माह पहले जो 20 किलोग्राम से अधिक राशन मिलता था, वह अब क़रीब 12 किलोग्राम कर दिया गया। हॉस्पिटल के खाने का तो कहना ही क्या था। मैं दिनभर भूखी रहती। मेरी स्केटिंग तो बन्द थी लेकिन पेट में चूहों की घुड़दौड़ ज़रूर शुरू हो गयी थी। भूख के मारे मुझमें इतनी कमज़ोरी आ गयी कि मेरी आँखों के आगे तारे नाचने लगे। मेरी नज़र धुँधली हो गयी। मेरी बेड के बराबर वाली अलमारी में क़रीब एक किलोग्राम चीनी और दो बोतलें कंडेंस्ड मिल्क की रखी हुई थीं। मेरी टीम ने ये सामान मेरे लिए भेजा था। मेरी उसे पीने की हिम्मत नहीं हुई।

मेरे माँ और पिताजी सोयाबीन का बचा–खुचा चूरा और पत्तियों को सब्ज़ियों के साथ मिलाकर किसी तरह पेट भर रहे थे। मुझे ये देखकर बहुत दुख होता था। भरपेट खाना नहीं मिलने के कारण वे सूखकर हड्डियों का ढाँचा रह गये थे। पिताजी से सीधे चला तक नहीं जाता था। इसलिए उन्हें ईंटें बिछाने का काम छोड़कर सब्ज़ी की दुकान में नौकरी करनी पड़ी। मैंने गुपचुप तरीक़े से अलमारी में रखी चीनी और कंडेंस्ड मिल्क पार कर अपने सामान में छुपा लिया। स्पीड स्केटिंग टीम ने ये सामान भेजा था। मैंने सोचा, इसे मैं माँ और पिताजी के लिए ले जाऊँगी।

मैंने उसे छुआ तक नहीं था। जब भी मैं घर पर ऐसे ही कुछ खाने–पीने का सामान बचाकर ले जाती तो माँ कहती, ''तुमने अपने लिए कुछ रखा है कि नहीं?''

''हाँ।'' मेरा जवाब होता। अगर मैं उन्हें सच बता देती तो वह मुझसे खाने–पीने का सामान हरगिज़ नहीं लेतीं।

बचपन इतनी कड़वाहट और ऐसे मुश्किल हालात में बीता था कि मैं हमेशा अपने माँ–पिताजी के लिए कुछ करना चाहती थी। मैं कुछ ऐसा करना चाहती कि वे अपने दुखों को भूल जायें, मैं उन्हें दुनिया की सारी ख़ुशियाँ देना चाहती थी। मैंने इस बात की क़तई कोई परवाह नहीं की कि मेरा पेट भरता है या नहीं। क्योंकि जब मैं अपने हिस्से का राशन माँ और पिताजी के लिए लेकर जाती और उन्हें खाते हुए देखती तो मुझे कहीं आत्मा की गहराइयों में एक अलौकिक शान्ति महसूस होती। मुझे लगता, उन्होंने ग़रीबी और बदहाली के बावजूद मुझे जो संस्कार दिये थे, उनके लिए मैं उनकी ऋणी थी और मैं कुछ नहीं कर रही थी, केवल उनका ऋण चुकाने की एक छोटी–सी कोशिश थी।

दोपहर का वक़्त था। हॉस्पिटल के बिस्तर पर लेटे–लेटे, मैं खिड़की के बाहर शून्य में ताक रही थी। मेरे कमरे का दरवाज़ा खुला और मैं हक्की–बक्की रह गयी। माँ और पिताजी दरवाज़े पर थे। फटे–पुराने कपड़े पहने वे वक़्त से ज़्यादा बूढ़े लग रहे थे। उन्हें देखकर लगता था, मानो यौवन उनसे कोसों मील दूर से ही चला गया।

माँ तुरन्त बिस्तर पर मेरी ओर लपकी। उन्होंने मेरे टूटे घुटने पर बँधा प्लास्टर छुआ, उनके हाथ काँप रहे थे।

''माँ, ये अब ठीक है। मैं जल्द ही अच्छी हो जाऊँगी।'' मैंने तुरन्त उनकी चिन्ता को कम करने की कोशिश की।

पिताजी ने देखते ही डाँटना शुरू कर दिया, ''इतनी बड़ी बात हो गयी और तुमने हमें बताया तक नहीं! अगर तुम ग़लती से ये चिट्ठी नहीं भेजतीं तो मैं और तुम्हारी माँ तो अँधेरे में ही रहते!''

अचानक मुझे एहसास हुआ कि मैंने जो चिट्ठी रेन गुइलान को लिखी थी, वह नासमझी में ग़लती से अपने माँ और पिताजी को भेज दी थी।

''मैंने तुमसे पहले ही कहा था, इन सब बकवास चीज़ों में तुम्हें नहीं पड़ना है, लेकिन तुम अड़ी रहीं। और ख़ुद ही देख लो, क्या नतीज़ा निकला।'' पिताजी ने कटाक्ष करते हुए कहा। उनका गुस्सा थमने का

नाम ही नहीं ले रहा था, ''मैं तुम्हें बताये देता हूँ, इस बार मैं तुम्हारी जिद नहीं मानूँगा! पता नहीं लोग, ऐसी बेवकूफ़ी की हरकतें करते क्यों हैं? ऐसी कँपकँपाती ठण्ड में तुम रिंक में चक्कर काटती रहती हो। सब करने का फ़ायदा क्या है? और अगर तुम्हारी टाँग ही टूट जाती तो...''

''ओहो, अब बस भी करो!'' माँ ने पिताजी को टोका और मुझे दिलासा देने की कोशिश करने लगी, ''अपने पिताजी की फालतू की बातों पर ध्यान मत दो, सब ठीक है! तुम अभी छोटी हो, तुम्हारी हड्डियाँ नरम हैं, तुम्हारा पैर बहुत जल्दी ही ठीक हो जायेगा!''

माँ हमेशा से ही ऐसी थीं। जब भी मुझ पर कोई मुसीबत आती, वह कभी गुस्सा नहीं होतीं। उल्टे मेरा हौसला बढ़ातीं, ''हिम्मत मत हारो, कोई पर्वत इतना ऊँचा नहीं होता कि वो तुम्हारे क़दमों को रोक सके!''

जब वे जाने लगे तो उन्होंने मुझे एक बोतल निकालकर दी। इसमें सोयाबीन के साथ तली हुई नमकीन सब्ज़ियाँ थीं। सोयाबीन के चूरे और मक्का को मिलाकर बनाया गया एक केक भी था। माँ ने एक कागज़ का लिफ़ाफ़ा भी मुझे दिया। मैंने खोलकर देखा तो उसके भीतर दो लाल रेशमी रिबन थे। अचानक मुझे कुछ आशंका–सी हुई। मैंने माँ से पूछा, ''माँ, दीदी... ।''

''तुम्हारी बहन तो बेटा गयी, वह ऐसी दुनिया में चली गयी है, जहाँ उसके सब दर्द ख़त्म हो जायेंगे, सुखी रहेगी।'' माँ का गला भर आया और उन्होंने सिर झुका लिया।

माँ के गले लगकर मैं ख़ूब रोयी।

माँ ने मेरे सिर पर हाथ फेरा और बार–बार एक ही बात कहती रहीं, ''रोओ मत, तुम्हारी बहन सारे दुखों से छूट गयी बेटा, वह एक अच्छी जगह चली गयी है, ख़ुश रहेगी।''

दूसरे नम्बर की बहन सिर्फ़ 24 साल की थी, जब उसकी मौत हो गयी। उस बेचारी ने इन 24 सालों में एक भी दिन ख़ुशी का नहीं देखा।

कई महीने पहले मैं घर गयी थी। बहन की हालत देखकर मेरी आँखों में पानी तैर गया था। अपनी बीमारी से वह हार मान चुकी थी। लेकिन उसकी बड़ी–बड़ी आँखों में अब भी एक चमक थी। उसने काँपती आवाज़ में मुझसे सवाल किया था, ''तुम्हें ठण्ड नहीं लग रही, कितने कम कपड़े पहने हैं?''

''नहीं, मुझे ठण्ड नहीं लगती।'' मैंने कहा था।

''तुम दिन–ब–दिन सुन्दर होती जा रही हो मेरी नन्ही बहन।'' उसने कहा था।

''लेकिन दीदी, मैं कभी भी तुम्हारे जितनी सुन्दर नहीं हो पाऊँगी।'' मैंने जवाब़ दिया था।

उसने अपनी ख़ूबसूरत और प्यारी आँखें अपने नन्हे बेटे की ओर मोड़ लीं। वह एक साल का भी नहीं हुआ था। बहन की आँखों में धीरे–धीरे सैलाब–सा उमड़ पड़ा। उसने कहा था, ''देखो, क्या ये मुझ पर गया है?''

सालों पहले की बात है, मेरी मौसी ने बहन के लिए एक रिश्ता बताया था। लड़का बहन से 15 साल बड़ा था। वह रेलवे में ग़श्त का काम करता था। शादी के दिन दिनभर रोती रही। बाद में उसके एक बेटा हुआ जिसका नाम 'तैईजी' रखा गया। वह एकदम अपनी माँ पर गया था। उसी की तरह उसकी बड़ी–बड़ी आँखें थीं। मुँह छोटा–सा था। वह बहुत ही प्यारा था, एकदम बहन की तरह।

मैंने बच्चे को गोदी में उठा लिया और उससे खेलने लगी, ''ओहो, नन्हे राजकुमार, तुम तो एकदम अपनी माँ पर गये हो...''

''इसकी क़िस्मत मुझ कर्मजली जैसी न हो...'' बहन ने कहा था।

मैं जाने को थी कि बहन ने अपने सफ़ेद पड़ चुके हाथ से मेरी बाँह पकड़ ली और काँपती हुई बोली, ''बहन, मुझे सबसे ज़्यादा इस बच्चे की चिन्ता है। मेरे मरने के बाद...''

''दीदी, ऐसी पागलों वाली बातें मत करो!''

मैंने कभी नहीं सोचा था कि यह हम दोनों बहनों की आख़िरी मुलाक़ात होगी।

बहन इस दुनिया से चली गयी थी। तैईजी को माँ ने अपने पास रख लिया। वह सात साल का हो गया था। उसके पिता यानी मेरे जीजा ने दूसरी शादी कर ली। वह औरत शान्दोंग प्रान्त में यलो काउंटी की रहने वाली थी। वह अपने साथ 21 साल का बेटा लेकर आयी थी। तैईजी की सौतेली माँ का बर्ताव उसके साथ अच्छा नहीं था। वह सात साल का नन्हा बच्चा था लेकिन वह उसे रोज़ तड़के उठाती। वह आग जलाता, पानी भर कर लाता, लकड़ी काटता और भी न जाने कितने काम करता था। जब भी उसकी सौतेली माँ का मूड ख़राब होता तो वह तैईजी का बिस्तर उठाकर घर से बाहर फेंक देती। उसे भी धक्का देकर बाहर खदेड़ देती। बेचारा मासूम बिन माँ का बच्चा आँगन में खड़ा रहता।

अपना बिस्तर बगल में दबाये वह रोता रहता। जब उसके पिता का देहान्त हुआ तो वह 17 साल का हो चुका था और उसे अपने पिता की रेलवे में चौकीदार की नौकरी मिल गयी। लेकिन कुछ समय बाद उसका तबादला रेलवे स्टेशन के गोदाम में कुली के तौर पर कर दिया गया।

उसने नौकरी इतने मन लगाकर की कि हर साल उसकी तरक़्क़ी होती चली गयी। उसे रेलवे का आदर्श कर्मचारी तक चुना गया। इससे काफ़ी साल पहले ही, उसकी सौतेली माँ के लड़के को बलात्कार के आरोप में 15 साल की जेल की सज़ा सुनाई जा चुकी थी। ऐसे में सौतेली माँ और उसके पोते की ज़िम्मेदारी तैईजी ने सँभाल ली।

सज़ा पूरी करने के बाद, सौतेली माँ का बेटा जेल से बाहर तो आ गया लेकिन उसने अपनी माँ और अपने बेटे की ही ज़िम्मेदारी उठाने से इनकार कर दिया। इससे तैईजी की माँ पर दुखों का पहाड़ टूट पड़ा। वह तैईजी से लिपटकर बुरी तरह रोयी, ''तैईजी, मैंने तुम्हारे साथ बहुत बुरा किया, मुझे माफ़ कर दो! मुझे अपने कर्मों की ही सज़ा मिली है!''

बहन अपने बेटे को मेरे हवाले करके गयी थी और हमेशा मैंने तैईजी को अपने बेटे की तरह माना। तैईजी भी मुझे अपनी माँ जैसा ही मान–सम्मान देता था; जब भी वह मेरे घर आता था तो हमेशा मुझे कोई न कोई काम बताकर जाता। बदक़िस्मती से, सांस्कृतिक क्रान्ति से पहले वह बेचारा बच्चा पढ़ लिख नहीं पाया था, इसलिए उसके लिए ज़िन्दगी बड़ी मुश्किल भरी हो गयी थी।

बहन की मौत के कई दिन बाद तक मैं अपने आपको सँभाल नहीं पायी। हर वक़्त रोती रहती, शून्य में ताकती रहती। मैंने बहन के लाल रेशमी रिबन किसी क़ीमती ख़ज़ाने की तरह सहेज कर रखे थे। और साथ ही उन रिबनों से जुड़ा रहस्य भी। सारी ज़िन्दगी ये राज़ मेरे सीने में दबा रहा। जब भी मैं रिबनों को देखती, ऐसा मालूम होता जैसे बहन की आत्मा को देख रही हूँ जो प्यार के लिए तड़प रही है, ख़ूबसूरती की चाह में बेचैन है।

डेढ़ महीने बाद, मुझे हॉस्पिटल से छुट्टी मिल गयी।

हॉस्पिटल में मेरा आख़िरी दिन था। उस दिन कैंटीन वालों ने हर मरीज़ को चिकन मीट का एक–एक डिब्बा दिया। डेढ़ महीने में यह पहला मौक़ा था जब हमें मीट दिया गया था। मेरा उसे खाने का मन नहीं हुआ और इसलिए मैंने डिब्बा छुपा लिया। चीनी और कंडेंस्ड दूध का डिब्बा भी रख लिया। सारे सामान को मैं घर ले गयी। माँ और पिताजी

की आँखें हैरानी से फटी की फटी रह गयीं। उन्होंने ऐसी चीज़ें ज़िन्दगी में कभी नहीं देखी थीं। वे हैरान थे कि मैं कितनी अच्छी खाने की चीज़ें साथ लेकर आयी हूँ।

पिताजी ने चावल की वाइन को बर्तन में गर्म किया और डिब्बा खोला। एक चिकन का टुकड़ा निकाला और मेरे मुँह में डाल दिया। चिकन की ख़ुशबू हवा में फैल गयी, इतना रसीला! और इतना स्वादिष्ट! हर वो इन्सान जिसने देश में पड़ी तीन प्राकृतिक आपदाओं को झेला हो और जिसने भोजन की कमी देखी हो वो जानता है कि उस समय डिब्बाबन्द चिकन की क्या क़ीमत थी। ये किसी भी शाही भोजन से ज़्यादा लज़ीज और जाइक़ेदार था।

''बेटा, तुम्हारे बाप ने तुम्हारे लिए कुछ नहीं किया!'' पिताजी बोले। चावल की वाइन गिलास में डालते हुए वह भावुक हो गये और लम्बी ठण्डी साँस छोड़ी। ''मेरी उम्र 50 साल से ज़्यादा हो चुकी है, लेकिन आज जो चिकन मैंने खाया है, ऐसा तो जन्नत में भी नसीब नहीं होता होगा... अरे भागवान, जल्दी आओ। ज़रा इस डिब्बे वाले चिकन का स्वाद तो चखो, जो हमारा बेटा हमारे लिए लाया है!''

''माँ, आओ न, आप भी खाकर देखो!'' मैंने माँ की मनुहार की।

वह रसोईघर से निकलीं, उन्होंने अपना मुँह खोला और पिताजी ने चिकन का एक टुकड़ा उनके मुँह में रख दिया। माँ चिकन चबाते–चबाते बोलीं, ''हम्म, कैसा रसीला है!''

माँ और पिताजी को इतना ख़ुश और हँसते हुए पहली बार देखा था। मेरी ज़िन्दगी का ये सबसे ख़ूबसूरत पल था। मैं उस चिकन को ख़ुद खाती, तो भी मेरी आत्मा को वो ख़ुशी नहीं मिलती, जो उनके चेहरों की चमक देखकर आज मुझे मिल रही थी। मैं अपनी पलकों से उनके सारे दुख बुहार लेना चाहती थी।

मेरा लौटने का समय हो गया था। मैंने 62 युआन जमा करने के लिए माँ को डिपोजिट बुक दी। मैंने अपने हर महीने मिलने वाले 12 युआन में से इकट्ठा करके ये रक़म जमा की थी। माँ के हाथ में युआन थमाये तो वह हैरान रह गयीं। कुछ क्षण तो वह मूरत ही बन गयीं। उनसे कुछ कहते न बना। उस ज़माने में 62 युआन आज के 6,200 युआन से भी ज़्यादा क़ीमत के थे। उसके बाद से मैं एथलीट के रूप में मिलने वाले भत्ते के सारे पैसे माँ को भेजने लगी।

47

मैंने 4 दिसम्बर, 1961 की एक घटना दर्ज करने के लिए अपनी ट्रेनिंग डायरी खोली। उसमें सिर्फ़ एक लाइन दर्ज की, ''ये पूरा साल बेकार गया, ऐसी घटनाएँ हुईं, जिनकी उम्मीद भी नहीं की थी।''

चोट ठीक होने के बाद ट्रेनिंग फिर से शुरू हो गयी। 1961 का पूरा साल मैंने ख़ूब पसीना बहाया। अक्तूबर के शुरुआत के दिन थे। मैं सत्र की पहली आइस ट्रेनिंग के लिए बेई आन जा रही थी। मैंने बड़ी उम्मीदें लगा रखी थीं। भविष्य के सपने देख रखे थे।

सपने में भी भान नहीं था कि ज़िन्दगी की त्रासदी और मौत चुपचाप मेरा इन्तज़ार कर रही थी।

बेई आन में मेरी ज़िन्दगी की दो बड़ी घटनाएँ हुईं। ये घटनाएँ कम और तबाही ज़्यादा थीं। अपनी ज़िन्दगी के मानचित्र को देखूँ तो यह जगह उस पर एक बदनुमा काला धब्बा है।

उस रोज़ आसमान में बादल से छाये हुए थे। सुबह सोकर उठे तो हवा में कोयले के जलने की महक थी। मैं बिस्तर से नीचे उतरी तो मुझे लगा कि कुछ बुख़ार सा है; मेरा पूरा शरीर तप रहा था और ऐसा लग रहा था मानो शरीर की पूरी ताक़त निचोड़ ली गयी हो। मेरे कोच ने मुझे दिनभर आराम करने की सलाह दी। मुझे डर था कि मैं ट्रेनिंग में पीछे रह जाऊँगी। इसलिए मैंने क्या किया कि कमरे में ही कसरत कर ली। लेकिन जैसे ही मैंने बर्फ़ पर पैर रखे, मैं चक्कर खाकर औंधे मुँह गिरी...

अगले दिन, मुझे 43 डिग्री बुख़ार हो गया। इतना तेज़ सिरदर्द हो रहा था, ऐसा लगता था, मानो कोई चाकू से मेरी खोपड़ी को खोलने की कोशिश कर रहा है।

डॉ. सुन ने मुझे कुछ इंजेक्शन लगाये और दवाई दी लेकिन बुख़ार था कि कम होने का नाम ही नहीं ले रहा था। मेरे कोच ने मुझे बेई आन में सारे डॉक्टरों को दिखा लिया, लेकिन कोई यह पता नहीं लगा सका कि आख़िर इस बुख़ार का क्या राज़ है।

उस ज़माने में बेई आन काउंटी क़स्बा नहीं था और वहाँ चिकित्सा सुविधाएँ भी बहुत सीमित थीं। कुछ दिन बाद, हालत यह हो गयी कि मेरे लिए दो क़दम रखना भी दुश्वार हो चला था।

मैं अपने गेस्टहाउस में बिस्तर पर लेटी रहती। तेज़ बुख़ार के कारण,

हमेशा सिर में चक्कर–सा बना रहता। मुझे अजीबोग़रीब सपने आने लगे, कई बार ऐसा लगता कि कोई राक्षस अपने लम्बे–लम्बे डैनों को फैलाकर मेरी ओर आ रहा है, कभी लगता कि मैं समुद्र की गहराइयों में डूब रही हूँ, जहाँ घोर अँधेरा है...

उस रोज़, मेरे कोच पाँच–छह अलग–अलग डॉक्टरों को लेकर आये ताकि वे पता लगा सकें कि समस्या क्या है। लेकिन उन्हें भी कोई सिरा हाथ नहीं लगा।

उन्होंने मुझसे पूछा कि मैं कैसा महसूस कर रही हूँ। मैंने कहा कि मेरा सिर फटा जा रहा है, मेरी याददाश्त बीच–बीच में ग़ायब हो रही है; मुझे ये भी याद नहीं आ रहा है कि *द ईस्ट इज़ रेड* गीत कैसे गाया जाता है। उसी समय मैंने कुछ ऐसा कहा कि डॉक्टर उछल पड़े, मेरे पूरे शरीर पर छोटे–छोटे लाल–लाल रंग के चकत्ते हो गये हैं...

डॉक्टर तुरन्त झुण्ड बनाकर लाल चकत्तों को देखने के लिए मेरे ऊपर झुक गये। चकत्ते बड़े ही अजीबोग़रीब क़िस्म के थे। वे मेरी त्वचा के नीचे थे। जब डॉक्टरों ने रौशनी में देखने के लिए मेरा कम्बल हटाया तो उन्हें कुछ नज़र नहीं आया। उन्होंने कम्बल पूरा हटा दिया। तब जाकर उन्होंने देखा कि मेरा पूरा शरीर छोटे–छोटे लाल–लाल चकत्तों से भरा हुआ था। मैंने देखा कि डॉक्टरों के चेहरों पर गम्भीर चिन्ता झलकने लगी। उन्होंने अपनी पीठ मेरी ओर से फेर ली। वे आपस में बात कर रहे थे कि मुझे किस प्रकार का टाइफस हुआ है।

बाद में मुझे पता चला कि उस समय हेईलोनच्यांग में टाइफस फैला हुआ था। डॉक्टरों के जाने के बाद एक युवा डॉक्टर आये। उन्होंने मुझसे पूछा कि बाक़ी डॉक्टरों ने क्या बीमारी बताई है। मैंने उन्हें बताया कि मुझे किसी प्रकार का टाइफस हुआ है। डॉक्टर ने सर्जिकल मास्क लगा रखा था। उनकी आँखें यह सुनकर हैरानी से फैल गयीं।

"तुम्हारी उम्र क्या है?" उन्होंने मुझसे सवाल किया।

"17 साल।"

"बच्ची, तुम्हें पता नहीं है कि तुम कितनी ख़ुशक़िस्मत हो! अगर टाइफस का पता लगाने में और एक–दो दिन की देरी हो जाती तो बुख़ार इतना ताक़तवर हो जाता कि उससे निपट पाना किसी डॉक्टर के बस की बात नहीं होती। अगर यह बुख़ार तुम्हारी जान नहीं लेता तो कम–से–कम यह तुम्हें पागल ज़रूर कर देता!"

भीतर कहीं गहरे मैं सोच रही थी कि भले ही मैं अल्लम–गल्लम बोल रही थी, लेकिन मैं मूर्ख और पागल तो नहीं ही होती! मुझे क़तई नहीं पता था कि टाइफस के मरीज़ों की मृत्यु दर उस ज़माने में 40 फ़ीसदी थी। और जो लोग बच जाते थे, उन पर यह बुख़ार ऐसा असर छोड़कर जाता था कि उन्हें ठीक नहीं किया जा सकता था। कई बार इस बुख़ार का असर इतना भयंकर होता था कि इन्सान की सोचने–समझने की मानसिक ताक़त जाती रहती थी।

डॉक्टर ने यह भी कहा, ''गेस्ट हाउस में साफ़–सफ़ाई सही नहीं है, हो सकता है तुम्हें यहीं से टाइफस का संक्रमण हुआ हो। यहाँ जुँएँ हैं और टाइफस फैलाने में जुओं का सबसे ज़्यादा हाथ होता है।''

मेरे कोच इस नतीजे पर पहुँचे कि हॉस्पिटल का माहौल और खाना गेस्ट हाउस से कोई ज़्यादा बेहतर नहीं था। इसलिए उन्होंने मुझे हॉस्पिटल में नहीं भेजा। इसके बजाय, गेस्ट हाउस में मुझे मेरा अलग कमरा दे दिया गया जो बाक़ी सब एथलीटों से एकदम अलग था। हॉस्पिटल से एक नर्स रोज़ आकर मुझे इंजेक्शन और दवाइयाँ देकर जाती।

टाइफस के मारे जो दिन मैंने हॉस्पिटल में बिताये, उनके बारे में मैं सोचना भी नहीं चाहती। दिन के समय, कोच दूसरे एथलीट को ट्रेनिंग के लिए ले जाते और मैं अकेली बिस्तर पर पड़ी रहती। गलियारे में से लोगों के आने–जाने की आहट सुनाई देती। मैं ख़ुद को बेहद अकेला महसूस कर रही थी। इस अकेलेपन के चलते एक तरह की निराशा महसूस होने लगी। मेरे ख़ूबसूरत बाल झड़ने लगे, हाथ लगाते ही गुच्छे का गुच्छा बाल हाथ में आ जाते। यह सिलसिला पूरी तरह गंजी होने तक चला। दिन तो बुरा बीतता ही था, रातें भी कोई कम डरावनी नहीं थीं। मुझे बहुत तेज़ बुख़ार था, पूरा शरीर दर्द से तड़प रहा था और नींद में मैं अक्सर अपनी माँ को आवाज़ लगाते हुए चिल्लाती, और जब आँख खुलती तो पूरा चेहरा आँसुओं से भीगा होता।

मेरे कोच और साथी खिलाड़ी बारी–बारी से मेरी देखभाल कर रहे थे। उन्होंने इस बात की क़तई परवाह नहीं की कि टाइफस बीमारी कितनी संक्रामक थी। वे मेरे लिए भोजन लेकर आते, पेशाब का बर्तन ख़ाली करते...पेशाब के बर्तन को मेरे साथी ख़ाली करने के लिए बाहर लेकर जाते और यह देखकर मैं ज़ार–ज़ार रोती। जैसे ही मैं बिस्तर से थोड़ा उठने की हालत में हुई और थोड़ा चलने–फिरने लगी तो मैं टॉयलेट

के लिए बाहर जाने लगी। हालाँकि इसके लिए मुझे अपनी पूरी ताक़त लगानी पड़ती थी। गेस्ट हाउस में कमरे के भीतर टॉयलेट नहीं था। कोच मेरे लिए इतना कुछ कर रहे थे, यह देखकर, मैंने उन्हें बीती घटना के लिए माफ़ करना शुरू कर दिया।

बीस दिन बाद, प्रान्त के सारे स्पीड स्केटर छेहछहार में एकत्र हुए थे। ये लोग एक राष्ट्रीय स्तर की प्रतियोगिता की तैयारियों के लिए गये थे। इस प्रतियोगिता में देश के श्रेष्ठ स्केटर को ही भाग लेने के लिए भेजा जाना था। मैं उनके साथ गयी और हेईलोनच्यांग होटल में रही। इससे काफ़ी पहले ही मैं दीवारों का सहारा लेकर चलने लगी थी। मैं डायनिंग रूम में भी अकेले ही जाने लगी थी।

मेरे कोच ने बार–बार टीम के सदस्यों को यह समझाया कि मेरा टाइफस ठीक हो चुका है। और अब संक्रमण फैलने का ख़तरा बिल्कुल नहीं है। और चिन्ता करने की कोई बात नहीं है। कहीं कोई देख न ले, इस डर से मैं कमरे से बाहर निकलने से डरती थी। मुझे ख़ासतौर से डायनिंग हॉल में जाने में ख़राब लगता था...

वहाँ हर कोई एक साथ बैठता लेकिन मैं अकेली एक कोने में बैठती। अपना कटोरा और चापस्टिक लिए मैं इन्तज़ार करती रहती कि कब कोच मेरा खाना लेकर आयेंगे। यह वाक़ई बहुत बड़ी पीड़ा थी। मैं कल्पना कर सकती हूँ कि किसी भिखारी को कितना दयनीय महसूस होता होगा।

मुझे लोगों से मिलने में डर लगता था। उनके सवालों से डर लगता था, ''यावन, तुम्हें ये सब हुआ कैसे? तुम्हें क्या हुआ? पिछले साल तुम्हारी टाँग टूट गयी थी और इस साल तुम्हें टाइफस हो गया...''

मेरे पास उनके सवालों का कोई जवाब नहीं था। सिवाय इसके कि मैं कम्बल ओढ़कर लेटी रहूँ और रोती रहूँ।

17 साल की उम्र ज़िन्दगी का ऐसा मोड़ होती है, जब लड़कियाँ फूल की तरह खिलने लगती हैं, लेकिन एक मैं थी जिसका चेहरा मौत की तरह सर्द–जर्द था, हड्डी का ढाँचा शरीर था और सिर पूरी तरह गंजा था।

एक साल पहले, मैं अस्पताल की खिड़की पर बैसाखियों के सहारे खड़ी थी, गली से गुज़रते लोगों को देखकर मुझे जलन होती थी और सोचती थी, मैं कब फिर से चल पाऊँगी। इस साल उससे भी भयानक दर्द था। ख़ामोशी से बिस्तर पर लेटी रहती। और उधर, मेरी टीम के साथी अपने–अपने आइस स्केट्स उठाये आइस रिंक की ओर जा रहे

होते, जोश से भरे, ख़ुशियों से भरे। मैं सिर्फ़ इतना कर सकती थी कि अपने बिस्तर के नीचे रखे स्केट्स को निकालती, उन्हें सीने से लगाती और कुछ देर बाद स्केट्स पर गिरे आँसुओं को साफ़ कर फिर से उन्हें बिस्तर के नीचे रख देती।

लेकिन इतना बीमार होने के बावजूद मेरे सपने वैसे ही उड़ान भर रहे थे; मैं सपना देखती कि जल्द ही ठीक होकर फिर से ट्रेनिंग पर जाऊँगी, सपना देखती कि मुझे प्रतियोगिता में भाग लेने का मौक़ा मिलेगा।

48

एक दिन दोपहर का वक़्त था। मैं डायनिंग हॉल से कमरे की ओर लौट रही थी। मेरे बिस्तर पर एक किताब रखी थी *हाउ दी स्टील वाज़ टैम्पर्ड*। इसके पन्नों के बीच में एक छोटा–सा पुर्जा रखा था जिस पर लिखा था, ''तुम्हारे जल्द ठीक होने की कामना करता हूँ। तुम जल्दी से आइस रिंक में लौट आओ, तुम्हारे इन्तज़ार में।'' इस पर न कोई नाम था, न कोई तारीख़।

हैरान थी कि ये किताब और उसमें ये पुर्जा कौन रख गया होगा। लिखने वाले ने अपना नाम क्यों नहीं छोड़ा।

मैं किताब के पन्ने पलट रही थी तो मैंने देखा कि एक पन्ना मुड़ा हुआ है। किसी ने फाउंटेन पेन से पन्ने पर एक लाइन के नीचे रेखा खींच रखी थी। जिन पर रेखा खींची गयी थी, उन पंक्तियों में लिखा था :

> *''पावेल का वह साल बहुत ही भयानक बीता था। बाक़ी हज़ारों लड़ाकों की तरह ही वह भी उनके साथ मोर्चे पर डटा था, उनकी तरह ही फटेहाल लेकिन उसके भीतर एक आग धधक रही थी। वह आग थी अपने वर्ग के लोगों के लिए सत्ता हासिल करने की आग। वह अपनी मातृभूमि को अपने क़दमों से नाप चुका था। केवल दो बार ही ऐसा हुआ था कि उसने तूफ़ान का सामना नहीं किया था। पहली बार तब जब उसके कूल्हे में चोट लगी थी और वह घायल था। दूसरी बार तब जब 1920 की सर्दियों के मौसम में भयंकर ठण्ड में उसे टाइफस ने जकड़ लिया था। भयानक ठण्ड में भी वह तेज़ बुख़ार के कारण पसीने–पसीने हो गया था। 12वीं सेना की रेज़ीमेंट*

और डिवीज़न को टाइफस ने इतना भीषण नुक़सान पहुँचाया था, जितना कि पोलैंड की मशीन गनों ने भी नहीं पहुँचाया था...''

मैं यह सब देख–पढ़कर हैरान थी। मुझे ज़रा भी एहसास नहीं था कि टाइफस इतना ख़तरनाक होता है। अब समझ में आया कि डॉक्टर ने मुझे ख़ुशक़िस्मत क्यों कहा था! मुझे बाद में पता चला कि जो व्यक्ति वह किताब मेरे बिस्तर पर रख कर गया था, वह बहुत ही भला आदमी था।

लगातार कई दिन तक ऐसा हुआ कि जब भी मैं डायनिंग हॉल या बाथरूम में जाती तो मैं रास्ते में मिलने वाले हर एथलीट को बड़े ही ध्यान से देखती। मैं यह ढूँढ़ने की कोशिश कर रही थी कि इनमें से कौन था जो मेरे बिस्तर पर वह किताब रख कर गया था। एक दिन सुबह, डायनिंग हॉल में मैंने एक जोड़ी आँखों को अपनी ओर देखते हुए पाया। वह इन्सान मुझसे कई टेबल दूर बैठा था। मैं तुरन्त इस नतीजे पर पहुँची कि यह वही था।

सच कहूँ तो उसकी आँखें चमकीली नहीं थीं और ख़ूबसूरत होने की बात तो छोड़ ही दीजिए। असलियत तो यह थी कि उन आँखों में देखकर मुझे ऐसा लगता था, मानो वे सालों से सो रही हैं। लेकिन हाँ, वे आँखें एकदम सपाट और निष्कपट थीं। कुछ ऐसी मासूमियत थी जिन्हें देखने वाला उस इन्सान पर तुरन्त ज़िन्दगी भर के लिए भरोसा कर सकता है। सिर्फ़ उन आँखों के भोलेपन पर अपनी पूरी ज़िन्दगी न्यौछावर कर सकता है।

उसका नाम च्याओ हियु था। वह मेरी ही टीम का था। पहाड़ की चोटी पर बने आइस रिंक में उसने ही मुझे बार–बार गिराया था। उसने ही मुझे उठाकर बर्फ़ के टीले पर फेंक दिया था।

च्याओ हियु, च्यामुसी का सबसे प्रतिभाशाली, होनहार और बुद्धिमान एथलीट था। उसका एथलेटिक रिकॉर्ड भी ग़ज़ब का था। उसे कविताएँ लिखना पसन्द था। 1959 की गर्मियों के मौसम में च्यामुसी शहर में एक साहित्यिक बैठक हुई थी जिसमें शहर की स्पोर्ट्स टीम ने 45 मिनट की लम्बी कविता पेश की थी। च्याओ ने हान युहुआ और वांग चेंगकिंग के साथ मिलकर इस कविता को लिखा था। वह मात्र 19 साल का था जब उसने यह कविता लिखी और मैंने उसके साथ कार्यक्रम में यह कविता गायी थी। मेरे स्पीड स्केटिंग टीम में शामिल होने के कुछ ही समय बाद

की बात है, उसका चयन प्रान्तीय स्पीड स्केटिंग टीम में हो गया। अपने दिल की गहराइयों में, मैं हमेशा उसे सराहती थी।

जिस समय मैं ज़िन्दगी में सबसे ज़्यादा निराश थी, अकेली थी, उस दौर में यह दयालु, ईमानदार और निष्कपट युवक मेरी ज़िन्दगी में आया, एक किताब लिए।

हाउ दी स्टील वाज़ टैम्पर्ड पहला विदेशी उपन्यास था, जो मैंने पढ़ा था। और यही वह किताब है, जिसका मुझ पर सबसे ज़्यादा असर रहा है। मेरी सोच पर इस किताब ने बहुत ही गहरा असर डाला था। इतना गहरा कि मैंने किताब के बहुत से अपने पसन्दीदा हिस्सों को बार–बार पढ़ा और उन्हें अपनी डायरी में लिख लिया। जब ज़िन्दगी के उन पन्नों को पलटकर देखती हूँ तो मुझे लगता है कि इस किताब ने मुझे एक आत्मज्ञान प्रदान किया था।

एक रात की बात है, सब कुछ ख़ामोशी में डूबा हुआ था। मैं अपने बिस्तर पर लेटी करवटें बदल रही थी। नींद ही नहीं आ रही थी। मैं मन–ही–मन ख़ुद से कह रही थी, ''पावेल को इतने दुखों का सामना करना पड़ा कि उसकी आँखों की रौशनी चली गयी, लेकिन इसके बावजूद उसका हौसला बुलन्द रहा। तुम्हारे पास ख़ुद से कहने के लिए क्या है? ज़रा–सी बीमार क्या पड़ीं कि ज़िन्दगी से हार मान बैठीं, पूरा दिन रोती रहती हो, कोसती रहती हो। अगर तुम इसी तरह करती रहीं तो फिर तुम्हारा ज़िन्दगी में कुछ नहीं होने वाला!'' मैं अपने आप से इन बातों को दोहराती। ये बातें मेरी प्रेरणा थीं जिसने मुझे हिम्मत से खड़े होने की ताक़त दी थी।

पावेल ने चीनी पाठकों की कई पीढ़ियों को प्रभावित किया था। और अब वही पावेल मेरे नन्हे–से दिल में समा गया और मेरा सबसे बड़ा आदर्श बन गया।

जब भी मैं ख़ुद को कमज़ोर पाती या निराश होती, या आगे का रास्ता समझ नहीं आता, पावेल मेरी गुम आत्मा के लिए किसी प्रकाश स्तम्भ की तरह काम करता।

प्रान्त की स्पीड स्केटिंग टीम के छेहछहार जाने से काफ़ी पहले की बात है। शाम का समय था और च्याओ हियु विदा लेने के लिए मेरे कमरे में आया। मैं दस्ताने बुनने में मगन थी। ट्रेनिंग के अलावा वहाँ दो और बड़ी अहम चीज़ें थीं जो महिला एथलीटों को व्यस्त रखती थीं।

पहली चीज़ थी; ब्रा सिलना। क्योंकि अगर तुम्हारी ब्रा ज़रूरत से ज़्यादा कसी हुई है तो ट्रेनिंग के समय बड़ा अखरता था। और अगर ब्रा ज़रूरत से ज़्यादा ढीली होती तो बताने की ज़रूरत नहीं है क्या होता होगा। तो होता यह था कि लड़कियाँ अपना सारा ख़ाली समय अपनी ब्रा को ठीक करने में ही लगा देती थीं। अगर दरवाज़े पर कोई दस्तक देता तो वे तुरन्त ब्रा को इधर–उधर छुपा देतीं। दूसरा काम था; दस्ताने बुनना। लाल और सफ़ेद धागे को बारी–बारी से बुनते हुए दस्ताने बनाये जाते थे।

च्याओ ने एक दस्ताना उठाया और तारीफ़ में सीटी बजाते हुए बोला, ''वाह! बहुत सुन्दर!''

मैंने तुरन्त जवाब दिया, ''अगर तुम्हें पसन्द है तो मैं एक जोड़ा तुम्हारे लिए भी बुन दूँगी!'' मैं इन्तज़ार कर रही थी कि कब मुझे उसके प्यार का कर्ज़ चुकाने का मौक़ा मिले।

लेकिन उसने न में सिर हिलाया और मुस्कुराते हुए जो कहा, उसने मेरी पूरी ज़िन्दगी लगभग बदल डाली।

''मैं चाहूँगा कि तुम अपने इस हुनर को व्यावसायिक रूप दो और ख़ाली समय में ज़्यादा से ज़्यादा पढ़ो। आख़िरकार, एथलीट की ज़िन्दगी तो बहुत जल्द ख़त्म हो जानी है; तुम्हें कुछ समय इस बात पर भी सोचना चाहिए कि भविष्य में तुम क्या करोगी।''

ट्रेनिंग प्रोग्राम शरीर की सारी ताक़त को निचोड़ लेता था और मैं इसमें पूरी तरह डूब चुकी थी। पूरा दिन मेरा ट्रेनिंग में जाता था। मैंने कभी पढ़ाई–लिखाई के बारे में सोचा ही नहीं था, इस सवाल को तो छोड़ ही दो कि भविष्य में मुझे क्या करना है। एक मैं ही ऐसी मूढ़ मति नहीं थी, अधिकतर एथलीट इसी तरह के थे। च्याओ हियु पहला ऐसा इन्सान था जिसके मुँह से मैंने इस तरह की बातें सुनी थीं। उसी ने पहली बार मेरे सामने इतना बड़ा सवाल रखा था। लेकिन मैंने सोचा कि च्याओ ने बात तो एकदम सौ फ़ीसदी पते की कही है। मैं थोड़ा शरमा गयी और बोली, ''मैं आगे से अब कभी ये सब नहीं बुनूँगी।''

मैंने *हाउ दी स्टील वाज़ टैम्पर्ड* लौटाने के लिए उसकी ओर बढ़ायी लेकिन उसने कहा, ''ये तोहफ़ा है, इसे रख लो। इसे थोड़ा और पढ़ो। पढ़ना मत भूलना। सारा दिन अपनी कढ़ाई–बुनाई में मत लगी रहना।''

''लेकिन मुझे...मुझे पता नहीं है, कौन–सी किताबें पढ़नी चाहिए।''

वह हँसा और अपने हाथ से मेरे सिर को हल्के–से थपकी देते हुए

बोला, ''ओह, तुम तो एकदम बेवकूफ़ लड़की हो!'' इतना कहने के बाद, वह तुरन्त मुड़ा और मेरे कमरे से बाहर निकल गया।

मैं दरवाज़े के बीच में खड़ी थी। उसके चौड़े कन्धों को देख रही थी। हालाँकि वह कोई ज़्यादा लम्बा नहीं था। वह दूर और दूर होता जा रहा था। लेकिन उसका निष्कपट चेहरा मुझे अपने क़रीब और क़रीब आता महसूस हो रहा था...इतना क़रीब कि वह मेरी आत्मा में समा गया... मैं इतनी नौसिखिया, मासूम थी कि बेवकूफ़ाना हद तक बचकानी हरकतें करती थी। लेकिन यह पहली बार था जब मेरे दिल में एक बड़ी लहर–सी उठी। मेरा दिल अब पहले की तरह शान्त नहीं था।

उसके बाद से मेरे पास हमेशा वह किताब रहने लगी। इसके साथ रहने से न केवल मानसिक रूप से मेरा हौसला बढ़ता बल्कि मुझे आगे बढ़ने की ताक़त भी मिलती। इसने मेरे भीतर एक नया एहसास जगा दिया था, हालाँकि मुझे ख़ुद भी समझ नहीं आ रहा था कि वह क्या है। इसे कोई नाम देने के लिए मेरे पास शब्द नहीं थे। और सच तो यह भी था कि मेरे पास इसे स्वीकार करने की हिम्मत भी नहीं थी।

49

1962 का बसन्त का मौसम था।

शाम हो चुकी थी। मैं अभी–अभी ट्रेनिंग से लौटी थी। डाकघर का बूढ़ा इंचार्ज एक भारी लिफ़ाफ़ा मेरे हाथों में थमा गया। उसके भीतर मार्क्स की किताब *एरा ऑफ़ दी यूथ* थी।

मुझे किताब के भीतर किसी ख़त के होने की उम्मीद थी, लेकिन उसमें मुझे ख़ाली एक पुर्जा मिला जिस पर लिखा था, ''एक दोस्त की ओर से।'' मुझे इन शब्दों का मतलब समझ में नहीं आया, लेकिन इतना मैं ज़रूर पहचान गयी कि ये च्याओ की लिखावट है। उसके इन शब्दों ने मेरे मन की गहराइयों को छू लिया। उस रात, मैंने वह किताब अपने तकिये के नीचे रख ली और काफ़ी देर तक जागती रही।

अगली सुबह, कॉरिडोर से आती आवाज़ों को सुनकर मैं बहुत जल्दी ही जाग गयी। ऐसा लगा कि गलियारे से च्याओ हियु की आवाज़ आ रही है। मैं कूदकर बिस्तर से उठी, दरवाज़ा खोला और...मुझे पक्का यक़ीन था

कि यह वही होगा! लेकिन पता चला कि प्रान्त की दूसरी टीम, जिसमें वह भी था, उसे ख़त्म कर दिया गया है। इस तरह वह और उसके साथी अपनी–अपनी मूल टीमों में लौट गये थे।

मुझे याद नहीं कि मैं कब दौड़ती हुई उसकी ओर भागी, मैंने उसका हाथ पकड़ लिया और मेरे चेहरे पर उसके लम्बे इन्तज़ार की खुशी थी। अचानक मेरे शरीर में एक झनझनाहट–सी दौड़ गयी और दिल ज़ोरों से धड़कने लगा।

पहला प्यार सबसे ख़ूबसूरत एहसास होता है, इसमें एक अलौकिक मिठास होती है और यह दुनिया में प्यार का नायाब एहसास है। मैं आज तक भी नहीं समझ पायी कि ये असलियत में होता क्या है, बस इसने मुझे अपने आग़ोश में ले लिया था। और बड़ी ही ख़ामोशी से दबे पाँव 18वाँ बसन्त मेरी ज़िन्दगी में उतर आया था।

च्याओ के लौटते ही हमारे बीच प्यार की कोंपलें फूटने लगीं। प्यार का पहला एहसास था और मैं किसी भी आम लड़की की तरह ही थी; मैं छुप–छुपकर डेट पर जाती, रातों को जागती रहती क्योंकि मैं बेइन्तहा ख़ुश थी, अचानक आधी रात को मैं हँसने लग जाती। मेरे गीतों के मायने अब गहरे होने लगे, उनमें पहले से कहीं अधिक नज़ाकत आ गयी थी।

लेकिन सब कुछ बड़े ही गोपनीय तरीक़े से हो रहा था। हम अपने प्यार को भी खुल्लमखुल्ला बयाँ नहीं कर सकते थे। स्पोर्ट्स टीम में रोमांटिक रिश्तों की पूरी तरह मनाही जो थी। केवल एक ही व्यक्ति ऐसा था जिस पर मुझे भरोसा था। मुझे पता था कि मैंने उससे अपने दिल की बात कही तो वह कहीं नहीं जायेगी। और वह इन्सान थी, मेरी सबसे अच्छी दोस्त रेन गुईलान।

मैं लड़कियों की टीम में थी जिसे स्टेडियम के ऊपर कमरा नम्बर पाँच मिला हुआ था। जबकि च्याओ हियु...सीढ़ियों के पास वाले कमरे में अकेला रहता था। उसके कमरे का नम्बर एक था। इससे हमें मिलने–जुलने में काफ़ी आसानी रहती थी। शाम के समय जब सीढ़ियों में कोई नहीं होता था तो मैं उसके कमरे में घुस जाती थी और बत्तियाँ बन्द होने से पहले अपने कमरे में लौट आती।

अपने छोटे से कमरे में उसने मुझे मार्क्स और जैनी मार्क्स की कहानी सुनाई, टैगोर की *रेड सील* पढ़कर सुनी। वह मुझे हेनरिख हेन की कविताएँ गाकर सुनाता था...

मैं अपने ठुड्डी को दोनों हाथों के बीच में टिकाकर उसकी कहानियों में गुम हो जाती। वह इतना सचित्र वर्णन करता, कहानियों के बखान में अपना सारा ज्ञान झोंक देता। इससे कहानियाँ मेरी आँखों के आगे जीवन्त हो उठतीं। वह किसी कथावाचक की तरह एक के बाद एक क़िस्सा सुनाता जाता और मैं मन्त्रमुग्ध सी उसके सम्मोहन में बँधी सुनती जाती।

एथलीटों को आमतौर पर पढ़ने का शौक़ नहीं होता है। उनमें भी ऐसी किताबें पढ़ने वाले तो बिरले ही मिलते हैं। हमारी टीम में, केवल वही इस तरह की किताबों को पढ़ता था।

इसीलिए, जब सांस्कृतिक क्रान्ति शुरू हुई, तो सबसे पहले उसके ऊपर 'छोटा देंग त्युओ' होने का ठप्पा लगा (जिसने सांस्कृतिक क्रान्ति के समय ग़लत रास्ता अपनाया था)।

9 मई, 1962 का दिन था। हियु और मैंने अपनी–अपनी डायरियों में हम दोनों की ज़िन्दगी के सबसे शानदार क्षणों के बारे में लिखा था...

उस शाम को हम एप्रिकोट फ़ॉरेस्ट झील के किनारे हाथों में हाथ डाले घूम रहे थे। बड़ी सुहावनी हवा बह रही थी। झील में छोटी–छोटी लहरें ख़ामोशी के साथ उठ रही थीं। और इस पूरे नज़ारे को चाँद की चाँदनी और भी ज़्यादा ख़ूबसूरत बना रही थी। उन लम्हों का क़तरा क़तरा जलतरंग में डूबा था। हर ओर, एक अलौकिक शान्ति थी। झील के किनारे सफ़ेद पॉपलर का पेड़ था। हम दोनों चाँदनी रात में उसके नीचे से गुज़रे। उसी क्षण, उसने मुझे अपनी बाँहों में भर लिया। हम दोनों एक–दूसरे के इतने क़रीब थे कि एक–दूसरे के दिल की धड़कन तक एक–दूसरे में समाकर एक हो गयी।

पॉपलर के पेड़ की पत्तियों के बीच चाँद झाँक रहा था और उसने मेरे कान में फुसफुसाकर कहा, ''आई लव यू...'' ये शब्द सुनते ही मेरी साँसें तेज़–तेज़ चलने लगीं। मेरा चुम्बन लेने के लिए वह थोड़ा झुका लेकिन मैंने अपना मुँह घुमा लिया। उसने मुझे देखा और मेरा आशय समझ नहीं पाया।

मैंने अपना सिर झुका लिया, उसकी आँखों में देखने की मेरी हिम्मत ही नहीं हो रही थी। मैंने धीरे–से कहा, ''मेरे नम्बर अच्छे नहीं हैं...''

वह मुस्कुराया और फुसफुसाया, ''मैं तुम्हारे हृदय की निर्मलता और तुम्हारी ख़ूबसूरती को प्यार करता हूँ, तुम्हारे नम्बरों को नहीं।''

''लेकिन मैं तो... कोई...'' मैं अपनी बात पूरी नहीं कर सकी और टप–टप करके आँसू मेरी आँखों से गिरने लगे।

उसने अपने दोनों हाथों से मेरे कन्धों को पकड़ा और मुझसे सवाल किया। उसकी आवाज़ में एक गहरी तड़प थी, ''क्या हुआ? उन्होंने तुम्हारे साथ क्या किया?''

''मैं, मैं... कोच...''

''कोच ने तुम्हारे साथ क्या किया था?''

''कोच...कोच ने मुझे चूमा था...'' मैंने किसी तरह उसे यह बताने की हिम्मत जुटायी थी। उस घटना का मेरे मन पर टनों बोझ था। मुझे अपना ही वजूद बोझ लगने लगा था। मेरे हिसाब से, इससे ज़्यादा मेरे साथ कुछ बुरा नहीं हो सकता था। ये मेरी ज़िन्दगी पर एक बदनुमा दाग था। हियु मैं तुम्हें धोखा नहीं दे सकती। मुझे उसके सामने यह बात स्वीकार करनी पड़ी। मेरा सिर अभी भी झुका हुआ था। मैंने सुबकते हुए उसे सारी बात बतायी। सिर उठाने से मैं इसलिए डर रही थी कि वह मुझे छोड़कर चला जायेगा। लेकिन उसने मुझे फिर से अपनी बाँहों में भर लिया और बड़ी ही गहरी आवाज़ में बोला, ''आज के बाद, तुम्हें परेशान करने की किसी की हिम्मत नहीं होगी!''

मेरा दिल अभी भी बेचैन था, ''तुम मुझे छोड़कर तो नहीं जाओगे न?''

''नहीं, मैं हमेशा तुम्हें प्यार करूँगा!''

''तुम मुझे छोड़ना मत...क्योंकि मैं...''

''शान्त हो जाओ, मैं कभी भी तुम्हें निराश नहीं करूँगा...'' अपने अधरों को मेरे अधरों पर धरते हुए उसने मेरे तमाम सवालों को ख़ामोश कर दिया।

ज़िन्दगी में वह पहला क्षण था जब मुझे किसी ने सच्चे दिल से चूमा था। केवल उसी क्षण मुझे यह एहसास हुआ कि चुम्बन कितनी अद्‌भुत और ख़ूबसूरत चीज़ है। चुम्बन कोई आतंक नहीं है, जैसा कोच वाली घटना के बाद से मेरे मन में बैठ गया था।

बाद में हियु ने मुझसे सवाल किया, ''तुम्हें क्या इस बात का डर नहीं था कि अगर तुमने अपने और कोच के बीच की घटना बतायी, तो मैं तुम्हें छोड़कर चला जाऊँगा?''

मैंने जवाब दिया था, ''तुम्हें बताने के सिवाय मेरे पास कोई और रास्ता नहीं था। मैं तुम्हें धोखा नहीं दे सकती थी!''

बचपन से ही मेरे माँ–पिताजी ने मुझे यह सिखाया था कि ईमानदार होना बहुत ज़रूरी है। मुझे झूठ बोलने की अनुमति नहीं थी। और इससे भी बड़ी बात ये थी कि लालच के साथ झूठ बोलना, लड़कियों के लिए सबसे बड़ा पाप माना जाता था।

और इसलिए, मेरे जैसी नन्ही लड़की जो चुम्बन का अर्थ भी ठीक से नहीं समझती थी, उसने अपनी पूरी ज़िन्दगी इस युवक के हाथों में सौंप दी थी। वह हाज़िरजवाब था, होनहार था और महत्त्वाकांक्षी भी। लेकिन उसमें बड़बोलापन नहीं था।

हम दोनों एक–दूसरे के दिल में समा गये। हमेशा–हमेशा के लिए एक–दूसरे की ज़िन्दगी का अहम हिस्सा बन गये। कोई सूरत ही नहीं थी कि हम एक–दूसरे से बिछुड़ जायें। मुझे लगता था कि हमारा प्यार सबसे ख़ूबसूरत, सबसे पवित्र और पूरी दुनिया में सबसे अनूठा था।

40 साल से ज़्यादा वक़्त बीत चुका है, लेकिन जब भी उन बीते लम्हों की याद आती है तो हमारा प्यार फिर से जवान हो उठता है, फिर से हवा वैसे ही मदहोश कर देती है, आज भी फिर से वही चाँदनी रात की यादें ताज़ा हो जाती हैं। हमने प्यार में अपनी ज़िन्दगी गुज़ारी है; न इसमें कभी कोई पछतावा रहा और न ही हमारे जुनून में कोई कमी आयी। उन दिनों हमने एक–दूसरे को जो मोहब्बत भरे ख़त लिखे थे, वे आज भी हमने सँभालकर रखे हैं। उनमें एक वो गुलाब भी रखा हुआ है जो हियु मेरे लिए लाया था। वह इलाज़ के सिलसिले में तंगांजेई गया था। और वहीं से वह गुलाब का फूल मेरे लिए लाया था। यह 1963 की बात है। गुलाब का फूल सालों पहले मुरझा गया था, उसकी पंखुड़ियाँ बिखर गयी थीं, लेकिन हमारा प्यार महीनों और सालों बीतने के बाद, आज भी ताज़ा गुलाब की तरह महक रहा है।

उस ज़माने में मार्क्स और जैनी मार्क्स बहुत से लोगों के आदर्श हुआ करते थे। दोनों वफ़ादारी और सच्चे प्यार की जीवन्त मिसाल थे। वह उसी तरह लोगों के बीच लोकप्रिय थे, जैसे आज के ज़माने में पॉप स्टार युवक–युवतियों के लिए देवता समान होते हैं। मैंने मार्क्स और जैनी मार्क्स की कहानी के कई क़िस्सों को अपनी डायरी में उतारा हुआ था। आज भी जब डायरी के उन पन्नों को पढ़ती हूँ तो वे शब्द मुझे अपने दिल के बेहद क़रीब महसूस होते हैं। एक पश्चिमी परिप्रेक्ष्य की इस प्रेम कहानी ने मुझ पर बहुत गहरा असर डाला था।

बोकाचियो ने एक बार कहा था, ''सच्चा प्यार जिसे मिलता है, उसके लिए वह खाद का काम करता है, उसकी आन्तरिक शक्तियों को जगा देता है और छुपी हुई क्षमताओं को सामने लाता है।''

प्यार मेरी ज़िन्दगी में केवल ख़ुशी और आनन्द ही लेकर नहीं आया था; इसने मुझे ज़िन्दगी को लेकर एक नयी समझ दी, मैंने ज़िन्दगी को सराहना सीखा। मैं फिर से कड़ी मेहनत के साथ पढ़ाई करने लगी, मैं नये जोश के साथ ट्रेनिंग में जुट गयी। मुझे मासिक वेतन के तौर पर 14 युआन मिलते थे और मैंने 7 युआन ख़र्च कर एक फाउंटेन पेन ख़रीदा जिसका इस्तेमाल मैं लिखने का अभ्यास करने के लिए करती थी। ये सब इसलिए सम्भव हुआ था क्योंकि मेरा प्रेमी बहुत प्रतिभाशाली था, जबकि मैं केवल निष्कपट, मासूम और गाने के थोड़े बहुत शऊर के अलावा कुछ नहीं जानती थी। मैं किसी भी तरह से उसकी प्रतिभा से मुक़ाबला नहीं कर सकती थी।

मैंने कभी उससे कोई उपहार स्वीकार नहीं किया। मुझे हमेशा माँ की सीख याद रहती थी, ''उपहार आँखों पर पट्टी बाँध देता है। लड़कियों को कभी भी धन–दौलत का लालच नहीं करना चाहिए!''

अब ज़माना बदल गया है। उस ज़माने में प्यार और दूसरे मूल्यों को एकदम अलग ही नज़रिये से देखा जाता था। लोग आज अधिक व्यावहारिक होते हैं, लेकिन जब मैं छोटी थी तो उस समय लोग प्यार को लेकर चिन्तित रहते थे, ये ध्यान रखते थे कि आपका होने वाला जीवनसाथी किस प्रकार का इन्सान है। समाज में धन या पद को उतना महत्त्व नहीं दिया जाता था, जितना आज दिया जाता है।

हमारा प्यार जल्द ही पकड़ा गया।

एक दिन सुबह के समय, मुझे स्पोर्ट्स एंड फिजिकल कल्चर कमीशन के निदेशक ने तलब किया।

वह लम्बे, तगड़े, मज़बूत क़द–काठी के व्यक्ति थे। पढ़ाई–लिखाई उन्होंने भी ज़्यादा नहीं की थी। सभी जूनियर एथलीट उनसे ख़ौफ़ खाते थे। उन्होंने मुझसे पूछा, ''पता है, तुम्हें मैंने यहाँ क्यों बुलाया है?''

...मैंने अपना सिर झुका लिया, मुझे उनकी ओर देखने में भी डर लग रहा था। ''सिर ऊपर करो!''

मैंने सिर ऊपर किया।

''तुम इतनी छोटी हो, अभी तुमने कोई तीर नहीं मारा है और तुम

अपना प्रेमी खोजने में इतनी सक्रियता से लगी हो!'' उन्होंने कड़े शब्दों में कहा ''पिछले दो सालों में तुमने एक भी पदक नहीं जीता, लेकिन प्रेमी ढूँढ़ने में तुमने अपनी टीम के सारे साथियों को पीछे छोड़ दिया! मैं तुम्हें एक बात बता दूँ, च्यामुसी पदक के लिए...च्याओ हियु पर उम्मीद रखता है! अगर तुमने मेरी बात नहीं मानी तो अगली बैठक में मैं ख़ुद इस मामले से निपट लूँगा! मैं तुमसे कह रहा हूँ, क्या तुम वह कर सकती हो, जो मैंने कहा है?''

''...'' मैंने कोई जवाब नहीं दिया, मेरे आँसू बहने शुरू हो गये।

''बोलो! क्या तुम उस लड़के से दूर रह सकती हो?''

मैंने फिर से अपना सिर झुका लिया और कुछ नहीं कहा। मैंने महसूस किया कि अगर मैंने वही बात कही जो वह चाहते हैं तो यह मेरी अपनी आत्मा की ख़ूबसूरती और हियु के प्यार और ख़ुद प्यार की बदनामी होगी!

''मैंने कभी नहीं सोचा था कि एक हँसने खिलखिलाने वाली बातूनी लड़की के किसी बात पर विचार इतने दृढ़ हो सकते हैं!'' मेरे जवाब न देने से निदेशक का ग़ुस्सा बढ़ गया, ''मैं तुम्हें बता रहा हूँ, अगर तुम च्याओ हियु के आसपास मँडराती रहीं तो तुम देखना, मैं तुम्हारा क्या हाल करता हूँ!''

मुझे याद नहीं, उसके बाद उन्होंने क्या कहा। मुझे केवल इतना याद है कि निदेशक के क़मरे से निकलकर मैं तेज़ी से भागी।

उस शाम को हियु और मैं सफ़ेद पॉपलर के पेड़ के नीचे थे। उसने मेरे आँसू पोंछे और कहा, ''क्या तुम पछता रही हो?''

''नहीं, ज़रा भी नहीं। मैं हमेशा तुम्हें प्यार करूँगी!''

वह काफ़ी देर तक कसकर मुझे अपनी बाँहों में लिए रहा।

निदेशक ने टीम की बैठक में हमारी आलोचना की। हालाँकि उन्होंने हमारे नाम नहीं लिए।

''कुछ लोग गुपचुप तरीक़े से प्यार की पींगें बढ़ाने में लगे हैं। प्यार की जब बात आती है तो वे बड़ी जल्दी काम में लग जाते हैं! ऐसे लोगों को यह बताये जाने की ज़रूरत है कि उनकी उपलब्धियाँ कोई ख़ास नहीं हैं। वे यह जान लें कि उनके ख़िलाफ़ भी कार्रवाई हो सकती है। मैं आप लोगों से अपील करता हूँ कि ये प्रेम–व्रेम चार दिन की चाँदनी है, इसकी चमक के पीछे पागल न होएँ...''

वह ग़लत थे। हमारा प्यार कोई दूध का उबाल नहीं था। ये एक

समुद्र था जिसे सुखाया नहीं जा सकता था। एक ऐसी चट्टान थी जिसे काटा नहीं जा सकता था। आज भी चीनी एथलीटों को प्रेम करने की मनाही है। कोच को ये डर रहता है कि इस प्रकार के सम्बन्ध से खिलाड़ियों की ट्रेनिंग पर ग़लत असर पड़ेगा।

लेकिन एक एथलीट के चरित्र की यह सबसे बड़ी ख़ासियत होती है कि वह अपने इरादों पर मज़बूती से डटा रहता है और एक इंच भी झुकने से इनकार कर देता है। जब एक एथलीट के करियर की बात आती है तो उसका यह चरित्र उसका हथियार बनता है। और यही बात प्यार के मामले में भी सही साबित होती है।

50

उस साल मैंने ख़ूब मेहनत की। इतना पसीना मैंने कभी नहीं बहाया था।

उस साल नेशनल स्पीड स्केटिंग चैम्पियनशिप का आयोजन मुदानच्यांग में किया गया। हियु को पाँच सौ मीटर में तीसरा स्थान मिला। अब वह मास्टर एथलीट बनने योग्य हो गये थे। च्यामुसी से वह पहले मास्टर एथलीट बनने वाले थे।

हर खेल के लिए नेशनल स्पोर्ट्स फिजिकल एंड कल्चर कमीशन ने प्रदर्शन के स्तर पर चार ग्रेड निर्धारित किये हुए थे : तीसरा ग्रेड, दूसरा ग्रेड, पहला ग्रेड और मास्टर ग्रेड। मास्टर ग्रेड सर्वोच्च होता है, पहला ग्रेड इसके बाद ही आता है।

हालाँकि मैं पहले ग्रेड के निर्धारित पैमाने तक पहुँच गयी थी। टाइफस होने के बाद, मेरी शारीरिक क्षमताओं पर बुरी तरह असर पड़ा था। मेरी नाड़ी की गति प्रति मिनट 52 बीट से बढ़कर 62 बीट हो गयी थी। एक एथलीट की नाड़ी की गति से आप बता सकते हैं कि किसी एथलीट का दिल कितना मज़बूत है। इन सब घटनाओं ने मुझे यह साफ़ तौर पर समझा दिया कि एथलीट बनने की राह पर संघर्ष करते रहने का कोई फ़ायदा नहीं है।

1963 का बसन्त शुरू हो चुका था। मैं आइस ट्रेनिंग के लिए हेई हे गयी हुई थी। ये मेरी आख़िरी ट्रेनिंग थी।

लगातार कई दिन तक, मैं रिंक पर खड़ी रही, क्योंकि रिंक की बर्फ़

पिघलनी शुरू हो गयी थी। मेरा मन उदास हो गया। मैं इतना निराश हो गयी कि मैंने सोचा कि बर्फ़ अब टूटने ही वाली है।

मास्टर एथलीट बनने, चैम्पियन बनने का मेरा सपना–सब कुछ बर्फ़ के साथ ही पिघलता नज़र आ रहा था। हर एक रात के बाद मेरी महत्त्वाकांक्षाएँ दम तोड़ रही थीं। आँखों में नींद नहीं होती, रातभर जागती रहती। मैं अपनी टीम की एथलीट को देखती कि वे किस तरह आइस रिंक पर किसी तितली की तरह उड़ती–सी नज़र आ रही हैं। जबकि मुझे लगता कि मैं एक घायल पक्षी हूँ जो पीछे छूट गयी है और जिसके पास सिवाय अपने घायल पंखों को देखकर रोने के सिवाय कोई चारा नहीं बचा है।

और इस तरह चैम्पियन बनने का मेरा सफ़र ख़त्म हो गया। मैं हेई में ही अपने सपनों को दफ़ना आयी, उसी नदी पर जमी बर्फ़ के नीचे मेरे सपनों की क़ब्र बन गयी जो चीन को रूस से अलग करती है। मैं आइस रिंक को अलविदा कहने ही वाली थी, साथ ही उस इन्सान को भी जो मेरी ज़िन्दगी में पहला–पहला प्यार लेकर आया था।

19 साल की उम्र एक कली के फूल बनने की उम्र होती है। लेकिन जब मैं अपने आपको आईने में निहारती तो मुझे ऐसा लगता कि मैं पहले ही बूढ़ी हो चुकी हूँ।

हियु ने कई बार मुझे दिलासा देने की कोशिश की, ''परेशान मत हो, अगर तुम इसे जारी रखती हो, तो सिवाय बेमक़सद ख़ुद को थकाने के और कुछ हासिल नहीं होगा। तुम एथलीट बनने के लिए पैदा ही नहीं हुई हो...''

उसने सही कहा था और यही बात मुझे सबसे अधिक दुख दे रही थी। और इसी कारण से मैं खुद को दोष दिये जा रही थी। मैं कभी एथलीट नहीं बन सकती थी लेकिन इसके बावजूद मैंने अपने माँ–बाप की बात नहीं सुनी, टीचरों की बात नहीं सुनी, अपनी बेवकूफ़ी भरी जिद पर अड़ी रही। इसका नतीजा यह हुआ कि मेरी पढ़ाई–लिखाई जो पहले ही चौपट हो चुकी थी, अब वहाँ लौटने के भी सभी दरवाज़े बन्द हो चुके थे। और मैंने अपनी सबसे कीमती चीज़ पर पानी फेर दिया था–मेरा यौवन। लेकिन पछताने से क्या हो सकता है, खुद को सज़ा देना भी कोई समाधान नहीं है; इन सब बातों से कहीं कोई फ़ायदा होने वाला नहीं था।

काफ़ी समय बाद, जब चिंग हुईना ने ओलम्पिक में, दस हज़ार

मीटर रनिंग स्पर्धा में स्वर्ण पदक जीता तो, इसका मेरे दिल पर गहरा असर हुआ। मैं बार–बार यही सोचती रही कि उसने अपने हर एक स्वर्ण पदक के लिए कितनी मेहनत की होगी। इससे भी आगे मेरे दिमाग़ में ये सवाल आ रहे थे कि उसके अलावा भी न जाने कितनी एथलीट ने रिंक पर पसीना बहाया होगा, कितनी हाड़–तोड़ मेहनत की होगी लेकिन उन सबको सिवाय विफलता के कुछ नहीं मिला। विजेता का सेहरा केवल एक खिलाड़ी के सिर बँधता है।

मैंने कई माता–पिता से अपील की कि वे अपने बच्चों को बहुत कम उम्र में एथलेटिक प्रोग्राम में न भेजें। मेरा यह मानना है कि ये एथलेटिक कार्यक्रम एक बच्चे का जीवन बर्बाद कर सकता है। खेल मानवता का एक ऐसा जंजाल है, जहाँ मुक़ाबला कभी ख़त्म नहीं होता। ये बहुत निर्दयी चीज़ भी है। एक ऐसा दंगल है जहाँ पूर्ण समर्पण, कड़ी मेहनत, निष्ठा और वफ़ादारी का मतलब सफलता मिलने की गारंटी नहीं है।

एक समय वह भी था जब मैं सोचती थी, ''अगर मैं एथलीट नहीं बनी तो इसके अलावा मैं और क्या कर सकती हूँ?'' मैं सोचती हूँ कि हो सकता है, पढ़ाई करती रहती, यूनिवर्सिटी में जाती...

लेकिन ज़िन्दगी में कोई 'अगर' नहीं होता।

मगर, कई साल बीतने के बाद मुझे एहसास हुआ कि एथलेटिक्स में मैंने जो भी समय लगाया था, वह बेकार नहीं गया था। मैंने उस दौरान बहुत–सी ऐसी चीज़ें सीखी थीं जो मैं एक कक्षा में नहीं सीख सकती थी; ख़ुद में एक आत्मविश्वास पैदा करना कि कोई भी मुश्किल हौसलों से बड़ी नहीं होती, संघर्ष करते रहने की हिम्मत, हार को एक विकल्प मानने से इनकार करना। खेलों की दुनिया ने मेरे भीतर एक और क्षमता पैदा की थी। इसने मुझे दूसरे लोगों से जुड़ने, उन्हें समझने की ताक़त दी, इससे मेरा शरीर बेहद तन्दुरुस्त हो गया और साथ ही ज़िन्दगी के उतार चढ़ावों का सामना बहादुरी से करने की ताक़त भी दी।

खेलों से मैंने एक बात और सीखी कि ज़िन्दगी की बाधाओं से डरो नहीं, एक के बाद एक उन्हें पार करते चले जाओ : पहाड़ हों या बीहड़, रेगिस्तान हों या समुद्र...रुको नहीं, बढ़े चलो। लेकिन जब सारे नफ़े–नुक़सान का हिसाब लगाने बैठो तो यह भी लगता है कि मुझे इस सब की काफ़ी कीमत चुकानी पड़ी। ये वक़्त मुझसे बहुत कुछ ऐसा छीन ले गया, जिसकी भरपाई कभी नहीं की जा सकती।

अध्याय 8

मैंने उससे शादी की : मेरी ज़िन्दगी का सबसे सही फ़ैसला

51

1 अप्रैल, 1963। कमर पर अपना सामान लादे मैं शहर के उसी छोटे–से, टूटे–फूटे मकान में लौट आयी। बेहद शर्मिन्दा थी और पूरी तरह हताश। कोई बच्चा घर से भागने के सालों बाद लौटे, उसकी नाक से ख़ून बह रहा हो और चेहरे पर चोटों के निशान हों–कुछ ऐसा ही महसूस कर रही थी मैं। लेकिन माँ और पिताजी ने किसी विजेता की तरह मेरा स्वागत किया। माँ ने मेरे लिए पकौड़े बनाये, पिताजी ने अपना चमकता हुआ गंजा सिर, मेरे सिर से टकराने के लिए आगे बढ़ाया और ख़ुशी से हँसते हुए बोले, ''यहाँ आ, बेटा, कितने सालों से मैंने अपने बेटे के सिर से सिर नहीं टकराया! म्याँ म्याँ!'' उन्होंने सिर टकराते हुए मुँह से गाय की आवाज़ निकाली। हम ऐसे ही एक–दूसरे से सिर मिलाते थे, जैसे गाय अपने बछड़े को दुलारती है।

पर अब मैं 13 साल की नन्ही नादान बच्ची नहीं रही थी जो घास–फूँस के एक छोटे–से मकान में अपने स्वर्ग के महल की तस्वीर देखे।

उस शाम मैं सँकरे से कांग पर लेटी हुई थी। माँ अपना पाइप पी रही थी। वह मुझे उस दिन का क़िस्सा सुना रही थी, जब मैं घर से 'भाग' गयी थी।

उस दिन जब पिताजी काम से घर लौटे और देखा कि मैं जा चुकी हूँ तो वह कांग के किनारे ख़ामोशी में डूबे हुए बैठ गये। माँ ने पिताजी के हाथ

जोड़े कि मेहरबानी करके गुस्सा मत करना। और ये भी कि वह खुद अगले दिन स्पोर्ट्स एंड फिजिकल कल्चर कमीशन में जाकर देख आयेंगी।

लेकिन पिताजी ने लम्बी ठण्डी साँस ली, ''हूँ...कोई फ़ायदा नहीं। जब वह लड़की कुछ करने की ठान लेती है तो कोई उसे रोक नहीं सकता। जब नांचा में थे, उसने अपने डर को जीत लिया जिससे कि वह स्कूल जा सके। इसीलिए मैंने सोचा था कि वह दुनिया में कुछ बड़ा नाम करेगी। मैंने कभी नहीं सोचा था कि वक़्त इस तरह घूम जायेगा...''

उसके बाद पिताजी ने माँ से लकड़ी का छोटा बक्सा मँगवाया जहाँ वह पैसे रखती थीं। पिताजी ने पैसे गिने।

''अब पैसे जोड़ने का कोई फ़ायदा नहीं है, जब हमारी बच्ची का ही कोई भविष्य नहीं बचा है तो क्या करना है ये सब जमा करके।'' पिताजी ने कहा था। इतना कहकर पिताजी कांग पर ढह गये और फिर से ख़ामोशी पसर गयी थी। उस दिन के बाद, पिताजी ने अपना पुराना खोल ओढ़ लिया था। चेहरे पर कोई मुस्कुराहट बिरले ही नज़र आती।

जब माँ मुझे यह कहानी सुना रही थी तो मैंने कनखियों से देखा, पिताजी की आँखों से दो बड़े–बड़े आँसू ढलककर गिर पड़े।

पिताजी की ज़िन्दगी बड़ी कड़वाहट भरी थी और उसमें भी अगर कुछ बचा था तो उन्होंने वे सब उम्मीदें मेरे कन्धों पर डाल दी थीं। मैं, उनकी छोटी बेटी। मेरे लिए, पिताजी ने कोयला ढोया, सोया पेस्ट बनाया, दिहाड़ी मज़दूरी की, सब्ज़ियाँ बेचीं...

मेरे लिए उन्होंने पाई–पाई जमा की ताकि मैं यूनिवर्सिटी जा सकूँ और दुनिया में अपनी एक जगह बना सकूँ। उन्हें सारा प्यार और सारी उम्मीदें मुझसे ही थीं। लेकिन मैं उन्हें अकेला छोड़कर चली गयी और अब लौटकर आयी थी।

आँसुओं से मेरा पूरा चेहरा भीग गया। हालाँकि ये आँसू मुझे मेरी शर्मिन्दगी के बोझ से मुक्ति नहीं दिला सकते थे। पिताजी की उम्मीदों को तोड़ने के लिए मैं शर्मसार थी। मैं माँ–पिताजी को अपनी ग़लती बताना चाहती थी, उसका सारा सन्ताप अपने ऊपर लेना चाहती थी, लेकिन मेरे मुँह से एक शब्द न निकला। इसलिए मैंने चुपचाप अपने आँसुओं को बह जाने दिया।

लेकिन ये सिलसिला यहीं नहीं थमा। वक़्त–बेवक़्त मैं पिताजी को अपनी हरकतों से ऐसे ही दुख पहुँचाती रही। न जाने पिताजी को मैंने कितने दुख दिये।

10 मई, 1963 को मुझे च्यामुसी में पीपल्स बैंक ऑफ़ चाइना में एक नौकरी मिली। महिला बास्केटबॉल टीम की चार खिलाड़ियों को भी यही नौकरी मिली थी। पहले मुझे बैंक की उपशाखा के लेखा विभाग में नौकरी दी गयी। बाद में मेरा तबादला बैंक की पूर्वी च्यामुसी शाखा में कर दिया गया।

बैंक में दूसरा ही दिन था, लेखा विभाग के प्रमुख मुझे बैंक की खिड़की नम्बर एक के पीछे बने डेस्क पर लगा गये। वह सींक जैसे दुबले–पतले और भले से दिखने वाले इन्सान थे। उन्होंने डेस्क पर काम कर रहे आदमी से कहा, ''श्री पान, आपकी नौकरी मिस चाङ को दी जाती है। कल से आप छेछहार में बैंक के ट्रेनिंग स्कूल में अध्ययन करेंगे। तब तक मिस चाङ यहाँ आपका काम सँभालेंगी। मिस चाङ, आप कल आकर इस खिड़की पर पूछताछ का काम देखेंगी!'' अपनी बात ख़त्म करने के बाद वह मुड़े और चले गये।

लेखा विभाग के सभी कर्मचारियों के बीच यह घटना चर्चा का विषय बन गयी। अपने विभाग की प्रमुख की पीठ पीछे सब इसी को लेकर बात कर रहे थे। उनकी नज़र में वह अड़ियल इन्सान थे। और उन्हें एक नयी कर्मचारी को बिना कामकाज सीखे सीधे खिड़की की ज़िम्मेदारी नहीं सौंपनी चाहिए थी। उनका मानना था कि मुझे पहले थोड़ा काम सीखना चाहिए था।

मैं तो सीधे एथलीट टीम से आयी थी; मैं तो अबाकस तक इस्तेमाल नहीं कर सकती थी। मैंने कभी कोई चेक या डिपोजिट बिल नहीं देखा था। और निश्चित रूप से मुझे कोई समझ नहीं थी कि डेबिट–क्रेडिट बुक क्या होती है (उस ज़माने में बैलेंस शीट, डेबिट–क्रेडिट बुक के ज़रिये बनायी जाती थी), लेकिन अगले ही दिन मैं बड़ी हिम्मत के साथ खिड़की के पीछे कुर्सी पर बैठ गयी और जल्द ही कस्टमर की समस्याओं को सुनने लगी। खिड़की पर मेरे सामने लोगों की भीड़ थी और हर कोई चाहता था कि मेरा काम पहले हो। मुझे नकदी के बंडलों, हर तरह के बिल और वाउचर, सरकारी बिलों का काम देखना था। रजिस्टर देखने थे जिनमें हज़ारों की संख्या में आँकड़े और नम्बर थे।

शुरुआत के कुछ दिन तो बड़े मज़े में कटे। हर रोज़ लगता जैसे किसी बड़े मिशन को अंजाम देने जा रही हूँ; लेकिन कुछ दिन बाद खिड़की के पीछे कुर्सी पर बैठते ही पसीने छूटने लगते। मैं काम ख़त्म

करके ही उठती थी। खिड़की पर मेरे सामने लोगों की भीड़ लगातार बढ़ती जाती। कैशियर इन्तज़ार करते रहते कि कब उनका नम्बर आयेगा। कुछ झुँझलाते रहते, आपस में झगड़ते रहते। एक दिन रेलवे सब ब्यूरो के एक आदमी के सब्र का बाँध टूट गया और उसने मेरे काम को लेकर उल्टा–सीधा बोलना शुरू कर दिया। उस आदमी ने चश्मा पहना हुआ था। उसने कहा, ''भगवान के लिए, बताइए, आप यह काम कर सकती हैं या नहीं? अगर आपसे नहीं हो रहा है तो जल्दी से किसी और को बुलाओ, बेकार में हाथ पर हाथ धरे मत बैठी रहो!'' मुझे इतना ख़राब लगा कि मैं अबाकस फेंककर रोते–रोते अपनी सीट से उठकर भाग गयी।

सब लेखाकार अपना काम ख़त्म करके घर चले गये थे। केवल एक महिला कर्मचारी बची थी जो दिन के आख़िर में एकाउंट्स की जाँच कर रही थी। वह इसी विभाग की इंचार्ज थी। कमरे में उसके अबाकस पर चलती उँगलियों की आवाज़ गूँज रही थी। इससे मेरे दिल की धड़कन तेज़ हो रही थी। उस महिला कर्मचारी का एक छोटा बच्चा था। घर जाकर उसे अपने बच्चे को दूध भी पिलाना था। उसे घर जाकर खाना भी खाना था। लेकिन कोई भी दिन ऐसा नहीं गया जब मैंने एकाउंट्स में कोई गड़बड़ नहीं की हो। उस महिला कर्मचारी को सारे एकाउंट्स की जाँच करनी थी।

31 दिसम्बर, 1963 की बात है। दिनभर का काम ख़त्म हो चुका था। बैलेंस शीट में कुछ पैसे का हिसाब–किताब नहीं मिल रहा था। बैंक की दो महिला कर्मचारी अगली सुबह 6 बजे तक बैंक में रुककर काम करती रहीं। वे उन पैसों का पता लगाने में रातभर जुटी रहीं। मेरे सिवाय कोई और हो ही नहीं सकता था जिसने यह गड़बड़ की होगी।

हालाँकि, मैं काम से डरने वाली नहीं थी; काम के इस दबाव का नतीजा यह हुआ कि मुझे अपनी एक और क्षमता का पता चला। जल्द ही मैं बैंक के कामकाज में पारंगत हो गयी। एक साल बाद, मैं बैंक के अबाकस टेस्ट में सर्वाधिक अंक हासिल करने वालों में थी। काफ़ी पहले ही, मेरी शहर के बैंक कर्मचारियों में एक आदर्श एकाउंटेंट के रूप में सराहना की गयी। हेईच्यांग इलाक़े के वित्त और व्यापार सेक्टर में मुझे श्रेष्ठ कर्मचारी का दर्जा दिया गया।

असली परेशानी मेरे भीतर ही उमड़–घुमड़ रही थी। मेरे सभी सपने कुचले गये थे और मैं जल्द ही डिप्रेशन की खाई में जा गिरी। मुझे समझ

नहीं आ रहा था कि मैं इससे कैसे बाहर निकलूँ। बैंक के कर्मचारियों की मीटिंग होती और मैं खिड़की से बाहर पेड़ों को निहारती रहती। ठण्डी हवा चलती और पत्तियाँ सरसरातीं। मैं ख़ुद से सोचती, पत्तियाँ कितनी ख़ूबसूरत हैं, कितनी आज़ाद हैं। मुझे अपनी हालत देखकर लगता, कोई जंगली घोड़ा पिंजरे में बन्द है। लेकिन मैं सच में ही अपने शरीर के भीतर क़ैद थी।

सेंडोर पेटोफी ने एक बार कहा था, ''बिना सपनों के, बिना महत्त्वाकांक्षा के यौवन का फूल बहुत जल्द मुरझा जाता है क्योंकि महत्त्वाकांक्षा और सपने यौवन में रौशनी पैदा करते हैं।''

जहाँ तक दूसरे लोगों का सवाल था, मेरी बड़ी ठाठ की नौकरी थी। पिताजी ने एक दिन कहा, ''बैंकिंग, डाक विभाग और रेलवे; ये तीनों सोना उगलने वाली नौकरियाँ हैं। इनमें से किसी भी एक विभाग में नौकरी लग जाये तो ज़िन्दगी भर पेटभर खाने को मिलेगा।''

पिताजी ने दुनिया देखी थी, वे समझते थे। उनकी पहली चिन्ता हमेशा ज़िन्दा बचे रहने की थी, लेकिन मैं सपने देखने वाली युवती थी, अपने करियर में कुछ हासिल करना चाहती थी, ज़िन्दगी में रोमांच चाहती थी। बैंक के कामकाज में मेरा मन नहीं लग रहा था। हर रोज़ एक ही काम को करते रहो, एक ही व्यवस्था में बँधे रहो और रचनात्मकता का कोई ज़रिया नहीं था। ज़िन्दगी कुल मिलाकर ढक्कन हो गयी थी।

उस ज़माने में बैंक के कर्मचारियों के बीच एक कविता बड़ी ही लोकप्रिय थी, ''मेरी जवानी को नम्बर खा गये और मेरी आत्मा को अबाकस ने चट कर दिया।'' कुछ कर्मचारियों का कहना था कि यह कविता मैंने बनायी है जो मेरे लिए एक शाबाशी थी। मैंने 17 साल तक बैंकों, फैक्ट्रियों और अन्य संगठनों में वित्त विभाग में काम किया। लेकिन कभी एक मिनट भी मुझे इस काम में मज़ा नहीं आया। मैं हमेशा फार्मों और काग़ज़ों में घिरी रहती। रोज़ वही काम करते–करते लगता था मैं पागल हो रही हूँ। लेकिन मैं एक अच्छी कर्मचारी थी।

बैंक में कस्टमर भी मेरे कामकाज से सन्तुष्ट थे। एक एकाउंटेंट के नाते मैं फैक्ट्री को चलाने पर आने वाली लागत का लेखा–जोखा रखती थी। और ये सब इसलिए सम्भव नहीं हुआ था कि मुझे काम में बड़ा मज़ा आ रहा था बल्कि इसलिए कि मेहनत से काम करना मेरे चरित्र में था, किसी भी काम को जी–जान से पूरा करना मेरा स्वभाव था।

लेकिन, यह बात कोई मायने नहीं रखती थी कि मैं कितना बढ़िया काम करती थी। चूँकि पिताजी को किसी ज़माने में सेना में जबरन भर्ती किया गया था इसलिए मुझे कभी भी कम्युनिस्ट यूथ लीग में शामिल होने की अनुमति नहीं दी गयी।

मेरे घर के पीछे एप्रिकोट फ़ॉरेस्ट नदी थी। उसका नाम बहुत बड़ा था, लेकिन वह गन्दे, सड़े हुए पानी के नाले से ज़्यादा कुछ नहीं थी। काम से लौटने के बाद, अक्सर मैं एप्रिकोट फ़ॉरेस्ट नदी के किनारे–किनारे टहलने निकल जाती। मुझे वहाँ टहलना बहुत अच्छा लगता था। मेरा घर छोटा था। अगर कुछ पढ़ने का मन करे तो केवल कांग ही एक ऐसी जगह थी जहाँ बैठा जा सकता था। घर में कोई ऐसा कोना न था, जहाँ बैठकर कुछ सोचा जा सके, सुकून पाया जा सके। इसलिए मैं अक्सर नदी के तट पर देर रात तक बैठी रहती। कभी–कभी तो पूरी आधी रात वहीं बीत जाती। एप्रिकोट फ़ॉरेस्ट नदी के किनारे बैठे–बैठे मुझे पॉपलर के नीचे बितायी चाँदनी रातें याद आतीं, गर्म साँसों की गर्माहट महसूस करती, झील पर तैरती चाँदनी याद आती। नदी के किनारे एक मैं बैठी होती और मेरे चारों ओर रात का अँधेरा। ख़ुद से सवाल करती, ''अब क्या?'' लेकिन सवाल अँधेरे में तैरते हुए मेरे पास ही लौट आते। मैं अपनी ज़िन्दगी को इस तरह नहीं बिता सकती थी। गुमनामी की अन्धी दुनिया, लेकिन सवाल फिर वही था कि और मैं कर भी क्या सकती हूँ? मेरा और क्या भविष्य है?

लू शुन ने कहा था, ''ज़िन्दगी में सबसे ज़्यादा दर्दनाक सपने से जाग जाना और कोई रास्ता नज़र नहीं आना होता है।''

सच में ही मैं सपने से जागी थी, लेकिन मुझे आगे बढ़ने का रास्ता नहीं मिल रहा था। मुझे नहीं पता था कि मेरा रास्ता कहाँ है।

मेरा फिर से स्कूल जाने और पढ़ाई करने का मन था। मैं फिर से अपनी ज़िन्दगी की कमान अपने हाथों में लेना चाहती थी। लेकिन पहले ही 19 साल बीत चुके थे और मैंने प्राइमरी स्कूल की शिक्षा भी पूरी नहीं की; कौन–सा स्कूल मुझे फिर से दाख़िला देगा?

अक्सर च्यामुसी के नम्बर दो मिडिल स्कूल में पहुँच जाती और खिड़कियों के भीतर से आती बेख़ौफ़ आवाज़ों को सुनती। दिल में इतना भयानक दर्द होता, मानो ये अभी फट जायेगा। मेरी पुरानी सहपाठी हाई स्कूल की कक्षाओं में बैठी पढ़ाई कर रही होतीं, वे कॉलेज की प्रवेश परीक्षा

की तैयारी कर रही थीं। मुझे कभी भी उनकी तरह मौक़ा नहीं मिल पाया।

एप्रिकोट फ़ॉरेस्ट नदी के गँदले पानी में झाग बने होते और उनमें छोटे–छोटे पत्ते गिरे होते। मैं अपने आप से सवाल करती, ''क्या तुम भी इन तैरती पत्तियों की तरह हो, नदी के बहाव के साथ–साथ बूढ़ी हो रही हो, जल्द ही नदी के पानी की तरह कचरा मेरी उम्र को ढँक लेगा और मैं ऐसे ही ख़ामोशी से मौत की ओर बढ़ती चली जाऊँगी?''

19 साल वो उम्र होती है जब एक लड़की यौवन की दहलीज़ पर क़दम रखती है लेकिन मैं पहले ही मुरझाई कली जैसी थी, काफ़ी वक़्त पहले ही ज़िन्दगी से मोह भंग हो चुका था।

52

उम्र के जिस पड़ाव पर मैं सबसे ज़्यादा उदास थी, कोई फ़ैसला नहीं कर पा रही थी, और इस क़ैद से निकलने का कोई रास्ता नज़र नहीं आ रहा था, तभी एक दोस्त मेरी ज़िन्दगी में आया।

उसका नाम हान युहुआ था। उसे स्कीइंग टीम से वापस भेज दिया गया था और वह मिडिल स्कूल में लौट आयी थी। वह हार्बिन टेक्नोलॉजी यूनिवर्सिटी में पढ़ाई कर रही थी। लम्बी तगड़ी, शरीर गठा हुआ लेकिन दिल की वह बहुत अच्छी थी। रोमांटिक भी। जब वह टीम में थी तो हर कोई उसे 'रोमांटिस्ट' बुलाता था।

ये एक रात की बात है। गर्मियों की आधी रात, न भुलाई जा सकने वाली रात!

आसमान में चाँद काफ़ी बड़ा नज़र आ रहा था। चाँदनी एप्रिकोट फ़ॉरेस्ट नदी के तटों पर बिछी थी। आकाशगंगाओं में तारों को देखते हुए मैं हान के साथ वहाँ बैठी थी। उसने कहा कि रात में तारों को देखना उसे बहुत पसन्द है। वह सपना देखती थी कि एक दिन वह ब्रह्माण्ड के रहस्यों की खोज में जायेगी...

वह बोली, ''हम अभी बहुत छोटी हैं यावन, हमारे पास सपने होने चाहिए, जीवन में कुछ करने की योजना होनी चाहिए, करियर में सफलता हासिल करने का जुनून होना चाहिए। इसके बारे में सोचो, ट्रेनिंग में हमने पहले ही इतना पसीना बहाया है, दर्द और दुख सहा है कि कोई ऐसा

पहाड़ नहीं है जिसे हम लाँघ न सकें? तुम्हें एक बात याद रखनी होगी, अगर तुम एक शानदार इन्सान बनना चाहती हो तो मानवता के लिए कोई योगदान करो, जिस तरह से थॉमस एडिसन और आइजैक न्यूटन ने किया था।''

ये एक युवा, ज़रूरत से अधिक कल्पनाशील लड़की के विचार थे लेकिन इस बात से कोई इनकार नहीं था कि उन शब्दों ने मेरे दिल में सोयी हुई आग को भड़का दिया। यह आग कहीं गहरे में दफ़न हो गयी थी और उसे इन्तज़ार था कि कोई उसे फिर से भड़काये।

''एक इन्सान बनने के लिए तुम्हें शानदार काम करना चाहिए।'' ये वाक्य मेरी ज़िन्दगी का लक्ष्य बन गये।

40 साल बाद, मैंने ली काई फु की किताब, *ख़ुद को श्रेष्ठ बनाओ* में पढ़ा था, ''तुम्हें भीड़ से अलग चलना है, सपने देखने हैं, महत्त्वाकांक्षाएँ पालनी हैं, ख़ुद को योग्य बनाना है। दूसरों का सम्मान हासिल करने के लिए केवल यही एक रास्ता है।''

हान ने भी कहा था, ''यावन, तुम ज़िन्दगी में अपना लक्ष्य ख़ुद तय करो, अपना पसन्दीदा गीत स्वयं लिखो...''

''मुझे *एवेटिंग डिपारचर* पसन्द है। ज़िन्दगी के मक़सद की जहाँ तक बात है, मेरी पसन्दीदा कविता ली छिंगच्याओ की लिखी हुई है, ''ज़िन्दा, मैं नायक की तरह ज़िन्दा हूँ; मरूँगा, जैसे कि कोई राजा मरता है।''

बाद में समझ पायी कि जब मैंने यह कहा था कि ये मेरा पसन्दीदा गीत है तो दरअसल, यह मेरी एक प्यास थी, एक नयी ज़िन्दगी पाने की प्यास!

आख़िर में हान ने कहा, ''हमें आज के दिन को ज़रूर याद रखना चाहिए। 2 अगस्त, 1963...''

हम दोनों जवान लड़कियाँ, सपनों पर सवार, ख़ुद को किसी हीरो की तरह देखती थीं। हम हालात के पैदा किये हुए थे और हमारी अपनी ख़ुद की यह छवि, ऐसा नहीं था कि केवल एक बार झलक दिखाकर ग़ायब हो गयी हो; इसका मेरी युवावस्था पर गहरा असर पड़ा, इसने मेरा उत्साह बढ़ाया, हौसला दिया और कई सालों तक इसी की बदौलत, मैं आगे बढ़ती रही। मैं सोचती हूँ कि बहुत से युवा लोगों के हमारी ही तरह सपने होते हैं।

जब मैं ये किताब लिख रही थी तो हान मुझसे मिलने आयी थी।

मैंने सालों से उसे नहीं देखा था। लेकिन वह उस शाम की बात को पूरी तरह भूल चुकी थी। जब मैंने उससे, दशकों पहले बीत चुकी उस शाम का ज़िक्र छेड़ा तो वह हँसते–हँसते लोट–पोट हो गयी और बोली, ''क्या मैं उस ज़माने में ऐसी बातें करती थी?'' ख़ैर जो भी हो, वह अपनी कही बात भूल गयी लेकिन उसकी बात ने मुझ पर जो असर छोड़ा, वह गहरे कहीं आत्मा में बस गया था।

जब मैं छोटी थी, तो दो ख़ास लोगों से मेरी मुलाक़ात हुई थी : पहले तो मेरे पति च्याओ हियु जिन्होंने मुझे किताबें पढ़ने की अहमियत समझायी और जिनके प्रेम ने मेरी आत्मा को रौशन कर दिया था। दूसरी हस्ती थी हान, उसने मुझे उस समय डिप्रेशन से निकाला जब मैं ख़ुद में ही खो गयी थी, मुझे कोई रास्ता नहीं मिल रहा था। उसके शब्दों ने सच में मेरी पूरी ज़िन्दगी को बदल दिया।

उस समय, मैं यह जानती थी कि चरित्र निर्माण का मतलब क्या होता है लेकिन यह नहीं जानती थी कि अपने ही चरित्र के साथ शान्ति से रहना क्या होता है। मैं केवल अपनी स्वाभाविक सरल ईमानदारी और उदारता पर भरोसा करती थी लेकिन ये दोनों ही चीज़ें कभी अवचेतन रूप से और कभी सचेतन रूप से मेरे चरित्र का निर्माण कर रही थीं और मेरी महत्त्वाकांक्षाओं को आगे बढ़ा रही थीं। ईमानदारी और सरलता के ढाँचे से बना मेरा चरित्र एक सम्पूर्ण जीवन की तलाश में था।

2 अगस्त, 1963, मैंने अपनी डायरी में कुछ बातें लिखीं, ''लू शुन कहते हैं कि ऐसा नहीं कहा जा सकता कि उम्मीद नहीं होती है लेकिन यह भी नहीं कहा जा सकता कि यह नहीं होती है। सड़कों के मामले में भी यही है। मूल रूप में धरती पर कोई सड़क नहीं थी लेकिन लोग चलते–चलते ही बड़े हुए और इस तरह सड़कें अस्तित्व में आयीं।'' मैंने उसी दिन ठान लिया कि कल से मैं हान की तरह कड़ी मेहनत से पढ़ाई करूँगी, यूनिवर्सिटी जाऊँगी।

याद रखो, न झिझकना है, न दिल छोटा करना है; हज़ारों कोस का सफ़र, पहले क़दम से शुरू होता है, हिम्मत रख और अपने सफ़र की शुरुआत कर!

शायद ये मेरी उम्र का असर था। मैं जवानी की दहलीज़ पर खड़ी थी और ये उम्र का ऐसा पड़ाव था जिसने मेरे भीतर पढ़ने की ऐसी ललक पैदा की, एक चिनगारी भड़काई। और बाद में इसी जोश ने मुझे एथलीट

बनने को प्रेरित किया। अगर ऐसा था तो बाद की ज़िन्दगी में भी जो मैं करती चली गयी, वह मेरा अपना चुनाव था।

53

मेरे भीतर की झिझक, मन का डाँवाडोल होना, ये सब बातें अब ख़त्म हो चुकी थीं। मैंने फ़ैसला कर लिया था कि मैं नौकरी करते हुए स्वतन्त्र रूप से पढ़ाई करूँगी। मैंने कला संकाय में हाई स्कूल का सारा पाठ्यक्रम पढ़ डाला और कुछ साल बाद यूनिवर्सिटी में दाख़िले के लिए आवेदन जमा कर दिया। उस ज़माने में जो लोग कैडर के रूप में भर्ती किये जाते थे वे कॉलेज की प्रवेश परीक्षा देने के समय चाहें तो गणित को छोड़ सकते थे। इसलिए मुझे गणित की पढ़ाई करने पर अपना समय बर्बाद नहीं करना पड़ा।

लोग अक्सर कहते हैं कि ''यदि तुम स्वतन्त्र रूप से पढ़ते हो तो तुम्हें इस बात की चिन्ता करने की ज़रूरत नहीं है कि कौन–सी कक्षा से तुमने पढ़ाई शुरू की। बस चिन्ता करने की बात केवल इतनी होती है कि आप स्वतन्त्र रूप से पढ़ाई करते हुए कितना आगे तक जा पाते हैं? ऐसा न हो कि छठी कक्षा से शुरू किया और चार साल बाद भी आप वहीं पर अटके हुए हैं।''

जहाँ तक मेरा सवाल था, एक बार शुरू करने के बाद मैं इतनी आसानी से हार नहीं मानती हूँ। मैंने काग़ज़ का एक टुकड़ा काटा और उसे अपनी दीवार पर चिपका दिया। उस पर लिखा था, ''जवानी के दिनों में, जब तुम्हारे शरीर में भी ताक़त होती है और दिमाग़ भी दुरुस्त होता है, उस वक़्त अगर तुमने कड़ी मेहनत नहीं की तो बुढ़ापे के दिन तुम्हें पछतावे और दुख के साथ बिताने पड़ेंगे।'' मैं अपनी कोच ख़ुद ही थी। और इसीलिए मैंने अपनी पढ़ाई की ख़ातिर एक योजना बनायी, जिसमें काफ़ी मेहनत करनी थी। योजना यह थी कि रोज़ाना पाँच घण्टे पढ़ाई करनी होगी जो कि एक महीने में जाकर 150 घण्टे का समय बनता है।

हियु ट्रेनिंग से अभी–अभी ही च्यामुसी लौटा था। मुझे उसकी बहुत याद आयी थी लेकिन मैं डेट के लिए उससे केवल शनिवार–इतवार को

ही मिल सकती थी। और उसमें भी मेरे पास अब समय बहुत कम था। मिलने के बाद जब भी चलने का वक़्त होता तो वह मुझे कुछ और देर ठहरने के लिए कहता लेकिन मैं केवल उसकी ओर मुस्कुराकर, पीठ फेर लेती और चली आती।

यही वजह थी कि एक दिन उसने मुझसे पूछ ही लिया, ''यावन, कहीं तुम बदल तो नहीं गयी हो? तुम अभी भी मुझसे प्यार करती हो न?''

सच बात तो यही थी कि मेरा मन बदल गया था।

अब मैं एक नासमझ, मूर्ख और हर समय हँसते रहने वाली लड़की नहीं रही थी। मेरी सोच का दायरा बहुत विस्तार ले चुका था। अपने लिए ज़िन्दगी के जो मक़सद मैंने तय किये थे, वे बहुत ऊँचे थे।

कुछ लोगों का कहना है, ''महत्त्वाकांक्षा ज़िन्दगी का जलता हुआ सूरज है।''

अब मैं उलझन में नहीं थी और न ही भ्रमित। मुझमें अब वो ताक़त आ चुकी थी जो ज़िन्दगी के रास्तों से अँधेरे को रौशनी में बदलने की ताक़त रखती है। एक बार मैं फिर वहीं खड़ी थी, जहाँ ज़िन्दगी की कमान मैंने अपने हाथों में थाम ली थी। अपना भाग्य ख़ुद लिखने के लिए क़लम मैंने अपने हाथ में उठा ली थी। अगर थोड़े शब्दों में कहूँ तो ये समझ लीजिए कि मेरी ज़िन्दगी में एक और बहुत बड़ा परिवर्तन आ गया था—मैं सपने देखने लगी थी कि एक दिन यूनिवर्सिटी जाऊँगी, और मेरे पास अपनी ज़िन्दगी को चुनने का अवसर होगा! इस सुनहरे सपने को साकार करने के लिए जल्द ही मैंने ख़ुद को पढ़ाई में उसी तरह से झोंक दिया जैसे एक वक़्त मैं एथलीट बनने के लिए पागल हो गयी थी। दिमाग़ की पूरी ताक़त सिर्फ़ पढ़ाई पर लगी थी।

पहली रात, जब माँ और पिताजी कांग पर सोने चले गये तो मैं कांग के किनारे पर बैठी रही। तह किये अख़बार से मैंने बिजली के बल्ब को एक ओर से ढँका ताकि उनकी नींद न खुले और मैं मिडिल स्कूल की किताब लेकर पढ़ने बैठ गयी। जो शब्द मुझे समझ में नहीं आते, मैं उन्हें शब्दकोश में देखती और उसके बाद उन शब्दों को दीवार पर चिपके कागज़ पर लिख लेती; जब दीवार पर जगह नहीं बची तो मैंने दीवार पर नया कागज़ लगाया और फिर से शुरू हो गयी। जब तक कई साल बीते, मैं भूल चुकी थी कि दीवार पर कागज़ों की कितने परतें मैं चढ़ा चुकी थी। मैं विभिन्न ऐतिहासिक कालों का एक चार्ट बनाकर सामने की दीवार पर

लगा देती और दिनभर उन्हें गा–गाकर याद करती रहती। सबसे कठिन विषय था, प्राचीन चीनी भाषा; मैं घण्टों तक एक–एक पैराग्राफ को पढ़ती रहती, लेकिन उसके बावजूद उसका मतलब समझ में नहीं आता था। हर सप्ताह मैं एक निबन्ध लिखती। सप्ताहान्त में मैं उसे श्री वांग ल्यांजु के पास ले जाती जो कैडर के स्थानीय स्कूल में टीचर थे और मैं स्थानीय मिडिल स्कूल में। श्री चाओ के पास चली जाती ताकि जो मैंने लिखा है, वह उसे जाँच कर सही कर सकें।

कई साल बाद, मैं सौ से अधिक निबन्ध लिख चुकी थी।

पढ़ाई को लेकर पिताजी एक बार फिर उखड़ गये थे।

रात को पढ़ते–पढ़ते कई दिन हो चुके थे। पिताजी जो कि कांग पर ही सोते थे, घड़ी में 11 बजने की घण्टी बजते ही उठ जाते, सिर उठाते, अपनी आँखों को मलते और एक आँख से मेरी ओर देखते। मैं ऐसा दिखाती, मानो मैंने उनको देखा ही नहीं और पढ़ती रहती।

जब घड़ी 12 बजाती तो उनकी साँस ग़ुस्से के मारे भारी होने लगती, वह करवट बदलना शुरू कर देते, और बुदबुदाते हुए मुझे कोसना शुरू कर देते, ''सत्यानाशी लड़की, जब पढ़ना चाहिए था तब तो पढ़ी नहीं, तब तो एथलीट बनने के लिए घर छोड़कर भाग गयी! अब जब इसे नौकरी करनी चाहिए तो यह रात को हमारा तेल फूँक रही है, बिजली बर्बाद कर रही है। अब ये सब बकवास पढ़ने का क्या फ़ायदा? इस पढ़ाई का तुम्हारे काम से क्या लेना–देना है? किताबों में माथा मारने के बजाय तुम्हें अब अबाकस पर प्रैक्टिस करनी चाहिए!''

मुझे कोसना कोई नयी बात नहीं थी। उन्हें सुबह जल्दी उठकर काम पर जाना होता था। वह 50 से ऊपर के हो चुके थे और अब भी उन्हें पेट पालने के लिए मज़दूरी के लिए इधर–उधर दौड़ना पड़ता था।

किताबों के पन्ने पलटने की आवाज़ के कारण एक दिन पिताजी का सारा सब्र का बाँध टूट गया। वह मेरी ओर झुके, मेरे हाथ से किताब छीनी और उसे फाड़ना शुरू कर दिया। साथ ही मुझे कोसना भी, ''सत्यानाशी लड़की, तुम अपना काम सही से करती ही नहीं हो, हमारा तेल फूँक रही हो और कहती हो कि यूनिवर्सिटी जाऊँगी, मैं बताऊँगा तुम्हें यूनिवर्सिटी क्या होती है!'' जब वह मेरी किताब की चिन्दी–चिन्दी बिखेर चुके तो उन्होंने बिजली के बल्ब का तार खींच लिया। अभी भी वह बहुत ग़ुस्से में थे। बिजली की तार एक ही झटके में टूट गयी।

कमरे में घुप्प अँधेरा छा गया। लेकिन अभी भी मैं फ़र्श पर बिखरे अपनी किताब के पन्नों को देख सकती थी। मैंने अपनी किताब के फटे हुए पन्नों को उठाया और पूरी रात कांग पर बैठी रही।

परिवार के पंजीकरण परमिट और बिस्तर को चुराकर ले जाने के लिए पिताजी को गहरा दुख हुआ था। उन्हें भरोसा ही नहीं था कि मैं अब यूनिवर्सिटी में जा सकती हूँ या ज़िन्दगी में अभी भी मेरे लिए कुछ बचा हुआ है। उनका सोचना था कि बैंक जैसी अच्छी नौकरी के सिवाय मुझ जैसी लड़की को और कुछ नहीं मिल सकता था। यही मिल गया तो मेहरबानी समझो।

लेकिन मैं जानती हूँ कि मेरी वजह से पिताजी चाहे जितने भी दुखी हों, लेकिन कोई भी यूनिवर्सिटी जाने के मेरे फ़ैसले को नहीं बदल सकता। मैं पहले ही पढ़ाई करने का एक अवसर गँवा चुकी थी; लेकिन दूसरी बार चूकना नहीं चाहती थी।

काफ़ी बाद में ही जाकर मुझे एहसास हुआ कि दृढ़ता से डटे रहना मेरे लिए कितना ज़रूरी था। हालाँकि मैं कभी यूनिवर्सिटी नहीं जा सकी लेकिन मेरे भीतर ख़ुद से पढ़ने की एक आदत बन गयी और इसने मुझे एक मज़बूत आधार दिया, वह आधार जिसकी बुनियाद शिक्षा थी। यही आगे जाकर मेरे लेखन करियर की नींव बना। अगर मैंने पढ़ना छोड़ दिया होता, तो निश्चित ही मेरी ज़िन्दगी कोई और ही मोड़ लेती।

मैंने एक बार किशोरों के एक समूह को बताया था, ''आपके माता–पिता की पीढ़ी के लोग आपको जो भी बताते हैं, आपको उस पर पूरी तरह कभी भी भरोसा नहीं करना चाहिए। हालाँकि हमारे माता–पिता हमें जी–जान से प्यार करते हैं, लेकिन संस्कृति, सीखने और पढ़ाई–लिखाई के मामले में उनकी अपनी सीमाएँ होती हैं। उनके बहुत से विचार ग़लत होते हैं और उनके कुछ विचार तो एकदम पतन की ओर ले जाने वाले ही होते हैं। युवा लोगों को साहस से काम लेना चाहिए और ज़िन्दगी में अपना रास्ता ख़ुद चुनना चाहिए! हाँ, यह बात सही है कि आपका चुनाव तार्किक और वास्तविक होना चाहिए, यह केवल अति उत्साह या केवल हक़ीक़त से बड़ी महत्त्वाकांक्षाओं पर नहीं टिका होना चाहिए।''

ख़ुद से पढ़ने और यूनिवर्सिटी जाने की मेरी योजना पूरी तरह गोपनीय थी; साथ काम करने वाले लोगों से इस बात को छुपाकर रखना बेहद ज़रूरी था। अगर उन्हें पता चल जाता तो मुझ पर अपनी

नौकरी से असन्तुष्ट होने का ठप्पा लग जाता। और मैं सबके निशाने पर आ जाती।

उस ज़माने में हालात एकदम अलग थे। आज तुम अपनी नौकरी छोड़ सकते हो और दूसरे किसी के हस्तक्षेप के बिना कोई नया करियर चुन सकते हो। लेकिन उस ज़माने में लोगों को अपनी–अपनी इच्छाओं और ज़रूरतों की प्राथमिकता तय करने की अनुमति नहीं थी। आपके बारे में केवल इतना ही स्वीकार्य था कि जहाँ आपकी ज़रूरत है, वहाँ आप फिट हो जाओ। इसके अलावा कोई भी अलग सोच रखना, 'पूँजीवादी–पद्धति' के रास्ते पर जाना–माना जाता था। इसे व्यक्तिवाद का नाम दिया गया था।

इसलिए नौकरी के जो हालात थे, उनमें कोई फेरबदल नहीं हो सकता था। हर रोज़ मेरी माँ नौकरी पर जाने के लिए मेरे लिए दो समय का भोजन बनाकर देती : दोपहर का भोजन और रात का भोजन। बैंक में अपना काम ख़त्म करने के बाद, मैं अपनी साइकिल उठाती और वर्कर्स कल्चर पैलेस लाइब्रेरी चली जाती, जहाँ मैं लाइब्रेरी बन्द होने तक यानी रात दस बजे तक बैठ सकती थी।

एक दिन जब मैं लाइब्रेरी से निकली तो देखा कि एक युवक मेरी ओर घूर रहा है। वह घर तक पूरे रास्ते मेरा पीछा करता रहा। जब मैं घर पहुँची, मैंने आँगन के दरवाज़े को धक्का दिया, लेकिन मैं तुरन्त घर के भीतर नहीं गयी। मेरा दिल ज़ोर से धड़क रहा था, ''मैं तुमसे डरती नहीं हूँ, पिद्दी से तो तुम हो ही!'' यह कहकर मैं ख़ुद को दिलासा दे रही थी।

कोई भी इन्सान जो एथलीट रहा हो, उसमें पूरी दुनिया को ठोकर पर रखने की एक आग होती है, मानसिक रूप से वह भी काफ़ी मज़बूत होते हैं। मैं थोड़े दिन पहले ही स्पोर्ट्स टीम से आयी थी और कई सारे पुरुषों के मुक़ाबले मैं शारीरिक रूप से अधिक ताक़तवर थी। एक बात तो पक्की थी कि मेरा घूर कर देखना ही इस लड़के की पेंट गीली करने के लिए काफ़ी था। यह तो अभी अपनी साइकिल पर नौ–दो ग्यारह होता नज़र आयेगा। लेकिन कुछ कारण था कि मुझे अपने पैरों में कुछ ऐंठन सी महसूस हुई। कुछ क्षण के लिए तो मैं हिल भी नहीं सकी।

इस घटना के बाद माँ–पिताजी ने मेरे लाइब्रेरी जाने पर पाबन्दी लगा दी।

54

एक दिन की बात है। काम से घर लौट रही थी। रास्ते में मैंने जो देखा, उससे मैं जैसे जड़ हो गयी।

कांग पर पिताजी किसी युवक के सामने बैठे हुए थे। मुझे नहीं पता, वह कौन था। दोनों के बीच मेज़ पर नाश्ता रखा हुआ था। युवक ने चश्मा लगाया हुआ था। जब उसने मुझे आते हुए देखा तो हड़बड़ी में उठने की कोशिश की लेकिन पिताजी ने उसे बैठ जाने का इशारा किया।

मैंने युवक की ओर सिर हिलाया और लौटने के लिए मुड़ गयी, लेकिन पिताजी ने मुझे रोक लिया, ''बेटा, ज़रा नमस्ते तो करो, क्या तुममें इतना शिष्टाचार भी नहीं है? आओ, मैं तुम्हें इस युवक से मिलवाता हूँ....''

मुझे उसका नाम याद नहीं है। मैंने उसके साथ हाथ मिलाया और कहा, ''आप जलपान कीजिए, मुझे अभी कुछ काम है।'' मैंने पिताजी की डाँट को अनसुना कर दिया था। मैं किसी भगोड़े की तरह घर से बाहर निकली।

पहले ही घर में मेरे लिए पति तलाशे जाने की बातें मैं सुन चुकी थी। पिताजी तो अक्सर कह देते थे कि इसके पैरों में शादी की बेड़ियाँ डालनी पड़ेंगी, तभी जाकर इसकी अक्ल ठिकाने आयेगी। वह मेरे यूनिवर्सिटी जाने की बात पर भी ख़ुश नहीं थे। मेरे परिवार को क़तई कोई भनक नहीं लगी थी कि मेरा पहले से ही कोई प्रेमी है। अगर नहीं भी होता तब भी, मैं अपनी ज़िन्दगी उनकी योजना के हिसाब से नहीं चला सकती थी। प्रेम के बारे में मेरे विचार पहले ही काफ़ी ऊँचे थे। मेरी राय में, जिस लड़के और लड़की को अपनी मर्ज़ी से जीवनसाथी का चुनाव करने तक की स्वतन्त्रता नहीं है, तो वह पति–पत्नी बनने के बाद जीवन में स्वतन्त्र रूप से एक इन्सान की ज़िन्दगी भी नहीं जी सकेंगे। ऐसी शादी से क्या फ़ायदा, जिसमें प्रेम न हो। मैं अपने लिए ऐसे जीवनसाथी का चयन करना चाहती थी जिसे मैं सच्चे दिल से प्यार करती हूँ। मुझे अपने माता–पिता को तो जवाब देना ही था।

उस शाम जब मैं घर आयी तो हमारे मेहमान पहले ही जा चुके थे। पिताजी कांग पर औंधे मुँह लेटे थे। उनकी साँस तेज़ चल रही थी, यानी वह ग़ुस्से में थे। इससे पहले कि वह मुझ पर आग उगलना शुरू करते, मैंने ही पहले बात शुरू कर दी।

''पिताजी, माँ, मैं आपको कुछ बताना चाहती हूँ। मेरा एक दोस्त है।''

पिताजी की आँखें हैरानी और ग़ुस्से से फैल गयीं। उन्होंने मेरी ओर देखा और काफ़ी देर बाद सवाल किया, ''वह करता क्या है?''

''एथलीट है।''

घरवालों को न बताने का एक कारण यह भी था कि पिताजी की नज़रों में एथलीट से ज़्यादा तिरस्कृत कोई इन्सान नहीं होता। उनकी नज़र में सरकार एथलीट बनाने के लिए धन बर्बाद कर रही है। इसलिए वह हमेशा मुझसे कहते थे, 'मुफ़्तख़ोर'। उस ज़माने में खिलाड़ियों को वैसे सम्मान की नज़र से नहीं देखा जाता था, जैसे आज देखा जाता है। हर कोई सोचता था कि खिलाड़ियों के पास केवल ताक़त होती है, दिमाग़ नाम की कोई चीज़ उनके पास नहीं होती। समाज में आम धारणा यही थी कि जो ज़िन्दगी में कुछ नहीं कर पाता, वह जाकर एथलीट बन जाता है।

पिताजी उठकर बैठ गये और मुझे कोसते हुए बोले, ''सत्यानाशी परिवार की सत्यानाशी औलाद! हाँ, हाँ, तुमने भी कोई मुफ़्तख़ोर ही ढूँढ़ लिया! वो आदमी किस काम का जो सारे दिन बस दौड़ता रहे, कूदता रहे?''

''पिताजी, वह कोई और काम भी कर सकता है...'' मेरे हिसाब से करियर, सामाजिक दर्जा, और पैसा क़तई कोई मायने नहीं रखता था; मायने रखता था तो सिर्फ़ प्यार। मैं सोचती थी कि ज़िन्दगी को जीने के लिए प्यार सबसे अहम ज़रूरत है।

''क्या कर सकता है? तुम मुफ़्तख़ोरों में और क्या ख़ासियत होती है, सिवाय कूदने और दौड़ने के? जब वक़्त बीत जायेगा और भागने–दौड़ने के लायक नहीं रहोगे, तो क्या हवा खाओगे? मैं तुम्हें आज बता देता हूँ, मैं एक मुफ़्तख़ोर से तुम्हारी शादी के सख़्त ख़िलाफ़ हूँ!'' पिताजी चिल्लाये। हर बार वह 'मुफ़्तख़ोर' शब्द पर कुछ ज़्यादा ही ज़ोर दे रहे थे। और ऐसा करते हुए वह अपने दाँत बुरी तरह भींच लेते।

जब भी शादी–ब्याह की बात आती, हमेशा मेरे दिमाग़ में अपनी बड़ी बहनें दौड़ जातीं, ख़ासतौर से तीसरे नम्बर की बहन।

उसने कई बार मुझसे कहा था। आँसुओं से भीगा चेहरा लिए वह कहती, ''यावन, जब भी कभी तुम्हारे लिए लड़का देखने की बात आये, तो इतना ज़रूर पक्का कर लेना कि लड़का तुम ख़ुद पसन्द करो! तुम्हारा हाल मेरे जैसा न हो...''

जब मैं इस किताब को लिख रही थी तो वह बुरी तरह बीमार थी।

मैं उसे देखने गयी थी। वह बिल्कुल वैसी ही दिख रही थी, जैसी मरने से पहले माँ की हालत थी। इतनी कमज़ोर कि बिस्तर पर नज़र भी नहीं आ रही थी। ज़िन्दगीभर जो दर्द झेला था, वह उनके चेहरे पर उतर आया था। किसी ज़माने में अच्छी सेहत भी थी, लेकिन अब हड्डियों के ढाँचे के सिवाय कुछ नहीं बचा था। माँ तो 89 साल तक ज़िन्दा रही। लेकिन बहन 60 से कोई एकाध साल ज़्यादा ही जी पायी थी। ''बहन'', मैंने उसे पुकारा। पता नहीं, उसने मुझे पहचाना भी या नहीं। मैंने उसकी आँखों में देखा, वे ख़ाली थीं, कोई भाव नहीं। काफ़ी देर तक वह मेरी ओर देखती रही, लेकिन शून्य भाव से। अचानक से वह चिल्लायी, ''यावन।'' वह बच्चे की तरह रोने लगी। उसके रुदन में जीवनभर की पीड़ा थी। देर तक रोती रही। ऐसा लगा मानो रोने से तमाम उम्र उसने जो कष्ट सहे थे, वह सब बूँद–बूँद बनकर आँसुओं के ज़रिये बह गये। मेरा दिल भीतर से ख़ून के आँसू रो रहा था। सामने मेरी बहन थी, जिसकी रगों में वही ख़ून था, जो मेरी रगों में दौड़ रहा था। लेकिन आज उसकी ज़िन्दगी कतरा–कतरा बिखर रही थी...

वह एक आम कामकाजी औरत थी लेकिन उसका पति नॉर्थ ईस्टर्न टेक्नीकल कॉलेज से ग्रेजुएट था और बीजिंग के शिच्यांगशान स्टील वर्क्स में इंजीनियर के ओहदे पर था। दोनों के बीच पढ़ाई–लिखाई का अन्तर इतना था कि दोनों एक स्तर पर एक–दूसरे से बात भी नहीं कर सकते थे। इसलिए दोनों ने ही अपनी शादीशुदा ज़िन्दगी अलग–अलग रास्ते पर चलते हुए बिता दी थी। उसने दो बच्चों को अपने ही दम पर पाला। उत्तरी क्षेत्र की ज़िन्दगी बहुत मुश्किलभरी होती है लेकिन उसने वहाँ सारी मुसीबतें अकेले अपने ही कन्धों पर ढोयीं। सांस्कृतिक क्रान्ति के दौरान उसके पति को दिमाग़ी बुख़ार हो गया था। इसके चलते बहुत कम उम्र में ही उसकी मौत हो गयी। पति की मौत के बाद मेरी बहन के दो और पुरुषों से सम्बन्ध रहे, लेकिन दोनों में से कोई नहीं बचा। मुझे याद है। एक बार वह खिड़की पर खड़ी थी, उसने ख़ुद से ही कहा था, ''ऐसा कहते हैं कि परमात्मा ने हर किसी के लिए किसी न किसी को बनाया है, लेकिन क्या पूरी दुनिया में मेरे लिए कोई भी नहीं है जिसके साथ मैं ख़ुशी से रह सकूँ?'' उसने मुँह फेरा हुआ था लेकिन मुझे उसकी आँखों से गिरते आँसुओं का खारापन महसूस हो रहा था।

मैंने उसके रूखे हाथ को अपने हाथ में लिया। उसके कानों में

कुछ मज़ाक़िया बातें कहीं। काफ़ी देर बाद, उसका रोना बन्द हुआ। वह दरवाज़ा बन्द नहीं करने देती थी और अक्सर दरवाज़े की ओर देखकर चिल्लाती थी, ''लियु गुआंगलाई, अन्दर आओ! मेरा पेशाब का बर्तन ख़ाली कर दो, मेरे लिए थोड़ा पानी ला दो...'' बेचारी बहन ऊटपटाँग बातें बड़बड़ाने लगी थी।

उसकी बेटी ने मुझे बताया कि जब से उसकी माँ बीमार पड़ी है, वह बार–बार इस लियु गुआंगलाई को पुकारती रहती है। उसे पता नहीं था कि यह लियु कौन है। मुझे भी यह बात बड़ी ही अजीब लगी; क्यों वह किसी अजनबी का नाम पुकारती है, अपने पति का नाम क्यों नहीं लेती?

मैंने अपनी बहन से पूछा कि यह लियु गुआंगलाई कौन था।

उसने जो जवाब दिया, वह बहुत गम्भीर था, ''वह शेन्यांग सैन्य ज़िले का है। वह बहुत लम्बा है, उसकी बड़ी–बड़ी आँखें हैं...'' अचानक से उसने बीच में ही मुझसे पूछा, ''क्या तुम नहीं चाहतीं कि मैं गुआंगलाई के साथ रहूँ?''

''तुम्हारी ख़ुशी में ही मेरी ख़ुशी है। मैं चाहती हूँ, तुम दोनों ख़ुश रहो!''

उसने सुकून से अपना सिर हिलाया, ''चलो अच्छा है, तुम्हें कोई आपत्ति नहीं। वह दरवाज़े के बाहर मेरा इन्तज़ार कर रहा है। उसे अन्दर ले आओ, मैं तुम्हें उससे मिलवाती हूँ। लियु जल्दी से यहाँ आओ! मेरी बहन ने हाँ कर दी है!''

दरवाज़े पर कोई नहीं था, केवल सर्द हवा के।

बहन ने ख़ाली कमरे की ओर इशारा किया और बोली, ''यावन, ये मेरा पति है, लियु गुआंगलाई। सुन्दर है न?''

आह! अचानक से मुझे कुछ याद आया।

ये 50 के दशक की बात है। हमारा परिवार च्यामुसी में आया ही आया था। वहाँ एक सैनिक रहता था जो कोरियाई युद्ध के दौरान लड़ते हुए घायल हो गया था। वह हमारे घर के पास ही एक अस्पताल में दाख़िल था। वह एक सुन्दर जवान था और अक्सर हमारे घर आता था... लेकिन पिताजी ने साफ़ शब्दों में इनकार कर दिया। पिताजी ने कह दिया था कि आसपास भी नज़र मत आ जाना। 50 साल बीत गये, बहन का ज़िन्दगी का सफ़र पूरा होने को है, लेकिन उसका पहला प्यार आज भी उसके दिल की गहराइयों में, उसके अवचेतन में समाया हुआ था।

मेरे आँसुओं को देखकर बहन के दिमाग़ में पता नहीं क्या आया कि वह मेरी ओर पलटी, उसने पूछा, ''तुम रो क्यों रही हो? क्या इसलिए कि तुम्हें मेरा लियु के साथ रहना पसन्द नहीं है?''

''दीदी...'' मैंने उसे बाँहों में भर लिया और हिलक–हिलककर रोती रही। बहन ने मेरी बाजुओं में ही दम तोड़ दिया।

मेरी दूसरे और तीसरे नम्बर की बहन एक जैसी ही थीं; दोनों पूरी ज़िन्दगी प्यार के लिए तरसती–तरसती चली गयीं, लेकिन किसी को भी मरने से पहले प्यार नहीं मिला।

मैंने अपनी बहनों की शादीशुदा ज़िन्दगियों की त्रासदी अपनी आँखों से देखी थी। इसलिए पिताजी के कहे अनुसार शादी करने का तो सवाल ही पैदा नहीं होता था। मेरी नज़र में, पिताजी ने अपनी दोनों बेटियों को ज़िन्दगीभर तड़पने और पछताने के लिए छोड़ दिया था।

मैंने पिताजी से कहा, ''मैं भविष्य में हियु से शादी करना चाहती हूँ...''

इतना सुनते ही पिताजी का पारा चढ़ गया, ''सत्यानाशी लड़की, तुम्हें अभी तक अक्ल नहीं आयी! मैं तुम्हें बता रहा हूँ, एक मुफ़्तख़ोर को मैं अपना दामाद नहीं बनाऊँगा, किसी भी सूरत में!''

''पिताजी, मैं उसे बहुत प्यार करती हूँ। मैं उसके सिवाय किसी और से शादी नहीं करूँगी!''

''तू, तू...'' ग़ुस्से के मारे उनके मुँह से झाग निकलने लगे। मुझे खा जाने वाली नज़रों से घूर रहे थे। काफ़ी देर तक उनके मुँह से कोई शब्द नहीं निकला।

उस शाम, पिताजी के करवटें बदलने, लम्बी–लम्बी साँसें भरने और माँ के पाइप की आवाज़ मेरे कानों में गूँजती रही।

हालाँकि, मेरे हाथों में किताब थी, लेकिन जो भी पढ़ रही थी, कुछ भी दिमाग़ में नहीं बैठ रहा था।

एक शाम मैं काम से देर से घर लौटी। एक मीटिंग थी, उसके चलते देर हो गयी थी। घर पहुँची तो देखा, भीतर से कुण्डी लगी हुई है। बाजरा, टोकरी और चापस्टिक मेज़ पर रखे हुए हैं ...

पिताजी ने कहा, ''मैं तुम्हें एक बात साफ़–साफ़ बता देता हूँ, तुम उस 'मुफ़्तख़ोर' के पास क़तई नहीं जाओगी!''

''पिताजी, हम किस ज़माने में रह रहे हैं, क्या अब भी आपकी यही राय है?'' उल्टा जवाब देने से मैं ख़ुद को रोक नहीं पायी।

''ये सब तुम्हारी भलाई के लिए ही है!'' उन्होंने जवाब दिया।

''अगर, ये सही में मेरी भलाई के लिए है, तो आपको मेरी पसन्द का सम्मान करना चाहिए!'' उन्होंने अपनी आवाज़ थोड़ा नीची की और बोले, ''मैं तुम्हें बता दूँ, जब तुम्हारे इस मामले को लेकर मैंने बूढ़ी लोमड़ी से बात की तो वह बार–बार डण्डे को मारती रहीं...''

''बूढ़ी लोमड़ी ने तो कहा था कि बहन बच जायेगी लेकिन क्या ऐसा हुआ?'' मैंने कटाक्ष किया।

उन्होंने मेज़ पर मुक्का मारा और ग़ुस्से से चिल्लाये, ''मुझे फ़र्क़ नहीं पड़ता, तुम क्या बक रही हो, मैंने तुमसे एक बार कह दिया, उस 'मुफ़्तख़ोर' के क़रीब भी नहीं जाओगी!''

अब लड़ाई आर–पार की हो गयी थी। मुझे अपने पत्ते खोलने ही थे।

उसके बाद मैंने जो किया, वह कोई छोटी–मोटी बात नहीं थी। लेकिन मेरे उस क़दम ने पिताजी को कभी न भरने वाला घाव दे दिया। जब तक मैंने क़दम उठाया, तब तक पछताने का वक़्त नहीं बचा था।

''पिताजी, मैं जानती हूँ कि आप मेरा भला चाहते हैं लेकिन मैं आपको बता रही हूँ, मैं हियु से प्यार करती हूँ और उसकी जगह कोई नहीं ले सकता। अगर आप स्वीकार करने को तैयार नहीं हैं तो मुझे मजबूरी में ये घर छोड़कर जाना पड़ेगा!''

मैंने आवाज़ ऊँची नहीं की थी, लेकिन मेरी इस बात ने माँ और पिताजी को गहरी चोट दी।

मैंने देखा, माँ तुरन्त पिताजी की ओर मुड़ीं। मैं सोच रही थी कि अब पिताजी पर ग़ुस्से का दौरा पड़ेगा, हो सकता है कि वह फटा हुआ जूता हाथ में उठा लें लेकिन उन्होंने कुछ नहीं किया। सिर्फ़ हैरानी से आँखें फाड़े मेरी ओर देखते रहे। उन्हें शायद यक़ीन नहीं हो रहा था।

उस दिन, पिताजी की मुझसे सारी उम्मीदें ख़त्म हो गयीं और अब उन्होंने मेरी ओर ध्यान देना ही छोड़ दिया।

पता नहीं क्यों, लेकिन हमेशा मुझे यही लगता रहा कि मैं और पिताजी एक ही जोड़े के दो विपरीत हिस्से थे। बचपन में, कभी उनके ख़िलाफ़ बोलने की हिम्मत नहीं हुई थी, लेकिन उस समय भी मैंने ख़ामोशी से उनका विरोध किया था। हालाँकि अब बड़ी होने के बाद भी मुँह खोलने की हिम्मत नहीं होती थी, लेकिन मैंने उनकी बातों को जैसे ना मानने की ठान ली थी। चाहे बात फिर मेरे करियर की रही हो या मेरे

प्यार की। हम दोनों कभी किसी बात पर एकमत नहीं हो पाये। वह अपनी पुरानी मान्यताओं और मूल्यों से चिपके हुए थे, लेकिन इसके कारण मैं अपने सपनों पर मिट्टी डालने के लिए तैयार नहीं थी। यही वजह थी कि अक्सर हमारे बीच किसी–न–किसी बात पर महाभारत मची ही रहती थी।

असलियत यह थी कि अपने पाँच बच्चों में से पिताजी मुझे ही सबसे ज़्यादा प्यार करते थे। जब बैंक में मेरी नौकरी लगी, तो पिताजी ने मुझे शांघाई से एक ब्रांडेड घड़ी ख़रीदकर दी। यह पैसे उन्होंने अपनी दिहाड़ी में से बचाये थे। उन्होंने मुझे पीकॉक ब्रांड की साइकिल भी लाकर दी। मुझे एक तरह की समुद्री घास खाना बहुत पसन्द था, इसलिए पिताजी ख़ासतौर से इसे मेरे लिए ख़रीदकर लाते....मैं उनके साथ अपने झगड़े सुलझाना चाहती थी, फिर से उनका वही प्यार पाना चाहती थी, जो वह कभी बचपन में मुझ पर लुटाया करते थे, फिर से उनके साथ सिर से सिर टकराना चाहती थी, फिर से उनकी वही 'सत्यानाशी लड़की' वाली आवाज़ सुनना चाहती थी, लेकिन उन्हें चोट इतनी गहरी लगी थी कि उनकी आँखों में हमेशा नाराज़गी के भाव तैरते रहते।

माँ ने मुझे समझाया कि पिताजी की बातों का बुरा मत मानना। वह जो कुछ भी कर रहे थे, वह तुम्हारी भलाई के लिए ही था। माँ ने सलाह दी कि एक बार हियु को घर पर बुला लूँ ताकि पिताजी एक बार उसे देख लें।

हालाँकि मैंने बार–बार हियु को बता रखा था कि मेरा घर बहुत साधारण–सा है और पिताजी गर्मजोशी के साथ उसका स्वागत तो क़तई नहीं करेंगे। जब उसने घर के बाहर नन्हे कुत्ते के बाड़े को देखा तो वह दरवाज़े पर ही थोड़ा हिचक गया। उसकी भीतर आने की हिम्मत नहीं हुई। उसे सबसे ज़्यादा इस बात का बुरा लगा कि जब वह घर के अन्दर आया तो पिताजी ने उसकी ओर देखा तक नहीं। उल्टा उठकर घर से बाहर चले गये।

लेकिन पिताजी की कमी माँ ने पूरी कर दी। बड़ा ही अपनापन दिखाया। माँ ने चाय बनाते–बनाते ही हियु को ऊपर से नीचे तक परख लिया था।

लम्बे समय तक पिताजी ने हियु को कोई भाव नहीं दिया। जब हियु ने अदालत में अपने काम से ख़ुद को साबित नहीं कर दिया, तब तक पिताजी उसके लिए मुँह ही फुलाये रहे। लेकिन हियु की सफलता के बाद पिताजी ने एक दिन माँ से कहा था, ''ये लड़की है न, यावन, इसकी नज़र बड़ी ही पारखी है...''

कैसे भी हालात हों, झुकना तो मैंने सीखा ही नहीं था। और इसी जुनून के चलते, मैंने अपने हाथों की एक–एक लकीर, अपने हाथों से गढ़ी थी। कई बार सोचती थी, पिताजी का कहना मान लेती, उस इन्सान को भूल जाती, जिसे मैं प्यार करती थी तो मेरी ज़िन्दगी आज कैसी होती? क्या मैं उतनी ही ख़ुश होती, जितनी आज हूँ? नहीं, इतना तो मुझे यक़ीन था कि मैं भी बहन की तरह किसी अँधेरे कोने में आँसू बहा रही होती। लेकिन पश्चात्ताप के आँसू बहाना तो मैंने सीखा ही नहीं था।

किसी भी दुनिया में चली जाती, मुझे हियु जैसा प्यार करने वाला इन्सान कोई दूसरा नहीं मिलता। हियु ने जिस तरह पूरी ज़िन्दगी मुझे सँभाला, वैसा कोई और नहीं करता। यह बताने की ज़रूरत नहीं है कि मैं दीपक लेकर भी ढूँढ़ती तो भी मुझे हियु जैसा हमसफ़र नहीं मिलता, जिसने मेरे भीतर कुछ करने की आग को हवा दी, मेरे जुनून, मेरी लगन, मेरे पागलपन को समझा।

55

लेकिन जब यूनिवर्सिटी जाने के मेरे फ़ैसले की बारी आयी तो हियु और मैं दो छोर पर खड़े थे।

अप्रैल 1966 की बात है। एक शाम मैंने हियु से बहुत गम्भीर चर्चा की। बात थी यूनिवर्सिटी में दाख़िले के लिए आवेदन करने की। तीन साल की कड़ी मेहनत के बाद, मैंने कला संकाय का मिडिल स्कूल के पहले साल से लेकर हाईस्कूल के अन्तिम वर्ष तक का सारा पाठ्यक्रम पूरा कर लिया था। उसी साल मैं कॉलेज में प्रवेश के लिए परीक्षा की तैयारी कर रही थी।

लेकिन हियु ने मुझसे सवाल किया, ''यावन, क्या तुम्हें ऐसा नहीं लगता कि हम दोनों एक–दूसरे को बहुत प्यार करते हैं?''

हक़ीक़त तो यह थी कि हम एक–दूसरे के प्यार में बहुत गहरे डूबे हुए थे। जब भी हमें एक–दूसरे से दूर जाना होता तो हम ख़तों के ज़रिये सम्पर्क में बने रहते। हमें इन्तज़ार न करना पड़े, इसलिए चिट्ठियों को भेजने का सिलसिला इस तरह से चलता कि पहली चिट्ठी मिलने से पहले ही दूसरी चिट्ठी रवाना हो जाती। किसी तरह की गड़बड़ न हो, इसके लिए चिट्ठियों पर नम्बर डाल देते।

हियु काफ़ी साफ़ कहने वाला इन्सान था, लेकिन वह बहुत रोमांटिक भी था। किसी की भावनाओं को समझना और उन्हें सहेजना तो कोई हियु से सीखे। जब भी मैं उदास होती, वह मुझे प्यारे–प्यारे ख़त लिखता, मेरा हौसला बढ़ाता, ''मेरी पगली, तुम्हारी आँखों की उदासी मेरे सीने में चुभ रही है। सुनो, मैं तुम्हारे बहुत क़रीब हूँ। एक बार मुस्कुरा दोगी तो पेड़ों पर बसन्त खिल उठेगा, और जब बसन्त आयेगा, मैं तुम्हारे बालों में फूलों का गजरा लगाऊँगा। हर मौसम बीत जाता है, फिर से नयी बहार आती है। इसलिए मिलन की वेला का इन्तज़ार करो, हमारी ज़िन्दगी में भी फिर बसन्त आयेगा, फिर तुम्हारे गले में मेरी बाँहों का हार होगा। बस एक बार मुस्कुरा दो!''

लेकिन मैं इस सच्चाई को बहुत अच्छी तरह जानती थी कि मेरे भीतर के ख़ालीपन को भरने के लिए केवल प्यार ही काफ़ी नहीं है। मेरी नौकरी ने मेरी आत्मा–सी निकाल ली थी।

उसने मुझसे एक दिन पूछा, ''तुम जानती हो, मैं तुम्हें कितना प्यार करता हूँ?''

मैंने न में सिर हिलाया तो उसने कहा, ''चाहे मैं कहीं भी चला जाऊँ, हमेशा तुम्हें ऐसे ही चाहूँगा...''

लेकिन उस दिन उसने न में सिर हिला दिया, ''क्या ये सम्भव नहीं कि तुम यूनिवर्सिटी के लिए आवेदन न करो?''

''नहीं।''

''ठीक है, अगर ऐसी बात है तो तुम अपना फ़ैसला ख़ुद कर सकती हो।'' दोनों के बीच बातचीत कोई अच्छी नहीं रही थी। जब मेरे जाने का समय हो गया, वह मुझे दरवाज़े तक छोड़ने आया। मुझे कन्धों से पकड़ते हुए हियु ने कहा, ''यावन, उम्मीद करता हूँ कि तुम हमारे प्यार की क़ीमत को समझ सकती हो। इसे पाना कोई बहुत आसान काम नहीं है...''

अपने प्यार की ख़ातिर, मैंने पिताजी से भी बग़ावत कर ली थी। और हियु स्पोर्ट्स एंड फिजिकल कल्चर कमीशन के निदेशक के ख़िलाफ़ हो गया था। लेकिन यह पहली बार था, जब किसी मुद्दे पर हमारी राय अलग–अलग थी। लेकिन जिस तरह से पढ़ने और एथलीट बनने के मेरे सपने के बीच आने की किसी की हिम्मत नहीं हुई थी, उसी तरह कोई मुझे यूनिवर्सिटी में दाख़िला लेने से रोक नहीं सकता था। फिर चाहे वह हियु ही क्यों न हो, जिसे मैं दुनिया में सबसे ज़्यादा प्यार करती थी।

जानती थी कि अपनी ज़िन्दगी के हालात को बदलने के लिए यूनिवर्सिटी ही मेरे पास एक रास्ता है।

लेकिन मैं तैयारियाँ कर ही रही थी और प्रवेश परीक्षा के लिए पंजीकरण करवाने ही वाली थी कि सांस्कृतिक क्रान्ति शुरू हो गयी।

इसके सालों बाद, हियु ने मुझसे पूछा था, ''मुझे समझ नहीं आता। बैंक में तुम्हारी अच्छी–ख़ासी नौकरी थी और हम एक–दूसरे से इतना प्यार करते थे, फिर भी तुम यूनिवर्सिटी जाने के लिए इतनी बेचैन क्यों थीं?''

मैने बहुत संक्षेप में जवाब दिया, ''प्यार, करियर की जगह नहीं ले सकता।''

आज भी मेरी यही राय है; प्यार किसी की ज़िन्दगी की जड़ें होता है लेकिन करियर मिट्टी होता है। मिट्टी के बिना, जड़ें सूखकर मर जायेंगी।

प्यार को पा लेने का मतलब यह क़तई नहीं है कि इन्सान ज़िन्दगी में सबकुछ छोड़कर बैठ जाये। प्यार की चिनगारियों से निकली आग धीरे–धीरे बुझ जाती है। फिर चाहे कोई जोड़ा हीर–रांझा और सोहनी–महिवाल की तरह ही एक–दूसरे को टूटकर क्यों न चाहता हो। प्यार का जुनून, प्यार की आग, प्यार का दरिया कितना ही ज़ोर क्यों न मारता हो, एक दिन वह शान्त होकर ठहर जाता है। अगर अपने प्यार में तुमने ख़ुद को खो दिया, तो आख़िर में तुम सिर्फ़ प्यार ही नहीं खो बैठोगे, बल्कि जीवन से बहुत कुछ खो जायेगा। प्यार एक ऐसी नाजुक चीज़ है जो भीतर और बाहर सन्तुलन क़ायम करती है। अगर यह सन्तुलन बिगड़ जाता है, तो तलाक़ और जुदाई को आते देर नहीं लगती। मैं समझती हूँ कि हर किसी का, हर औरत और पुरुष का अपना–अपना करियर होना चाहिए। करियर जीवन को समृद्ध करता है।

शुरुआत में मैंने अन्दाज़ा लगाया था कि सांस्कृतिक क्रान्ति जल्द ही ख़त्म हो जायेगी और मैं अगले साल परीक्षा दे पाऊँगी।

मुझे ज़रा भी अन्दाज़ा नहीं था कि अगले साल परीक्षा देने की मेरी योजना अधर में लटक जायेगी।

यूनिवर्सिटी जाने का मेरा सपना उसी फूँस के घर में दफ़न होकर रह गया। मेरे सपने के कुछ टुकड़े एप्रिकोट फ़ॉरेस्ट नदी के किनारे पॉपलर के पेड़ों के नीचे भी बिखरे रह गये थे...

अध्याय 9

मेरी बेटी के क़रीब आती मौत और मेरा पागलपन

56

उन्नीस सौ छियासठ में सांस्कृतिक क्रान्ति शुरू हो गयी थी। उस समय के अधिकतर लोगों की तरह, मैं पार्टी और चेयरमैन माओ की कट्टर वफ़ादार थी। मैंने पूरी निष्ठा के साथ चेयरमैन माओ के 'सर्वोच्च दिशा–निर्देशों' को सुना और उनकी क्रान्ति के रास्ते पर चलते हुए मैं संघर्ष में सक्रिय रूप से शामिल हो गयी। मैं विद्रोहियों के प्रदर्शनों में भाग लेने लगी, लोहे के बोर्डों पर नारे लिखने लगी, क्रान्तिकारी दस्तावेज़ प्रकाशित करने में शामिल हो गयी... आज भी मेरे घर में उस ज़माने के दो बड़े समाचार–पत्र सँभालकर रखे हुए हैं।

उस समय, मैंने एक बेहद मूर्खतापूर्ण काम किया, ऐसा काम कि मुझे अपने पिता के सामने जाते हुए शर्म महसूस हो रही थी।

एक दिन मुझे पता चला कि मेरे साथ ही टीम छोड़ने वाले चार एथलीटों को काफ़ी पहले ही कैडर के रूप में पदोन्नति दे दी गयी और उनमें से कुछ कम्युनिस्ट यूथ लीग में भी शामिल हो गये थे। केवल एक मैं ही बची थी जो सिर्फ़ कार्यकर्ता थी; मुझे पिताजी के 'दागदार इतिहास' के चलते तरक़्क़ी नहीं दी गयी। मैं ग़ुस्से से भरी घर गयी और पिताजी से पूछा, ''पिताजी, आपको सैनिक बनने की क्या पड़ी थी? आपकी वजह से मेरी तरक़्क़ी नहीं हुई!''

उन्होंने कोई जवाब नहीं दिया, ख़ामोशी से बैठे मुझे घूरते रहे। उनकी ठोड़ी धीरे–धीरे काँप रही थी।

माँ मुझे तुरन्त खींचकर घर से बाहर ले गयी और दबी आवाज़ में डाँटते हुए बोली, ''क्या तुम्हारी अक्ल पर पत्थर पड़ गये हैं, तुम्हें ज़रा भी नहीं पता? तुम्हारे पिताजी अभी बाहर से लौटे हैं। लोगों ने सरेआम उनकी बेइज़्ज़ती की। लोगों ने उनके गले में पोस्टर टाँग दिया, उनकी गर्दन पर अभी भी निशान है!'' उस समय माँ ने मुझे बताया कि पिताजी को किस तरह चाङ चाओलिन की सेना में जबरन भर्ती किया गया था।

''उसी बदक़िस्मती के मारे, तुम्हारे बाप को अपनी पूरी ज़िन्दगी ईंटें ढोनी पड़ीं, नरक जैसी जगहों पर मज़दूरी करनी पड़ी...''

जैसे ही मैंने सुना कि पिताजी ने कितना कुछ सहा है, मैं उल्टे पैर दौड़ी, उनसे माफ़ी माँगना चाहती थी, ''पिताजी, मुझे माफ़ कर दो, मुझे ये सब पता नहीं था...पिताजी, ग़ुस्सा मत करो...'', लेकिन मेरी तमाम कोशिशों के बावजूद पिताजी हिले नहीं, ख़ामोशी से बैठे रहे।

उसके बाद ज़िन्दगी का सफ़र जिस तरह से आगे बढ़ा, मुझे महसूस हुआ कि मैं रास्ता भटक गयी हूँ।

हियु स्पोर्ट्स टीम का पहला सदस्य था जिसे 'क्रान्ति विरोधी' और 'छोटा देंग तुओ' घोषित कर दिया गया। खेल परिसरों की इमारतों पर बड़े–बड़े पोस्टर लगाये गये, जिनमें हियु की कड़ी आलोचना की गयी थी। हियु का सबसे बड़ा आलोचक तो हमारे कोच थे, जिन्होंने हम दोनों को ट्रेनिंग दी थी।

'अगस्त 25' वह समूह था जिसमें हियु और मैं शामिल हो गये। इस समूह को क्रान्ति विरोधी क़रार दिया गया था और इसके नेताओं को गिरफ़्तार कर लिया गया और समूह के मुख्यालय को भी नष्ट कर दिया गया। च्यामुसी ईस्ट में हमारे कार्यालय में जितने भी लोग थे जो 'अगस्त 25' समूह के सदस्य बन चुके थे, उन्होंने नौकरियाँ छोड़ दी थीं। आख़िर में, केवल मैं बची थी...

सांस्कृतिक क्रान्ति ने व्यापक रूप ले लिया। हमें समझ नहीं आ रहा था कि क्या किया जाये? इसी भ्रम और अनिश्चितता के दौर में हमने शादी करने का फ़ैसला कर लिया। हियु को पहले ही एक स्पोर्ट्स कॉलेज में कोच बना दिया गया था।

57

शनिवार, 9 सितम्बर, 1967।

काम के बाद मैं घर लौटी, भरा कटोरा नूडल सूप पिया जो माँ ने मेरे लिए बनाया था। माँ और पिताजी को अलविदा कहा और घर से निकलकर सड़क पर आ गयी। अभी–अभी बारिश हुई थी, इसलिए सड़क कुछ गीली थी। साइकिल पर सवार होकर मैं अपने नये घर की ओर जा रही थी।

मुझे कुछ नहीं मालूम था कि ठीक उसी समय, मेरी तीसरे नम्बर की बहन बीजिंग में अपनी ज़िन्दगी के सबसे भयानक और दर्दनाक दौर से गुज़र रही थी।

कई दिन पहले बीजिंग में बीजिंग शिच्यांगशान स्टील वर्क्स से एक टेलीग्राम आया था। टेलीग्राम में बहन से तुरन्त बीजिंग पहुँचने को कहा गया था। बहन ने सोचा कि उसके पति बीमार हैं। वह अपनी दोनों बेटियों को लेकर बीजिंग के लिए रवाना हो गयी लेकिन जब वह पहुँची तो उसे सीधे मुर्दाघर ले जाया गया...जब तक मुझे पता चला, इस बात को कई हफ़्ते बीत चुके थे।

नये घर पहुँचने पर हियु मुझे लेने बाहर आया, उसके हाथ गीले और धूल में सने थे।

उसने स्पोर्ट्स कमीशन से एक जिम के साथ वाले बेकार पड़े कमरे को उधार ले लिया था। इसे उसने एक छोटे से कमरे में बदल दिया। यह हमारा नया घर था।

शादी जैसा कोई समारोह नहीं हुआ, कोई मेहमान नहीं आया, कोई नये कपड़े नहीं सिलवाये गये–सिर्फ़ मैं और हियु अपनी छोटी–सी मेज़ पर मोमबत्ती की रौशनी में बैठे हुए थे। यह मेज़ मेरे भाई और भाभी ने बतौर उपहार दी थी। हमने रेड वाइन से भरे दो गिलास उठाये और जाम से जाम टकराया...

शादी की ख़ुशी मनाने के लिए इतना तो बनता ही था।

इश्क़ की बगिया के तो दो ही माली होते हैं, इस दुनिया को केवल वे दोनों ही बुनते हैं : बाक़ी सब तो बेमानी होता है। इस दुनिया के दोनों बाशिन्दों के बीच के एहसास और इश्क़ के लिए उनकी शिद्दत ही सबसे ज़्यादा मायने रखती है। हीरे–जवाहरात जड़ा सोने का महल हो, चाँदी

की पालकी हो, झोली में दुनिया की तमाम नैमतें हो, लेकिन अगर प्यार ही न हो, तो इस सबका क्या फ़ायदा?

हम दोनों के बीच में इश्क़ का दौर पाँच साल चला था और आख़िरकार वह दिन आ गया था जिसका हमें बरसों से इन्तज़ार था।

लेकिन जब हियु मुझे सुहागरात के बिस्तर पर ले गया, मैं ज़ोर–ज़ोर से रोने लगी, किसी बच्चे की तरह आँखों से आँसू टप–टप गिरने लगे, जैसे मुझसे कोई ग़लती हो गयी हो।

''अरे, क्या हुआ?'' हियु ने पूछा, मेरा रोना देखकर वह खुद भी डर गया था। ''मैं...मैं अब लड़की नहीं रह गयी हूँ...'' इतना कहकर मैं सुबकने लगी।

उस ज़माने में औरत की नैतिकता का मसला काफ़ी पुरातनपन्थी था; कौमार्य को बहुत महत्त्व दिया जाता था।

हियु ने मेरा चेहरा ऊपर की ओर उठाया और कुछ ऐसा कहा कि वह मेरे दिल में समा गया, ''परेशान मत हो, मैं वादा करता हूँ, तुम्हें जीवनभर प्यार करूँगा और तुम्हारा ख़याल रखूँगा...''

उसने अपना दिया वचन निभाया भी।

हालाँकि बाहर की दुनिया में बहुत घमासान मचा था और चारों ओर अराजकता फैली थी, लेकिन हमारा नन्हा–सा प्यारा घर किसी स्वर्ग के हिंडोले जैसा था–ख़ुशियों की छन–छन और प्रेम की ख़ुशबू से भरा।

जब मैं शाम को काम से घर लौटती तो हियु को हमेशा छोटी चाय टेबल या बड़ी डाइनिंग टेबल बनाने में मसरूफ़ पाती। मैं भी घर के कामकाज में लग जाती। उसने मेरे माँ और पिताजी के लिए एक छोटी डाइनिंग टेबल बनायी। इसके पायों के लिए लकड़ी चीरने का काम मैंने किया। जब मैंने लकड़ी की चिराई ख़त्म की तो देखा कि चारों पाये अलग–अलग लम्बाई के थे। हम दोनों का हँसते–हँसते बुरा हाल हो गया।

इसी बीच, हमारे प्यार की निशानी मेरी कोख में पलने लगी थी।

हियु को यह ख़बर जब मैंने सुनाई तो वह बच्चों की तरह उछलने लगे, ''ओह! ये तो कमाल हो गया! हमारे घर में एक नन्हा बेबी आयेगा! ज़रा मुझे देखने दो!'' वह मेरे पेट को उघाड़कर देखने लगे और पूरा ध्यान लगाकर कुछ सुनने की कोशिश की। वह हाथ से धीरे–धीरे मेरे पेट पर थपकी भी दे रहे थे। हालाँकि, गर्भावस्था के शुरुआती दौर में ऐसा कुछ नहीं होता कि आपको सच में गर्भ के बारे में कुछ महसूस हो सके।

सुबह–सुबह मेरा बहुत जी मिचलाता। खाना गले से नीचे ही नहीं उतरता। कुछ भी मुँह में डालो तो तुरन्त उल्टी। हियु ने अपनी तरफ़ से हर कोशिश करके देख ली। हियु मेरी बच्चों की तरह मनुहार करते कि कुछ तो खा लो। एक रात तो कमाल ही हो गया। रात के तीन बजे थे और अचानक से मेरी नींद खुल गयी। मेरा ऐसा मन हुआ कि अभी आइसक्रीम खा लूँ। मैंने हियु को बताया तो वह दौड़कर रेलवे स्टेशन गये और आइसक्रीम लेकर आये। अगर मेरा नाशपाती खाने का मन करता तो हियु को चाहे सारा च्यामुसी... क्यों ना छानना पड़े, वह नाशपाती लेकर ही आते...

हम दोनों देर रात तक बिस्तर पर लेटे जागते रहते, अपने होने वाले बच्चे के बारे में तरह–तरह के सपने बुनते, वह कैसा दिखेगा...अन्दाज़ा लगाते कि लड़का होगा या लड़की।

''बच्चे को जन्म देने के बारे में सोचकर ही मेरी जान सूख जाती है...'' मैंने कहा था।

''डरो मत, मैं तुम्हारे पास हूँ, हूँ न!'' उन्होंने मुझे सँभालते हुए कहा था।

''आपके होने का क्या फ़ायदा? मेरे लिए आप थोड़े ही न बच्चा पैदा करोगे!'' मैंने प्यार से झिड़का तो हियु हँसने लगे।

वह मज़ाक़ करने लगे, ''लेकिन अगर मैं तुम्हारे पास रहूँगा तो तुम्हारी हिम्मत बढ़ाता रहूँगा, तुम्हारे लिए अंडे उबाल दूँगा, तुम्हारी सेवा में हाथ बाँधे खड़ा रहूँगा। वैसे तुम डरती किस बात से हो!''

वह ऐसे ही थे; वह कभी किसी से नहीं डरे।

एक बार हम दोनों नौका विहार के लिए च्यांगबेई गये। हम नदी के बीच में ही थे, अचानक मूसलाधार बारिश शुरू हो गयी। अचानक से तेज़ हवाएँ चलने लगीं और हमारी नाव बुरी तरह हिलने लगी। हालाँकि हम दोनों तैरना जानते थे, लेकिन हालात इतने ख़तरनाक हो गये थे कि तैरकर किनारे जा पाना भी मुश्किल था। उन्होंने मुझसे पूछा कि क्या मुझे डर लग रहा है। मैंने कहा कि हाँ थोड़ा–सा।

''डरो मत, मैं तुम्हारे साथ हूँ!'' उन्होंने कहा।

''लहरों के बारे में चिन्ता मत करो, सही तरीक़े से चप्पू चलाओ! चलो, ठीक से चप्पू चलाओ, मेरी बात सुनो और ज़ोर–ज़ोर से एक दो, एक दो, एक दो बोलते हुए चप्पू को तेज़–तेज़ चलाओ!''

जब हमने नदी पार कर ली, उन्होंने मुझे बताया, ''अगर मैं तुमसे

कहता कि मुझे डर लग रहा है तो तुम मुझसे भी ज़्यादा डर जातीं न?''

हम दोनों अपनी शादीशुदा ज़िन्दगी में ख़ुश थे और हम भविष्य के सपने देखने लगे थे। लेकिन हम इन सुनहरे सपनों को बुनने में मगन थे और उधर भयानक मुसीबतें हमारी ओर बढ़ती आ रही थीं।

58

दुर्भाग्य किसी एक इन्सान का नहीं होता है। 28 मई, 1968 की बात है। लिन बियाओ ने अपनी किताब *मे ट्वेन्टी एट्थ डिक्री* नेशनल स्पोर्ट्स वर्ल्ड के लिए प्रकाशित की। इसके साथ ही हमारा हनीमून ख़त्म होने के संकेत मिलने शुरू हो गये। ही लोंग को नीचा दिखाने के लिए लिन बियाओ ने झूठे आरोप लगा दिये कि ही लोंग ने देश छोड़कर भागने की कोशिश की। और साथ ही ऐलान कर दिया कि नेशनल स्पोर्ट्स ऑथारिटी को सेना की तरह से चलाया जायेगा। उसने ही लोंग को संशोधनवादी कहते हुए आलोचना की। हियु को 'सक्रिय क्रान्ति विरोधी' और 'काला संशोधनवादी' घोषित करते हुए निन्दा की गयी।

जिस दिन यह घोषणा की गयी, उसे किसी अनजान जगह पर अकेले रहने के लिए भेजा जाना था। यह एक प्रकार की सज़ा थी। वह शाम को घर आये और अपना बैग पैक करने लगे। मैं उनसे लिपटकर रोने लगी। उन्होंने मुझे दिलासा देने की कोशिश की, ''रोओ मत, यह बच्चे के लिए ठीक नहीं होगा। मैं तो यहाँ नहीं होऊँगा, लेकिन तुम अपना पूरा ख़याल रखना, हिम्मत रखना। ओह! मेरी बात मानोगी न! मैं जल्द से जल्द तुम्हारे पास आने की कोशिश करूँगा...''

जाते हुए हियु ने एक बार पलटकर देखा और मुझे याद दिलाते हुए बोले, ''अपना अच्छे से ध्यान रखना...''

हियु चले गये थे, शाम इतनी वीरान कभी नहीं हुई थी। ख़ाली घर से नज़रें मिलाने के लिए मुझे हिम्मत जुटानी पड़ रही थी। रात बहुत भारी गुज़री, रोते–रोते, उल्टे–सीधे ख़याल मन में आते रहे। मन न जाने कहाँ–कहाँ उड़ जाता और न जाने कैसी–कैसी बुरी ख़बरें लाकर देता।

पिछले कुछ साल मेरे पढ़ाई को लेकर बीते थे। पढ़ाई के लिए मेरा जुनून सत्ता और नेताओं में मेरी आस्था के साथ घुल–मिल गया

था। मैंने लियु शाओछी की *हाउ टू बी ए गुड कम्युनिस्ट* देखी थी। यह विवेक और सच्चाई का एक श्रेष्ठ उदाहरण थी, लेकिन अब उनका वह मान–सम्मान नहीं रह गया था। मैंने न जाने कितनी किताबें पढ़ी थीं। मुझे इन किताबों से जी–जान से प्यार था। इनमें विदेशी गीत और विदेशी फ़िल्में भी थीं जिन्हें मैं बहुत पसन्द करती थी, जैसे *फाइव गोल्डन फ़्लावर्स* और *विजिटर्स ऑन दी आइसी माउंटेन*। लेकिन अब इन सब चीज़ों को समाज के लिए ज़हर घोषित कर दिया गया था। 'सामन्तवाद, पूँजीवाद और संशोधनवाद' के नाम पर इन्हें नष्ट किया जा रहा था। मैंने हेनरिक हेईन की कविताएँ पढ़ी थीं और मैं प्रसिद्ध तथा अपने विषय की विशेषज्ञ बनना चाहती थी–मुझे इसकी सज़ा देने की तैयारी की गयी। मेरे नाम के भी कुछ पोस्टर दीवारों पर लगा दिये गये, जिनमें मेरी कड़ी आलोचना की गयी थी।

मुझे पता चल रहा था कि इतने बीते सालों में मैंने जो भी काम किया, जिन भी नियमों की मैंने पालना की और उनका सम्मान किया, वह सब ग़लत थे। लेकिन मुझे पता नहीं था कि मेरी ग़लती कहाँ है; हक़ीक़त तो यह थी कि मुझे यही नहीं पता था कि अब क्या ठीक है और क्या ग़लत है। मुझे यह बात समझ में नहीं आ रही थी कि पूरे चीन में केवल कुछ ही लोग क्यों सही थे। चीन जो कि एक विशाल देश है वहाँ क्यों इतने सारे लोग परम्पराओं और रीति–रिवाजों की बलि दे रहे थे। मैं एक तरह से लापता हो गयी थी, भटका हुआ महसूस कर रही थी, ज़िन्दगी में इस तरह कभी भी नहीं भटकी थी।

सिर्फ़ मैं ही नहीं थी जिसके सामने द्वन्द्व था बल्कि पूरे चीन के लोग इसी समस्या से जूझ रहे थे। असलियत में, पूरी दुनिया हैरान थी कि चीन में ये हो क्या रहा है। इसकी वजह यह थी कि सांस्कृतिक क्रान्ति की विशाल विध्वंसक सेना का सबसे बड़े शिकार आम लोगों का नैतिक धरातल था जिस पर चोट की जा रही थी। लोगों की आस्थाओं को ख़त्म किया जा रहा था, आध्यात्मिकता की जड़ों पर प्रहार हो रहा था, लोगों के नैतिक सिद्धान्तों को जड़ से उखाड़ा जा रहा था और साथ ही उनके नैतिक व्यवहार का सफ़ाया किया जा रहा था। इसी प्रक्रिया में विध्वंसक ताक़तें, बुराइयाँ, स्वार्थ और लालच जैसी बुरी ताक़तें अपना सिर उठाकर खड़ी हो गयी थीं, ये बुराइयाँ हर इन्सान के भीतर होती हैं, लेकिन सांस्कृतिक क्रान्ति के सामने ये भी बेनकाब हो गयीं। जो भी मेरे लिए

ख़ूबसूरत था, मुझे शान्ति देता था, मुझे ख़ुशी देता था, उस सबका सफ़ाया कर दिया गया। इतने विशाल पैमाने पर व्यापक विनाश ने चीनी लोगों पर बहुत ही नकारात्मक प्रभाव डाला। यह असर इतना बुरा था कि इसका बुरा असर आज भी महसूस किया जा सकता है।

इस सारी उथल–पुथल में सबसे ज़्यादा परेशान में जिस चीज़ को लेकर थी, और जिसे मैं समझ नहीं पा रही थी, वह थे हियु।

हियु अन्तर्मुखी स्वभाव के एक संकोची इन्सान थे; उनमें बड़बोलापन नहीं था, लेकिन वह वफ़ादार, रहम दिल और च्यामुसी के पहले मास्टर ग्रेड के एथलीट थे। च्यामुसी ने अभी तक अगर कोई होनहार व्यक्ति समाज को दिया था तो वह हियु ही थे। उन्हें दो अलग–अलग अवसरों पर प्रान्तीय टीम में पदोन्नति दी गयी थी, नगर–निगम ने तो उन्हें युवाओं के लिए अपना ब्रांड एम्बेसडर तक बनाया था। वह युवाओं के लिए एक आदर्श थे।

एक बार की बात है, हियु ट्रेनिंग के लिए साइकिल पर जा रहे थे तो उन्होंने अचानक सड़क पर एक बच्चे को देखा जो कीड़े को खोद–खोदकर निकाल रहा था। अपनी जान की परवाह न करते हुए, हियु ने बच्चे को बचाने के लिए साइकिल तुरन्त दूसरी ओर मोड़ दी। मोड़ तीखा होने के कारण वह और उनकी साइकिल हवा में उछल गये। धड़ाम की आवाज़ के साथ दोनों सड़क किनारे के एक खेत में जाकर गिरे। आज भी उनके कन्धे पर एक बड़ा–सा निशान है जो उस दिन लगी चोट का है। एक बार हियु राष्ट्रीय प्रतिस्पर्धा के दौरान फ़र्श पर एक महँगी ब्रिटिश घड़ी पड़ी हुई देखी थी। हियु अपना मुँह फेरकर चल दिये थे। अपनी सज़ा की अवधि के दौरान उन्होंने एक महिला टीचर को बचाया था जो एक झील में आत्महत्या करने की कोशिश कर रही थी। उन्होंने डूबकर जान देने की कोशिश करने वाले कई लोगों की जान बचायी थी।

इसके बावजूद कि वह च्यामुसी के सबसे प्रतिभाशाली एथलीट थे, उन्हें ही सबसे पहले आलोचनाओं का सामना करना पड़ा। वही सबसे पहले थे जिन्हें आत्म–निरीक्षण के लिए भेजा गया। एकमात्र वही ऐसे एथलीट थे, जिन्हें इतने लम्बे समय तक निशाना बनाया गया।

बाद में मुझे पता चला कि देशभर के कई होनहार खिलाड़ियों को हियु की तरह ही यातनाएँ झेलनी पड़ी थीं।

हियु को आत्म–निरीक्षण के लिए भेजे जाने के बाद, मैंने साइकिल से बैंक जाना जारी रखा। दिन–ब–दिन मेरा पेट बढ़ता जा रहा था।

दिन तो आराम से बीत जाता था। बैंक में काम में व्यस्त रहती थी, लेकिन घर पर अकेले शाम बिताना बहुत मुश्किल हो जाता। एक बूढ़े चौकीदार के सिवाय जिम्नेज़ियम में मैं अकेली थी। बूढ़ा चौकीदार जिम्नेज़ियम के पूर्वी छोर पर रहता था।

रात में, ठण्डे और ख़ाली बिस्तर पर मैं अकेली लेटी रहती, कभी लगता हियु की ख़ुशबू हवा में तैर रही है, वही ख़ुशबू जो वह जाते वक़्त अपने पीछे छोड़ गये थे। अकेलापन मुझे खाने को दौड़ता और मैं हर पल उदासी की गहराइयों में डूबती जाती।

हमारे घर में काफ़ी चूहे थे लेकिन उनमें से एक चूहा कुछ ज़्यादा ही बड़ा था। सारे चूहे क़रीब आधा–आधा फ़ीट लम्बे थे। जैसे ही शाम होती, वे इधर–उधर दौड़ना शुरू कर देते, मानो कोई रेस हो रही हो। वे इतना ऊधम मचाते कि डर के मारे मेरी जान निकलने को हो जाती। मैं पसीने से नहा उठती।

एक रात की बात है, मैं शरलेक होम्स का जासूसी उपन्यास *दी हाउंड ऑफ़ दी बास्करविलेस* पढ़ रही थी। कहानी में बड़ा ही डरावना माहौल था और मैं पूरी तरह उसमें डूबी हुई थी। अचानक से मैंने फट की आवाज़ सुनी। देखा तो दो बड़े–बड़े चूहे छत से सीधे मेरे बिस्तर पर आकर गिरे थे। मेरे गले से घुटी–घुटी–सी चीख़ निकल गयी और मेरा पूरा शरीर डर के मारे काँपने लगा।

उस रात, मैं कम्बल के भीतर छुप गयी और आधी रात तक रोती रही।

शाम होते ही मुझे हियु के लौटने का इन्तज़ार रहता। हर रोज़ हियु के घर लौटने के वक़्त मुझे क़दमों की आहट–सी सुनाई देती। हियु को देखने, उससे मिलने की तड़प इतनी ज़्यादा थी कि हमेशा मुझे लगता, मैंने दरवाज़े पर किसी की ठक–ठक की आवाज़ सुनी है।

एक रात की बात है। क़रीब आधी रात बीत चुकी थी। मुझे खिड़की पर किसी के ठकठकाने की आवाज़ सुनाई दी। यह वही आवाज़ थी जिसका मैं इतने दिनों से इन्तज़ार कर रही थी। आवाज़ एकदम शान्त थी लेकिन उसके भीतर तो बेचैनी थी, वह मैं महसूस कर सकती थी। मैं तुरन्त बिस्तर से निकली और खिड़की की ओर दौड़ी, "हियु, क्या ये तुम हो?"

''हाँ, दरवाज़ा खोलो, जल्दी!'' बाहर से आयी आवाज़ शान्त थी, ऐसे से कि बोलने वाले ने अपनी जीभ दबा रखी हो।

हैरानी और ख़ुशी में कुछ समझ नहीं आया और दरवाज़ा खोलने ोड़ी। चिटकनी खोलने ही वाली थी कि मैंने पूछा, ''उन्होंने तुम्हें आज ैसे घर आने दिया?'' लेकिन बाहर से कोई आवाज़ नहीं आयी। अचानक मुझे लगा कि कुछ गड़बड़ है। मैंने जल्दी से पूछा, ''कौन हो तुम?''

बाहर खड़े आदमी ने रिरियाते हुए, आवाज़ धीमी करके कहा, ''जल्दी रो, दरवाज़ा खोलो!''

मैं समझ चुकी थी कि बाहर खड़ा आदमी जो भी है, जो शांदोंग लहजे बोल रहा है, वह हियु तो बिल्कुल नहीं है। मैंने तुरन्त चिटकनी कसकर ढ़ा दी और ज़ोर से चिल्लाकर बोली, ''तुरन्त यहाँ से दफ़ा हो जाओ!''

लेकिन दरवाज़े पर ठकठकाने की आवाज़ तेज, और तेज़ होती चली यी। जब वह आदमी दरवाज़े को पीटते–पीटते थक गया तो खिड़की र आकर ठकठकाने लगा...

जिम्नेज़ियम के उत्तरी छोर पर, जो कि मेरे घर से ज़्यादा दूर नहीं ा, वहाँ शिपिंग ब्यूरो के कर्मचारियों के लिए एक डोरमेट्री थी। इसमें न्दरगाह के कुछ कुली रहते थे। ये लोग अक्सर चार–पाँच के समूह में पनी खिड़कियों के पास बैठ जाते और फ्रॉग ब्रांड की सिगरेट फूँकते हते थे। ये अपने क्षेत्रीय लहजे में ज़ोर–ज़ोर से बात करते और गन्दे ुटकुले एक–दूसरे को सुनाते। एक दिन जब मैं काम से घर लौट रही ी तो एक लम्बे–चौड़े और उजड्डु से आदमी ने शांदोंग लहजे में मुझसे चेल्लाकर कहा, ''ऐ लड़की, लगता है तुम अकेली रह रही हो! तुम अपने ाई को क्यों नहीं अपने पास रख लेतीं?'' मैंने सोचा नहीं था कि वह सच ं मेरे घर पर आकर दरवाज़े पर इस तरह हंगामा करेगा।

मुझे लगा, मेरी जान हलक में अटक गयी है।

उस ज़माने में घरों में फ़ोन नहीं होते थे और न ही वहाँ मेरा कोई ड़ोसी था। मुझे डर था कि वह खिड़की तोड़कर भीतर आ घुसेगा। इसलिए मैंने रसोई से एक चाकू उठा लिया और खिड़की के नीचे छुपकर ैठ गयी। डर के मारे मेरा पूरा बदन काँप रहा था...

काफ़ी देर तक ठक–ठक करने के बाद वह आदमी आख़िरकार लौट ाया। लेकिन मैं वहीं खिड़की के नीचे दुबककर बैठी रही। मुझे जैसे कवा मार गया था।

इस घटना से मुझे गहरा सदमा लगा और साथ ही मैं बुरी तरह से ड गयी। मुझे नहीं पता था कि इसका मेरे पेट में पल रहे बच्चे पर क्या अस होगा, न मैं ये जानती थी कि मेरी मुसीबतों का अन्त आख़िर कब होगा

इन सारी परेशानियों से ध्यान हटाने के लिए मैं किताबों में डूबी रहती। जब पढ़ने के बारे में सोचती हूँ तो मैं अपने सहकर्मी दू गुइची को नहीं भूल पाती। उसके घर में विश्व प्रसिद्ध किताबों का एक छुपा हुआ ख़ज़ाना था। उस समय चीन में ऐसी सब किताबों पर पाबन्दी थी। इनमें शेक्सपियर का *ओथेलो, हेमलेट* और *रोमियो जूलियट, दी हंचबैक ऑफ नात्रे देम, रिसरक्शन* और *टॉलस्टाय का अन्ना कैरेनिना, शेरलक होम्स की जासूसी कहानियों का संग्रह*...जब भी मैं उससे कोई किताब उधार लेती तो हमेशा ये काम बहुत ही गोपनीय तरीक़े से किया जाता। यह काम ऐसा था मानो हम भूमिगत गतिविधि चला रहे हैं; हम किताबों को अख़बार में लपेट देते और कई बार तो इन्हें माओत्से तुंग की चुनिन्दा रचनाओं की किताब के बीच छुपा लेते।

ज़िन्दगी में जब भी दुश्वारियाँ आयीं तो किताबों ने मुझे अपना हौसला बुलन्द रखने की हिम्मत दी। इस मामले में मैं ख़ुद को ख़ुशक़िस्मत समझती हूँ। उस दौरान मुझे विश्व प्रसिद्ध लेखकों को पढ़ने का मौक़ा मिला, जिनमें शेक्सपियर, विक्टर ह्यूगो, टॉलस्टाय, प्रोस्पर मैरिमी, इवान तुर्गनेव, मोपासाँ और भी बहुत सारे लेखक थे। इन किताबों ने न केवल मेरी उनींदी रातों में मेरा साथ दिया बल्कि साहित्य के सम्बन्ध में मेरे ज्ञान में भी इज़ाफ़ा किया।

59

मैं रात–रातभर जागती रहती, अपने फूले पेट को सहलाते हुए, मेरा बच्चा अब बड़ा हो रहा था, मुझे पेट को छूकर यह एहसास होता। बच्चा अब तेज़ी से अपने हाथ–पैर चलाने लगा था। मैं पहली बार माँ बनने वाली थी और इसीलिए मैं अपने पति के साथ के लिए तड़पती रहती थी। काश! हियु इस समय मेरे साथ होते! वह छूकर देखते, हम दोनों का सपना किस तरह पल–पल बढ़ रहा था! वो नन्हा फूल जिसकी रचना हम दोनों ने मिलकर की थी! वो सपना, जो कुछ उसका था, कुछ मेरा था!

लेकिन दिन बीतते गये, हियु नहीं आये।

एक दिन काम के बाद, मैं रेबल्स के नेताओं में से किसी से बात रने की उम्मीद में साइकिल चलाते हुए स्पोर्ट्स कॉलेज पहुँच गयी। मैं हती थी कि मैं किसी नेता के ज़रिये हियु से मिल सकूँ। मैं पहले भी ई बार वहाँ गयी थी, लेकिन वे मुझे हियु से मिलने की अनुमति देने इनकार कर देते थे। इस बार भी कुछ अलग नहीं हुआ। मैं कुछ नहीं र सकती थी। इसलिए मैं स्टेडियम में दर्शकों के स्टैंड पर चली गयी र वहाँ बैठकर दूर से छोटे–छोटे घरों की क़तारों को देखने लगी जो ोर्ट्स कॉलेज के थे। एक घण्टा बीत जाने के बाद, आख़िरकार मुझे यु की एक झलक दिखी। उसे इन्हीं घरों में से एक घर से निकालकर तरे में ले जाया जा रहा था।

मैं रात होने तक इन्तज़ार करती रही। उसके बाद मैं नम्बर वन डिल स्कूल के परिसर में जा पहुँची जो कि स्पोर्ट्स कॉलेज की दीवार लगा हुआ था। मैं चुपके से उस कच्ची दीवार की ओर बढ़ी जो उस ारत के बाहर की ओर थी, जहाँ हियु को रखा गया था। दीवार एक सान की ऊँचाई से काफ़ी ऊँची थी। जब मैं स्पोर्ट्स टीम में थी तब भी ाँ पर यह दीवार थी। मैं अपने फूले हुए पेट के साथ दीवार पर चढ़ने कोशिश करने लगी। मेरी कोशिश सफल रही।

लेकिन खिड़की खोलने पर जो मैंने देखा, उसे देखकर रुलाई रोकने लिए मुझे अपना दिल मुट्ठी में भींच लेना पड़ा।

हियु कमरे के बीचोबीच खड़े थे, एक भारी–सा बोर्ड उनकी गर्दन लटक रहा था। बोर्ड इतना भारी था कि उसके बोझ से हियु की नर झुक गयी थी। बोर्ड पर लिखा था, ''सक्रिय क्रान्ति विरोधी च्याओ यु।'' उसका नाम ऊपर से नीचे की ओर लिखकर काट दिया गया था। ई सारे रेबल्स उसके आसपास इकट्ठा थे, मुक्के लहरा–लहराकर उसे लियाँ दे रहे थे। वे नारे लगा रहे थे, ''क्रान्ति विरोधी च्याओ हियु।'' में से एक आदमी ने फ़ैसला किया कि हियु ठीक से नीचे नहीं झुक रहे तो उसने उनका सिर पकड़कर फ़र्श की ओर गड़ाने की कोशिश की...

अपने किसी बेहद क़रीबी को किसी अपराधी की तरह जेल में बन्द ग्ने से दुखद कुछ नहीं हो सकता। यह एक इन्सान के सम्मान को तले रौंदने के बराबर है। वह इन्सान जिसे तुम अपनी जान से ज़्यादा र करते हो, उसे ख़ून के आँसू रुलाया जा रहा है, रौंदा जा रहा है,

उसे प्रताड़ित किया जा रहा है, ये सब देखने के बाद जीने की इच्छ ख़त्म–सी हो जाती है। उस क्षण, एकदम से मैंने अपने भीतर कुछ बदल सा महसूस किया। शुरुआत में मैंने केवल भीतर घुसकर हियु को र बताने की सोची थी कि हमारे बच्चे ने पेट के भीतर हाथ–पाँव चला शुरू कर दिया है। मैं उन्हें बताना चाहती थी कि वह जल्द ही बाप बन वाले हैं। लेकिन अब मेरी आँखों के सामने ऐसा दृश्य था कि मेरी स काँपने लगी थी। मैं ज़ोर–ज़ोर से चिल्लाकर दुनिया को बताना चाह थी, ''वह क्रान्ति विरोधी नहीं हैं! वह उस बर्ताव के हक़दार नहीं हैं उनके साथ किया जा रहा है!''

लेकिन मैं चिल्ला नहीं सकी। मैंने अपनी चीख़ को दबाने के लि अपने होंठों को ज़ोर से काट लिया और अपने गरम आँसुओं को गयी। उस क्षण में, मेरे सीने में एक बीज ने जड़ें जमा लीं; वह बीज मज़बूती का बीज!''

उन कुछ ही मिनटों में, अचानक से एक मूलभूत सच मेरे समझ आया, जो सालों तक मुझे पता नहीं था।

मैंने बड़ी ख़ामोशी से ख़ुद से कहा, ''तुम्हें ज़िन्दा रहना होगा, भ ही हियु को क्रान्ति विरोधी घोषित कर दिया गया हो और उसे जेल में दिया गया हो। तुम्हें डटकर मुक़ाबला करना होगा! तुम्हें उन लोगों दिखाना होगा...''

यही शब्द मेरी ताक़त बन गये, मुझे अपने भीतर कुछ ऐसी हलच हुई, मानो सभी अवरोधों को पार कर कोई सोयी हुई ताक़त, विशाल ल की तरह बढ़ी आ रही है। ये लहर थी मेरे भीतर की मज़बूती की, भीतर की ताक़त की। क़दम–दर–क़दम परेशानियों से जूझते हुए मुझे बार नयी ताक़त का एहसास हुआ और इन सभी ने मिलकर मेरे चरि को ऐसा गढ़ दिया था कि मैं अब किसी भी मुसीबत से नहीं डरती थ

दिमाग़ में विचारों का तूफ़ान चल रहा था और आँखों के सामने हियु कानों में उनकी आहों की आवाज़ गूँज रही थी। मैं पूरी तरह अपने में खोयी थी; अचानक लगा कि किसी ने मुझे पीछे से ज़ोरदार थप्पड़ मा इसकी उम्मीद नहीं थी, मैं दीवार से गिर पड़ी। सेना की हरी वर्दी प चमड़े की बेल्ट लगाये और बाजुओं पर रेड गार्ड के फीते लगाये दो लोग पास खड़े थे। उनकी आँखें मुझे घूर रही थीं, और उन आँखों में ग़ुस्सा

''कहाँ से आयी हो?''

''बैंक...''

''तुम उस दीवार पर क्या कर रही थीं? तुम यहाँ कोई गड़बड़ करने आयी थीं?''

''नहीं! मैं अपने पति से मिलना चाहती थी...''

''कौन है तुम्हारा पति? क्या नाम है उसका?''

''...'' मैं उन्हें कुछ नहीं बताना चाहती थी। डर था कि इसका खमियाज़ा हियु को भुगतना पड़ेगा।

''बताओ! क्या नाम है उसका? अगर तुमने नहीं बताया तो हम तुम्हें पकड़कर ले जायेंगे!''

''च्याओ हियु...''

''च्याओ हियु जो मास्टर ग्रेड एथलीट था?'' रेड गार्ड को अच्छी तरह पता था कि वह कौन है।

''हाँ।''

दोनों ने एक–दूसरे की ओर देखा और बोले, ''तुम यहाँ अब कभी नहीं आओगी, सुना तुमने? अगर तुम यहाँ आयीं तो हम तुम्हें क्रान्ति में बाधा पहुँचाने के आरोप में गिरफ़्तार कर लेंगे!'' इतना कहकर वे चले गये। इस बीच उनके जाने के काफ़ी देर बाद तक मैं कच्ची दीवार की ओर झुकी रही।

60

एक दिन हियु ने किसी तरह गुपचुप तरीक़े से मुझे फ़ोन किया। उन्होंने बताया कि वह अस्पताल में भर्ती हैं। उन्हें पेचिश हो गयी है।

शाम को बैंक से लौटते हुए मैं संक्रामक रोग अस्पताल पहुँच गयी। अस्पताल शहर के बाहर था।

हियु पर एक आदमी नज़र रख रहा था लेकिन वह किसी तरह वहाँ से निकल आये। वह मुझे अस्पताल के बाहर मक्का के खेत में ले गये। खेत में हाल–फ़िलहाल ही जुताई की गयी थी। हमने एक–दूसरे को बाँहों में भर लिया।

आसमान का रंग गहरा रहा था, हवा में हल्की–हल्की बूँदाबाँदी थी। हमारे आसपास कोई दूर तक नहीं था। हियु ने खेत से कुछ भुट्टे की

टहनियाँ तोड़ीं और अस्पताल की अपनी जैकेट उतारकर उसे मेरे कन्धों के चारों ओर डाल दिया। हम दोनों खेत में बिछाई गयी भुट्टों की टहनियों पर बैठ गये। टहनियाँ थोड़ा सिली–सिली–सी थीं। हम एक–दूसरे का हाथ पकड़े हुए थे।

कई महीनों से हमने एक–दूसरे को नहीं देखा था; अस्पताल की खिड़कियों से छन–छनकर हल्की रौशनी आ रही थी; हियु ने मुझे ऊपर से नीचे तक देखा, मेरे फूले पेट पर हाथ फेरा और मुझसे पूछा कि क्या मैंने अस्पताल में कोई चेकअप कराया है या नहीं, क्या बेबी ठीक–ठाक है...मैंने बताया कि सब कुछ ठीक–ठाक है। मैंने हियु से उनका हालचाल पूछा, ''क्या हर रोज़ जुल्म बर्दाश्त करना पड़ता है?''

''मुझे तो गिनीचुनी बार ही जलालत झेलनी पड़ी है...'' उन्होंने कहा। ''मुझसे झूठ मत बोलो, मैंने देखा था!''

''तुमने मुझे कहाँ देखा?'' उन्होंने हैरानी से पूछा।

''मैं आपको देखने गयी थी।''

''कब?''

मैंने जब सारी कहानी सुनाई कि किस तरह मैं दीवार फाँदकर भीतर गयी थी तो हियु की आँखों में आँसू आ गये। बिना कुछ बोले, हियु मुझे बाँहों में लिए बैठे रहे। उस रात हमने ख़ूब सारी बातें कीं, ढेर सारी बातें, यही कि मैं बच्चे को कैसे जन्म दूँगी, या हियु को क्या जेल हो जायेगी...?

ये वह दौर था जब निष्पक्षता, न्याय और ज़िम्मेदार प्रबन्धन जैसे सिद्धान्तों के टुकड़े–टुकड़े हो चुके थे; क़ानूनी प्रक्रिया बच्चों का खेल बनकर रह गयी थी। इसलिए 'क्रान्ति विरोधी एजेंट' को किसी भी समय जेल में डाला जा सकता था–दस साल या बीस साल के लिए।

हम जब इस बारे में बात कर रहे थे तो हियु उदास हो गये।

''यावन, मैं सोच रहा हूँ, अगर मुझे जेल हो गयी या मुझे यहाँ से बाहर भेज दिया गया तो तुम्हारा और तुम्हारी बेटी का क्या होगा?'' उन्होंने कहा।

''चिन्ता मत करो, मैंने पहले ही सब तैयारी कर ली है...''

''कैसी तैयारी?''

''अगर आपको जेल भेज दिया जाता है तो मैं इन्तज़ार करूँगी। चाहे कितने ही साल क्यों न लगें, मैं आपका इन्तज़ार करूँगी। अगर यहाँ से बाहर कहीं भेज दिया गया तो मैं आपके साथ चलूँगी। मुझे सिर्फ़ आपके

साथ रहना है, और मुझे किसी बात की परवाह नहीं है। मैं हमेशा आपको प्यार करूँगी।''

मैं बहुत धीरे बोल रही थी, लेकिन जो कुछ मैंने कहा, वह हियु के दिल को समझाने के लिए काफ़ी था, जो उस समय आसमान से भी ज़्यादा उदास था।

यह बात ग़ौर करने लायक है कि यह हनीमून की ख़ुमारी में डूबा हुआ प्यार का इजहार नहीं था, बल्कि यह एक वादा था, एक गर्भवती पत्नी का...जो अपनी आत्मा की गहराइयों से अपने पति का साथ निभाने का वचन दे रही थी। उस पति का जिसका भविष्य उस समय अधर में लटका हुआ था।

मुझे हमेशा से ही पता था कि हियु क्रान्ति विरोधी नहीं थे। उन्होंने केवल इतना कहा था कि लियु वेनकाई एक सामन्तवादी प्रवृत्ति का ज़मींदार था। और इसी बात को लेकर ज़मींदार वर्ग की ओर से उसकी निन्दा की गयी। उन्होंने हियु के एक और बयान को तोड़–मरोड़ कर पेश किया था। हियु ने यूनिवर्सिटी के एक छात्र के बारे में कहा था कि वह होनहार छात्र है, हालाँकि उसके पास टूथपेस्ट ख़रीदने तक के पैसे नहीं थे, लेकिन उसने हियु पर आरोप लगाया कि वह समाजवादी विचारधारा वाले यूनिवर्सिटी के छात्रों को बदनाम कर रहे हैं...

हियु ने मुझे बाद में बताया कि जब उन्हें जेल में रखा गया तो उन्हें केवल मेरी ही याद आ रही थी। और वह जानते थे कि उन्हें ख़ुद को ज़िन्दा रखना ही होगा, चाहे कितनी भी मुसीबतें क्यों न आयें।

उन्होंने मुझे बताया था, ''उस समय, तुम और बच्चा ही मेरी ज़िन्दगी की आस थे!''

वह मेरे और बच्ची के लिए जी रहे थे और हम दोनों हियु के लिए ज़िन्दा थे। जब लोगों को ऐसे हालात का सामना करना होता है, तो बाक़ी सभी चीज़ें बेहद सामान्य हो जाती हैं।

जब मैं अपनी बात ख़त्म कर चुकी तो हियु ने मुझे अपने क़रीब खींच लिया, पकड़ गहरी हो गयी। काफ़ी देर बाद, वह बोले, ''यावन, मुझे ख़ुद को तुम्हारे लायक बनाना होगा...'' पेट में हो रही पीड़ा को दबाते हुए उन्होंने कहा, ''ये ऐसा वक़्त है जब तुम्हें और हमारी बच्ची को मेरी सबसे ज़्यादा ज़रूरत है, लेकिन मैं...मुझे चिन्ता हो रही है, जब समय आयेगा, तो तुम सब अकेले कैसे करोगी?''

''चिन्ता मत करो, हो सकता है, तब तक वे लोग आपको रिहा कर चुके हों।''

''नहीं, ये सम्भव नहीं है। उन लोगों में इतनी दया नहीं है।''

''अगर आप नहीं आ सके तो ये कोई समस्या नहीं है। आज नहीं तो कल वे आपको रिहा करेंगे ही।'' हालाँकि मैं दिल से चाहती थी कि हियु घर लौट आयें, मेरे पास रहें, मेरी और बच्चे की देखभाल करें, जो जल्द ही इस दुनिया में आने वाला था, लेकिन उस वक़्त मैं ऐसा कुछ नहीं कह सकती थी।

हम एक–दूसरे का चेहरा ताकते रहे, दोनों एक–दूसरे को झूठा दिलासा देने की कोशिश कर रहे थे कि सब कुछ ठीक है। सच्चाई तो यह थी कि हम दोनों ही ख़ुद को असहाय महसूस कर रहे थे, अकेला महसूस कर रहे थे, हम दोनों में से ऐसा वक़्त किसी ने नहीं देखा था। हमें पता नहीं था, कल क्या होगा, क्या उन्हें जेल भेज दिया जायेगा या यहाँ से कहीं बाहर? कुछ नहीं पता था, हमारी क़िस्मत हमें कहाँ ले जायेगी।

हम हर बात से अनजान थे।

हमें केवल इतना पता था कि हमारा बच्चा जल्द ही आने वाला है।

पहले ही काफ़ी देर हो चुकी थी। पतझड़ की हल्की बारिश हमारे कपड़ों को पूरी तरह भिगो चुकी थी। हियु ने कई बार मुझसे कहा, ''काफ़ी देर हो गयी, तुम्हें जाना चाहिए।'' लेकिन मैं हियु से बिछुड़ने की बात सोच ही नहीं पा रही थी।

बारिश काफ़ी तेज़ हो गयी, हमने अपनी अगली मुलाक़ात का समय तय किया, एक–दूसरे को प्यार किया और आख़िरकार जुदा हो गये। न चाहते हुए भी। उन्होंने साइकिल पर बैठने के बाद साइकिल को धक्का दिया और काफ़ी देर तक पीछे से मुझे देखते रहे। सड़क पर काफ़ी दूर निकल जाने के बाद, वह मुड़े और अस्पताल की ओर लौट गये।

हमारी दूसरी मुलाक़ात पहले से ही तय थी। मक्का के खेत में इन्तज़ार करते–करते एक घण्टे से ज़्यादा वक़्त बीत गया, लेकिन हियु का कहीं कोई अता–पता नहीं था। हार कर मैं अस्पताल गयी और उनके बारे में पूछताछ की। वार्ड में उनके साथ वाले बिस्तर के मरीज़ ने बताया, ''विद्रोही उन्हें उठा ले गये।''

''क्या उनकी पेचिश ठीक हो गयी थी?''

''नहीं।''

''तो फिर वे उन्हें अस्पताल से क्यों ले गये?''

पता चला कि विद्रोहियों ने हियु पर बीमारी का नाटक करने का आरोप लगाया था। वे उन्हें घसीटते हुए उन्हें फटकार लगाने के लिए अपने साथ ले गये।

साइकिल के पैडल पर मेरे पाँव किसी मशीन की तरह पड़ रहे थे। मैं स्पोर्ट्स कॉलेज पहुँची और हियु से मिलने की माँग की।

लेकिन विद्रोहियों ने मुझे साफ़ मना कर दिया और तुरन्त वहाँ से चले जाने को कहा। मैं एक पेड़ के नीचे लेटकर फूट–फूटकर रोयी।

इतना मैं अपनी ज़िन्दगी में कभी नहीं रोयी थी। मेरा दिल फट रहा था, कोई रास्ता नहीं सूझ रहा था। इतनी बुरी तरह रोने से कुछ देर बाद मुझे सिर में चक्कर–सा महसूस होने लगा। कुछ देर बाद स्पोर्ट्स कमीशन से एक आदमी मेरे पास आया। उसका नाम वांग चिग्वाओ था। मुझे ऐसी हालत में देखकर उसने कुछ ऐसा कहा कि मैं सारी ज़िन्दगी उसकी आभारी रहूँगी, ''यावन, ऐसा क्या हुआ जो तुम इतना रो रही हो? अगर तुमने अपना ख़याल नहीं रखा तो इसका तुम्हारे बच्चे पर असर पड़ेगा। मैं जाकर उन लोगों से बात करूँगा!''

विद्रोही आख़िरकार हियु को मुझसे मिलने की अनुमति देने के लिए तैयार हो गये। हम दोनों स्पोर्ट्स कॉलेज के गेट पर खड़े थे। हमने एक–दूसरे से कुछ देर बातें कीं। उन्होंने मुझे बताया कि अब पेचिश ठीक हो गयी है। मुझसे अपना ख़याल रखने को कहा। साथ ही हिदायत दी कि रोना नहीं है। आख़िर में बोले, ''अब तुम घर जाओ।''

बेटी के जन्म से पहले यह आख़िरी बार था, जब मैंने हियु को देखा था।

61

सांस्कृतिक क्रान्ति को ख़त्म हुए सालों बीत चुके थे, लेकिन मोटरसाइकिल के इंजनों की आवाज़ मेरे भीतर किसी डर की तरह बैठ गयी थी; जैसे ही मुझे उसकी आवाज़ सुनाई देती, मुझे डर का दौरा–सा पड़ जाता।

ऐसा इसलिए था क्योंकि स्पोर्ट्स कमेटी के कई विद्रोही प्रमुख मोटरसाइकिल चलाते थे। उस ज़माने में बहुत कम लोगों के पास मोटरसाइकिल होती थी। मुझे याद नहीं, कितनी बार वे मेरे घर आये

थे, लेकिन मुझे मोटरसाइकिल का कानों को चीरने वाला शोर और ब्रेक लगाने की आवाज़ आज भी याद है।

एक दिन शाम को आठ बजे की बात है। मैंने अचानक से मोटरसाइकिल की धड़–धड़ की आवाज़ सुनी। मेरा दिल उछलकर हलक में आ गया।

मुझे पक्का यक़ीन था कि फिर से यह वही होगा...

मैंने ये फ़ैसला किया है कि उसका नाम न लिखना ही बेहतर रहेगा। आख़िरकार वह अब बूढ़ा हो चुका है, उसके बच्चे हैं, पोता–पोती हैं; ज़िन्दगी के आख़िरी दिनों में उसकी शान्ति भंग न की जाये, यही सही रहेगा। रहमदिल होना अच्छी बात है। और वैसे भी, जो कुछ हुआ, उसमें अकेले उसकी ग़लती नहीं थी। उसकी ज़िन्दगी भी कोई आसान तो नहीं रही थी; एक मोटरसाइकिल हादसे में उसकी टाँग टूट गयी थी और इसके चलते उसे एक साल से ज़्यादा अस्पताल में बिताना पड़ा। अस्पताल से छुट्टी मिलने के बावजूद उसकी टाँग ठीक नहीं हुई और वह लँगड़ाता ही रहा। इसलिए मैं उसे श्रीमान बी कहकर बुलाऊँगी।

जिस समय मैं एथलीट थी, उस समय बी स्पोर्ट्स कमीशन में था। मेरी या मेरे साथी एथलीटों की उससे कभी कोई बातचीत नहीं हुई थी। आसपास से गुज़रते हुए कभी–कभार हाय–हलो हो जाया करती थी।

इन बी साहब का रवैया मेरे लिए बुरा तो क़तई नहीं कहा जा सकता। यूँ कह सकते हैं कि वह मेरे लिए चिन्तित नज़र आते थे। जब वे मेरे घर आये तो बोले, ''यावन, मुझे पता है कि तुम और हियु एक–दूसरे के काफ़ी क़रीब हो।''

तुम चेयरमैन माओ की क्रान्ति के रास्ते पर आगे बढ़ रही हो, इस संघर्ष को अपना समर्थन देने और इसकी मज़बूती के लिए तुम्हें अपनी निजी भावनाओं को इतनी तवाज़ो नहीं देनी चाहिए। तुम्हें इन दोनों बातों को पूरी तरह अलग–अलग रखकर चलना होगा और हियु की समस्याओं का हिम्मत से सामना करना होगा...

उस समय, अगर किसी को क्रान्ति विरोधी क़रार दे दिया जाता था तो उसकी पत्नी या पति को ये सब दुख झेलने ही होते थे। कई बार इस तरह के मामलों का अन्त तलाक़ के रूप में सामने आता। हियु को जेल में बन्द किये जाने के बाद, बहुत से लोग हमारी पीठ पीछे बातें बनाते, मुझे उन्हें तलाक़ दे देना चाहिए या नहीं। कुछ लोगों ने तो हद ही कर दी थी। वे मुझे घुमा–फिराकर यही समझाने की कोशिश करते कि मेरी

भलाई तलाक़ का मामला दाख़िल करने में ही है। मैंने न तो हियु को तलाक़ दिया, उल्टे मैं एक अच्छी बीवी की तरह उनका इन्तज़ार करती रही। इसके लिए स्पोर्ट्स कमीशन के बाग़ियों ने कई बार मेरी आलोचना भी की। वे नहीं चाहते थे कि मैं अपनी निजी भावनाओं को राजनीति से ऊपर रखूँ। मुझे इसकी कोई परवाह नहीं थी कि कोई क्या कहता है!

जब बी साहब ने देखा कि मैं कुछ नहीं कह रही हूँ, तो उन्होंने बात को घुमा–फिराकर कहने के लिए विषय को बदल दिया, ''यावन, हम स्पोर्ट्स कमीशन के पुराने कॉमरेड हैं, मैं तुम्हारी भलाई के लिए ये सब कह रहा हूँ! ओह हाँ, हियु ने कहा था कि उसने कुछ खोजपरक रिपोर्ट लिखी थी जिसे वह घर पर ही छोड़ गया था। उसने मुझसे कहा कि मैं आते हुए वह रिपोर्ट ले आऊँ।'' मैंने सोचा कि वह सच कह रहे हैं और इसीलिए मैं कुछ काग़ज़ ले आयी। हियु ने सांस्कृतिक क्रान्ति के शुरुआती दौर में इन्हें लिखा था। मैंने काग़ज़ बी साहब को सौंप दिये। बाद में पता चला कि हियु ने तो इन साहब को कभी कुछ लाने के लिए कहा ही नहीं था।

जनाब बी बोले, ''क्या हियु कोई डायरी लिखता था?''

''नहीं, उनके पास केवल एक ट्रेनिंग सम्बन्धी डायरी थी।''

''ओह, ठीक है। कोई बात नहीं।''

1959 में जब मैं स्पोर्ट्स टीम से जुड़ी थी तो मैंने डायरी लिखना शुरू किया था। लेकिन बी साहब के साथ मेरी जो बातचीत हुई, उसके बाद से मैंने क़रीब सालभर के लिए डायरी लिखना बन्द कर दिया था। मुझे लिखने से डर लगने लगा था। उस साल क्या हुआ, उसे याद रखने के लिए मुझे डायरी लिखने की ज़रूरत नहीं थी; मेरे अनुभवों ने, मुझ पर जो कुछ बीता था, वह मेरी स्मृतियों में समा गया था।

उस दिन मैंने डायरी में केवल लु शुन की कही एक बात लिखी थी, ''तो ज़िन्दगी के सफ़र पर रवाना हो जाओ। आगे का रास्ता लम्बा और अँधेरा है, लेकिन डरो मत। मंज़िल उन्हीं को मिलती है, जो डरते नहीं हैं।''

सर्दियाँ शुरू हो चुकी थीं। ऐसी ही सर्दियों की एक शाम थी। खिड़की से बाहर देखा तो बर्फ़ गिर रही थी; 1968 की सर्दियों के मौसम का यह पहला हिमपात था।

बर्फ़ ने मेरी उदासी को और बढ़ा दिया। महीने भर के भीतर बच्चा होने वाला था।

उसी समय मैंने खिड़की पर बाहर से किसी के ठक–ठक करने की आवाज़ सुनी। अचानक मेरा दिल ज़ोर–ज़ोर से धड़कने लगा। पक्का ये बी साहब ही थे। उनके चेहरे पर मुस्कुराहट थी।

घर के भीतर आने के बाद, वह बातें तो मुझसे कर रहे थे, लेकिन उनकी निगाहें कमरे में घूम रही थीं, ''यावन, हियु तो अभी जेल में हैं। क्रान्तिकारी लोग तुम्हारे यहाँ जिम्नेज़ियम में रहने से ख़ुश नहीं हैं!''

वह बोले जा रहे थे, मैंने एक उड़ती–सी नज़र अपने पेट पर डाली। मुझे इसी बात का डर था!

''इसके बारे में सोचो, क्रान्तिकारी लोगों को क्या ग़ुस्सा नहीं आयेगा कि तुम्हारे जैसे दर्जे का इन्सान जिम्नेज़ियम में रह रहा है? हम पुराने कॉमरेड हैं, किसी ने तुम्हें इस बारे में नहीं बताया, तो मैंने फ़ैसला किया कि मैं ख़ुद ही तुम्हें बता दूँ।'' हमेशा ऐसा दिखाते थे, जैसे मेरी भलाई के लिए मरे ही जा रहे हैं।

"मैं तुमसे अपील करता हूँ कि कुछ करो। इससे पहले कि क्रान्तिकारी तुम्हें यहाँ से जबरन निकाले, तुम्हारे लिए बेहतर होगा कि अपने आप ही इस मकान को छोड़ दो! एक बात और, अगर तुम अपने आप ही यहाँ से चली जाओगी, तो बहुत सम्भव है कि हियु की सज़ा भी कुछ कम हो जाये!''

''अगर मैं चली जाती हूँ तो क्या वे पक्का हियु की सज़ा कम कर देंगे?''

"क्यों नहीं! इसका मतलब यह होगा कि उसने अपनी ग़लती स्वीकार कर ली है!''

''ये ठीक है!''

''एकदम ठीक है, लेकिन जाने से पहले मुझे बताना मत भूलना!''

उसके जाते ही मैं बिस्तर के किनारे पर बैठ गयी, पूरी देह जैसे सुन्न हो गयी और मैं वहाँ देर रात तक ऐसे ही बैठी रही।

कहाँ जाऊँगी मैं? कोई भी तो ठौर–ठिकाना नहीं था। माँ–पिताजी का घर मेरे और बच्चे के लिए बहुत छोटा था। इसके अलावा भी एक और बात थी। उत्तरी क्षेत्र में ये परम्परा है कि कोई औरत अपने मायके में बच्चे को जन्म नहीं देती है। ये अशुभ माना जाता है। समझ नहीं आ रहा था, बच्चे को जन्म देने के लिए कहाँ जाऊँ!

उसके बाद से ही, मैं अक्सर सोचती कि इसके पीछे बी साहब

का मक़सद क्या है। मेरे चले जाने के बाद, ये पुराना और ख़ाली पड़ा जेम्नेज़ियम तो ख़ाली ही रहेगा। यहाँ कोई रहने तो आयेगा नहीं। मेरा इन बी साहब से कभी कोई झगड़ा झंझट, कुछ नहीं हुआ था तो फिर ये मुझे वहाँ से निकालने में क्यों लगे थे? क्या सिर्फ़ इसलिए कि ऐसा करके वह क्रान्तिकारियों के प्रति अपनी वफ़ादारी दिखा सकेंगे? या वह अपने मन में कुछ और तो नहीं छुपाये बैठे हैं, कुछ ऐसा जिसके बारे में वह बात नहीं कर सकते? उनके दिल में ज़रा मोह माया नहीं है? वैसे तो वह मुझे देखते ही बड़ा बनते हैं, बाप की तरह दिखावा करते हैं। सर्दियों का मौसम, भीषण बर्फ़बारी, कहीं कोई ठौर नहीं...और वह मुझसे चले जाने को कह रहे हैं?

समझ नहीं पायी कि वह क्या सोच रहे हैं? लेकिन मुझे इतना तो पता था कि बुरे वक़्त में, कौन आदमी कैसे पेश आयेगा, इसके बारे में आप कुछ भी पक्के तौर पर नहीं कह सकते।

कोई रास्ता नहीं था, मैंने अपनी साइकिल उठायी और फूले पेट के साथ आसपास घर देखने निकल पड़ी। उस ज़माने में भी घर मिलना इतना आसान काम नहीं था। और इससे भी बड़ी बात ये थी कि एक क्रान्ति विरोधी की बीवी को कौन अपना घर बच्चा पैदा करने के लिए देगा?

कई रातें रोते–रोते बीतीं। कहाँ जाऊँ? आख़िरकार मैंने ख़ुद को धरती माँ के सहारे छोड़ दिया, "धरती और आसमान के बीच इतनी विशाल जगह है, लेकिन मुझे सिर रखकर लेटने के लिए कोई जगह नहीं! मेरे लिए कोई कमरा क्यों नहीं? एक औरत जो अपने बच्चे को जन्म देने वाली है, उसके लिए धरती पर कोई सिर छुपाने की जगह नहीं?

कुछ दिन बाद, मेरी माँ ने पता लगाया कि एक औरत है, जिसका उपनाम यिन है, उसके पास एक कमरा ख़ाली है। माँ के साथ उसकी अच्छी दोस्ती थी। इस कमरे को गोदाम की तरह इस्तेमाल किया जाता था। जब श्रीमती यिन को पता चला कि मुझे जल्दी ही बच्चा होने वाला है तो वह बड़ी परेशान हो गयीं, बोलीं, "वह कमरा बिल्कुल अच्छा नहीं है। चारों तरफ़ से हवा आती है, और उस कमरे में कभी कोई रहा नहीं, सिवाय मेरे बेटे के जो गर्मियों में कुछ दिन रहने के लिए आता है। भीषण ठण्ड पड़ने वाली है, अगर वह ऐसे मौसम में उस कमरे में रहेगी, तो क्या आपको नहीं लगता कि वह बीमार पड़ जायेगी?"

"अरे बहन, इसके बारे में चिन्ता मत करो। स्पोर्ट्स कमीशन के लोग

यावन को मकान छोड़ने को कह रहे हैं और उसके पास कोई ठिकाना नहीं है और वह भी ऐसे समय में जब किसी भी वक़्त उसके दर्द शुरू हो सकते हैं। मेहरबानी करके बच्ची पर दया करो!" माँ ने भीगी आँखों से श्रीमती यिन के हाथ जोड़ते हुए कहा था।

आख़िरकार उनका दिल पसीज गया और उन्होंने मुझे कमरा दे दिया।

छोटा–सा कमरा छह वर्ग मीटर से ज़्यादा नहीं था, कोई रसोई नहीं और सिर्फ़ एक छोटा–सा कांग, जिस पर केवल एक आदमी सो सकता था। कच्ची दीवारों में इतने छेद थे कि वे किसी मकड़ी के जाले जैसी नज़र आ रही थीं। पिताजी ने दीवारों पर गारे की लिपाई कर दी और साथ ही कांग के नीचे एक छोटा–सा चूल्हा बना दिया, ताकि मैं खाना बना सकूँ और कमरा भी गर्म रहे। यह छोटा–सा कमरा मेरा जच्चाघर बनने वाला था।

जाने से एक दिन पहले, शाम को मैं बी को बताने गयी कि मैं जिम्नेज़ियम छोड़कर जा रही हूँ। वह पत्नी के साथ खाना खा रहे थे। मुझे अच्छे से याद है, वे क्या खा रहे थे : हाथ से बने नूडल्स के साथ टमाटर। उसकी पत्नी की गोदी में एक सालभर का बच्चा सोया हुआ था। उसने सावधानी से बच्चे को बी साहब को थमाया। उसने कहा, बच्चे को कांग पर लिटा दें और ज़रा आराम से...

ये दृश्य देखकर मैं भीतर ही भीतर कराह उठी और आँसू मेरी आँखों में आकर रुक गये। इस नन्हे बच्चे को सँभालने के लिए उसके माँ–बाप हैं और मेरे बच्चे के पास एक घर तक नहीं!

अगली सुबह, घर पर एक नज़र दौड़ायी। इसी घर में मैं दुल्हन बनकर आयी थी, इसमें मेरी और हियु की यादें बसी थीं, हमारी पहली रात, प्यार मनुहार, हँसना खिलखिलाना...कुछ आँसू फ़र्श पर गिर गये। आठवाँ महीना अब बीत चुका था। पिताजी ने एक हाथगाड़ी पर सामान लादने में मेरी मदद की। सामान क्या था, कुछ बर्तन, कुछ कपड़े।

मेरा घर अब पीछे छूट गया था।

इस तरह से मेरी और मेरी बेटी की घुमन्तू ज़िन्दगी शुरू हुई। हम दो साल तक ऐसे ही बनजारों की तरह घूमते रहे।

62

30 नवम्बर, 1968, शनिवार का दिन।

उस साल सर्दी के तेवर कुछ ज़्यादा ही तेज़ थे; नवम्बर का महीना शुरू ही हुआ था कि बर्फ़ पड़नी शुरू हो गयी थी। कुछ ही दिन पहले भीषण बर्फ़बारी हुई थी। सड़क किसी शीशे की तरह साफ़ और चमकीली थी। सड़क पर हद से ज़्यादा फिसलन थी। मैं घर पहुँचने ही वाली थी और बहुत सँभल–सँभलकर साइकिल चला रही थी। अचानक साइकिल फिसली और मैं सड़क पर जा गिरी, मेरे साथ साइकिल भी गिरी। काफ़ी देर तक मैं अपने पैरों पर खड़े भी नहीं हो पायी। बगल से गुज़रते एक भले आदमी ने सहारा देकर मुझे उठाया। ज़मीन से मेरी साइकिल उठायी और प्यार से झिड़कते हुए बोले, ''ऐसी हालत में, तुम अब भी साइकिल चला रही हो? अपने पति को क्यों नहीं बोला, आकर तुम्हें ले जाता?''

उनका इतना कहना था कि मेरी आँखों से आँसू बहने लगे।

कैसे बताऊँ, कितनी शिद्दत से मैं अपने पति के लौटने का इन्तज़ार कर रही थी, लेकिन मुझे तो यह तक पता नहीं था कि उन्हें कहाँ बन्द करके रखा गया था!

साइकिल को धकेलते हुए घर की ओर बढ़ी। किसी तरह अपने उस छोटे–से नन्हे ठण्डे घर तक पहुँची, और कांग पर लुढ़क गयी। रोती रही, रोती रही। आँसू थे कि थमने का नाम ही नहीं ले रहे थे।

अचानक से क्या सुनती हूँ कि हियु की आवाज़ मेरे कानों में गूँज रही है, ''तुम हमारे बच्चे को जन्म दोगी, मैं एकदम तुम्हारे क़रीब रहूँगा, तुम्हारे लिए अंडे उबालूँगा, तुम्हारा अच्छे से ख़याल रखूँगा...''

खिड़की के बाहर कुछ हलचल–सी हुई। मैंने मन–ही–मन सोचा, ''क्या बाग़ियों ने हियु को घर आने और मुझसे मिलने की इजाज़त दे दी, शायद ये सोचकर कि मुझे बच्चा होने वाला है?'' मैं पैरों को घसीटती हुई दरवाज़े के पास गयी, धक्का देकर उसे खोला और...देखा, आँगन पूरा ख़ाली था।

वहाँ कोई नहीं था, सिर्फ़ ताज़ा गिरी बर्फ़ की परत थी। मैंने अभी जो खिड़की के बाहर आवाज़ें सुनी थीं, वह ठण्डी हवा के थपेड़े थे, जो प्लास्टिक की खिड़की पर पड़ रहे थे...

पता नहीं साइकिल से गिरने का असर था या कोई और वजह, लेकिन उसी रात दस बजे, अचानक पेट में भयंकर दर्द उठा। दर्द ऐंठन के साथ उठ रहा था। और हर बार ऐंठन ज़्यादा तेज़ होती, दर्द भी तेज़ हो जाता। मैंने सोचा कि शायद मेरा वक़्त आ गया है। भयानक प्रसव पीड़ा के बीच, मैं किसी तरह अपने पैरों पर खड़ी हुई, चूल्हे में आग जलायी, खिड़की और दरवाज़े को अच्छे से बन्द किया और ऊपर से उन्हें कम्बल से ढँक दिया। बाक़ी बचे कम्बलों से एक छोटा–सा टेंट बनाया ताकि ठण्ड भीतर न आ सके; वरना, तो बच्चे को जन्म देने के लिए यह बहुत ठण्डी जगह थी। मैंने बच्चे के छोटे–छोटे कपड़ों का सेट निकाला। एक छोटा–सा कम्बल भी निकाला, जो माँ ने बच्चे के लिए बनाया था...

जब तक ये सारी तैयारी करके निपटी, आधी रात बीत चुकी थी। मैंने श्रीमती यिन के आँगन का गेट खोला और धीरे–धीरे घिसटते हुए माँ के घर की ओर बढ़ चली। ताज़ा बर्फ़ सड़क पर गिरी हुई थी। कुछ क़दम चलने के बाद ही मुझे रुकना पड़ता, दर्द की लहर जब गुज़र जाती तो फिर आगे बढ़ती।

आख़िरकार माँ के घर पहुँच ही गयी, माँ ने मुझसे पूछा, ''हर बार दर्द कितनी–कितनी देर पर हो रहा है?''

''पाँच मिनट।''

''हे परमात्मा, इतनी जल्दी! सुनो, ज़रा दौड़कर च्यामुसी ईस्टर्न अस्पताल जाओ और किसी डॉक्टर को बुला लाओ, जल्दी से!''

पिताजी डॉक्टर को लेने निकल पड़े। माँ मेरे साथ वापस श्रीमती यिन के घर में मेरे कमरे में आ गयीं। श्रीमती यिन ने आहट सुनी तो वह भी मदद के लिए आ गयीं।

और ऐसी भीषण, हड्डियाँ जमा देने वाली ठण्ड में, बर्फ़बारी के बीच, अपने छोटे–से कमरे के भीतर, मैं दर्द की लहरों के बीच डूब–उतरा रही थी। उस दौर से गुज़र रही थी, जिस दौर से आज तक दुनिया की हर औरत गुज़रती आयी है। दर्द नस–नस से उठ रहा था, लेकिन भयानक पीड़ा के बावजूद, मैंने हिम्मत नहीं छोड़ी। मैंने माँ के हाथ को कसकर ऐसे पकड़ लिया, मानो मेरी ज़िन्दगी इसी पर टिकी थी।

मुझे महसूस हुआ कि मेरी माँ और मेरी क़िस्मत में कितनी समानता है। जब उसने अपने तीसरे बच्चे को जन्म दिया था तो मेरे पिता जेल

में बन्द थे। और जब मेरे पहले बच्चे के जन्म का समय आया तो मेरे पति जेल में बन्द थे। मेरी माँ ने पिताजी को जेल से बाहर निकालने के लिए जान लड़ा दी और उसी तरह हियु को जेल से बाहर निकालना मेरी ज़िन्दगी का मक़सद था। बेटी को जन्म देने के बाद, पूरे एक महीने तक, हर रोज़ मैं इसी सवाल का जवाब ढूँढ़ती रहती थी कि हियु के मामले में अपील करने के लिए प्रान्तीय पार्टी सचिव पेन फुशहेंग तक कैसे पहुँचा जाये, लेकिन मेरी क़िस्मत माँ की क़िस्मत से अच्छी थी। कम–से–कम मेरे पास मदद के लिए दो बुज़ुर्ग औरतें तो थीं। माँ ने तो अकेले ही बच्चों को जन्म दिया था, और वह भी उस वीराने में जहाँ मीलों दूर तक इन्सान नाम की चीज़ नहीं थी, जहाँ सिवाय भेड़ियों के रोने की आवाज़ों के और कुछ सुनाई नहीं देता था।

1 दिसम्बर, 1968। रात के क़रीब पौने दो बज चुके थे।

पिताजी एक दाई को लेकर आये और तुरन्त बाद बच्चे के रोने की आवाज़ सुनाई दी। एक दुबली–पतली, नन्ही–सी बच्ची इस ठण्डी रात में मेरी गोदी में आ गयी। समय से दस दिन पहले।

दाई ने दो किलोग्राम के नन्हे से रूई के गोले को हाथों में ले रखा था। उसने मुझसे पूछा, ''हूँ? यह बच्ची अभी–अभी रोयी थी, लेकिन ज़रा देखो तो यह अब भी सुबक रही है!''

माँ और श्रीमती यिन तेज़ी से मेरी ओर मुड़ीं।

मेरी बेटी सच में ही अभी रोयी थी। मेरी आँखें अभी भी आँसुओं के कारण भारी थीं।

मैंने अपनी नन्ही, दुबली–पतली, बिल्ली के बच्चे जैसी नन्ही परी को देखा, मुझे लगा, मैंने अपनी बच्ची के साथ ठीक नहीं किया; मेरी बेचैनी के कारण प्रसव पीड़ा जल्द शुरू हो गयी थी और गर्भ के दिनों में मैंने बहुत पेट भर कर भी नहीं खाया था। मुझे डर था कि मेरे कारण उसका नुक़सान हुआ है और इसका असर उसकी सेहत पर पड़ेगा।

''माँ, ये इतनी छोटी क्यों है?'' मैंने माँ से पूछा।

''तुम कैसी बातें कर रही हो, छोटी? ये क्या कम नहीं है कि ये इस दुनिया में आ गयी है। चिन्ता मत करो!'' माँ ने मुझसे कहा, ''ये बहुत जल्दी बड़ी हो जायेगी, कुछ ही दिनों में। अब रोओ नहीं, अब इस नन्ही बच्ची का अच्छे से ध्यान रखना है और देखना, हियु जब लौटेंगे तो इसे देखकर कितना ख़ुश होंगे!''

अब सलाह देने की बारी श्रीमती यिन की थी, ''रोओ मत, रोना जच्चा की आँखों के लिए अच्छा नहीं होता...''

लेकिन कितनी भी कोशिश क्यों न करती, मैं अपने आँसुओं को बहने से रोक ही नहीं पा रही थी। इस मामले में मैं अपनी माँ से अलग थी; मैंने बिरले ही उन्हें रोते देखा होगा, लेकिन मुझे हमेशा रोना अच्छा लगता था, छोटी थी तब से ही। इस मामले में मैं अपने पिताजी पर गयी थी; वह भी अक्सर रो पड़ते थे और बहुत जल्दी पिघल जाते थे।

उसी समय माँ ने कहा, ''ज़िन्दगी में तुम्हारे साथ कुछ भी हो सकता है और ये तुम्हें देखना है कि दाँतों को भींचकर उस दर्द को बर्दाश्त करो क्योंकि इसके सिवाय तुम और क्या कर सकती हो? या तुम ये कर सकती हो कि दर्द से हार मान लो, मर जाओ और लोगों के लिए मज़ाक़ बनो।''

अगले दिन सुबह, मेरा पेट पूरी तरह ख़ाली था, मैंने हियु को चिट्ठी लिखी, जिसमें मैंने बताया कि वह बेटी के बाप बन गये हैं। सबकुछ ठीक से हो गया, कोई परेशानी नहीं हुई। चिन्ता मत करना। चिट्ठी तो लिख ली, लेकिन किस पते पर भेजूँ? इसलिए मैंने स्पोर्ट्स कमीशन के अपने एक सहकर्मी के रिश्तेदार के नाम से चिट्ठी भेज दी और उनसे इसे हियु को भेज देने को कहा।

63

बच्ची एक महीने की हो गयी थी। इस एक महीने में हम माँ–बेटी ने जो कष्ट सहे, उनके बारे में एक साधारण आदमी सपने में भी नहीं सोच सकता।

कमरा इतना ठण्डा था कि मैं पूरे एक महीने तक अपनी रूई की जैकेट नहीं उतार सकी। दिन–रात पहने रहती। जब बच्ची का डायपर बदलती तो वह ठण्ड से काँप जाती। मेरे शरीर से बहुत ख़ून बह रहा था क्योंकि एक तो मैं बहुत ज़्यादा तनाव में थी और दूसरा कुछ खा नहीं पा रही थी। मेरा शरीर बहुत कमज़ोर हो गया था। हर रोज़ पिताजी के लिए खाना बनाने के बाद, माँ मेरी देखभाल के लिए आ जातीं, लगातार काम करती रहतीं। हालाँकि उनकी भी उम्र हो चली थी, वह 70 साल की होने वाली थीं। आँखों से दिखना तो लगभग बन्द ही हो गया था।

दिन का समय तो फिर भी कट जाता था; माँ तो कम–से–कम मेरे

पास रहती थी, लेकिन जब शाम हो जाती, तो सिर्फ़ मैं और मेरी बेटी होते। अकेलापन मुश्किलों को सहने की ताक़त को और कम कर देता। अपने कमज़ोर पड़े शरीर को धीरे–धीरे किसी तरह धकेलती, बच्ची के डायपर बदलती, उसे पाउडर वाला दूध पिलाती, आग में कोयले डालती... मुझे नींद न आने की बीमारी भी हो गयी थी, इसलिए हर रात को लेटे–लेटे पाले से ढँकी दीवार को ताकती रहती। सोचती रहती, हियु की रिहाई की अपील करने के लिए कहाँ जाना चाहिए।

मेरी बेटी ने जल्द ही मेरे निप्पल को किसी भेड़िये के भूखे बच्चे की तरह चूसना शुरू कर दिया, लेकिन कई दिनों तक एक बूँद दूध नहीं टपका। बच्ची को भूख लगती और वह ज़ोर–ज़ोर से स्तन में मुँह मारती और जब कुछ नहीं मिलता तो ज़ोर से रोती। वो भूख से रोती और मैं उसके साथ रोती।

माँ मेरे लिए अंडे और नूडल्स लेकर आयी, मेरे हाथ जोड़कर बोली, ''यावन, मेरी बच्ची कुछ तो खा ले, खा ले बेटा। अगर तुम खाओगी नहीं, तो बच्ची को दूध कैसे मिलेगा?'' लेकिन एक अंडा तक हलक से नीचे नहीं उतरा।

मेरा दूध उतर ही नहीं रहा था। माँ ने कुछ घरेलू उपाय किये। वह लोगों के घरों के छज्जों से अबाबील के घोंसले तोड़कर लायीं। उन घोंसलों को जलाकर उन्होंने अंडे पकाये और ज़बरदस्ती मुझे खिला दिये। अगर मैं नहीं खाती तो माँ मेरी बगल में लेटी मेरी बेटी का हवाला देकर न जाने मुझे क्या–क्या बातें सुनातीं, ''देखो, भूखी बच्ची कैसे बिलख रही है! मेरी ख़ातिर ये पी लो, अगर तुम्हें ये ज़हर जैसा भी लगे तो भी, कम–से–कम बच्चे की ख़ातिर ही पी डालो!''

माँ ने मुझे जबरन कड़वा, कसैला–सा अबाबील का सूप और अंडे खिला दिये। उन्हें खाकर मुझे उल्टी–सी आने लगी। जब मैं खा चुकी तो माँ ने मुझे कम्बल ओढ़ा दिया ताकि पसीना आये। चूल्हे की आग में लकड़ियाँ डाल दीं। कांग पर बिछा कम्बल और गर्म हो गया। कांग ही तवे की तरह गर्म हो गया था। पसीना शरीर से पानी की तरह बह चला, लेकिन इसके बावजूद मुझे दूध नहीं आया। माँ ने जो भी घरेलू उपाय उन्हें पता था, सब मेरे ऊपर आज़मा लिए; महीनेभर में माँ ने सात घरेलू उपाय किये और सात बार मैं पसीने से नहा गयी।

हर माँ जानती है कि एक जच्चा कितनी कमज़ोर होती है और ऊपर

से बार–बार पसीने के कारण मेरी हालत और ख़राब हो चुकी थी। नतीजा यह हुआ कि मैं कई बार बेहोश हो गयी। 16वें दिन, मेरे सिर पर भयानक खुजली शुरू हो गयी, इसलिए मैंने सिर धोने का फ़ैसला किया। माँ ने कहा, ''हो सकता है कि पसीने की वजह से तुम्हारे सिर में जुँएँ हो गयी हों।'' सिर धोने के बाद, मैंने बालों को बहुत ही बारीक कंघी से काढ़ा, जैसे ही बालों में कंघी घुमायी, क़रीब 50 चटकीले लाल रंग के सूई जैसे बारीक कीड़े फ़र्श पर गिर पड़े।

उसी दिन, एक दोस्त मिलने आयी। वह कुछ खोयी–खोयी–सी लग रही थी। उसने बताया कि बाहर कोई पोस्टर लगा हुआ है जिस पर कुछ ऐलान किया गया है। मैंने उससे पूछा कि क्या पोस्टर पर हियु का नाम है लेकिन वह बोली कि उसने ऐसा कुछ नहीं देखा।

दोस्त के जाने के तुरन्त बाद मैंने माँ से कहा कि वह जाकर देखें कि क्या पोस्टर पर हियु का नाम है। माँ ने आकर बताया कि उन्हें ऐसा कोई नाम नज़र नहीं आया। मुझे उनकी बात पर यक़ीन नहीं हुआ। मुझे लगा, वह मुझसे कुछ छुपा रही हैं। इसलिए मैंने उनसे कहा कि वह पोस्टर को फाड़कर मुझे लाकर दे दें।

माँ को मेरी ज़िद के सामने झुकना ही पड़ा। उन्होंने गहरी ठण्डी साँस छोड़ी और घर से बाहर निकल गयीं। मैंने पीछे से देखा, माँ कितनी कमज़ोर हो गयी थीं, एकदम दुबला–पतला शरीर और झुकी कमर। मुझे अफ़सोस हुआ, मैंने माँ को क्यों भेजा। उन्हें ठीक से दिखता भी नहीं था और बाहर कड़ाके की ठण्ड थी। अगर वह कहीं ठोकर लगकर गिर गयीं तो बहुत बुरा हो जायेगा।

काफ़ी देर बाद भी माँ नहीं लौटीं और मुझे बेचैनी हो रही थी। आख़िरकार वह आ ही गयीं। टोपी पहनकर नहीं गयी थीं, इसलिए उनके बाल हवा के कारण छितरा गये थे। उनके हाथ में काग़ज़ का एक मुड़ा–तुड़ा टुकड़ा था। उनके पीछे–पीछे दो लोग चले आ रहे थे जो काफ़ी ग़ुस्से में लग रहे थे। इनमें से किसी को मैंने पहले कभी नहीं देखा था।

अचानक सब कुछ मेरी समझ में आ गया।

माँ जब पोस्टर को फाड़ रही थीं तो वहाँ से गुज़रते इन दोनों लोगों ने उन्हें देख लिया था।

उन्होंने माँ से पूछताछ की, ''कौन हो तुम? सर्वहारा की तानाशाही से

तुम नफ़रत क्यों करती हो? इस पोस्टर में जिस आदमी की निन्दा की गयी है, क्या वह तुम्हारा कुछ लगता है?''

माँ ने कहा भी कि उनका इस पोस्टर में जिस आदमी की निन्दा की गयी है, उससे कोई लेना–देना नहीं है, लेकिन उन्हें माँ की बात पर यक़ीन नहीं हुआ और वे माँ को अपने साथ ले जाना चाहते थे।

माँ ने उनको बताया, ''मेरी बेटी घर पर जच्चा है, मेरे लौटने का इन्तज़ार कर रही होगी! अगर तुम लोगों ने मुझे ले जाने की कोशिश की तो मैं जहाँ खड़ी हूँ, वहीं गिर जाऊँगी और मर जाऊँगी!'' दोनों लोगों को समझ में आ गया कि बूढ़ी औरत अपनी बात से नहीं हिलेगी। वे किसी की मौत की ज़िम्मेदारी भी अपने सिर पर नहीं लेना चाहते थे, इसलिए वे घर तक माँ का पीछा करते हुए आ गये।

माँ दरवाज़े से अन्दर घुसी और बोली, ''देख लिया तुमने? मेरी बेटी एक बार पोस्टर को देख ले, उसके बाद मैं तुम लोगों के साथ चलूँगी!'' बोलते–बोलते ही माँ ने काँपते हाथ से पोस्टर खोल दिया।

जल्दी से मैंने कहा, ''मेहरबानी करके, मेरी माँ को मत ले जाइए! मैंने ही उनको पोस्टर फाड़कर लाने के लिए बोला था, मैं देखना चाहती थी, इस पर मेरे पति का नाम है या नहीं।''

''कौन हैं तुम्हारे पति?'' उनमें से एक आदमी ने पूछा। ''च्याओ हियु!''

''वह तो मास्टर ग्रेड के स्केटर हैं, हैं कि नहीं?''

''हाँ!''

उसी समय, मेरी बेटी ने रोना शुरू कर दिया। शायद वह ठण्ड के कारण रो रही थी या फिर वह लोगों की बातचीत सुनकर डर गयी थी।

बच्ची के अचानक रोने से दोनों आदमियों का ध्यान बँट गया। उन्होंने कांग पर बेबी को लेटे देखा। वह अपने बिछौने में कम्बल में लिपटी हुई थी।

पता नहीं क्या था, हियु के नाम का मान रखते हुए या फिर हम माँ–बेटी की दुर्दशा देखकर, दोनों आदमियों के मन में थोड़ी ममता उमड़ी–जो कुछ भी रहा हो, उन्होंने एक–दूसरे की ओर देखा और वहाँ से चले गये। उनके जाने के काफ़ी देर बाद तक माहौल में तनाव तैरता रहा।

''माँ...'' मैं माँ से लिपट गयी।

लेकिन उन्होंने मुझको ख़ुद से अलग किया और बोलीं, ''चलो, चलो, मैं तो एकदम बर्फ़ की तरह ठण्डी हो गयी हूँ, मुझसे लिपटोगी तो तुम और बीमार पड़ जाओगी!''

उसके बाद कभी मेरी हिम्मत नहीं हुई कि मैं माँ को पोस्टर लाने के लिए भेजूँ।

हालाँकि हियु का नाम पोस्टर पर नहीं था, लेकिन मैंने दो ऐसे लोगों के नाम देखे, जिन्हें मैं जानती थी। उनमें से एक को क्रान्ति का विरोध करने के लिए 15 साल की सज़ा दी गयी थी। स्पोर्ट्स कमीशन में बाग़ियों ने हियु के ख़िलाफ़ ''क्रान्ति विरोधी गतिविधियों में शामिल होने के'' सबूत पेश किये थे, और ऐसा एक बार नहीं दो बार हुआ था। लोक सुरक्षा ब्यूरो की क्रान्ति समिति को ये सबूत दिये गये थे, लेकिन उनका अपराध 'इतना गम्भीर' नहीं पाया गया, इसलिए सबूतों को ख़ारिज कर दिया गया। इसी वजह से हियु को जेल में नहीं भेजा गया था।

मुझे डर था कि हियु को जेल में डाल दिया जायेगा और मुझे इस बात का भी डर था कि जवानी के जोश में वह कुछ ग़लत न कर बैठें।

उसी समय बीजिंग से ख़बर आयी कि राष्ट्रीय टेबल टेनिस टीम के कोच फू चिफांग और एक खिलाड़ी रोंग ग्यूओतुआन ने आत्महत्या कर ली है। दोनों हाल ही में हांगकांग से लौटे थे। रोंग ग्यूओतुआन चीन का पहला टेबल टेनिस विश्व चैम्पियन था। अपने पीछे वह एक प्रसिद्ध सूक्ति छोड़ गये थे, ''अपनी ज़िन्दगी में कोई इन्सान कितनी निर्णायक लड़ाइयाँ लड़ सकता है? इसलिए अभी नहीं तो कभी नहीं।'' उनके कहे कुछ अन्तिम शब्द भी बेहद ख़ास थे, ''मैं कोई जासूस नहीं हूँ, मुझ पर किसी चीज़ का आरोप मत लगाओ। मैंने आपको निराश किया। ज़िन्दगी से कहीं ज़्यादा आत्म–सम्मान मेरी पूँजी है।'' और आख़िर में उसने कूदने वाली रस्सी ली और एक पेड़ से उस रस्सी को बाँधकर अपनी ज़िन्दगी ख़त्म कर ली।

इस ख़ौफ़नाक ख़बर ने मेरी रातों की नींद उड़ा दी। ख़ाना–पीना, सोना सब कुछ भूल गयी। हर वक़्त मेरी आँखों के सामने हियु की तस्वीर नाचती रहती।

64

एक शाम की बात है, दरवाज़े पर हल्की–सी ठक–ठक की आवाज़ हुई। क्षण भर बाद ही दरवाज़े खटखटाने वाले ने दरवाज़े को धकेलकर खोल दिया और अन्दर कमरे में आ गया।

''यावन, ऑफ़िस से सब लोग तुमसे मिलने आये हैं।''

ये जिन गुई थे, च्यामुसी ईस्ट बैंक ऑफ़िस के निदेशक। वह अपने साथ ऑफ़िस के 20 से ज़्यादा कर्मचारियों को लेकर आये थे, जिनमें महिला और पुरुष सहकर्मी सभी थे। सब लोग मुझसे मिलने आये थे।

मेरे छोटे–से कमरे में इतनी जगह भी नहीं थी कि सबको बैठा सकूँ इसलिए सभी लोगों को बाहर इन्तज़ार करना पड़ा। एक–एक कर वे मुझसे मिलने के लिए भीतर आते गये। मेरा कमरा ठण्ड के मारे बर्फ़ का गोदाम बना हुआ था, दीवारों और खिड़कियों पर पाला जमा हुआ था। मेरी ये हालत देखकर उन सभी की आँखों में आँसू आ गये और वे मुझसे आँख मिलाने की हिम्मत नहीं कर सके। मैं और मेरी बेटी छोटे से कांग पर लेटे हुए थे। लियु योवेन और दू गुईची ने मेरा हाथ पकड़ा और मेरी बगल में बैठकर काफ़ी देर तक रोते रहे, कहने को जैसे सारे शब्द ख़त्म हो गये थे।

मैं मुस्कुराने की कोशिश करती रही, लेकिन आँसू मेरी आँखों में आकर ठहर गये।

ज़ाहिर–सी बात है, मैं एक क्रान्ति विरोधी की पत्नी थी–मेरी हालत उस प्लेग रोगी जैसी थी, जिससे दूसरे लोग पास जाना तो दूर की बात, देखना भी पसन्द नहीं करते थे, लेकिन मेरी सहकर्मियों ने इतना बड़ा क़दम उठाया कि वे मुझसे मिलने आ गये। बाक़ी लोग तो मुझे इस तरह नज़रअन्दाज़ करते थे, मानो मैं धरती पर हूँ ही नहीं। उत्तरी चीन के रिवाजों के अनुसार, आदमियों को जच्चा के कमरे में जाने की अनुमति नहीं होती है, लेकिन मेरे पुरुष सहकर्मी भी मुझसे मिलने आये थे।

मैं अपने कोल्ड स्टोर जैसे कमरे में अकेली लेटी रहती, ठण्ड हड्डियों में घुस गयी थी, लेटे–लेटे सोचती रहती, समाज किस क़दर पागल हो गया है, इन्सानियत नाम की कोई चीज़ ही नहीं बची, लेकिन ये इतने भले लोग हैं, मुझसे मिलने आये हैं, मुझे बताने आये हैं कि मैं अकेली नहीं हूँ! यह मेरे लिए बेहद यादगार दिन था, मुझे अपने दिल में कुछ पिघलता–सा महसूस हुआ, लगा हड्डियों में जमी बर्फ़ कुछ गर्माहट पाकर पिघलने लगी है।

अपनी कहानी में मैं वहाँ तक पहुँच चुकी हूँ, जहाँ इस घटना का ज़िक्र आया है। ऐसे में एक छोटी–सी घटना के बारे में लिखे बिना मैं नहीं रह सकती। ये च्यामुसी बैंक के मेरे सहकर्मियों के बारे में ही है।

च्यामुसी ईस्ट बैंक ऑफ़िस का माहौल काफ़ी मेल–मिलाप वाला था, लोगों की सोच अच्छी थी, एक–दूसरे के काम आते थे। इतना ही नहीं बैंक की टीम बहुत ही पेशेवर तरीक़े से काम करती थी, इसलिए लगातार कई साल तक हमारी टीम को प्रान्तीय स्तर पर आधुनिक और भविष्य में बेहतर सम्भावनाओं वाली टीम के रूप में चुना गया था। हमारे छोटे–से ऑफ़िस में 20 से ऊपर ही लोग काम करते थे, लेकिन उसने च्यामुसी बैंक के कई प्रेसीडेंट दिये थे, जिनमें लियु केजुन, दोउ कुइशान और क़रीब दर्जन के आसपास कैडर स्तर के कर्मचारी थे, जिनमें वांग फुचेंग और वेई शाओ हुआ भी शामिल थे। जब मैं इस किताब पर काम ख़त्म करने ही वाली थी कि एक दिन अचानक वेई शाओहुआ टकरा गये। मुझे उनसे मिलने की कहीं कोई उम्मीद नहीं थी। इस मुलाक़ात का नतीजा यह हुआ कि कई महीने लगाकर उन्होंने मेरी एक ऑयल पेंटिंग बनायी–बर्फ़ पर लेटा हुआ टाइगर। उनकी वह पेंटिंग इस समय मेरे ड्राइंग रूम की शोभा बढ़ा रही है।

ये छोटी–छोटी घटनाएँ बेहद मामूली जान पड़ती हैं, लेकिन इनका यहाँ ज़िक्र करने का मक़सद सिर्फ़ इतना है कि 40 साल का लम्बा वक़्त बीत चुका है, लेकिन ये कुछ ख़ास यादें आज भी मेरे साथ सोती–जागती हैं। मेरी स्मृतियों में ये एक ख़ुशबू की तरह समायी हुई हैं। कई दशक तक काम करने के बाद ये कुछ चिन्दी–चिन्दी यादें हैं जिन्हें जोड़कर ही मेरी ज़िन्दगी की तस्वीर पूरी होती है। इनके बिना मेरी ज़िन्दगी का कैनवास ख़ाली रहेगा।

मैंने अपने उन दोस्तों की यादों को सहेज कर रखा है, जिनमें कोई अहम नहीं था, वे लोग जिन्होंने टीम भावना से काम किया, वे यादें जिनमें कोई धोखा नहीं था, कोई श्रेय लेने की होड़ नहीं थी और न ही गला काट प्रतियोगिता थी।

ऐसी ही एक शाम थी, दरवाज़े पर हल्की–सी दस्तक सुनाई दी। निदेशक जिन गुई एक बार फिर मेरा हालचाल पूछने आये थे।

''यावन, मैंने सुना कि बच्ची के जन्म के बाद से ही तुम्हारा रक्तस्राव रुक नहीं रहा है। इसलिए मैं अस्पताल गया था और तुम्हारे लिए थोड़ा जोशांदा लाया था। अपनी माँ से कहकर इसे गरम करवाकर पी लेना और इससे तुम्हें कुछ आराम मिले तो मैं दोबारा जाकर और ले आऊँगा...''

''निदेशक सर...''

मेरे मुँह से केवल एक शब्द ही निकल सका; इतना अपनापन देखकर मैं इतनी भावुक हो उठी कि होंठ सिल गये और आँखों में पानी के क़तरे तैर गये।

लियु युवेन ने मुझे बताया था कि निदेशक ने उसे चुपके से बताया था, ''यावन बहुत मुश्किल दौर से गुज़र रही है, हम उससे अपनी आँखें नहीं फेर सकते, उस बेचारी पर जो क़िस्मत की मार पड़ी है–चाहे जो भी हो, हम उसे ऐसे अकेला नहीं छोड़ सकते। अगर हम छोटी–सी भी मदद कर सकें तो हमें करनी चाहिए। क्रान्ति विरोधी लोगों की पत्नियाँ भी तो आख़िर इन्सान होती हैं!''

निदेशक ने कई बार खुलेआम कोई परवाह किये बिना मेरी मदद की। वह चीनी हर्बल मेडिसिन लेने के लिए अस्पताल गये और मेरे घर पहुँचाकर गये। इन जड़ी–बूटियों वाली दवाओं से ही मेरी जान बची। हर बार, जब भी वह श्रीमती यिन के आँगन के दरवाज़े से अपनी टूटी पुरानी साइकिल को धकियाते हुए भीतर घुसते, मेरी आँखों में आँसू आ जाते, गला रुँध जाता। तपेदिक की वजह से उनकी टाँगें टेढ़ी–मेढ़ी हो गयी थीं। वह उचकते हुए से चलते थे। उनके चले जाने के बाद मुझे ख़ुद को सँभालने में काफ़ी वक़्त लगता।

हर बार जाते समय निदेशक हमेशा एक बात ज़रूर कहते, उनकी आवाज़ में गहरा अपनापन होता, ''यावन, ठण्ड कितनी भी भीषण क्यों न हो, सर्दियों का मौसम हमेशा बीत जाता है, इसलिए संघर्ष करती रहो।'' ऑफ़िस में मेरे सहकर्मी मेरे बारे में काफ़ी बातें करते थे। सब इस राय से एकमत थे कि मेरी हालत बहुत बुरी है। और जब मैं काम पर लौटी तो सब को कह दिया गया था कि कोई मुझे परेशान नहीं करेगा; वे चाहते थे कि कम–से–कम बैंक में मुझे हँसी ख़ुशी का माहौल मिले।

65

मैंने बहुत मुसीबतें झेलीं, लेकिन भविष्य के गर्भ में मेरे लिए जो कुछ रखा गया था, उसके सामने बीत चुकी मुसीबतें तो कुछ भी नहीं थीं।

बच्ची तीन दिन की हो गयी थी, मैं अपना पायजामा पहनने के लिए खड़ी हुई, अचानक से धरती गोल–गोल घूमने लगी और मैं सिर के बल

फ़र्श पर धड़ाम से गिर पड़ी, गिरते समय मेरा हाथ चूल्हे पर रखे गर्म पानी के बर्तन पर जा लगा और पानी भी बिखर गया। वह तो क़िस्मत अच्छी थी कि पानी ज़्यादा गर्म नहीं था। उसके बाद मुझे लगातार उल्टी होनी शुरू हो गयी।

माँ भीतर आयी तो यह सब देखकर उनके होश उड़ गये। मैं ज़मीन पर चारों खाने चित पड़ी थी। उन्होंने मुझे सहारा देकर कांग पर लिटाया और श्रीमती यिन को आवाज़ लगायी। दरवाज़ा खुलने के कारण ठण्ड भीतर आ घुसी; हवा बेहद ठण्डी थी, लेकिन ताज़ा हवा से मुझे थोड़ा अच्छा–सा लगा। मैं कुछ ही देर बाद, ऐसे उठकर बैठ गयी जैसे कुछ हुआ ही नहीं था।

मैं 19 दिन की जच्चा थी। मेरा नसीब मेरी उँगली पकड़कर चल रहा था। अब तो मुझे ज़िन्दगी के झंझावातों से जूझने की आदत–सी पड़ गयी थी, लेकिन मेरे साथ इतना बुरा होगा, यह सोचा न था।

आँखों से नींद कोसों दूर रहती थी, लेकिन उस रात पता नहीं क्या हुआ कि मैं कांग पर लेटी और बिस्तर पर कमर टिकते ही गहरी नींद आ गयी। इतनी गहरी और मीठी नींद–ज़िन्दगी में वो रात मेरी सबसे प्यारी रात थी। ऐसी सोयी जैसे कभी बचपन में माँ की ही गोद में सोयी होऊँगी।

नींद की गहराइयों में ही कहीं बहुत धीमी–धीमी–सी आवाज़ मेरे कानों में पड़ी। मेरी बेटी के रोने की आवाज़। ऐसा लग रहा था, मानो रोने की आवाज़ कहीं दूर से आ रही थी, लेकिन कुछ ऐसा भी महसूस हुआ, जैसे बच्ची मेरे पास ही रो रही है; सपने की मानिन्द सब धुँधला–धुँधला–सा लग रहा था। मुझे चक्कर से आने लगे, ऐसा लगा, मैं कहीं अतल गहराइयों में उतरती जा रही हूँ, लगा अभी बस सब ख़त्म होने वाला है। तभी अचानक पूरी ताक़त से मैंने बाहर निकलने की कोशिश की। इतना तो समझ में आ रहा था कि मेरी बेटी रो रही थी, मैंने ख़ुद से ही बार–बार कहा, ''तुम्हारी बेटी रो रही है, उठो...तुम्हारी बच्ची रो रही है, जल्दी करो, उठो...'' लेकिन पूरी ताक़त लगाने के बावजूद मैं आँखें नहीं खोल पा रही थी। आँखों की पलकें जैसे गोंद से चिपक गयी थीं। बेटी के रोने की आवाज़ लगातार आ रही थी, एक के बाद एक, बच्ची के रोने की आवाज़ में कुछ डर–सा था और मैं नींद में ही ख़ुद से कह रही हूँ कि ये इतना रो क्यों रही है। उसके रोने की आवाज़ ऐसी थी, जैसे उसकी जान निकल रही है।

असलियत तो यह थी कि सच में ही उसकी जान निकल रही थी। वह सिर्फ़ 19 दिन की थी। मेरी जान का नन्हा टुकड़ा मौत के दरवाज़े पर खड़ी ज़िन्दगी के लिए लड़ रही थी। मैं अपनी आँखें नहीं खोल पा रही थी, इसलिए मैंने धक्का देकर अपना और बेटी की ज़िन्दगी का दरवाज़ा खोला। मैंने हाथों से दरवाज़े को धक्का दिया। मेरी पलकों पर जैसे पत्थर रखे थे, पूरा ज़ोर लगाकर मैंने अपनी आँखें खोलीं। कमरे में घुप्प अँधेरा था, मैं बिजली के बल्ब का तार खींचने के लिए खड़ी हुई जो छत से लटक रहा था। अचानक, मुझे फिर से धरती घूमती महसूस हुई, मेरा सिर दर्द से फटा जा रहा था, ऐसा लग रहा था जैसे धरती घूम रही है, और मेरे सिर में अभी विस्फोट हो जायेगा। रूई की जैकेट पहन रखी थी, लेकिन मेरी क़मीज़ पसीने से भीग गयी थी। मैंने देखा, मेरी बच्ची की साँस अटक रही है, उसका चेहरा राख की तरह काला पड़ गया है, वह भी पसीने से नहाई हुई थी, सोयाबीन के जैसी मोटी–मोटी पसीने की बूँदें उसके माथे पर थीं। उसका मुँह पूरा खुला हुआ था, बीच–बीच में वह साँस लेने के लिए ज़ोर लगा रही थी। मैंने तुरन्त उसे उठाने के लिए अपने हाथ बढ़ाये, लेकिन मेरे हाथों में कोई हरकत ही नहीं हुई।

मुझे नहीं पता था कि ये रात कितनी भयानक होने वाली थी। इससे पहले, मैंने कभी नहीं सुना था कि कोयले की गैस ज़हर बन जाती है। एक रात पहले ही, श्रीमती यिन पड़ोस के घर से मेरे पास आयीं। उन्होंने बताया कि पड़ोस के घर में एक ही परिवार के चार लोग कोयले के धुएँ में दम घुटने के कारण मारे गये। उन्होंने मुझे भी सावधान रहने को कहा। उन्होंने ही बताया कि कांग के नीचे जलता चूल्हा बहुत ख़तरनाक होता है। इसमें जलते कोयले की गैस बड़ी आसानी से मौत का फन्दा बन जाती है। हर बार सर्दियों के मौसम में च्यामुसी में लोग कोयले की गैस की वजह से मारे जाते थे। कोयले के जलने से कार्बन मोनोऑक्साइड गैस निकलती, इस गैस का कोई रंग नहीं था, कोई महक नहीं थी और जब लोग साँस के ज़रिये इस गैस को भीतर खींच लेते तो वे गहरी नींद में सो जाते–इतनी गहरी नींद कि फिर कभी नहीं उठ पाते। अगर मेरी बच्ची के रोने की आवाज़ नहीं आती तो मैं ये कहानी बताने के लिए ज़िन्दा नहीं बचती।

उसी समय अचानक मुझे याद आया कि यह कोयले की ही गैस थी जिसके बारे में श्रीमती यिन ने मुझे बताया था। परमात्मा ने मुझे और मेरी

बच्ची की जान बख़्शी थी। इस घटना के बाद तो मेरे मन में जीने की इच्छा और तेज़ हो गयी। यही ताक़त थी कि मैं किसी तरह लेटे–लेटे ही दरवाज़े की ओर सरकने लगी। पूरी ताक़त लगाकर मैंने दरवाज़ा खोलने के लिए हाथ बढ़ाया, लेकिन मेरा हाथ वहाँ तक नहीं पहुँचा। मैंने पूरी जान लगाकर, अपनी सारी ताक़त जुटायी और ख़ुद को दरवाज़े की ओर धकेला, लेकिन तमाम कोशिशों के बावजूद मैं ज़मीन पर धराशायी हो गयी!

ज़मीन पर पड़े–पड़े, मैंने आख़िरी बार कोशिश करने की ठानी और दरवाज़े के सामने लगा कम्बल पकड़कर खींच लिया और उसके सहारे आख़िरकार दरवाज़े तक पहुँच गयी और उसे धक्का देकर खोल दिया। हवा का ठण्डा झोंका एकदम भीतर आया और मेरे शरीर में अचानक जैसे हरकत–सी हुई। मैं किसी तरह पैरों पर खड़ी हुई और अपने कमरे तथा श्रीमती यिन के घर के बीच की दीवार को ज़ोर–ज़ोर से पीटने लगी, पूरी ताक़त लगाकर...

श्रीमती यिन ने आकर हमारी हालत देखी और तुरन्त उन्हें समझ में आ गया कि यह कोयले की गैस है। वह तुरन्त अपने घर गयीं और अचार मिला सब्ज़ी का सूप ले आयीं। मैंने जैसे ही सूप ख़त्म किया, मुझे उल्टी होने लगी और साथ ही दस्त भी लग गये। मेरी बेटी के साथ भी यही हुआ। श्रीमती यिन ने आग बुझा दी और हम दोनों को अच्छे से कम्बल ओढ़ाकर दरवाज़े को पूरा खोल दिया। आधी रात के बाद एक बजे तक दरवाज़ा ऐसे ही खुला रहा ताकि कोयले का सारा धुआँ निकल जाये।

श्रीमती यिन जाने लगीं तो मुझे एक सलाह देती गयीं जिसने न जाने कितनी बार मेरी और मेरी बच्ची की जान बचायी, ''यावन, तुम्हें अभी सोना नहीं चाहिए। मुझे डर है कि अभी भी कमरे में गैस बची होगी।''

इस हादसे के बाद मेरे शरीर की सारी ताक़त निचुड़ चुकी थी और मैं कुछ देर सोना चाहती थी, लेकिन मेरी हिम्मत नहीं हुई, मुझे यही डर सताता रहा कि अब अगर सोयी तो फिर कभी नहीं उठ पाऊँगी। रात के क़रीब दो बजे थे, बेटी ने अचानक बुरी तरह रोना शुरू कर दिया, मेरे सिर में दर्द हो रहा था और मुझे उल्टी जैसा महसूस हुआ...मैंने फिर से श्रीमती यिन की दीवार पीटना शुरू कर दिया।

वह फिर से अचार वाला सब्ज़ी का सूप लायीं और मुझे फिर से उल्टी–दस्त शुरू हो गये...कुछ देर बाद सब ठीक हो गया, लेकिन श्रीमती यिन

हमें कमरे में अकेला छोड़कर नहीं गयीं। वह हम दोनों को अपने घर में ले गयीं। अभी बच्ची को एक महीने की होने में 11 दिन बचे थे।

अभी भी मुझे समझ नहीं आ रहा था कि मेरी बेटी इतना क्यों रो रही थी?

हो सकता है, वह अभी–अभी दुनिया में आयी है, इसलिए इतना रोती हो। अभी तक तो वह पेट में थी, उसे इन सब चीज़ों की आदत नहीं थी, जिनका उसे अब सामना करना पड़ रहा है। यह उसके लिए नयी दुनिया थी। अभी उसने देखा ही क्या था, अपने बाप तक को नहीं देखा था और शायद इसीलिए वह इतनी जल्दी मरना नहीं चाहती थी या हो सकता है कि परमात्मा को हम तीन जनों के परिवार पर कुछ रहम आ गया हो; अगर मैं और मेरी बच्ची दोनों मर जाते तो हियु कैसे ज़िन्दा रहते? हो सकता है कि बच्ची का दम घुटने लगा हो, इसलिए वह इतनी ज़ोर–ज़ोर से रोयी हो...

जो कुछ भी रहा हो, लेकिन बेटी के रोने की आवाज़ ने हम दोनों की जान बचा ली थी।

अगली सुबह, हर रोज़ की तरह मेरी बूढ़ी माँ आ गयीं, रोते–रोते उनकी हालत ख़राब थी। बार–बार कह रही थीं कि हम दोनों ख़ुशक़िस्मत हैं कि हमारी जान बच गयी।

जब निदेशक जिन गुई को इस हादसे का पता चला तो उन्होंने मेरे सहकर्मी श्री हुआंग को कांग की मरम्मत करने के लिए भेज दिया। श्री हुआंग दक्षिणपन्थी थे और मोटे लेंस का चश्मा पहनते थे। हमारी अच्छी बनती थी। जब वह जाने लगे तो थोड़ा झिझक रहे थे, कांग के पास खड़े हुए उन्होंने मुझे और बच्ची को देखा और आख़िरकार उन्होंने जो शब्द कहे, उनका गहरा अर्थ था, ''यावन, जब सर्दी ख़त्म हो जायेगी तो सब कुछ ठीक हो जायेगा। बसन्त आने पर तुम्हें स्टोव जलाने की ज़रूरत नहीं पड़ेगी।''

मेरी बचपन की सहेली थी लु शियाओलिन, मुझे तुरन्त उसके कहे शब्द याद आ गये, ''लेकिन इस बार सर्दी बहुत लम्बी है।''

उसके बाद से मैं कभी भी चूल्हे को जलता छोड़कर उसके पास से नहीं हटी; मैं तभी सोने के लिए जाती, जब चूल्हे का सारा कोयला जल चुका होता, लेकिन कुछ दिन बाद ही फिर से हमें कोयले के धुएँ की गैस से जूझना पड़ा। एक बार फिर से, मेरी बेटी ने रोना शुरू

कर दिया और फिर से श्रीमती यिन अचार वाला सब्ज़ी का सूप लेकर आयीं। एक बार फिर मैं रात में श्रीमती यिन के घर में लेटी–लेटी करवट बदलती रही...

लेकिन मुझे कभी पता नहीं चला कि कोयले का धुआँ आ कहाँ से रहा था। कोयले के धुएँ की गैस की चपेट में बार–बार आने के बाद अब श्रीमती यिन ने हम दोनों को अपने घर में लाना बन्द कर दिया था। पहले महीने के आख़िरी दिन, मैं अपनी बेटी को लेकर अपनी माँ के छोटे से घर में आ गयी।

मेरी नन्ही–सी जान तीन बार कोयले के धुएँ की चपेट में आ चुकी थी और मुझे पता नहीं था कि इसका उसकी सेहत पर क्या असर पड़ेगा; वह बहुत छोटी–सी थी, बता नहीं सकती थी कि उस पर क्या बीत रही है। उसके कई सालों बाद तक, मुझसे कोयले की महक ही बर्दाश्त नहीं होती थी। ज़रा भी महक आने पर मेरा उल्टी करने का मन होता और सिर इतना दर्द करता, मानो अभी इसके दो टुकड़े हो जायेंगे। खुद भी नहीं जानती थी कि कार्बन मोनोऑक्साइड मेरी सेहत पर क्या असर करेगी। मेरी बच्ची के दिमाग़ पर इसका क्या असर होगा। यह भी नहीं पता था कि क्या यह गैस कोई बड़ा ऐसा नुक़सान पहुँचायेगी, जिसकी भरपाई कभी नहीं हो सकेगी या इसका कोई और असर होगा? कुछ नहीं पता था।

लेकिन मैं जानती हूँ कि अगर मेरा शरीर एक एथलीट का नहीं होता तो उस कोल्ड स्टोर जैसे कमरे में पहले ही महीने में ठण्ड के मारे मेरी जान निकल चुकी होती।

अपनी बेटी का नाम मैंने हाईयान रखा। इस उम्मीद में कि तूफ़ानी रात में पैदा हुई मेरी यह बच्ची, उसी तूफ़ानी पितरेल पक्षी की तरह होगी, जिसके बारे में महान रूसी लेखक मैक्सिम गोर्की ने लिखा है, पितरेल की तरह यह अपने जन्म की तमाम दुश्वारियों पर विजय हासिल करेगी और साहस, हिम्मत के साथ एक मज़बूत इन्सान बनेगी। उसके बाद से, जब भी मैं अपनी बेटी का नाम पुकारती, हमेशा मुझे, हम तीनों की ज़िन्दगी की जद्दोजहद याद आती। इसलिए मैंने उसका नाम बदलकर शियुई रखने का फ़ैसला किया। उम्मीद थी कि नाम बदलने से उसकी ज़िन्दगी उतनी अँधेरी या ख़तरनाक नहीं होगी, जितनी हमारी पीढ़ी की थी, मेरी बच्ची पर वो संकट नहीं आयेंगे, जो मेरी ज़िन्दगी पर बीते।

66

कुछ लोग कहते हैं, प्यार बहुत मज़बूत ताक़त है। इस बात पर मेरा गहरा विश्वास है। मैं ऐसे अनुभवों से गुज़री हूँ।

बच्ची एक महीने और आठ दिन की हो गयी थी। अब मैं जच्चा नहीं रही थी। उसी रात मुझे एक अजीब सपना आया। आज भी जब मैं उस सपने के बारे में सोचती हूँ तो डर की एक सिहरन–सी शरीर में दौड़ जाती है। यह सपना एकदम हक़ीक़त जैसा लगा था और उतना ही रौंगटे खड़े कर देने वाला भी।

मुझे सपना आया कि जैसे जेल में कोयले के धुएँ के ज़हर से हियु की मौत हो गयी है। जब मैं आख़िरकार वहाँ पहुँची तो क्या देखती हूँ कि वहाँ विशाल मैदान में एक नयी बनी क़ब्र है, दूर–दूर तक सिर्फ़ वीराना है। बर्फ़ भी नहीं है, ख़ाली विशाल मैदान। मैं दहाड़ें मार–मारकर रो रही हूँ और ज़मीन पर गिर पड़ी। क़ब्र के सिरहाने की ओर मैं बेतहाशा, पागलों की तरह ज़मीन को खोदती जा रही हूँ, खोदते–खोदते चिल्लाती भी जा रही हूँ, ''तुम मर नहीं सकते, हियु! तुमने अभी हमारी बेटी को भी नहीं देखा है! अगर तुम हमें छोड़कर चले गये तो मैं और हमारी बेटी किस तरह ज़िन्दा रहेंगे, मैं कैसे ज़िन्दा रहूँगी? मैं तुम्हारे बिना ज़िन्दा नहीं रह सकती, प्रिय!''

मैं खोदती जा रही हूँ, खोदती जा रही हूँ और अचानक से हियु की बड़ी धीमी–सी आवाज़ सुनाई देती है, आवाज़ उसके ताबूत के भीतर से आ रही है, ''यावन, मुझे बचा लो...मुझे बचा लो, यावन...''

मैं सन्न रह गयी। उसकी आवाज़ सुनकर ख़ुशी भी हुई। मैंने चिल्लाकर कहा, ''मैं तुम्हें बचाने के लिए आ गयी हूँ, हियु! एक सेकेंड रुको...''

''क्या तुम सच में मेरी यावन हो?'' हियु ने सवाल किया।

''हाँ, मैं आपकी यावन हूँ...''

''यावन...''

''हियु...''

हम दोनों एक–दूसरे का हौसला बढ़ाने के लिए एक–दूसरे का नाम पुकार रहे थे–एक क़ब्र के भीतर से और एक क़ब्र के बाहर से, दोनों के बीच बस एक ज़मीन का फ़ासला था।

"आपको हिम्मत नहीं छोड़नी है, लड़ते रहना है, हियु!"

"ताबूत में बिल्कुल भी हवा नहीं है...मेरा दम घुट रहा है...मैं कभी अपनी बेटी को नहीं देख पाऊँगा...जल्दी करो और मुझे बचा लो..."

"नहीं! आप हिम्मत मत हारना! आप अपनी बेटी को देखोगे..." मैं चट्टान जैसी सख़्त मिट्टी को खोदती रही, खोदते–खोदते मेरी अँगुलियों से ख़ून बहने लगा लेकिन मैं रुकी नहीं, बहते ख़ून की मुझे क़तई परवाह नहीं थी।

अचानक से बाग़ियों का एक समूह कहीं से आ निकला। उन्होंने अपनी बाघ जैसी आँखों से मुझे घूरते हुए कहा, "च्याओ हियु तो पहले ही मर चुका है, उसकी क़ब्र को खोदने का मतलब जानती हो? इसका मतलब है, तुम एक क्रान्ति विरोधी की ओर से शिकायत कर रही हो!"

"नहीं! वह मरा नहीं है, अभी भी ज़िन्दा है! वह मरा नहीं है!" मैं उनके ऊपर चिल्लायी।

वे लोग मेरी ओर बढ़ते गये और मुझे खींचकर ले जाने लगे, लेकिन मैंने उनका मुक़ाबला किया। मैंने अपनी जान लगा दी जैसे कि ये मेरी ज़िन्दगी का आख़िरी दिन है।

माँ ने मुझे उठाया, और पूछा, "क्या हुआ?"

"हियु नहीं रहा, माँ! कोयले की गैस से उसकी मौत हो गयी..." मैं दहाड़ें मार–मारकर रोने लगी।

कुछ दिन पहले, मैंने एक कैशियर के मुँह से सुना था कि शहर के बाहरी इलाक़े में, किसी गाँव में कोई आदमी कोयले के धुएँ से मर गया था। उसे दफ़ना दिया गया, लेकिन जैसे ही उसे थोड़ी हवा मिली, वह ज़िन्दा हो गया और ताबूत के भीतर से ठक–ठक करने लगा। उसकी पत्नी उसकी क़ब्र के पास पेपर जलाकर वहाँ कोई रस्म अदा कर रही थी। जब उसने अपने पति के ठकठकाने की आवाज़ सुनी तो उसने तुरन्त उसे बाहर निकाल लिया।

अगली सुबह, मैंने सुबकते हुए कहा कि मैं हियु को ढूँढ़ने के लिए जाना चाहती हूँ, लेकिन पिताजी ने मुझे रोक दिया।

आदत से मजबूर पिताजी ने कहा, "सत्यानाशी परिवार और सत्यानाशी लड़की। बेवकूफ़ इतना भी नहीं जानती, सपने में जो दिखता है, उसका उल्टा होता है। इसका मतलब ये है कि वह ज़िन्दा है!"

माँ ने भी मुझे सलाह दी, "ओह, मेरी बच्ची! ये कौन–से जन्म का

क़र्ज़ा है हियु के ऊपर? कौन–से कर्मों का फल भोग रहा है वह बेचारा!''

नहीं जानती कि किस जन्म का क़र्ज़ा था हियु के ऊपर, कौन–से कर्म थे, लेकिन मुझे इतना ज़रूर पता था कि मैं इसी जन्म में हियु का ये क़र्ज़ा उतारूँगी। मैं हमेशा से ही जुनूनी रही हूँ, फिर चाहे मेरा करियर हो या मेरा प्यार।

मैंने बाद में हियु से कहा था, ''अगर आपको लड़ने के लिए मोर्चे पर भेज दिया जाता तो मैं आपके युद्ध में शहीद होने का इन्तज़ार नहीं करती, मैं आपकी याद में उससे पहले ही मर जाती।''

मैंने पिताजी की बात नहीं सुनी और पड़ोस के एक मिडिल स्कूल की ओर भागी जहाँ से मैंने स्पोर्ट्स कमीशन में काम करने वाले एक आदमी की पत्नी को फ़ोन किया। कमीशन से सब लोग जा चुके थे। उस औरत ने मुझे बताया कि कमीशन के लोग एक गाँव में सेनिटोरियम में गये हैं। यह गाँव च्यामुसी के पश्चिमी छोर पर एक पहाड़ी के पास है। वहाँ पहुँचने के लिए च्यामुसी के पश्चिमी छोर पर जाकर तुम्हें बस पकड़नी होगी। उसके बाद दक्षिण की ओर एक घण्टे तक पैदल चलना होगा। वह ठीक–ठीक पता नहीं बता सकी।

10 जनवरी, 1969 का दिन, मेरी बेटी एक महीने और नौ दिन की हो चुकी थी।

मैंने बच्ची को अपने माँ–बाप के पास छोड़ा, वे दोनों बार–बार मना करते रहे, लेकिन मैंने उनकी एक न सुनी। तापमान शून्य से 30 डिग्री नीचे था। अपने कमज़ोर शरीर को किसी तरह खड़ा किया और क़स्बे के पश्चिम की ओर जाने वाली बस में बैठ गयी।

चारों ओर बर्फ़ जमी थी और बस सड़क पर हिचकोले खाती हुई बढ़ चली। एक घण्टे से ज़्यादा बस चलती रही। आख़िरकार बस पश्चिमी उपनगर के टर्मिनस पर पहुँच गयी। मैं बस से उतरी, कई लोगों से पूछा, सेनिटोरियम कहाँ पर है, लेकिन किसी को नहीं पता था। मैंने बिना पते के ही दक्षिण की ओर पैदल बढ़ना शुरू कर दिया। शहर से बाहर निकलने के बाद, मेरी आँखों के सामने विशाल और दूर–दूर तक ख़ाली ज़मीन थी। चारों ओर बर्फ़ की सफ़ेद चादर जमी हुई थी। कुछ देर चलने के बाद, मैं एक दोराहे पर जा पहुँची; समझ नहीं आया कि कौन–सा रास्ता लूँ। मैंने अपने अन्दाज़े से काम लिया और दक्षिण–पश्चिम की ओर ले जाने वाले रास्ते पर बढ़ चली। अभी मैं जच्चा ही थी और मेरा नाजुक

शरीर तीन बार कोयले की गैस को झेल चुका था। इसलिए मेरा शरीर इतना कमज़ोर था कि हर क़दम बड़ी मुश्किल से उठ रहा था। क़रीब एक घण्टे तक चलती रही। आख़िर में मुझे एक किसान मिला जिसने कुत्ते की खाल वाली टोपी पहन रखी थी। उसका चेहरा बर्फ़ और पाले से ढँका था। मैंने उससे सेनिटोरियम के बारे में पूछा और जब वह बताने लगा, तो ऐसा लगा मैं बर्फ़ में ही ढह जाऊँगी।

''तुम ग़लत रास्ते पर आ गयी हो, नर्सिंग होम तो पहाड़ के पास एक गाँव में है और वह दक्षिण–पूर्व में है! तुम्हें दोराहे तक वापस जाना होगा और वहाँ से दक्षिण–पूर्व वाला रास्ता पकड़ लेना!''

लौटने के सिवाय कोई और रास्ता नहीं था। उसी रास्ते से पीछे लौटना पड़ा, जिसे एक घण्टे में मैंने बड़ी मुश्किल से पार किया था। आख़िर मैं सेनिटोरियम पहुँच ही गयी–वो ऐसी जगह थी जिसे न तो हियु और न ही मैं कभी भूल पाये।

मैं पहाड़ी के ऊपर घास–फूँस से बने दो घरों तक गयी। एक घर की कच्ची दीवार पर मैंने एक पोस्टर लगा देखा, जिस पर लिखा था, ''क्रान्ति विरोधी एजेंट च्याओ हियु।'' इसे देखकर मेरा दिल मेरे हलक में आ गया। अभी भी नहीं जानती थी कि हियु ज़िन्दा है या नहीं।

आँगन में सब कुछ शान्त था, पूरी तरह सुनसान। मैं दक्षिण की ओर खुलने वाले दरवाज़े की ओर भागी और वहाँ लटके भारी से परदे को हटा दिया। कमरे के भीतर क़रीब दर्जनभर लोग थे। सभी ने रूई भरी हुई पीले रंग की जैकेट और काले रंग के रूई भरे पायजामे पहन रखे थे। उनमें से कुछ ही लोगों को मैं जानती थी जो स्पोर्ट्स कमीशन से थे। बाक़ी सब मेरे लिए अजनबी थे। वे लोग मुझे देखकर हैरान रह गये और तुरन्त पूछा कि मैं वहाँ क्या कर रही हूँ। मैंने बताया कि मैं च्याओ हियु से मिलने आयी हूँ।

उन लोगों ने एक–दूसरे के कान में कुछ फुसफुसाना शुरू कर दिया।

उन्होंने मुझसे कांग पर बैठ जाने और कुछ देर इन्तज़ार करने को कहा।

ज़्यादा देर इन्तज़ार नहीं करना पड़ा, लेकिन ऐसा लगा, मानो न जाने कितनी सदियों से यहाँ बैठी हूँ। मैं दरवाज़े के बीच में लटक रहे परदे को देखती रही। परदे पर पाले की मोटी परत जमी थी। नहीं जानती थी कि इसके पीछे मेरा हियु होगा या कोई बुरी ख़बर...

अचानक एक आदमी भीतर से निकलकर गया, उसकी आँखें ज़मीन

की ओर झुकी थीं। फटी–पुरानी टोपी, उधड़ी हुई जैकेट, कमर में जूट की रस्सी और खिचड़ी दाढ़ी–ये हियु थे। मेरा दिल किसी ने चाकू से चीर दिया और जैसे ही मैं अपने पति का सामना करने के लिए मुड़ी, मेरे भीतर न जाने कितनी चीख़ें गूँजने लगीं...मुझे लगा, मेरी चीख़ दूर पहाड़ों तक जा रही है, पहाड़ भरभराकर गिर रहे हैं और मेरे चीख़ने से बाहर चारों ओर बिछी बर्फ़ की मोटी परत तड़कने लगी है।

हियु को देखकर मुझे ख़ुशी भी हुई, ''वह मरा नहीं है, वह ज़िन्दा है! वह मरा नहीं है! वह ज़िन्दा...''

हियु की आँखों में आँसू और चेहरे पर हैरानी थी, उन्होंने कभी उम्मीद नहीं की होगी, कि यहाँ इस हालत में मैं उन्हें देखूँगी।

मैंने इस इमारत में घुसने से पहले अपने आपसे बार–बार कहा था, और ख़ूब सख़्ती के साथ ख़ुद को तैयार किया था, चाहे कुछ भी हो जाये, मैं इन लोगों के सामने आँसू का एक क़तरा भी नहीं बहाऊँगी। लेकिन जैसे ही मैंने हियु की आँखों की नमी देखी, मैं किसी भी तरह से अपने आपको रोक न सकी। उसी समय, हियु ने मुझे आँख का इशारा किया कि बाहर सर्द हवा चल रही है और हमें जल्दी से अपने आँसुओं को रोक लेना चाहिए, नहीं तो इससे आँखों को बहुत नुक़सान हो जायेगा।

हियु, स्पोर्ट्स कमीशन के निदेशक और बास्केटबॉल कोच, जो यूथ कोर के सदस्य भी रहे थे, उन्हें असली जेल में डाल दिया गया था। उन्हें बेहद सर्द और पाले से जमी कामचलाऊ कोठरी में रखा गया था, जहाँ चारों ओर से ठण्डी हवाएँ आ रही थीं। उन्होंने जेल को पुराने अख़बारों से ढँका हुआ था और पास में ही थोड़ी–सी आग जलाई हुई थी, लेकिन इस आग से कोई गर्माहट नहीं मिल रही थी। यहाँ रह रहे लोग रात में रूई भरकर बनाये गये सूती कपड़े और टोपी पहनकर सोते थे। इन तीनों लोगों को यातनाएँ दी जाती थीं और इनसे बाग़ियों के लिए बाहर खुले में पाखाना ख़ुदवाया जाता था। ये लोग कांग में आग जलाते, उसकी राख बुहारते, बागियों के जूठे बर्तन साफ़ करते और पहाड़ पर जाकर लकड़ी काटकर लाते...

मैं अभी–अभी जच्चगी से उठी थी और इस एक महीने में ही मौत कई बार मेरी ज़िन्दगी के रास्ते में आकर खड़ी हो गयी थी। उस क्षण, अपने पति को सुनाने के लिए मेरे पास अनगिनत बातें थीं, मैं हियु को बताना चाहती थी, तुम्हारे बिना मैंने कितने दुख झेले...जो कुछ मुझ पर बीती थी,

मैं सब हियु को सुनाकर अपना मन हल्का करना चाहती थी, उनके कन्धे पर सिर रखकर रोना चाहती थी, हमारी बच्ची कैसी है, मैं उन्हें बताना चाहती थी! लेकिन वह उत्तरी छोर पर दरवाज़े के बीचोबीच खड़े थे और मैं कमरे के दक्षिणी छोर पर कांग पर बैठी थी, हम केवल एक–दूसरे को देख सकते थे, हमारे चारों ओर कई जोड़ी निगाहें थीं...उनमें सब हमारे दुश्मन थे, कोई सगा न था...लेकिन इससे क्या फ़र्क़ पड़ता है, मेरे लिए सिर्फ़ एक ही बात मायने रखती थी कि हियु ज़िन्दा है, उम्मीद बँधी थी कि एक दिन हम तीनों का परिवार एक साथ होगा! और इस तरह से हमारी मुलाक़ात हुई; दो प्रेमी, जो दिन–रात, हर पल, एक–दूसरे के लिए तड़प रहे थे, वे मिले भी तो ऐसे कि एक–दूसरे को छू तक नहीं सकते थे, आसपास ठण्डी सर्द निगाहों का घेरा था, हम एक–दूसरे से एक शब्द भी नहीं कह पाये। हमने सिर्फ़ एक–दूसरे का रस्मी हालचाल पूछा।

हियु ने पूछा, बच्ची कैसी है, और मैंने कहा, अच्छी है। मैंने पूछा, ''नयी पढ़ाई कैसी चल रही है,'' और हियु ने जवाब दिया, ''अच्छी चल रही है।''

कुछ ऐसे ही जैसे दो लोग रास्ते में मिलते हैं और एक–दूसरे का हालचाल पूछने की रस्म अदा करके आगे बढ़ जाते हैं, हम भी वैसे ही दूर खड़े एक–दूसरे की ओर देखते रहे।

''नहीं!'' एक बाग़ी नेता ने चिल्लाकर हियु की बात बीच में ही काट दी, ''सब ठीक नहीं चल रहा है। बहुत ख़राब है! तुम अभी भी उसी नीच पूँजीवादी विचारधारा को मानते हो!''

मैं हक्की–बक्की रह गयी और हियु से मैंने पूछा, ''आप पूँजीवादी विचारधारा से सम्बन्ध कैसे रख सकते हो?''

हियु ने कोई जवाब नहीं दिया और मुझे देखते रहे। उनकी आँखों में नाउम्मीदी साफ़ नज़र आ रही थी।

''बोलो, च्याओ हियु, तुम्हें एक पूँजीवादी ने हरी प्याज़ दी थी, तुमने वह खायी थी कि नहीं खायी थी?'' एक आदमी ने बहुत सख़्ती के साथ कहा, कुछ इस तरह कि जैसे किसी अपराधी से पूछताछ की जा रही हो।

''मैंने केवल एक प्याज़ खायी थी...''

''सवाल एक प्याज़ का नहीं है! तुम्हारी हरकतें साबित करती हैं कि तुम अभी भी पूँजीवाद को पसन्द करते हो, तुम्हारी ये बातें घृणा पैदा करती हैं!''

मुझे अन्दाज़ा नहीं था कि हमारी मुलाक़ात, ऐसे भयानक माहौल में होगी।

मैं हियु को दस साल से भी ज़्यादा समय से जानती थी। वह मास्टर ग्रेड एथलीट थे, लोग उन्हें सभ्य, शान्त चित्त और खेल के मैदान में अति शक्तिशाली मानते थे। वह जहाँ भी रहे, लोगों ने उन्हें सिर आँखों पर बिठाया, लेकिन आज उनसे उनकी सारी गरिमा, सम्मान, इज़्ज़त सब कुछ छीन लिया गया था। इन्सान के लिए इज़्ज़त सबसे बड़ा वरदान है, लेकिन आज हियु किसी शापित क़ी तरह मौन खड़े थे।

मैंने हियु को समझाने के अन्दाज़ में कहा, ''आपने एक पूँजीवादी विचारधारा के व्यक्ति से हरी प्याज़ लेकर क्यों खायी? अगली बार जब मैं आऊँगी तो हरी प्याज़ का पूरा एक गड्डर ले आऊँगी!''

तुरन्त एक बाग़ी नेता ने मुझे फटकार लगायी।

''चाङ यावन, राजनीति के ऊपर अपनी भावनाओं को हावी मत होने दो! तुम उसके लिए हरी प्याज़ लेकर नहीं आओगी! इसके बजाय, तुम इसके लिए माओत्से तुंग की चुनिन्दा रचनाओं वाली किताब लेकर आना ताकि यह उचित तरीक़े से माओत्से तुंग की शिक्षाओं और उनके विचारों को पढ़ सके!''

अब इस बारे में सोचती हूँ तो यह बड़ा ही हास्यास्पद लगता है लेकिन लोग कैसे अपनी इन्सानियत और बुद्धि को बेच खाते हैं। कोई राजनीति से इतना प्रेरित कैसे हो सकता है? एक पत्नी जो अपने पति से जेल में मिलने जा रही है, उसे अपने पति के लिए कुछ खाने का सामान लाने की अनुमति नहीं है? उससे कहा जाता है कि वह माओत्से तुंग की रचनाएँ पढ़ने क़े लिए लेकर आये...

लेकिन मैंने उनकी एक बात नहीं सुनी और जब भी मैं हियु से मिलने गयी, मैं अपने राशन भत्ते में से उनके लिए खाने–पीने का ख़ूब सारा सामान ले जाती। मैंने कई फूड कूपन भी बचाकर रखे थे, उनसे ख़रीदा गया सामान भी मैं उनके लिए ले जाती। जब तक वह पेटभर कर खा नहीं लेते, मैं वहीं बैठी रहती। हियु का राशन कोटा भी जेल में कम कर दिया गया था। बाग़ी नेताओं ने कई बार इसके लिए मेरी कड़ी आलोचना की। उनके लिए प्रेम, अपनापन और इन्सानियत नाम की कोई चीज़ नहीं थी। राजनीतिक सिद्धान्त ही सर्वोपरि थे। उन्होंने मेरे इस व्यवहार की शिकायत बैंक प्रशासन को करने की धमकी दी...लेकिन मैंने

ज़रा भी कान नहीं धरे; मेरे प्यार और मेरे बीच, मैं किसी को खड़ा नहीं होने दे सकती थी!

इससे पहले कि हम दोनों को एक–दूसरे से अपने मन की कोई बात करने का मौक़ा मिलता, एक बर्फ़ की तरह जमी सर्द आवाज़ आयी, ''च्याओ हियु, अब तुम्हें लौट जाना चाहिए!''

हियु और मेरे क़दम जैसे एक जगह जम गये थे, हम दोनों इन आख़िरी पलों में एक–दूसरे को जी भर कर देख लेना चाहते थे।

मैं इतनी घनी बर्फ़ में चलकर केवल हियु से मिलने आयी थी, लेकिन उन्होंने हमें क़रीब दस मिनट ही बात करने की अनुमति दी, इससे ज़्यादा वक़्त तो किसी क़ैदी को जेल में अपने परिवार वालों से मिलने के लिए मिल जाता है।

हियु ठहरे–ठहरे क़दमों से लौट चले। हियु की परछाईं धीरे–धीरे परदे के पीछे ग़ायब हो गयी। लगा, कोई मेरे दिल को ख़ाली करके चला गया है। मैं भी घर लौट चली।

लेकिन उस इमारत से निकलते ही एक भयानक बात हुई...अचानक से न जाने कहाँ से कई दर्जन कुत्ते निकल आये। वे आगे–पीछे उछल–कूद मचा रहे थे। कुत्तों ने मुझे चारों ओर से घेर लिया। वे मुझे देख कर भौंके जा रहे थे, उनका भौंकना इतना भयानक था, जैसे अभी मुझे चीर–फाड़ डालेंगे। मैं उन्हें भगाने की कोशिश करने लगी, लेकिन इतने सारे कुत्तों का मुक़ाबला मैं कैसे कर सकती थी। इससे पहले कि कुछ समझ पाती, एक बड़ा–सा कुत्ता मेरी ओर झपटा!

जब यह सब हो रहा था, उसी समय कई लोग खिड़की में से मुझे आँखें फाड़े देख रहे थे, लेकिन एक भी आदमी मेरी मदद को नहीं आया।

मेरी उम्मीद ख़त्म हो रही थी, और कुत्तों का झुण्ड मेरे टुकड़े–टुकड़े करने ही वाला था, अचानक एक सीटी की आवाज़ सुनाई दी। सीटी सुनते ही कुत्ते मुझे छोड़कर वहाँ से तुरन्त चले गये। कुत्ते सीटी की आवाज़ की दिशा में भागे।

मैंने अपना सिर घुमाया और देखा, मेरा प्यार, मेरा हियु आँगन के बाहर फूँस के एक ढेर के पास खड़ा था।

हियु ने मुझे बाद में बताया कि वह जेल में जाने के बजाय पखाने के बहाने आँगन में आया था, उन्हें उम्मीद थी कि शायद उन्हें मेरी एक झलक कुछ क्षण के लिए दिख जाये।

वह ऐसा क्षण था कि मैं दौड़कर अपने प्यार की बाँहों में समा जाना चाहती थी, उसके सीने को अपने आँसुओं से भिगोना चाहती थी, लेकिन किसी भी सूरत में मैं ऐसा नहीं कर सकती थी। मुझे पता था कि खिड़की में लोग खड़े हैं, और वे इन्तज़ार कर रहे हैं कि हियु से कोई 'अपराध' हो और उन्हें हियु की गिरफ़्तारी को जायज़ ठहराने का बहाना मिल सके!

मैंने अपना सिर घुमाया और बर्फ़ीले रास्ते पर घर की ओर लौट चली। हर एक क़दम पर एक–एक आँसू बर्फ़ में समा रहा था। मैं काफ़ी दूर निकल आयी थी, लेकिन अभी भी मुझे फूँस के ढेर के पास हियु खड़े नज़र आ रहे थे, कसरती बदन और मायूस निगाहें–चारों ओर कुत्तों से घिरे हुए...

वह तस्वीर किसी फ़िल्म के सीन जैसी थी, जैसे कोई मेरी यादों की गहराई में उसे छुपा गया हो।

जिस समय कुत्ते मुझ पर हमला करने वाले थे, उसी समय मुझे अपने पिताजी की कही गयी एक बात का अर्थ समझ में आया, "इन्सानी रिश्तों की असलियत देखकर दिल में ख़ंजर–सा उतर जाता है..."

घर लौटते समय, मैंने मन–ही–मन ख़ुद से कहा, "आज से, किसी से दया की भीख मत माँगना। कोई तुम्हारी ओर पलटकर देखेगा भी नहीं; अगर तुम मर भी जाओगी, तो भी लोग तुम्हें रौंदते हुए आगे बढ़ जायेंगे। इसलिए तुम्हें मरना नहीं है, ज़िन्दगी जीनी है तो चमड़ी थोड़ा मोटी करनी पड़ेगी!"

यह कहावत कि, "दुनिया में जीने के लिए चमड़ी को मोटा करना पड़ता है!" यह मेरी ज़िन्दगी का एक मज़बूत स्तम्भ बन गया।

बाद में पता चला कि कुत्तों को सेनिटोरियम के मालिकों ने पाला था। उन्हें पालने का मक़सद वहाँ रह रहे बूढ़े लोगों का मनोरंजन करना था। बूढ़े लोग आख़िर मर–खप जाते थे और कुत्ते पीछे रह जाते थे। जब हियु को वहाँ जेल में बन्द किया गया तो वहाँ आसपास कोई नहीं था। इसलिए हियु ने कुत्तों के साथ दोस्ती कर ली। जब भी हियु डाइनिंग टेबल साफ़ करते तो बचा–खुचा भोजन कुत्तों को खिलाने के लिए ले जाते। छोटे कुत्ते, बड़े कुत्तों के डर से कभी भी खाने के पास नहीं आ पाते थे। इसलिए हियु उन्हें भाप में पकाया गया ब्रेड और मक्का का केक खिलाते थे। हियु को लगता कि छोटे और कमज़ोर कुत्तों की ज़िन्दगी ख़तरे में हैं, जैसे ख़ुद उनकी अपनी ज़िन्दगी थी, और उन्हें ज़्यादा प्यार

एवं देखभाल की ज़रूरत थी। हालाँकि हियु के मान–सम्मान को रौंद दिया गया था, लेकिन इसके बावजूद हियु की रहमदिली बरक़रार थी।

उनका सोचना था कि इन्सान के मुक़ाबले कुत्ते अधिक वफ़ादार और भरोसेमन्द होते हैं और इसीलिए उन्होंने कभी भी कुत्ते का मांस नहीं खाया था। बाद में, जब हमारा कुत्ता मर गया था तो हियु को इतना दुख हुआ कि मैंने कई बार उन्हें रोते हुए पाया। वह कुत्ता हमारे पास सात साल तक रहा था। आज, हम अपनी ज़िन्दगी के आख़िरी पड़ाव पर हैं, बुझते दीयों की तरह, लेकिन जब भी हमें सैर के दौरान कोई नन्हा कुत्ता नज़र आता है तो हियु के क़दम अपने आप थम जाते हैं और वह कुछ क्षण तक उस कुत्ते को देखते रहते हैं।

मेरे वहाँ जाने से हियु के लिए और मुसीबत खड़ी हो गयी थी। अगली बार जब हियु से पूछताछ की गयी तो एक बाग़ी नेता ने सवाल किया, ''तुम्हारी पत्नी को सेनिटोरियम का पता कैसे मिला? उसे ये ख़बर किसने दी?''

सेनिटोरियम से लौटते समय, मैं बीमार पड़ गयी; मुझे बहुत तेज़ बुख़ार था और मैं उल्टा–सीधा कुछ–कुछ बोले जा रही थी। मैं कई दिनों तक बिस्तर से नहीं उठ पायी।

67

65 दिन का मातृत्व अवकाश लेने के बाद, मुझे अपनी बेटी को छोड़ना पड़ा। वह अभी अपना हाथ तक हिला पाने की स्थिति में नहीं थी। मैं साइकिल से काम पर जाने लगी।

उस शाम, स्पोर्ट्स टीम के श्री गाओ शुनशियान मुझसे मिलने घर आये। मैंने सोचा कि शायद हियु को कुछ हो गया है और बड़ी बेचैनी से उनसे पूछा, ''आप यहाँ कैसे? हियु तो ठीक है न?''

तुरन्त उन्होंने कोई जवाब नहीं दिया, उल्टे अपना सिर घुमा लिया और बाहर की ओर देखा। बड़ी ही धीमी आवाज़ में मुझसे बोले, ''क्या घर में और कोई नहीं है?" ''नहीं। क्या हियु को कुछ हो गया है?'' मैंने अपनी बेचैनी पर क़ाबू पाते हुए सवाल किया। मैंने उन्हें पकड़कर कांग पर बिठाया और खुद उसके किनारे पर बैठ गयी।

''डरो मत। हियु ने तुम्हें देने के लिए एक चिट्ठी भेजी है।'' इतना कहकर उन्होंने अपनी जैकेट की भीतरी जेब से एक चिट्ठी निकाली और मुझे थमा दी।

''क्या हियु के साथ सच में कुछ बुरा नहीं हुआ?'' मुझे उनकी बात पर भरोसा नहीं हो रहा था। ''सच में!'' गाओ स्पोर्ट्स टीम का ख़ानसामा थे। ये उस समय की बात है, जब मैं एथलीट थी। वह बड़े ही सख़्त लेकिन बहुत ही ईमानदार इन्सान थे। जैसे ही वह कांग पर बैठे, उनका मुँह खुला और उन्होंने कहा, ''यावन, तुम्हें उन झक्की मूर्खों की बातों पर ध्यान नहीं देना चाहिए! मैं तुम्हें एक बात बता दूँ, च्याओ हियु पूरे स्पोर्ट्स कमीशन में एक अकेला इन्सान था, जिसे मैं सबसे ज़्यादा पसन्द करता था! उस दिन, निदेशक ने मुझे आदेश दिया था कि मैं एक चैम्पियन यानी हियु के लिए खाना बनाऊँ। खाना मेज़ पर लगा हुआ था, लेकिन हियु ने एक टुकड़ा नहीं तोड़ा! शुक्र है, भगवान का, उसने नहीं खाया। अगर उसने खा लिया होता तो आज वे बाग़ी नेता उसे और ज़्यादा परेशान करते। यावन, हियु सच में एक बहुत अच्छा इन्सान है, ऐसे लोग दुनिया में बिरले ही मिलते हैं। तुम लोगों की बकवास बातों पर ध्यान मत दो; क्रान्ति विरोधियों के बारे में वे लोग जो भी बातें करते हैं, क्या तुम्हें नहीं लगता कि वे हियु की उपलब्धियों से जलते हैं?

आख़िरकार, इस दुनिया में कोई ऐसा तो मिला, जिसने हियु के लिए न्याय की बात की।

श्री गाओ चलने को हुए तो बोले कि वह अगले दिन दोपहर तक पहाड़ के समीप बसे उसी गाँव में वापस जा रहे हैं। उन्होंने कहा कि वह कल सुबह ही हियु के लिए चिट्ठी का जवाब लेने के लिए आयेंगे।

उनके चले जाने के बाद, मैंने चिट्ठी खोली।

चिट्ठी में लिखा था, ''प्रिय, ये ख़त तुम्हारे हाथों में हैं, तुम नहीं जानतीं कि मेरे लिए ये कितने मुश्किलभरे पल हैं। एक भी सेकेंड ऐसा नहीं बीता, जब तुम्हारी और बेटी की याद नहीं आयी हो, पर मजबूरी देखो, मेरी! मैं सिर्फ़ ख़्वाबों में ही तुम दोनों से मिल सकता हूँ...''

टप–टप करते आँसू चिट्ठी पर गिरने लगे, अचानक मैंने देखा कि काग़ज़ की सतह पर आलपिन से कुछ छोटे–छोटे छेद बने हुए थे। मुझे बड़ी हैरानी हुई। मैंने रौशनी में जाकर देखा, तो पाया कि आलपिन के छेद मामूली छेद नहीं थे बल्कि इनमें एक सन्देश लिखा गया था–

''मेरे ख़िलाफ़ लगाये गये आरोप झूठे हैं, बाग़ियों ने मुझे फँसाया है। जाओ और प्रशासन से मेरे केस के बारे में बात करो!''

मैं जल्दी से शहर की रिवोल्यशूनरी कमेटी में अपने एक मित्र के पास गयी। मैं मामले में उनकी राय लेना चाहती थी, लेकिन मेरे दोस्त ने मुझे सलाह दी, ''मैं तो कहूँगा कि किसी से इस मामले की पैरवी मत करो, इसका कोई फ़ायदा नहीं होगा। अगर तुमने ऐसा कुछ किया तो इससे हियु की मुसीबतें ही बढ़ेंगी और कुछ होना नहीं है। मेरी तुमसे अपील है कि धैर्य रखो और थोड़ा इन्तज़ार करो। केन्द्रीय प्रशासन जल्द ही पार्टी की नौवीं बैठक का आयोजन करने जा रहा है। हियु जैसे मामलों में केवल एक ही काम किया जा सकता है कि केन्द्रीय प्रशासन में से ही किसी को मामले में हस्तक्षेप करने दो...''

उस रात बैठकर मैंने हियु के लिए चिट्ठी लिखी और उसी तरह छोटे–छोटे छेद करके एक महत्त्वपूर्ण सन्देश लिख दिया। मैंने सन्देश में लिखा, ''पार्टी की नौवीं बैठक जल्द ही होने वाली है, आप थोड़ा हिम्मत रखो और इन्तज़ार करो...''

श्री गाओ और स्पोर्ट्स फ़ील्ड के एक और कर्मचारी चाङ फुसेन के पकड़े जाने और बाग़ियों के हाथों बेइज़्ज़त होने का ख़तरा था, लेकिन दोनों ने अपनी जान की परवाह न करते हुए मेरे और हियु के बीच इसी तरह गोपनीय तरीक़े से कई ख़तों का आदान–प्रदान किया। वे पाखाने के समीप टूटी ईंटों के बीच ख़तों को छुपाकर रखते। वे भूमिगत कार्यकर्ताओं की तरह काम कर रहे थे।

मैं अपनी चिट्ठियों में कई अहम सन्देश भेजने के अलावा बहुत–सी बातें लिखती, ''समुद्र सूख सकता है, चट्टानें चूर–चूर हो सकती हैं, लेकिन आपके लिए मेरा प्यार कभी नहीं बदलेगा! अगर आपको जेल भेज दिया जाता है तो भी मैं आपका इन्तज़ार करूँगी। अगर यहाँ से कहीं बाहर भेज दिया गया तो मैं पीछे–पीछे चली आऊँगी! मैंने इसके लिए पहले से ही 70 युआन बचाकर रखे हैं...'' यह तो ज़ाहिर–सी बात थी कि इस तरह के सन्देशों को लैम्प या बल्ब की रौशनी में ही पढ़ा जा सकता था।

मुझे आज पछतावा इस बात का होता है कि मैंने उनमें से कोई ख़त सँभालकर नहीं रखा; मुझे हमेशा डर रहता था कि बाग़ी नेता आकर मेरे घर की तलाशी ले लेंगे। इसलिए मैंने उन सारे ख़तों को जला दिया था।

68

17 फ़रवरी, 1969, चीनी नववर्ष। मैंने नाश्ता बहुत जल्दी कर लिया था। बेटी को पीछे कमर पर बने पिट्ठू पर बैठाया, पकौड़ियों का एक डिब्बा लिया, मीट पेटी ली, थोड़ी–सी तली हुई पीली मछली और हरी प्याज़ का एक बण्डल लिया, कुछ सेब रखे और शहर के पश्चिमी छोर की ओर जाने वाली बस में बैठ गयी।

मैं चाहती थी कि हियु हमारी बेटी को देखे। नये साल का पहला दिन था। मेरी इच्छा भी थी कि कम–से–कम आज के दिन तो हम तीनों एक साथ रहें। कुछ देर ही सही।

मेरी बेटी एक महीने और 17 दिन की ही हुई थी। जहाँ मैंने उसे कम्बल में कसकर लपेटा, वहीं उसने रोना शुरू कर दिया और पूरे रास्ते रोती ही रही। मेरे दोनों हाथों में सामान था, लेकिन मैं बीच–बीच में उसे पुचकारती, दुलारती रही, "ओह, मेरी रानी बेटी, रोते नहीं! हम पापा के पास जा रहे हैं, तुम तो अच्छी बच्ची हो, रोते नहीं, रोते नहीं..."

लेकिन उसका रोना बन्द ही नहीं हुआ। उसे थोड़ी ताज़ा हवा मिलती तो शायद कुछ अच्छा लगता, लेकिन मैंने उसे ठण्ड लगने के डर से उसका कम्बल नहीं हटाया। लेकिन मुझे यह भी डर सता रहा था कि कहीं उसका दम न घुट रहा हो, इसलिए मैं बीच–बीच में उसका कम्बल हल्का–सा सरकाकर उससे बातें करती रही...बस से उतरने के बाद उसका रोना कुछ बन्द हुआ, लेकिन मुझे उसकी चिन्ता हो रही थी। मैंने तेज़–तेज़ क़दमों से चलना शुरू कर दिया, मैं लगभग दौड़ ही रही थी, और दौड़ने के कारण मैं पसीना–पसीना हो गयी।

जब मैं सेनिटोरियम पहुँची तो मैंने चारों ओर देखा। आँगन में पूरी तरह ख़ामोशी थी। कोई चिड़िया का बच्चा तक नज़र नहीं आ रहा था; यहाँ तक कि कुत्ते भी वहाँ नहीं थे। मैंने जल्दी से एक कमरे का दरवाज़ा खोला, भीतर एक बाग़ी नेता आग के पास बैठा आग ताप रहा था। उसके साथ कोई और भी बैठा हुआ था, मज़दूर जैसा नज़र आने वाला कोई आदमी। पता चला कि हर कोई नये साल का जश्न मनाने के लिए अपने घर गया हुआ है। इन दोनों के ज़िम्मे तीन क़ैदियों की निगरानी करना था।

मैंने जल्दी से अपनी बेटी को पिट्ठू पर से उतारा और कांग पर लिटा दिया। मैंने देखा कि उसका सिर पसीने से तर था। कम्बल के कारण

उसे बेहद गर्मी लगी थी। हवा की कमी के कारण उसका चेहरा लाल पड़ गया था, क्योंकि वह ठीक से साँस नहीं ले पा रही थी। कम्बल भी उसके आँसुओं के कारण भीग गया था।

कुछ देर बाद, बाग़ी हियु को लेकर आये। जब हियु ने हम दोनों को देखा तो उनकी नज़रें झुक गयीं और उनमें आँसू आ गये। आज भी जब कभी इन 30 साल पुरानी बातों को याद करती हूँ, हियु से जब भी कभी इस बारे में बात होती है–हम दोनों में से कोई भी अपने आँसू नहीं रोक पाता। हियु कहते हैं, ''जब तुम बेटी को लेकर मुझसे मिलने आयी थीं तो मैं बेहद परेशान हो गया था; मुझे ऐसा लगा, मानो मैंने तुम दोनों के साथ नाइंसाफ़ी की है। जिस समय तुम दोनों को मेरी सबसे ज़्यादा ज़रूरत थी, उस वक़्त मैं तुम्हारी देखभाल नहीं कर पाया था और तुम इतनी दूर से बच्ची को पीठ पर लादे, मुझसे मिलने आयी थीं। मैंने कभी नहीं सोचा था कि अपनी बेटी से मेरी पहली मुलाक़ात उस जगह पर होगी, जहाँ इन्सानियत, मान–सम्मान, रहमदिली जैसे शब्दों के लिए कोई जगह नहीं थी...उससे एक दिन पहले ही मुझसे पूछताछ की गयी थी और उस दिन मुझे मेरी बच्ची और बीवी के सामने सलाखों के पीछे बन्द कर दिया गया था। तुम क्या सोचती हो, मुझे कैसा लगा होगा? उस ज़माने में माँ–बाप के कर्मों का फल बच्चों को भोगना पड़ता था, माँ–बाप के कारण बच्चों को सुनना पड़ता था। मुझे पता नहीं था कि मेरी बच्ची पर मेरे हालात का क्या असर पड़ेगा?'' हियु कहे जा रहे थे, लगता था शब्द कहीं दूर दिल की गहराइयों से निकल रहे हैं।

वह कहते हैं, ''तुम्हें पता है, मैंने कभी किसी बच्चे पर हाथ नहीं उठाया, भले ही उन्होंने कुछ ग़लत ही काम क्यों न किया हो। मुझे हमेशा ये महसूस होता रहा कि ये बच्चे बड़े ही मुश्किल हालात में पैदा हुए थे, दमघोंटू माहौल में पले–बढ़े और इसके चलते, मैं मानता हूँ कि मैंने एक पिता के रूप में उनके साथ न्याय नहीं किया...मैं कहीं–न–कहीं ख़ुद को कसूरवार पाता हूँ...''

जेल में हियु ने बड़े ही ध्यान से नन्ही बच्ची को देखा, और बोले कि बच्ची की शक्ल और मुँह की बनावट उनके ऊपर थी, नाक मेरे जैसी थी और उसकी आँखें, हम दोनों में से एकदम अलग थीं...बच्ची को देखते हुए अचानक उन्होंने मुझसे पूछा, ''तुमने देखा ये बच्ची अपने माथे पर किस तरह सिलवटें डाल रही है?''

मैंने लापरवाही से जवाब दिया, "इसलिए क्योंकि अभी ये परेशान है।"

यह बड़ी हैरानी की बात थी कि जिस दिन से वह पैदा हुई थी, उसी दिन से उसके माथे पर त्यौरियाँ पड़ी हुई थीं और ये सात–आठ महीने बाद, उसके पिता के घर लौटने के बाद ही ख़त्म हुईं। हियु उसके पैदा होने के सात–आठ महीने बाद लौटे और घर में फिर से हँसी गूँजने लगी। इसके बाद ही बच्ची के माथे की त्यौरियाँ ढीली पड़ीं और धीरे–धीरे एकदम साफ़ हो गयीं।

हियु ने मुझसे बच्ची के जन्म के बाद के दिनों के बारे में पूछा तो मैंने जवाब में केवल इतना कहा कि सब ठीक रहा। मैंने कोयले के धुएँ वाली बात उन्हें नहीं बतायी। मैंने पूछा कि जिस कमरे में आप रहते हैं, क्या वह ठण्डा है और उन्होंने न में जवाब दिया। हमने एक–दूसरे से अपने दर्द छुपा लिए और मुस्कुराकर एक–दूसरे को अपने ठीक–ठाक होने का झूठा दिलासा दिया।

हम तीनों कांग के किनारे पर बैठे रहे। कुछ अपनी कहते, कुछ दूसरे की सुनते हुए। दोनों बाग़ियों की ओर हमारी पीठ थी। वे दोनों आग ताप रहे थे। एक–दूसरे के क़रीब बैठे, एक–दूसरे की गर्मी सुकून दे रही थी। अचानक एक बाग़ी ने बड़ी ही सर्द आवाज़ में कहा, "बस बहुत हो गया, च्याओ हियु, अब तुम्हारे लौटने का समय हो गया है!"

हम दोनों ने अपने सिर उठाकर पीछे की ओर देखा...

मैंने सोचा था कि नये साल का पहला दिन है और हर कोई छुट्टी का जश्न मनाने अपने घर गया होगा। हम तीनों के छोटे से परिवार को एक–दूसरे के साथ अच्छा–ख़ासा वक़्त बिताने को मिलेगा। एक घण्टा भी बहुत होता, लेकिन हम केवल 20 मिनट से भी कम समय साथ रह पाये; मेरा और बेटी का पसीना अभी सूखा तक नहीं था!

लोग वाक़ई बड़े बेदर्द हो जाते हैं।

मैंने पैकेटों में से खाना निकाला, जो मैं अपने साथ लायी थी और हियु को पकड़ा दिया। एक–एक करके सब थमाती गयी। मैंने बताया कि पीली मछली ताज़ा तली हुई है और वह खाने से पहले उसे चूल्हे पर थोड़ा गरम कर लें; कीमा पेटी भी ताज़ा तली हुई है और उसे भी खाने से पहले ज़रा चूल्हे पर गरम कर लेना; पकौड़े भी ताज़ा बनाये थे। इन्हें डम्पिलिंग कहा जाता है। मैंने हियु से कहा कि खाने से पहले इन्हें ज़रा गरम पानी

में डाल देना...मैं इन बातों को जितना लम्बा खींच सकती थी, खींचती रही ताकि कुछ और वक़्त मिल जाये, मैं अपने हियु को जीभर कर देख लूँ।

लेकिन वही सर्द आवाज़ फिर गूँजी, ''च्याओ हियु, मेहरबानी करके क्या आप थोड़ा जल्दी करेंगे? ''

इससे ज़्यादा मैं क्या कर सकती थी; मैं चलने के लिए उठने लगी।

मैंने बेटी का डायपर बदला और उसे फिर से कम्बल में लपेट लिया, लौटने के लिए तैयार। हियु ने उसे हाथों में उठाया और चूम लिया। इसके बाद हियु ने बच्ची को मेरी पीठ पर बने पिट्ठू पर लादने में मदद की। कम्बल में लपेटे जाने के बाद उसने फिर से रोना शुरू कर दिया। पता नहीं कम्बल से उसका क्या बैर था। हियु ने उसे प्यार से दुलारा और चुप कराते हुए बोले, ''रोओ मत, माँ के साथ घर जाओ। ओह, मेरी प्यारी बच्ची...'' हियु का गला रुँध गया।

हियु मुझे दरवाज़े से बाहर जाते देखते रहे। बाहर निकलते ही कुत्तों का झुण्ड फिर से मेरे सामने आ गया। उन्होंने भयानक तरीक़े से भौंकना शुरू कर दिया, लेकिन जैसे ही उन्होंने हियु को देखा, वे तुरन्त मुझे छोड़कर उनके चारों ओर घेरा बनाकर खड़े हो गये।

यह पिछली बार की तरह ही था; बच्ची मेरी पीठ पर थी, मेरे हाथ में दो गीले डायपर थे और मैं भारी बर्फ़ में पैर जमाते हुए, हर क़दम पर आँसू गिराती हुई लौट रही थी, जबकि हियु फूँस के ढेर के पास खड़े रहे, दूर तक उनकी निगाहें मेरे साथ चलती रहीं, मैं सफ़र में अकेली कहाँ थी!

हियु ने बाद में बताया था, ''मैं तब तक तुम दोनों को जाते देखता रहा, जब तक कि तुम चारों ओर फैली बर्फ़ में एक बिन्दु मात्र रह गयी थीं। जब यह बिन्दु भी नज़र नहीं आया तो मैं भीतर चला गया। तुम्हारे चले जाने के बाद ज़िन्दगी के मायने शून्य हो गये।'' हियु को इस उदासी और तन्हाई से निकलने में काफ़ी समय लगा। इसके बाद उन्होंने हमारी अगली मुलाक़ात का इन्तज़ार करना शुरू कर दिया।

मेरी नन्ही जान लौटते समय, पूरे रास्ते रोती रही और घर पहुँचने के बाद रोते–रोते सो गयी।

उस दिन वह चार घण्टे से भी ज़्यादा देर तक कम्बल में कसकर लिपटी रही। रो–रोकर उसने अपनी आँखें लाल कर ली थीं। अगले दिन उसे अस्पताल ले जाना पड़ा। पता चला कि उसे निमोनिया हो गया है। वह कई दिन तक बीमार रही।

हियु से मेरी दूसरी मुलाक़ात भी मुसीबत का कारण बन गयी। बाग़ी नेताओं ने बसन्त उत्सव ख़त्म होने के बाद, हियु को कसकर फटकार लगायी, ''तुमने अपनी पत्नी के साथ बातचीत को केवल चेयरमैन माओ की छोटी लाल किताब तक ही सीमित क्यों नहीं रखा? तुमने 'निःवार्थ संघर्ष' पर चर्चा क्यों नहीं की? इससे यह पता चलता है कि तुम चेयरमैन माओ की शिक्षाओं को ग्रहण नहीं कर रहे हो!''

इस प्रकार की बातों के बारे में अब सोचकर हँसी आती है, लेकिन वह समय जैसे क़यामत बन कर आया था। जिस भी इन्सान ने उस क़यामत को झेला था वह जानता था कि ज़िन्दगी उस समय कितनी नरक थी।

मैं हियु से मिलने कई बार गयी और हर बार मैं उनके लिए खाना तथा खाने के कूपन ले जाती थी। और हर बार बाग़ी इतना भावुक होने के लिए मेरी आलोचना करते। वह कहते, राजनीति को हर भावना से ऊपर रखो। लेकिन मैं उनके कहे हुए की कोई परवाह न करते हुए पहले की तरह ही आती–जाती रही। हर बार जब हम जुदा होते, हियु उसी फूँस के ढेर के पास खड़े होते। हियु के चेहरे पर जुदाई का ग़म साफ़ नज़र आता और मेरे आँसू भी वैसे ही गिर–गिर बर्फ़ में समा जाते।

69

1968 की सर्दियाँ मेरी ज़िन्दगी की सबसे जानलेवा सर्दियाँ थीं, लेकिन यह ख़तरनाक मौसम बीत चुका था। बसन्त आ गया था; धरती पर जमी बर्फ़ की मोटी परत पिघलने लगी थी, घरों के छज्जों पर जमी बर्फ़ टप–टप गिरने लगी। सड़कों के किनारे लगे पेड़ों ने बर्फ़ का लबादा उतारकर फेंक दिया था और अब उनमें नयी–नयी नन्ही–नन्ही कोंपलें फूटने लगी थीं, कलियों ने अँगड़ाई लेना शुरू कर दिया था।

1 अप्रैल, 1969 की रात की बात है। मैं और पिताजी अचानक से घड़ियाल और नगाड़ों की आवाज़ सुनकर अचकचाकर नींद से जागे।

''ज़रूर पार्टी की नौवीं बैठक शुरू हो रही होगी!'' मैंने कहा।

''हम्म्म, ऐसा ही लगता है, क्योंकि आलाकमान की ओर से शायद कुछ निर्देश मिले हैं।'' पिताजी ने कहा।

उस ज़माने में, बीजिंग में शीर्ष स्तर से कोई दिशा–निर्देश होता था

तो उसका प्रचार इसी तरह से किया जाता था। इसकी घोषणा घड़ियाल और ढोल–नगाड़े बजाकर की जाती थी।

हम दोनों बात कर ही रहे थे कि किसी के दरवाज़े पर खटखटाने की आवाज़ आयी, ''यावन, जल्दी उठो, जल्दी!'' पार्टी की नौवीं बैठक शुरू हो गयी है। बैंक की प्रचार टीम प्रदर्शन कर रही है, जल्दी करो! मैं बाहर तुम्हारा इन्तज़ार कर रहा हूँ!''

भले ही, मैं एक 'क्रान्ति विरोधी' की बीवी थी, लेकिन बैंक के कर्मचारी अभी भी मुझे प्रचार समिति में रखे हुए थे। इस टीम में मैं एकल गीत और साथ ही युगल गीत गाने वाली थी। कोई और ऑफ़िस होता, तो ऐसा करने की क़तई अनुमति नहीं दी जाती। मैं अपनी ज़िन्दगी के इस क्षण का भरपूर मज़ा लेना चाहती थी। केवल यही लोग थे जो मुझसे राजनीतिक छुआछूत नहीं करते थे। मैंने कपड़े फेंके और बच्ची को माँ के पास छोड़कर बाहर निकल गयी।

वहाँ से जो शुरुआत हुई तो उसके बाद से मैं बैंकों की प्रचार समिति के साथ हर जगह जाकर कार्यक्रम पेश कर चुकी हूँ। बाद में मुझे कार्यक्रम पेश करने कहीं दूर जाना होता तो अपनी बेटी को भी कमर पर बिठाकर ले जाने लगी थी। जब मैं स्टेज पर होती तो बेटी को किसी और के हवाले कर देती और कार्यक्रम ख़त्म होने पर मैं उसे दूध पिलाती और उसका डायपर बदलती।

इन कार्यक्रमों में मैं अपनी पूरी जान लगा देती थी ताकि लोग यह देख सकें कि मैं अपनी स्वतन्त्र ज़िन्दगी की कमान सँभालना चाहती हूँ, भले ही च्याओ हियु को क्रान्ति विरोधी घोषित कर दिया गया हो, भले ही उसे जेल में डाल दिया जाये, मैं अपनी ज़िन्दगी का उत्सव मनाना चाहती हूँ! इसी तरह की सोच ने मुझे हिम्मत दी और तमाम झंझावातों, तूफ़ानों में मेरी ज़िन्दगी की कश्ती को डूबने से बचाये रखा।

नौवीं पार्टी बैठक के बाद स्पोर्ट्स कमीशन के सभी सदस्य पहाड़ी वाले गाँव से शहर लौट आये। हियु को सिटी कंस्ट्रक्शन ब्यूरो के ऊपर बन्द करके रखा गया था।

एक शाम की बात है। बैंक की प्रचार टीम ने सिटी कंस्ट्रक्शन ब्यूरो के सामने एक कामचलाऊ स्टेज बनायी। हमारा वहाँ प्रोग्राम होना था। उस दिन मैंने माओत्से तुंग की कविता *रिप्लाई टू ए फ्रेंड* गायी।

स्टेज पर क़विता गाते हुए मैं लगातार दूसरे तल की खिड़की की ओर

देखती रही और कुछ देर बाद, हियु का सिर अचानक से मुझे नज़र आया...

कुछ क्षण के लिए मेरा ध्यान बँट गया और अचानक से मुझे महसूस हुआ कि मैंने कविता की दो अन्तिम पंक्तियाँ ग़लत गायी हैं।

''उनके एकाकीपन में, मेरे सपने बहुत विशाल हैं, क्योंकि मैं हवाओं पर सवार हूँ, मैं अपने राष्ट्र के सपनों को पूरा करने के लिए एकान्तवास की तलाश में हूँ!'' ये एक भयंकर राजनीतिक भूल थी, लेकिन बैंड के शोर के कारण, किसी का ध्यान नहीं गया। अगर किसी ने मेरी ग़लती पकड़ ली होती तो मेरे ऊपर एक बहुत बड़ी मुसीबत आ जाती।

जब कार्यक्रम ख़त्म हो गया, मैं स्टेज से उतरी और अपनी बेटी को टीम के एक सदस्य से अपनी गोदी में ले लिया। सीधे हियु की खिड़की के नीचे गयी और बच्ची को अपनी बाँहों में जितना ऊँचे उठा सकती थी, उठा लिया।

सब लोग नौवीं पार्टी बैठक के जश्न में डूबे थे, स्टेज पर तेज़ रौशनी थी और इसी शोरशराबे के बीच हम तीनों के परिवार को फिर से मिलने का मौक़ा मिल गया।

हियु ने खिड़की पर लगे काग़ज़ को फाड़ दिया और अपना सिर बाहर निकाला।

मैंने अपनी बेटी से कहा, ''जल्दी से पापा की ओर देखो! पापा की ओर देखो!''

उसने अपना सिर हल्का–सा झुकाया लेकिन उसे शायद मेरी बात समझ में नहीं आयी।

हियु खिड़की से आधे बाहर निकले हुए थे और हमारी ओर अपनी बाँहें फैला रहे थे, लेकिन वे हम तक नहीं पहुँच सके।

लेकिन मुझे सिर्फ़ धुँधला–धुँधला–सा दिखा; केवल इतना समझ में आया कि दूसरे तल की खिड़की के किनारे से किसी आदमी की छाया नज़र आयी...

70

बसन्त का मौसम आ चुका था और मुझे इससे बड़ी उम्मीदें थीं लेकिन मेरी चाहत कहाँ इतनी आसानी से पूरी हुई थी।

उस रात मुझे बड़ा ही अजीब सपना आया। मैं सोंगहुआ नदी के किनारे बैठी हूँ और एक साँप मेरी बगल में कुण्डली मारकर बैठा है। मैंने साँप को उठाया और नदी में फेंक दिया। मैंने पाया कि केवल साँप की केंचुली ही नदी में फेंकी गयी और साँप अभी भी मेरे हाथ में था।

अगले दिन, पिताजी ने अपने पैरों पर हाथ मारते हुए ख़ुशी से कहा, ''यह तो बड़ा अच्छा सपना था! ये वाक़ई अच्छा सपना था! हियु की परेशानियाँ जल्द ख़त्म हो जायेंगी। वह सर्प वर्ष में पैदा हुआ है। तुमने केवल साँप की केंचुली नदी में फेंकी थी। इसे केंचुली उतारना और ज़िन्दा रहना कहते हैं!''

पता नहीं, मेरे सपने का कोई मतलब था भी या नहीं। या नौवीं कांग्रेस बैठक में कोई नयी नीति लागू की गयी थी, लेकिन जब उस शाम मैं माँ के साथ खाना खाने बैठी तो मेरी बच्ची मेरी गोद में थी। अचानक से देखा कि एक जाने–पहचाने वाले चेहरे का व्यक्ति भीतर आ रहा था।

हममें से कोई कुछ नहीं बोला, काफ़ी देर तक हम एक–दूसरे का हाथ पकड़े बैठे रहे, आँसुओं से हमारी नज़र धुँधला गयी थी।

हियु ने अपनी बेटी को गोदी में लिया। अब वह सात महीने से ज़्यादा की हो चुकी थी, लेकिन उसने हियु की गोदी में जाते ही रोना शुरू कर दिया। वह उस इन्सान को पहचान नहीं पायी, जो उसका पिता था।

हियु जेल से तो रिहा हो गये थे, लेकिन उनके रिहाई के आदेश पर एक सन्देश लिखा हुआ था, ''अपराधी के व्यवहार पर निगरानी रखी जायेगी।'' इसका मतलब यह था, ''अगर आपका व्यवहार सही नहीं रहता है तो आपको फिर से जेल में डाल दिया जायेगा!''

हियु के नाम पर जो धब्बा लग गया था, उसका असर रिहाई के बाद भी था। उस इन्सान से उसका सम्मान, उसकी गरिमा और उसकी आज़ादी छीन ली गयी थी। नतीजा यह हुआ कि हियु लगातार डिप्रेशन में रहने लगे। इससे बाहर निकलने में उन्हें एक साल से ज़्यादा वक़्त लग गया। अब वह आख़िरकार अपनी पत्नी और बेटी के पास आ चुके थे, लेकिन हमारे पास कोई घर नहीं था, इसलिए हम तीनों, हर वक़्त एक साथ नहीं रह सकते थे। मेरे मायके का घर इतना छोटा था कि उसमें हम लोगों के लिए जगह ही नहीं थी।

हमने किसी तरह एक घर में किराये पर कांग का इन्तज़ाम कर लिया। इस घर में चार परिवार रहते थे और एक रसोईघर था।

कांग घर के दक्षिणी कोने पर था। हमारे सामने जो कांग था, उसका इस्तेमाल हमारे जैसा ही एक और परिवार कर रहा था। परिवार में पति–पत्नी और उनकी बेटी थी। हम दोनों परिवारों के बीच में केवल एक काग़ज़नुमा पतली–सी दीवार थी, जो दोनों को अलग करती थी। इसलिए कोई भी बात करो, दूसरे पक्ष को सुनाई दे ही जाती। ऐसे माहौल में किसी प्रकार की आत्मीय बातचीत तो हो ही नहीं सकती थी। इस घर में कांग भी कोई बहुत अच्छा नहीं था; बहुत कम आग जलती और धुआँ ज़्यादा निकलता। जैसे ही कोयले की महक मेरी नाक में घुसती, मेरा सिर चकराना शुरू हो जाता और उल्टी जैसा महसूस होता।

इसी बीच, मुझे पता चला कि च्यामुसी ईस्ट बैंक ऑफ़िस में एक छोटे–से कमरे में रहने वाला एक नवविवाहित दम्पति वहाँ से जा रहा है, तो मैंने ऑफ़िस के नये निदेशक से सम्पर्क किया, जो हाल ही में तबादला होकर यहाँ आये थे। मैंने उनसे निवेदन किया कि क्या मुझे कुछ समय के लिए उस कमरे में रहने की अनुमति मिल सकती है। उन्होंने जवाब दिया, ''बैंक में पैसे का बहुत लेन–देन होता है और यह एक महत्त्वपूर्ण जगह है। तुम यहाँ अपने बच्चे के साथ रह सकती हो, लेकिन तुम्हारा पति यहाँ नहीं रह सकता!''

कोई और बेहतर उपाय नहीं था इसलिए मैं अपनी बेटी को लेकर ऑफ़िस के छोटे–से कमरे में आ गयी। हियु मेरे मायके में ही रहते रहे। हर रोज़ शाम को हियु पिछले दरवाज़े से भीतर आ जाते। वे हमारे लिए खाना ले आते और हम तीनों एक साथ बैठकर खाना खाते। ये सब काम गुपचुप होता था। हियु वहाँ रात के नौ बजे तक रहते और उसके बाद चले जाते। नौ बजे के बाद चौकीदार ऑफ़िस का गेट बन्द कर देता था। इसलिए हमारे पास केवल नौ बजे तक का ही समय होता।

बैंक में मेरे सहकर्मियों से मेरी यह हालत देखी नहीं गयी। इसलिए वांग जिझान और लियु युवेन ने वास्तुशिल्प इंजीनियरिंग यूनिट के एक कैशियर से बात की। कैशियर का उपनाम मोउ था। उन्होंने उससे पूछा कि क्या उसकी यूनिट में कोई पुराना घर है, जहाँ मैं कुछ समय के लिए रह सकूँ। मोउ ने बताया कि उनका कर्मचारी नये घर में जाने वाला है, इसलिए वह घर ख़ाली हो जायेगा। यह घर कच्चा और इतना छोटा था कि इसमें केवल एक बड़ा कमरा और एक उसका आधा कमरा था। इसमें एक कांग, एक रसोईघर और एक सायबान था, जिसमें पुराना कबाड़ पड़ा

था, लेकिन जहाँ तक हमारा सवाल था, हमारे लिए यह किसी महल से कम नहीं था।

हमारा छोटा–सा परिवार जो पिछले दो साल से बंजारों की तरह घूम रहा था, आख़िरकार उसे एक घर मिल गया था। हमारा अपना घर था, ये सिर्फ़ हमारा घर था!

लेकिन मुझे जल्द ही समझ में आ गया कि हियु अब पहले वाले इन्सान नहीं रहे हैं; एक इन्सान जो कभी ज़िन्दादिल, हँसमुख और रहमदिल था, वह अब बेहद ख़ामोश और बहुत ही डरा–डरा–सा रहने लगा था। वह कोई भी काम करने से पहले मुझसे मंजूरी लेते, ''यावन, अगर मैं पानी लेने जाऊँ तो क्या ये ठीक रहेगा?'' या ''यावन, अगर मैं जाकर कुछ कोयला ले आऊँ तो तुम्हें बुरा तो नहीं लगेगा?'' वह हमेशा मेरा चेहरा देखते रहते, यहाँ तक कि खाना खाते हुए भी। अगर खाने की टेबल पर भांप में पका ब्रेड या कुछ और सामान रखा होता तो वह हाथ बढ़ाकर उसे उठाते नहीं थे...

हियु का इस तरह का बर्ताव देखकर मैं बहुत परेशान हो गयी। वह कितना बदल गये थे। जब किसी इन्सान को मानसिक रूप से प्रताड़ित किया जाता है, मानसिक यातना दी जाती है तो बाद में केवल माहौल बदल जाने से दिमाग़ अपनी पुरानी स्थिति में तुरन्त नहीं लौट पाता। मानसिक यातनाओं के शिकार कुछ लोग तो जीवनभर इसी आतंक के साये में जीने को मजबूर होते हैं।

हियु शाम के समय अब घर जा सकते थे, लेकिन दिन में लगातार उन पर निगरानी रखी जाती और उनकी हर हरकत को परखा जाता, वह कितने दबाव में थे, कितने पीड़ित थे, यह उन्हें देखकर ही समझ में आ रहा था।

एक शाम को मेरी और हियु की लम्बी बातचीत हुई।

''हियु, अब आप जेल में नहीं हैं, आप अपने घर में लौट आये हैं। आप इस घर के मालिक हैं। अब आगे से, घर परिवार के हर मामले में आपकी ही बात सबसे ऊपर रहेगी। आप जो करना चाहें, कर सकते हैं, मुझसे पूछने की कोई ज़रूरत नहीं है!''

''हूँ...'' उन्होंने एक लम्बी साँस छोड़ी और अपने भीतर गहराई में दबे राज़ पर से धीरे–धीरे परदा उठाना शुरू किया, ''मैं बहुत लम्बे समय तक निगरानी में रहा हूँ। जब भी मुझे कुछ करना होता, मुझे उनसे अनुमति लेनी

पड़ती, और अगर मैंने मामूली–सी भी भूल कर दी, तो मुझे उसका दण्ड भुगतना पड़ता था। इसलिए मैं इतना सतर्क रहता हूँ और यही कारण है कि मैं ऐसा हो गया हूँ। मुझे खुलकर साँस लेने की भी अनुमति नहीं थी और मेरी यही हालत अब भी है। ये सब बातें मेरी आदत में रम गयी हैं।''

''आपको उनके बारे में अब ज़्यादा चिन्ता करने की ज़रूरत नहीं है। हम ख़ुशी–ख़ुशी अपना जीवन जीने के लिए स्वतन्त्र हैं!'' मैंने कहा था।

हम रात को एक बजे तक बात करते रहे और जब हमारी बातें ख़त्म हुईं तो हम दोनों की आँखों से आँसू गिर रहे थे।

उस दिन हमने तय किया : आज के बाद, हमें घर के बाहर जो भी बुरा से बुरा भुगतना पड़े, हम उसकी परवाह किये बिना, घर के भीतर हँसी–ख़ुशी से रहेंगे। इसका हम दोनों की ज़िन्दगी पर बड़ा ही सकारात्मक असर पड़ा। इसका असर ये हुआ कि बाहर अगर 12वें स्तर का तूफ़ान भी अगर चल रहा है, तो उसका असर हमारे दरवाज़े के बाहर तक ही रहता था। हमारा घर हम तीनों के लिए हमेशा एक ऐसा सुरक्षित स्थान बन गया था, जहाँ बच्ची मेरी गोद में सुरक्षित थी और हम दोनों एक–दूसरे का हाथ थामकर दुनिया की तमाम दुश्वारियों से महफ़ूज़ थे। घर के भीतर हमेशा एक हल्की–हल्की–सी गर्माहट रहती, और हमें अपना घर जन्नत–सा महसूस होता।

मेरी ये राय है कि हम ज़िन्दा रहते हुए, बाहरी दुनिया में इतनी पीड़ा सहते हैं, इतने दर्द को साथ लिए घूमते हैं कि अगर हम घर में भी ख़ुश नहीं रहेंगे, घर में उदासी ओढ़े घूमते रहेंगे तो फिर किसके लिए जिया जाये? अगर हम इसके बारे में थोड़ा गहराई से सोचें तो हमें समझ आयेगा कि हमारी ज़िन्दगी केवल दो मुख्य स्तम्भों के सहारे पर खड़ी है–हमारा करियर और ज़िन्दगी का प्रेम (इसमें परिवार भी शामिल है) एक बार किसी इन्सान से उसके इन दो स्तम्भों का सहारा छीन लिया जाता है तो उसे मानसिक रूप से टूटने में बहुत अधिक देर नहीं लगेगी।

बाद में, हियु जब काम के सिलसिले में कोर्ट जाने लगे, तो वहाँ उन्हें अक्सर कई तरह की समस्याओं का सामना करना पड़ता। घर आकर हियु मुझे इनके बारे में बताते। उनके बढ़े हुए ब्लड प्रेशर को थोड़ा कम करने के लिए मैं हमेशा कुछ ही शब्द कहती थी। वह मज़ाक़ में कहते हैं कि मैं उनके ब्लड प्रेशर को कम करने की दवा हूँ, उनकी ख़ुशी का आधार हूँ।

वह भी मेरी ज़िन्दगी में यही भूमिका निभाते हैं।

उस बातचीत के बाद, हियु की मानसिक हालत में तेज़ी से सुधार हुआ। मैं उन्हें ख़ुश रखने के लिए हर सम्भव कोशिश करती। उनके लिए वही माहौल बनाने की कोशिश करती जो सांस्कृतिक क्रान्ति से पहले था–हँसी–ख़ुशी का माहौल। खाना बनाते हुए मैं उनके लिए गाना गाती; मैं अक्सर उनके लिए *आवारा* फ़िल्म का गाना गाती, ''तुम मेरा दिल हो, मेरे दिल में बसा गीत हो। मेरे पास आओ, आओ इस रात के अँधेरे को हटा दें; मेरे पास आओ, मेरे प्यार, मेरे पास आओ...''

मेरे बेटे ने एक बार मुझसे पूछा, "माँ, आप हर समय गाती रहती हो, 'तुम मेरा दिल हो, मैं तुम्हारा लीवर हूँ,' इसका क्या मतलब है?"

''थोड़ा बड़े होने का इन्तज़ार करो, तब तुम्हें समझ में आयेगा।'' मैं हँसकर कहती।

ये 1971 के दिनों की बात है। हमारा दूसरा बच्चा हुआ। हमने उसका नाम हांग रखा।

कभी–कभार हम घर पर ही डम्पिलिंग बनाते थे। जैसे ही डम्पिलिंग बर्तन से बाहर निकलती, मैं चिल्लाकर अपने पति से कहती, ''हियु! ज़रा जल्दी आओ, देखना यह ठीक से पकी हैं या नहीं!''

वह ख़ुशी से दौड़ते हुए रसोईघर में आते, और मैं भाँप वाले बर्तन से एक डम्पिलिंग निकालकर उन्हें देती। वह एक ही बार में उसे मुँह में डालकर खा जाते, गरमागरम डम्पिलिंग खाने से मुँह जलने लगता तो मुँह से बार–बार हफ–हफ करके हवा निकालते। खाते–खाते ही चिल्लाते, ''बन गयी! बन गयी!'' उसके बाद मैं आधी डम्पिलिंग खिड़की पर झुके दोनों छोटे बच्चों को देती और उनसे पूछती कि कैसी बनी हैं। दोनों एक सुर में कहते, ''अच्छे हैं, अच्छे हैं! बहुत ही अच्छे हैं!''

उस समय मेरी और हियु, दोनों की तनख़्वाह मिलाकर केवल 76 युआन थी, इसलिए डम्पिलिंग बनाना आसान नहीं था। हर बार महीने के आख़िर में, हमारे पास इतने पैसे भी नहीं बचते थे कि हम पाँच सेंट की सोया सॉस की बोतल ही ख़रीद लें, लेकिन ग़रीबी के बावजूद हमारे दिन अच्छी तरह गुज़र गये।

जब भी कभी उन बीते दिनों की बात होती है तो हियु अक्सर *माई डियर मैरी* का एक गाना गाने लगते हैं, ''प्रिय तुम्हारा बहुत–बहुत शुक्रिया, तुमने मुझे प्यार दिया, मैं इस ज़िन्दगी में तो तुम्हारे प्यार को

भुला नहीं पाऊँगा; शुक्रिया, मेरी प्रिया, मुझे हौसला देने के लिए शुक्रिया, मेरे दिनों के काले अँधेरे को हटाने के लिए तुम्हारा शुक्रिया...''

''दस सालों के बुरे वक़्त'' में मैंने वही भूमिका अदा की, जो मेरी माँ ने उस समय अदा की थी, जब वह जवान थीं; मैंने अपने परिवार का सारा बोझ अपने कन्धों पर उठाया और सबको उस बर्फ़ीले तूफ़ान से निकाला, जिसमें हम सब फँस गये थे, लेकिन मैं अपनी माँ की तरह ख़ामोशी से सब बर्दाश्त नहीं कर पायी। मैं और मेरी माँ अलग–अलग समय में थे, हम दोनों के अलग अनुभव थे और अलग पृष्ठभूमि थी। हमारी संस्कृति अलग थी और हमारा पढ़ाई का स्तर एकदम भिन्न था। केवल इसी कारण, मैं अपनी माँ के मुक़ाबले अपने विचारों पर दृढ़ थी और साथ ही मैं अपनी ज़िन्दगी का हर फ़ैसला ख़ुद करती थी।

इन दस सालों में मैंने दुनिया का सारा पाखण्ड देख लिया था। मैं अपने उन सहकर्मियों और वरिष्ठों का अहसान ज़िन्दगीभर नहीं चुका पाऊँगी जिन्होंने इस बुरे दौर में मेरा साथ दिया, मेरे साथ सहानुभूति रखी और मुझे भरोसा दिलाया कि मैं अकेली नहीं हूँ।

इन दस सालों के अनुभवों में मेरी आँखों पर पड़े परदे को भी हटा दिया था, मुझे संयम से काम लेना सिखाया और अपने चिन्तन का मौक़ा दिया। वक़्त की मार तो बहुत बुरी थी, लेकिन वक़्त की इस मार ने मुझे लोगों के साथ रहमदिली से पेश आना सिखाया, ख़ासतौर से उन लोगों के साथ जिन्हें समाज में कोई नहीं पूछता और सबसे निचले पायदान पर ही ज़िन्दगी गुज़ार देते हैं, जो बेरोज़गार हैं, जिनके पास ताक़त नहीं है और वे जिन्हें समाज ने दुत्कार दिया है। भले ही किसी को जेल हो गयी हो, या कोई इन्सान गली में कूड़ा बीनने का काम करता हो, अपने अधम दर्जे के काम के बावजूद वे सम्मान के हक़दार हैं; वे भी इन्सान हैं। मैं ये जानती हूँ क्योंकि मैं भी वक़्त के थपेड़ों को सहते हुए ही आगे बढ़ी हूँ।

ज़िन्दगी में आये तमाम उतार–चढ़ावों और दुश्वारियों ने इतने व्यापक अनुभव दिये कि उनका मेरे लेखन करियर पर और सच कहूँ तो मेरी पूरी ज़िन्दगी पर गहरा असर डाला।

हियु भी मेरी बात से सहमत हैं। जज बनने के बाद, जब भी कोई किसी मुक़दमे की फ़ाइल लेकर उनके पास आया, वह उसके साथ बहुत ही गर्मजोशी और आत्मीयता से मिलते, भले ही वे ग़रीब और चिथड़ों में लिपटे हुए ही क्यों न होते।

71

साल 1973 का बसन्त और एक शाम। कुछ पहचाना–सा शोर कानों में पड़ा... मेरे दिल की धड़कन बढ़ गयी और रौंगटें खड़े होने लगे–मोटरसाइकिल के इंजन की आवाज़।

लेकिन इस बार स्पोर्ट्स कमीशन के निदेशक मोटरसाइकिल पर आये थे। वे हियु के साथ ही जेल में बन्द रहे थे।

"हियु, यावन! मुझे मेरे पुराने पद पर बहाल कर दिया गया है!" बुज़ुर्ग होने के बावजूद निदेशक हमेशा की तरह उत्साह से भरे थे। वह बोलते–बोलते भीतर आ गये। उनका उत्साह देखते ही बनता था, "मैं आज तुम लोगों से कुछ मदद माँगने आया हूँ! प्रान्तीय स्पोर्ट्स कमीशन ने फिर से आइस स्केटिंग में रुचि लेना शुरू कर दिया है। जानता हूँ कि तुम्हें प्रशिक्षण का गहन अनुभव है। हियु, इसलिए मैं चाहता हूँ कि तुम ये रिटायरमेंट मूड से बाहर निकलो और एक स्पेशल कोच बन जाओ। मैं चाहता हूँ कि तुम कुछ अच्छे खिलाड़ियों को तैयार करो ताकि च्यामुसी स्पोर्ट्स कमेटी का कुछ मान–सम्मान बढ़े!"

वह कहते ही चले गये, "यावन, जानता हूँ कि तुम्हारा एक छोटा बच्चा है और तुम्हें बैंक के काम से दम मारने की फुरसत नहीं है। अगर मैं कहूँ कि मैंने तुम्हारा तबादला स्पोर्ट्स कमीशन में करवा दिया है जहाँ तुम हमारी एकाउंटेंट का काम करोगी, तो तुम्हें कैसा लगेगा? वहाँ कोई ज़्यादा काम नहीं होगा और तुम्हारे पास बच्चे की देखभाल के लिए बहुत समय रहेगा। हियु को भी दिक़्क़त नहीं होगी और वह आराम से कोचिंग कर सकेंगे!"

हम इसी का तो इन्तज़ार कर रहे थे।

सात साल बीत चुके थे। ये पहली बार था, जब किसी ने हियु पर ध्यान दिया था जो कभी मास्टर ग्रेड एथलीट होते थे। सांस्कृतिक क्रान्ति के विरोधी का ठप्पा लगने के बाद उनकी प्रतिष्ठा धूल में मिल गयी थी।

हियु और मैंने एक–दूसरे की ओर देखा। हम कुछ नहीं बोले।

जब निदेशक महोदय ने देखा कि हम दोनों में से कोई कुछ नहीं बोल रहा है तो उन्होंने अपनी बात फिर से शुरू कर दी, "कोई नहीं जानता कि सांस्कृतिक क्रान्ति जब शुरू हुई तो क्या हुआ था। हियु, इसलिए... हूँ... वह सब अब ख़त्म हो चुका है, इस बारे में इतना सोच–सोचकर

ख़ुद को परेशान मत करो! अब तुम्हें कोई डर नहीं है। मैं हियु के साथ एक साल से भी ज़्यादा समय तक सलाखों के पीछे बन्द रहा हूँ, मैं तुम्हें निराश नहीं होने दूँगा...''

निदेशक ने हमारा दिल जीत लिया और हमें लगा, हम उनका यह ऋण किस प्रकार उतारेंगे। उस रात मौसम की पहली बारिश हुई। खिड़की पर बारिश की बूँदें हल्की–हल्की टप–टप की आवाज़ के साथ गिर रही थीं। लगा कोई मधुर संगीत बज रहा है। आधी रात बीत चुकी थी और एक बज चुका था, लेकिन हम दोनों जाग रहे थे।

''मैं तुम्हें और बच्चे को फिर से छोड़कर नहीं जा सकता...'' हियु ने कहा था।

''आपको जाना चाहिए, आपको अपने करियर के बारे में भी तो सोचना होगा!''

''लेकिन तुम जानती हो...''

''मुझे पता है...''

मुझे पता है कि अगर वह विशेष कोच बन गये तो उन्हें पूरी सर्दियों घर से दूर रहना पड़ेगा। सर्दियों की लम्बी रातें मुझे दो छोटे बच्चों के साथ अकेले ही बितानी पड़ेंगी, लेकिन मैं ये भी जानती हूँ कि हियु को प्रोफ़ेशनल आइस स्केटिंग कितना पसन्द है और कोच बनना तो उनका एक सपना था।

हियु की ख़ातिर मैंने स्पोर्ट्स कमीशन में तबादले को स्वीकार करने और उनके एकाउंटेंट के रूप में काम करने का फ़ैसला कर लिया। बैंक में काम का भारी बोझ था और दो छोटे बच्चों के साथ उसके साथ तालमेल बैठा पाना मुश्किल था।

लेकिन एक और मुश्किल थी, बैंक के मेरे सहकर्मियों को जब तबादले की बात पता चली तो उन सबने बहुत विरोध किया। उनका कहना था कि जब हियु स्पोर्ट्स कमीशन में थे तो उन पर क्रान्ति विरोधी होने का आरोप लगाया गया और इसीलिए हम दोनों का वहाँ काम करना ठीक नहीं है। बैंक के निदेशक लुओ चिचाओ तबादला होकर अभी–अभी आये थे। उन्होंने भी मुझे मनाने की तमाम कोशिश की, ''यावन, मैं तुमसे अपील करता हूँ कि कोई भी क़दम उठाने से पहले अच्छी तरह हर चीज़ को तौल लो। पूरे बैंकिंग सेक्टर के लिए तुम एक आदर्श हो, वित्तीय और कारोबारी क्षेत्र में तुम्हें पूरे हेच्यांग में एक आदर्श कर्मचारी के रूप में जाना जाता

है और बैंक में ऊपर से नीचे तक हर कोई तुम्हारा पूरा समर्थन करता है। अपने ऑफ़िस में इस प्रकार इतना भरोसा जितना कोई आसान काम नहीं होता। इसलिए तुम्हें ही तय करना है कि तुम्हारे लिए क्या ठीक है। अगर तुम बैंक में ही रहती हो तो भविष्य की काफ़ी उज्ज्वल सम्भावनाएँ तुम्हारे पास होंगी...''

यह बात सही थी कि बैंक में मेरा बहुत सम्मान था और मैं बेहद विश्वासपात्र थी। कई साल बाद बैंकिंग सेक्टर की एक प्रदर्शनी में पता चला कि एक आदर्श कर्मचारी का मेरा दर्जा अब भी बरक़रार था। बैंक में जब भी कभी किसी महिला की तरक़्क़ी की बात आती तो बातचीत में मेरा ज़िक्र हमेशा आता था।

लेकिन हियु सांस्कृतिक क्रान्ति के चलते ज़िन्दगी और करियर में काफ़ी पिछड़ गये थे और मैं नहीं चाहती थी कि हियु केवल मेरी वजह से ज़िन्दगी में फिर से खड़े होने का जो अवसर मिल रहा है, उसे गँवा दें। इसलिए मैंने स्पोर्ट्स कमीशन में तबादले का फ़ैसला किया। काफ़ी साल बाद जाकर ही मुझे एहसास हुआ कि वह मेरी ज़िन्दगी की सबसे बड़ी भूल थी।

हियु और मैं दोनों ही नादान थे। हम किसी की भी कही बात पर बहुत जल्द भरोसा कर लेते। हमें इतना धोखा कैसे हो गया? हम ये कैसे भूल गये कि ये वही पुरानी दुनिया है, यहाँ वही लोग हैं और चीन अभी भी 'दस साल की बर्बादी' के धुएँ में लिपटा हुआ है।

कई सालों तक, जब भी पतझड़ आता, तो उसकी हवाएँ मेरे भीतर एक ख़ौफ़–सा पैदा कर देतीं। मैं हर वक़्त मोटरसाइकिल के इंजन के शोर से डरती रहती। जानती थी कि जब पतझड़ की हवाएँ थम जायेंगी और सर्दियाँ दस्तक देंगी तो हियु को हम तीनों को छोड़कर दूर जाना होगा। लम्बी सर्द रातें, मुझे अकेले ही काटनी होंगी।

यह तय पाया गया कि राष्ट्रीय दिवस के बाद हियु अपने एथलीट को लेकर प्रशिक्षण के लिए शहर से बाहर जायेंगे। वह केवल बसन्त में ही घर लौटेंगे।

जाने से पहले हियु मेरा काफ़ी हाथ बँटाते थे। मेरे लिए पानी की बाल्टी हमेशा भरकर रख देते, कई टोकरी भरकर जलावन की लकड़ियाँ काट देते, दो बड़े टब में कटी पत्तागोभी और आलू भर देते। पत्तागोभी और आलू का आख़िरी टुकड़ा काला पड़ने तक मैं उन्हें खाती। ख़राब

पत्तागोभी के काले पड़ चुके टुकड़े और टमाटर का गहरा काला पड़ना मेरी यादों में बस गया था; ये सब्ज़ियों के टुकड़े मात्र नहीं थे, बल्कि एक पत्नी के लिए उसके पति के प्यार की यादें थीं।

उस ज़माने में, जैसे ही पतझड़ का मौसम आता, हर परिवार सर्दियों के लिए भोजन इकट्ठा करने में जुट जाता। काम से घर लौटते समय मैं पत्तागोभी, गाजर और आलू हाथगाड़ी में भरकर ले आती। इनका वज़न कई सौ किलोग्राम होता। मैं ख़ुद उन सब्ज़ियों से अचार बनाती, उन्हें सुखाती और पत्तागोभी, आलुओं को नीचे तहख़ाने में रख देती...मैं हर रोज़ सुबह पाँच बजे बिस्तर से उठती। आग जलाती, खाना बनाती, बच्चों को नहलाती–धुलाती, खाना खिलाती, साइकिल से नर्सरी जाती–एक बच्चा मेरी पीठ पर और दूसरा साइकिल पर मेरे आगे डण्डे पर बैठा होता। नर्सरी में दोनों बच्चों को छोड़कर मैं काम पर जाती। सड़कें फिसलनभरी होती थीं और हम तीनों अक्सर गिर जाते। एक शाम को मैं एक किलोग्राम फ्रोजन नाशपाती ले आयी। थैला साइकिल के हैण्डल पर टँगा था। अचानक लापरवाही के कारण मैं गिर पड़ी और फ्रोजन नाशपातियाँ* बिखर गयीं। मैं अँधेरे में नाशपातियों को ढूँढ़ने लगी। इसी बीच, मेरी बेटी ने रोना शुरू कर दिया और मुझसे बोली, ''माँ, पिताजी कब वापस आयेंगे, वे कब फ्रोजन नाशपातियों को ढूँढ़ने में आपकी मदद करेंगे?''

घर में न चूल्हा जला था और न ही ताज़ा पानी। जब मैं शाम के समय काम से घर लौटी, तो मैंने आग जलायी, पानी लेकर आयी, जलावन की लकड़ी काटी और खाना पकाया...कुएँ पर पानी के लिए हमेशा बाल्टियों की लम्बी लाइन लगी रहती थी और मुझे अपनी बारी के लिए लम्बा इन्तज़ार करना पड़ता। इसके बाद मैं बच्चों को देखने के लिए घर की ओर दौड़ती और अक्सर घर पहुँचकर पाती कि लाइट चली गयी है और मेरे दोनों बच्चे अँधेरे में एक–दूसरे से लिपटकर बैठे रो रहे हैं। हमें डर रहता था कि बच्चे कहीं गिर न जायें, इसलिए हियु ने कांग के चारों ओर एक रेलिंग–सी लगा दी थी। एक दिन मेरी बेटी ने वह रेलिंग किसी तरह गिरा दी और वह ख़ुद भी तुरन्त ज़मीन पर जा गिरी। काफ़ी देर तक उसे ठीक से साँस ही नहीं आयी और मैं दोनों बच्चों को कमर पर लादकर अस्पताल की ओर भागी।

---

* स्थानीय बाज़ार में मिलने वाली नाशपाती जिसे फ्रीज करके रखा जाता है।

एक दिन मेरी साइकिल टूट गयी और मुझे अपने बेटे को स्लेज पर बिठाकर काम पर जाना पड़ा। मेरी बेटी पीछे–पीछे चल रही थी। जब हम रेलवे स्टेशन पर पहुँचे तो देखा कि एक ट्रेन आ रही है और मैंने जल्दी–जल्दी पटरी पार करने की कोशिश की, बेटी को हाथ से और बेटे को स्लेज पर खींचते हुए। मैं पूरी ताक़त लगाकर दौड़ रही थी, अचानक मुझे महसूस हुआ कि स्लेज काफ़ी हल्की हो गयी है। पीछे मुड़कर क्या देखती हूँ...हे परमात्मा! मेरा बेटा रेल की पटरियों पर गिर गया था और रो रहा था। मैं बिना कुछ सोचे पीछे दौड़ी और बेटे को उठाकर पटरियों पर से कूद गयी। ट्रेन मेरी बगल से सीटी बजाती हुई गुज़र गयी...

मेरे गुर्दे में सूजन आ गयी थी और मुझे 39 डिग्री से ऊपर बुख़ार हो गया। मैं अस्पताल गयी। हमेशा एक आदत–सी रही है मेरी, हालात कितने भी ख़राब क्यों न हो जायें, मेरे दिल में हमेशा एक उम्मीद रहती है।

इधर बसन्त आया और उधर हियु। उनके आते ही पूरे घर में जैसे ख़ुशियों की लहर दौड़ गयी। वह हमेशा बच्चों के साथ किसी–न–किसी खेल में लगे रहते, उनके लिए घोड़ा बनते, लुका–छुपी खेलते; घर में हर किसी का चेहरा चहकता हुआ मिलता। कोई क्षण ऐसा नहीं जाता, जब घर में ख़ामोशी हो–हर वक़्त बच्चों की किलकारियों से घर गूँजता रहता। हियु अपने साथ ख़ूब सारा दूध, सफ़ेद चीनी, सेब और बहुत सारी खाने–पीने की चीज़ें लेकर आये थे और साथ ही लेकर आये थे, ढेरों कहानियाँ। दिन का सबसे ख़ुशनुमा समय रात का खाना खाने के बाद होता। बच्चे हियु को घेरकर बैठ जाते और उनसे तरह–तरह की कहानियाँ सुनते, *रहस्यमय बगीचे का गलियारा, चमकीला क़सीदे वाला जूता* या *हरे रंग की लाश*...

हियु का कहानी सुनाने का तरीक़ा बड़ा ही ग़ज़ब था, वह अपने मुँह और नाक से तरह–तरह की आवाज़ें निकालते, ''मैंने घर के दरवाज़े की आवाज़ सुनी, किररर्र'' लेकिन वहाँ कोई नहीं था। मैंने किसी के क़दमों की आहट सुनी, ''धप्प, धप्प, धप्प...'' बच्चे इतना डर जाते कि वे गर्दन घुमाकर दरवाज़े की ओर देखते, कहीं कोई है तो नहीं!

उस समय देश में संस्कृति के नाम पर कुछ नहीं बचा था, ऐसे में मौखिक लोक साहित्य की ये कहानियाँ न केवल मेरा और बच्चों का मनोरंजन करतीं, बल्कि इनसे मुझे बाद में अपने रचनात्मक लेखन में भी काफ़ी मदद मिली।

मार्च 1975 को हेलर में राष्ट्रीय स्पीड स्केटिंग प्रतियोगिता का आयोजन किया गया। उस प्रतियोगिता में तीन एथलीटों ने ऐसी सनसनी फैलायी कि उसकी गूँज पूरे आइस स्केटिंग जगत में सुनाई दी। इन एथलीटों को हियु ने ट्रेनिंग दी थी। वांग फुहुआन ने महिला प्रतिस्पर्धा में पहला स्थान हासिल किया, ली चाओ एक हज़ार पाँच सौ मीटर की रेस में पहले स्थान पर आयी और काओ लियानछुन पाँच सौ मीटर स्पर्धा में तीसरे स्थान पर आयी।

च्यामुसी के इतिहास में ऐसा पहले कभी नहीं हुआ था। स्पीड स्केटिंग टीम के नेता ने तुरन्त तीन पन्नों का टेलीग्राफ़ च्यामुसी सिटी कॉउंसिल और च्यामुसी स्पोर्ट्स एंड फिजिकल कल्चर कमीशन को भेज दिया। इसमें इस ऐतिहासिक जीत की सूचना दी गयी थी।

जैसे ही प्रतियोगिता ख़त्म हुई हियु टीम को छोड़कर एक मित्र के घर में जा छुपे। वह पत्रकारों से बचना चाहते थे। उन्होंने वे सारे समाचार–पत्र भी इकट्ठा कर लिए जिनमें टीम की जीत के साथ ही हियु का भी ज़िक्र था। हियु चाहते थे कि किसी की नज़र इन ख़बरों पर न पड़े। वह सुर्ख़ियों में नहीं आना चाहते थे या ये कहिए कि ख़ुद के लिए कोई बिन बुलाई मुसीबत नहीं चाहते थे।

मैंने कभी सपने में भी नहीं सोचा था कि उनके प्रयासों को लेकर उन्हें पहले ही आलोचना का सामना करना पड़ा था। उन पर आरोप था कि उन्होंने अपनी शक्ति राज्य और पार्टी की भलाई में नहीं लगायी और ऐसे कामों में लगे रहे जो साम्यवाद के ख़िलाफ़ थे।

च्यामुसी लौटने पर हियु को तत्काल पुनः शिक्षा हासिल करने के लिए एक गाँव में भेज दिया गया। यह उनकी सज़ा थी कि उन्हें ग़रीब और मध्यम दर्जे के किसानों के बीच रहकर फिर से साम्यवाद की शिक्षा ग्रहण करनी होगी। पूरे स्पोर्ट्स कमीशन में एक अकेले वही थे जिन्हें इस तरह से सज़ा दी गयी थी। हद तो यह हो गयी कि हियु को सज़ा के तौर पर बाहर भेजे जाने के समय ही सिटी कॉउंसिल और शहर सरकार के नेताओं को एथलीटों की इस जीत के लिए पदकों से सम्मानित किया गया, लेकिन हियु यानी कोच को एक बार फिर से विलेन बना दिया गया। स्पोर्ट्स कमीशन के नेताओं ने एथलीटों की सफलता का श्रेय इस बात को दिया कि उन्होंने खिलाड़ियों के कोच को फटकार लगायी थी जिसे कुछ आता–जाता नहीं था, जो 'बेकार' था। एथलीटों की सफलता के लिए चेयरमैन माओ के तीन निबन्धों के अध्ययन को भी श्रेय दिया गया।

72

बसन्त की रात थी, मौसम कुछ गर्माहट लिए हुए था, लेकिन बाद में अचानक से ठण्ड हो गयी। इसका असर यह हुआ कि मैं और हियु रातभर जागते रहे।

अगले दिन मैंने उनका सामान बाँधा और वही फटी–पुरानी जैकेट ढूँढ़कर निकाली जो उन्होंने पहाड़ी के पास वाले गाँव में नर्सिंग होम में पहनी थी; हालाँकि बसन्त आ चुका था, लेकिन सुबह–शाम की ठण्ड तो थी ही।

जब बच्चों ने देखा कि उनके पापा फिर से जा रहे हैं तो वे उनसे लिपट गये और रोते–रोते बोले, ''आप नहीं जा सकते पापा! आप नहीं जा सकते!''

हियु ने बच्चों को गले से लगाया, लेकिन एक शब्द नहीं बोले।

जानती थी कि उन्हें मन–ही–मन कितना ख़राब लग रहा था। नौ सालों तक उन्होंने ज़ुल्म सहा था और सोचा था कि करियर के लिए अपने परिवार को छोड़ने, श्रेष्ठ खिलाड़ियों को ट्रेनिंग देने और राष्ट्रीय चैम्पियनशिप जीतने से हो सकता है कि चीज़ें बेहतर हो जायें। उन्हें क़तई उम्मीद नहीं थी कि उनके मास्टरी ग्रेड एथलीट के तमगे को 'बेकार' क़रार दे दिया जायेगा।

हियु के जाने के बाद निदेशक मुझसे मिलने आये।

उन्होंने जो कुछ कहा, सुनकर मेरी हड्डियाँ तक जम गयीं। इसके कारण मुझे अपनी ज़िन्दगी का एक और सबसे महत्त्वपूर्ण फ़ैसला करना पड़ा। ये ऐसा फ़ैसला था, जो हमारी ज़िन्दगी बदलने जा रहा था।

''मैं तुम्हें बता रहा हूँ यावन, हियु लगातार राजनीति से दूर रहे हैं, ऐसी कोई ख़ूबी उनमें नहीं है, जो काम आ सके! अगर उनके एथलीट विश्व चैम्पियनशिप जीत जाते हैं तो उन्हें क्रान्ति विरोधी कहा जायेगा...''

मैं उनके शब्दों को सुनकर सकते में आ गयी। एथलीट जगत में उनके लिए कुछ नहीं बचा था, लेकिन हियु को गाँव भेजे जाने के केवल दो माह बाद ही इन निदेशक महाशय ने उन्हें आलोचना और सवाल–जवाब का सामना करने के लिए तलब कर लिया। स्पीड स्केटिंग टीम के कप्तान सार्वजनिक रूप से उनकी निन्दा करना चाहते थे; ऐसा लगता था कि स्पीड स्केटिंग टीम के कप्तान ने निदेशक की आलोचना करते हुए सिटी कॉउंसिल को पत्र लिख था।

आलोचना सत्र से पूर्व निदेशक ने हियु से बातचीत की और निर्देश दिया कि कप्तान की आलोचना करने में उन्हें सक्रिय रूप से भाग लेना होगा। उन्होंने कहा कि इसका मक़सद यह देखना है कि गाँव में किसानों के बीच जो कुछ शिक्षा हासिल करने के लिए उन्हें भेजा गया है, उसे वह सीख भी पाये हैं या नहीं। अगर उन्होंने अच्छे से आलोचना की तो उन्हें फिर से गाँव भेजने की ज़रूरत नहीं होगी, लेकिन अगर यह काम बख़ूबी अंजाम नहीं दिया गया तो हियु को वापस जाना होगा और मेहनत के ज़रिये पुनः शिक्षा हासिल करनी होगी।

पुनः शिक्षा चीन में सांस्कृतिक क्रान्ति के दौरान एक ऐसी व्यवस्था थी जिसमें क्रान्ति विरोधी घोषित किये गये लोगों को दूरदराज़ के इलाक़ों में एकान्त में रहने के लिए भेजा जाता था। एकान्त में रहकर वे चेयरमैन माओत्से तुंग के विचारों का अध्ययन करते थे। उन्हें इतना गहन अध्ययन करना होता था कि वे अपने पुराने विचारों को त्यागकर इस नयी शिक्षा को अपना लेते थे या ऐसा करने की उनसे उम्मीद की जाती थी।

उस रात मैं और हियु रात को 3 बजे तक बात करते रहे।

सार्वजनिक निन्दा में भाग लेने वाले सभी लोगों ने कूद–कूदकर कप्तान के 'अपराधों' की पोल पट्टी खोली। केवल मैं और हियु चुप रहे।

जब निन्दा सत्र समाप्त हो गया, मैंने निदेशक को कहते सुना, ''मैंने सोचा नहीं था कि जिन दो लोगों को मुखर होकर भाग लेना चाहिए था, वे बिल्कुल भी नहीं बोलेंगे!''

उनका कहना सही था, हमें बोलना चाहिए था, क्योंकि इसी से हियु के भाग्य का फ़ैसला होना था, लेकिन इससे कम्युनिस्ट पार्टी में मेरी स्वीकार्यता का संकेत भी जाता। उस समय तक, मैं पहले ही पार्टी की सदस्य बनने के लिए अपना आवेदन दाख़िल कर चुकी थी और शहर की पार्टी समिति की ओर से मंजूरी का इन्तज़ार कर रही थी।

हम दोनों बोले नहीं, इसका मतलब यह नहीं था कि हमारे पास स्पीड स्केटिंग टीम के कप्तान के बारे में कहने को कुछ नहीं था। उनकी विचारधारा अति वामपन्थी थी और सिटी कॉउंसिल की अपनी रिपोर्ट में उन्होंने कहा था कि एथलीटों की सफलता का कारण यह था कि उन्होंने अपने कोच के 'फ़ालतू, बेकार' होने को लेकर उनकी निन्दा की थी और वे इसलिए सफल हुए थे, क्योंकि उन्होंने चेयरमैन माओ के तीन निबन्ध पढ़े थे, लेकिन हम पहले ही सांस्कृतिक क्रान्ति के नौ सालों की पीड़ा को भूले

नहीं थे। इस दौरान हम पर निजी हमले भी किये गये। असलियत तो यह थी कि हमें इस घिनौनी हरकत में, लोगों को इस तरह से प्रताड़ित करने में कोई तर्क समझ नहीं आता था; हम और इस बेहूदा, बकवास खेल का हिस्सा नहीं बनना चाहते थे। इस खेल के शिकार हर बार बदल जाते थे।

अगले दिन, पार्टी में शामिल होने का मेरा आवेदन वापस आ गया। उधर, हियु ग़रीबों और मध्यम दर्जे के किसानों के बीच पुनः शिक्षा के लिए गाँव में चले गये।

लेकिन हियु सीधा गाँव में नहीं गये। पहले वह निदेशक से मिलने उनके कार्यालय गये, जहाँ उन्होंने कहा कि वह किसी दूसरे पेशे में तबादला चाहते हैं।

सुनते ही निदेशक महाशय बेहद ग़ुस्सा हो गये, ''अब जब तुम्हें थोड़ी बहुत सफलता मिली है तो तुम भाग जाना चाहते हो, क्यों? यहाँ तुम अपने वरिष्ठों को धमकाने के लिए तबादला चाहते हो, मैंने सही कहा न?''

हियु आमतौर पर बेहद शान्त और विनम्र रहते हैं, लेकिन उस दिन उन्होंने निदेशक को ऐसा जवाब दिया कि उनके मुँह से एक शब्द तक नहीं निकला, ''आप लगातार कह रहे हैं कि मैं किसी काम का नहीं हूँ और मैं कहना चाहता हूँ कि जब तक मैं कोच के पद पर रहूँगा, मैं ऐसे ही काम करता रहूँगा और अपने एथलीटों का साथ दूँगा। मैं इसलिए तबादले की बात कर रहा हूँ क्योंकि मुझे इस बात की चिन्ता है, मैं तो बेकार आदमी हूँ और डरता हूँ कि कहीं इसका नकारात्मक असर मेरे वरिष्ठों की राजनीतिक हैसियत पर न पड़े...''

निदेशक का तो पारा चढ़ गया और उन्होंने मेज़ पर घूँसा मारते हुए कहा, ''ठीक है, तुम्हें किसी दूसरे पेशे में भेजा जा सकता है!''

स्पोर्ट्स कमेटी के नेताओं ने हियु को काग़ज़ फैक्ट्री में भेज दिया जहाँ उनका काम लकड़ी के भारी–भारी लट्ठों को उठाना था। एक एथलीट का यह सरासर अपमान था : नेताओं का कहना था कि हाथ की मज़दूरी में ज़्यादा पैसा मिलता है; तुम एक महीने में 200 युआन से ज़्यादा कमा सकते हो जो कि उस ज़माने में बहुत अधिक वेतन माना जाता था। हमारा परिवार वाक़ई बेहद ग़रीब था; उस समय मेरी शादी को आठ साल हो चुके थे, लेकिन मैंने एक जोड़ा नया पायजामा भी नहीं ख़रीदा था। हमारे सारे पायजामे कूल्हों पर से फट चुके थे, लेकिन इतना ही कर सकते थे कि मशीन से फटे हुए को सीकर बार–बार

पहनते रहे। हम हर रोज़ मक्का की रोटी खाते। मेरा बेटा हर रोज़ अपनी नाक भींचकर कहता, ''आह, सड़ी हुई रोटी! मैं इसे नहीं खा सकता!'' जब भी वह मुझे घर के बाहर देखता, चाहे दिन का कोई भी समय हो, सबसे पहली चीज़ वह मुझसे यही कहता, ''माँ, भूख लगी है। मैं कुछ पैसों से उसके लिए बिस्कुट का पैकेट ख़रीद देती जिसे वह स्वाद ले–लेकर खाता।''

मुझे यक़ीन ही नहीं हो रहा था कि एक मास्टर ग्रेड एथलीट को काग़ज़ फैक्ट्री में लट्ठे उठाने के लिए भेज दिया जायेगा। मैं क़तई इस हक़ में नहीं थी कि वह हाथ का कोई काम करें।

हियु ने ख़ुद भी कई यूनिट से सम्पर्क किया, लेकिन उसे यह जानकर हैरानी हुई कि सभी ने उसे नकार दिया। आख़िर में एक एथलीट की बीवी ने उनकी मदद की। उस महिला ने अदालत से हियु का सम्पर्क कराया लेकिन स्पोर्ट्स कमीशन के राजनीति विभाग के प्रमुख ली तिनजियु ने हियु को गोपनीय तरीक़े से बताया, ''स्केटिंग सीजन शुरू होने तक तुम्हें इन्तज़ार करना चाहिए, उसके बाद सारे तबादले शुरू होते हैं, अभी तुम इन्तज़ार करो...''

हियु ने पतझड़ तक इन्तज़ार किया और जब निदेशक आइस स्केटिंग टीम के साथ सीजन की शुरुआत में ट्रेनिंग के लिए चले गये तो उसके बाद तबादले शुरू हो गये।

उससे काफ़ी पहले, सिटी कैडर की एक बैठक हुई थी जिसमें स्पोर्ट्स कमीशन के नेताओं ने अदालत के प्रमुख सुई वेईयु से सवाल किया, ''श्रीमान सुई, क्या मैं पूछ सकता हूँ कि आप च्याओ हियु जैसे व्यक्ति की अदालत में तबादले की अपील कैसे स्वीकार कर सकते हैं?''

सुई वेईयु काफ़ी देर तक ख़ामोश रहे। ''इसमें क्या ग़लत है?'' उन्होंने आख़िर में सवाल पूछा।

''हियु एक क्रान्ति विरोधी है। क्या आप जानते हैं कि किसके ख़िलाफ़ यह क्रान्ति विरोधी है?''

''वह चेयरमैन माओ के ख़िलाफ़ है!''

''इसे कौन साबित कर सकता है?''

''मैं कर सकता हूँ!''

''क्या आपके पास कोई सबूत है, जिसे आप पेश कर सकें?''

''हाँ हैं! लेकिन... क्या हियु को सबूतों को देखने की अनुमति होगी?''

''बिल्कुल, उसे अनुमति है और सही बात तो यह है कि आप सबूत को अदालत में रखें ताकि उसके ख़िलाफ़ उनकी जाँच की जा सके!''

जब नेता ने यह सुना तो उसने तुरन्त हाथ उठाया, ''छोड़िए, छोड़िए! भूल जाइए, मैंने इसका ज़िक्र किया भी था!''

सुई वेईयु ने बाद में अदालत में काम करने वाले सभी लोगों की एक बैठक में उस नेता की कही गयी बात को शब्दशः दोहराया। उन्होंने कहा, ''एक यूनिट का नेता होने के नाते, वह अपने ही कॉमरेड के साथ इस तरह कैसे पेश आ सकता है? कॉमरेड हियु एक शानदार इन्सान हैं और काफ़ी सक्षम भी; अगर स्पोर्ट्स कमीशन के पास उनके जैसे और भी कोच हैं, तो हम सबको ले लेंगे!''

विंटर स्पोर्ट्स की दुनिया में हियु की बहुत इज़्ज़त थी और जब उनका तबादला कर दिया गया तो हेईलोनच्यांग प्रोविंसियल स्पोर्ट्स कमीशन ने च्यामुसी कमीशन की कड़ी आलोचना करते हुए कहा कि च्याओ हियु जैसे कोच को कैसे जाने दिया गया। सिटी स्पोर्ट्स कमीशन ने किसी तरह जोड़–तोड़ करके इस आलोचना के कारण अदालत से हियु को उन्हें लौटाने का आवेदन किया ताकि वह कोच के रूप में अपना काम कर सकें। उन्हें इस बात का एहसास नहीं था कि अदालत के प्रमुख पहले ही उन्हें मात दे चुके थे। नेशनल एट वन स्पीड स्केटिंग टीम को जब यह पता चला कि हियु का तबादला किया जा रहा है तो उन्होंने कई टेलीग्राम भेजे। यहाँ तक कि उन्होंने हियु की जगह पर शेनयांग से एक कोच सू होंगपिन को भी भेज दिया ताकि हियु उनके साथ काम कर सकें।

लेकिन पिछली घटनाओं ने हियु को बहुत गहरा घाव दिया था और उतना ही उनका मोह भंग हो चुका था। उन्हें अदालत में कामकाज का माहौल पसन्द आया, स्पोर्ट्स कमीशन के मुक़ाबले लोग ईमानदार थे और निष्पक्ष तरीक़े से काम होता था। इसलिए उन्होंने बड़ी विनम्रता के साथ ऐट वन टीम का निमन्त्रण अस्वीकार कर दिया।

काफ़ी समय पहले ही, मेरा भी स्पोर्ट्स कमीशन से तबादला कर दिया गया। उसके बाद, हम उस खेल के मैदान को केवल दूर से ही देख पाते थे, जहाँ कभी हमने बड़े–बड़े सपने देखे थे, लेकिन हम आज भी खेलों और खिलाड़ियों से उतनी ही शिद्दत से प्यार करते हैं। और जब भी हम किसी चीनी टीम को किसी अन्तर्राष्ट्रीय स्पर्धा में जीतते हुए देखते हैं तो

हमेशा हमारी आँखों में आँसू आ जाते हैं। तालियाँ बजाते–बजाते हमारे हाथ लाल हो जाते हैं।

हालाँकि हमने खेलों की दुनिया को अलविदा कह दिया था लेकिन खेलों ने हमें जो हिम्मत दी थी, जो साहस दिया था, सही और ग़लत को परखने की समझ दी थी, वह आज भी हमारे साथ है क्योंकि वह हमारे चरित्र का हिस्सा बन चुकी है।

हियु का जब अदालत में तबादला किया गया तो वह 34 साल के थे। अदालत में उनका वास्ता एक नये पेशे से पड़ा जहाँ बेहद विशेषज्ञता और योग्यता के साथ काम किया जाता था। हर नये मक़सद को हासिल करने का जुझारूपन तो हियु में आइस रिंक के ज़माने से ही था और उन्होंने अपनी इसी आदत के साथ जुटकर काम किया। कुछ ही समय में वह क़ानूनी दुनिया में तेज़ी से सफलता की सीढ़ियाँ चढ़ने लगे, लेकिन यह सफलता उन्हें अचानक नहीं मिली बल्कि सीढ़ी दर सीढ़ी हासिल हुई। उन्होंने अपना काम पानी भरने से शुरू किया था, उसके बाद फ़र्श साफ़ करने का काम उन्हें सौंपा गया और इसके बाद सचिव स्तर पर उन्हें ज़िम्मेदारी दी गयी। दो साल बाद हालत यह हो गयी कि उन्होंने जितने केस इन दो सालों में निपटाये, उतने मामले तो अदालत के बाक़ी स्टाफ़ ने कुल मिलाकर भी नहीं सँभाले थे। हियु दीवानी न्यायिक पंचाट में काम कर रहे थे। इसी का सुखद नतीजा यह रहा कि हियु को शहर के सबसे कर्मठ कर्मचारी के सम्मान के लिए अदालत की ओर से चुना गया। वह इस सम्मान के लिए अदालत द्वारा चुने गये एकमात्र कर्मचारी थे।

1979 में हम दोनों को चीन कम्युनिस्ट पार्टी में प्रवेश मिल गया।

हियु इतने दुखों को झेलने के बाद अब कहीं जाकर थोड़ा ख़ुश नज़र आने लगे। सचिव से उन्हें सहायक जज, उसके बाद जज, उपाध्यक्ष जज, अध्यक्ष जज, अदालत के उपप्रमुख, अदालत प्रमुख और उसके बाद ज़िला प्रमुख बना दिया गया। लगातार पाँच सालों तक, उनके ज़िले को, हर लिहाज़ से, पूरे ज़िले में श्रेष्ठ अदालत व्यवस्था का दर्जा दिया गया। वह पहले ज़िला प्रमुख थे, जिन्होंने मामलों की सुनवाई के दौरान कार्यवाही को रिकॉर्ड करने के लिए पहली बार डिजीटल उपकरणों का इस्तेमाल शुरू करवाया। जिन स्टेनोग्राफ़र को उन्होंने ट्रेनिंग दी, वे राष्ट्रीय स्टेनोग्राफ़ी परीक्षा में प्रथम आये और उन स्टेनोग्राफ़रों को बीजिंग में 'वर्ल्ड वीमेन्स फ़ोरम' की कार्यवाही को रिकॉर्ड करने की ज़िम्मेदारी सौंपी गयी।

वह क़दम–दर–क़दम सफलता की सीढ़ियाँ चढ़ते जा रहे थे, लेकिन मेरे दिमाग़ में इसके बजाय एक और बात ने गहरी छाप छोड़ी। वह एक ही क़दम में तीन सीढ़ियाँ चढ़े थे, यही बात मुझे सबसे अधिक प्रभावित करती है। मुझे तो ऐसा लगता है कि वह सीढ़ियों पर एक–एक करके नहीं चढ़ते हैं, बल्कि उनके ऊपर से उड़ते हुए जाते हैं और एक ही क़दम से तीन सीढ़ियाँ ऊपर चढ़ जाते हैं!

अध्याय 10

साहित्यिक जगत की दहलीज़ पर

73

मई 1977 में मेरा तबादला स्पोर्ट्स कमीशन से च्यामुसी इलेक्ट्रिकल ऐपारेट्स फैक्ट्री में कर दिया गया। दस साल की शादीशुदा ज़िन्दगी में हमने दस घर बदले; अब आख़िरकार दस सालों तक आँधी—तूफ़ान में इधर—उधर भटकने के बाद, हमारे परिवार को रहने के लिए एक जगह मिल गयी।

दस साल तक वक़्त ने इतने थपेड़े मारे थे कि ज़िन्दगी में कोई उत्साह ही नहीं रह गया था। मुझे लगने लगा था कि अब मेरे जीवन में कोई सम्भावना नहीं बची है। मैंने भी एक आम इन्सान की तरह ज़िन्दगी से समझौता कर लिया और पति को सहयोग करने के साथ ही बच्चों की पढ़ाई—लिखाई में अपना ध्यान लगा दिया। बहुत से माँ—बाप होते हैं कि वे अपनी सारी उम्मीदें अपने बच्चों से लगाकर चलते हैं। ज़िन्दगी में जब करने को कुछ और नहीं रहा था तो मैं भी उसी ढर्रे की ज़िन्दगी के रास्ते पर चल पड़ी। सारी उम्मीदें बच्चों से लगा लीं। उम्मीद करने लगी कि एक दिन वे यूनिवर्सिटी जायेंगे और ज़िन्दगी में कुछ बड़ा करेंगे।

मेरी पूरी ज़िन्दगी में, लेखन के अलावा, जिसमें कि मैंने अपना सबसे अधिक समय लगाया, उसके बाद अपना पूरा समय बच्चों को देने लगी। अपनी सारी ताक़त, सारी सोच और सारी दुनिया बच्चों तक ही सीमित कर ली। एक परिवार के लिए अपने बच्चों को अच्छे से पढ़ाना—लिखाना ही सबसे बड़ा काम होता है, क्योंकि पढ़ाई से ही लोगों का भविष्य तय

होता है और बच्चों को पढ़ाना, पालना, उन्हें अच्छा इन्सान बनाना दुनिया का सबसे मुश्किल काम है!

हियु अक्सर कहते थे, ''जब मैं अपने पड़ोसियों और सहकर्मियों के बच्चों को जेल जाते देखता हूँ, तो मेरे भीतर का डर फ़न उठाकर खड़ा हो जाता है...''

आज भी उस समय के बारे में सोचकर माथे पर पसीना आ जाता है। हम शहर के बाहरी इलाक़े में रह रहे थे, जहाँ शहर ख़त्म होता था और गाँव शुरू हो जाता था। इस इलाक़े में जीने के हिसाब से हालात काफ़ी ख़तरनाक थे–लोगों के लिहाज़ से भी और मौसम के लिहाज़ से भी। वहाँ दो मंज़िला इमारतों से अधिक बड़ी इमारतें ही नहीं थीं और न ही डामर की सड़कें; हर जगह गड्ढे, धूल और मिट्टी उड़ती रहती थी। बारिश होने पर यही धूल–मिट्टी कीचड़ का रूप ले लेती। बारिश के बाद वहाँ साइकिल तक चलाना सम्भव नहीं था। वहाँ रहने वाले लोग भी अलग–अलग पेशों से ताल्लुक रखते थे, कोई मज़दूर, कोई किसान। कुछ ऐसे लोग भी थे जिन्हें पुनः शिक्षा के लिए जेल में डाले जाने के बाद रिहा किया गया था, चोर–उचक्के, डकैत, ...थोड़े शब्दों में कहूँ तो आपको वहाँ हर क़िस्म का इन्सान रहता मिल सकता था। गलियों में दिनभर बच्चे हंगामा मचाये रखते। ये वे बच्चे थे जिन्होंने स्कूल की पढ़ाई बीच में ही छोड़ दी थी।

एक टोकरी भरकर सेब बचे थे। हमने इन्हें सब्ज़ी वाले तहख़ाने में रख दिया। इन्हीं में से कोई बच्चा उसे चुरा ले गया। अक्सर ऐसा भी होता कि अगर कपड़े सूखने के लिए आँगन में डाले और समय से उतारना भूल गये तो अगली सुबह कपड़े ग़ायब मिलते थे। हमारे घर की बायीं ओर रहने वाले हमारे पड़ोसी के लड़के को चोरी के लिए चार साल जेल की सज़ा हो चुकी थी। हमारे दाहिनी ओर के पड़ोसी का बेटा मारा गया था, हर किसी को इस घटना ने हैरानी में डाल दिया था। हमारे एक और पड़ोसी थे। उनके बेटे पर चोरी के मामले में मुक़दमा चल रहा था। वह अदालत से भाग निकला और शौचालय की खिड़की का शीशा तोड़कर उसने अदालत परिसर से भागने की कोशिश की। इसी कोशिश में वह दूसरी मंज़िल से कूद गया। उसे पकड़ लिया गया और तीन साल के लिए जेल में डाल दिया गया। हमारे सामने जो परिवार रहता था, उनका बेटा हत्यारा था और फरार चल रहा था...

एक कहावत काफ़ी मशहूर है, ''काजल की कोठरी में कैसा भी सयानो जाये, एक लीर काजल की लागे ही लागे।'' हमारे बच्चे ऐसे माहौल में रह रहे थे, हमारी जान तो वैसे ही हलक में अटकी रहती थी।

लेकिन पड़ोस के ऐसे ख़तरनाक माहौल के बावजूद, हमारे घर में ख़ुशियों का डेरा था और हमारे दिन बड़े सन्तोष के साथ बीत रहे थे। घर छोटा था, लेकिन हमने एक कमरे को बीच में से रसोईघर में तब्दील कर लिया था। वहाँ पानी का नल नहीं था, इसलिए मुझे रसोई में कुआँ खोदना पड़ा; मैंने आँगन में अंगूर की बेलें लगा दीं, हालाँकि उनमें अंगूरों के तीन गुच्छे ही लगे; आँगन में, मैंने फूलों के 60 पौधे लगाये; हमने सात मुर्गियाँ भी पाल लीं। मैं खाना पकाती तो हियु चूजों के लिए रोटी के टुकड़े करके डालते। मुर्गियाँ अंडे देतीं और हम बच्चों को अंडे खिलाते। हर हफ़्ते, हम घर में एक कविता पाठ रखते, उसमें परिवार का हर सदस्य अपनी ख़ुद से लिखी गयी कविता पढ़ता...

जब बच्चों की शिक्षा की बात आयी तो मैंने कभी कोई लापरवाही नहीं बरती।

खाना पकाते–पकाते, मैं बच्चों को मानसिक अंकगणित का अभ्यास कराती।

मेरा बेटा स्कूल में मानसिक अंकगणित प्रतियोगिता में पहले नम्बर पर आया था। हमने घर के बजट में थोड़ी कतरब्योंत करके एक ग्रामोफ़ोन ख़रीद लिया। मैंने फैक्ट्री में अपने एक मित्र से मेरे बच्चों को अंग्रेज़ी पढ़ाने को कहा। मुझे *दी सोंग ऑफ़ टूमोरो* के बोल बहुत अच्छे लगे थे। और हर रोज़ मैं बच्चों को उसके बोल दोहराने को कहती, ''कल के बाद कल, बहुत सारे कल। अगर मैं कल का इन्तज़ार करता रहा तो मेरा समय बर्बाद हो जायेगा और कोई काम पूरा नहीं होगा। हर किसी पर कल की मार बहुत भारी पड़ती है। मौसम बदलते जायेंगे और हम जल्द ही बूढ़े हो जायेंगे। सुबह के समय, मैं पूर्व की ओर बहती नदियों को देखता हूँ और शाम के समय पश्चिम में अस्त होते सूरज को...''

जब बच्चे बड़े हो गये तो वे अक्सर मेरा मज़ाक़ उड़ाते, ''हमें कभी इस गाने का अर्थ समझ में नहीं आया था, हम केवल इसे इसलिए गाते रहते थे क्योंकि आप चाहती थीं!''

मुझे हमेशा डर रहता कि कहीं बच्चे घर से बाहर जाकर ग़लत संगत में न पड़ जायें। इसलिए मैं आँगन के गेट पर ताला लगा देती

और बच्चों को बाहर नहीं निकलने देती थी, लेकिन फैक्ट्री के लिए मेरा घर से निकलना होता और उधर बच्चों का झुण्ड का झुण्ड लकड़ी के गेट की दरारों में से भीतर झाँकने लगता। मुझे लगता, बाल अपराधी मेरे बच्चों को अपने जाल में फँसाने के लिए आ गये हैं। काफ़ी समय पहले की बात है, मेरे दो बच्चे दीवार फाँदकर बाहर निकल गये थे। उन्होंने भी वहाँ उन बच्चों के साथ हुड़दंग मचाया। मेरे गली में घुसने की निगरानी की जाने लगी। जैसे ही मैं काम से लौटती नज़र आती, बच्चों के दोस्त चिल्लाकर कहते, ''हेईयान अरे यार, बुरी ख़बर है! तुम्हारी माँ आ रही हैं!'' जब मैं घर में घुसती तो बच्चों की साँसें तेज़–तेज़ चल रही होतीं। मैं समझ जाती कि इसका कारण क्या है। जब वे अपना गृह कार्य कर रहे होते तो खिड़की की दरारों से कई जोड़े आँखें झाँकती नज़र आतीं। ये वही गल्ली–मुहल्ले के बच्चे होते जो मेरे बच्चों को पढ़ाई के समय परेशान करने चले आते थे। एक बार ऐसे ही एक आवारा बच्चे को मैंने आँगन के गेट से खदेड़ दिया और जब मैं अगली सुबह बाहर निकली तो क्या देखती हूँ कि हमारे गेट को किसी ने कुल्हाड़ी से काट दिया था।

मुझे ये बात पता थी कि बच्चों के लिए बेहतर माहौल बनाना कितना मुश्किल है, लेकिन कोई और जगह थी ही नहीं, जहाँ जाकर हम रह लेते। मैं केवल यही कर सकती थी कि अपने बच्चों को अनुशासन में रहना सिखाऊँ।

एक दिन मेरी बेटी की टीचर ने मुझे फ़ोन किया। मेरी बेटी पिछले कई दिन से स्कूल नहीं गयी थी। टीचर से बात करके मेरी चिन्ता बहुत ज़्यादा बढ़ गयी। मैं तुरन्त घर लौटी। दूर से ही मैंने देखा कि मेरी बेटी हमारे घर के सामने दूसरे बच्चों के साथ रबड़ बैंड रस्सी कूद खेल रही थी। मैंने उसे मुर्गे की तरह गर्दन से पकड़ा और घर के भीतर घसीटते हुए ले गयी।

उसने रोते हुए कहा, ''एक लड़का है जो हर रोज़ मुझे स्कूल जाने से रोकता है...''

''क्या नाम है उसका? कहाँ रहता है?''

उसी दिन शाम को मैंने और हियु ने पड़ोस में घूम–घूमकर उस लड़के के घर का पता लगाया। वह घर पर नहीं था, लेकिन एक किसान और उसकी पत्नी कांग पर बैठे मोमबत्ती की रौशनी में ताश खेल रहे थे। मैंने उनसे कहा कि अपने बच्चे को थोड़ा अनुशासन सिखाओ और बेटे से कहो, मेरी बेटी को परेशान न करे।

मैं और हियु घर लौटे ही थे कि दो 14–15 साल के लड़के हमारे आँगन में आ धमके, उनकी साँस पहले से ही फूली हुई थी। उनमें से एक के हाथ में बटनदार चाकू था। उसने गाली देते हुए कहा, ''तुम साले, मेरे घर में क्या कर रहे थे? तुम मरना चाहते हो? मैं तुम्हें अब बता दे रहा हूँ, मैं उसे कल भी स्कूल जाने से रोकूँगा और हर रोज़ ऐसा ही करूँगा! तुम मेरा उखाड़ लेना, क्या उखाड़ोगे! और सुन लो, अगर तुमने फिर से मेरे घर जाने की हिम्मत की तो तुम्हारी लौंडिया के टुकड़े–टुकड़े कर दूँगा!''

मेरी बेटी बुरी तरह डर गयी और आँगन के कोने में छुप गयी, उसकी आँखें डर के मारे बाहर निकलने को हो रही थीं। ऐसे गुण्डे से बात करने का तो कोई मतलब था नहीं, इसलिए मैंने हियु की ओर देखकर कहा, ''क्या आपको पता है कि ये कौन है? आपके जैसे चार–पाँच बच्चे भी इसका मुक़ाबला नहीं कर पायेंगे! क्या लगता है आपको?''

लेकिन जैसे ही दोनों लड़कों ने हियु का डीलडौल, ऊँची–लम्बी क़द–काठी देखी तो दुम दबाकर भागने लगे, लेकिन मैंने उन्हें रोककर कहा, ''जाने से पहले, क़सम खाओ कि मेरी बेटी को अब कुछ नहीं कहोगे!''

जिस लड़के के हाथ में बटनदार चाकू था उसने बड़ी मुश्किल से एक शब्द कहा, ''ठीक है।''

''भूलना नहीं!'' मैंने छोटी अँगुली उसकी ओर दिखाते हुए कहा। वह एक क्षण को थोड़ा झिझका और फिर अपनी छोटी अँगुली उसने आगे बढ़ाई...

हमें अभी भी तसल्ली नहीं हुई थी इसीलिए हम अगले कुछ दिन तक अपनी बेटी को ख़ुद स्कूल तक छोड़ने गये।

बेटे के मिडिल स्कूल की परीक्षा होने में अभी तीन महीने बाक़ी थे। लेकिन स्कूल ने परीक्षा की तैयारी का जायज़ा लेने के लिए छद्म परीक्षा आयोजित की। इसमें उसका रिज़ल्ट बहुत ही ख़राब रहा। वह राजनीति शास्त्र और साफ़–सफ़ाई सम्बन्धी विषय में फेल हो गया था। उसके टीचर ने मुझसे अकेले में कहा, ''आपका बेटा डरता है कि उसका किसी अच्छे मिडिल स्कूल में दाख़िला नहीं होगा।''

बेटे ने मुझसे भी पूछा था। उसके चेहरे पर निराशा साफ़ दिखाई दे रही थी, ''माँ, क्या आपको लगता है कि मुझे मिडिल स्कूल में दाख़िला मिल जायेगा? अगर आपको लगता है कि मुझे दाख़िला नहीं मिलेगा तो मैं पूरी तरह निराश हो जाऊँगा।''

''तुम्हें दाख़िला मिल सकता है! तुम्हें निश्चित तौर पर दाख़िला मिलेगा, मैं पढ़ाई में तुम्हारी मदद करूँगी!''

लेकिन असलियत यह थी कि भीतर–ही–भीतर मैं भी डरी हुई थी, लेकिन ऐसे हालात में, एक माँ होने के नाते, मैं केवल हिम्मत से ही काम ले सकती थी। अगर मैं उम्मीद छोड़ देती, बच्चा तो पहले से ही निराश हो चुका था। मैंने उससे कहा, ''एक इन्सान की ज़िन्दगी में मिडिल स्कूल प्रवेश परीक्षा और कॉलेज प्रवेश परीक्षा दो महत्त्वपूर्ण मोड़ होते हैं; इसमें केवल इस बात की ही परीक्षा नहीं ली जाती कि तुम कितने अच्छे छात्र हो बल्कि यह तुम्हारी इच्छा–शक्ति की भी परीक्षा है। तुम्हारे चरित्र की भी परीक्षा है और मुश्किलों से निपटने के तुम्हारे कौशल की भी परीक्षा है। और ये तो कोई मुश्किल परीक्षा भी नहीं है। एक एथलीट के तौर पर तुम्हारे पिता और मैं किस–किस तरह की परीक्षाओं से गुज़रे हैं, उनके आगे तो यह कुछ भी नहीं है!'' मैं अक्सर अपने बच्चों का हौसला बढ़ाने के लिए अपने एथलीट ज़माने के उदाहरण देती थी, ''ये परीक्षा हॉल बिल्कुल खेल के मैदान की तरह है। रेस ट्रैक पर हर कोई नर्वस है, लेकिन अगर तुम अपनी बेचैनी पर क़ाबू पा लोगे तो जीत तुम्हारी ही होगी!''

मेरा बेटा अंकगणित, भौतिकी और रसायन शास्त्र में काफ़ी अच्छा था, लेकिन कुछ विषयों में उसका प्रदर्शन ठीक नहीं था। ख़ासतौर से ऐसे विषय जिनमें केवल रट्टा लगाना होता था। मैंने एक अनुभवी रूसी टीचर से बात की और उन्हें घर पर आकर बेटे को ट्यूशन पढ़ाने की अपील की। मैंने उसकी पढ़ाई को लेकर एक योजना बनायी। इस साप्ताहिक योजना में एक सप्ताह थोड़ा हल्का रखा गया और एक सप्ताह काफ़ी काम वाला। हर रोज़ शाम को मैं उसे किसी ड्रिल मास्टर की तरह परीक्षा सम्बन्धी सवाल याद कराने में जुट जाती और हमने तय कर रखा था कि निर्धारित प्रश्नों के उत्तर याद किये बिना दोनों में से कोई सोने नहीं जायेगा।

इसका नतीजा यह हुआ कि पाठ्यक्रम की काफ़ी कुछ जानकारी मुझे भी अच्छे से याद हो गयी। सुबह के समय, मैं खाना बनाते हुए चीनी भाषा के कुछ शब्द बोलती और उससे उनका रूसी में अनुवाद करने को कहती। मैंने पाँच–छह किताबों की मदद से उससे भिन्न–भिन्न तरह के सवाल पूछे और उसके बाद वे सवाल किये जिनके जवाब उसे आते नहीं थे। मैं बार–बार उसकी परीक्षा लेती रहती जब तक कि वह सभी शब्दों

को सही से जान–समझ नहीं जाता। उसके टीचर ने कहा था, ''तुम बच्चे की परीक्षा नहीं ले रही हो, तुम अपनी परीक्षा ले रही हो!''

हमने पढ़ाई के लिए मिलकर मेहनत की। प्रवेश परीक्षा से पहले स्कूल ने एक और परीक्षा आयोजित की। मेरे बेटे ने 100 से ज़्यादा छात्रों में लम्बी छलाँग लगाकर 43वाँ स्थान हासिल किया और अपनी कक्षा में 12वें नम्बर पर आया। उसके टीचर और सहपाठी यह देखकर हैरान थे।

मेरी बेटी अभी मिडिल स्कूल में थी कि उसे पहली बार किसी से प्यार हो गया। नतीजा इसका यह रहा कि उसका परीक्षा परिणाम लुढ़क गया। मेरे होश उड़ाने के लिए इतना ही काफ़ी था, लेकिन मैंने तुरन्त ख़ुद को सँभाला और हिम्मत नहीं छोड़ी। आख़िर में इसका यह सुखद परिणाम रहा कि मेरे दोनों बच्चों ने प्रवेश परीक्षा में शानदार अंक हासिल किये और प्रान्त के सबसे बढ़िया मिडिल स्कूल में उनका दाख़िला हो गया। यह स्कूल था–च्यामुसी नम्बर वन मिडिल स्कूल।

मैं हमेशा से ही यह महसूस करती आयी थी कि मैंने इन बच्चों को जन्म दिया है, इसलिए इनके प्रति सबसे ज़्यादा ज़िम्मेदारी मेरी है; यह स्वाभाविक है कि माता–पिता बच्चों के प्रति अपनी ज़िम्मेदारी को जानते हैं। लेखन कार्य शुरू करने के बाद भी मैंने कभी बच्चों की पढ़ाई को लेकर लापरवाही नहीं बरती। हमारा परिवार 13 साल तक शहर और देश में चौराहे पर खड़ा रहा था और यही 13 साल मेरे बच्चों के विकास के लिहाज़ से बेहद महत्त्वपूर्ण थे। मुझे बच्चों को पढ़ाने का कोई अनुभव नहीं था; मैं केवल यह जानती थी कि उन्हें तड़के जल्दी उठकर और देर रात तक किस तरह पढ़ने के लिए बिठाना है और जब वे बात नहीं मानते, तो डण्डा भी उठाना पड़ता।

इसी कारण से, दोनों मेरे ख़िलाफ़ रहते हैं और काफ़ी मुखर होकर मेरा विरोध करते हैं, ''कोई भी बच्चा हमारे जैसा नहीं है, तुम पूरा दिन हम पर ऐसे नज़र रखती हो जैसे हम कोई अपराधी हैं। ऐसा लगता है कि हम जेल में हैं। आपने हमें कभी कोई आज़ादी नहीं दी!''

लेकिन इस तरह के माहौल में मैं कर ही क्या सकती थी; बच्चे धीरे–धीरे अब उस उम्र में पहुँच गये थे, जो बहकने की उम्र होती है। उन्हें ग़लत रास्ते पर जाने से बचाने के लिए मुझे कई बार उन्हें पीटना पड़ा, उन्हें गालियाँ दीं और उनको आगे बढ़ने के लिए घसीटना पड़ा। ये सब उनके समझदार होने और कॉलेज पहुँचने तक चलता रहा। आख़िरकार मुझे ही अपने बच्चों की सुरक्षा तय करनी थी।

आज मुझे यह सोचकर ही बड़ा सन्तोष मिलता है कि मेरे दोनों बच्चे बीजिंग में एक सफल ज़िन्दगी जी रहे हैं। मैंने उनसे यही सीखा कि बच्चे बहुत ही लचीले और नाज़ुक होते हैं; वे सितारों तक जा सकते हैं और उसी तरह अगर ध्यान न दिया जाये तो ये हीरे धूल में भी मिल सकते हैं। अगर उनकी ज़िन्दगी को ठीक से सँवारा जाये तो वे अपने देश के स्तम्भ बन सकते हैं, नहीं तो वे समाज में कचरा ही बढ़ाते हैं; यह सब इस बात पर निर्भर करता है कि उन्हें किस प्रकार की दिशा दी गयी है। बच्चे भले ही उम्र के उस दौर से गुज़र रहे हों जब वे बातों को ठीक से समझते नहीं हैं, और यहाँ तक कि माँ–बाप की बातों का भी विरोध करते हैं, लेकिन आपको इसके बावजूद उन पर मेहनत करना बन्द नहीं करना है, हार नहीं माननी है, क्योंकि एक दिन आयेगा जब वे ज़रूर इन बातों को समझेंगे।

74

जब मेरा फैक्ट्री में तबादला कर दिया गया तो मैंने सोचा कि मैं पहले ही उम्मीद छोड़ चुकी थी।

सांस्कृतिक क्रान्ति ख़त्म हो चुकी थी और गर्मियों का मौसम था। उसी सत्र से कॉलेज प्रवेश परीक्षा फिर से बहाल हुई थी। मैंने देखा कि फैक्ट्री के कई युवा कामगार परीक्षा के लिए तैयारी कर रहे हैं। उन्हें देखकर मुझे एहसास हुआ कि मेरा दिल अभी मरा नहीं है; उम्मीद अभी टूटी नहीं है; असलियत में यह उम्मीद अभी ज़िन्दा है और न केवल ज़िन्दा है बल्कि वह सिसक–सिसककर ज़िन्दा है।

लेकिन प्रारम्भिक परीक्षा के दिन सुबह, मैं परीक्षा हॉल के बड़े से दरवाज़े को पकड़कर झुक गयी। मैं भीतर–ही–भीतर रो रही थी, बाक़ी सभी लोग उत्साह से भीतर जा रहे थे। मुझे अच्छी तरह याद है कि परीक्षा में निबन्ध लेखन का शीर्षक था : ''वह क्षण जब मैंने परीक्षा हॉल में प्रवेश किया।''

मैंने ज़िन्दगी में एक बार इस परीक्षा के लिए बहुत कड़ी तैयारी की थी, लेकिन परमात्मा शायद नहीं चाहता था और मैं एक ग़लत समय में पैदा हुई थी। मुझे उसके बाद फिर कभी परीक्षा हॉल में घुसने का मौक़ा नहीं मिला।

मैं यह सपना ही नहीं देख सकती थी कि मैं भी परीक्षा देने वाले

उम्मीदवारों की क़तार में हूँ, ज़िन्दगी में अपना रास्ता चुनने का मौक़ा एक बार फिर मिला है! लेकिन समय किसी का इन्तज़ार कहाँ करता है। बच्चे अभी बहुत छोटे थे और हियु के साथ ही उन्हें भी मेरी ज़रूरत थी। परिवार में कुछ समय पहले ही शान्ति आयी थी; उसे मेरी ज़रूरत थी।

मैं परीक्षा हॉल से बाहर आ गयी और रेल पटरियों के पास एक पेड़ के नीचे बहुत देर तक बैठी रही। उस दिन शाम को हियु ने मुझसे पूछा कि मेरी आँखें इतनी लाल क्यों हैं? झाड़ू लगाते हुए शायद धूल की वजह से। मैंने जवाब दिया था।

मुझे महसूस हुआ था कि ज़िन्दगी ने मुझे कभी चैन से नहीं बैठने दिया, बदक़िस्मती ने मेरा पीछा नहीं छोड़ा, हादसों ने मेरे सपनों को बिखेर दिया–वे सपने जिन्हें पूरा करने की मैंने कितनी ज़िदें ठानी थीं, लेकिन इतना सब बीतने के बाद भी मैं अभी भी एक किशोरी की तरह थी, जो भविष्य के सपने बुनती है, सफलता के घोड़े पर सवार रहती है, हर सपने को सच करना चाहती है।

मेरा जुनून और मेरी ख़्वाहिशें कभी नहीं मरीं, बल्कि मेरे दिल में अभी तक ज़िन्दा थीं, लेकिन ज़िन्दगी जितनी लम्बी होती गयी, मेरा पछतावा भी उतना ही बढ़ता गया, क्योंकि अपने इन सपनों को पूरा करने के लिए मैं कुछ नहीं कर सकती थी।

दस साल पहले, ठीक स्पोर्ट्स टीम छोड़ने के बाद, मैं अपनी दयनीय हालत पर सोच रही थी, जैसा अभी मेरे साथ हो रहा है, लेकिन उस समय मैं केवल 19 साल की थी, लेकिन मेरे पास अपने मन की मर्ज़ी करने के लिए काफ़ी समय था। अब मैं अधेड़ उम्र की हो चुकी थी, दो बच्चों की माँ थी और ऐसा लगता था कि अब कभी कोई दूसरा मौक़ा नहीं मिलेगा।

इस बात से कोई फ़र्क़ नहीं पड़ता कि मेरी हालत कितनी बदतर थी। वक़्त तो बीता ही जा रहा था, दिन, महीनों और सालों में।

लेकिन एक ग़रीब किसान औरत जब रात में बिस्तर पर लेटती तो वह केवल इतना ही कर सकती थी कि अपनी बीती ज़िन्दगी के बारे में सोचती रहती, आत्मा पर लगे घावों को चाट–चाटकर सहलाती रहती, सपनों की लाशों को दिल की गहराइयों में दफ़नाती जाती, यही सपनों की लाशें उसे उसका पछतावा याद दिलाती रहतीं, यही लाशें इस बात का सबूत थीं कि इस औरत ने कभी अपने सपनों को सच करने का

सपना देखा था, जैसा कि उस उम्र में हर किशोरी देखती है...वह बेचारी बस इतना ही तो कर सकती थी।

1979 का साल। मेरी ज़िन्दगी का बेहद अहम साल था। इस बात में तो कोई दो राय हो ही नहीं सकती।

मार्च का महीना शुरू ही हुआ था। उस समय च्यामुसी राष्ट्रीय आइस हॉकी प्रतियोगिता का आयोजन करवा रहा था। हियु और मैंने एक छोटी कविता लिखी थी जिसका शीर्षक था *एट हंड्रेड मिलियन सिटीजन कम टू फाइट फ़ॉर यू*। यह कविता *हेच्यांग डेली* में छपी थी।

उस रात, मैं और हियु आइस हॉकी मैच देखने के बाद घर लौटे। ठण्ड इतनी ज़्यादा थी कि हम दोनों ठिठुर रहे थे, लेकिन ठण्ड से बेपरवाह हम दोनों बहुत ही उत्साह में थे।

हियु ने मज़ाक़ में कहा था, ''जब हम बूढ़े हो जायेंगे तो हम स्पोर्ट्स पर एक उपन्यास लिख सकते हैं और उसका मुख्य चरित्र विश्व चैम्पियनशिप जीत सकता है! इस तरह हम अपने चैम्पियनशिप के सपने को जी सकते हैं! कहो कैसा आइडिया है मेरा!''

काली अँधरियाँ रातें ज़िन्दगी में इतनी रहीं कि लगता था, इस अँधेरे में कोई रहस्यमय चीज़ है जो मेरी क़िस्मत की डोर को पकड़े बैठी है। जब मैंने हियु का यह मज़ाक़ सुना तो अचानक मेरे भीतर एक अनोखी–सी लहर उठी, यह लहर इतनी रोमांचक थी, मेरे भीतर ही भीतर विशाल रूप ले रही थी। इसका एहसास बेहद सुखद था, मन हुआ कि इन लहरों पर ही तैरती रहूँ। ऐसा लगा, मानो जैसे इस मज़ाक़ को सुनने का मुझे सालों से इन्तज़ार था या कुछ ऐसा कि मानो मैं इसी को सुनने के लिए पैदा हुई हूँ।

उस समय, मुझे यह समझ नहीं थी कि अपने आप में सम्पूर्णता का अर्थ क्या है। समाज ने भी आत्म–सम्पूर्णता नाम की किसी चिड़िया को नहीं देखा था और ज़ाहिर–सी बात है कि मुझे मास्लो की उस परिभाषा के बारे में भी कोई जानकारी नहीं थी जिसमें उन्होंने कहा है कि मानव के रूप में हम जो इच्छाएँ करते हैं, उन्हें पाँच श्रेणियों में बाँटा जा सकता है–ज़िन्दा रहना, सुरक्षा, जुड़ाव, गरिमा और आत्म–सम्पूर्णता। मैंने अपना पूरा जीवन ऐसे ही बिता दिया था, मैं कुछ नहीं थी, कोई मेरी पहचान नहीं थी–एक औसत औरत की ज़िन्दगी की तरह, लेकिन ये हमेशा से मेरी चाहत रही थी कि एक सार्थक करियर होना चाहिए।

किसी ने एक बार कहा था, ''अवसर उन्हीं लोगों को मिलते हैं जो उनका इस्तेमाल करना जानते हैं।''

लेकिन मेरी राय में अवसर, एक टूटते तारे की तरह है; यह अचानक से पैदा होता है और अचानक ही ग़ायब हो जाता है और सब कुछ इस पर निर्भर करता है कि आपने समय रहते इसे देखा या नहीं।

मैंने अपने आपसे कहा, ''मुझे बूढ़े होने तक क्यों इन्तज़ार करना है? मैं अभी से ही लिखना शुरू कर देती हूँ!''

और उसी के साथ, बसन्त की उस रात में मैंने अपने ख़्वाबों/ख़यालों की दुनिया फिर से सजानी शुरू कर दी। दिल के तहख़ाने से सपनों को निकालकर उनकी धूल झाड़नी शुरू की। जब पहली बार मैंने एथलीट ट्रेनिंग को देखा था तो उस समय जो उत्साह मेरे भीतर पैदा हुआ था, आज कुछ–कुछ वैसा ही महसूस हो रहा था। सच कहूँ तो यह उससे भी कहीं ज़्यादा जुनूनी तेवर था। कुछ ऐसा जुनून कि जो करना है, आज ही करना है, कल किसने देखा। मेरे पाँव ज़मीन पर नहीं थे और दिल ख़ुशी के मारे ऐसा उछल रहा था कि सँभालना मुश्किल हो रहा था। ये तो समझ गयी थी कि क़िस्मत ये आख़िरी तोहफ़ा लेकर आयी है और मुझे जान लड़ाकर इसे लपक लेना है, क्योंकि इसके बाद फिर ज़िन्दगी में कोई ऐसा अवसर नहीं मिलेगा!

अब मैं अगर पीछे मुड़कर देखूँ तो समझ में आता है कि यह मेरा ज़िद्दी स्वभाव ही था जिसने ज़िन्दगी को सलीब की तरह ढोने से इनकार कर दिया था। मुझे हियु के मज़ाक़ में अपनी ज़िन्दगी का मक़सद मिल गया था। इस मक़सद ने मेरी ज़िन्दगी ही बदल दी। एक बार फिर यह साबित हो गया कि क़िस्मत मेरा हाथ पकड़कर नहीं चल रही थी बल्कि मेरी ज़िद, मेरी क़िस्मत का कान पकड़कर उसे चला रही थी।

इससे पहले ज़िन्दगी में मैंने कभी कुछ नहीं लिखा था और न ही कभी मेरी बुद्धि को यह बात सूझी ही थी, लेकिन उस मज़ाक़ ने मेरे जुनूनी चरित्र को एक नया मक़सद दे दिया।

ऐसा लगता है कि कई बार कुछ चीज़ें बहुत छोटी लगती हैं और बहुत ही साधारण भी, लेकिन वक़्त बीतते–बीतते समझ में आता है कि इन छोटी–छोटी चीज़ों ने ही ज़िन्दगी को नये मायने दे दिये हैं।

काफ़ी पहले, टीचर यान यिंगकुई जो कि *हेच्यांग डेली* के निदेशक थे, उन्होंने मुझे एक साहित्यिक वर्कशॉप में हिस्सा लेने के लिए आमन्त्रित

किया था। वर्कशॉप का आयोजन समाचार–पत्र ऑफ़िस कर रहा था। श्री यान ने कहा था कि उन्हें मेरी छोटी–सी कविता पढ़कर ही समझ आ गया था कि मुझमें क़ाबिलियत है और वह मुझे ट्रेनिंग देना चाहते थे।

वर्कशॉप में 30 से ज़्यादा लोग थे। उनमें से क़रीब–क़रीब सबका काफ़ी काम प्रकाशित हो चुका था, सिवाय मुझे छोड़कर; मेरी तो केवल एक छोटी–सी कविता ही प्रकाशित हुई थी। मुझे चिन्ता सता रही थी कि बाक़ी लोग मुझे कोई भाव नहीं देंगे। इसलिए मैं उनकी नज़रों से बचने के लिए अपना सिर नीचे किये बैठी रही।

वर्कशॉप दो सप्ताह चली और वह मेरी ज़िन्दगी में एक महत्त्वपूर्ण मोड़ साबित हुई। मेरी हालत कुछ–कुछ समुद्र में डूबते इन्सान जैसी थी, दम निकल रहा है, लेकिन उसके बावजूद जान बचाने का संघर्ष जारी है और अचानक से उसे कोई लाइफ़ जैकेट मिल जाये; मैंने ठान लिया कि अब मुझे साहित्य लेखन को ही अपना लक्ष्य बनाना है। वक़्त मेरे साथ था। सांस्कृतिक क्रान्ति ख़त्म होने के बाद चीन में पहली बार साहित्य को प्रमुखता दी जा रही थी और यही वक़्त मेरे लिए तुरुप का पत्ता साबित होने वाला था।

इसके बाद, मैंने उस फैक्ट्री को केन्द्र में रखकर लघु कहानियाँ लिखना शुरू कर दिया जहाँ मैं काम करती थी। मैंने अपने इस नये शौक़ को एकदम गोपनीय रखा था, यहाँ तक कि हियु को भी नहीं बताया था। मुझे डर था कि पता चलते ही वह मुझ पर हँसेंगे।

तीन हज़ार शब्दों की एक लघु कहानी मेरे हाथों में थी। मैं हेच्यांग डेली के सम्पादक डिंग चिसोंग के पास पहुँची। भीतर ही भीतर डर से काँप रही थी। बड़े आदर के साथ मैंने उनसे कहा, ''श्रीमान डिंग मैंने ये कुछ लिखा है, क्या मेहरबानी करके आप एक नज़र इसे देख लेंगे?''

सम्पादक काफ़ी अनुभवी और भले इन्सान थे। काफ़ी उपलब्धियाँ उनके नाम थीं। उन्होंने मेरी लघु कहानी पढ़ने के बाद अनहुई लहजे में जो शब्द कहे, वे ज़िन्दगीभर मेरा उत्साह बढ़ाने के लिए काफ़ी थे, ''कॉमरेड यावन, मैं 20 साल से सम्पादक हूँ और अपने फ़ैसले पर मुझे हमेशा भरोसा होता है। मेरा मानना है कि तुम्हारे भीतर प्रतिभा है और उम्मीद करता हूँ कि तुम अपने इस हुनर पर और मेहनत करोगी।''

पता नहीं श्री डिंग और श्री यान को मेरी छोटी–सी कहानी में क्या प्रतिभा नज़र आयी, लेकिन मुझे ऐसा लगा कि मैं एक छोटी बच्ची हूँ जो

अभी केवल बोलना सीख रही है और अचानक से उसे सुनाई देता है कि उसकी माँ उसकी तारीफ़ कर रही है या एक ऐसा बूढ़ा घोड़ा जो अपने घर का रास्ता नहीं ढूँढ़ पा रहा है और अचानक से कोई बड़े ही प्यार से उससे कहता है, ''उधर, देखो, वह है तुम्हारे घर का रास्ता!''

मैंने अपने घर के उस रास्ते को तलाश करने में 20 साल से ज़्यादा का वक़्त लगाया था और अब मुझे आख़िरकार अपनी माँ की आवाज़ सुनाई दे रही थी।

मेरी जो पृष्ठभूमि थी, जहाँ से मैं आयी थी, उन हालात में कोई ज़िन्दगी का रास्ता बताने वाला नहीं था; आपको केवल अपने भीतर की आवाज़ पर भरोसा करके अन्धे की तरह आगे बढ़ना था। अगर तुम्हारी आत्मा की आवाज़ सही है तो शायद आप वह हासिल कर लें जिसे आप ढूँढ़ रहे हैं; लेकिन अगर यह आवाज़ ग़लत है, तो ज़िन्दगीभर की भटकन के सिवाय कुछ नहीं मिलता।

मैं अकेली नहीं हूँ; मेरी तरह और भी बहुत से लोग हैं, हर कोई अपनी–अपनी तलाश में है, अपने सपनों के पीछे भाग रहा है और अक्सर आख़िर में कुछ हाथ नहीं आता। 35 साल की उम्र में, अचानक संयोग से मैं ज़िन्दगी के एक नये रास्ते पर खड़ी थी। नहीं जानती थी, ये रास्ता कहाँ ले जायेगा।

मैं 35 साल की हो चुकी थी। स्कूली शिक्षा की बात करें तो मैं केवल पाँच साल ही पढ़ सकी थी, संस्कृति को लेकर कोई बहुत बड़ी समझ मुझे नहीं थी, पढ़ाई–लिखाई के नाम पर मेरे पास ऐसा कुछ नहीं था कि वह मेरा सहारा बन सकता। न ही किसी प्रख्यात साहित्यकार के सम्पर्क में रही थी। कहने की बात यह थी कि मेरे पास कोई ऐसा अनुभव नहीं था जिसने मुझे लेखक बनने के लिए तैयार किया हो, लेकिन एक नवजात बछड़े की तरह जो पैदा होते ही अपने पैरों पर खड़े होने की कोशिश करता है, बस वैसा ही कुछ अन्धा जुनून मेरे भीतर था। बछड़े को जैसे पता ही नहीं था कि डर क्या होता है, वैसे ही मैं भी बस अपने नये सपने में उगे नये चाँद को हाथ बढ़ाकर मुट्ठी में भर लेना चाहती थी। इसी जुनून के सहारे मैंने लेखकों की पूरी फ़ौज के बीच जाने का फ़ैसला कर लिया। 6 जुलाई, 1979 को मेरा पहला उपन्यास *दी स्प्लैश ऑफ़ लाइफ़* हेच्यांग डेली में प्रकाशित हुआ। उपन्यास की एक छोटी–सी समीक्षा भी लिखी गयी थी।

मैं अपने दो महान टीचरों श्री डिंग और श्री यान की बहुत आभारी हूँ। उन्होंने न केवल मेरी पहली पटकथा प्रकाशित की बल्कि मेरी ज़िन्दगी को एक नयी दिशा दी और वह पूरी तरह बदल गयी।

मेरे उपन्यास को लेकर मेरे परिवार वाले कुछ दिन बड़े ही उत्साह में रहे और मेरे जान–पहचान वालों के बीच मैं चर्चा का केन्द्र बिन्दु बन गयी। उन्हें यक़ीन ही नहीं हो रहा था कि ये मैंने लिखा है, उन सबको लग रहा था कि ये हियु ने लिखा है। हर किसी को पता था कि हियु को कविताएँ लिखना पसन्द है और वह मुझसे कहीं ज़्यादा क़ाबिल हैं, लेकिन जब मैं अपने 70 साल के हो चुके पिताजी को यह दिखाने ले गयी तो उन्होंने काफ़ी देर तक इसे पढ़ा। उनके हाथ काँप रहे थे और उन्हें पढ़ने के लिए चश्मा लगाना पड़ा था। कुछ देर बाद उन्होंने कहा, ''मैं हमेशा कहता था, मेरा बेटा ज़िन्दगी में एक दिन ज़रूर कुछ करेगा...''

मुझे इस बात के लिए हमेशा अफ़सोस रहा है कि पिताजी जो मुझ पर इतनी उम्मीदें लगाये बैठे थे, वह मेरी इतनी बड़ी सफलता को देखने के लिए अब इस दुनिया में नहीं हैं।

75

उस दिन से मैंने लिखना शुरू कर दिया, मैंने ख़ुद को शैतान के हवाले कर दिया।

मैं तो एक ग़रीब बनजारे की तरह थी जो चलते–चलते एक बन्द रास्ते पर पहुँच गया।

जब मैं पीछे मुड़कर ज़िन्दगी को देखती हूँ तो ऐसा लगता है कि मैंने सपने देखने और उन सपनों के पीछे भागने में काफ़ी वक़्त लगाया है।

उस ज़माने में मुझे नहीं पता था कि चार्ल्स समनेर ने एक बार कहा था, ''सफलता के लिए तीन शर्तें हैं : डटे रहो, डटे रहो और डटे रहो!'' मैं ज़िन्दगी में ख़ुद को फिर से उसी मोड़ पर पा रही थी, जहाँ मेरे सिर पर केवल पढ़ाई का भूत सवार था, लेकिन यह नहीं पता था कि ज्ञान किसी की ज़िन्दगी बदल सकता है; उसके बाद मैं इसी ज़ज्बे के सहारे चैम्पियन बनने का सपना अपनी आँखों में पाल बैठी थी!

एथलेटिक्स की दुनिया में जिस किसी ने भी समय बिताया है वह जानता है कि एक एथलीट के हिस्से में दिखाने के लिए बहुत अधिक सफलता नहीं आती, लेकिन इसका मतलब यह क़तई नहीं है कि उसमें किसी भी तरह से पक्के इरादों का अभाव है। एक बार एक विश्वविद्यालय में भाषण देते हुए मैंने कहा था, ''शायद, मेरे पास कोई ख़ास क़ाबिलियत या बौद्धिक क्षमता न हो, लेकिन मुझमें बोलने की हिम्मत है और मुझमें इरादों की फ़ौलादी मज़बूती है जिसके सहारे बड़ी से बड़ी, हिमालय जैसी विशाल बाधाओं को भी पार किया जा सकता है!''

मैं रोमेन रोलैंड के शब्दों की सच्चाई में गहराई से विश्वास करती हूँ, ''भविष्य उन लोगों का है जो फ़ैसला कर चुके हैं, जिनके हौसले बुलन्द हैं और जिन्होंने अपने मक़सद को हासिल करने तक, दम न लेने की क़सम खायी है!''

एकदम यही मेरे चरित्र का आधार है, डटे रहना और क़सम खाना कि मंज़िल तक पहुँचने से पहले रुकना नहीं है।

उस दिन से मैंने लिखना शुरू कर दिया। साहित्य की दुनिया में बड़े–बड़े धुरन्धर मुझसे पहले अपनी एक पहचान क़ायम कर चुके थे, लेकिन मैंने अपने लेखन के लिए इनमें से किसी की भी शैली को नहीं अपनाया। इसके उलट मैंने अपने लेखन को भी एथलेटिक ट्रेनिंग की तरह लिया। जब मैं और मेरे पति उस वक़्त के बारे में बातें करते हैं तो वह कहते हैं, ''उस ज़माने में लोग तुम्हारे जोश, तुम्हारे समर्पण की तारीफ़ नहीं करते थे, वे इससे डरते थे! हर कोई तुम्हें 'दिलेर योद्धा' कहता था...मैं तो यह मानता हूँ कि अगर किसी में भी तुम्हारे जितना जोश और अपने मक़सद के प्रति समर्पण हो तो सफलता तो उसके क़दम चूमेगी ही चूमेगी!''

मैंने एक या दो दिन नहीं, पूरे 20 साल संघर्ष किया था!

मैंने अपने छोटे से डेस्क पर अपनी ज़िन्दगी के मूल मन्त्र को लिखकर टाँग लिया था, ''जो बीत गया, उस पर आहें मत भरो, बीता कल पहले ही इतिहास में समा चुका है; इसके बजाय आज को कसकर पकड़ लो, केवल आज ही सच है।''

मैं एक नन्हे शैतान की तरह थी; मेरे दिमाग़ में उपन्यास के सिवाय कुछ नहीं था। दिन में मैं अपने कार्यालय में बैठी आँकड़ों से खेलती रहती, लेकिन मेरा दिमाग़ काम में नहीं लगता। काम करते हुए, सैर करते हुए, साइकिल चलाते हुए, बैठकों में जाते हुए...यहाँ तक कि सपनों में भी

मैं केवल अपने उपन्यास के बारे में सोचती। इससे कई बार मेरा ख़ूब मज़ाक़ भी बना।

एक दिन मैं साइकिल चलाते हुए जा रही थी और मन–ही–मन अपने उपन्यास के चरित्रों, उनमें फेरबदल के बारे में सोच रही थी, अचानक मैंने ख़ुद को एक आदमी के सामने पाया। उसने मेरी साइकिल का अगला पहिया पकड़ लिया और बोला, ''कहाँ जा रही हो तुम?'' तभी मैं अपने ख़यालों से बाहर निकली और मैंने उनसे माफ़ी माँगी।

मेरा दिमाग़ हमेशा कहीं और रहता। इसी चक्कर में घर के लगभग सारे बर्तन टूट चुके थे। एक दिन मैंने दो थर्मस फ़्लास्क गिरा दिये और दो दिनों के भीतर दो झाड़ू तोड़ दिये और थर्मस फ़्लास्क के ढक्कन को केतली में रख दिया...

हियु ने मज़ाक़ में कहा, ''आज से मैं तुम्हें यावन नहीं कहूँगा, मैं तुम्हें 'सूनी आँखों से तारों को निहारने वाली' कहूँगा!''

मेरे इस बेख़याली का सबसे हास्यास्पद मामला उस दिन हुआ जब मैंने घर के बाहर लगाये गये नये प्लाईवुड गेट में टक्कर दे मारी। और वहाँ एक बड़ा–सा छेद हो गया। जब मैंने छेद देखा तो मैं हैरानी से चिल्लायी, ''हे, तुममें से किसने किया ये?'' बच्चों ने कहा कि उनकी ग़लती नहीं है। बाद में मुझे पता चला कि मेरे दाहिने घुटने पर नीला निशान पड़ा हुआ था। मुझे ये चोट महसूस तक नहीं हुई!

इनमें सबसे शर्मिन्दगी वाला मेरा अनुभव तो बहुत ही अजीबोग़रीब था। मैं अपने ही ख़यालों में खोयी हुई एक आदमी के पीछे चलते–चलते पुरुषों के शौचालय में पहुँच गयी...इसके बाद, ऐसे हादसे से बचने के लिए मुझे जब भी शौचालय जाना होता तो मैं दो बार ध्यान से देखती कि मैं सही जगह पर ही हूँ या नहीं!

मेरे व्यक्तित्व में भी बदलाव आना शुरू हो गया। स्वभाव से मैं बेहद ऊँचा बोलने वाली और ज़्यादा बातूनी थी। कसरत करना और गाना मुझे पसन्द था, लेकिन जब मैंने लिखना शुरू किया तो मैं अपने भीतर ही सिमटने लगी और अक्सर मुझे शान्ति से बैठकर सोचना अच्छा लगता।

लेकिन मैंने देखा कि दिन के समय मैं काफ़ी अच्छी तरह से सोच लेती थी, लेकिन जैसे ही शाम के समय अपने छोटे–से डेस्क पर बैठती मेरा दिमाग़ अचानक से ख़ाली–ख़ाली हो जाता। एक शब्द भी दिमाग़ में नहीं आता और इसलिए मैं अँधेरे में बैठी रहती, पाँच–छह घण्टे तक

सोचती रहती, तभी उठती जब सिरदर्द करने लग जाता। कमरे के कोने में पड़ा मुड़े–तुड़े काग़ज़ों का ढेर मेरी बेबसी की गवाही देता। मेरा छोटा–सा डेस्क फोल्ड किया जा सकता था और हियु ने उसे एक कैबिनेट के ऊपर रख दिया था; इसे तुरन्त खोलकर इस्तेमाल किया जा सकता था।

मैंने अपने आपसे पूछा, ''क्या तुम ये कर सकती हो? तुमने अपनी ज़िन्दगी में कोई बहुत ज़्यादा किताबें नहीं पढ़ी हैं तो क्या तुम सही में उपन्यास लिख सकती हो? क्या तुम्हारे भीतर सही में इतनी काबिलियत है?''

''हाँ, पक्का तुम लिख सकती हो! तुम्हें डटे रहना होगा!''

मैंने कोई हज़ारों बार यह सवाल अपने आपसे किया होगा और हज़ारों बार मैंने ख़ुद को यही जवाब दिया। हर रोज़ मेरे भीतर यही संघर्ष चलता रहता और हर रोज़ मैं रात को एक–दो बजे तक जागती रहती।

शाम के समय, मैं ख़ुद को दोराहे पर खड़ा पाती, दिमाग़ में द्वन्द्व चलता रहता; एक मन आगे बढ़ने से झिझकता और उसका आत्मविश्वास डगमगा जाता। वह कहता; पाँव पीछे खींच लो, लेकिन दूसरा मन कहता; इस मौक़े को हाथ से मत जाने देना, जोश और आत्मविश्वास से लबरेज़ ये मन लम्बी–लम्बी छलाँग मार रहा था। एक मन कई उदाहरण मेरे सामने रख देता और समझाता, ''इसके बारे में सोचो, ओस्रोवस्की केवल तीन साल ही स्कूल गये थे; जेक लन्दन केवल एक नाविक थे; गोर्की ने प्राइमरी स्कूल में केवल दूसरी कक्षा तक ही पढ़ाई की थी; मार्क ट्विन पहली बार 13 साल की उम्र में प्रिंटिंग प्रेस में ग़ये थे, दुमास को कभी कोई औपचारिक शिक्षा मिली ही नहीं...''

अपने डरपोक और निराश हो चुके मन को मैं इसी तरह के उदाहरण देकर समझाती। लोगों को अपने भीतर के इस संघर्ष से निराश नहीं होना चाहिए क्योंकि आख़िर यही तो वह कुंजी है जिससे अपने अहं पर विजय पायी जा सकती है। अगर उन दिनों मैं अपने भीतर के इस राक्षस को ख़त्म नहीं कर पाती तो आज मैं यहाँ तक नहीं पहुँचती।

मुझे जल्द ही इस बात का एहसास हो गया था कि मेरी शिक्षा और संस्कृति के बारे में मेरी समझ बहुत कम है और भाषा पर मेरी पकड़ भी गहरी नहीं है। मुझे ज़्यादा–से–ज़्यादा किताबें पढ़नी होंगी, नहीं तो मैं कभी भी कुछ ढंग का नहीं लिख पाऊँगी।

किताबों का पहाड़ मेरे सामने था, लेकिन मेहनत करके ही इससे पार पाया जा सकता था; ज्ञान का सागर इतना विशाल है कि इसमें

आपको कोई क्षितिज भी नज़र नहीं आयेगा, लेकिन अपनी नैया को अगर इस सागर के पार ले जाना है तो मज़बूत इरादों के बिना कुछ नहीं हो सकेगा और यही सब सोचकर मैंने ख़ुद को किताबों में डुबो दिया, अपने रोज़मर्रा के काम में से किसी तरह से कुछ क्षण उधार लेती और किताबों में घुस जाती। मेरा मन करता, काश! दिन 48 घण्टे का होता। कार्यालय में भी मैं छुप–छुपकर किताबें पढ़ती रहती थी। ये किताबें मैंने अपने ऑफ़िस डेस्क में छुपाकर रखी थीं। जब घर आती तो जैसे मेरे हाथ मशीन बन जाते, मैं जल्दी–जल्दी खाना बनाती और इस बीच *ड्रीम ऑफ़ दी रेड चैम्बर* पढ़ती रहती। सब्ज़ी काटते हुए मैं महान कवियों की कविताओं को मन–ही–मन दोहराती रहती। एक दिन चाकू से आलुओं को काटते हुए अपनी अँगुली ही कटवा बैठी। अँगुली से निकलते ख़ून से सब्ज़ी काटने वाला पटरा लाल हो गया। किताबें पढ़ने के जुनून ने मुझे कुछ ऐसे अनुभव दिये जो जिनका मेरे शुरुआती लेखन करियर पर काफ़ी असर पड़ा। इससे मेरे भीतर एक अलग तरह की समझ पैदा हुई और साहित्यिक कृतियों के साथ मेरा एक रिश्ता जुड़ता चला गया। साहित्य की यह नयी समझ काफ़ी मायने रखती थी। लेखन, एथलेटिक्स की तरह है, जिसमें भाग लेने वाले को पूरी तरह ध्यान केन्द्रित करके आगे बढ़ना होता है। चेतना की वह अवस्था आज मेरे व्यक्तित्व का हिस्सा बन चुकी है।

मुझे बहुत से गीत याद हैं और जब भी कुछ लिखने के लिए क़लम उठाती हूँ तो इन गीतों के बोल अपने आप ही मेरे दिमाग़ में तैरने लगते हैं। इन ख़ूबसूरत गीतों ने न केवल मुझे ख़ुशी दी बल्कि लेखन के शुरुआती वर्षों में भाषा के समृद्ध ख़ज़ाने की तरह मेरे काम भी आये। इन शब्दों ने मेरे भीतर एक प्रकार का आदर्शवाद और सौन्दर्यशास्त्र की काव्यात्मक सराहना की भावना भी पैदा की।

किताबों को पढ़ने के दौरान, मैंने कुछ शानदार मध्यम और लघु उपन्यासों को भी पढ़ा। मैंने बड़े ध्यान से यह समझने की कोशिश की कि लेखक किस प्रकार कहानियों को शुरू करते हैं, कैसे उनका प्रारूप तैयार करते हैं, कैसे रहस्य का एक ताना–बाना बुनते हैं और एक पेचीदा कहानी को रोचक बनाने के लिए वह कहानी को कितने भागों में बाँटते हैं। मैंने जो गल्प लिखा है, उसको आकार देने में मेरे इस विश्लेषण ने काफ़ी अहम भूमिका अदा की।

कहानी को गढ़ना मेरे लिए काफ़ी आसान रहा, लेकिन अपनी इन कहानियों में भाषा पर नियन्त्रण रखना तुलनात्मक रूप से मुझे थोड़ा मुश्किल लगा। इसके पीछे कारण शायद यह रहा होगा कि बचपन से ही मैं ख़याली पुलाव पकाती रहती थी और बहुत छोटी उम्र में ही मैंने बचकानी–सी कहानियाँ गढ़नी शुरू कर दी थीं। जब मैं छोटी थी तो मुझे ख़ासतौर पर ऐसी कहानियाँ गढ़ने में मज़ा आता था जिनमें मेरी दूसरे नम्बर की कुबड़ी बहन अचानक से ठीक हो जाती है और मेरे सामने सीधी तनकर आ खड़ी होती है। वह हँसते–गाते और मौजमस्ती करते हुए पहाड़ों के चारों ओर घूमती है, मुझे अपने साथ ले जाती है और छोटा फेरीवाला लड़का एक घोड़े पर सवार होकर आता है और बहन को अपने साथ घोड़े पर बिठाकर ले जाता है, उससे शादी कर लेता है। मैं अपनी ही गढ़ी हुई छोटी कहानियों से कई बार इतनी भावुक हो जाती कि रोने लगती। यह आदत मेरी आज भी गयी नहीं है। कुछ लोग कहते हैं कि लेखकों की यह ख़ास ख़ूबी होती है; दिन में जागी आँखों से ख़्वाब देखना और भावुकता का अतिरेक। यही ख़ूबियाँ किसी को लेखक बनाती हैं। नहीं जानती कि यह सच है या नहीं लेकिन हमेशा मैंने अपने भीतर एक ताक़त महसूस की है जो बार–बार मुझसे कहती है, कोई रचना करो। मेरे भीतर कुछ घुमड़ता रहता है, कुछ ऐसा अधूरा–सा, जो अपने कहीं छूट गये आधे हिस्से की तलाश में तड़पता है। मेरी हस्ती का पोर–पोर मुझसे ही विद्रोह करना चाहता है, जो कहता है, चलो! उठो! जो अधूरा है उसकी तलाश कर मुझे पूरा करो। अचानक से मेरी ज़िन्दगी में एक जोश आ गया था, ऐसा जोश जो पहले कभी महसूस नहीं किया। पहली बार महसूस हुआ कि ''पाँव ज़मीं पर न पड़ने'' का अर्थ क्या होता है। लेखन एक नशा है, और जब ये नशा चढ़ता है तो बिन घुँघरू के ही पैर थिरकने लगते हैं।

हमारा घर शहर और गाँव की सीमा पर था जहाँ मकानों की छतें नीची थीं। पावर कट बार–बार होने के कारण यह इलाक़ा अक्सर अँधेरे में डूबा रहता। लाइट आती तो हमारे घर की लाइट देर रात तक जलती रहती। हर रोज़ ऐसा ही होता। मेरे दोनों बच्चों और मेरे पास अपनी अलग–अलग मोमबत्तियाँ थीं जिनकी रौशनी में हम अपना–अपना काम करते। मैं अपने छोटे से कमरे में तीनों मोमबत्तियाँ एक साथ जला लेती और कमरा उनकी रौशनी से जगमगा उठता, और हमारा भविष्य भी उन्हीं की रौशनी से जगमगाया था। हियु किताबों को पढ़ने में मेरी मदद करते

और साथ ही जब मैं लिखती होती तो वह दोनों के लिए चाय बनाकर ले आते, कभी पानी लाते और कभी पाउडर दूध बनाकर ले आते...

रात होते ही बच्चे सो जाते। हियु मेरे पास आते और मेरे कन्धे पर थपथपाकर भीनी–सी आवाज़ में कहते, ''बहुत रात हो गयी है, चलो सो जाओ।'' मैं अपना सिर उठाती और हियु को ख़ाली–ख़ाली नज़रों से देखती और उसके बाद मेरी नज़रें पाण्डुलिपि पर जा टिकतीं।

76

1980 के पतझड़ की बात है। मेरी ज़िन्दगी में आख़िरकार बसन्त खिल ही उठा। चाइना फेडरेशन ऑफ़ लिटरेरी एंड आर्ट सर्किल की च्यामुसी शाखा के महासचिव श्री यान शिली मुझसे मिलने के लिए फैक्ट्री आये। उन्होंने मुझसे पूछा, ''यावन, क्या तुम फेडरेशन की सम्पादक पद की ज़िम्मेदारी सँभाल लोगी? अगर तुम तैयार हो तो मैं तुरन्त तुम्हारे तबादले का प्रबन्ध करवा सकता हूँ।''

''सच?'' मैंने सवाल किया। मेरी हिम्मत नहीं हो रही थी कि मैं यक़ीन करूँ।

अक्टूबर 1980 में फेडरेशन की च्यामुसी शाखा के सम्पादकीय विभाग में मेरा तबादला कर दिया गया। वहाँ मैंने सम्पादक के साथ ही एकाउंटेंट पद की भी ज़िम्मेदारी सँभाल ली।

यह मेरी ज़िन्दगी का सबसे ख़ुशी का दिन था, वक़्त मुझ पर इतना मेहरबान कभी नहीं हुआ था। उसने मनचाही दौलत मेरी झोली में डाल दी थी। मैं 15 साल की उम्र में स्पोर्ट्स टीम में शामिल हुई थी और उस वक़्त ख़ुशी के मारे मैं पागल हो गयी थी लेकिन ये मेरे लिए उससे भी बड़ा ख़ुशी का दिन था।

हर रोज़ सुबह, मैं साइकिल पर सवार होकर सम्पादकीय विभाग जाती, पूरे रास्ते गुनगुनाती रहती। ऑफ़िस में मैं पाण्डुलिपियों को पढ़ती और उनका सम्पादन करती और जब शाम को घर लौटती तो मैं अपनी डेस्क पर बैठ जाती और अपने उपन्यास में डूब जाती। अपने दिमाग़ में दिनभर में आये शब्दों को काग़ज़ पर आकार देती। उन्हें उनकी सही जगह पर सजाती।

मैंने शौक़िया लेखकों की एक क्रिएटिव वर्कशॉप में हिस्सा लिया था। इसका आयोजन फेडरेशन ने माकुली में किया था। उसमें भाग लेने वाले सभी लेखकों ने उपन्यासों और कविताओं का मिलकर अध्ययन किया।

मैं अक्सर अपने आप से पूछती, ''जो कुछ हो रहा है, क्या वह सच है?''

ज़िन्दगी भर आप सपनों के पीछे दौड़ते रहे हों और जब सपनों के सच होने का वक़्त आये तो यक़ीन करना मुश्किल हो जाता है। यह स्वाभाविक है।

यह कुछ ऐसा था, जैसे मैं फिर से एक किशोरी बन गयी हूँ और ज़िन्दगी का यह मोड़ पहले वाले से कहीं अधिक ख़ूबसूरत था, इसमें उम्मीदों को पंख लगे थे, मन में कोई ख़ौफ़ नहीं था, फिर से मन सितारों को छू लेना चाहता था और गिरने का डर नहीं था।

बसन्त आ चुका था और काम से घर लौटते हुए मैंने रेलवे पटरियों के आसपास बकाइन के फूल देखे, डूबते सूरज की गेरुई रौशनी में उनकी ख़ूबसूरती और खिल उठी थी। मैं साइकिल से उतरी और घर ले जाने के लिए कुछ फूलों के गुच्छे तोड़ लिए। घर आकर मैंने उन फूलों को एक बोतल में रखकर अपनी छोटी–सी डेस्क पर सजा दिया। मेरी पूरी शाम फूलों की ख़ुशबू से महक उठी। मुझे लगा मेरा दिल ख़ुद एक फूल की तरह खिल उठा है; उसकी ख़ुशबू मदहोश करने वाली थी।

77

1982 में मौसम लगातार नये रंग बदल रहा था। ठण्ड के बाद गर्मी आ गयी थी; सड़कों पर बर्फ़ आधी पिघल गयी थी और काफ़ी फिसलन थी। हर कहीं गन्दी और काली पड़ चुकी बर्फ़ पिघल रही थी।

उस वक़्त, मैं पूरी तरह अपने सपनों के पीछे दौड़ रही थी। उत्साह से भरी लेखन में डूबी हुई थी। मुझे ज़रा भी ध्यान नहीं आया कि मेरी ज़िन्दगी भी मौसम की तरह हो गयी थी; एक पल को गरम और दूसरे पल को ठण्डी; लगातार उतार–चढ़ाव भरी।

एक दिन की बात है, मैंने अपना काम ख़त्म किया ही था कि एक फ़ोन आया। *नोवेल फ़ॉरेस्ट* लिटरेरी जर्नल के सम्पादक श्री लियु जिझेंग

ने फ़ोन किया था। उन्होंने कहा, ''यावन, किसी को पता मत चलने देना कि हम लौट आये हैं नहीं तो फिर से भीड़ हमें घेर लेगी। इस बार, प्रधान सम्पादक छेन और मैं विशेष रूप से तुमसे मिलने के लिए आये हैं और हम तुम्हारे घर आने के लिए तैयार हो रहे हैं। हमें आकर ले जाओ। हम सेना के गेस्ट हाउस के प्रवेश–द्वार पर तुम्हारा इन्तज़ार कर रहे हैं। मुझे अपने कानों पर यक़ीन नहीं हुआ।

क़रीब दस दिन पहले, पाक्षिक पत्रिका के लिए कुछ लेख लिखवाने के लिए श्री छेन हाओ, *नोवेल फ़ॉरेस्ट* के सम्पादक, लियु जिझेंग के साथ च्यामुसी आये थे। मेरे और मुझ जैसे अन्य शौक़िया लेखकों के लिए यह कुछ ऐसा ही था, जैसे अचानक से हमारे सामने भगवान आ जाये; हैरानी के मारे हमारी तो आँखें फटी की फटी रह गयी थीं। सब लोगों ने इन दोनों को सुबह से शाम तक घेरे रखा। मैंने अपने एक उपन्यास के बारे में उनसे विचार–विमर्श किया। श्री छेन ने मुझसे पूछा कि मैंने कब लिखना शुरू किया और मेरी रचनाएँ किन–किन प्रकाशनों ने छापी हैं। मैंने उन्हें बताया कि मेरा पहला उपन्यास नार्दर्न लिटरेचर, दी स्पोर्ट्स न्यूज़, दी न्यू स्पोर्ट्स, माउंटेन स्प्रिंग और कुछ अन्य पाक्षिकों में 1979 में प्रकाशित हुआ था। इसके अलावा मेरी 20 से ज़्यादा कहानियाँ और निबन्ध भी प्रकाशित हो चुके हैं।

उन्होंने मुझसे यह भी पूछा कि मैंने किस कॉलेज से शिक्षा हासिल की है। मैंने उन्हें बताया कि प्राइमरी स्कूल पूरा किये बिना ही मैं एथलीट बनने के लिए चली गयी थी

''आइस स्केटिंग।''

''ओह...'' सिर हिलाते हुए उन्होंने कहा, ''हम जल्द ही तुमसे मिलने आयेंगे।'' मुझे उनकी बातों से कोई उम्मीद नज़र नहीं आयी और न ही मैंने कभी उम्मीद की थी कि वे लौटकर आयेंगे।

जिस जगह पर मैं रहती थी, वहाँ तक पहुँचने के लिए कोई सड़क सम्पर्क नहीं था, न ही कोई टैक्सी। इसलिए मैं दोनों सम्पादकों को पैदल ही अपने घर लेकर पहुँची। बसन्त अभी शुरू ही हुआ था और रास्ते में बहुत कीचड़ था। हर क़दम पर हमें अपने जूतों में लगी कीचड़ को पैर झटक कर साफ़ करना पड़ रहा था। अगर कीचड़ को साफ़ नहीं करते तो हम कीचड़ में से अपना पैर बाहर ही नहीं निकाल पाते। हम धीरे–धीरे आगे बढ़ रहे थे और हमें घर तक पहुँचने में एक घण्टे से ज़्यादा समय लग गया।

घर पहुँचने के बाद, दोनों सम्पादकों ने दीवारों पर टँगी महान कवियों की कविताएँ देखीं। श्री छेन ने मुझसे पूछा, ''तो ये है तुम्हारा छोटा–सा डेस्क जिस पर बैठकर तुम लिखती हो?''

''जी।''

इसके बाद उन्होंने डेस्क के एक ओर टाँगा गया मूल मन्त्र पढ़ा और बोले, ''ये तुमने लिखा है?''

मैं हल्के से मुस्कुरायी और हाँ में सिर हिलाया।

जब खाना खाने का समय हुआ तो मैं टेबल पर केवल दो ही सब्ज़ियाँ परोस पायी : आलू की सब्ज़ी और तली हुई पत्तागोभी। एक और सब्ज़ी थी जो आलू को कद्दूकस करके बनायी थी। मीट के नाम पर टेबल पर कुछ ख़ास नहीं था। मेहमानों के सामने मैं और हियु बहुत शर्मिन्दा महसूस कर रहे थे। मेहमानों की आवभगत करने के लिए हमारे पास ढंग से उन्हें कुछ परोसने को भी नहीं था। हम बार–बार उनसे माफ़ी माँग रहे थे, ''हमें बहुत अफ़सोस है कि आप दोनों को इतना साधारण–सा भोजन करना पड़ रहा है...''

लेकिन श्री छेन ने कहा, ''हम यिछुन से किसी ख़ास मक़सद के लिए आये थे, हमारा तुम्हारे यहाँ खाना खाने का कोई विशेष कार्यक्रम नहीं था। हमें तो केवल पेट भरना था, हम इतनी दूर केवल तुम्हारा घर देखने ही थोड़ा आये हैं।''

श्री छेन ने बाद में मुझे बताया कि पहली बार मुझसे मिलने के तुरन्त बाद ही वह इस नतीजे पर पहुँचे थे कि मेरे भीतर एक आग है और जिन विषयों पर मैंने लिखा है, वह अपने आप में अनोखे हैं। उन्होंने मुझे लेखन में ट्रेनिंग देने का फ़ैसला किया और इसीलिए वह स्वयं अपनी आँखों से देखना चाहते थे कि मेरे रहने–सहने का माहौल कैसा है।

श्री छेन मेरा उत्साह बढ़ाते हुए कहा कि जल्द से जल्द उपन्यास ख़त्म करके उसे उनके पास भेज दूँ। जब वे जाने लगे तो हियु और मैं, उन दोनों को अपनी–अपनी साइकिल पर बैठाकर गेस्ट हाउस तक छोड़कर आये। सड़क पर फिर से फिसलन हो गयी थी। दो बार मैं श्री छेन को कीचड़ में गिराते–गिराते बची।

उन पर 20 साल तक 'दक्षिणपन्थी' होने का ठप्पा लगा रहा था और कुछ समय पहले ही उनका पुनर्वास किया गया था। वह बड़े ही उदार मन के थे और लेखकों के प्रति अपनी एक ज़िम्मेदारी समझते थे। जिन

भी लेखकों ने उनके साथ काम किया, उन पर उनके व्यक्तित्व का गहरा प्रभाव रहा। आज भी, जब हार्बिन में मेरे पास ख़ाली समय होता है तो मैं उनसे मिलने चली जाती हूँ। अब वह काफ़ी बूढ़े हो चुके हैं। मैं उन्हें कभी नहीं भूल पाऊँगी, मेरे प्रिय टीचर! और न ही उस बसन्त के उस कीचड़ वाले दिन को, जब दोनों सम्पादक कीचड़ में सँभल–सँभलकर चलते हुए मेरे घर आये थे और पत्तागोभी की सब्ज़ी खायी थी...

क़रीब दस दिन बाद, मैंने अपना उपन्यास *लॉस्ट फुटस्टेप्स* श्री छेन को भेज दिया। कुछ दिन बाद, *नोवेल फ़ॉरेस्ट* के एक अन्य सम्पादक का मुझे फ़ोन आया। उनका नाम था वू शियुयेन। उन्होंने मेरे उपन्यास की पाण्डुलिपि के सम्पादन के लिए मुझे हार्बिन आने का निमन्त्रण दिया।

शब्दों में कहना बहुत मुश्किल है! मैंने कुछ लिखा था और उसके सम्पादन के लिए मुझे ही बुलाया गया था! मैं बेहद ख़ुश थी। मैंने ऑफ़िस से एक सप्ताह की छुट्टी ली और हार्बिन में उपन्यास का सम्पादन किया। इसके बाद मेरे उपन्यास को प्रकाशन के लिए भेज दिया गया।

सालोंसाल संघर्ष में बीते थे और अब पहली बार सफलता का मीठा स्वाद चखने का समय आया था। यह दिन उस औरत की ज़िन्दगी में आया था, जिसने मुसीबतों के सिवाय कुछ देखा ही नहीं था।

जुलाई 1982, *नोवेल फ़ॉरेस्ट* ने मेरा उपन्यास *लॉस्ट फुटस्टेप्स* प्रकाशित कर दिया। उपन्यास को समीक्षकों ने हाथोंहाथ लिया; कई पाठकों ने मुझे चिट्ठियाँ भेजीं और *नोवेल फ़ॉरेस्ट* का यह एकमात्र उपन्यास था जिसे 1982 में पुरस्कार से सम्मानित किया गया।

लेकिन मुझे लगता है, परमात्मा ने मुझे ख़ुशी तो दी, लेकिन मेरी ख़ुशी का एक कोटा था जो बहुत जल्द ख़त्म हो गया। ख़ुशी के क्षण कुछ देर को आये और आँधी में उड़े पत्तों की तरह उड़ गये। बदक़िस्मती इतनी जल्दी दरवाज़े पर दस्तक दे देगी, सोचा न था।

78

जिस दिन से मेरा लेखन करियर शुरू हुआ था, उस दिन से ही मैंने अपनी ख़ामियों को दूर करने के लिए हरसम्भव कोशिश शुरू कर दी थी।

लेकिन अपने हालात की कुछ सच्चाइयों और लोगों के प्रति मेरी समझ अधूरी थी। यही कारण था कि मैं बार–बार उसी दोराहे पर आ खड़ी होती, जहाँ अधिकतर शौक़िया लेखक ख़ुद को पाते हैं।

एक दिन हेईलोनच्यांग टेलीविज़न के सम्पादक श्री बा वेई का फ़ोन आया। उन्होंने बताया कि मेरे उपन्यास *लॉस्ट फुटस्टेप्स* को टेलीविज़न ड्रामे के लिए पटकथा में तब्दील किया गया है और इसकी शूटिंग जल्द ही शुरू होने वाली है। उन्होंने पटकथा को स्वयं देखने के लिए हार्बिन आने का न्यौता दिया। मेरी तो ख़ुशी का ठिकाना नहीं था। मैंने तुरन्त ऑफ़िस से दो दिन की छुट्टी का आवेदन दे दिया।

लेकिन मेरे एक बॉस, जो हमेशा मेरे प्रति बड़े ही उदार रहे थे और कुछ दिन पहले ही जो मेरा कन्धा थपथपाकर मुझे शाबाशी दे रहे थे, मुझे च्यामुसी की होनहार महिलाओं में से एक बता रहे थे, अचानक से उनके सुर कुछ बदले–बदले नज़र आये। उनकी मुस्कुराहट की जगह पर त्यौरियाँ चढ़ गयीं। उन्होंने मुझसे कुछ ऐसा कहा कि मुझे काटो तो ख़ून नहीं, ''तुम! तुम एक प्राइमरी स्कूल तक पढ़ी लड़की! तुम लेखिका बनना चाहतीं? मैं तुम्हें बता दूँ, इस साल तुम्हारी पहले ही कई रचनाएँ प्रकाशित हो चुकी हैं, तुमने थोड़ा नाम भी कमा लिया है और इतना ही काफ़ी है! बेहतर होगा कि तुम एक अच्छी सम्पादक बनने के लिए कड़ी मेहनत करो!''

लेखन करियर में, न जाने कितने लोगों ने मेरी क्षमता पर सन्देह किया, मुझे नीचा दिखाया, मेरे स्वाभिमान को चोट पहुँचायी, कुछ को तो जैसे मेरी क्षमताओं पर टिप्पणी करने का अधिकार ही मिल गया था। कई तो इस हद तक गिर गये कि मेरे उपन्यासों को नगर निगम कमेटी में ले गये और मुझ पर साहित्यिक चोरी का इल्ज़ाम तक लगा दिया...

मैंने सच में कभी परवाह नहीं की कि लोग मेरे बारे में क्या कहते हैं। ''अपने रास्ते पर चलते रहो, परवाह मत करो, दूसरे लोग क्या कहते हैं!''

लेकिन जब मैंने अपने बॉस के मुँह से इस तरह की बातें सुनीं तो मुझे लगा, किसी ने मेरे आत्मसम्मान को काग़ज़ की तरह मुट्ठी में भींचकर रद्दी की टोकरी में फेंक दिया है।

यह सच था कि मैं एक प्राइमरी स्कूल तक पढ़ी छात्रा थी, लेकिन मैं एक ऐसे पर्वत से हौसलों वाली लड़की भी थी जिसने बर्फ़ीले तूफ़ान में, सुनसान इलाक़ों में ज़िन्दगी बितायी थी, समाज की सीढ़ी पर सबसे

निचले पायदान पर खड़े होकर दुनिया देखी थी, न जाने कितनी रातें भेड़ियों के बीच बितायी थीं, लेकिन इस सबके बावजूद मेरे भीतर ख़ुद को साबित करने की एक ज्वाला धधक रही थी। इतने नीचे से उठकर मैंने खेलों की दुनिया में भी हाड़तोड़ मेहनत की थी। मैं जो एक ऐसी औरत थी जिसके रग–रग में तूफ़ान था, जोश था! मैंने ज़िन्दगी से आँख से आँख मिलाकर दुश्वारियों की जंग जीती थी। मैं ऐसे हालातों में पली–बढ़ी थी जिनके बारे में एक सामान्य इन्सान कल्पना भी नहीं कर सकता। और इन सबको एक प्राइमरी स्कूली छात्रा कहकर नज़रअन्दाज़ नहीं किया जा सकता था। मैंने ज़िन्दगी की वो पढ़ाई पढ़ी थी, जो किसी स्कूल या विश्वविद्यालय में नहीं पढ़ाई जाती और कोई भी बॉस मेरे इन अनुभवों को मुझसे छीन नहीं सकता था जो मेरे लिए सबसे बेशक़ीमती ख़ज़ाना थे।

मेरा पूरी दृढ़ता के साथ यह मानना है कि अगर ज़िन्दगी में किसी करियर को अपनाते हो, उसमें अपना समय लगाते हो, ख़ुद को सालों तक उसमें झोंक देते हो तो इसका फल भी मिलता है। समय और एकाग्रता का जो निवेश किया जाता है वह ऐसे चमत्कार कर सकता है कि लोग दाँतों तले अँगुली दबा लें और इसी मेहनत ने एक 'प्राइमरी स्कूल छात्रा' की ज़िन्दगी को पूरी तरह बदल दिया था! यह सच है कि मैंने काफ़ी समय पहले ही ख़ुद से हाईस्कूल का पूरा पाठ्यक्रम पढ़ लिया था।

'प्राइमरी स्कूल छात्रा' ये शब्द मेरे नाम के साथ चिपक गये थे, ठीक वैसे ही जैसे हेस्टर प्रिन की ड्रेस पर 'स्कारलेट लैटर' चिपका दिया गया था। बहुत से लोग अपनी आँखों पर इसी चश्मे को चढ़ाकर मुझे देखते। ठीक वैसे ही जैसे लोग शहर में पहली बार आये किसी किसान को देखते हैं।

मैंने कुछ नहीं कहा, पीछे मुड़ी और चली आयी। उस दिन के बाद से अपने बॉस के साथ मेरे सम्बन्धों में तनाव आ गया और वह पहली वाली बात नहीं रही।

एक हफ़्ते बाद, मुझे श्री बा वेई का फ़ोन आया। *लॉस्ट फुटस्टेप* की पटकथा को लेकर टेलीविज़न स्टेशन के शीर्ष अधिकारियों के बीच कुछ वैचारिक मतभेद थे और ऐसी आशंका थी कि इस प्रोजेक्ट पर काम ही नहीं किया जायेगा। उन्होंने मुझसे तुरन्त हार्बिन आकर शीर्ष अधिकारियों के सामने अपनी बात रखने को कहा।

ये एक सुनहरा मौक़ा मुझे मिला था और मैं इसे खोना नहीं चाहती थी। मैं फिर से दो दिन की छुट्टी माँगने अपने बॉस के पास गयी, लेकिन इस बार भी उन्होंने छुट्टी नहीं दी। मुझे लगा कि वह जानबूझकर मेरे लिए हालात को मुश्किल बना रहे हैं। इसी के चलते मैंने ग़ुस्से में छुट्टी का लिखित आवेदन छोड़ दिया और ऑफ़िस से निकल गयी।

मैं दो दिन बाद हार्बिन से लौटी। टीवी सीरीज़ का काम वहीं ख़त्म हो गया।

अनुशासनहीनता का आरोप लगाते हुए मेरे बॉस ने मुझे ख़ूब बुरा–भला कहा। उन्होंने यहाँ तक कहा कि मैं नाम और दाम के लिए मरी जा रही हूँ। मेरी 'मदद' के लिए उन्होंने पार्टी के सदस्यों की दो अलग–अलग बैठकें बुलायीं; उनका दावा था कि पहली बैठक के बाद मैंने ठीक से सबक नहीं सीखा और इसीलिए दूसरी बैठक बुलानी पड़ी।

मुझे समझ नहीं आया कि हुआ क्या है। घर पहुँचकर मैंने हियु से पूछा, ''बॉस क्यों इस तरह मेरे पीछे पड़ा हुआ है? मुझसे ऐसी क्या ग़लती हो गयी?''

हियु ने बड़ी गम्भीरता के साथ जवाब दिया, ''तुमने कुछ ग़लत नहीं किया है। ज़रा सोचो, अगर एक टीवी स्टेशन तुम्हारी किताब पर आधारित ड्रामा सीरीज़ को फ़िल्माना चाहता है तो इससे तुम्हारा, तुम्हारे ऑफ़िस का या च्यामुसी शहर का क्या नुक़सान हो सकता है? एक सम्पादक के लिए दो दिन की छुट्टी कोई बड़ी बात नहीं है, तो इतनी सख़्ती के साथ उन्होंने तुम्हें क्यों मना किया? तुम बहुत बच्ची हो, यावन। तुमने क्या सोचा था कि तुम्हारे उपन्यास पर टेलीविज़न ड्रामा बन रहा है और हर कोई इस बात को सुनकर ख़ुश होगा? अगर तुमने ऐसा सोचा तो तुम ग़लत हो; तुम्हारे बहुत प्यारे और क़रीबी लोगों को छोड़कर किसी को इससे ख़ुशी नहीं होगी! हर किसी के भीतर ईर्ष्या की भावना होती है।''

कुछ नहीं किया जा सकता था; पार्टी सदस्यों की बैठक में मुझे दूसरी बार अपनी इच्छा के ख़िलाफ़ जाना होगा, जहाँ झूठ पर झूठ बोला जाता है, आलोचना की जाती है।

बैठक में, मेरे एक बॉस ने सार्वजनिक रूप से ऐलान किया, ''चाङ यावन, लेखिका बनने के अपने भ्रम से बाहर आ जाओ! आज के बाद, तुम्हें कभी कोई छुट्टी नहीं दी जायेगी!''

जब भी किसी सम्पादन यूनिट या प्रकाशन गृह ने मुझे बैठकों में

शामिल होने के लिए आमन्त्रित किया, जो कि अक्सर होता रहता था, मेरे बॉस और शीर्ष अधिकारियों ने कभी भी मुझे जाने की अनुमति नहीं दी। इतना ही नहीं, वे मेरी चिट्ठियों को एक सूई की मदद से खोलकर उन्हें पढ़ते और मुझे देने से पहले उस पर आटे की लेई का लेप लगाकर सीलबन्द कर देते। ऑफ़िस के एक कर्मचारी ने मुझे एक दूसरी यूनिट में तबादला होने के बाद यह बात बतायी।

लेकिन, जैसे एक समय मैं केवल पढ़ाई के पीछे पागल थी और उसके बाद एथलीट बनने के लिए, ठीक उसी तरह, कोई भी मेरे और लेखन के बीच नहीं आ सकता था। लेखन मेरी तड़प थी, मेरा प्यार था।

एक सुबह की बात है, मेरे बॉस किसी काम से बाहर गये थे। मैंने देखा कि समाचार–पत्र के पन्नों के बीच मेरे नाम की एक चिट्ठी दबी हुई है। यह *द न्यूज स्पोर्ट्स* के सम्पादकीय विभाग की ओर से थी। इसमें रिपोर्ताज़ लेखन पर एक सेमिनार का निमन्त्रण था जो कि बेईदाईहे में हो रहा था।

जब मैंने निमन्त्रण पत्र पर यह जानकारी देखी तो मुझे अपने भीतर एक भीषण संघर्ष की आँच महसूस हुई। पहले मैंने एक आज्ञाकारी बच्चे की तरह अपने बॉस का हर आदेश माना था और कभी भी अपनी सीमाओं को लाँघने की कोशिश नहीं की थी, लेकिन अब, सांस्कृतिक क्रान्ति के अनुभवों और पार्टी सदस्यों की दो बार बुलायी गयी बैठक के बाद से मैं उतनी आज्ञाकारी और आत्मसंयमी नहीं रह गयी थी, जितनी कि पहले थी!

यहाँ इस बात पर ग़ौर करने की ज़रूरत है कि एक उभरती लेखिका को राष्ट्रीय स्तर के सेमिनार में भाग लेने का निमन्त्रण मिलना कितनी महत्त्वपूर्ण बात थी। पता था कि मेरे बॉस मुझे कभी जाने की अनुमति नहीं देंगे। इसलिए मैंने अपने विकल्प तलाशने शुरू किये और आख़िरकार एक साहसिक फ़ैसले तक पहुँच गयी।

अगले दिन, सबसे बड़ी बहन का टेलीग्राम आया जो शेनयांग में रहती, ''माँ बहुत बीमार है, जल्दी से शेनयांग पहुँचो!'' इस टेलीग्राम के सहारे ऑफ़िस से छुट्टी लेना आसान था। उसी दिन शाम को मैं दक्षिण की ओर जाने वाली ट्रेन में बैठी। मैं एक सख़्त सीट पर बैठी हुई थी और मैंने अपना चेहरा एकदम मुरझाया हुआ सा बना लिया; ज़िन्दगी में यह पहला झूठ था। भीतर ही भीतर मैं बेचैन थी और अपने आपको अपराधी मान रही थी।

हम ईस्ट चाइना सी के तट पर एक विला शैली के गेस्ट हाउस में ठहरे। मेरे अलावा वहाँ क़रीब दर्जनभर लेखक और सम्पादक थे। सभी लोग राष्ट्रीय साहित्य रिपोर्ताज़ क्षेत्र के जाने–माने नाम थे : लि यू, यांग कुआंगमैन, लू गुआंग, चाङ च्याशेंग...एक मैं थी जो कुछ नहीं थी, एक शौक़िया लेखिका। मैं इतने नामी लोगों के बीच ख़ुद को बड़ा ही दीन–हीन सा महसूस कर रही थी। जहाँ बाक़ी लोग बातों में मशगूल थे, ठहाके लगा रहे थे, मैं वहाँ एक कोने में शर्मायी–सी बैठी थी। मुझे ख़ुद को बड़ा देसी गँवार–सा महसूस हो रहा था। डिनर टेबल पर उस रात मैंने पहली बार पकाया हुआ केकड़ा देखा, लेकिन मैं उसे खाने की हिम्मत नहीं जुटा सकी। सच बात तो यह थी कि मुझे पता ही नहीं था कि उसे कैसे खाया जाता है। दूसरे लोगों ने मुझे सिखाया कि कैसे सबसे पहले उसके पंजों को तोड़ो और फिर उनकी मदद से मांस को निकालो।

उस रोज़ सुबह, मैंने पहली बार समुद्र देखा था। मैंने सोचा था कि यह ख़ूबसूरत और विशाल होगा, लेकिन उसे देखकर मेरे भीतर कोई हलचल नहीं हुई। हर कोई अपनी मनोदशा के हिसाब से समुद्र से ख़ुद को जोड़ता है। जानती हूँ कि जो लोग उदास रहते हैं तो वे समुद्र की ओर देखते हैं, लेकिन उन्हें समुद्र ख़ुद ही परेशान नज़र आता है; जब लोग ख़ुश होते हैं तो वे समुद्र की ओर देखते हैं, समुद्र अपने आप में ख़ुश नज़र आता है; जब लोग निराश होते हैं और समुद्र को देखते हैं तो समुद्र को देखकर उन्हें सुकून मिलता है। मैं देश के उत्तरी क्षेत्र की रहने वाली थी। मेरा जिगर बहुत ही सख़्त लेकिन क़िस्मत ख़राब थी। मैं भावनाओं पर जल्द क़ाबू पा लेती हूँ। मुझे लगा कि समुद्र इतना विशाल, इतना विस्तार लिए हुए है कि वह एक रहस्य के आवरण में लिपटा नज़र आता है। मैंने समुद्र की आती–जाती लहरों को पढ़ने की कोशिश की, लेकिन समझ नहीं सकी; यह कुछ ऐसा था, मानो किसी इन्सान को पढ़कर उसे समझने की कोशिश करना, लेकिन उस कोशिश का नाकाम हो जाना। मुझे कुछ समझ नहीं आया। मुझे तो उसमें केवल उदासी ही दिखी और उसने मुझे भी भीतर तक अपनी उदासी से भर दिया।

जब हम समुद्र में घुसे तो यांग कुआंगमैन, लि यू, वांग नेनिंग तथा बाक़ी लोग एक–एक करके समुद्र में तैरने लगे। मैं भी उनके पीछे–पीछे हो ली। लहरें काफ़ी ऊँची थीं और समुद्र में तैरने का यह मेरा पहला

अनुभव था। पिछली कुछ रातों से ठीक से नींद नहीं आयी थी, इसलिए बहुत जल्द ही मुझे महसूस होने लगा कि मुझे थकान हो रही है। तैरने का मेरा मन हो नहीं रहा था। मैंने उन लोगों को आवाज़ लगायी और किनारे की ओर लौटने लगी, लेकिन जैसे ही मैं मुड़ी, मुझे अपने आसपास कोई भी नज़र नहीं आया। मुझे अपने सामने केवल भीषण लहर उठती दिखी। मेरे तो होश उड़ गये। घबराहट में मैं इधर–उधर हाथ–पैर मारने लगी और सेकेंड के सौवें हिस्से में ही मैं डूबने लगी। इससे पहले कि समझ पाती, हुआ क्या है, मेरा दम घुटने लगा। समुद्र का खारा नमकीन पानी मेरे मुँह में भर गया था। अचानक एक भयानक विचार दिमाग़ में कौंध गया, ''सब ख़त्म, सब ख़त्म है! मैं यहाँ डूब जाऊँगी!''

''नहीं! तुम मर नहीं सकतीं! तुम्हें ज़िन्दा रहना ही होगा...'' मैंने जल्दी से ख़ुद को समझाया। मैं अपना हौसला ख़ुद ही बढ़ा रही थी, ''परेशान मत होओ, तुम कुछ भी करो, लेकिन परेशान मत होओ, तुम अपने आप को शान्त करो! तुम तो सोंगहुआ नदी को पार कर सकती हो, तुम्हें तैरना आता है, अपनी ताक़त पर भरोसा रखो, तुम ज़रूर किनारे तक पहुँच जाओगी...''

मुसीबत में घिर जाने पर शान्त रहने और आत्मविश्वास पर भरोसा करना सबसे महत्त्वपूर्ण चीज़ होती है।

आख़िर में मैं शान्त हो गयी, मैंने ख़ुद को थोड़ा आराम दिया और अपनी साँस पर क़ाबू पाया। इसके बाद, मैंने पानी में सिर डाला और किनारे की ओर तैरने लगी, ख़ुद को दिलासा देते हुए, ''एकदम सही, यह सोंगहुआ नदी में तैरने के जैसा ही तो है, तुम आराम से यह कर सकती हो, सिर्फ़ तैरती रहो...''

जब आख़िरकार मैंने अपने पैर किनारे पर रखे और पैरों की अँगुलियों के बीच में नरम–नरम और ठण्डी रेत को महसूस किया तो मुझे एहसास हुआ कि मेरी ताक़त जैसे किसी ने निचोड़ ली है। मैं तुरन्त रेत पर लेट गयी, जैसे कि मुझे लकवा मार गया हो।

सेमिनार तीन दिन का था और ये तीन दिन पलक झपकते ही बीत गये। सेमिनार में बैठकों के दौरान हर एक लेखक को एक काम सौंपा गया था; मेरा काम था, राष्ट्रीय शीत खेलों में जाकर इंटरव्यू लेना और उसके बाद बर्फ़ की दुनिया के बारे में एक रिपोर्ट लिखना।

रवानगी के दिन, चाङ च्याशेंग और लू गुआंग रेलवे स्टेशन तक मेरे

साथ आये और मुझे वहाँ छोड़कर चले गये। मैं प्लेटफ़ॉर्म पर अकेली बैठी थी और मेरी बगल में सीढ़ियों पर फूल रखे थे। मेरा दिमाग़ च्यामुसी में था। रह–रहकर बॉस की बातें याद आ रही थीं–मेरे साथ कैसा बर्ताव किया और अगर उन्हें पता चल गया कि मैंने झूठ बोला था तो वह मेरे साथ क्या करेंगे? क्या वह मुझे सज़ा देंगे...

अचानक कानों में पड़ा कि कोई मेरा नाम पुकार रहा है, ''चाङ यावन, क्या हुआ?'' लू गुआंग और चाङ च्याशेंग लौट आये थे।

''तुम इतनी परेशान क्यों हो? क्या हमसे कोई शिकायत है?''

उनके बार–बार पूछने पर मैंने आख़िर में उन्हें अपने हालात बताये। चाङ च्याशेंग बोले, ''हमें तो ज़रा भी भान नहीं था कि तुम्हारे साथ इतना अन्याय हुआ है। इसकी चिन्ता मत करो, अगर तुम्हारे बॉस तुम्हें कुछ कहते हैं तो मुझे बता देना, और मैं उन्हें समझा दूँगा।''

न्यूज़ स्पोर्ट्स मैगज़ीन ने बाद में मुझे मेरी यात्रा पर आये सारे ख़र्च का भुगतान कर दिया। यह धनराशि न केवल मेरे दो माह के वेतन के बराबर थी बल्कि इससे भी अहम बात यह थी कि इससे मुझे बहुत शान्ति भी मिली। ये मेरे लिए बड़ा सहारा था।

एक और भी अच्छी बात यह रही कि मेरा झूठ कभी पकड़ा नहीं गया। सर्दियों का मौसम आ गया। बॉस और मेरे सम्बन्धों पर भी बर्फ़ जमी हुई थी; दिन–ब–दिन यह बर्फ़ और घनी होती जा रही थी। इस बर्फ़ के पिघलने की कोई सूरत नज़र नहीं आ रही थी। चीज़ें हर गुज़रते दिन के साथ और ख़राब हो रही थीं। इस बीच, हेईलोनच्यांग पब्लिशिंग प्रेस और नार्दर्न लिटरेचर मैगज़ीन पब्लिशर्स तथा कई अन्य सम्पादकीय यूनिटों ने मुझे कुल मिलाकर सात निमन्त्रण पत्र भेजे लेकिन मुझे उन सबको ठुकराना पड़ा।

मैं बॉस के साथ अपने तनाव को ख़त्म करना चाहती थी और इसके लिए मैंने अपनी ओर से हर सम्भव कोशिश की।

1983 में ये नववर्ष से एक दिन पहले की बात है। विदेश कारोबार विभाग में काम करने वाले एक लेखक दियाओ छेईजुआन ने पाँच किलोग्राम गौमांस ख़रीदने में मेरी मदद की। उस ज़माने में गौमांस ख़रीदना बड़ा ही मुश्किल था; आपके पास पैसा हो तो भी यह मिलना ही बड़ा मुश्किल होता था। दियाओ छेईजुआन ने मेरे बॉस के लिए भी पाँच किलोग्राम गौमांस ख़रीदवा दिया। मैं इसे लेना नहीं चाहती थी,

चिन्ता थी कि इससे कहीं मेरे और बॉस के बीच में ग़लतफ़हमी न पैदा हो जाये। दियाओ छेईजुआन ने कहा, ''चिन्ता मत करो, कहना कि मैंने उनके लिए ख़रीदा है।''

थोड़ी हिम्मत जुटाकर मैं साइकिल पर बॉस के घर की ओर चल पड़ी। थैले में पाँच किलोग्राम गौमांस था। क़िस्मत अच्छी थी कि वह घर पर नहीं थे। उनकी पत्नी बड़ी समझदार–सी लगीं। उन्होंने ख़ुशी–ख़ुशी मांस ले लिया।

अगले दिन, मैं एक पाण्डुलिपि पढ़ रही थी। अचानक मैंने अपने पीछे एक हल्की–सी खट की आवाज़ सुनी। यह फ़र्श पर एक भारी बैग को रखे जाने की आवाज़ थी। उसके बाद, मैंने अपने बॉस की भारी–सी आवाज़ सुनी, ''यावन, ये गौमांस तुम कल मेरे घर देकर गयी थीं। मैं इसे तुम्हें लौटा रहा हूँ!''

सम्पादकीय विभाग में जितने भी लोग खड़े थे, सबने मेरी ओर घूमकर देखा। उनकी आँखों में हैरत के भाव थे।

''ये मैं नहीं लेकर आयी थी, ये...'' मैंने जल्दी से अपनी बात कहनी चाही।

लेकिन मेरे बॉस ने ग़ुस्से में बीच में ही टोकते हुए कहा, ''मुझे नहीं पता, कौन लेकर आया। मुझे ये नहीं चाहिए! तुम इसे किसी और को दे दो, मेरी बला से किसी को भी!'' अपनी बात कहने के बाद वह मुड़े और चले गये।

मुझे इतनी बेइज़्ज़ती महसूस हुई कि मेरे भीतर ही भीतर ग़ुस्सा उबाल लेने लगा। मैं कुछ कह नहीं पायी।

मार्च 1983 के शुरुआती दिन थे। न्यू स्पोर्ट्स मैगज़ीन के चाङ च्याशेंग ने मुझे कई पत्र भेजे। वह मुझे ''पत्रकार के रूप में विशेष आमन्त्रित'' के तौर पर हार्बिन आमन्त्रित कर रहे थे। मुझे राष्ट्रीय शीतकालीन खेलों के दौरान इंटरव्यू करने थे। खेलों का आयोजन वहीं होने वाला था। मुझे उनके आधार पर रिपोर्ताज़ लिखना था जिसकी ज़िम्मेदारी मुझे बेईदाईहे में सौंपी गयी थी।

मैं इस अवसर को गँवाना नहीं चाहती थी। हिम्मत जुटाकर बॉस के पास छुट्टी माँगने गयी।

उन्होंने पहली ही बात कही, ''वह तुम्हें बुलाते हैं, मुझे क्यों नहीं? मैं उन्हें चिट्ठी लिखूँगा!''

वह अपनी बात के पक्के थे। उन्होंने श्री चाङ च्याशेंग की आलोचना करते हुए ख़त लिख डाला। वह इस बात से नाराज़ थे कि मुझे क्यों आमन्त्रित किया गया।

अब नगर परिषद् के प्रचार विभाग के पास जाने के सिवाय कोई रास्ता नहीं था। मैंने वहाँ पार्षदों से अपील की, लेकिन इससे भी मुझे दो दिन की छुट्टी नहीं मिली। अब मैं उन्हीं बाग़ी तेवरों में आ गयी, जब मैं अपने माँ–बाप के घर से अपना सामान उठाकर निकल गयी थी। मैंने अपने बॉस के लिए एक पर्चा छोड़ दिया, जिस पर लिखा था, ''मैं प्रान्तीय राजधानी जा रही हूँ ताकि वहाँ किसी को ढूँढ़ सकूँ जो मेरे हक़ में बोल सके।'' और मैं वहाँ से निकल गयी।

उसी दिन शाम का समय था। मैं और हियु सुनसान पड़े रेलवे स्टेशन पर खड़े थे। बर्फ़ हमारे आसपास गिर रही थी। ऐसा लग रहा था, मानो मेरे शरीर में जान ही नहीं बची है। अगर मैंने हियु के कन्धे का सहारा नहीं लिया होता तो शायद प्लेटफ़ॉर्म के फ़र्श पर ही लुढ़क जाती...इतनी छोटी–सी बात को कितना बड़ा झगड़ा बना दिया गया था। कुछ लोग बीमारी का बहाना करके लम्बी छुट्टी ले लेते थे या सिर्फ़ मस्ती मारने के लिए छुट्टी पर चले जाते थे, जबकि मेरे लिए दो दिन की छुट्टी लेना हराम हो गया था। मुझे तो केवल इंटरव्यू करने ही जाना था, लेकिन दो दिन की छुट्टी मिलना, हिमालय पर चढ़ने से ज़्यादा मुश्किल काम हो गया था।

ऑफ़िस में काम करते हुए मुझे 20 साल हो गये थे, लेकिन किसी भी बॉस के साथ मेरे सम्बन्ध इतने ख़राब नहीं हुए थे। समझ नहीं आ रहा था, कैसे निपटूँ!

लेकिन मैं इतना ज़रूर जानती थी कि चाहे जो भी हो जाये, मैं लिखना तो किसी सूरत में नहीं छोड़ूँगी। केवल लेखन ही था जिसने मेरी अर्थहीन ज़िन्दगी को नये मायने दिये थे।

ट्रेन में सवार होने ही वाली थी कि हियु ने चेताया, ''वहाँ पहुँचने के बाद सिर्फ़ अपने इंटरव्यू पर फोकस करना, बाक़ी किसी चीज़ के बारे में मत सोचना!''

ट्रेन भरी हुई थी। गलियारे में लोग ठूँस–ठूँसकर भरे थे। पूरी रात मैंने बाथरूम के समीप गलियारे में बैठकर बितायी।

अगली सुबह ट्रेन से उतरी और हार्बिन नेशनल विंटर गेम्स के लिए स्वागत कक्ष की ओर गयी। वहाँ मुझे यू चिताओ मिले जो हार्बिन स्पोर्ट्स

एंड फिजिकल कल्चर कमीशन के प्रचार विभाग के प्रमुख थे। उन्होंने मुझसे मेरे ठहरने और खाने–पीने के बारे में पूछा, लेकिन काफ़ी देर बाद भी कोई इन्तज़ाम नहीं किया। इस बीच शाम हो गयी। उन्होंने मुझसे पूछा, ''यावन, क्या ये सही है कि तुम्हारे और तुम्हारे बॉस के बीच में कुछ गड़बड़ चल रही है?''

आपका कहने का मतलब क्या है? मैंने उनसे सवाल किया।

''तुम्हारी यूनिट ने फ़ोन करके कहा है कि तुम्हें भाग लेने से मना कर दिया जाये और वापस भेज दिया जाये...''

मैं अवाक् रह गयी; कभी सोचा नहीं था कि मेरे बॉस इस हद तक गिर जायेंगे।

मैं संगठन समिति से बाहर निकलकर एक बड़ी–सी सड़क पर आ गयी। सड़क नयी रौशनी से नहायी हुई थी। लगता था, नयी लाइटें हाल ही में लगायी गयी हैं। दिमाग़ तो मेरा सुन्न हो ही चुका था; समझ नहीं आ रहा था कि अब क्या करूँ या अब रात में मैं कहाँ जाऊँगी!

ये सोचकर आयी थी कि मैं वांग शुयुआन का इंटरव्यू करूँगी जिसने कभी एक हज़ार मीटर की विश्व चैम्पियनशिप में रजत पदक जीता था। वह इस समय प्रान्तीय टीम के कोच हैं। श्री चाङ जियाशेंग ने मुझमें बहुत भरोसा दिखाया था और मैं उनके भरोसे को तोड़ना नहीं चाहती थी। इसलिए मैंने तय किया कि पहले इंटरव्यू कर लिया जाये, उसके बाद बाक़ी चीज़ों के बारे में सोचा जायेगा!

मैं गेस्ट हाउस पहुँची जहाँ सारे एथलीट ठहरे हुए थे। मैं भीतर नहीं जा सकती थी इसलिए मैंने रात आठ बजे तक बाहर ही इन्तज़ार करने का फ़ैसला किया। आख़िरकार मुझे वांग शुयुआन नज़र आ ही गये। वह मेरी तरफ़ ही आ रहे थे।

मैं उनके बिस्तर पर जाकर बैठ गयी और उनके साथ देर रात तक बातें कीं। इस इंटरव्यू को लेकर मेरी रिपोर्ट 'फाइटिंग–द मीनिंग ऑफ़ लाइफ़' बाद में *द स्पोर्ट्स न्यूज़* में प्रकाशित हुई।

अगले दिन शाम को मैंने च्यामुसी लौटने की तैयारी कर ली। रेलवे स्टेशन जाने से पहले, मैंने चाङ शियांगलिंग का पता मालूम किया। वह प्रान्तीय पार्टी कमेटी के प्रचार विभाग के प्रमुख थे। वह च्यामुसी में प्रान्तीय पार्टी के सचिव भी थे और मैं उनसे एक बार पहले मिल भी चुकी थी। मुझे यह डर भी सता रहा था कि च्यामुसी लौटने पर मेरे

बॉस मुझे छोड़ेंगे नहीं। चाहती थी कि चाङ शियांगलिंग मेरे लिए उनसे कुछ बात कर लें।

शियांगलिंग के घर की ओर तो बढ़ रही थी, लेकिन मेरे दिल में कुछ घुमड़ रहा था; सोच रही थी कि शायद वह अचानक इस तरह से मेरे आ धमकने से खुश न हों। उनका बोलचाल का लहजा दक्षिणी लोगों जैसा था और वह काफ़ी बूढ़े थे। आशंका के विपरीत वह काफ़ी मिलनसार निकले और जाने से पहले मेरे दिमाग़ में उनकी काफ़ी अच्छी छवि बन चुकी थी। मैं उनके घर के दरवाज़े पर खड़ी झिझक रही थी कि उसी समय अचानक वह अपने बरामदे में से बाहर आते दिखे।

मैंने तुरन्त कहा, ''सेक्शन चीफ़ चाङ...''

वह एक क्षण के लिए ठहरे और उसके बाद उन्होंने मुझे पहचान लिया, ''ओह, यावन, तुम यहाँ कैसे?''

''सेक्शन चीफ़ चाङ, मुझे आपकी एक छोटी–सी मदद की ज़रूरत है...''

उन्होंने कहा, ''ओह, ये तो गड़बड़ हो गयी। मैं तो किसी काम से बाहर जा रहा था। कैसे रहेगा, अगर तुम भीतर जाकर मेरी पत्नी से बात करो और वह बाद में मुझे बता देंगी।''

मैं उनकी पत्नी से नहीं मिली थी, लेकिन मैं हिम्मत जुटाकर घर के भीतर चली गयी।

चाङ शियांगलिंग की पत्नी बेहद मिलनसार थीं और उन्होंने बड़ी ही गर्मजोशी के साथ मेरा स्वागत किया। मुझे सोफ़े पर बिठाया और मेरे लिए चाय बनाने लगीं।

हाथों में गर्मागर्म चाय का कप पकड़े हुए, मेरे दिल में जमी डर की बर्फ़ भी पिघल गयी। मैंने कहा, ''आपके और सेक्शन चीफ़ चाङ जैसे कैडर को देखकर मुझे ऐसा महसूस हुआ है कि अभी भी बहुत उम्मीद बाक़ी हैं!''

इस तरह की बात कहना थोड़ा–सा हास्यास्पद था; सिर्फ़ इसलिए कि वह मुझे देखकर मुस्कुरायी थीं और बड़े दोस्ताना तरीक़े से पेश आयी थीं! मुझे महसूस हुआ कि अभी उम्मीद बाक़ी है। इसके विपरीत, अगर कोई मेरे साथ रुखाई से पेश आ रहा है तो क्या मुझे यह महसूस होना चाहिए कि किसी भी चीज़ के लिए कोई उम्मीद नहीं बची है? अगर कोई व्यक्ति सत्ता में है और ख़ासतौर से उसका पद बहुत ऊँचा है तो उसके

शब्द और कार्य सिर्फ़ उनके व्यक्तित्व तक ही सीमित नहीं होते हैं। यह समझ में आने वाली बात थी कि मैंने उन हालात में जो मुझे सूझा, तो वह कह दिया; मुझे मदद की तुरन्त ज़रूरत थी और मेरे पास कोई और नहीं था जिसके पास मैं मदद के लिए जा पाती।

मैं उन्हें अपने हालात बता चुकी थी। चाङ शियांगलिंग की पत्नी ने कहा, ''तुम्हारे साथ उनके इस तरह के बर्ताव को क़तई सही नहीं कहा जा सकता, सांस्कृतिक क्रान्ति अब ख़त्म हो चुकी है। कुछ एकाध लेखक ज़्यादा होने से हेईलोंगच्यांग को कोई नुक़सान नहीं होगा! केन्द्रीय प्रशासन बार–बार इस बात पर ज़ोर देता रहा है कि बुद्धिजीवियों का सम्मान करना, उनकी सुरक्षा सुनिश्चित करना और उनके दमन को ख़त्म करना कितना ज़रूरी है। चिन्ता मत करो, मैं पक्का शियांगलिंग से कहूँगी कि वह तुम्हारे शहर की निगम समिति के सचिव को फ़ोन करें और उन्हें समझायें कि वे तुम्हारे साथ इस तरह पेश आना बन्द करें।'' वह प्रशासनिक समिति में काम कर चुकी थीं और बुद्धिजीवियों के सम्बन्ध में पार्टी की नीतियों से अच्छी तरह अवगत थीं। उस समय, देशभर में इस प्रकार के कई मामले सामने आये थे, जो बुद्धिजीवियों को परेशान किये जाने को लेकर थे। इसलिए केन्द्रीय प्रशासन ने यह आदेश जारी किया था कि बुद्धिजीवियों को प्रताड़ित नहीं किया जायेगा।

मैं उनके घर से निकलकर रेलवे स्टेशन की ओर दौड़ी, मुझे रात 9:30 बजे की ट्रेन पकड़नी थी।

रेलवे स्टेशन पर टिकट खिड़की पर लोगों का भारी हुजूम था। इतना समय ही नहीं था कि लाइन में लगा जाये। किसी तरह धक्का–मुक्की करते हुए टिकट खिड़की तक पहुँची और पैसे निकालने के लिए जेब में हाथ डाला। अचानक से लगा, मेरा सिर घूम रहा है और मैं बेहोश हो जाऊँगी।

जेब ख़ाली थी; 30 युआन कहाँ गये?

मैंने सारी जेबें छान मारीं, सिर्फ़ दो फेन मिले, उनसे तो प्लेटफ़ॉर्म का टिकट तक नहीं ख़रीदा जा सकता था।

मैं टिकट हाल से बाहर निकली और पश्चिम की ओर दौड़ी, याद आया कि रेलवे स्टेशन के पश्चिम की ओर एक विशेष कामगारों का प्रवेश–द्वार है। मैं कामगारों के प्रवेश–द्वार से भीतर घुसी, शुक्र था कि वहाँ अँधेरा था। मैं पटरियों पर चलते–चलते प्लेटफ़ॉर्म तक पहुँच गयी। मैंने ट्रेन के कंडक्टर को ढूँढ़ा और उन्हें अपनी हालत बतायी।

कंडक्टर ने कहा, ''मैं यक़ीन कर लेता हूँ कि आप सच बोल रही हैं, लेकिन अगर आपकी हालत जैसे हर व्यक्ति को हमने ट्रेन में चढ़ने की मंजूरी दे दी तो यह स्टेशन तो आपात राहत केन्द्र बन जायेगा!'' इतना कहकर वह ट्रेन के उस डिब्बे की ओर बढ़ गया, जहाँ भारी भीड़ थी।

मैं डिब्बों में झाँकते हुए आगे बढ़ने लगी, उम्मीद कर रही थी कि कोई जानकार मिल जाये...मैं चलते–चलते मालवाहक डिब्बे के पास पहुँच गयी थी, लेकिन अभी तक एक भी जाना–पहचाना चेहरा नज़र नहीं आया। आख़िरकार, मैंने देखा कि माल ढुलाई करने वाला एक कर्मचारी मालवाहक डिब्बे के पास खड़ा सामान की जाँच कर रहा था। मैं तुरन्त मालवाहक डिब्बे में चढ़ गयी और उसके हाथ जोड़ते हुए बोली, ''श्रीमान, प्लीज़, प्लीज़, क्या आप मेरी मदद करेंगे?''

उसने मेरी ओर देखा तक नहीं। बोला, ''आपको कोई सामान डिब्बे में चढ़ाना है? सम्भव नहीं है!''

''नहीं, मैं आपके मालवाहक डिब्बे में बैठकर जाना चाहती हूँ...''

''अच्छा! आपको दिख नहीं रहा है, सामान चढ़ाना ही मुश्किल हो रहा है और आप हैं कि ख़ुद बैठना चाहती हैं?'' उसने कटाक्ष किया।

उसी वक़्त ट्रेन की सीटी बजी, ट्रेन चलने को तैयार थी। मेरी बेचैनी इतनी बढ़ गयी कि मेरे सिर में विस्फोट–सा होता जान पड़ा। अचानक मुझे एक आइडिया आया। मैं सामान लादने वाले पर चिल्लायी, ''मैं तुम्हारे माल ढुलाई विभाग के दांग यानजिया की आंटी हूँ! दांग मेरी दूसरे नम्बर की बहन के बेटे का नाम था।

उस आदमी ने अपना सिर ऊपर उठाया और मेरी तरफ़ देखते हुए बोला, ''क्या आप सही में श्री दांग की आंटी हैं?''

79

साल 1983 और बसन्त का मौसम।

इस दुनिया में आये हुए 40 साल हो चुके हैं। मुझे लगता है कि 1983 का बसन्त ज़िन्दगी का सबसे ठण्डा बसन्त था।

सेक्शन चीफ़ चाङ ने निगम समिति के सचिव को फ़ोन किया।

प्रान्तीय पार्टी के प्रचार विभाग के आर्ट्स एंड कल्चर विभाग के प्रमुख श्री लु चोंगशेन ने भी मेरे बॉस को कसकर डाँट पिलायी। वह बाद में उपप्रान्तीय वाइस चेयरमैन भी बने, लेकिन इस सबके बावजूद मेरी 'आलोचना के ज़रिये शिक्षा' का सिलसिला बदस्तूर जारी रहा।

'आलोचना के ज़रिये सबक सिखाने के लिए' पार्टी के सदस्यों की तीसरी बड़ी बैठक 5 अप्रैल को हुई।

मैं बैठक कक्ष में पहुँची और सुबह साढ़े सात बजे से जो मेरे आँसू बहने लगे तो वे बैठक ख़त्म होने तक साढ़े ग्यारह बजे तक ऐसे ही बहते रहे।

एक साल पहले तक, मुझे शहर में एक आदर्श कर्मचारी के रूप में पहचाना जाता था और यह सम्मान पूरे शहर में केवल मुझे ही मिला था। अभी भी मुझे अच्छा कॉमरेड माना जाता था, हर कोई प्यार और सम्मान से पेश आता। मेरे सारे बॉस अभी भी मानते थे कि मैं सबसे प्रतिभाशाली और होनहार महिला कर्मचारी हूँ, लेकिन एक साल में ही मेरी हालत इतनी ख़राब हो गयी थी कि लोग मेरे सारे अच्छे कामों को भूलकर मेरे पीछे पड़ गये थे।

बैठक में, मेरे बॉस ने मेरी कड़े शब्दों में निन्दा की। उन्होंने मुझे अनुशासनहीन बताते हुए कहा, ''तुम छोटी–सी उम्र में ही नाम और धन–दौलत के पीछे दौड़ने लगी थीं! तुम नाम कमाने के लिए ही एथलीट बनी थीं...''

यह सच था; मैं इस बात को स्वीकार करती हूँ। बहुत छोटी उम्र से ही मुझमें भीड़ से अलग दिखने की चाहत थी, मैं एक ऐसी लड़की बनना चाहती थी, जिसके सपने थे, जिसकी महत्त्वाकांक्षाएँ थीं, जो ज़िन्दगी को यूँ ही नहीं गुज़ारना चाहती थी। मैं एक औसत दर्जे की गृहिणी नहीं बनना चाहती थी। नहीं चाहती थी कि मेरा जीवन गुज़र जाये और किसी को कोई फ़र्क़ न पड़े, लेकिन मेरी बदक़िस्मती यह रही कि मुझे वक़्त ने एक किस्म का श्राप भी दे रखा था, मैं एक ग़रीब बदहाल परिवार में पैदा हुई, एथलेटिक्स में थी तो बीमारी पीछे लग गयी और एक के बाद एक कोई–न–कोई मुसीबत मेरे रास्ते में खड़ी ही रही। मैं यूनिवर्सिटी में दाख़िला नहीं ले पायी और अब मेरे पति के मज़ाक़ ने मेरे हाथ में उम्मीद का आख़िरी सिरा थमा दिया था। इसलिए मैंने इस अवसर को कुछ इस तरह से कसकर पकड़ लिया था, जैसे डूबते को तिनके का सहारा होता है।

मैं उस मिट्टी की नहीं बनी थी कि दबाव के आगे झुक जाती।

दबाव के साथ ही मेरे भीतर का बाग़ी और उग्र हो जाता, भीतर सोयी हुई आग धधकने लगती।

इसलिए, जब मेरे बॉस ने मुझे कुछ कहने के लिए कहा तो मैंने झूठ बोलने, ख़ुद को धोखा देने और पार्टी के सदस्यों को धोखा देने से इनकार कर दिया।

मेरी 'मदद के लिए' पार्टी सदस्यों की तीसरी बैठक में आख़िर में मैंने अपने दिल की बात कह ही डाली। मैंने वे शब्द कहे जो बहुत लम्बे समय से मेरे भीतर धुएँ के गुबार की तरह ठहरे हुए थे। मुझे लगता है कि उस दिन की बैठक में शामिल रहे मेरे सहकर्मियों को आज भी मेरे कहे शब्द याद होंगे।

मैंने कहा था, ''आप मेरे साथ इस तरह का बर्ताव क्यों कर रहे हैं? साफ़ कहूँ तो क्या सिर्फ़ इसलिए कि मेरे कुछ लेख और प्रकाशित हो गये हैं? लेकिन मैंने अपने ऑफ़िस के काम के समय एक शब्द भी अपने लिए नहीं लिखा। मैं उसी तरह से काम करती हूँ, जैसे सभी सम्पादक करते रहे हैं। मैं अपने सहकर्मियों के बराबर ही पाण्डुलिपियाँ पढ़ती हूँ और इस सबसे बढ़कर मैं एकाउंट का काम भी करती हूँ! अगर मैं अपने ख़ाली समय में कुछ लिखती हूँ तो इसमें ग़लत क्या है? क्या लगातार इस तरह मुझे घेरकर मेरी निन्दा करना सही है? आप अपनी पत्नियों और बच्चों के साथ सैर पर जाते हैं या नदी में तैरने के लिए जाते हैं, लेकिन मैं साल के 365 दिन देर रात तक बैठकर लिखती रहती हूँ! मेरे बाल ऐसे ही सफ़ेद नहीं हो गये हैं, ये मेरे लेखन के सफ़र के गवाह हैं, मेरे चेहरे की हर झुर्री इस बात की गवाह है कि मैं लेखन के लिए कितनी मेहनत करती हूँ। केवल मुझे ही इसकी क़ीमत अदा नहीं करनी पड़ रही है, बल्कि मेरे साथ मेरे पति और मेरी माँ भी इसका ख़मियाज़ा भुगत रहे हैं...''

उस समय, मैं और ज़्यादा कुछ कह नहीं सकी।

मेरी माँ 80 साल से ज़्यादा उम्र की हो चुकी थीं। वह अक्सर मेरी छोटी–सी खिड़की पर आकर धीमी आवाज़ में कहती, ''यावन, सो जाओ। बहुत रात हो चुकी है। तुम अपनी सेहत ख़राब कर लोगी।'' पिताजी के निधन के बाद माँ हमारे पास रहने के लिए आ गयी थीं।

मैं माँ से कहती कि पहले वह सो जायें और वह हमेशा बार–बार यही बुदबुदाती रहतीं, ''तुमने कभी इस पर विश्वास नहीं किया, लेकिन कोई क़िस्मत से नहीं जीत सकता...''

उनकी बात सही थी। मैं लगातार अपनी बदक़िस्मती से लड़ती रही, जी–जान लगाकर लड़ती रही, लेकिन मैं कभी उसे हरा नहीं सकी।

इन संघर्षों में मैंने अपनी ज़िन्दगी खपा दी थी। एक दिन मैं एक थियेटर ग्रुप के साथ किसी विषय पर चर्चा के लिए जा रही थी कि अचानक मैं बेहोश हो गयी। जब चेकअप के लिए अस्पताल ले जाया गया तो पता चला कि मेरी नाड़ी की गति प्रति मिनट 40 तक गिर गयी थी। डॉक्टरों ने बताया कि मैं मानसिक रूप से बहुत थक चुकी हूँ और उन्होंने मुझे सलाह दी, ''आपको हर हालत में आराम करना है। अगर तुमने इसी तरह से काम जारी रखा तो तुम मर जाओगी!'' काफ़ी दिनों तक मैंने कोई लिखाई–पढ़ाई नहीं की। मेरी गर्दन में इतना दर्द था कि सिर का बोझ तक नहीं उठ पा रहा था। बैठते समय मुझे अपनी ठोड़ी के नीचे अपने दोनों हाथों का सहारा लेना पड़ता था।

माँ ने मुझसे कहा, ''ओह, यावन, मेरी बच्ची मेहरबानी करके अपने आप पर इतना बोझ मत डाल। माना कि तुम बहुत मज़बूत हो, लेकिन क़िस्मत से कोई जीत सका है भला! एक इन्सान की क़िस्मत केवल आठ इंच मोटी होती है, अगर तुम अपनी आख़िरी साँस तक भी इसके ख़िलाफ़ संघर्ष करती रहोगी तो भी तुम उसका कुछ नहीं बिगाड़ पाओगी!'' माँ काफ़ी भावुक हो उठी थीं।

लेकिन मैंने उनकी बात पर यक़ीन नहीं किया। मैंने अपनी डायरी में लिखा था, ''सालोंसाल, मैंने अपनी क़िस्मत से लड़ाई लड़ी, उसे बदलने के लिए जी–जान लगा दी। मुझे अभी–अभी एक मक़सद हासिल हुआ है, कुछ मेरे सामने है मैं जिसे पाना चाहती हूँ लेकिन मैं फिर से बीमारी की गिरफ़्त में आ गयी। नहीं जानती कि क़िस्मत इतनी क्रूर क्यों है, वह हमेशा मेरी ज़िन्दगी में काँटे बोने में ही क्यों लगी रहती है, क्यों मुझे इतने कड़वे घूँट पीने पड़ते हैं! लेकिन इसके बावजूद मैं क़िस्मत को मानने से इनकार करती हूँ, मैं उसे अपनी ज़िन्दगी के साथ खिलवाड़ नहीं करने दूँगी। मैं क़िस्मत से लड़ती ही रहूँगी...''

इलाज में काफ़ी लम्बा वक़्त लगा। धीरे–धीरे मेरी सेहत ठीक होनी शुरू हो गयी।

इस सबकी भारी क़ीमत अगर किसी इन्सान को चुकानी पड़ी थी तो वह थे हियु।

हर रविवार को मैं अपने लेखन के काम से ऑफ़िस दौड़ती और घर

के सारे काम हियु के ज़िम्मे छोड़ जाती : खाना पकाना, कपड़े धोना, लकड़ी काटना, झाड़ू–पोंछा...हमारे पास उस समय वाशिंग मशीन नहीं थी, इसलिए घर के सभी पाँचों सदस्यों के कपड़े हाथ से धोने पड़ते थे। मैंने देखा कि हियु काम के चलते पसीने से तर थे और उन्हें इस तरह देखकर मुझे बहुत बुरा लगा।

साल के 365 दिनों में मेरी क़लम को नववर्ष की पूर्व सन्ध्या को ही आराम मिलता था। उस दोपहर मैं अपना सारा काम छोड़कर केवल डम्पलिंग लपेटने, भाप में ब्रेड पकाने, मूँगफली तलने का ही काम करती। लेखन शुरू करने के बाद से मैंने कोई पैसा भी ख़र्च नहीं किया था; ज़रूरत पड़ने पर हियु ही मेरे लिए नये जूते और जुराबें लेकर आते।

मुझे स्कार्लेट काफ़ीर लिली के बारे में लिखना था, लेकिन समझ नहीं आ रहा था कि उसका वर्णन कैसे करूँ तो हियु गये और मेरे लिए एक स्कार्लेट काफ़ीर लिली ले आये। बाद में उन्होंने फूलों को धूप से बचाने के लिए एक छोटा–सा तहख़ाना बना दिया। उसके ऊपर एक छोटा–सा कमरा बनाया जिसमें बैठकर मैं गर्मियों में लिखती थी। हियु ने कमरे को भूरे रंग के कागज़ से ढँक दिया। इसी कारण जब सूरज चमकता तो वह छोटा–सा कमरा किसी भट्ठी की तरह तपने लगता। उसमें से अजीब–सी महक भी आती। इसका नतीजा यह हुआ कि मैं उस कमरे को केवल एक बार ही इस्तेमाल कर पायी। लेकिन इस सबसे यह पता चलता है कि हियु ने मेरी सुविधा के लिए कितनी कोशिश की। मेरा समय बर्बाद न हो, इसके लिए वह कुछ अच्छी किताबें मेरे लिए छाँटकर लाते। जब मैं डेस्क पर कागज़ क़लम लेकर लिख रही होती तो हियु कई बार बड़े प्यार से मुझे निहारते नज़र आते...

जब भी हियु के बारे में सोचती हूँ, अपने आँसुओं को रोकना मुश्किल हो जाता है।

जब ऑफ़िस में पार्टी के सदस्य मुझे कठघरे में खड़ा करके मेरी आलोचना कर रहे होते तो हियु कमरे के बाहर इन्तज़ार करते। उस दिन मेरे साथ आने के लिए वह ख़ासतौर से समय निकालते। कई बार मैंने गलियारे में उनके क़दमों की पदचाप सुनी थी जो कभी तेज़ हो जाती और कभी दूर जाती सुनाई देती। मैं उनकी बेचैनी समझ रही थी।

हियु ने न जाने कितनी बार मुझसे कहा था, ''कई बार कमरे में घुसकर उन लोगों के ऊपर चिल्लाने का मन करता है।'' वह उन लोगों

से कहना चाहते थे, ''किस दुनिया में रह रहे हो? क्या आप लोग आज के समय में भी इस प्रकार की बकवास को बनाये रखना चाहते हैं? आप लोग किस बारे में बात कर रहे हैं? एक औरत की केवल इसलिए निन्दा की जा रही है कि वह प्रसिद्ध होती जा रही है! अपने देश पर एक नज़र डालो; कितने विशेषज्ञ हैं, केवल अँगुलियों पर गिने जाने लायक! अगर आप लोगों का यही रवैया रहा तो चीनी लोग पूरी तरह अज्ञानता के अँधेरे में रह जायेंगे!''

लेकिन हियु को अपनी भावनाओं को क़ाबू में करना आता था। और वैसे भी वह बहुत गर्म मिज़ाज के इन्सान नहीं थे।

आख़िर में, मैं अपने बॉस की ओर मुड़ी। ग़ुस्से से काँपती आवाज़ में कहा, ''क्या आप लोग केवल तभी ख़ुश होंगे जब मैं चौथी मंज़िल की खिड़की से कूद जाऊँगी? मैं आपको आज बता देती हूँ, मैं लिखना जारी रखूँगी और जो कोई भी मुझे रोकना चाहता है, वह दोबारा अच्छे से सोच ले! मैं एक लेखक ही बनना चाहती हूँ!'' अपनी बात ख़त्म करके मैं दरवाज़े की ओर बढ़ी, मेरा चेहरा आँसुओं से भीगा हुआ था।

हियु मेरे साथ सम्पादकीय विभाग में वापस आये। उन्होंने मुझे एक बेंच पर बिठाया और दिलासा देते हुए बोले, ''परेशान मत हो, बस यह सोचो कि यह एक और सांस्कृतिक क्रान्ति है।''

''क्या ये सांस्कृतिक क्रान्ति नहीं है!'' मैंने कहा था।

मैंने लंच भी नहीं किया। आँसुओं के कारण नज़र थोड़ी धुँधला गयी थी लेकिन मैंने एक पाण्डुलिपि की प्रूफ़रीडिंग शुरू कर दी। मैगज़ीन के अगले अंक की प्रूफ़रीडिंग की ज़िम्मेदारी मेरी ही थी। मेरे सभी सहकर्मियों ने कहा कि मुझे घर जाकर आराम करना चाहिए, लेकिन मैं पूरा दिन ऑफ़िस में ही काम करती रही।

शहर के साहित्य प्रेमियों को ख़बर लग चुकी थी। मेरे प्रति मेरे बॉस के बर्ताव को लेकर उनके भीतर झुँझलाहट और ग़ुस्सा था। उनका कहना था कि कलात्मक प्रतिभाओं को प्रशिक्षण देने के लिए ही फ़ेडरेशन ऑफ़ लिटरेरी एंड आर्ट सर्किल्स की स्थापना की गयी थी। तो फिर वे इस तरह से एक लेखिका पर अत्याचार क्यों कर रहे हैं?

उस दिन दोपहर बाद किसी ने पार्टी समिति को मेरी हालत की जानकारी दे दी। समिति ने आदेश दिया कि मेरी हर तरह की आलोचना तुरन्त बन्द कर दी जाये।

उस रात मैं देर रात एक बजे तक लिखती रही।

मेरी निन्दा दो साल तक चली; 1982 और 1983, लेकिन इन्हीं दो सालों में मैंने तीन उपन्यास, सात लघु कहानियाँ और छह गल्पेतर रचनाएँ प्रकाशित करवायीं।

मेरे दो उपन्यासों को *नोवेल फ़ॉरेस्ट* पुरस्कार मिला। यह पुरस्कार शानदार और अद्भुत लेखन के लिए मिला था।

80

एक और घटना हुई जिसे मैं क़तई समझ नहीं पायी। सम्पादकीय विभाग के अपने कुछ सहकर्मियों के साथ मैं च्यामुसी रेडियो और टीवी यूनिवर्सिटी में अध्ययन कर रही थी। एक दिन, जब हम लंच कर रहे थे तो यूनिवर्सिटी के एक प्रिंसिपल ने मुझे बुलाया। मुझे इसकी क़तई उम्मीद नहीं थी। उन्होंने मुझे बुलाकर कहा, ''चाङ यावन, तुमने ऐसा क्या किया कि तुम्हारे बॉस इतने ख़फ़ा हो गये?''

''मैंने ऐसा कुछ भी नहीं किया। क्या हुआ?''

''तो तुम्हारे बारे में बताने के लिए वह यहाँ क्यों आये थे?''

प्रिंसिपल ने जो बताया, उसके अनुसार, मेरे बॉस उनसे मिलने आये थे और उन्होंने कहा था, ''क्या आप इस यूनिवर्सिटी में किसी को भी दाख़िला दे देंगे? चाङ यावन तो प्राइमरी पास भी नहीं है। उसे तो शब्दकोश का इस्तेमाल करना तक नहीं आता। अगर वह आपके यहाँ से परीक्षा पास कर लेती है तो मैं आपके बारे में बात करने निगम समिति में जाऊँगा!''

लेकिन प्रिंसिपल ने मज़ाक़ में कहा, ''देखिए साहब, मुझे सच में ही नहीं पता कि चाङ यावन कौन–सी परीक्षा दे रही है? अगर मुझे पता होता तो पक्का मैं उसे कुछ ज़्यादा ही नम्बर देता! बिल्कुल सही बात है, अगर कोई तुम्हारे जितना होनहार और गुणी है तो उसे हमारी यूनिवर्सिटी में पढ़ने की ज़रूरत ही नहीं है। इस बात को मान भी लिया जाये कि वह प्राइमरी पास भी नहीं है, चाङ यावन अगर यहाँ पढ़ने के लिए आ रही है तो इसमें ग़लत क्या है? आप महान नेता हैं! क्या आपके हिसाब से हमें उसे दण्ड देना चाहिए?''

प्रिंसिपल की बातों ने मुझे गहरे तक छू लिया।

ज़ाहिर–सी बात है कि कौन नहीं चाहेगा कि वह एक प्रतिष्ठित और धनी–मानी साहित्यिक परिवार में पैदा हो? कौन यूनिवर्सिटी नहीं जाना चाहेगा, डॉक्टरेट डिग्री नहीं लेना चाहेगा और कौन नहीं चाहेगा कि वह एक शानदार और सम्पूर्ण ज़िन्दगी जिये?

लेकिन हमारा देश, जहाँ एक अरब से ज़्यादा आबादी है, वहाँ कितने लोग ऐसे हैं जिन्हें इस तरह की ज़िन्दगी जीने का मौक़ा मिलता है? मेरे जैसे लोग इस देश में भरे हुए हैं। उनमें से अधिकतर को कभी यूनिवर्सिटी जाने का मौक़ा नहीं मिला क्योंकि या तो वे ग़रीब हैं या किसी और कारण से वे दौड़ में पीछे छूट गये हैं। उन्होंने ऐसा क्या अपराध किया है? मेरे जितने कितने लोग हैं जिन्होंने सारी ज़िन्दगी संघर्षों से जूझते हुए ही गँवा दी, वे कड़ी मेहनत और प्रयासों से अपनी ज़िन्दगी के दिलद्दर को दूर करने में लगे रहे। ऐसे लोगों को समाज हीन नज़रों से देखता है और उनका होना या न होना समाज के लिए कोई मायने नहीं रखता, लेकिन जब कोई अज्ञानता की इन बेड़ियों को तोड़ने के लिए उठ खड़े होना चाहता है तो भी उन्हें समाज की उपेक्षा को झेलना पड़ता है। कितने ऐसे लोग होंगे जो नीचे से उठकर ऊपर आये, वह भी अपनी कड़ी मेहनत के ज़रिये और उन्हें समाज ने सिर आँखों पर बैठाया हो? और कितने ऐसे लोग होंगे जो पसीना बहाकर ऊपर तक आये, लेकिन समाज ने उसे इतना दुत्कारा कि वे अपनी महत्त्वाकांक्षाओं को छोड़कर फिर से अपनी सड़ी–गली दुनिया में लौट जाने को मजबूर हो गये?

मैं सवाल किये बिना नहीं रह सकती : एक प्राइमरी स्कूल छात्रा के लिए क्या परीक्षा पास करना कोई अपराध है?

बाद में पता चला कि मेरे बॉस की औपचारिक शिक्षा भी प्राइमरी स्कूल के स्तर पर ही ख़त्म हो गयी थी।

प्रिंसिपल ने मुझसे पूछा, ''यावन, मैंने सुना है कि तुम कक्षा में जाने के लिए यूनिवर्सिटी कभी नहीं आयीं। क्या ये सही है?''

''जी, क्योंकि मैं अपने आप ही पढ़ाई करती रही हूँ। जब भी मैं लेक्चर हॉल में बैठती हूँ तो मुझे हमेशा महसूस होता है, जैसे मैं काँटों के बिस्तर पर बैठी हूँ; पहला तो इसका कारण यह है कि मुझे टीचर की योग्यता पर सन्देह होता है और दूसरा मैं सोचती हूँ कि टीचर बहुत धीमी गति से पढ़ा रहे हैं और समय बर्बाद कर रहे हैं।''

प्रिंसिपल ने कहा, ''ठीक है, फिर तो तुमने घर पर कड़ी मेहनत की होगी।''

मैंने उन्हें बताया कि मैं हर शाम फ़िक्शन लिखने का काम करती हूँ और परीक्षा से केवल एक महीना पहले परीक्षा की तैयारी शुरू की थी।

''लेकिन परीक्षा में तुम अपनी कक्षा में दूसरे नम्बर पर आयी हो और तुमने आधुनिक चीनी में 95 फ़ीसदी अंक हासिल किये हैं...''

मैंने उन्हें बताया कि पिछले कई सालों में मैंने विभिन्न प्रकार के पाठ्यक्रम पढ़े हैं और मैंने एक दिन में आधुनिक चीनी पर दो मोटी पाठ; पुस्तकें ख़त्म कर दी थीं।

प्रिंसिपल ने हैरानी से मुझे देखा। मुझे पता था कि उन्हें मेरी बात का यक़ीन नहीं हुआ। उन्होंने सोचा होगा कि मैं केवल गप्पें हाँक रही हूँ। मेरी हालत भी उनकी जैसी ही थी; अगर मैंने प्रिंसिपल के मुँह से नहीं सुना होता तो मैं यक़ीन नहीं करती कि मेरे बॉस प्रिंसिपल से पूछताछ करने के लिए यूनिवर्सिटी आये थे।

एक साल बाद मैंने रेडियो एंड टीवी यूनिवर्सिटी में पढ़ाई छोड़ दी।

मैं फ़ैसला कर चुकी थी। यूनिवर्सिटी परीक्षा में माथापच्ची करना समय की बर्बादी थी और मेरा समय किसी भी डिप्लोमा या डिग्री से कहीं ज़्यादा क़ीमती था। केवल एक डिप्लोमा हासिल करने के लिए *ए काम्प्रिहेंसिव हिस्ट्री ऑफ़ चाइना* और *एक काम्प्रिहेंसिव हिस्ट्री ऑफ़ वर्ल्ड* और *आधुनिक चीनी* पढ़ने पर समय बर्बाद करने में कुछ नहीं रखा था... इसके बजाय मैंने उन चीज़ों का अध्ययन करने में अपना समय लगाने को तरजीह दी जो मेरे लिए ज़्यादा काम की थीं।

जब मैं सम्पादकीय विभाग को छोड़ने की तैयारी कर रही थी तो उसी समय प्रान्तीय स्तर के सम्पादन, पत्रकारिता और आलोचना पदों पर पदोन्नति के लिए परीक्षाओं का आयोजन किया जा रहा था, लेकिन मैंने इसमें नाम नहीं लिखाया, क्योंकि मेरा तबादला होने वाला था। अपने तबादले के आवेदन पर कोई आदेश आने तक मैं घर पर ही रहकर लेखन कार्य करती रही।

एक दिन मेरे एक सहकर्मी मुझे ढूँढ़ते हुए आये और बताया कि नगर समिति के प्रचार विभाग की नवनियुक्त प्रमुख लि जुंगुआंग ने मेरे ऑफ़िस को फ़ोन करके पूछा था कि चाङ यावन ने परीक्षा के लिए नाम क्यों

नहीं लिखवाया। उन्होंने मेरे सहकर्मियों को यह भी बताया कि मेरा नाम शामिल कर लिया गया है।

मैं लि जुंगुआंग से पहले कभी नहीं मिली थी। एक बार उन्हें मंच पर एक घोषणा करते हुए देखा था। उनके बारे में मेरी राय थी कि वह एक तेज़, वाक्पटु और प्रतिभाशाली महिला कैडर थीं।

परीक्षा में केवल सात दिन बचे थे। परीक्षा की तैयारी करने के लिए हर सम्पादकीय विभाग, हर समाचार–पत्र और हर टेलीविज़न स्टेशन के प्रत्येक सम्पादक और पत्रकार ने पिछले तीन–चार महीने से छुट्टी ले रखी थी, लेकिन मुझे तो केवल अभी बताया गया था मेरा नाम शामिल किया गया है; इस समय परीक्षा की किताबों को खोलकर देखना भी बेमानी था।

टेलीविज़न स्टेशन में मेरे एक मित्र थे। मैंने जल्दी से उनसे परीक्षा के लिए कुछ किताबें लीं और अगले सात दिन तक मैं उन्हीं में डूबी रही। जब दर्द के मारे सिर चकराने लगता, मैं तभी किताब से सिर उठाती। परीक्षा के दिन मैंने दो दर्द निवारक गोलियाँ सटकीं और दौड़ी।

उस समय, कुछ लोग थे जो पीठ पीछे बातें कर रहे थे, ''कौन पास होगा, कौन नहीं, ये सब छोड़ो। यावन किसी हाल में पास नहीं होनी चाहिए। ये कितनी बेइज़्ज़ती की बात होगी कि एक प्राइमरी स्कूल पास ने परीक्षा पास कर ली!''

किसी भी इन्सान को यक़ीन नहीं था कि मैं पास हो सकती हूँ और यहाँ तक कि मुझे भी ख़ुद भरोसा नहीं था। मुझे समय ही कहाँ मिला था तैयारी के लिए और भाषा, साहित्य तथा राजनीति विज्ञान में आने वाले सम्भावित प्रश्न इतने बड़े थे कि बस पूछो मत! शेक्सपियर की चार महान त्रासदी और उनकी चार महान कॉमेडी सम्भावित सवालों की सूची में शामिल थीं। मुझे डर था कि अगर मैं पास नहीं हो पायी तो लोग कैसे–कैसे मेरा मज़ाक़ उड़ायेंगे।

17 जून, 1983 का दिन था। नगर समिति के प्रचार विभाग के प्रमुख वांग ने मुझे मेरा परीक्षा परिणाम बताने के लिए बुलाया। मैंने तुरन्त उनसे पूछा कि मेरा क्या रिज़ल्ट रहा।

उन्होंने कहा, ''बुरा नहीं है, फेडरेशन ऑफ़ लिटरेरी एंड आर्ट सर्किल्स की परीक्षा देने वाले सभी उम्मीदवारों में से तुम्हें सबसे ज़्यादा अंक मिले हैं। तुम्हें भाषा और साहित्य में 86 और राजनीति विज्ञान परीक्षा

में 78 नम्बर मिले हैं। इस तरह तुम्हारा औसत 80 से ज़्यादा का है। तुम पूरे शहर में शीर्ष तीन नम्बरों में आयी हो...'' प्रान्त में पास होने वाले उम्मीदवारों की दर 50 फ़ीसदी थी।

जैसे ही ख़बर फैली, मेरे सहकर्मी मुझे बधाई देने आ पहुँचे और उन्होंने मेरी कड़ी मेहनत को इसका श्रेय दिया। उस दिन शाम को हियु ख़ासतौर से बीयर लेकर आये और पूरे परिवार ने मेरी सफलता का जश्न मनाया।

इससे काफ़ी पहले ही मेरा तबादला सांस्कृतिक ब्यूरो के थियेटर स्टूडियो में कर दिया गया था।

अपने ऑफ़िस में मेरा आख़िरी दिन था। तो कोषाध्यक्ष आकर मुझसे बोले, ''श्रीमती चाङ, आपको अक्सर यहाँ आना होगा। खातों की व्यवस्था देखने में मुझे आपकी मदद की ज़रूरत पड़ेगी, मैं अकेले इस काम को नहीं कर सकता।''

मैंने जवाब दिया, ''कोई बात नहीं, मैं आपके खातों को सँभाल लूँगी।''

तबादले के बाद अगले चार साल तक मैं हर साल के आख़िर में फेडरेशन जाती और कोषाध्यक्ष को खातों को सँभालने में मदद करती।

मुझे कभी समझ नहीं आया कि मेरे बॉस को मुझसे क्या खुन्दक थी। मैंने उनके लिए कोई समस्या पैदा नहीं की थी। जब भी उन्होंने मुझे कोई काम बताया, मैंने तुरन्त किया और काम भी आला दर्जे का किया, लेकिन पता नहीं, क्यों वे मेरे पीछे पड़े रहे।

जैसे–जैसे समय बीतता गया, धीरे–धीरे मुझे समझ में आने लगा कि; मेरे व्यक्तित्व और बाहरी हालातों के बीच संघर्ष था। दूसरों की नज़र में मैं केवल एक प्राइमरी स्कूल छात्रा थी, लेकिन मैं एक लेखक बनना चाहती थी। पहले ही मेरी कई रचनाएँ प्रकाशित हो चुकी थीं। इससे कुछ लोगों को निश्चित रूप से परेशानी तो होनी ही थी। इन लोगों को मेरी सफलता हजम नहीं हो रही थी और वे मुझे नीचा दिखाने के लिए कोई अवसर हाथ से नहीं जाने देना चाहते थे, लेकिन मैंने उनके दबाव के आगे झुकने से इनकार कर दिया और इसका नतीजा रिश्ते ख़राब होने के रूप में सामने आया।

हेईलोच्यांग के प्रसिद्ध पटकथा लेखक श्री शाओहोंग दा ने एक बार कहा था, ''आपका अपना अस्तित्व होना ही एक अपराध है!'' बहुत ही गहरी बात कही थी उन्होंने।

इस दुनिया में बहुत–सी ऐसी चीज़ें हैं जिनका कोई कारण तलाश करना असम्भव है। इसका एक उदाहरण यह है कि हियु ने राष्ट्रीय चैम्पियनशिप जीती और उसके बावजूद उन्हें 'बेकार' घोषित कर दिया गया। पुनर्शिक्षा हासिल करने के लिए किसानों के बीच भेज दिया गया। मानव चरित्र को आसानी से नहीं समझा जा सकता। यह कोई एक्स–रे नहीं है कि उठाया और देख लिया कि कहाँ क्या है? ऐसे ही कुछ कारण होते हैं जिन्हें शब्दों में नहीं समझाया जा सकता।

मैं अच्छी तरह जानती हूँ कि अगर आपको एक रहमदिल बॉस मिलता है तो यह किसी आशीर्वाद से कम नहीं है और यह एक सफल करियर की चाबी भी है।

वक़्त बीतता गया और सालों गुज़र गये। मुझे भी ज़िन्दगी ने कुछ और अनुभव दिये। इन्हीं अनुभवों ने मुझे एहसास कराया कि मेरा बॉस और स्पोर्ट्स कमीशन के निदेशक दोनों ही बड़े पीड़ित व्यक्ति थे। दोनों का चरित्र उनकी अपनी परिस्थितियों की देन था जिनमें वे पले–बढ़े थे। वे किसान या कामगार श्रेणी के लोग थे और दोनों में से किसी ने भी स्कूली शिक्षा पूरी नहीं की थी। जब उनकी ज़िम्मेदारी की बात आती तो वे दोनों ही बड़े परिश्रमी और ईमानदार इन्सान थे, लेकिन उनकी सोच कट्टर और धुर वामपन्थी थी। वे ख़ुद को पार्टी का अवतार और परिवार का सम्मानित मुखिया मानते थे। उन्होंने अपनी नीति बना ली थी कि जो उनके कहे अनुसार चलेंगे, वे उनका समर्थन करेंगे और जो उनका विरोध करेंगे, उन्हें वे बर्बाद कर देंगे। उस समय चारों ओर उन्हीं के जैसे नेताओं की भरमार थी। जब तक सुधार और खुलेपन की व्यवस्था अपने चरम पर पहुँची तब तक ऐसे नेता पहले ही अपनी–अपनी सत्ताओं से हाथ धो बैठे थे। मेरे तबादले को कोई ज़्यादा समय नहीं बीता था कि मेरे दो पुराने साथी कामरेड, सम्पादकीय विभाग के निदेशक और नाट्य लेखक संघ के अध्यक्ष ने भी काम छोड़ दिया। वे दोनों भी बॉस के नेतृत्व से सन्तुष्ट नहीं थे। उनका रवैया ऑफ़िस को एक परिवार के मुखिया की तरह चलाने का था। फेडरेशन ऑफ़ लिटरेरी एंड आर्ट सर्किल्स के कुछ कॉमरेड ने प्रान्तीय पार्टी समिति को एक हस्ताक्षरित पत्र लिखा। इसमें विस्तार से बताया गया था कि बॉस किस तरह से बुद्धिजीवियों का दमन कर रहे हैं।

सालों बाद, एक दिन वही बॉस मुझसे टकरा गये। वह काफ़ी समय

पहले सेवानिवृत्त हो चुके थे। गली में अचानक उनसे आमना–सामना हो गया। वह ज़ोर से चिल्लाये, ''यावन, तुम्हारी इतनी किताबें छप गयीं, तुमने मुझे एक भी नहीं भेजी?''

''ओह! काफ़ी समय से मैंने आपको देखा ही नहीं था...'' मैंने थोड़ा टालमटोल के अन्दाज़ में कहा।

''मुझे एक किताब तो ज़रूर भेजना! भूलना नहीं!'' पूरी ईमानदारी से बताऊँ तो मैं उनकी बहुत आभारी हूँ। वही थे जिन्होंने मुझे साहित्य की दुनिया में जाने को मजबूर किया। वह दुनिया, जहाँ विफलता स्वीकार्य नहीं है।

मैं अक्सर सोचती हूँ कि अगर मैं अपने बॉस की इच्छानुसार काम करती रहती तो मेरी ज़िन्दगी का क्या होता। अगर मैंने सफलता पाने के अपने सपनों को रौंद दिया होता और बॉस के साथ सम्बन्धों में आये तनाव को झेल नहीं पाती या अगर वह थोड़ा रहमदिल, बर्दाश्त करने वाले होते तो मेरा लेखन करियर किस तरह आगे बढ़ता? यही सोच–सोचकर हैरान होती हूँ।

लेकिन ज़िन्दगी में कोई 'अगर' नहीं होता। ज़िन्दगी में 'अगर' होते तो मुझे लगता है कि मैं चीज़ों से और बेहतर तरीक़े से निपटती।

अध्याय 11

रूसी रूले : डिप्रेशन की दुनिया से निकलने का रास्ता

81

सांस्कृतिक ब्यूरो में मेरा तबादला हो चुका था। इससे मुझे आख़िरकार कुछ राहत मिली और साथ ही मिला एक आज़ाद रचनात्मक माहौल।

ऑफ़िस में समय की कोई पाबन्दी नहीं थी। मैं जो चाहे, वह लिख सकती थी, मुझे पूरी आज़ादी थी। मैं इधर–उधर जाकर लोगों के इंटरव्यू करती। उसके बाद शान्ति के साथ अपनी छोटी–सी डेस्क पर बैठकर मैं अपना उपन्यास लिखती या रिपोर्ताज़। मेरे ख़यालों, ख़्वाबों को पंख लग गये थे। लिखने का जो जुनून इतने लम्बे अरसे से दिल में दबा बैठा था, वह अब आज़ाद पंछी की तरह आसमान में पंख फैलाकर उड़ रहा था। मैं अपने जुनून को शब्दों की शक्ल देने में जुटी थी।

आह! लिखने की आज़ादी, किसी आशीर्वाद से कम नहीं होती।

मैंने प्रख्यात जापानी अन्तर्राष्ट्रीय और कृत्रिम विश्व भाषा विशेषज्ञ कार्यकर्ता वेरदा माजो का इंटरव्यू किया। तीन महीने के भीतर मैंने 2,80,000 शब्दों में उनकी आत्मकथा लिखी और उसका शीर्षक मैंने बेहद साधारण–सा दिया, *वेरदा माजो*।

इन तीन महीनों में मुझे सूरज के उगने और छिपने का कोई होश नहीं था, कलियों के फूल बनने और बसन्त के आकर चले जाने का भी पता नहीं चला...दुनिया की हर बात से बेख़बर, मैं अपनी किताब में खोयी हुई थी।

जब मैं छोटी थी तो लू शुन का चरित्र मुझे बहुत ही ज़्यादा पसन्द था। शुन की अपने दुश्मनों से लड़ने की प्रतिज्ञा और ज़रूरतमन्दों की मदद करने का जज़्बा मुझे बहुत अच्छा लगता था। वह समाज के प्रति अपनी ज़िम्मेदारी को भी कभी नहीं भूलते थे। उन्हें देश की और अपने लोगों की चिन्ता थी और बतौर लेखक भी उन्हें अपने दायित्वों का एहसास था।

लु शुन ने बचपन में मेरे दिमाग़ पर जो असर डाला था, उसी का ही नतीजा था कि मैं पूर्ण भक्ति भाव से यह समझने लगी थी कि लेखकों के पास ठीक वैसे ही जीवन और सच्चाई का सामना करने का साहस होना चाहिए जैसा लु शुन में था। वह एक अच्छा इन्सान बनना चाहते थे, एक ऐसा अच्छा इन्सान जिसमें समाज के प्रति अपने कर्तव्य का भान है, बुरी ताक़तों को परास्त करने की ताक़त है, बुराई का विरोध करने की शक्ति है और सच के साथ खड़े होने का माद्दा है। मैंने कभी इस बारे में नहीं सोचा कि इन प्रतिबद्धताओं का मेरे लिए परिणाम क्या होगा।

परिणामों के प्रति बेख़बर रहने की इसी आदत के चलते मैं कई बार कुछ बेवकूफ़ियाँ भी कर बैठी। मैं सोचती थी कि अधिकतर लेखकों में शायद सच्चाई के प्रति ऐसी ही प्रतिबद्धता होती है। नहीं तो लेखकों की आलोचना, उन्हें जेल में डालने और यहाँ तक कि मौत की सज़ा दिये जाने की ख़बरें सुनाई नहीं देतीं। इन्हीं प्रतिबद्धताओं के चलते लेखक एक कालातीत श्रेष्ठ कृति बन जाता है और यह जनभावनाओं की प्रतिध्वनि होती है।

उस साल, च्यामुसी के एक अस्पताल में एक काण्ड हो गया। ऐसा काण्ड जिसने पूरे देश को हिलाकर रख दिया–इस सारे फ़साद की जड़ यह थी कि अस्पताल के रक्त बैंक का निदेशक भ्रष्ट निकला। उसने मरीज़ों को ख़राब ख़ून दिया था। उनमें से कई मरीज़ मर गये और इसे लेकर जनता में भीषण आक्रोश फैल गया।

मैंने सोचा कि यह एक बेहद शक्तिशाली विषय है जिस पर रिपोर्ताज़ लिखा जाना चाहिए। नगर समिति के नेताओं ने मेरे प्रस्ताव को ख़ारिज कर दिया, लेकिन इसके बावजूद मैं गुपचुप तरीक़े से इंटरव्यू करने जा पहुँची। जब पीपल्स लिटरेचर में मेरी रिपोर्ट प्रकाशित हुई तो समाज में उसकी बेहद तीखी प्रतिक्रिया हुई। नेताओं ने मेरी निन्दा की, कुछ ऐसे लोगों ने भी मुझसे नफ़रत करनी शुरू कर दी जिनका मैंने कभी कुछ नहीं बिगाड़ा था। असलियत तो यह थी कि मैंने केवल एक सजग नागरिक के रूप में अपना कर्तव्य निभाया था।

सांस्कृतिक ब्यूरो पार्टी समिति ने एक बार मुझे मेयर के बारे में एक रिपोर्ताज़ लिखने को कहा था। ये मुझे बड़ा ही ख़राब लगा; ऐसा नहीं था कि मेयर की सार्वजनिक छवि ख़राब थी। दरअसल उनका ऐसा कोई महत्त्वपूर्ण योगदान नहीं था कि उन पर ऐसा कुछ लिखा जाता। अगर मैं उनके बारे में लेख लिखती तो निश्चित था कि लोग उनके बारे में तरह–तरह की बातें करते। इसलिए मैंने सांस्कृतिक ब्यूरो के प्रमुख को अपनी चिन्ता से अवगत करा दिया, ''प्रमुख, अगर आप मुझसे मेयर के बारे में लेख लिखवायेंगे तो क्या आपको नहीं लगता कि नगर समिति के सचिव को इस बारे में कुछ कहना होगा?'' ब्यूरो प्रमुख को लगा कि मेरी बात सही है और उन्होंने इस पूरे विचार को ही ख़ारिज कर दिया।

बाद में मेयर को पदोन्नति देकर नगर समिति का सचिव बना दिया गया। एक बार उन्होंने मुझसे कहा, ''यावन, मैंने सुना है कि तुम्हारे बॉस ने मेरे बारे में एक लेख लिखने को कहा था। क्या ये सच है कि तुम केवल इसलिए नहीं लिखना चाहती थीं कि मैं कोई ऐसा विषय नहीं हूँ जिस पर तुम कुछ लिख सको?''

''नहीं, नहीं! दरअसल बात यह है कि उस समय मेरे पास उतना समय नहीं था...'' मेरी हालत बड़ी ही अजीब–सी हो गयी। मैंने उनके सवाल को टालने की कोशिश की।

लेकिन ये कोई पहली बार नहीं था कि मैंने एक मेयर या प्रान्तीय गवर्नर के बारे में लिखने से इनकार कर दिया था।

मेरे कई दोस्तों ने मुझे बताया था कि मैं बहुत ही ज़िद्दी हूँ और यह भी कि मैं दुनिया में सबसे बड़ी मूर्ख हूँ। बात सही भी थी। लोग मेयर या गवर्नर से नज़दीकी बढ़ाने और उस नज़दीकी का फ़ायदा उठाने के लिए जान दिये रहते हैं, लेकिन उन्हें कभी उनके पास तक जाने का मौक़ा नहीं मिलता।

और इसके बावजूद, एक मैं मूर्ख थी जिसके दरवाज़े पर मेयर दस्तक दे रहे थे और मैंने उन्हें अन्दर तक नहीं आने दिया। अगर मैंने मेयर के बारे में लेख लिखा होता तो मेरी यात्राओं और रहने खाने पर आने वाले ख़र्च की मुझे परवाह ही नहीं करनी पड़ती। मेयर के एक शब्द कहने भर की देर होती और सारा भुगतान सरकारी ख़ज़ाने से हो जाता। सही में मैं मूर्ख थी!

मैं मूर्ख ही ठीक हूँ! मैं उनकी बातों को हँसी में उड़ा देती और अपने

नन्हे से कमरे में बैठी रहती। ऐसा लगता था कि कमरे की दीवारों पर भी उदासी का रंग पुत गया था। वहाँ बैठकर मैं जो भी मन में आता लिखती रहती। बाद में पार्टी की शाखा के सचिव सु नायरू ने मेरे आवासीय ख़र्चे के लिए उपमेयर चाङ गूयोलियांग से 70 हज़ार युआन मंजूर करवा लिए। गूयोलियांग सरकारी वित्त के प्रभारी थे। अन्ततः मैंने अपना छोटा–सा घर छोड़ दिया जिसमें मैं 13 साल से रही थी। मैं एक बहुमंज़िला घर में आ गयी थी जिसमें तीन बैडरूम और एक लिविंग रूम था।

कुछ लोग कहते हैं कि मैं बहुत सुलझी हुई महिला हूँ जो न तो किसी पर अपनी दादागिरी झाड़ती है और न ही अपने से छोटे लोगों को दबाने में यक़ीन करती है। जबकि कुछ लोग राजनीतिक मामलों के बारे में मुझे नासमझ कहते हैं...

मैं नासमझ कहलाने से ही ख़ुश हूँ। हो सकता है कि मैं समझदारी का तमगा पहनकर एक विश्व प्रसिद्ध ऐसी लेखिका बन जाऊँ जो अवसर के अनुसार बदलती रहे और सच पर परदा डालने में जो माहिर हो जाये। इसलिए ऐसी समझदारी मुझे नहीं चाहिए। मैं नासमझ ही भली।

जानती हूँ कि एक लेखक का लिखा हुआ और कुछ नहीं, उसके अपने ही चरित्र का आईना होता है और जो भी आपने किया है, वह आपके चरित्र में झलकता है।

जब मैंने पहले पहल–लिखना शुरू किया तो मैंने अपने कुछ सिद्धान्त तय किये थे जिनके अनुसार मुझे अपनी ज़िन्दगी जीनी थी : मेहनत से लिखूँगी, साफ़–सुथरी ज़िन्दगी जीऊँगी, किसी की चमचागिरी नहीं करूँगी, अपनी खुद की क्षमताओं पर भरोसा करूँगी और मेरी क्षमताएँ जहाँ तक मुझे ले जायेंगी, वहाँ तक जाने के लिए हर बाधा को पार करूँगी।

हालाँकि मैंने अपना अधिकतर समय श्रमिक शिविरों और जेलों में बिताया। जब भी मैं किसी बच्चे को देखती हूँ जिसके बारे में मुझे पता है कि इसे हियु की अदालत में सज़ा सुनाई जायेगी, तो भीतर तक पीड़ा से भर जाती हूँ। जब देखती हूँ कि कितनी ही मासूम ज़िन्दगियों को अदालत के रहमोकरम पर छोड़ दिया गया है और उनके माँ–बाप को अपने सामने रोते हुए देखती हूँ तो कितना दर्द होता है, बयाँ नहीं कर सकती। इसलिए मैं हमेशा बाल अपराधियों से जुड़े मुद्दों को लेकर बहुत चिन्तित रही हूँ।

श्रमिक शिविरों के क़ैदियों के साथ मैंने घण्टों–घण्टों बातें की हैं, उन

क़ैदियों ने मुझसे अपने मन की बात साझा की हैं जिन्हें फाँसी की सज़ा दी जा चुकी है। इन छोटे–मोटे अपराधों या क्रूर अपराधों को अंजाम देने वाले अपराधियों को जब उनके अपराध से अलग करके बात करती हूँ तो दिल दहला देने वाली कहानियाँ पता चलती हैं। इनके पीछे सामाजिक और पारिवारिक समस्याएँ भी हैं जिन पर विचार किये जाने की ज़रूरत है। मौत की सज़ा पाये क़ैदियों ने मुझ पर अपना गहरा प्रभाव छोड़ा।

मेरी मुलाक़ात एक 19 साल के युवक से हुई। वह अदालत कक्ष के साथ जुड़ी एक कोठरी में बैठा हुआ था। कोठरी के बाहर पहरा था। हियु और मैं कोठरी के भीतर जाने वाले थे, लेकिन उससे पहले ही सुरक्षाकर्मियों के प्रमुख ने हमें बार–बार चेतावनी दी, ''बहुत सावधान रहना होगा, जिन क़ैदियों को फाँसी की सज़ा मिलती है, वे कुछ भी कर सकते हैं। वैसे भी, इनको तो मरना ही होता है!''

बेड़ियों की खड़खड़ाहट पास आती जा रही थी और मेरी आँखों के सामने जो आकर खड़ा हुआ, उसे देखकर मैं हैरान रह गयी–भय से सफ़ेद पड़ा चेहरा, मानो किसी ने ख़ून निचोड़ लिया हो। उसकी बड़ी–बड़ी आँखों में ख़ौफ़ था और साथ ही थी बेबसी। उसके चेहरे पर मुझे जुर्म का कोई मामूली–सा दाग तक नहीं दिखा।

इंटरव्यू ठीक से हो जाये, इसके लिए मैं अपने साथ अपनी एक किताब भी लायी थी, जिसका शीर्षक था, *टू हूम शैल आई ऑफ़र माई लव*।

मैंने कहा, ''छिन डरो नहीं। मैं एक लेखक हूँ। मैं तुम्हें एक किताब देना चाहती हूँ...''

लेकिन वह वहाँ ख़ामोश खड़ा रहा, मेरी ओर देख रही उसकी निगाहों में संशय था, ऐसे जैसे कि उसे मेरी कही बात पर यक़ीन ही नहीं हो रहा हो।

हिम्मत जुटाकर मैं किताब लेकर उसके पास गयी। डर था कि कहीं वह मुझे पकड़ न ले या हो सकता है, वह अपनी ज़ंजीरों से मुझे मारने की कोशिश करे। लेकिन ऐसा कुछ नहीं हुआ। उल्टे मुझे कुछ ऐसा दिखा कि मेरा दिल रो उठा।

बेड़ियों में बँधे अपने हाथों में उसने किताब पकड़ ली। किताब उसने कुछ ऐसे पकड़ी, मानो कोई बेशक़ीमती उपहार हो। उसके हाथ बेड़ियों में बँधे थे इसलिए उसने अपने होंठों से बड़े आराम से किताब के पन्ने पलटे। मैंने किताब के पहले पन्ने पर लिखा था, ''आपको शुभकामनाएँ।'' जब उसने यह लिखा देखा तो उसने अचानक अपना सिर ऊपर उठाया

और मेरी ओर देखा। उसकी आँखों में आँसू छलक आये थे। उसकी आँखों में कुछ ऐसा भाव था, मानो वह कहना चाह रहा हो कि मैंने कुछ ग़लत नहीं किया। और वह इन्तज़ार कर रहा हो कि उसकी माँ आकर उसे बचा लेगी।

कुछ क्षण बाद, उसने किसी तरह से भरे गले से कहा, ''थैंक यू, आज से पहले किसी ने मुझे कोई किताब नहीं दी...''

इसके बाद, उसने अपनी 19 साल की छोटी–सी ज़िन्दगी की कहानी सुनाई। उसकी आवाज़ में एक ख़ालीपन था।

वह एक बहुत ही आज्ञाकारी बच्चा था और मिडिल स्कूल में अपनी क्लास का कैप्टन भी रहा था। उसने मिडिल स्कूल पास ही किया था कि एक कपड़ा फैक्ट्री ने भर्ती के लिए परीक्षा लेने की घोषणा की। परीक्षा में शीर्ष 30 बच्चों को ही नौकरी पर रखा जाना था। 400 से ज़्यादा उम्मीदवार परीक्षा में बैठे। उसका परीक्षा परिणाम में 15वाँ नम्बर आया। फैक्ट्री में काम शुरू करने के कुछ समय बाद ही उसकी तरक़्क़ी हो गयी और उसे टीम लीडर बना दिया गया। एक शाम की बात है, उसके कुछ दोस्त ट्रालियाँ चुराने के लिए एक पेपर फैक्ट्री में गये। पता नहीं उसकी क्या बुद्धि फिरी कि चोरी के दौरान वह पहरेदारी करने पर राज़ी हो गया ताकि वह पकड़े जाने की सूरत में समय रहते अपने दोस्तों को सचेत कर सके। उसके दोस्तों को डकैती के जुर्म में जेल की सज़ा हो गयी, लेकिन वह किसी तरह से बच गया।

लेकिन इस मामले के सामने आने के बाद फैक्ट्री ने उस पर एक साल तक निगरानी रखी, उसे टीम लीडर के पद से हटा दिया गया और वेतन में भी कटौती कर प्रति माह 18 युआन कर दिया गया।

फैक्ट्री के सुरक्षा विभाग में किसी से उसका झगड़ा हो गया। उसने बदला लेने की ठान ली। एक रात, उसने वर्कशॉप में आग लगा दी और मास्क पहनकर तथा आग बुझाने वाला यन्त्र लेकर ऑफ़िस में घुस गया। वहाँ से उसने फैक्ट्री के एकाउंट से चार हज़ार युआन चुरा लिए। ये पैसे कामगारों की तनख़्वाह के लिए रखे हुए थे।

मैंने उसके निराश, हताश चेहरे की ओर देखा और पूछा, ''छिन...तुम अब क्या सोच रहे हो?'' ''हूँ...'' उसने एक लम्बी साँस छोड़ी, ''अब सोचने को बचा ही क्या है? अब मेरे दिमाग़ में केवल एक ही बात है कि क्या मैं ज़िन्दा रह सकता हूँ।''

मुलाक़ात ख़त्म होने के काफ़ी समय बाद तक मैं उसके कहे शब्दों पर सोचती रही।

हर कोई एक अच्छी ज़िन्दगी बिताना चाहता है, नाम कमाना चाहता है, धन–दौलत और सफलता चाहता है, यहाँ तक कि इसके लिए वह पाई–पाई जोड़ता है लेकिन इस 19 साल के बच्चे की केवल एक इच्छा है कि वह केवल ज़िन्दा रहना चाहता है।

उसकी ये इच्छा पूरी नहीं हो सकती थी।

मैंने उससे कहा कि मैं फाँसी वाले दिन उससे मिलने आऊँगी और यह भी कि जब वह आख़िरी सफ़र पर निकलेगा, तो मैं उसके साथ रहूँगी। उसने ख़ामोशी से सिर हिलाया और आभार जताया।

हम सुरक्षाकर्मियों के कमरे से बाहर निकले। मैंने हियु से पूछा, ''आपको क्या लगता है, कोई रास्ता है जिससे उसे फाँसी न हो?''

उन्होंने कहा, ''नहीं, वह आदतन अपराधी है।''

फाँसी का दिन आ पहुँचा। बेचारा छिन...लगातार रोये जा रहा था, किसी मासमू नन्हे बच्चे की तरह।

फाँसी के मैदान में, मैं दूर से उसे देख रही थी। वह फाँसी की सज़ा पाये दो और लोगों के पीछे–पीछे चला आ रहा था। सरकारी कारिन्दा उनके आगे–आगे चल रहा था। ये सब लोग घास के मैदान में उस जगह पहुँच गये जहाँ एक पीले रंग का झण्डा टँगा था। छिन ने चलते–चलते अचानक अपना सिर उठाकर अपने चारों ओर देखा। जैसे वह किसी को ढूँढ़ रहा हो।

अचानक से मुझे समझ में आ गया! वह ज़रूर मुझे ही ढूँढ़ रहा है। उसे उम्मीद रही होगी कि मैं अपना वादा पूरा करूँगी!

लेकिन मैं काफ़ी दूर थी, वह मुझे देख नहीं सकता था।

जैसे ही बन्दूक़ों की आवाज़ गूँजी, मैं उस नन्ही–सी जान के लिए अपने आँसू रोक नहीं पायी। उसका भोला–सा चेहरा और ज़िन्दगी जीने की उसकी तड़प, रह–रहकर मेरी आँखों के सामने घूम रही थी।

सरकारी कारिन्दे ने मुझे बताया कि उन लोगों को छिन के कपड़ों में एक किताब मिली। किताब उसके सीने पर रख दी गयी।

फाँसी की सज़ा वाले मैदान से मैं सीधे छिन के घर जा पहुँची।

जब छिन की बूढ़ी माँ ने सुना कि मैं फाँसी के समय वहाँ मैदान पर मौजूद थी तो उन्होंने मेरा हाथ पकड़ लिया और न जाने कितनी देर तक

रोती रही। नौ बच्चों में से छिन सबसे छोटा था। उसका बचपन का नाम था, ''नौवाँ छोटू।''

उसका गोरा चेहरा कई दिनों तक मेरे दिमाग़ में घूमता रहा।

बाद में मैंने इस सच्ची कहानी पर एक उपन्यास लिखा, जिसका शीर्षक था, *हाउ ब्यूटीफुल इट इज़ टू लिव*।

82

लु शुन कहते हैं, ''मेरा रुदन हो सकता है भयानक या पीड़ादायक हो, घृणित या हास्यास्पद हो, लेकिन ये कोई मुद्दा ही नहीं है, जिस पर विचार करने का समय हो...''

जब भी, मैं यह देखती हूँ कि न्याय किस तरह लाचार है तो दिल में एक छुरी–सी उतरती महसूस होती है। मेरे पास कोई अधिकार नहीं है कि मैं विरोध जताऊँ या पहले की पीढ़ी के लेखकों की तरह आत्मा को झकझोरने वाले लेख लिखूँ, लेकिन एक लेखक जो ईमानदारी और नैतिकता का मूल्य समझता है, वह अन्याय होते देख अपना मुँह नहीं मोड़ सकता।

इंटरव्यू करने के दौरान मैं अक्सर स्थानीय मजिस्ट्रेट से सम्पर्क करती थी। मुझे लगता था कि एक लेखक के बतौर मेरे पास काफ़ी ताक़त है और उसी के चलते मैं इंटरव्यू के लिए कुछ छूट माँग लेती थी। कई बार सफलता मिलती भी और कई बार निराश भी होना पड़ता।

मुझे अब तक एक इंटरव्यू का सबसे ज़्यादा अफ़सोस है। ग्रेट खिंकान रेंज के ताउछियांग में वन ब्यूरो के प्रमुख चुआंग शियुवेई का इंटरव्यू।

ये 1987 के बसन्त की बात है। एक साल पहले ग्रेट खिंकान रेंज भीषण आग से तबाह हो गया था। मैं वहाँ वन ब्यूरो के सदस्यों का इंटरव्यू करने गयी थी। उम्मीद थी कि जंगल में लगी आग पर उनके विचारों के आधार पर कोई लेख लिख पाऊँगी।

लेकिन जब मैं ताउछियांग वन ब्यूरो पहुँची तो मैंने पाया कि वहाँ माहौल काफ़ी तनावपूर्ण था; चुआंग शियुवेई के कारण वन ब्यूरो दो विरोधी गुटों में बँट गया था। चुआंग के गुट के लोगों का कहना था कि चुआंग विलक्षण प्रतिभा का धनी है और आग लगने के समय, उसने बड़ी संख्या

में स्वयंसेवकों को साथ लेकर आग पर क़ाबू पाने का प्रयास किया। उस गुट के लोगों ने यह भी बताया कि इसके लिए चुआंग को *पीपल्स डेली* से भी सराहना मिली है और कई अन्य मीडिया समूहों ने भी उसके साहस की प्रशंसा की है। जब उसे गिरफ़्तार किया गया तो उसके ख़िलाफ़ लगाये गये आरोपों को रद्द करवाने के लिए पार्टी के 93 सदस्यों, कैडरों और आम लोगों ने एक संयुक्त पत्र लिखा था। उनका कहना था कि चुआंग के ख़िलाफ़ लगाये गये आरोप झूठे हैं।

दूसरी ओर, चुआंग के विरोधी गुट का दावा था कि वह एक विलेन है और जंगल में आग लगने के समय उसने अपने कर्तव्य की अनदेखी की। उनका कहना था कि उसे जेल भेजा जाना चाहिए।

चुआंग चिआंगसू का रहने वाला था और उसने 1965 में नांचिंग फ़ॉरेस्ट यूनिवर्सिटी से ग्रेजुएशन किया था। इसके बाद उसने ख़ुद अपील की थी कि उसे ग्रेट खिंकान रेंज में तैनात किया जाये ताकि सीमावर्ती क्षेत्रों का विकास किया जा सके। उसने ग्रेट खिंकान रेंज के तीन वन स्टेशनों के निर्माण में हिस्सा लिया जहाँ उसकी पहली तैनाती एक कर्मचारी के रूप में थी। इसके बाद उसे पदोन्नति देकर तकनीशियन बनाया गया, उसके बाद इंजीनियर और उसके बाद टीम लीडर और बाद में सेक्शन प्रमुख...वह बहुत तेज़ी से तरक़्क़ी करता चला गया। बाद में जाकर उसे ताउछियांग वन ब्यूरो का प्रमुख और मुख्य इंजीनियर बना दिया गया।

उसकी कमान में ग्रेट खिंकान रेंज इलाक़े में ताउछियांग वन ब्यूरो एक मॉडल के रूप में उभरा। प्रान्तीय प्रशासन ने उसे एक कर्मठ अधिकारी के रूप में मान्यता दी। ग्रेट खिंकान रेंज प्रान्तीय पार्टी समिति में दो आरक्षित कैडर पदों पर नियुक्ति के लिए चुआंग का पहला नाम था। उसी समय 6 मई, 1987 को जब करियर में उसका सितारा बुलन्दी पर था तो अचानक जंगल में आग लग गयी और उसे जेल में डाल दिया गया।

इंटरव्यू के समय, एक अलग ही दहला देने वाली कहानी सामने आयी।

लू बिंगलिंग चीनी औद्योगिक एवं कमर्शियल बैंक की लाओछाओ उपशाखा में उपनिदेशक पद पर तैनात थे। यह उपशाखा यूइंग वन स्टेशन के पास थी। आग लगने के दौरान उन्होंने अपनी जान को ख़तरे

में डालकर उपशाखा के बही–खातों को बचाया और इसके लिए बैंक के प्रमुख ने उन्हें सम्मानित भी किया।

जब वह केन्द्रीय नेताओं से मिलने के लिए बीजिंग जाने की तैयारी कर रहे थे तो किसी ने सुझाव दिया कि आग लगने के कारण राजस्व कोष को हुए नुक़सान की जाँच कर लेनी चाहिए। इससे पता चल जायेगा कि आग में कितनी नकदी बर्बाद हुई है। आग लगे 50 दिन से ज़्यादा बीत चुके थे और कुछ विभाग ऐसे थे जिनके बही–खाते नष्ट हो चुके थे। ऐसे में उनके पास कोई चारा नहीं बचा था कि वे आग लगने से पहले यानी अप्रैल से बैंक रिकार्ड के अनुसार अपने आँकड़ों का मिलान करें। उनके अपने कोषाध्यक्षों की याददाश्त पर भी भरोसा करके चलना था। आख़िर में उन लोगों को पता चला कि लाखों युआन ग़ायब हैं। लू बिंगलिंग को पूछताछ के लिए पुलिस स्टेशन ले जाया गया। वह कभी नहीं लौटे...

लू के घरवालों ने बताया कि जब उन्हें उनकी लाश मिली तो उस पर चोटों के निशान थे; यहाँ तक कि अँगुलियाँ भी कटी हुई थीं।

मैं ऐसे दो मामलों से रू–ब–रू हो चुकी थी और मुझे लगा कि अब और ख़ामोश नहीं रहा जा सकता।

मैं च्यागदेक्वी प्रान्त गयी जहाँ मुझे प्रान्तीय पार्टी समिति के सचिव और स्थानीय अदालत के प्रमुख से मिलना था। मैंने उन लोगों को बताया कि दोनों मामलों से मुझे क्या समझ में आया है। मैंने उम्मीद जतायी कि वे इन मामलों की पूरी पड़ताल करेंगे।

इसके बाद, मैं प्रान्तीय पार्टी समिति के रेडियो कक्ष में गयी, जहाँ मैंने प्रान्तीय पार्टी समिति के उपसचिव का नम्बर मिलाया जो कि राजनीतिक और क़ानूनी मामलों के प्रभारी थे। मैं स्वागत कक्ष तक पहुँची तो वहाँ बैठी महिला ने बताया, ''सचिव बेहद व्यस्त हैं, आप से मिलने के लिए उनके पास समय नहीं है।''

मैंने कहा, ''मैं अपने किसी निजी मामले को लेकर नहीं मिलना चाहती, बल्कि ये दो बड़े गम्भीर मामले हैं जिनका आम आदमी की नज़रों में पार्टी और सरकार की छवि पर सीधा असर पड़ता है...''

इसके बाद, मैं ख़ुद प्रान्तीय पार्टी समिति के उपसचिव के पास गयी और उन्हें दोनों मामलों के बारे में बताया। उन्होंने तुरन्त हेईलोंगच्यांग में प्रोविंशियल सुप्रीम पीपल्स प्रोक्यूरेटोरेट के चीफ़ प्रोक्यूरेटर का नम्बर मिलाया ताकि मैं सीधे उन्हें मामले की रिपोर्ट दे सकूँ। प्रोविंशियल सुप्रीम

पीपल्स प्रोक्यूरेटोरेट चीन में अभियोजन और जाँच सम्बन्धी शीर्ष संस्था है।

मैंने सब कुछ कह दिया, जो भी मुझे कहना चाहिए था, लेकिन इस सारे बड़े खेल में मैं तो एक मामूली–सा प्यादा भर थी।

मैंने बाद में सुना कि गवर्नर शाओ क्वीहुई जाँच के लिए मोहे काउंटी में गये और लु बिंगलिंग के पिता गवर्नर की कार के आगे घुटनों के बल बैठ गये...इससे काफ़ी पहले अभियोजन ऑफ़िस ने एक विशेष जाँच टीम का गठन किया। इस टीम ने लु बिंगलिंग से जबरन गुनाह क़ुबूल करवाने के लिए कई पुलिस कर्मचारियों को न्याय के कठघरे में खड़ा करने में मदद की थी। आख़िरकार न्याय हुआ।

इस बीच, चुआंग शियुवेई को तीन साल की जेल हो गयी। उसने फ़ैसला स्वीकार करने से इनकार कर दिया और अदालत में चिल्लाकर कहा, ''जब तक नीले आसमान में पाँच सितारों वाला लाल झण्डा लहराता रहेगा, क़ानून मेरी गवाही का सबूत देगा!''

जिन 93 कॉमरेड ने चुआंग शियुवेई के पक्ष में पत्र पर हस्ताक्षर किये थे उन सबके ख़िलाफ़ जाँच बैठायी गयी। उन पर आरोप था कि उन्होंने एक अपराधी की ओर से शिकायत का ढिंढोरा पीटा और ''ग़ैरक़ानूनी तरीक़े से संगठित गतिविधियों में भाग लिया।'' उनमें से दस कैडर को पार्टी में अपने पद पर बने रहने की अनुमति दी गयी, लेकिन उन पर नज़र रखने का फ़ैसला किया गया, उनकी पदोन्नति वापस ले ली गयी, वेतन कम कर दिया गया और इन सबके अलावा भी उनके ख़िलाफ़ अनुशासनात्मक कार्रवाई की गयी।

मैं अपनी जाँच के परिणामों को लेकर एक लेख लिखना चाहती थी और साथ ही हालात की सच्चाई को सामने लाना चाहती थी लेकिन मैं जानती थी कि मेरी क़लम इस मामले में कोई भी बदलाव कराने में एकदम असहाय है।

साल 2005 के बसन्त में मुझे एक पत्र मिला जिसमें सूचित किया गया था कि आख़िरकार चुआंग शियुवेई के मामले में न्याय हुआ और उसका पुनर्वास कर दिया गया।

यह ख़बर मिलने पर मैं चुआंग शियुवेई से मिलने गयी। उसका च्यांगसु लहजा सुनकर मेरी आँखों में आँसू आ गये। कई दिन बाद, मुझे चुआंग शियुवेई का एक ख़त मिला जिसमें उसने न्यायिक व्यवस्था और

अपने पुनर्वास से जुड़े अनुभवों का ब्योरा लिखा हुआ था। साथ ही बताया था कि 17 साल तक चली क़ानूनी लड़ाई में उसने क्या–क्या झेला।

1988 की शुरुआत में, उसे हेपेटाइटिस बी हो गया और हिरासत में रहने के दौरान ही मधुमेह की चपेट में आ गया। इलाज के लिए उसे जेल से बाहर जाने की अनुमति मिल गयी। वह इलाज के लिए अपने गृह नगर च्यांगसु लौट आया, लेकिन अभियोजन कार्यालय और बाक़ी सम्बन्धित प्रशासन ने ऐलान कर दिया था कि उसे जेल छोड़ने की अनुमति नहीं थी। बार–बार उसे गिरफ़्तार करने के लिए पुलिस अधिकारियों को भेज दिया जाता। गिरफ़्तारी से बचने के लिए वह अलग–अलग जगहों पर छुपता रहा। उसने इसके बाद भी अदालत के फ़ैसले को स्वीकार करने से इनकार कर दिया था। उसने अपनी अपील के लिए अदालत को जो दस्तावेज़ डाक से भेजे थे उनका एक फ़ीट से ऊँचा गट्ठर बन गया था। जून 2000 में ग्रेट खिंकान रेंज प्रान्तीय पार्टी समिति में एक नये लीडर आये जिन्होंने आख़िरकार चुआंग शियुवेई के ख़िलाफ़ कर्तव्य में लापरवाही के मामले की फिर से सुनवाई किये जाने की अपील दाख़िल की। जून 2004 में हेईलोंगच्यांग प्रान्त के सुप्रीम पीपल्स कोर्ट ने आख़िरकार मूल फ़ैसले को रद्द कर दिया और पाया कि चुआंग शियुवेई दोषी नहीं है।

उसे दोषी ठहराने के लिए मूल मामले का संक्षिप्त ब्योरा इस प्रकार है : युयिंग वन स्टेशन में जब भयानक आग लगी थी, जब राज्य की भारी वित्तीय सम्पत्तियाँ और आम लोगों की जान ख़तरे में थी, चुआंग शियुवेई ने प्रान्तीय सरकार के आदेशों का उल्लंघन किया। यह आदेश 21 अप्रैल, 1987 को जारी किया गया था जिसका शीर्षक था "बसन्त के मौसम में आग लगने की घटनाओं को रोकने के सम्बन्ध में आदेश।" इसके अनुसार, "अगर आग लग जाती है तो स्थानीय नेता ख़ुद मौक़ा–ए–वारदात पर पहुँचेंगे, समय रहते आग बुझाने वाले उपकरणों का इन्तज़ाम करेंगे, राष्ट्रीय वित्तीय सम्पत्तियों और नागरिकों की सुरक्षा सुनिश्चित करेंगे, घटनास्थल को छोड़कर नहीं जायेंगे और वहीं मौजूद रहकर अग्निशमन दस्ते को निर्देश देंगे। युयिंग वन स्टेशन को जो भारी नुक़सान हुआ है, उसके लिए काफ़ी हद तक चुआंग शियुवेई ज़िम्मेदार हैं। यह कर्तव्य में आपराधिक लापरवाही का मामला है।"

मूल फ़ैसले को रद्द करने वाले आदेश का संक्षिप्त ब्योरा इस प्रकार है, "आग तुक्वीआंग में नहीं बल्कि मोहे काउंटी से शुरू हुई थी। जब चुआंग

शियुवेई को मोहे में आग लगने के बारे में पता चला, वह तुरन्त एक टीम को लेकर आग का मुआयना करने वहाँ पहुँचे। वह युयिंग वन स्टेशन भी गये जहाँ आग सबसे ज़्यादा भीषण लगी थी। वह स्वयं घटनास्थल पर मौजूद रहे, लोगों को वहाँ से निकालने का प्रबन्ध किया और तुक्वीआंग वन ब्यूरो को आग से लड़ने के सम्बन्ध में निर्देश दिये।

''जब उन्हें यह एहसास हुआ कि तुक्वीआंग वन ब्यूरो गम्भीर ख़तरे में है तो वह तुरन्त तुक्वीआंग लौटे और वहाँ आपात उपायों का प्रबन्ध किया क्योंकि युयिंग के आसपास जंगल घना है और इसीलिए वहाँ आग ने भारी नुक़सान किया।''

''जो भी नुक़सान हुआ है, उसका चुआंग शियुवेई के व्यवहार से कोई क़ानूनी सम्बन्ध नहीं है। इतने बड़े पैमाने पर लगी आग को रोकने का कोई उपाय था ही नहीं और इन सबसे भी आगे जाकर देखा जाये तो चुआंग शियुवेई का व्यवहार कहीं से भी कर्तव्य में आपराधिक लापरवाही का मामला नहीं है। इसलिए राष्ट्रीय विधिक विनियमों के अनुसार मैं मूल आदेश को रद्द करता हूँ और घोषणा करता हूँ कि चुआंग शियुवेई दोषी नहीं हैं।''

मैंने पत्र पढ़ा और चुआंग शियुवेई तथा देश की क़ानून व्यवस्था को लेकर मेरी आँखों में आँसू आ गये, जिन्हें मैं पलकों का बाँध तोड़कर बहने से रोक नहीं सकी।

मीडिया ने उस समय एक ऐसी ख़बर प्रसारित की थी जिसने राष्ट्र को हिलाकर रख दिया था। यह कहानी है शी शियांगलिंग की जिसे उसकी बीवी की हत्या के आरोप में 17 साल तक की सज़ा सुनाई गयी और उस समय पूरा देश हैरान रह गया जब उसकी पत्नी 'अचानक से ज़िन्दा' हो गयी। इस घटना ने चीन की जनता के बीच बहुत आक्रोश पैदा कर दिया था।

एक दिन मैं सी.सी.टी.वी. पर आ रहा कार्यक्रम *फेस टू फेस* देख रही थी जिसकी मेज़बानी वांग ची कर रहे थे। इसमें उन्होंने सरकारी शिकायत ब्यूरो के प्रमुख श्री चाङ यानक्युआन का ख़ास इंटरव्यू किया था।

श्री चाङ यानक्युआन ने एक बहुत ही गहरी और चेतना को झकझोर देने वाली बात कही जो कि एक निष्ठुर को भी पिघला देगी। उन्होंने कहा, ''कोई भी इन्सान जिसमें सही–ग़लत का फ़र्क़ करने की समझ है, अगर वे उन लोगों की पीड़ा स्वयं आकर देखें जो सरकार के पास

अपनी याचिका लेकर आते हैं तो उनका दिल दर्द से कराह उठेगा और वह आवाज़ उठाये बिना नहीं रह सकेंगे। एक आदमी है जो पिछले 16 साल से अपील पर अपील कर रहा है, एक क्षण के लिए इसके बारे में सोचें, 16 साल! वह भी वैसा ही इन्सान है, जैसा मैं हूँ। अगर उसका बोझ मेरी कमर पर रख दिया जाये तो मुझे कैसा महसूस होगा? मैं उन लोगों के क़दमों में गिर जाता हूँ, जिनके मामलों में ग़लत फ़ैसला हुआ है और जिनका पुनर्वास किया गया है। कुछ क़ानून प्रवर्तन अधिकारियों ने उनके साथ ग़लत न्याय किया इसके लिए मैं उनके पैर धोता हूँ, अपराध का पश्चात्ताप करता हूँ!''

चुआंग शियुवेई को 17 साल अपीलों में गुज़ारने पड़े; इसके लिए एक क्षण को सोचें। एक इन्सान की ज़िन्दगी में 17 साल कितनी बार आते हैं?

उन 17 सालों में, इस इन्सान ने जो भी क़दम उठाया, वह काँटों पर चलने के समान था, उसके मुँह से निकलने वाली हर आवाज़ उसकी आह थी। चुआंग शियुवेई और उनकी पत्नी ने जो कुछ झेला, उसके चलते दोनों के बाल पक गये, उनका पूरा परिवार भारी ऋण के जाल में फँस गया। जेल की सज़ा ख़त्म होने से पहले अपने पति का डॉक्टरी इलाज कराने के लिए पार्टी ने उसकी पत्नी को निकाल दिया। उनके तीनों बच्चे हाईस्कूल पास करने के बाद यूनिवर्सिटी में नहीं जा सके, उसके परिवार के हर सदस्य का भविष्य बर्बाद हो गया और यह सब विनाश केवल एक ग़लत न्यायिक फ़ैसले के कारण हुआ।

40 साल पहले, देश के दक्षिणी हिस्से से आया एक छात्र, एक इन्सान जो अपनी उम्र के सबसे ख़ूबसूरत मोड़ पर था और जिसके दिल में अपने देश की सेवा करने का जज़्बा कूट–कूटकर भरा था, ग्रेट खिंकान रेंज की पहाड़ियों में भटक गया और उसके सपने बर्फ़ के नीचे दम तोड़ गये।

आज उसकी दोनों कनपटियों के पीछे के बाल अधपके हो चुके हैं, उसके दिल में ग़ुस्से की आग भरी है और अभी भी उसे मुआवज़ा पाने के लिए इधर से उधर भटकना पड़ रहा है। इस बीच, उसका समर्थन करने वाली टीम के यिन त्यानशु, गाओ गुआंगलोंग तथा बाक़ी 91 एक–एक करके रिटायर हो चुके हैं। चुआंग शियुवेई के समर्थन में खड़े होने की सज़ा भुगती है इन लोगों ने और ये भी मुआवज़े की बाट जोह रहे हैं।

मैं अपने पति से एक सवाल किये बिना ख़ुद को रोक नहीं पायी। ये सवाल एक पति से नहीं बल्कि एक जज से था, ''जिन क़ानून प्रवर्तन

अधिकारियों ने चुआंग शियुवेई के ख़िलाफ़ झूठा मामला बनाया, क्या उनके ख़िलाफ़ इस बात की जाँच नहीं होनी चाहिए कि उनकी क़ानूनी ज़िम्मेदारियाँ क्या हैं? और इस तरह की जाँच किसको करनी चाहिए?''

हियु ने जवाब दिया, ''मामले को तोड़ने–मरोड़ने का सवाल केवल कुछ क़ानून प्रवर्तन अधिकारियों से सम्बन्धित नहीं है। यह इससे कहीं अधिक गहरा मामला है जो सामाजिक पृष्ठभूमि को प्रभावित करता है। चुआंग शियुवेई का जो मामला है, निश्चित रूप से इसमें केवल कुछ जज नहीं होंगे जिनकी कही बात आख़िरी फ़ैसला होगी...''

मैं केवल इतनी उम्मीद करता हूँ कि क़ानून प्रवर्तन अधिकारी क़ानून को खेल समझने से बाज आ जायें और उस तरह से व्यवहार न करें जैसा श्री यांग युनक्वान ने कहा था, ''मैं उन लोगों के क़दमों में गिर जाता हूँ, जिनके मामलों में ग़लत फ़ैसला हुआ है और जिनका पुनर्वास किया गया है। कुछ क़ानून प्रवर्तन अधिकारियों ने उनके साथ ग़लत न्याय किया इसके लिए मैं उनके पैर धोता हूँ, अपराध का पश्चात्ताप करता हूँ!''

अपने अपराध के लिए पश्चात्ताप करने से इन्सान केवल पीड़ित की पीड़ा को समझ सकता है लेकिन पीड़ितों को इससे उनका खोया हुआ समय वापस नहीं मिलता। उस ज़िन्दगी की बात तो छोड़ ही दो जो उसने इस सारी पीड़ा के बीच खो दी!

83

दूसरे लोगों के साथ अन्याय हुआ था और मैं उनके लिए न्याय माँग रही थी, चिल्ला रही थी। दूसरों को न्याय दिलाने के इस सफ़र में ऐसा नहीं था कि कोई समस्या मुझे पेश नहीं आयी। मेरी राह में भी रोड़े अटके हुए थे, भले ही बहुत बड़े नहीं थे, लेकिन इतने छोटे भी नहीं थे कि उन्हें नज़रअन्दाज़ करके निकल जाती।

एक शाम की बात है। मैं माँ का डायपर बदल रही थी। 80 साल से ज़्यादा हो चुकी थी उनकी उम्र। उनके शरीर के आधे हिस्से को अधरंग मार गया था। डायपर बदल ही रही थी कि एक दोस्त का फ़ोन आ गया। उसने बताया कि दूसरे ग्रेड के लेखक के रूप में मेरी पात्रता रद्द कर दी गयी थी।

उसी रात, मैं हार्बिन जाने वाली ट्रेन में सवार हो गयी, लेकिन जब वहाँ पहुँची तो पाया कि पेशेवर मूल्यांकन समिति को पहले ही भंग कर दिया गया था। मैंने समिति के अधिकारियों को किसी तरह ढूँढ़ा और उनसे पूछा कि क्या मेरा काम उनके स्तर के अनुरूप नहीं था। उन्होंने बताया कि ऐसी कोई बात नहीं थी।

सारे मामले में यह निकलकर गया कि सांस्कृतिक ब्यूरो ने जब अपना मूल्यांकन शुरू किया तो लेखकों के रजिस्टर के बारे में तब तक कोई फ़ैसला ही नहीं किया गया था और चूँकि मैंने कोई नाटक नहीं लिखा था, उन्हें मेरा पंजीकरण तीसरे दर्जे के नाटक लेखक के रूप में करना पड़ा। लेखकों के नये रजिस्टर को अन्तिम रूप देने से पहले उन्होंने तथ्यों की पुष्टि करने का भी इन्तज़ार नहीं किया। इसलिए अब मेरे हाथ में कुछ नहीं था, सिवाय इसके कि दूसरे दर्जे के लेखक के रूप में अपना पंजीकरण करवाने के लिए मैं दोबारा आवेदन करूँ। जो कुछ हुआ, वह बात तो मेरे दिमाग़ में आयी ही नहीं थी। मूल्यांकन समिति में जब मेरे दर्जे के बारे में वोटिंग हो रही थी तो प्रान्तीय संघ (काफ़ी समय पहले उनका तबादला हो चुका है) के उपाध्यक्ष ने अचानक समिति का ध्यान इस बात की ओर खींचा कि मैं पहले नौकरी कर चुकी हूँ और इसलिए मैं उनके मूल्यांकन के दायरे में ही नहीं आती इसका नतीजा यह हुआ कि प्रान्त के दूसरे दर्जे के सारे लेखक, सिवाय मेरे, मूल्यांकन में पास हो गये। नियमों के अनुसार, समिति की अगली बैठक के लिए मुझे पाँच साल इन्तज़ार करना होगा।

कई दशकों तक ऐसा रहा कि मेरे पास कोई रोज़गार नहीं था और हर बार मुझे इन्तज़ार रहता कि कोई तो ऐसा दुर्लभ मौक़ा आये कि ठीकठाक मूल्यांकन हो। नाम के साथ नौकरी और पद के तमगे से केवल किसी का सामाजिक दर्जा और उसका वेतन ही तय नहीं होता है, बल्कि इससे एक आदमी की क़ीमत भी पता चलती है। मैंने सुना था कि ऐसी यूनिवर्सिटी और शोध संस्थान हैं जहाँ लोग नौकरी और पद को लेकर, इमारतों से कूदकर जान दे देते हैं। अगर मैं ज़रूरी मापदण्ड ही पूरे नहीं करती थी तो मेरे पास आपत्ति जताने का भी कोई आधार नहीं था। मैं बार–बार ख़ुद को समझाती, लेकिन अपने आपको रोक नहीं पाती। मुझे लगता रहता कि किसी–न–किसी कारण से मुझे परेशान किया गया है। मैं ख़ुद को उस बच्चे की तरह महसूस करती, जिसे सौतेली माँ ने पाला हो जो जानबूझकर या किसी भी कारण से हमेशा बच्चे को बेगानेपन का एहसास कराती है।

28 अक्टूबर, 1989।

ट्रेन में काफ़ी ठण्ड थी। पूरी रात मैं ठण्ड से बचने के लिए अपने दोनों हाथों को बगल में दबाये बैठी रही। मेरी बगल में श्री चेंग च्याझेन अपनी सीट पर सोये हुए थे। एक ओर ट्रेन के पटरी बदलने का संगीत सुन रही थी और दूसरी ओर पड़ोसियों के खर्राटे। मैं बीच–बीच में ख़ुद को दिलासा देती रही, ''ये कोई बड़ी बात नहीं है, जब तक ज़िन्दगी है, तब तक उम्मीद है। दूसरे दर्जे का लेखक होने में ऐसी क्या ख़ास बात है, मैं तो पहले दर्जे की लेखक बनना चाहती हूँ!'' लोगों की मानसिकता होती ही ऐसी है, नाम के पीछे भागने की। अगर ऐसा नहीं होता तो वे अपने भीतर के असन्तोष से कैसे निपटते?

अगली सुबह, मैं चुपके से यात्रियों के प्रवेश–द्वार से प्लेटफ़ॉर्म से बाहर निकल गयी। जल्दी से घर भागी, जल्दी–जल्दी थोड़ा–सा खाना पेट में डाला। इस सब में आठ बज गये; नगर पार्टी स्कूल में जाने का समय हो गया था।

इसके बारे में अब लिखना बड़ा ही हास्यास्पद लगता है; एक दिन पहले मैं प्रान्तीय राजधानी में रिरिया रही थी और अब यहाँ मुझे ख़ुद के चेहरे पर एक सशक्त लेखिका के भाव से मंच पर खड़े होकर भाषण देना था। शहर की सभी महिला कैडरों की सभा में मुझे 'सफलता की राह' पर तीन घण्टे तक भाषण देना था। सिर्फ़ मेरी माँ बता सकती थी कि मैं थोड़ा मायूस लग रही थी।

ये अलग बात थी कि माँ को केवल एक आँख से ही दिखाई देता था और उनकी नज़र सालों पहले ही धुँधलाने लगी थी। मेरा चेहरा देखकर ही माँ समझ जाती थी। मुझे लगता है, माँ आँखों से नहीं, बल्कि ममता की नज़र से देखती थी; तभी तो वह समझ जाती थी कि किस वक़्त मेरे दिमाग़ में क्या चल रहा है।

इसलिए मैंने उनको सच बता दिया। माँ उम्र के ऐसे पड़ाव पर पहुँच चुकी थीं कि उनके पास अब बहुत ज़्यादा समय नहीं बचा था। उन्होंने मुझे जवाब में कुछ ऐसा कहा जिसका अर्थ मैं उस वक़्त ठीक से समझ नहीं पायी थी, ''यावन, लोग अपनी ज़िन्दगी अकेले ही जीते हैं, अकेले ही अपनी लड़ाई लड़ते हैं। मेरी ओर देखो, इस उम्र तक आते–आते मुझे सब समझ में आ जाना चाहिए।''

कई साल बीत गये, ज़िन्दगी के इम्तिहान कभी ख़त्म नहीं होते और

ऐसे ही तमाम इम्तिहानों से गुज़रकर ही माँ की कही बातों का अर्थ समझ में आया था।

सच्चाई तो यही है, ज़िन्दगी एक ऐसा सफ़र है, जिसमें इन्सान अकेला होता है। धन–दौलत, नाम और सफलता–ये सब तो बाहरी चीज़ें हैं। मुझे दुख केवल इस बात का है कि ज़िन्दगी का जब इतना बड़ा राज़ समझ में आया तो ईश्वर और मेरे बीच बहुत कम फ़ासला बचा था।

उसके बाद से, माँ बड़ी सावधान रहने लगी थीं। उनकी कोशिश होती कि उनकी वजह से मुझे कोई परेशानी नहीं हो। इसलिए वह सारा दिन, बिना कोई आवाज़ किये बिस्तर पर लेटी रहतीं। जानती थी कि वह ज़िन्दगी के आख़िरी पड़ाव पर हैं। मुझे बिस्तर पर लेटा उनका दुबला–पतला शरीर किसी शाख से अटके पीले पत्ते–सा जान पड़ता, जो दिन–ब–दिन सूखता जा रहा है और धीरे–धीरे डाल से बिछुड़ने के लिए ख़ुद को तैयार कर रहा है...

आज जब इसके बारे में सोचती हूँ तो लगता है कि हर जीवन एक उस पत्ते की तरह नहीं होता जो पतला और कमज़ोर है और जिसे हवा का एक हल्का–सा झोंका भी उड़ा ले जाने के लिए काफ़ी है।

दो साल तक अधरंग से जूझने के बाद माँ मुझे छोड़कर चली गयीं। दो महीने बाद ही उनका 90वाँ जन्मदिन था।

मेरा और हियु का च्यामुसी से तबादला हो गया था, लेकिन उससे पहले ही हमने अपने माँ और पिताजी के लिए क़ब्र का पत्थर ख़रीद लिया था। उन पत्थरों पर ये शब्द लिखे थे–

''प्रिय पिताजी और माँ, आपके शरीर पहले ही हमसे काफ़ी दूर जा चुके हैं, आपका प्यार हमेशा हमारे दिलों में रहेगा।'

जहाँ तक मेरे पद की बात थी, मैंने पार्टी के प्रान्तीय प्रचार विभाग और प्रान्तीय कार्मिक विभाग को चिट्ठी लिखी। मेरे पत्र पर प्रचार विभाग के नेताओं ने काफ़ी ग़ौर किया। उन्होंने कार्मिक विभाग को एक रिपोर्ट सौंपी और पद सम्बन्धी कोटे पर अपवाद स्वरूप विचार करने को कहा। अगले साल, आख़िरकार मेरा दूसरे दर्जे के लेखक का पद बहाल कर दिया गया।

काफ़ी समय पहले, मेरा तबादला च्यामुसी लोक कला केन्द्र में कर दिया गया था। वहाँ मेरा नाम विभाग के कर्मचारी के रूप में दर्ज था। वहाँ कई बॉस मेरे प्रति बेहद उदार थे और उन्होंने मेरे लिए ऐसा माहौल

बनाया ताकि मैं आराम से लिख सकूँ। मेरी काफ़ी सारी किताबें यहीं पर रहने के दौरान लिखी गयीं।

लेकिन मेरे लिए मेरा पद कोई बड़ी समस्या नहीं थी। परेशानी की वजह थी, मेरा लेखन।

1980 के दशक के मध्य में, मानसिक रूप से मैं बहुत परेशान हो गयी थी। मैं कोई काम कर ही नहीं पा रही थी। मैंने कई बार कोशिश की, लेकिन मेरा हर प्रयास विफल साबित हुआ। जिस उपन्यास ने मुझे मेरी विफलता का सबसे ज़्यादा एहसास कराया, वह था *ए वीमेन क्रॉसिंग दी रिवर ऑफ़ मैन*। इस उपन्यास पर 44 एपिसोड का टेलीविज़न ड्रामा बनाया गया था।

एक शाम की बात है, एक अधेड़ उम्र के डॉक्टर, जिनका क़द क़ाफ़ी छोटा था और उन्होंने काले रंग का पश्चिमी शैली का सूट पहन रखा था, वह मुझसे और हियु से मिलने के लिए आये। वह तलाक़ के बारे में हम दोनों से बात करना चाहते थे। हियु घर पर नहीं थे, लेकिन वह सज्जन बैठ गये और मुझे उन्होंने अपनी ज़िन्दगी की समस्या बतायी। जब उनकी कहानी अपने चरम बिन्दु पर पहुँचने ही वाली थी तो वह अपना सिर दोनों हाथों में पकड़कर बैठ गये और रोने लगे। कुछ देर बाद उन्होंने कहा, ''उस पागल औरत की वजह से मेरी पूरी ज़िन्दगी बर्बाद हो गयी है। मेहरबानी कर जज साहिब से बात करें और उनसे कहें कि मुझे तलाक़ दिला दें!''

अन्तिम शब्दों ने मुझे गहरे तक प्रभावित किया।

हियु के आने के बाद, मैंने उन्हें बताया, ''आपको तलाक़ लेने में उस आदमी की मदद करनी पड़ेगी। बेचारा कितना दुखी है। एक पागल औरत के कारण एक अच्छे भले इन्सान की ज़िन्दगी तबाह हो गयी है!''

हियु ने जवाब दिया, ''तुम क़ानून को नहीं जानती हो; अगर कोई इन्सान मानसिक रूप से बीमार है और उसकी देखभाल करने वाला कोई और नहीं है तो उसके पति या पत्नी को तलाक़ लेने की अनुमति नहीं दी जा सकती। अन्यथा वह इन्सान समाज पर बोझ बन जायेगा।''

मैं जानती हूँ कि भावनाओं रूपी जो औज़ार है, उसका सहारा लेकर ही एक लेखक दुनिया के क़रीब आता है, लेकिन एक जज को मामले को निष्पक्ष तरीक़े से देखना पड़ता है। दोनों ही काम एक–दूसरे से एकदम विपरीत हैं, दोनों का सोचने का तरीक़ा अलग–अलग है–एक जज और

एक लेखक। पुरुष का मुख्य चरित्र जेन आयरे का है जो अपने विवाह के अनुबन्ध को केवल इसलिए नहीं तोड़ पाता है, क्योंकि उसकी पत्नी मानसिक रूप से बीमार है।

लेकिन ये मेरे विचार हैं : क्या इसका नैतिकता और मानवीय प्रकृति से कोई सम्बन्ध है कि एक अच्छा–भला इन्सान एक पागल इन्सान के साथ बिना किसी कारण के बँधकर रह जाये?

निसन्देह, यह मुद्दा दुनियाभर में विधि विशेषज्ञों के लिए एक त्रासदी है और मैं क़तई यह नहीं कह रही हूँ कि मैं एक छोटी–सी लेखिका इसका कोई समाधान निकाल सकती हूँ।

डॉक्टर के कहे शब्द कई दिनों तक मेरे दिमाग़ में घूमते रहे, ''उस पागल औरत की वजह से मेरी पूरी ज़िन्दगी तबाह हो गयी है!''

मेरी मानसिक रूप से बीमार बहुत–से लोगों से मुलाक़ात हुई है और मैंने उनकी बहुत–सी कहानियाँ सुनी हैं।

इन सब कहानियों का असर यह हुआ कि मेरे दिमाग़ में एक विचार आया कि क्यों न एक मानसिक रूप से बीमार व्यक्ति के बारे में उपन्यास लिखा जाये।

केवल मैं एक ही चीज़ चाहती थी, मैं किसी पुरुष को उपन्यास का मुख्य चरित्र नहीं बनाना चाहती थी; पुरुष, औरतों के मुक़ाबले अधिक मज़बूत होते हैं। मैं एक औरत के बारे में लिखना चाहती थी, एक ख़ूबसूरत, रहमदिल पहाड़ी लड़की जिसे अपने पागल पति के जुल्मों और जंगली स्वभाव को बर्दाश्त करना पड़ा था। वह दिन–रात उस दरिन्दे के क़ब्ज़े से मुक्त होने के बारे में ही सोचती रहती थी और एक दिन वह किसी दूसरे शहर के एक बढ़ई के साथ भाग गयी, लेकिन वह कभी भी अपनी अज्ञानता से नहीं भाग पायी।

मुख्य चरित्र के रूप में एक पहाड़ी लड़की को चुनने का भी एक कारण था। दरअसल कारण यह था कि मैं अपने बारे में, अपनी माँ के बारे में और अपनी बहनों के बारे में भी लिखना चाहती थी। हालाँकि हम तीनों कभी किसी दरिन्दे के क़ब्ज़े में नहीं रहे, लेकिन मैं उस दृश्य को कभी नहीं भूल सकती जब मेरी माँ और बहनें पहाड़ की चोटी पर खड़े होकर पहाड़ों से परे ही ज़मीन को ताकती रहतीं, उनकी आँखों में बाहर की दुनिया को देखने की ललक थी, उस पहाड़ की चोटी को छोड़कर वहाँ से निकलने का एक सपना था...

मैंने अपनी ज़िन्दगी के अधिकतर अनुभवों और अपने लेखन के जुनून को उस उपन्यास में उड़ेल दिया है। मैंने लेस खिंकान रेंज के जंगलों को अपने उपन्यास का आधार बनाया है और उसमें विशाल घास के मैदानों से जुड़ी घटनाओं को भर दिया है...रहस्यमयी टोकरी और चापस्टिक जिसने मेरे परिवार की कई पीढ़ियों की ज़िन्दगी को नचाया। मैंने क़ानून और नैतिकता के पक्ष को भी छुआ है, उस संघर्ष को भी समेटा है जो क़ानून और मानवीय प्रकृति के बीच चलता है। इसमें एक नन्ही पहाड़ी लड़की का प्रेम से परिचय और अपनी खुद की क़ीमत पहचानने की भी कहानी है।

इस उपन्यास का अन्त लिखते समय मैं रो पड़ी थी।

हियु के साथ दोपहर का भोजन करते हुए मैंने उन्हें अपने उपन्यास की लड़की के बारे में बताया, शानचिंग। उसके बारे में बताते हुए मैं फिर से अपने आपको रोने से नहीं रोक पायी।

हियु मुझे देखकर हँसते रहे, ''ओह हो, तुमने ख़ुद यह कहानी बनायी है, तुम किस बात के लिए रो रही हो। तुम अपना बेवकूफ़ ख़ुद ही बना रही हो और फिर भी रो रही हो।''

जब बाद में हम दोनों खाना खाने बैठे तो हियु ने मुझे छेड़ते हुए कहा, ''सुनो, पहले खाना खाना है या पहले रोना है?''

यह सच बात है कि कहानी मैंने ही गढ़ी थी, लेकिन मेरे दिल में शानचिंग एक वास्तविक ज़िन्दा इन्सान है हाड़–मांस की बनी हुई, और यह मैं हूँ जिसने उसे एक आत्मा दी है और जिसके जीवन में असंख्य दुख हैं।

मैं लिखने के दौरान अक्सर रोती रही हूँ। हाँ, हाँ! मैं जानती हूँ कि मेरी कहानियाँ काल्पनिक हैं और वे मेरी अपनी कल्पनाशीलता का परिणाम हैं, लेकिन मैं अपने आपको रोक नहीं पाती; मुझे भावनाओं में बह जाना बहुत अच्छा लगता है और इसे रोकने के लिए मेरे पास कुछ होता भी नहीं है।

ए वीमेन क्रॉसिंग दी रिवर ऑफ़ मैन को लेकर मुझे बहुत उम्मीद थी। कुल मिलाकर यह 80 हज़ार शब्दों का उपन्यास था; उम्मीद थी कि यह उपन्यास बाज़ार में आते ही तहलका मचा देगा।

इस उपन्यास की पाण्डुलिपि लेकर मैं ख़ासतौर पर बीजिंग गयी। वहाँ पहुँचकर मैं सीधे अपने बेहद पसन्दीदा पत्रिका प्रकाशक के कार्यालय में जा पहुँची। वहाँ मेरी मुलाक़ात बेहद अनुभवी सम्पादक से हुई जो

अपनी किसी पाण्डुलिपि के सिलसिले में एक बार च्यामुसी आये थे। उन्होंने बड़ी ही गर्मजोशी के साथ मेरा स्वागत किया। मेरी पाण्डुलिपि को पढ़ने के बाद उन्होंने पूरा आधा दिन मेरे साथ उस पर चर्चा में बिता दिया। यहाँ तक कि मुझे अपने घर डिनर पर ले गये, लेकिन डिनर के बाद जैसे ही मैं जाने के लिए उठी कि देखा बाहर बहुत ज़ोरों की बारिश हो रही थी। मेरा दिल भी बारिश की तरह ही बहुत भारी हो गया था।

सालों बीतने के बाद, वही सम्पादक एक बार मुझे फिर मिले और बोले, ''यावन, मैं तुम्हारी मदद नहीं कर सका, उसके लिए मैं हमेशा ख़ुद को गुनहगार मानता रहा हूँ। उस समय भी, आज भी महसूस करता हूँ कि तुम्हारे उपन्यास में किसी एक चीज़ की कमी थी।''

उनकी बात सही थी और वही चीज़ मेरे दुख का कारण थी।

आख़िरकार, *ए वीमेन क्रॉसिंग दी रिवर ऑफ़ मैन* हेक्सिया साहित्य और कला प्रकाशन गृह के उपन्यास के संग्रह के रूप में प्रकाशित हुई। इसके साथ ही मेरे चार और उपन्यास भी प्रकाशित हुए थे–*डार्क रेड ब्लड इन दी वेस्टर्न स्काई, हाउ ब्यूटीफुल इज़ इट टू लिव* और *टू हूम शैल आई स्पीक ऑफ़ दिस फिलिंग*। मेरा उपन्यास कोई ख़ास असर नहीं छोड़ पाया।

उसके बाद ही मुझे एहसास हुआ कि केवल साहित्य को अपना जीवन समर्पित करने भर से सब कुछ नहीं हो जाता। इसका यह मतलब नहीं है कि ईश्वर मुझ पर कोई ख़ास कृपा करेंगे। यह कुछ ऐसा ही था, जैसे एक बच्चा हड्डियों की बीमारी के साथ पैदा होता है, वह कोई मेहनत का काम नहीं कर सकता। जब दूसरे लोग कहते हैं कि मैं किसी काम की नहीं हूँ तो मैं उनके शब्दों को अपनी नियति मानकर नहीं बैठ जाती हूँ। मुझे पता है कि मैं अपने जीवन के मूल्य को अपनी महत्त्वाकांक्षा के ज़रिये साबित कर सकती हूँ। सबसे अधिक दुख का क्षण वह था जब मुझे सच के आईने में अपनी तस्वीर साफ़–साफ़ नज़र आयी।

लेखन कार्य शुरू करने के बाद, यह पहला मौक़ा था जब मैं अपनी ज़िन्दगी के सबसे मुश्किल और पीड़ादायक दौर में प्रवेश कर रही थी; मुझे महसूस हो रहा था, मानो मैं एक ढलान पर लुढ़कती जा रही हूँ।

जिस दिन से मैंने लिखना शुरू किया था, मुझे उपन्यास लेखन और साथ ही रिपोर्ताज़ लिखने में बहुत मज़ा आया था, लेकिन हर कोई हमेशा कहता था कि मेरे रिपोर्ताज़, मेरे उपन्यासों से कहीं अधिक बेहतर हैं।

मैं सोचती हूँ कि इसका मेरे चरित्र से कुछ सम्बन्ध हो सकता है; कवि आक्रोश से पैदा होता है, रिपोर्ताज़ लेखक जुनून से जन्म लेता है, लेकिन अब, हालाँकि मैं और रिपोर्ताज़ लिखना चाहती थी, लेकिन मैंने पाया कि कुछ रिपोर्ताज़ लिखने के बाद अब मैं उपन्यास लिखने के लायक़ ही नहीं रही थी।

जिस क्षण मैं उपन्यास लिखने के लिए क़लम उठाती, तो पाती कि मैं तो रिपोर्ताज़ की शैली में ही लिखे चले जा रही हूँ; मेरे लेखन में जुनून और जोश था, शान्ति नहीं। मेरे भीतर तटस्थता और पोशीदा जज़्बे का अभाव था जो एक अच्छे उपन्यास के लिए ज़रूरी है। इसके अलावा मेरी भाषा भी काफ़ी खुली और आकर्षक थी।

अब पलटकर जब उन चीज़ों की ओर देखती हूँ तो सच में महसूस होता है कि मैंने अपने परिवार को निराश किया, ख़ासतौर से हियु को।

मैंने अपनी डायरी में लिखा, ''मैंने ख़ुद को अपनी कड़वी महत्त्वाकांक्षाओं की चाह में पूरी तरह डुबो दिया। अपनी ज़िन्दगी चुनने के लिए मुझे गर्व है, लेकिन मुझे इस बात की भी निराशा है कि मैं कोई महान काम नहीं कर पायी। मैं एक अन्धे घोड़े की तरह हूँ, जो दिनभर जंगल में घूमता रहता है, उसका सफ़र जंगल में शुरू होकर जंगल में ही रह जाता है... बाहर जाने का उसे कोई रास्ता नहीं मालूम। मैं लगातार ख़ुद को कोसती रहती...''

लेकिन इस बात से कोई फ़र्क़ नहीं पड़ता कि मेरी हालत कितनी ख़राब थी। मैं कभी भी इन चीज़ों के बारे में दूसरे लोगों से बात करने की हिम्मत नहीं जुटा सकी। डर था कि वे लोग कहेंगे, मुझमें जो क़ाबिलियत थी, वह ख़त्म हो चुकी है, मैं चूक गयी हूँ और यही कि मैं कभी भी कुछ अच्छा पढ़ने लायक़ नहीं लिख पाऊँगी।

रातों को जब हर कोई सोया रहता, मैं बार–बार अपने आप से एक ही सवाल पूछती रहती, ''साहित्य के पिरामिड में तुम कितनी ऊँचाई तक पहुँच सकती हो, चार या पाँच मंज़िल या सात या आठ मंज़िल? तुम्हारी प्रतिभा में ख़ास बात क्या है?''

कुछ समय के लिए मैंने लेखन बन्द कर दिया और ख़ुद को किताबों में डुबो दिया। मैंने *वन हंड्रेड ईयर्स ऑफ़ सोलिट्यूड, दी साउंड ऑफ़ दी फ़्यूरी, कैच 22, दी थर्ड वेव* ...सब पढ़े। मैं चीन और विदेशों से मँगाकर वह सब पढ़ा जो लोकप्रिय था। मैंने हर तरह का साहित्य पढ़ा;

जादुई यथार्थवाद, चेतना, हास्य...सब कुछ। इसका नतीजा यह हुआ कि धीरे–धीरे मुझे साहित्यिक ज्ञान होना शुरू हो गया।

मैं कई बार हार्बिन में *नोवेल फ़ॉरेस्ट* के ऑफ़िस गयी और वहाँ बतौर सम्पादक कार्यरत चेंग से कहा कि मुझे गल्प लिखना सिखाओ।

हम दोनों एक गेस्ट हाउस में बैठ जाते और चाय के ऊपर घण्टों इस पर चर्चा करते रहते।

उन्होंने मुझे बताया कि जब एक उपन्यास लिखो तो तुम्हारा शान्त चित्त और संयमित होना बहुत ज़रूरी है। इसके बाद अपनी कहानी को धीरे–धीरे कहना शुरू करो। कुछ इस तरह से जैसे तुम एक दोस्त के साथ बैठी हो और ख़ाली समय में उसे आराम से कहानी सुना रही हो। उन्होंने बताया कि उन्होंने शब्दकोश को कण्ठस्थ कर लिया था और वह अपने डेस्क पर अपने पसन्दीदा उपन्यास रखते थे और हर रोज़ उनमें से एक उठाकर पढ़ते थे।

एक दिन हे चेंग ने अपने टीचर श्री हान दानियन को आमन्त्रित कर लिया। वह हमारे साथ बातें करने के लिए आ गये। श्री हान एक मिडिल स्कूल टीचर थे और साहित्य के प्रति उनकी समझ अद्भुत थी। हम तीनों एक छोटे से रेस्त्राँ में जा बैठे। हमने खाने–पीने का कुछ सामान मँगाया और दोपहर बाद तीन बजे जो चर्चा शुरू हुई तो रात के नौ बज गये। दोनों आपस में बातें किये जा रहे थे। मैं उन दोनों को आँखें फाड़–फाड़ कर किसी प्राइमरी स्कूल की छात्रा की तरह देख रही थी। दोनों युवा नहीं थे और उनका अनुभव ही उनकी उम्र बताने के लिए काफ़ी था। मैं बड़े ही ध्यान से उनकी एक–एक बात को सुनती गयी और अपने दिमाग़ में रिकॉर्ड करती गयी।

हे चेंग ने मुझे बाद में बताया कि वह और हान दानियान जब रेस्त्राँ से बाहर निकले तो श्री हान ने कहा था, ''मेरी बात याद रखना, चाङ यावन आज नहीं तो कल ज़रूर सफल होगी।''

कई साल पहले, फपुपींत शहर के एक नाटककार श्री गाओ दाबिन ने भी यही शब्द कहे थे। वह बेहद गर्म दिन था। मैं त्यांगदो में नाटक लेखन पर काम कर रही थी। कार्यालय सोंगहुआ नदी के ठीक पास था लेकिन कोई नदी में तैर नहीं रहा था। मैंने कुछ एक पुरुष लेखकों से पूछा, जिनसे मैं पहली बार ही मिली थी, कि क्या सोंगहुआ नदी तैरने के लिए सही है। सभी ने एक स्वर से कहा, ''ओह हाँ, एकदम सही है!''

मैंने तुरन्त अपनी तैराकी की पोशाक पहनी और उन लोगों के सामने जा पहुँची। वे सब हैरानी से मुझे घूर रहे थे।

एक लेखक ने मुझे बताया, ''उस समय, हम सब तुम्हें देखकर अवाक् रह गये थे। मुझे याद है, गूयो दाबिन ने कहा था, देख लेना, ये छोटी–सी औरत हम सबसे आगे निकल जायेगी। मेरी बात याद रखना।''

मैंने पूछा, ''उन्होंने ऐसा क्यों कहा था?''

उनका जवाब था, ''हम तुम्हारे भीतर की ऊर्जा के तेज़ को देख चुके थे...''

मैंने ऐह चाङ से भी पूछा था, ''किस आधार पर दानियन ने मेरे बारे में वह बात कही? उन्होंने तो कभी मेरी कोई किताब तक नहीं पढ़ी थी।''

चेंग ने जवाब दिया, ''उन्होंने तुम्हारे भीतर से फूटते ऊर्जा के तेज़ को देख लिया था।''

ये दोनों घटनाएँ सालों पहले हुई थीं। उस समय, मेरी हालत इतनी ख़राब थी कि मेरा मन आत्महत्या करने का होता था। मुझे क़तई समझ नहीं आ रहा था कि मुझे अपने इस जुनून का कोई फल मिलेगा भी या नहीं।

मुझे क़तई इस बात का कोई पता नहीं था कि किसी इन्सान के स्वभाव में वह कौन–सी ताक़त होती है जो उसके व्यवहार को तय करती है, उसके भविष्य को आकार देती है। उस समय ये उच्च दार्शनिक विचार मेरे पल्ले नहीं पड़ते थे। बाद में मैंने फ्रायड को पढ़ा और बाक़ी कुछ दूसरे दार्शनिकों को भी पढ़ा। इसके बाद मुझे धीरे–धीरे मनोविज्ञान समझ आने लगा, व्यक्ति विशेष का व्यवहार समझ आने लगा और भाग्य को लेकर दार्शनिक सिद्धान्त कुछ–कुछ समझ में आने लगे। मैंने विलियम मेकपीस की एक प्रसिद्ध पंक्ति कहीं पढ़ी थी, ''एक विचार को रोपो, एक आदत बनाओ; एक आदत को रोपो और एक चरित्र बनाओ; एक चरित्र को रोपो और एक भाग्य बनाओ।''

हालाँकि एक बात पर मैं हमेशा बेहद साफ़ रही हूँ; मैं साहित्य के रास्ते पर कितनी ही दूर क्यों न चली जाऊँ, मुझे चाहे कितनी ही बड़ी सफलता क्यों न मिल जाये, मैं कभी सन्तुष्ट नहीं होऊँगी और मैं उस रास्ते पर अपना सफ़र जारी रखने में कभी झिझकूँगी नहीं। मैं ठीक वैसे ही चलती रहूँगी जैसी मैं लेसर खिंकान रेंज के पहाड़ी रास्ते पर चलती थी। चाहे कितना ही भयानक जंगली जानवर क्यों न रास्ते में मिले, मैं कभी लेखन बन्द नहीं करूँगी, क्योंकि साहित्य काफ़ी पहले ही मेरी

ज़िन्दगी की एक ज़रूरत बन चुका है, भले ही यह मेरे अस्तित्व के लिए ज़रूरी न हो।

मैं हमेशा पुरस्कार विजेता उपन्यासकारों द्वारा इस्तेमाल की जाने वाली भाषा को ध्यान से पढ़ती थी और हमेशा दिल में एक चाहत होती थी कि मेरा काम भी इसी तरह सराहा जाये, लेकिन यह सब मेरे भीतर ही भीतर घुमड़ता रहता था, ये जुनून, ये चाहत मेरे लेखन में नहीं उतर पा रही थी। मैं घण्टों तक पढ़ती, लेकिन इस पूरे समय मैं पढ़े हुए की नक़ल करने की जी–तोड़ कोशिश करती और हर बार मैं दूसरे लेखकों का कार्टून ही बन जाती। इस चक्कर में मैं अपनी शैली तक भूल जाती। वह एक कहावत है न, ''कौव्वा चला हंस की चाल, अपनी चाल भी भूल गया।''

मुझे बाद में जाकर एहसास हुआ कि मैं बहुत कम पढ़ी–लिखी थी, भाषा पर मेरी पकड़ मज़बूत नहीं थी और सामान्य ज्ञान के अभाव के कारण मैं उपन्यास लेखन की दुनिया में कभी कोई तीर नहीं मार पाऊँगी।

मैं उस अकेलेपन का स्वाद चख चुकी थी जो ''ऊँचे टावर पर चढ़ने के बाद अकेले रह जाने और नीचे दूर क्षितिज तक जाते रास्ते को देखकर होता है।''

मुझे एहसास था कि मैं कभी महान लेखिका नहीं बन पाऊँगी, हालाँकि यह कड़वा सच था लेकिन यह एक ऐसी सच्चाई थी जिसका सामना मुझे करना ही पड़ा।

इस कड़वी सच्चाई का सामना करते हुए मैं सोच रही थी कि किस प्रकार अपने दड़बे से बाहर निकला जाये, अपने लिए ख़ुद एक नया रास्ता कैसे बनाया जाये...इन सारे कामों के बीच मेरे सामने एक बड़ा सवाल मुँह बाये खड़ा था और यह मेरे चरित्र की एक बड़ी परीक्षा भी थी।

काफ़ी समय तक आईने में नज़र आ रही अपनी इस बदरंग तस्वीर को निहारने के बाद मैंने फ़ैसला किया कि मैं ख़ुद के पैरों में डाली गयी बेड़ियों को थोड़ा ढील दूँगी। मैंने फ़ैसला किया कि अपनी कमज़ोरियों पर ध्यान देने के बजाय, मैं अपनी ताक़त से खेलूँगी।

मुझे पता था कि मैं रिपोर्ताज़ और ग़ैर–काल्पनिक डॉक्यूमेंट्री शैली के लेखन में अधिक माहिर हूँ। इन क्षेत्रों में प्रकाशित मेरी रचनाएँ काफ़ी सफल भी रही थीं। हालाँकि उस दौर के चीन में रिपोर्ताज़ लिखना एक दोयम दर्जे का काम समझा जाता था, क्योंकि काफ़ी सारी सम्भावित

स्रोत सामग्री को 'संवेदनशील' समझा जाता था। इसलिए मैंने एक नया इतिहास रचने का फ़ैसला किया–मैं विदेश जाऊँगी और देखती हूँ वहाँ मुझे क्या मिल सकता है।

मेरे लिए यह फ़ैसला बेहद महत्त्वपूर्ण था। मैं अपने साथ कुछ ज़्यादा ही बेदर्द तरीक़े से पेश आ रही थी। मैं ख़ुद से उन चीज़ों को हासिल करने की माँग कर रही थी, जिनके लायक मैं ही नहीं थी। या यूँ कहिए कि जिन्हें हासिल करने की मुझमें क़ाबिलियत ही नहीं थी। इस फ़ैसले ने अनर्गल चाहतों पर लगाम लगाने में मेरी मदद की।

और...मैंने ख़ुद को आज़ाद कर दिया।

84

ये उस समय की बात है, जब सोवियत संघ का क़िला हाल ही में ढह गया था। चीन और रूस के बीच के कारोबारी रिश्तों पर जमी बर्फ़ पिघलने लगी थी और बर्फ़ पिघलने के साथ ही दोनों के सम्बन्धों में नयी कोपलें फूटने लगी थीं। बड़ी संख्या में चीनी लोग अवसरों की तलाश में रूस पहुँच रहे थे। बहुत से लोग वहाँ सोने की तलाश में भी गये। लोगों ने इन सोना खोदने वालों को 'अन्तर्राष्ट्रीय कारोबारी' का नाम दे दिया।

मैंने रूस जाने का फ़ैसला किया क्योंकि यात्रा के लिहाज़ से यह सस्ता था। एक चीनी पासपोर्टधारी के लिए वहाँ जाना आसान था और यह हेईलोंगच्यान नदी के एकदम दूसरी तरफ़ ही तो था। इसके साथ ही यह भी एक वजह थी कि मेरी पीढ़ी के लोग टॉलस्टॉय और तुर्गनेव को पढ़ते हुए बड़े हुए थे। रूसी गीत *लिटिल रोड और माउंटेन हॉथोर्न ट्री* हम सबकी ज़ुबान पर चढ़े हुए थे। हमारे लिए रूस एक रहस्यमय दुनिया थी। रूस के नाम से ही दिल में ख़ास एहसास पैदा हो जाते थे।

सोवियत संघ का सूरज अभी डूबा नहीं था। मैं हेईलोंगच्यांग के लेखकों के एक समूह के साथ न्यू साइबेरिया की यात्रा पर गयी थी। इसने मेरे मन पर एक रोमांटिक कहानी–सी लिख दी थी–कहानी जो थी गुलाबी धूप की, हरे पेड़ों की और ताज़ा फूलों की।

लेकिन हियु जिन्होंने हमेशा मेरा साथ दिया था, आज वह इतनी उथल–पुथल के माहौल में मेरे रूस की यात्रा पर जाने के हक़ में नहीं

थे। उस पर मुसीबत यह थी कि मैं विदेशी भाषा का एक शब्द भी नहीं बोल पाती थी। हियु का कहना था कि अगर तुम्हें कुछ हो गया तो, एक अनजान देश में अकेली जाओगी?

उस दौर में सच में रूस बड़ी ही अजीबोग़रीब जगह थी, जिसके बारे में कुछ नहीं कहा जा सकता था कि कब क्या हो जाये और मैंने सुना था कि रूस में सोना खोदने गये चीनी लोगों को बन्दूक की नोक पर लूट लिया जाता था। उनमें से कुछ की तो हत्या भी कर दी गयी, लेकिन हिम्मत से आगे बढ़ने पर ही तो नये रास्ते मिलते हैं। यह हिम्मत ही आपको ऐसी जगहों पर ले जाती है, जहाँ पहले कोई नहीं पहुँचा है और ऐसी जगह पर मेरे लिए सफलता की गुंजाइश हो सकती थी।

मैंने मन में रूस जाने की ठान ली थी। पास में कोई पैसा नहीं था। इसलिए मैंने अपनी कुछ जोड़ा चमड़े की जैकेटें और जूते बेच डाले ताकि सफ़र का ख़र्च निकल सके।

मेरी माँ ने एक बार कहा था कि ज़िन्दगी के मेरे सफ़र को 'चलते सितारों' ने रौशन किया है और इसीलिए मैं जन्म से ही इतनी बीहड़ और जंगली रही हूँ। यह सच था; बहुत छोटी–सी उम्र में ही मेरे मन में घाटी को छोड़कर भाग जाने की चाह पैदा हो गयी थी और अब बड़ी होने के बाद मैं दुनिया को देखना चाहती थी।

बाद में मुझे जाकर एहसास हुआ कि मेरा यह फ़ैसला मेरे रचनात्मक करियर के लिए कितना ज़रूरी था। इसने न केवल मुझे मेरे दड़बे से बाहर निकाला बल्कि मुझे अकेले अपने दम पर विदेश यात्रा पर जाने की हिम्मत भी दी।

1991 की गर्मियों का मौसम था। मैं च्यामुसी से खाबरोवस्क जाने वाली बोट में सवार हो गयी। रूसी क्षेत्र में मेरी यात्रा का यह पहला पड़ाव होने वाला था। उनकी भाषा का एक शब्द भी मैं बोल और समझ नहीं सकती थी। हाथ में कुछ चीनी–रूसी शब्दों की किताब, कमर पर अपनी दर्जनभर चमड़े की जैकेट और यात्रा के दौरान पहने जाने वाले बूटों के दो बैग लिए मैं उन लोगों की भीड़ में शामिल हो गयी, जिन्हें अन्तर्राष्ट्रीय चीनी कारोबारी कहा जाता था। मैंने रूस में कुल चार महीने बिताये और देशभर में अनेक जगहों पर घूमी जिनमें खाबरोवस्क, मास्को, चेचन्या, न्यू साइबेरिया, प्यातिगोर्स्क और इरकुत्स्क भी शामिल था।

एक देश हाल ही में नयी करवट ले रहा था, जहाँ सब कुछ बेगाना

था, लोग बेगाने थे, भाषा–बोली बेगानी थी–ऐसे देश में मुझे अकेले घूमते हुए कितनी परेशानियाँ उठानी पड़ी होंगी, इसका कोई भी सहज ही अन्दाज़ा लगा सकता है। मेरी हालत एक छोटी–सी अन्धी औरत जैसी थी; अक्सर ऐसा होता कि मुझे होटल नहीं मिलता या कोई ठहरने की जगह नहीं मिलती। ऐसे में मुझे बिना मच्छरदानी के खुले में सोना पड़ता था और सुबह उठकर देखती तो मेरा पूरा शरीर मच्छरों के काटने से सूज चुका होता था। मुझे कई बार छात्रों की डोरमेट्री में रहना पड़ा या कुछ रातें उन चीनी प्रवासियों के घरों में बितानी पड़ीं जो मेरे लिए पूरी तरह अजनबी थे। कई बार तो ऐसा भी होता कि पूरा दिन बिना खाये निकल जाता। कई बार ऐसा भी हुआ कि आधी रात में दरवाज़े पर भड़भड़ की आवाज़ हुई और मैं नींद से घबराकर उठ बैठी। अगले दिन सुबह पता चलता कि बाहर गलियारे में कोई शराबी सोया हुआ था।

एक बार क्या हुआ कि मैं हाथों में अपना कैमरा लिए हुए थी, एक फ़ोटो लेने को तैयार ही थी कि एक रूसी आदमी मेरे पास आया और इशारों की भाषा में बात करने लगा। वह चाहता था कि मैं अपने जापानी मिनोल्टा कैमरे के बदले में उसकी वोल्गा कार का सौदा कर लूँ। मैंने न में सिर हिलाया तो वह मेरे एकदम क़रीब आ गया और मेरे हाथ से कैमरा छीनने की कोशिश करने लगा। मैं डर गयी और मैंने शोर मचाना शुरू कर दिया। कैमरा मैंने इस तरह कसकर पकड़ लिया मानो यही मेरी ज़िन्दगी है...

मैं रूस की गलियों की ख़ाक छान रही थी, इस उम्मीद में कि मुझे लिखने के लिए कोई बढ़िया चीज़ मिल जाये। मेरी बेताबी को इसी बात से समझा जा सकता है कि यह कुछ–कुछ वैसा ही था जैसे स्कूल जाने की ज़िद और एथलीट बनने के जुनून में था।

जब भी मैं किसी नये शहर में पहुँचती तो मैं चीनी सोना खोदने वाले कारोबारियों को ढूँढ़ती। इससे रहने के लिए सस्ती जगह मिल जाती थी। रहने की जगह मिलने के बाद मेरा सबसे पहला काम यही होता था कि मैं कॉपी में उस जगह का नाम और मकान नम्बर लिख लेती थी। उसके बाद समीप के बस या सबवे स्टेशन का नम्बर लिखती; इस तरह से मैं शहर में खोने से बच सकती थी। इसके बाद मैं किसी भीड़भाड़ भरे बाज़ार में जाती, अपनी चमड़े की जैकेट और जूते उठाये। बाज़ार में मैं पूरा दिन गुज़ार देती। स्थानीय लोगों के साथ मोलभाव करती। शाम के समय, मैं

बड़े ही उत्साह के साथ रूबल में हुई अपनी कमाई का हिसाब–किताब लगाती और अगर मेरे पास यात्रा का ख़र्च निकालने लायक़ पैसे हो जाते तो उसके बाद मैं जाकर किसी चीनी को ढूँढ़ती। इनमें बहुत से लोग थे : प्रवासी, छात्र, सोना खोदने वाले। उनसे बातें करती और एक विदेशी धरती पर रहने की उनकी कहानियाँ सुनती।

अब मैं प्यातिगोर्स्क पहुँच चुकी थी। प्रसिद्ध रूसी कवि मिखाइल लर्मोन्टोव इसी शहर के रहने वाले थे। उनके आलीशान मकान में विशाल अध्ययन कक्ष या उनकी हंसिनी के पंख से बनी क़लम ने मुझे प्रभावित नहीं किया बल्कि उस सिगरेट केस को देखकर मैं हैरान रह गयी जिस पर क़ीमती पत्थर जड़े थे और उसे नग्न नारी का आकार दिया गया था। मुझे इस बात पर पक्का यक़ीन हो गया कि जब यह होनहार कवि *ए हीरो ऑफ़ आवर टाइम* पूरी करने में जुटा होगा तो निश्चित ही उसके हाथ उसी 'नैकेड वीमेन' पर गये होंगे और उन्होंने एक सिगरेट निकालकर अपने होंठों से सटायी होगी, लेकिन ये कितने अफ़सोस की बात है कि इतना प्रतिभाशाली कवि अपने एक प्रतिद्वन्द्वी की गोली का शिकार हो गया और यह गोली चली थी यूनिवर्सिटी की एक ख़ूबसूरत छात्रा के प्यार में। एक दिन सुबह बड़ी जल्दी ही मैं घर से निकल गयी। हल्की–हल्की बूँदाबाँदी हो रही थी। मेरे हाथों में ताज़ा फूलों का गुच्छा था। मैं इस कवि की क़ब्र पर जा पहुँची। आज उस कवि की आत्मा अकेली थी। प्यार की एक ख़ूबसूरत कहानी कहीं खो चुकी थी।

मास्को में मैं रेड स्क्वेयर गयी, क्रेमलिन घूमी, भूल–भुलैया से सबवे सिस्टम में यात्रा की। रेड स्क्वेयर पर एक गुमनाम हीरो का स्मारक था। वहाँ मेरी मुलाक़ात दो बूढ़े लोगों से हुई जिनकी यादें आज भी मेरे ज़ेहन में ताज़ा है।

उस दिन गुमनाम हीरो के स्मारक पर कोई पर्यटक नहीं था। पतझड़ की हल्की बारिश हो चुकी थी और पूरी जगह सुनसान थी। सिवाय एक बूढ़ी औरत को छोड़कर जिसने अपने सिर पर एक काले रंग का स्कार्फ ओढ़ रखा था, और काले ही रंग की लम्बी–सी स्कर्ट पहन रखी थी। वह औरत उकड़ूँ बैठी गुलाब की बिखरी पत्तियों को समेट रही थी। स्मारक की पट्टिका के पास रखे गुलाब के फूलों की पंखुड़ियाँ हवा के झोंकों से इधर–उधर बिखर गयी थीं। वह उन्हें उठाकर स्मारक के ऊपर रखती जाती थी। स्मारक पर रखी गुलाब की पंखुड़ियाँ देखकर मन में कोई

कविता–सी जाग रही थी। मैं अपने आप में ही सोचने लगी : जिसका ये स्मारक है, उससे इस बूढ़ी औरत का क्या रिश्ता रहा होगा? वह उसका बेटा, पति या भाई रहा होगा? बूढ़ी औरत के चेहरे पर झुर्रियाँ थीं, आँखों में ख़ालीपन था। मुझे वह बूढ़ी औरत ही अपने आप में बहुत अकेली–सी मालूम हुई। उसने न जाने इतिहास के कितने उतार–चढ़ाव देखे होंगे लेकिन तमाम अनुभवों से भरा होने के बावजूद वह अकेली जान पड़ी। रूस में उस जैसे बहुत से लोग हैं, जो बूढ़े हैं, अकेले हैं, युद्ध में अपने प्रियजनों को खो चुके हैं।

वहाँ मुझे दूसरा बूढ़ा आदमी जो मिला, उसने अपनी वर्दी पर कई सारे पदक सजा रखे थे। उसने पुराना भूरे से रंग का विंडचिटर पहन रखा था, हाथ में छड़ी थी, एक बेंच पर चेष्टाशून्य सा बैठा था। उसके घुटने के पास एक लकड़ी का कटोरा रखा था। कटोरे का सब रंग–रोगन उड़ चुका था। रूस में मेरी मुलाक़ात ऐसे बहुत से लोगों से हुई जो अकेले थे, उदास थे, ज़िन्दगी से आस छोड़ चुके थे लेकिन उनके पास हैरतअंगेज़ कहानियों का ख़ज़ाना था। ऐसे ही एक बूढ़े आदमी को मैंने कोला का कैन दिया था। उसकी वर्दी पर भी मेडल सजे थे, लेकिन उस आदमी ने कोला नहीं पी बल्कि अपने पोते को देने के लिए कैन को अपनी जेब में रख लिया। बूढ़े आदमी ने मुझे बताया कि उसके पोते ने इससे पहले कभी कोला नहीं पी है।

रूस में रहने के दौरान, मुझे उसकी समृद्ध संस्कृति को देखने का मौक़ा मिला। मैंने वक़्त के कुछ ऐसे निशान देखे जब सबकुछ बदल रहा था। देश में घूम रहे चीनी लोगों से अनेक शानदार कहानियाँ सुनीं। इन कहानियों ने मेरी रचनात्मकता को एक आत्मिक प्रेरणा दी। मेरी उस अँधेरे में से निकलने में मदद की जिसमें मैं ख़ुद को खोया हुआ महसूस कर रही थी। मेरी नज़रों को एक नया नज़ारा दिया।

ये एक कहानी है, जो मैंने ट्रेन में सुनी थी।

1950 और 60 के दशक की बात है। उस समय रूस और चीन के बीच सम्बन्ध दोस्ताना थे। शू लुक्स्वे उस समय केवल 15 साल के थे। वह बीजिंग के किसी कॉलेज में पढ़ रहे थे और रिपोर्टर बनना चाहते थे। उन्होंने किसी के साथ पत्राचार शुरू किया। और वह एक यूक्रेनियाई युवती लुदा के प्यार में पड़ गये। लुदा बीजिंग आ गयी। वहाँ आकर उसने शर्मीले शू को सिखाया कि असली पुरुष होना क्या होता है। दोनों अपने

प्यार में ख़ुश थे। वे अपने विवाह का पंजीकरण कराने के लिए कॉलेज के लीडरों के पास गये। शू को लीडरों ने एक ओर खड़ा कर दिया और उनमें से एक लीडर ने कहा, ''तुम्हारी शादी आगे नहीं बढ़ सकती। आदेश मिला है कि तुम तुरन्त सोवियत संघ लौट जाओ...''

साइबेरिया होकर मास्को जाने वाली ट्रेन बीजिंग स्टेशन से निकलने को तैयार थी। लड़की ट्रेन के भीतर खिड़की के पास बैठी थी और लड़का प्लेटफ़ॉर्म पर खड़ा था। दोनों जन्मों–जन्मों तक साथ निभाने की क़समें खा रहे थे, ''हम हमेशा एक–दूसरे को ऐसे ही प्यार करेंगे, हम अगले साल शादी कर लेंगे...''

लेकिन अगला साल 'अनिश्चित भविष्य' में बदल गया और कुछ समय बाद दोनों के बीच का सम्पर्क टूट गया।

एक दिन कॉलेज के एक लीडर ने शू से कहा, ''तुम्हें तुरन्त कोई लड़की ढूँढ़कर शादी कर लेनी चाहिए। मुझसे ये मत पूछना क्यों। अगर तुमने शादी नहीं की तो...''

1989 के बसन्त के दिनों की बात है। शू को अचानक लुदा की एक चिट्ठी मिली।

सालों पहले, जो प्रेमी जोड़ा एक–दूसरे से बिछुड़ गया था और जिन्हें एक–दूसरे के बारे में यह भी नहीं पता था कि दूसरा ज़िन्दा भी है या मर गया, वह 30 सालों तक एक–दूसरे से वैसी ही शिद्दत से प्यार करता रहा।

दोनों के बाल पक चुके थे–बीजिंग कैपिटल एयरपोर्ट पर लोगों की भीड़ उन्हें देख रही थी और वे दोनों एक–दूसरे की बाँहों में समाये हुए थे।

कहानी सुनाने वाले ने यहीं पर कहानी ख़त्म कर दी। मैंने पूछा कि शू और लुदा का फिर क्या हुआ, तो कहानीकार ने कहा कि उसे नहीं पता।

चीन लौटने के बाद, मैं शू लुक्स्वे का पता लगाने के लिए ख़ासतौर पर बीजिंग गयी, लेकिन शहर की कई यूनिवर्सिटी की ख़ाक छानने के बाद भी किसी को शू लुक्स्वे नाम के आदमी के बारे में कोई जानकारी नहीं थी। आख़िर में मैंने बीजिंग के लोक सुरक्षा ब्यूरो में जाने का फ़ैसला किया, लेकिन ब्यूरो में एक बूढ़े कर्मचारी ने बताया कि जब तक मेरे पास कोई पहचान–पत्र नहीं होगा, वे मेरी कोई मदद नहीं कर सकते। मैंने उन्हें रूस के अपने अनुभवों के बारे में बताया, चेचन्या के रौंगटे खड़े कर देने वाले अनुभव बताये और ये भी बताया कि किस तरह मैं सात दिन

और सात रात केवल ब्रेड के सहारे ज़िन्दा रही। किस तरह से मेरा पाँच किलोग्राम वज़न कम हो गया...

आख़िरकार उन्होंने कहा, ''एक मिनट रुको।''

शू लुक्स्वे नाम के चार लोगों के रिकॉर्ड उन्होंने निकाले। मुझे उसमें से एक की उम्र शू की उम्र के बराबर लगी तो मैंने उसे अलग छाँट लिया। उसके नाम के आगे उसका पता बीजिंग स्टील एंड आयरन इंस्टीट्यूट लिखा था। वहाँ वह किसी डोरमेट्री में रहता होगा। मन ही मन प्रार्थना करते हुए मैंने दरवाज़े पर दस्तक दी, ''हे ईश्वर, मेहरबानी करना...''

मेरा अन्दाज़ा सही निकला। प्यार की 30 सालों की उस अधूरी दास्तां का वह हिस्सा भी मुझे मिल ही गया, जिससे यह त्रासदपूर्ण प्रेम कहानी पूरी होती थी।

लुदा ने शू लुक्स्वे को बताया कि वह इतने साल उसका इन्तज़ार करती रही। शू लुक्स्वे के लिए यह यक़ीन करना ही मुश्किल था कि एक यूक्रेनियाई लड़की 20 से ज़्यादा साल तक उसके इन्तज़ार में अकेले ही ज़िन्दगी गुज़ारती रही, लेकिन इससे भी बुरी ख़बर यह थी कि उसे समझ नहीं आ रहा था, अपनी बेचारी चीनी बीवी को वह यह बात कैसे बताये, लेकिन उसकी पत्नी चाङ मेईली ने जो कहा, उसकी किसी को उम्मीद नहीं थी और सब हैरान रह गये। वह इंस्टीट्यूट की नर्सरी में बच्चों की देखभाल का काम करती थी। उसके चेहरे पर एक पवित्र नदी की सी शान्ति और पवित्रता थी। उसने सुझाव दिया कि उसका पति और लुदा, दोनों उनका कमरा इस्तेमाल कर सकते हैं।

लुदा ने उससे कहा, ''मेईली...मैं तुम्हें आहत नहीं करना चाहती, मैंने तुम्हारी जैसी रहमदिल औरत आज तक नहीं देखी!''

काफ़ी समय पहले, शू लुक्स्वे यूक्रेन की यात्रा पर गया था। वह उसी घर में गया जहाँ लुदा उसके लिए 20 साल से भी ज़्यादा वक़्त तक उसका इन्तज़ार करती रही थी। वहीं, उसी घर में उनके प्यार की निशानी थी–दोनों की बेटी, आकालीना। आकालीना ख़ुद इतनी बड़ी हो चुकी थी कि वह जल्द ही माँ बनने वाली थी। आकालीना भागकर अपने पिता से लिपट गयी और उसे कसकर पकड़ लिया। अपने पिता से वह पहली बार मिल रही थी। उसके शब्दों में उसकी विह्वलता, पीड़ा साफ़ झलक रही थी, ''पापा! आख़िर आज मैंने आपको पा ही लिया! मैं और माँ कितने सालों से आपका इन्तज़ार कर रहे थे, हमारे ऊपर न जाने क्या–क्या गुज़री!''

शू लुक्स्वे ने अपनी बेटी को कसकर गले से लगा लिया और काफ़ी देर तक उसके मुँह से कोई शब्द नहीं निकला...

शू लुक्स्वे की कहानी का यह सुखद अन्त जानकर मुझे बहुत ख़ुशी हुई। उसे एक ही जीवन में दो ख़ूबसूरत और रहमदिल औरतों का साथ मिला।

एक और रूसी इतना ख़ुशक़िस्मत नहीं था।

वह कसी हुई क़द–काठी का लम्बा–चौड़ा और मिश्रित नस्ल का युवक था। आँखें काली और बाल भी काले। लेक बाइकाल के क़िनारे पर उसका घर था। उसकी न तो बीवी थी और न ही कोई दोस्त। रात–दिन उसका अगर कोई साथी था तो वह थी शराब और फ़्लोवर नाम का एक कुत्ता।

गर्मियों के दिनों में वह अक्सर लेक के किनारे बालू पर लेटा नज़र आता। पुराना और उदासी भरा रूसी गीत *त्रोइका* गाता रहता, ''वोल्गा नदी बर्फ़ से ढँक गयी है...''

एक शाम की बात है, एक चीनी कारोबारी लेक बाइकाल आया। उसने उस आदमी से ऐसे ही मूर्खता में कह दिया, ''मैं भी चीनी हूँ...''

बिना कुछ सोचे–समझे, उसने उस कारोबारी की आवभगत में पलक पाँवड़े बिछा दिये जो उसके लिए पूरी तरह अजनबी था। उसने कारोबारी को ऐसी–ऐसी बातें बता दीं जिन्हें वह सालों से अपने भीतर दफ़न किये हुए था–

उसका नाम वसीली इवानोविच था। उसने बताया कि उसका पिता चीन के शांगदोंग प्रान्त का रहने वाला था और सोने की खोज में वह व्लादिवोस्तोक चला गया था। वहाँ उसकी मुलाक़ात एक रूसी लड़की से हुई। 19 साल पहले उसने अपने पति और बेटे से अन्तिम शब्द कहे और दुनिया को छोड़कर चली गयी।

''तुम दोनों को चीन लौट जाना चाहिए था।''

वसीली के पिता उसे शांगदोंग के पिंग्दू ले गये। यह ग़रीब और पिछड़ा पहाड़ी गाँव था।

वसीली बटर और ब्रेड खाकर बड़ा हुआ था। सूखे मीठे आलू उसे रास नहीं आये, न ही वह चीनी भाषा बोलना सीख सका। खेत में कुदाली चलाना भी उसके बस की बात नहीं थी। नतीजतन उसका हर दिन अकेले और अवसाद में बीतने लगा।

एक दिन जब वह आँगन में कपड़े धो रहा था तो उसे बाड़ के पीछे से किसी के हँसने और मज़ाक़ उड़ाने की आवाज़ सुनाई दी, ''हा, हा, हा!

तुम्हारे पूरे शरीर के ऊपर इतने बाल कैसे उग आये? तुम तो किसी वनमानुष जैसे दिख रहे हो! हा, हा, हा...''

उस हँसी ने उसका अकेलापन ख़त्म कर दिया। उसकी रातें दो काली आँखों की ख़ूबसूरत रौशनी से जगमग हो उठीं।

लड़की ने उसे चीनी भाषा बोलना सिखा दिया और खेत में कुदाल चलाना भी। अड़ोसी–पड़ोसी बातें बनाने लगे, लेकिन दोनों ने किसी की परवाह नहीं की। समाज से नज़रें फेरकर वे पूरी हिम्मत से एक–दूसरे का हाथ थामे आगे बढ़ते रहे। दोनों ने अपने लिए एक घर भी सही कर लिया। दोनों की शादी होने वाली थी। शादी के एक दिन पहले, कुछ लोग उनके पास आये। उन्होंने अपने बाजुओं पर लाल रंग की पट्टियाँ बाँध रखी थीं। उन्होंने लड़के को एक पर्चा दिया जिस पर एक आदेश लिखा था, ''तुम तीन दिन के भीतर अपने देश लौट जाओ नहीं तो तुम्हें एक रूसी जासूस होने के अपराध में सज़ा दी जायेगी!''

उसने अपनी क़िस्मत से लड़ने की कोशिश की, पीपल्स कम्युन में गया और गाँव के मेयर से भी बात की...

तीसरे दिन, प्रेमी जोड़े को ज़िन्दगीभर के लिए अलग–अलग कर दिया गया।

लड़की ने कहा, ''अगर तुम चले गये तो पता नहीं मैं जी भी पाऊँगी या नहीं।''

''तुम्हें जीना होगा, मैं लौटूँगा और तुमसे शादी करूँगा!''

सोवियत संघ लौटने के बाद उसने लड़की को न जाने कितने ख़त लिखे लेकिन कोई जवाब नहीं आया। धीरे–धीरे उसका दिल पत्थर होता चला गया। उसने शहर छोड़ दिया और लेक बाइकाल में आकर रहने लगा।

चीनी कारोबारी ने उसे दिलासा दिया और बताया कि चीन में अब काफ़ी खुलापन आ गया है और उसे वहाँ जाकर लड़की की तलाश करनी चाहिए...

लेकिन वसीली ने कहा, ''अब उसे ढूँढ़कर भी क्या फ़ायदा होगा? उसकी तो कभी की शादी हो चुकी होगी! अब मेरे पास क्या बचा है, सिवाय शराब के...'' और उसने अपने हाथ में पकड़ी शराब की बोतल एक ही साँस में ख़ाली कर दी। लेक बाइकाल के तट पर फिर से वही उदासी भरा गीत गूँज उठा, ''वोल्का नदी बर्फ़ से ढँक गयी है...''

इस कहानी को सुनकर मुझे बहुत तकलीफ़ हुई। मुझे सहज होने में

कुछ समय लग गया। वसीली के प्यार की कहानी सुनकर, मुझे उसके दौर की पूरी पीढ़ी के लिए रोना आया।

खाबरोवस्क में मेरी मुलाक़ात चीनी मूल के रूसी वैज्ञानिक च्यांग कानछेंग से हुई।

च्यांग कानछेंग ने चीन मेडिकल यूनिवर्सिटी से ग्रेजुएशन की थी।

यूनिवर्सिटी में पढ़ाई के दौरान उन्हें यह यक़ीन हो गया कि वह इन्सान की उम्र बढ़ने के पीछे के रहस्य का खुलासा कर सकते हैं। इस रहस्य की खोज करने के लिए वह एकदम पागल थे, उन पर जुनून सवार था। इसके लिए उन्हें लोगों की आलोचना भी झेलनी पड़ी...जुलाई 1971 में वह भागकर व्लादिवोस्तोक चले गये। उन्होंने सोचा था कि वह वहाँ अपने शोध को आगे बढ़ा सकते हैं। लेकिन हक़ीक़त यह थी कि रूस में बदक़िस्मती उनकी राह देख रही थी। उन्हें दस साल के लिए जेल में डाल दिया गया। वह किसी भी देश के नागरिक नहीं थे। दस साल बाद, आख़िर में वह अपने शोध को जारी रखने में कामयाब हो गये, लेकिन उनकी किताब पर साहित्यिक चोरी के आरोप लगते रहे...

मैं उस वैज्ञानिक की प्रयोगशाला देखने गयी और मैंने वहाँ वह मशीन देखी जिसमें उसने अपनी पूरी ज़िन्दगी लगा दी थी। विज्ञान के बारे में मुझे कुछ पता नहीं था और यह भी नहीं जानती थी कि उसकी थ्योरी सही भी है या नहीं, लेकिन बुढ़ाते शरीर को देखकर मैं समझ सकती थी कि उन्होंने खोज में पूरी ज़िन्दगी खपा दी। उन्हें देखकर यह भी साफ़ पता चलता था कि उन्होंने न जाने कितनी प्रताड़नाएँ सही हैं, लेकिन अभी भी वह टूटे नहीं थे।

रूस में जो भी अजीबोग़रीब कहानियाँ मैंने सुनीं, वे सब मुझे सोना खोजने आये चीनी लोगों ने सुनाई थीं।

एक दिन मैं न्यू साइबेरिया के बाज़ार में थी। मैंने मोटी औरतों के एक समूह को देखा–काले बाल, काली आँखें। उन्होंने लम्बी स्कर्ट पहन रखी थी और वह एक चीनी आदमी को धकिया रही थीं। वे औरतें झगड़ालू भेड़ियों की तरह लग रही थीं। उन औरतों ने उस आदमी का बटुआ छीन लिया और अपनी स्कर्ट में ठूँस लिया। ज़ोर–ज़ोर से हँसती हुई वे वहाँ से तुरन्त भाग गयीं। चीनी आदमी गुस्से में आगबबूला हो गया और उन्हें गालियाँ देने लगा, लेकिन वह कुछ कर नहीं सकता था। रूस के बारे में सबसे ख़राब बात यह है कि इस तरह के काले बालों और काली

आँखों वाले बनजारे देश में सबसे ज़्यादा चोरियों के मामलों में लिप्त पाये जाते हैं।

खाबरोवस्क में करेंसी ट्रेडिंग बाज़ार में पैसों का लेन–देन करने वाले एक आदमी से मेरी मुलाक़ात हुई। छोटे क़द वाला वह चीनी कोरियाई पृष्ठभूमि से ताल्लुक रखता था। वह वोल्गा ब्रांड की गाड़ी में बैठा हुआ था।

कार की खिड़की खुली हुई थी और वह मुझसे बातें कर रहा था। साथ ही उसकी नज़र अपनी दुकान पर भी थी।

मैंने उससे पूछा, ''मैंने सुना है कि करेंसी ट्रेडर्स के बीच आपका बहुत सम्मान है और बहुत से लोग आपके रेट्स पर क़रीब से नज़र रखते हैं।''

वह थोड़ा–सा हँसा।

''एक दिन में पैसे का कितना लेन–देन हो जाता है?''

मेरी ओर देखे बिना, उसने अपनी अँगुली से एक ओर को इशारा किया जहाँ एक यात्री बैग रखे हुआ था। बैग को उसने अपनी जैकेट से ढँक रखा था।

''आपको डर नहीं लगता, कोई लूट ले तो? आपके पास तो इतना पैसा है।''

वह फिर हँसा, चेहरे के भावों में कोई अन्तर नहीं आया था। उसने आराम से जैकेट हटायी और काले रंग की सब मशीनगन नज़र आया!

मैं सकते में आ गयी, ''लेकिन आप तो अकेले हैं, अगर...''

उसने फूलों के प्रिंट वाली अपनी कमीज़ हल्के से खोली। जो कुछ देखा, उससे मेरे तो होश ही फ़ाख़्ता हो गये। उसकी कमर के आसपास कुछ बँधा हुआ था जो किसी डिटोनेटर जैसा नज़र आ रहा था। उसने कहा, ''तुम्हें क्या लगता है, अपनी ज़िन्दगी को जोख़िम में डाले बिना, मैं पैसा कमा सकता हूँ? ''

मेरी तो बोलती ही बन्द हो चुकी थी। काफ़ी देर तक मैं पत्थर की तरह जड़ हो गयी। उसकी बहादुरी और उसका जज़्बा देखकर मेरे मुँह से बोल तक न फूटा। कैसे वह अपने ही हाथों में अपनी ज़िन्दगी लिए घूम रहा है!

मैं उससे कुछ देर और बात करना चाहती थी, लेकिन उसी समय रूसी लोगों का एक समूह वोल्गा ब्रांड की कार के पास आ गया। उसने जल्दी से कहा, ''जाओ यहाँ से, तुरन्त!''

और मैं वहाँ से चली आयी।

मैं जानती थी कि रूस में सोने की खोज में गये लोग अपनी ज़िन्दगी को किस तरह दाँव पर लगाये हुए थे। मैं भी उनमें ही शामिल थी। यही वजह थी कि मैंने रूस की यात्रा सम्बन्धी अपने रिपोर्ताज़ को शीर्षक दिया था *रशियन रूलेट*। लेकिन जहाँ दूसरे लोगों ने पैसा कमाने के लिए जान जोख़िम में डाली, वहीं मैंने लोगों के इंटरव्यू करने के लिए इतना बड़ा ख़तरा मोल लिया।

चलिए वहीं चलते हैं, जब लु शुन लिख रहे थे। उन्होंने चीनी लोगों की घटिया सोच को लेकर उन्हें ख़ूब बुरा–भला कहा और 'बच्चों को बचाओ' का नारा दे डाला। ये वे बच्चे थे जिनकी एक तरह से आत्मा ही निकाल ली गयी थी और अब उन्हें मरी हुई हालत में छोड़ दिया गया था, लेकिन अब उन 'बच्चों' के बच्चे बड़े हो चुके थे जिनको बचाने की बात उन्होंने की थी। लेकिन जिस ख़राब सोच के बारे में लु ने लिखा था, उनमें से कितनी 'घटिया सोच' ख़त्म हो पायी थी?

सिवाय अनुमान लगाने के इस बारे में मेरे पास कहने के लिए कुछ नहीं है, लेकिन रूस में मैंने जो भी देखा, निश्चित रूप से उसने चीन की एक राष्ट्र के नाते मेरी समझ को और अधिक वास्तविक आधार देने में मदद की।

इस बात में कोई दो राय नहीं है कि जहाँ भी सबसे अधिक शोर है, सबसे अधिक अफरातफरी है और सबसे अधिक गन्दगी है, वहाँ आप चीनी लोगों को इकट्ठा पाओगे। खाबरोवस्क में मैंने अपनी आँखों से देखा था कि जब भी कोई चीनी यात्री नौका किनारे पर लगती, वहीं चीनी लफ़ंगों के झुण्ड के झुण्ड आकर उसे घेर लेते और नौका पर चढ़ जाते, चिल्ला–चिल्लाकर पूछते, ''पैसों के कारोबारी हैं?'' मैंने एक लड़के को देखा जो हज़ार रूबल बदलवाना चाहता था और एक लड़की जो पाँच सौ बदलवाना चाहती थी। इनमें से कुछ लफ़ंगों ने उनसे बात करना ही ज़रूरी नहीं समझा। उनकी इन लोगों के साथ बहस हो गयी। ऐसे मामलों में बड़ी मारपीट हो जाती। कई बार तो ऐसा होता कि किसी की नाक से ख़ून निकल आता, चेहरा फूट जाता। जो भी हो, ऐसे झगड़ों का अन्त छुरेबाज़ी से ही होता।

मैं इन घटनाओं को कैमरे में क़ैद करना चाहती थी, लेकिन डरती थी कि कहीं वे मेरे गले पर ही न चाकू सटा दें।

खाबरोवस्क में चीनियों के ही हाथों, चीनी लोगों का बहुत ख़ून बह

चुका था। एक रात की बात है, कुछ चीनी लोग हथियार लेकर एक गेस्ट हाउस में घुस आये। उस गेस्ट हाउस में कुछ 'मुनाफ़ाख़ोर' ठहरे हुए थे। उनकी गर्दन पर हथियार अड़ाकर उन्होंने उन लोगों से जबरन वसूली करनी चाही। आख़िर में हाल यह हुआ कि पूरे गेस्ट हाउस को ही वे लोग लूटकर चले गये। रूसी पुलिस ऐसे मामलों पर कोई ध्यान ही नहीं देती थी। अगर कोई चीनी शिकायत लेकर उनके पास जाता भी तो वे कन्धे उचकाकर हाथ खड़े कर देते। रूसी पुलिस मानती थी कि ये सब मामले चीनी लोगों का आपस का लफड़ा है और उनका इनसे कोई लेना–देना नहीं है–वे चाहे जीयें या मरें।

ये सब देखकर मेरा दिमाग़ भन्ना गया; चीन में पहले ही इतनी मारामारी क्या कम थी जो विदेश में जाकर भी एक–दूसरे का गला काट रहे थे; एक राष्ट्र के नाते क्या हम लोगों को इन चीज़ों के बारे में सोचना नहीं चाहिए?

इतना ही काफ़ी नहीं था। मैंने देखा कि ये चीनी मुनाफ़ाख़ोर लोग एडिडास के नक़ली उत्पादों का धन्धा करते थे, घटिया और दोयम दर्जे का 'मेकअप' का सामान जो चॉक से बनाया हुआ होता था, घटिया जूते जो कि हफ़्ता भर मुश्किल से चल पाते थे, फैक्ट्रियों में काम आने वाले एथेनोल को मिलाकर बनाई गयी चावल की वोदका और ऐसा ही हर तरह का फ़र्ज़ी सामान बेचकर मुनाफ़ा कमाते थे। इस सबके चलते विदेशों में चीन की छवि को बहुत धक्का लगा। ज़ाहिर–सी बात है कि मैं भी उन्हीं मुनाफ़ाख़ोरों में आती थी और मैं भी ये नक़ली और घटिया गुणवत्ता की चीज़ें बेचने के लिए ज़िम्मेदार थी।

जब मैं रूस में थी, तो अक्सर देखती थी कि वहाँ के लोग एक महीने की तनख़्वाह नक़ली लिबाई जूतों पर या नक़ली बड़े ब्रांड के कपड़ों पर ख़र्च कर देते थे। इन कपड़ों, जैकेटों में असली फर के बजाय मुर्गों के पंख भरे होते थे। जब पोल खुलती और ग्राहक, सामान बेचने वाले चीनी कारोबारी से सवाल–जवाब करने आते, तब तक वो पहले ही फ़रार हो चुके होते थे। मैंने कई रूसी दुकानों के दरवाज़ों पर लिखे देखा था, ''इस दुकान पर चीनी सामान नहीं बेचा जाता है।'' मैंने ख़ुद अपनी आँखों से देखा था कि कैसे रूसी लोग शुरुआत में चीनी सामान के पीछे पागल हो जाते थे लेकिन जब असलियत समझ में आने लगी तो उन्होंने चीनी सामान का बहिष्कार ही करना शुरू कर दिया!

सोवियत संघ के विघटन के बाद, रूस और कई पूर्वी यूरोपीय देशों को सस्ते चीनी सामान की बहुत ज़रूरत थी। चीन, ख़ासतौर से तीन सुदूर पूर्वी प्रान्तों के लिए यह एक सुनहरा मौक़ा था। नक़ली और घटिया दर्जे के सामान का चीन ने ढेर लगा दिया। कुछ 'मुनाफ़ाखोर' इस चक्कर में काफ़ी माल बनाने में कामयाब हो गये, लेकिन रूस, पूर्वी यूरोप और यहाँ तक कि पूरी दुनिया में चीन का नाम इस मामले में बहुत बदनाम हो गया और चीन के तीन सुदूर पूर्वी राज्यों को सबसे अधिक नुक़सान हुआ। उन्होंने एक सुनहरा मौक़ा गँवा दिया!

आज तक मुझे इस बात का दुख है कि चीन के तीन पूर्वी प्रान्तों ने अगर उस मौक़े का सही फ़ायदा उठाया होता तो आज उनकी शक्ल ही कुछ और होती।

रूस में मुझे सबसे दुखद अनुभव चेचन्या में हुआ। सितम्बर 1992 में च्यामुसी की किसी कम्पनी के एक मैनेजर श्री यांग अपनी कुछ रक़म लेने के लिए प्यातिगोर्स्क और चेचन्या जाने की योजना बना रहे थे। मैंने सोचा कि कुछ इंटरव्यू कर लूँगी तो मैं भी उनके साथ हो ली, लेकिन श्री यांग ने बताया कि इस समय तो चेचन्या में लड़ाई छिड़ी हुई है और ऐसे में मेरे लिए वहाँ जाना ख़तरे से ख़ाली नहीं होगा।

मैंने कहा, ''कोई बात नहीं, अपना ख़र्चा मैं ख़ुद करूँगी और अगर मुझे कुछ हो भी जाता है तो उसके लिए मैं ज़िम्मेदार होऊँगी!''

और इस तरह, मैं जैकेटों का ढेर लेकर उनके साथ निकल पड़ी। उनके साथ दो लोग और भी थे। हम लोगों को खाबरोवस्क से प्यातिगोर्स्क जाना था जो कि उत्तरी क़ाकेसस में पड़ता है। इस दौरे पर मैं अपने साथ वूबी टाइपिंग मैथेड की अभ्यास पुस्तिका ले गयी थी। सफ़र के दौरान मैंने सारा समय इसी को सीखने में लगा दिया कि वूबी इनपुट सिस्टम में टाइप कैसे किया जाता है।

पतझड़ बीतने वाला था। शाम का समय था और मैं उन तीनों लोगों के साथ प्यातिगोर्स्क से जेलुजिनी जाने वाली ट्रेन में सवार हो गयी। हमारा डिब्बा पुराना और गन्दा–सा था। उसके लकड़ी के दरवाज़े पर ढेरों छेद थे।

आधी रात हो चुकी थी लेकिन मेरी आँखों में नींद नहीं थी। अँधेरे डिब्बे में हम चारों जने अपनी–अपनी बर्थ पर लेटे हुए थे। मैं दरवाज़े के छेदों से आ रही रौशनी को देख रही थी और गलियारे में कभी–कभार उभरने वाली पदचाप सुन रही थी।

रूस और चेचन्या के बीच युद्ध छिड़ने वाला था, लेकिन हम सब इस बात से बेख़बर वहाँ सफ़र पर निकले थे। चेचन्या और बाहरी दुनिया के बीच सम्पर्क के लिए केवल कुछ ही बसें और ट्रेन चल रही थीं। बाक़ी सभी हवाई अड्डों और रेलवे स्टेशनों को रूस ने बन्द करवा दिया था। ट्रेन में सुरक्षा न के बराबर थी। इसका नतीजा यह था कि ट्रेनों में डकैती और हत्याएँ आम बात हो गयी थीं। हमने सुना कि कुछ समय पहले ही ट्रेन में सवार कुछ चीनी यात्रियों के साथ लूटपाट की घटना हो चुकी थी।

मेरे दिमाग़ में इन्हीं सब बातों को लेकर चिन्ता थी। अचानक मैंने दरवाज़े पर हाथ के हथौड़े की तरह पड़ने की आवाज़ सुनी। गलियारे में अचानक ही बहुत–सी आवाज़ें भी सुनाई देने लगीं। हम में से किसी की चूँ भी करने की हिम्मत नहीं हुई। डर के मारे मेरा गला सूख गया। हमारा दुभाषिया अचानक उठकर खड़ा हुआ और डिब्बे का दरवाज़ा खोल दिया। वह भीड़ की आवाज़ों में गुम हो गया, लेकिन कुछ ही देर बाद लौटा और बोला, ''कुछ युवक हैं, सोच रहे थे कि यह उनका डिब्बा है!'' गलियारे की धीमी रौशनी में ही मैंने कुछ हट्टे–कट्टे युवकों को देखा जिनकी आँखों में अंगारे थे। शैतान ही जानता है कि वे वहाँ क्या कर रहे थे।

अगले दिन सुबह छह बजे थे कि ट्रेन ग्रोज़नी पहुँच गयी। यह शहर चेचन्या की राजधानी है। श्री यांग ने पहले ही उस आदमी को फ़ोन कर दिया था जिसके ऊपर उनकी कम्पनी का बकाया था। सुलेमान से उन्होंने कह दिया था कि वह हमें लेने स्टेशन आ जाये, लेकिन उसका कहीं अता–पता नहीं था। पतझड़ का मौसम था और बारिश हो रही थी। हम स्टेशन पर ही खड़े होकर उसका इन्तज़ार करते रहे।

रूस में रहने के दौरान मैंने देखा था कि ग्रोज़नी सबसे ख़राब हालत में था। इस शहर में जितने भिखारी मैंने कहीं नहीं देखे थे। सड़कों पर गन्दा पानी जमा था और झड़ी हुई पत्तियों का कचरा उनमें तैर रहा था। इमारतें पुरानी थीं और धराशायी हो चुकी थीं। वहाँ ज़िन्दगी नाम की चीज़ ढूँढ़नी पड़ रही थी। एक इमारत थी जो थोड़ा सही–सलामत बची थी जो राष्ट्रपति का महल थी। यह इमारत क़रीब दस मंज़िला थी जिसे बाद में बम से तबाह कर दिया गया था। राष्ट्रपति के आवास के बाहर लोगों की भीड़ जमा थी। ऐसा लगता था, मानो वे किसी बड़ी बहस में उलझे हैं, बहस करते लोग अचानक एक–दूसरे से धक्कामुक्की करने लगते।

श्री यांग ने बताया कि बहस करने वाले चेचन्या की अलग–अलग राजनीतिक पार्टियों के नेता थे। मैं उनके पास जाकर कुछ फ़ोटो खींचना चाहती थी, लेकिन श्री यांग ने मुझे रोक दिया, ''आपको उनके ज़रा भी क़रीब नहीं जाना चाहिए! यहाँ के लोग जंगली और बहुत जल्द भड़क जाते हैं। ये पक्की बात है कि अगर उन्होंने आपको उनके फ़ोटो खींचते देख लिया तो आपका कैमरा छीन लेंगे!''

दोपहर में हमने दो बजे तक इन्तज़ार किया, तब जाकर कहीं एक गंजा–सा आदमी नज़र आया। उसकी आँखें उल्लू जैसी थीं। वह सुलेमान था।

श्री यांग ने तुरन्त उस पर अपनी ज़ुबान से पलटने का आरोप लगाया और पूछा कि उसने अब तक 30 लाख रूबल का भुगतान क्यों नहीं किया है। दोनों बात कर रहे थे और सुलेमान एक चिपचिपी–सी पेंसिल से खेल रहा था जो उसने हाथ में पकड़ रखी थी। उसने बताया कि उसके खाते में पैसा है लेकिन रूस ने बैंक में लेन–देन पर रोक लगा दी है और यही कारण था कि वह भुगतान नहीं कर सका; उसने यह भी कहा कि उसके पास बहुत सारा तेल है, लेकिन रूस ने क्षेत्र के चारों ओर के परिवहन मार्गों को बन्द कर रखा है तो उसके पास तेल को बाहर बेचने का भी रास्ता नहीं है। अपनी बात ख़त्म करने के बाद सुलेमान ने अपने दोनों हाथ आगे फैलाकर कन्धे उचका दिये। संकेत यही था कि वह कुछ नहीं कर सकता।

अगले कुछ दिन ऐसे ही निकल गये। कुछ हाथ नहीं आया।

ग्रोज़नी में युद्ध की दस्तक सुनाई दे रही थी और हर कोई डर के साये में जी रहा था।

जैसे–जैसे शाम हुई, मैं होटल में अपने कमरे की खिड़की पर खड़ी हो गयी, बाहर युद्ध छिड़ा हुआ था। बन्दूक़ों की आवाज़ें सुनाई दे रही थीं और आसमान आग के शोलों से लाल हो उठा था! मैंने खिड़की से नीचे झाँककर गली में देखा। चार या पाँच के समूहों में सैनिक वर्दी पहने और राइफ़लें लिए बूटों की खट–खट करते हुए गुज़र रहे थे। सारी रात बूटों की आवाज़ कमरे में सुनाई देती रही। मुझे लगा, पूरा शहर मेरी ही तरह जाग रहा है। मैंने बाद में पाया कि ये सैनिक चेचन्या माफ़िया के सदस्य थे। रूस के लोगों के दिलों में दहशत पैदा करने के लिए यही ज़िम्मेदार थे।

हम में से कोई भी रात में निकलने की हिम्मत नहीं कर पाता और हम सबने छोटी–छोटी कुल्हाड़ियाँ ख़रीद ली थीं जिन्हें हम एक पट्टे से अपनी कमर से बाँध लेते। ऐसा तभी किया जाता, जब दिन में हम लोगों को कहीं निकलना होता। अब यह बेहद हास्यास्पद लगता है; माफ़िया के लोग हमें अगर मारने पर ही तुल जाते तो क्या हमारी कुल्हाड़ी उनकी सब मशीनगन का मुक़ाबला कर सकती थी?

अगर कहूँ कि मुझे बिल्कुल भी डर नहीं लगा था, तो यह झूठ होगा लेकिन मुझे आज भी चेचन्या जाने का कोई अफ़सोस नहीं है। सही बात तो यह है कि मुझे अपने पर गर्व है। युद्ध के माहौल और उथल–पुथल का जो अनुभव मुझे चेचन्या में हुआ, वह आगे बहुत काम आया। चेचन्या की यात्रा की बदौलत ही मुझे दक्षिण कोरिया और यूरोप जाने में डर नहीं लगा।

ग्रोज़नी की सड़कों पर जो बात सबसे अधिक ध्यान खींचती थी, वह थी वहाँ के भिखारी। मैंने एक पुल पर बैठे हुए आसपास के भिखारियों को गिनना शुरू किया। दस से कम नहीं थे। जैसे ही उन लोगों ने हमें देखा, उन्होंने घुटनों के बल बैठकर दोनों हाथ हमारी ओर फैला दिये।

उनमें एक लड़की थी, मुश्किल से कोई 13–14 साल की। उस लड़की में कुछ ऐसा था, जो आज भी मैं उसे भुला नहीं पायी हूँ। उसने लम्बी–सी काली ड्रेस और काला स्कार्फ पहना हुआ था। उसकी बगल में लाल लकड़ी के दो बक्से से रखे हुए थे। उसका चेहरा एकदम सपाट था और वह पुल पर एकदम ख़ामोश बैठी थी और दूर कहीं देख रही थी। उसे देखकर लगता था, मानो किसी चित्रकार ने उसे अपनी पेंटिंग में उतारने के लिए इस तरह से बैठाया हुआ है। मेरा मन किया, उसे कुछ पैसे दे दूँ, लेकिन एक बार फिर से श्री यांग ने मुझे रोक दिया। उनका कहना था कि किसी भी सूरत में मुझे कोई रहमदिली नहीं दिखानी है, पैसा देना तो बहुत दूर की बात है। अगर मैंने ऐसा किया तो, सिर पर मुसीबत टूट पड़ेगी।

चेचन्या के बारे में कहा जाता है कि वहाँ की ख़ूबसूरत लड़कियाँ अक्सर चीनी लोगों को अपने 'प्रणय निवेदन' में फँसा लेती हैं, ''मैं आपसे प्यार करती हूँ, प्लीज़ मुझे अपने साथ ले चलो!'' उन्हें लगता था कि चीनी पुरुष धनवान हैं और इसीलिए वे चीनी पुरुषों से शादी करना चाहती थीं। अगर आपके पास दस हज़ार युआन हैं तो उनकी नज़र में आप लखपति हैं।

एक सप्ताह तक मैं चेचन्या में रही। आठवें दिन हम यात्री बस से लौट चले।

बस में चढ़ते हुए मैंने आतंकवाद से जर्जर हो चुके और उजाड़, वीरान शहर की ओर देखा। मुझे होटल चलाने वाली उस बूढ़ी औरत के कहे वे आख़िरी शब्द याद आ गये, ''आप लोग कितने ख़ुशक़िस्मत हैं कि चीन वापस जा रहे हैं, जहाँ युद्ध नहीं है...''

यही सच है; युद्ध के बीचोबीच रहने वाले लोगों की सिर्फ़ एक ही इच्छा होती है–ज़िन्दगी में शान्ति!

मैंने एक बार उससे पूछा था कि क्या चेचन्या के लोग सच में ही आज़ादी चाहते हैं? तो इस पर वह ग़ुस्सा हो उठी थीं, ''आज़ादी इतनी बड़ी चीज़ क्यों है? हम चारों ओर रूस से घिरे हुए हैं और हमारे पास सिर्फ़ तेल है। वह हमारे किस काम का? हमारे पास खाने को रोटी तक नहीं है! आज़ादी–आज़ादी करके जो लोग इतना हल्ला मचा रहे हैं वे अधिकारी लोग हैं। वे अपने लिए सत्ता हथियाना चाहते हैं! आम आदमी केवल शान्ति के साथ ज़िन्दगी जीना चाहता है। शैतान ही जानता है, यह तबाही और बर्बादी कब ख़त्म होगी, यह दहशत कब ख़त्म होगी!''

उसकी बातों में कितनी गहराई थी; कोई भी युद्ध आम आदमी ने शुरू नहीं किया और निश्चित रूप से आम आदमी कभी युद्ध चाहता भी नहीं है। बाद में जब मैंने टेलीविज़न स्क्रीन पर चेचन्या युद्ध की हिंसा को देखा तो मुझे होटल वाली वह बूढ़ी औरत याद हो आयी; पुल पर भीख माँगते बच्चे याद आ गये। क्या वे अभी भी ज़िन्दा होंगे?

ग़ुस्से के मारे श्री यांग के मुँह से झाग निकल रहे थे। बस में चढ़ते ही बोले, ''बेड़ा गर्क! फिर आना बेकार गया!''

30 लाख रूबल का बकाया वसूलने के लिए श्री यांग ने अपनी ज़िन्दगी दाँव पर लगा दी थी। एक बार नहीं, वह छह–छह बार चेचन्या आ चुके थे। इस दौरान उनकी चेचन्या गणतन्त्र के प्रधानमन्त्री मेमादेयेव और राष्ट्रपति दुदायेव से मुलाक़ात हुई थी। बाद में एक रूसी बम विस्फोट में उनकी मौत हो गयी थी, लेकिन इन मुलाक़ातों का श्री यांग को कोई फ़ायदा नहीं हुआ। उनकी समस्या ज्यों–की–त्यों बनी रही। उनका निजी और कोड लॉक से बन्द होने वाला ट्रंक चोरी हो गया, एक बार उन्हें अपने कमरे में कारतूस मिला...लेकिन उन्हें अपने बकाये का एक धेला भी नहीं मिला।

कुछ देर बाद हमारी बस रवाना हो गयी, लेकिन अचानक से बस रुक गयी। मैंने खिड़की से बाहर देखा—राजमार्ग के दोनों ओर भारी हथियारों से लैंस सेना की वर्दी पहने सैनिक सब मशीनगन लिए खड़े थे। सड़क के बीचोबीच सीमेंट के अवरोधक लगाये गये थे। एक बार में केवल एक वाहन ही अवरोधक के बीच में से निकल सकता था। सभी हथियारों का मुँह हमारी बस की ओर था। तुरन्त दो सैनिक हमारी बस में चढ़े, उनके हाथों में सब मशीनगनें थीं। उन्होंने कड़क आवाज़ में अपने—अपने पासपोर्ट सौंपने और बैग खोलकर दिखाने का आदेश दिया।

मुझे बहुत घबराहट होनी शुरू हो गयी; मुझे पता नहीं था कि हम कहाँ पर थे और ये लोग हमसे क्या चाहते थे; हम तो इनकी धरती पर विदेशी ही थे। ड्राइवर बस से नीचे उतरा और एक अधिकारी से दिखने वाले आदमी के पास गया। दोनों के बीच काफ़ी देर तक बातचीत होती रही।

आख़िरकार बस का इंजन फिर से चालू हुआ और हमारी बस धीरे—धीरे सीमेंट के अवरोधकों के बीच से निकलती हुई आगे बढ़ चली। शैतानों की उस धरती से निकलकर मैंने राहत की साँस ली। बाद में पता चला कि यह रूस और चेचन्या के बीच की सीमा थी। यात्रियों के सामान आदि की तलाशी इसलिए ली जा रही थी ताकि रूसी जासूसों को पकड़ा जा सके।

5 अक्टूबर, 1992। मैं मास्को में एक ट्रेन में सवार हुई जो खाबरोवस्क जा रही थी। यह ट्रेन यूरेशियाई भू—भाग से गुज़रती है और सफ़र में सात दिन और सात रातें लगती हैं। यह दुनिया की सबसे लम्बी ट्रेन यात्रा है।

ये सात दिन और सात रातें असहनीय थीं।

अक्टूबर का महीना रूस में काफ़ी ठण्डी वाला होता है। ट्रेन में गर्माहट की कोई व्यवस्था नहीं थी और डिब्बे की दीवारों को सीधा चीर कर हवा भीतर आ रही थी। मैंने रूई भरे हुए कई मोटे पायजामे पहन रखे थे, लेकिन इसके बावजूद मुझे ठण्ड महसूस हो रही थी। खिड़की के बाहर, चारों ओर घने जंगल ने धरती को ढँक रखा था और पेड़ इतने ऊँचे थे कि आसमान भी नज़र नहीं आ रहा था। घने जंगलों के अलावा वहाँ कोई चीज़ नज़र नहीं आ रही थी। जंगल और बस घना जंगल! ट्रेन के भीतर केवल अकेलापन और केवल अकेलापन! इससे भी बुरा यह था कि ख़रीदने के लिए कहीं खाने का सामान नहीं था और यहाँ तक कि गरम पानी भी कहीं नहीं मिला।

ट्रेन में सवार होने से पहले, मैंने सोचा था कि ट्रेन के भीतर ही कोई स्टॉल होगा, जहाँ से मैं खाने का सामान ख़रीद लूँगी। यही कारण था कि मैं अपने साथ केवल तरबूज़ लेकर आयी थी। ट्रेन में चढ़ने के बाद समझ में आया कि वहाँ काले ब्रेड के सिवाय और कुछ नहीं था। अब ऐसे में क्या किया जा सकता था। मेरे पास तरबूज़ के छिलके को खाने के सिवाय कोई चारा न था। जब भी किसी स्टेशन पर ट्रेन कुछ देर रुकती तो मैं सबसे पहले ट्रेन से उतरती ताकि कुछ खाने–पीने का सामान ख़रीद सकूँ। लेकिन हर बार मुझे हर स्टेशन सुनसान और वीरान ही नज़र आया। खाने–पीने का सामान तो छोड़ो वहाँ कोई इन्सान ही नज़र आ जाये तो बड़ी बात थी। ऐसे ही एक स्टेशन पर मुझे आख़िरकार कुछ ख़रीदने के लिए मिल ही गया। ये थे आलू के डंपलिंग। रूसी यात्री अपने साथ खाने–पीने का सामान लेकर चले थे। केवल मैं और कुछ दूसरे चीनी यात्री थे जिन्हें सात दिन तक काले ब्रेड और नमक लगी लाल टून से गुज़ारा करना पड़ा। ये हम साथ लेकर चले थे। चीन लौटने के बाद, मेरे बाल बुरी तरह झड़ने लगे। कंघी लगाते ही गुच्छे के गुच्छे बाल हाथ में आ जाते।

मुझे समझ नहीं आया; रूस के पास विशाल कृषि योग्य उपजाऊ ज़मीन है, लेकिन इसके बावजूद कोई खेती क्यों नहीं करता? वहाँ सब्ज़ियों की भारी किल्लत थी और एक खीरा 10 युआन से ज़्यादा का मिल रहा था। रूस में एक खीरा या टमाटर खाना बहुत बड़ी फिजूलख़र्ची मानी जाती थी। मुझे यह बात भी बड़ी अजीब लगी कि हर रूसी का शरीर किसी ध्रुवीय भालू की तरह था, लेकिन वे हमेशा निठल्ले बैठे रहते थे। क्या इसके पीछे समाजवादी विचार तो ज़िम्मेदार नहीं था, जहाँ भोजन का सबको समान वितरण होता था? इससे भी ज़्यादा मुझे एक और बात परेशान कर रही थी। हम चीनी लोग, जो रूस को अपना बड़ा भाई मानते थे, हम जिसकी ओर देखते आ रहे थे और दशकों से हम जिसके जैसा बनने की नक़ल करते आ रहे थे, जो अमेरिका के मुक़ाबले एक महाशक्ति था और इसके ताक़तवर लोग जिन्हें हम मानवता का 'भविष्य' मानते थे, वह रातोंरात इतना कमज़ोर और ग़रीब कैसे हो गया?

मैं ट्रेन की खिड़की से बाहर जंगल को निहार रही थी। अचानक किसी गाँव में कोई हट्टा–कट्टा रूसी पुरुष नज़र आ जाता या कोई भारी–भरकम महिला हाथों में दूध का बर्तन लिए नज़र आ जाती जिसने

अपने सिर पर एक तिकोना–सी टोपी पहन रखी होती। इन लोगों को देखकर मेरे दिल की हताशा और बढ़ जाती।

लेकिन जब मैं चीन के उस मुश्किल सफ़र को याद करती जब सुधारों का युग था और समाज धीरे–धीरे खुल रहा था, तो मैं राहत की साँस लेती।

व्यवस्था और ढाँचा हर चीज़ को तय करता है।

मेरा यह दृढ़ विश्वास है कि आज नहीं तो कल रूस का फिर से उत्थान होगा और यह फिर से मज़बूत बनेगा। यह केवल समय की बात है। जिस दिन रूस ने अपनी मौजूदा समस्याओं से ख़ुद को निकाल लिया, उस दिन उसे ताक़तवर बनने से कोई नहीं रोक सकता।

मैंने पाया कि रूसी लोगों की सीखने में बेहद रुचि होती है और वे ज्ञान का सम्मान करते हैं; आप जहाँ भी जायें, आपको लोग हाथों में किताबें और समाचार–पत्र लिए दिख जायेंगे। एक सफ़ेद बालों वाली बूढ़ी महिला दो बैग लिए ट्रेन में सवार हुई। एक बैग में भोजन था जबकि दूसरे में किताबें भरी हुई थीं। मैंने डिब्बे में चारों ओर नज़र दौड़ाकर देखा, ट्रेन के साथ–साथ लोगों के सिर भी हल्के–हल्के हिल रहे थे, लेकिन सभी के सिर किताबों में डूबे हुए थे; यहाँ तक कि बच्चे भी अपनी तस्वीरों वाली किताबों में खोए हुए थे। मैं पूरे डिब्बे में घूमकर आ गयी, लेकिन मुझे एक भी चीनी यात्री पढ़ता हुआ नज़र नहीं आया। वे सब गप्पें लगा रहे थे या फिर ताश खेल रहे थे।

एक शाम, मैंने देखा कि एक सहयात्री गलियारे में खड़ा होकर एक रूसी लड़की को चूम रहा था। वह आदमी मेरे कान में फुसफुसाया, ''लड़की को एक सिगरेट चाहिए था और मैंने कहा कि मैं तुम्हें चूमना चाहता हूँ...''

सातों दिन का सफ़र ऐसी ही बातों में बीत गया।

मुझे खाबरोवस्क में की हुई एक बेवकूफ़ी याद है; मैं अपने साथी के कमरे का दरवाज़ा खटखटा रही थी। काफ़ी देर बाद भी मुझे कोई जवाब नहीं मिला।

मेरे एक दूसरे पुरुष साथी ने फुसफुसाकर कहा, ''सुश्री चाङ, आप उसके दरवाज़े पर किसलिए खटखटा रही हैं?''

मैंने जवाब दिया, ''मैंने अभी–अभी कुछ लोगों को भीतर जाते देखा है, वे दरवाज़ा क्यों नहीं खोल रहे हैं?''

उसने जवाब दिया, ''सुश्री चाङ, आप एक समझदार इन्सान हैं, आप ऐसी बेवकूफ़ क्यों बन रही हैं?''

''वे आख़िर कर क्या रहे हैं? क्या तुम कह रहे हो...'' उसके चेहरे की बनावटी हँसी देखकर अचानक मुझे समझ आया।

दोपहर हो चुकी थी। छह चीनी पुरुष और छह रूसी महिलाएँ एक साथ कमरे में थे। वे एक–दूसरे के प्यार में मग्न थे। उनमें से एक पुरुष मेरा मित्र था। उसके बाद उसने बड़े ही अजीबोग़रीब तरीक़े से मुझसे कहा, ''सुश्री चाङ, क्या आपको लगता है कि मैं मूर्ख हूँ? मैं इतना मूर्ख हूँ! वह औरत इतनी आकर्षक थी कि मुझे 50 युआन ख़र्च करने ही पड़े।''

मैंने उसे ख़ूब गालियाँ दीं और वह बेवकूफ़ों की तरह हँसता रहा। मेरा मानना है कि चीन और रूस के लोग काफ़ी समय तक एक–दूसरे से अलग रहे तो इसका नतीजा यह हुआ कि दोनों की एक–दूसरे के लिए भूख भी उसी अनुपात में बढ़ गयी।

हालाँकि रूस ग़रीब हो गया है, लेकिन सभ्यता और संस्कृति से इसके लोगों का जुड़ाव कम नहीं हुआ है। वे चीनियों से सिगरेट माँगते हैं, लेकिन जब वे माचिस से दियासलाई जला लेते हैं तो बुझी हुई दियासलाई को वापस माचिस के बक्से में रख देते हैं; भले ही ब्रेड ख़रीदने के लिए तीन ही लोग हों, लेकिन वे तीनों भी लाइन बनाकर खड़े होते हैं; जब लोग बस में चढ़ते हैं तो चीनी लोगों की तरह वे सीट छीनने के लिए महिलाओं से धक्का–मुक्की नहीं करते। इसके बजाय, वे बड़ी विनम्रता के साथ महिला को पहले बस में चढ़ने के लिए रास्ता छोड़ देते हैं...

लेकिन रूसी लोग दारू पीना ख़ूब पसन्द करते हैं। उनको इसके लिए कहने की ज़रूरत नहीं पड़ती, वे तुरन्त हाथों में बोतल लहराने लगते हैं और वह भी बड़े गर्व के साथ। एक बार जो उन पर नशा चढ़ गया तो उन्हें नशे से बाहर निकलने में कई दिन लग जाते हैं। रूस में शराबियों की शराब छुड़ाने और उनके पुनर्वास के लिए कई सेंटर बने हुए हैं। एक रात की बात है। मैं टॉयलेट जाने के लिए उठी और देखा कि दो रूसी ट्रेन के गलियारे में टुल्ल हुए पड़े हैं; शराब की महक बुरी तरह फैली हुई थी। तभी दो पुलिस वाले आये और दोनों पर एक–एक डण्डा जमा दिया, लेकिन दोनों शराबियों ने एक बार आँखें खोलकर उनकी तरफ़ देखा और फ़िर से सो रहे। हार कर पुलिसवालों ने उन्हें मरे हुए सूअरों की तरह घसीटकर ट्रेन से नीचे उतारा।

सफ़र के दौरान, मैं हर रोज़ एक–एक डिब्बे में घूमती ताकि बात करने के लिए कोई चीनी मिल सके। मैं कई चीनी लोगों से उनकी कहानियाँ सुन चुकी थी जो पैसा कमाने के लिए रूस गये थे, लेकिन वहाँ कैसे–कैसे उन्हें लूट लिया गया। यानबियान के लोगों के एक समूह ने मुझे सुझाव दिया कि मैं चीन लौटने के बाद ऐसे कारोबारियों के इंटरव्यू करूँ और यह बसन्त उत्सव के लिए बहुत बढ़िया रहेगा। मैंने उनके सुझाव से सहमति भी जतायी।

13 अक्टूबर की रात को क़रीब सवा 12 बजे ट्रेन आख़िरकार खाबरोवस्क स्टेशन पर पहुँच गयी।

पैर अकड़कर लकड़ी की तरह हो गये थे। मैंने अपना बैग पीठ पर लादा और स्टेशन से बाहर आ गयी। टैक्सी ली और पहले से ही तैयार करके रखा एक पर्चा ड्राइवर को थमा दिया...कुछ समय पहले, मेरी बेटी और दामाद को च्यामुसी विदेशी कारोबार कम्पनी ने खाबरोवस्क में काम के लिए भेजा था, जहाँ वे शहर के बाहरी इलाक़े में एक मकान में रह रहे थे।

घुप्प अँधेरी रात थी। इक्का–दुक्का कार बगल से गुज़र जाती, वरना तो वहाँ न कोई बन्दा, न बन्दे की जात।

मैं परेशान हो उठी और ड्राइवर की ओर देखा, लम्बी दाढ़ी और उसका बदन ऐसा लम्बा–चौड़ा जैसे कोई मुक्केबाज़ हो। हर थोड़ी–थोड़ी देर बाद वह मुड़कर मेरी ओर देख लेता। मुझे उसकी नज़रों में कुछ बदनीयत छुपी नज़र आयी। आती मुसीबत को भाँप लेना मेरे स्वभाव में था। मुझे अपने भीतर सब ठीक नहीं लग रहा था। जानती थी कि खाबरोवस्क बड़ी अराजक जगह है और कई चीनी लोगों से यहाँ लूटपाट हो चुकी थी।

मन किया, उसी समय, वहीं टैक्सी से उतर जाऊँ, लेकिन ये विचार दिमाग़ में आते ही मुझे लगा कि अगर इस आदमी की नीयत ठीक नहीं होती तो कोई सूरत ही नहीं थी कि यह कार को रोकता। इसी बेचैनी में, मेरे दिमाग़ में अचानक से एक आदमी की याद हो आयी जो दस साल की उम्र में यहाँ चीन से आया था। वह अब यहाँ आकर केजीबी के स्याह अंडरवर्ल्ड का बॉस बन चुका था...एक बार मैंने उस आदमी की छोटी बहन का इंटरव्यू किया था।

मैंने टूटी–फूटी रूसी में कहा, ''तुम निकोलाई जिन को जानते हो?''

दाढ़ी वाले आदमी को साँप सूँघ गया और उसने जब मेरी ओर देखा तो उसकी आँखों में दहशत साफ़ नज़र आ रही थी।

मैंने अपनी ओर इशारा करके कहा, ''मैं उसकी बड़ी बहन हूँ!''

दाढ़ी वाले उस दानव से आदमी की तो हालत और ख़राब हो गयी। मैंने पर्चे पर लिखे पते की ओर इशारा किया...उसने तुरन्त हाँ में सिर हिलाया और उसकी आँखों का वह भाव तुरन्त बदल गया जिसमें मुझे उसकी नीयत पर शक हुआ था। एक चीनी–रूसी भाषा किताब से सीखे गये कुछ टूटे–फूटे वाक्य मेरे इतने काम आयेंगे, मैंने कभी सोचा भी नहीं था।

उसकी ही नहीं, आधे घण्टे तक तो मेरी भी घिग्गी बँधी रही। आख़िर में जब टैक्सी आकर एक तीन मंज़िला इमारत के सामने रुकी तो जान में जान आयी।

इमारत में पूरी तरह ख़ामोशी छायी हुई थी और बिजली भी नहीं थी। मैं अँधेरे में ढूँढ़ते–ढूँढ़ते किसी तरह दूसरी मंज़िल पर पहुँची और मैंने कमरे का दरवाज़ा खटखटाया। काफ़ी देर तक खटखटाने के बाद भी कोई जवाब नहीं मिला। मैं इमारत में घुप्प अँधेरे के बीच इधर–से–उधर घूमती रही, हर दरवाज़े पर दस्तक दी, लेकिन कहीं से कोई जवाब नहीं मिला। पूरी भुतहा इमारत घनघोर अँधेरे में डूबी थी। केवल दरवाज़े पर मेरे खटखटाने की आवाज़ें ही पूरी इमारत में गूँज रही थीं, ''ठक ठक, ठक ठक...''

किसी रूसी कम्पनी ने यह इमारत किराये पर चढ़ा रखी थी और चीनी साझेदार कम्पनी के साथ मिलकर यहाँ एक होटल खोलने की योजना थी। चेचन्या की मेरी यात्रा से पहले इस इमारत में बहुत भयानक–भयानक घटनाएँ हो चुकी थीं। एक शाम, चार रूसी पुरुषों ने गलियारे में मेरे दामाद का बैग छीन लिया था। एक बार देर रात, कुछ लोग चैरी तोड़कर ढोने में इस्तेमाल होने वाली गाड़ी में सवार होकर आये। वे दूसरी मंज़िल की खिड़की से भीतर घुस गये और फूलों के प्रिंट वाली 20 चादरें चुरा ले गये। चीनी कम्पनी ने इस माल को इमारत में रखा हुआ था। अगली तीन रातों तक जो हुआ वह तो रौंगटे खड़े करने वाला है। एक दर्जन से ज़्यादा रूसी लोग हथियारों से लैस हो, ट्रकों में सवार होकर आये और इमारत को घेर लिया। ये लोग 32 रंगीन टेलीविज़न सेट को चुराने के लिए आये थे, जिन्हें चीनी कम्पनी ने यहाँ स्टोर कर के रखा हुआ था। चीनी कामगार भीतर से उन पर नज़र रखे हुए थे। उन्होंने रूसियों के

मुक़ाबले के लिए कुल्हाड़ी और डण्डे ले रखे थे। मेरी बेटी इस वारदात से इतनी डर गयी कि कई रात तक सो नहीं पायी। इस भुतहा और डरावनी इमारत में, जहाँ कभी भी, कुछ भी ग़लत हो सकता था, वहाँ मेरे डर के मारे पसीने छूट गये। मैंने ख़ुद को इतना डरा हुआ पहले कभी नहीं पाया था। मुझे यह तक पता नहीं था कि मेरी बेटी और दामाद कहाँ गये, उनके साथ क्या हुआ। मुझे यह भी मालूम नहीं था कि इस इमारत में इस तरह की घटनाएँ हो चुकी हैं। मैं इमारत में ऊपर–नीचे दौड़ रही थी, पसीने से तरबतर, बार–बार अपनी बेटी और दामाद का नाम लेकर चिल्ला रही थी।

अचानक सीढ़ियों के नीचे एक दरवाज़े से कुछ रौशनी–सी दिखी। मैंने तुरन्त वहाँ जाकर दरवाज़ा खटखटाया। एक रूसी लड़की ने दरवाज़ा खोला। वह क़रीब 17 साल की रही होगी। उसने पायजामा पहन रखा था। मैंने अपनी टूटी–फूटी रूसी भाषा में उससे पूछा कि चीनी लोग कहाँ चले गये हैं। उसने न में अपना सिर हिलाया, मुड़ी और दूसरे कमरे में चली गयी। कुछ देर बाद, क़रीब 20 साल का एक युवक वहाँ आया, जिसके चेहरे पर चकत्ते के निशान थे। वह नशे में लग रहा था, लेकिन वह समझ गया कि मैं यहाँ क्यों आयी हूँ। उसने इशारों से मुझे बताया कि मैं उसके कमरे में सो सकती हूँ और वह लड़की के कमरे में सो जायेगा। मेरी वहाँ रुकने की हिम्मत नहीं हुई। मैंने उससे पूछा कि क्या वह मुझे आमुर गेस्ट हाउस छोड़ आयेगा। वह राज़ी हो गया।

सुबह के दो बज चुके थे। इस रूसी युवक के साथ मैं अँधेरे में बढ़ी जा रही थी। सड़कें सुनसान थीं और पेड़ों की टूटी पत्तियाँ हवा के झोंकों के साथ सरसरा रही थीं। मैं अपना बैग लिए हुए थी जिसमें मेरा मिनोल्टा कैमरा, मेरे सारे इंटरव्यू नोट्स और मेरे कपड़े थे। मुझे बहुत ही असहज महसूस हो रहा था। कई बार मैंने अन्दाज़ा लगाने की कोशिश की; अगर इस युवक ने मेरे साथ कुछ बदतमीजी करने की कोशिश की तो क्या मैं इसका मुक़ाबला कर पाऊँगी? देखने में तो ठीक–ठाक लग रहा है; उसके व्यवहार में कुछ सन्दिग्ध नज़र नहीं आ रहा था।

क़रीब 40 मिनट चलने के बाद हम लोग आमुर गेस्ट हाउस पहुँच गये। डर के मारे डूबता–उतराता मेरा दिल आख़िर में शान्त हो गया। मैंने रूसी युवक को कसकर गले से लगा लिया और बार–बार उससे कहती रही, ''स्पासिबो! स्पासिबो!''

युवक बड़ी ही मासूम–सी हँसी हँसा, उसके बाद मुड़ा और उसी दिशा में चला गया, जहाँ से अभी हम आये थे।

मेरे पहुँचने से काफ़ी पहले ही गेस्ट हाउस के कर्मचारी सोने जा चुके थे। इसलिए मैं अपने दो साथी पुरुष यात्रियों के कमरे में बैठकर सुबह होने का इन्तज़ार करती रही।

अगली सुबह, रूसी युवक फिर से आ गया। वह बेटी को ढूँढ़ने में मेरी मदद करना चाहता था। आपसी 'बातचीत' से पता चला कि वह अनाथ युवक था; वह 25 साल का था और यह कि बचपन में ही उसके माँ–बाप चल बसे थे और यह कि वह बहुत ग़रीब था।

उसने मुझे पूरे खाबरोवस्क में घुमाया लेकिन इसके बावजूद मेरी बेटी का कुछ पता नहीं चला। मेरे दिल की बेचैनी बढ़ती ही जा रही थी। हमने हर उस घर का दरवाज़ा खटखटाया जहाँ उसके होने की उम्मीद हो सकती थी। मैं पूरी तरह निराश हो चुकी थी कि अचानक मुझे अपने पीछे से ख़ुशी के मारे चिल्लाने जैसी आवाज़ सुनाई दी, ''माँ!''

मैंने पीछे मुड़कर देखा; मेरी प्यारी बेटी खड़ी थी!

बेटी ने बताया कि उसकी कम्पनी के सब लोग पहले ही चीन लौट चुके हैं। सामान पर नज़र रखने के लिए सिर्फ़ वह और उसका पति पीछे रुक गये थे। 32 रंगीन टेलीविज़न सेट किसी दूसरे गोदाम में रख दिये गये थे, लेकिन उनमें से 16 टेलीविज़न सेट रूसी चुरा ले गये। वहाँ हालात इतने ख़राब थे। दोनों लोग कहीं ओर चले गये थे। वे हाल ही में खाबरोवस्क लौटे थे, ताकि सामान को ले जा सकें; ये महज़ संयोग ही था कि उसने मुझे देख लिया था। बेटी और दामाद ने उस रूसी युवक और उसकी दोस्त लड़की को शानदार डिनर के लिए आमन्त्रित किया। मैंने रूसी युवक को उपहार के तौर पर 1 हज़ार रूबल दिये। वह इतना ख़ुश हुआ कि बच्चों की तरह उछलने लगा। ज़ोर से चिल्लाते हुए वह लड़की के कमरे की ओर भागा...

उनके जाने के बाद, बेटी ने मेरे कान में फुसफुसाया, ''सुनो माँ, ये लड़का दलाल है और ये लड़की वेश्या है...''

पहले तो मुझे झटका लगा, लेकिन बाद में न जाने क्यों दोनों के लिए बड़ा सम्मान–सा मन में उमड़ पड़ा। वे ग़रीब थे और पेट पालने के लिए उन्हें वेश्यावृत्ति के दलदल में धँसना पड़ा, लेकिन इसके बावजूद वे अच्छे और भले लोग थे और उनका चरित्र ख़राब नहीं था। अगर वे चाहते तो

आसानी से मुझे लूट सकते थे या मेरी हत्या तक कर सकते थे। लेकिन उन्होंने मेरे साथ कुछ भी बुरा नहीं किया उल्टा उन्होंने मेरी मदद की।

85

क़रीब डेढ़ महीने रूस में घूमने के बाद आख़िर में मैं घर लौट आयी।

हियु ने बाँहें फैलाकर मेरा स्वागत किया, ''ओह माई लॉर्ड, तुम सच में लौट आयी हो! हर रोज़ मैंने तुम्हें कितना याद किया, डर रहा था कि तुम्हारे साथ कोई हादसा न हो गया हो...ओह, तुम कितनी पतली हो गयी हो?''

मैंने अपने घर को देखा, एकदम चमक रहा था, किसी नये घर की तरह। एक बार को तो सोचा, शायद मैं किसी ग़लत घर में आ गयी हूँ। मैंने हियु से पूछा कि जब मैं बाहर गयी हुई थी तो उन्होंने घर का इतना सब काम क्यों करवाया। उनका जवाब था, ''ताकि जब तुम घर आओ तो तुम्हें अच्छा लगे।'' मैंने प्यार भरी मुस्कान से हियु की तरफ़ देखा, कितना ख़याल रखते हैं मेरा।

घर लौटकर बहुत अच्छा लग रहा था, ज़माने भर की थकान उतर गयी थी! सबसे पहले, मैंने गर्म पानी से स्नान किया और उसके बाद स्वादिष्ट चावल खाये। पेटभर खाने के बाद सोने चली गयी। आज जी भरकर सोना चाहती थी। काले ब्रेड को कोस–कोसकर खाने के दिन ख़त्म हो गये थे। अब मुझे किसी चोरी–डकैती का भी डर नहीं था।

मैं फिर से काम पर निकल पड़ी। इस बार बीजिंग जा रही थी, शू लुक्स्वे का इंटरव्यू करने।

बीजिंग में इंटरव्यू ख़त्म करने के बाद मैं सीधे जिलिन प्रान्त के यानबियान पहुँच गयी।

चीनी नववर्ष से एक दिन पहले दोपहर के समय, मैंने तुरन्त घर का नम्बर मिलाया। हियु ने फ़ोन उठाया। वह मेरी आवाज़ सुनकर बहुत ख़ुश हुए, लेकिन साथ ही हैरान भी, ''ओह, क्या बात है! तुम घर आ रही हो! तुम कहाँ हो? मैं तुम्हें लेने आ जाऊँगा!''

मैंने उन्हें बीच में ही टोकते हुए कहा, ''दरअसल, मैं जिलिन में हूँ।''

''क्या? क्या तुम सच में ही जिलिन पहुँच गयी हो? तुम इतनी निर्दयी

कैसे हो सकती हो, हम सबको यहाँ अकेला छोड़कर? क्या तुम्हें हम लोगों की ज़रा भी परवाह नहीं?''

उन्होंने आदेश दिया, ''तुम ऐसा नहीं कर सकतीं, तुम्हें अभी के अभी घर लौटना होगा? मैं और बच्चे तुम्हारे घर लौटने का इन्तज़ार कर रहे हैं ताकि हम सब मिलकर नया साल मना सकें। अगर तुम घर नहीं लौटीं तो मैं अपनी जान दे दूँगा!''

मैं हँसी, ''जान मत दो, जब मैं रूस गयी थी तो वहाँ कुछ मुनाफ़ाख़ोरों से मुलाक़ात हुई थी और मुझे बसन्त उत्सव के लिए उनके इंटरव्यू करने जाना था। अगर मैं उनसे मिलने नहीं गयी तो यह बड़ी वादाख़िलाफ़ी होगी। प्लीज़, ग़ुस्सा मत करो। बच्चों के साथ नये साल का जश्न मनाओ। हैप्पी बसन्त उत्सव!''

''ठीक है, मुझे पता है, बहस का कोई फ़ायदा नहीं!'' हियु ने कहा और उसके बाद मुझे सलाह पर सलाह देने लगे, ''घर से दूर हो, लेकिन नये साल का जश्न ज़रूर मनाना, ठीक से खाना, खाने में कंजूसी मत करना। ठीक से रहना और पहुँचने के बाद घर पर फ़ोन ज़रूर करना नहीं तो मुझे तुम्हारी चिन्ता रहेगी...''

बात यह थी कि मैंने पाँच दिन तक सिर्फ़ नूडल्स ही खाये क्योंकि वहाँ कोई रेस्त्राँ खुला ही नहीं था।

नये साल के 15वें दिन, मैं यानबियान से घर की ओर भागी, मेरे पास इंटरव्यू नोट्स का पूरा बड़ा थैला था।

जैसे ही मैं दरवाज़े के भीतर घुसी, मेरे बच्चों ने प्यार भरे ग़ुस्से से मुझे छेड़ते हुए कहा, ''कॉमरेड, आपको किससे मिलना है? हम तो आपको जानते नहीं।''

हियु ने कहा, ''यावन, बच्चों की एक माँग है...''

''क्या माँग है?''

''वे एक नयी माँ की माँग कर रहे हैं।''

''अच्छा बच्चू! नयी माँ ढूँढ़ने में मैं तुम लोगों की मदद करूँगी! वो सामने वाले आँगन में रहने वाली झल्ली औरत कैसी रहेगी?'' मैं उन पर ग़ुस्सा भी कर रही थी और हँसती भी जा रही थी।

बच्चों की नज़र में मैं उनकी अपराधी थी। सालों तक नये साल पर वह मुझे ऐसे ही चिढ़ाते रहे।

लेकिन मेरे पास एक प्यारा-सा उपहार भी था।

घर लौटे ज़्यादा दिन नहीं हुए थे। मैं अपने कम्प्यूटर के सामने बैठी थी और कुछ लिखना शुरू ही किया था। मैं वूबी टाइपिंग इनपुट का इस्तेमाल कर रही थी जो कि मैंने रूस यात्रा के दौरान सीखा था।

मैं ख़ुद को एक अजीब से अवसाद और भ्रम में घिरी हुई पा रही थी, लेकिन ये सब कोहरा अब छँट चुका था। मैं उत्साह से भरी थी। भीतर ही भीतर स्फूर्ति महसूस कर रही थी। मैंने चीनी पाठकों के लिए एक नयी, अजनबी और अनोखी दुनिया के दरवाज़े खोल दिये थे। मेरी रचनाएँ पूरे चीन में कई समाचार–पत्रों और पाक्षिक पत्रिकाओं में प्रकाशित हुईं। *इनमें बिटर लव, द लॉ सुइट दैट स्ट्रक दी चेचन्या प्रेसीडेंशियल पैलेस, ए मैनेजर बीइंग ट्रीटिड एज़ ए होस्टेज, स्टडिंग अब्रोड–ए स्कैम* और दर्जनभर से अधिक वृत्तचित्र सम्बन्धी रचनाएँ शामिल थे। यह सब रिपोर्ताज़ संग्रह *रूसी रूले* में प्रकाशित हुए थे। शू लुक्स्वे और लुदा की प्रेम कहानी यांगचेंग ईवनिंग न्यूज़ में सिलसिलेवार तरीक़े से प्रकाशित हुई। इसमें इसे शीर्षक दिया गया था, *दी लव दैट क्रैस्ड बॉर्डर्स*। इस श्रृंखला के ख़त्म होने के बाद, समाचार–पत्र के एक सम्पादक ने मुझे पत्र लिखा। उसमें उन्होंने बताया था कि इस श्रृंखला को बहुत ही सकारात्मक प्रतिक्रिया मिली है। उन्होंने मुझसे उसी तरह की किसी और रचना के बारे में भी पूछा। चीनी मूल के रूसी वैज्ञानिक, च्यांग कानझेंग के बारे में मेरा रिपोर्ताज़ पत्रिका *प्रेजेंट एज* में *टू सोल्व दी रीडल ऑफ़ फाइटिंग ह्यूमन ऐजिंग* शीर्षक से प्रकाशित हुआ था। इसे पढ़ने वाले बहुत से लोगों ने मुझे ख़त लिखे। इतना ही नहीं सम्पादकों ने मेरी रचना के आधार पर एक परिचर्चा का भी आयोजन किया।

पत्रिका *अक्टूबर* के सम्पादकीय विभाग द्वारा भी एक परिचर्चा का आयोजन किया गया। उनके साथ मेरा एक और रिपोर्ताज़ प्रकाशित हो चुका था जिसे शीर्षक दिया गया था, *क्राई ऑफ़ ए डिफोर्म्ड वर्ल्ड*।

अब मुझे अपने लेखन और अपनी क्षमताओं पर भरोसा होने लगा था, अब मैं अधिक सहज महसूस करने लगी। जब भी मैं कुछ लिखना चाहती, मैं लिखती, ''मैं अपने ऊपर यह दबाव क़तई नहीं डालूँगी कि मुझे कुछ 'ज़बरदस्त' लिखना है और न ही मैं 'शुद्ध साहित्य' के पीछे भागूँगी।''

यह बेहद ज़रूरी था कि लेखन में मैं अपने आप पर अत्याचार न करूँ। इस तरह का रवैया अपनाने से एक बात यह हुई कि मैं अपने आप में बेहद सन्तुष्ट और शान्त महसूस कर रही थी।

लेखन के बारे में मेरा दर्शन काफ़ी बदल चुका था और इससे मेरे लेखन में भी बदलाव आये। मैंने रूस में चीनी लोगों की दुस्साहस भरी कहानियों, उनकी मुसीबतों और उनके जीवन पर भी काफ़ी कुछ लिखा लेकिन अब जब मैं पीछे लौटकर अपने रचनाकर्म पर नज़र डालती हूँ तो पाती हूँ कि मेरी भाषा अभी भी उतनी परिपक्व नहीं हुई है; इसमें अनावश्यक शब्दाडम्बर है और साथ ही सटीकता तथा वस्तुनिष्ठता का अभाव है।

एक बार अपनी लेखन सम्बन्धी समस्याओं से पार पाने के बाद, मेरा रचनात्मक करियर दूसरी बार अपने चरम पर पहुँच गया और यह दूसरा पड़ाव काफ़ी लम्बा रहा। 1991 से 1995 के बीच मैंने 60 से अधिक रिपोर्ताज़ और वृत्तचित्र लेखन प्रकाशित करवाये। इसमें दो संग्रह रिपोर्ताज़ लेखन के थे और एक लम्बा उपन्यास था। मैंने 44 एपिसोड के एक टेलीविज़न ड्रामा सीरिज़ की पटकथा भी लिखी।

रूस की मेरी यात्रा का अनुभव ही था जिसके चलते मैं *दी प्रेसिडेंट ऑफ़ कोरियाज चाइनीज़ 'इम्पीरियल फिजशियन'* और *ए चाइनीज़ वीमेन एट गेस्टापो गनपॉइंट* लिख पायी।

86

दी प्रेसिडेंट ऑफ़ कोरियाज चाइनीज़ 'इम्पीरियल फिजीशियन' के बारे में बात करते हुए, मैं महसूस करती हूँ कि मुझे अपनी सबसे बड़ी कमज़ोरी अपने भोलेपन के बारे में भी ज़िक्र करना चाहिए।

यह 1994 के दिनों की बात है।

टू सोल्व दी रिडल ऑफ़ फाइटिंग ह्यूमन एजिंग लेख के *प्रेजेंट एज* पत्रिका में प्रकाशित होने के बाद मुझे पाठकों के बहुत से ख़त मिले। इनमें से काफ़ी लोग ऐसे थे जो च्यांग कानचेंग के साथ उनके शोध कार्य में हाथ बँटाना चाहते थे। कुछ पाठक तो ख़ासतौर से मुझसे मिलने के लिए शिनच्यांग और शांगदोंग से आये थे। वे लोग रूस की यात्रा पर जाने की अनुमति के बारे में जानने–समझने के लिए मेरे पास आये थे। मैंने अपने सम्बन्धों की मदद से उन्हें वीज़ा दिलाने में सहायता की और कुछ मामलों में तो ख़तरा मोल लेकर मैं उनकी गारंटर भी बनी...

इनमें से एक आदमी था, शांगदोंग के यांताई का गाओ। उसने मुझे कई बार फ़ोन किया। वह ख़ुद को चीन में किसी ब्रिटिश कम्पनी का एजेंट बता रहा था। वह इस एंटी एजिंग परियोजना में काफ़ी दिलचस्पी रखता था। उसने मुझसे कहा कि मैं च्यांग कानचेंग को बीजिंग आमन्त्रित करूँ ताकि सम्भावित सहयोग के बारे में चर्चा की जा सके। फ़ोन पर हुई बातचीत में, मैं इन श्री गाओ के साथ आख़िरकार एक बात पर राज़ी हो गयी। मैं च्यांग कानचेंग को बीजिंग बुला लूँगी, लेकिन वह ख़र्चे के तौर पर पाँच हज़ार युआन देगा। उसने तुरन्त इस समझौते को मान लिया।

ये 28 अगस्त की बात है। रात के साढ़े 11 बज चुके थे। मैं बीजिंग में हेईलोनच्यांग गेस्ट हाउस में सोने की तैयारी कर रही थी। अचानक मुझे श्री गाओ का फ़ोन आया। वह अभी–अभी हांगकांग से आया था। उसने कहा कि वह तुरन्त मुझसे मिलना चाहता है। मैंने तुरन्त कपड़े बदले और नीचे आ गयी।

लाउंज में मैंने देखा कि एक छोटे क़द, गहरे रंग वाला आदमी भागते हुए आ रहा है। उसके सिर पर गिने–चुने बाल थे। उसके चेहरे के एक हिस्से को लकवा मार गया था। उसने गन्दा–सा क्रीम कलर का सूट पहन रखा था और हाथ में ब्रीफ़केस था।

मुझे तुरन्त कुछ शक–सा हुआ : क्या इस जैसा आदमी सही में ब्रिटिश कम्पनी का एजेंट हो सकता है? मैं एक आदमी को उसके चेहरे–मोहरे से जाँच रही थी। मैंने तुरन्त अपने आपको धिक्कारा।

पहले श्री गाओ ने ही बात शुरू की, "माफ़ कीजिएगा, सुश्री चाङ, विमान से उतरते समय, मेरा पर्स चोरी हो गया!"

मैंने उनकी बात पर कुछ नहीं सोचा। दरअसल मुझे उनके लिए ख़राब महसूस हुआ कि उनका पर्स चोरी हो गया।

वह अपनी बात कहते चले गये। वह दक्षिण कोरिया में रहने वाले किसी चीनी व्यक्ति को जानते थे जिनका नाम डॉ. हान छेनछाओ था। वह कई दक्षिण कोरियाई राष्ट्रपतियों के लिए निजी चिकित्सक के रूप में काम कर चुके थे। वह ख़ुद भी चीन और दक्षिण कोरिया के बीच संवाद में गोपनीय दूत की भूमिका निभा चुके थे। श्री गाओ ने कहा कि वह डॉ. हान को इस एंटी एजिंग परियोजना में निवेश करने के लिए आमन्त्रित कर सकते हैं।

अगले दिन, श्री गाओ और च्यांग कानचेंग इस मुद्दे पर बातचीत के

लिए मिले। इसके बाद दोनों ने एक आशय पत्र पर हस्ताक्षर किये। इसके बाद श्री गाओ ने मुझे फ़ोन का इन्तज़ार करने को कहा। वह मुझे श्री हान छेनछाओ के बेटे से मिलवाने के लिए ले जाना चाहते थे।

मैंने दोपहर एक बजे से जो इन्तज़ार करना शुरू किया तो रात के 11 बजकर 40 मिनट पर श्री गाओ का फ़ोन आया। साफ़ समझ आ रहा था कि उन्होंने पी रखी है, ''सुश्री चाङ, क्या आप अन्दाज़ा लगा सकती हैं कि मैं कौन हूँ?''

''क्या आप श्री गाओ नहीं हैं?'' मैंने जवाब दिया।

''नहीं! क्या आप अन्दाज़ा लगा सकती हैं कि मैं कौन हूँ?'' उसने यही सवाल कई बार दोहराया।

''तो, फिर आप कौन हैं?''

''मैं आपको बताऊँगा। मैं एक अन्तर्राष्ट्रीय ठग हूँ!''

अचानक मुझे अपने सिर में एक अजीब–सी घड़घड़ की आवाज़ सुनाई दी। मैंने तुरन्त पूछा, ''क्या तुम हर किसी को ठगते हो?''

''हाँ, मैं हर किसी को ठगता हूँ!''

''...'' मुझे समझ में नहीं आया क्या कहूँ।

लेकिन उसने अपनी बात जारी रखी, ''आप जानती हैं, मैंने आपसे सम्पर्क क्यों किया?''

''नहीं, मुझे नहीं पता।''

''मैं आपकी क़लम का इस्तेमाल करना चाहता हूँ...''

एक बार उसने मुझसे फ़ोन पर कहा था कि उसकी ज़िन्दगी बेहद कठिनाइयों भरी रही है और उसे उम्मीद थी कि एक दिन कोई उसके बारे में लिखेगा। मैंने कभी दूसरों को बन्दूक़ चलाने के लिए अपने कन्धे का इस्तेमाल करने की अनुमति नहीं दी थी। इसलिए मैंने कोई जवाब नहीं दिया। अब वह बातचीत को ऐसी दिशा में मोड़ रहा था, जो मुझे क़तई स्वीकार नहीं थी। उसने मुझसे कहा था कि जब वह पहली बार मुझसे मिला तो मैं उसे एक भली इन्सान लगी थी। उसने यह भी कहा कि अगर वह पहले से शादीशुदा नहीं होता तो वह मुझे अपने पति से तलाक़ लेने को मजबूर कर देता और मुझसे शादी कर लेता...

वह बेमतलब की बकवास हाँके जा रहा था और ज़रूरत से कुछ ज़्यादा ही ढील ले रहा था!

''श्री गाओ, मेहरबानी करके थोड़ा इज़्ज़त से पेश आयें!'' मैंने सख़्त

लहजे में उसे बीच में टोकते हुए कहा। ''मुझे पैसा देने का आपका क्या प्रोग्राम है?'' ये मेरी सबसे बड़ी चिन्ता थी।

''मैं कल सुबह नौ बजे आपसे मिलने के लिए आपके होटल आऊँगा!''

''उम्मीद करती हूँ, आप अपनी ज़बान पर क़ायम रहेंगे!''

फ़ोन रखने के बाद महसूस हुआ, जैसे मैंने कोई मक्खी निगल ली है; मुझे पाँच हज़ार युआन की चिन्ता सता रही थी, जो वह मुझे देने वाला था।

पता था कि वह नहीं आयेगा। अगली सुबह नौ बजे के बाद, होटल का एक कर्मचारी मुझे एक पुर्जा दे गया जिस पर उसने लिखा था, ''सुश्री यावन, मैंने आपकी ओर से हर कोशिश करके देख ली, और उसके बाद भी आप मुझे अन्तर्राष्ट्रीय ठग कहती हैं। मैं आपके साथ और काम नहीं कर सकता!''

वह ख़ुद ही साफ़–साफ़ कह चुका था कि वह एक अन्तर्राष्ट्रीय ठग है, लेकिन अब उसने बात उलट दी थी और अपने ही शब्दजाल में मुझे फँसा दिया था, लेकिन मैं कुछ नहीं कर सकती थी सिवाय अपनी बुरी क़िस्मत को कोसने के। बीजिंग बहुत बड़ा शहर है; अगर मैं उसे ढूँढ़ने भी निकलूँ तो कहाँ से शुरू करूँगी? और नानचिंग में एक कम्पनी थी, जिसने मुझे आमन्त्रित किया हुआ था ताकि मैं उन्हें सम्भावित समझौते के लिए च्यांग कानछेंग से मिलवा सकूँ।

मैं दो हज़ार युआन लेकर चली थी, लेकिन इसमें से ज़्यादातर पैसा तो नानच्यांग की दो फ़्लाइट टिकट पर ही ख़र्च हो चुका था। अब मेरे पास सिर्फ़ 50 युआन बचे थे; जो कि हवाई अड्डे जाने तक के लिए काफ़ी नहीं थे, लेकिन उसी समय, मेरी एक पाठक, जो कि यूनिवर्सिटी में टीचर हैं, वह मुझसे मिलने आ गयीं। सुश्री वांग यियुआन ने जब मेरी मुसीबत समझी तो उन्होंने मुझे अपने घर चलने के लिए आमन्त्रित कर लिया। जब मैं निकल रही थी तो उन्होंने मुझे रोका और मुझे 200 युआन थमा दिये। मेरी चिन्ता अचानक ख़त्म हो गयी। उस घटना के बाद से ही हम दोनों बहुत अच्छी दोस्त हैं।

आख़िर में सब कुछ ठीक–ठाक रहा; नानच्यांग कम्पनी ने मेरी यात्रा का सारा ख़र्चा उठाया।

जब मैं नानच्यांग में थी तो लगातार डॉ. हान छेंगछाओ के बारे में सोचती रही जिनके बारे में श्री गाओ ने बताया था। मेरी छठी इन्द्री मुझे

संकेत दे रही थी कि अगर यह आदमी हक़ीक़त में कहीं है तो वह अपने आप में अनोखा इन्सान होगा।

नानच्यांग में अपना काम ख़त्म करने के बाद, मैं तुरन्त बीजिंग लौट आयी ताकि डॉ. हान के बेटे का पता लगा सकूँ, लेकिन श्री गाओ ने मुझे केवल इतना बताया था कि वह बीजिंग में किसी मिडिल स्कूल में काम करते हैं, लेकिन यह नहीं बताया था कि यह मिडिल स्कूल कहाँ पर है। बीजिंग अपने आप में इतना बड़ा है, इतनी आबादी वाला है कि वहाँ किसी इन्सान को ढूँढ़ना भूसे में सूई ढूँढ़ने के बराबर है। मैं इस आदमी को कहाँ तलाश करूँ जिसका उपनाम केवल हान था।

मैंने उसकी खोज में बीजिंग में तीन दिन बिता दिये। तीसरे दिन की शाम की बात है, मैंने आख़िरकार डॉ. हान छेंगछाओ के बेटे को एक मिडिल स्कूल में ढूँढ़ ही लिया...

उसने मुझसे कहा, ''मेरे पिता वास्तव में ही बड़े बदलावों के गवाह रहे हैं।

उन्होंने अपनी ज़िन्दगी में बहुत से उतार–चढ़ाव देखे हैं और उनकी ज़िन्दगी शानदार ऐतिहासिक घटनाओं की साक्षी रही है। निश्चित रूप से उनका जीवन कहानी के रूप में लिखने लायक़ है!

उनके बेटे से मिलने के बाद, मैंने तुरन्त एक के बाद एक दो चिट्ठियाँ श्री हान को लिखीं। उन्होंने कोई जवाब नहीं दिया। मैंने तीसरा ख़त भेजा और आख़िरकार उनका जवाब भी आ ही गया। वह सियोल में मुझसे मिलने को तैयार हो गये।

2 अगस्त 1995, दोपहर दो बजे।

मैं उत्साहित भी थी और घबराई हुई भी। मैं डॉ. हान छेनछाओ के न्यू ईस्टर्न हेहान अस्पताल में स्थित पार्लर में पहुँची जहाँ गहने और क़ीमती पत्थर बिखरे पड़े थे। दीवारों पर बोधिसत्व गुयानइन की तस्वीर टँगी थी। वहीं पर मेरी मुलाक़ात डॉ. हान से हुई–छोटे क़द के, पतले से, झुर्रीदार चेहरे वाले बूढ़े डॉ. हान। उनके हाथ में दो पत्थर थे जिनसे वह खेल रहे थे।

उन्होंने मुझसे सबसे पहले जो बात कही, ''सुश्री चाङ, आप मेरे बारे में लिखने के लिए इतनी दूर से क्यों आयी हैं? मैं आपको अभी बता देना चाहता हूँ कि मेरे पास कोई पैसा नहीं है!''

बूढ़े डॉ. के व्यवहार में बेरुखी और साफ़गोई थी, मैंने भी उसी तरह

साफ़ जवाब दिया, ''डॉ. हान, अगर मुझे केवल पैसे की ही चिन्ता होती तो यहाँ आपका इंटरव्यू करने के लिए इतनी दूर से आने का कोई तुक नहीं था। चीन में लोगों ने मुझे उनके इंटरव्यू करने के लिए दो लाख युआन तक की पेशकश की थी जिसे मैं ठुकरा चुकी हूँ।''

यह बात सच थी। एक बार नहीं, कई बार ऐसा हो चुका था कि लोग अपने बारे में इंटरव्यू करवाने के लिए मेरे पास आये थे और मुझसे मेरी क़ीमत पूछी थी। मैं एक ग़रीब लेखिका हूँ; मुझे अपनी रूस यात्रा का ख़र्च चमड़े की जैकेट बेचकर निकालना पड़ा था। लेकिन मैं महसूस करती हूँ कि चूँकि ज़िन्दगी छोटी है, मैं अपनी ज़िन्दगी बेकार की चीज़ों पर ख़र्च नहीं करना चाहती। इसलिए मैंने बड़ी विनम्रता और साफ़ शब्दों में इस तरह की पेशकश ठुकरा दी थी।

मैंने कहा, ''डॉ. हान, मैंने सुना है कि ज़िन्दगी का आपका सफ़र बहुत आसान नहीं रहा है और यह भी कि आपने कुछ बेहद शानदार काम किये हैं। ख़ासतौर से आपने चीन और दक्षिण कोरिया के बीच संवाद के रास्तों को खोलने में जो महान योगदान दिया है, मैं उसके बारे में सोच रही थी। मुझे लगता है कि आपकी ज़िन्दगी के बारे में लिखा जाना चाहिए...''

बूढ़े डॉ. हान ने लम्बी साँस छोड़ी, ''ओह! मेरी ज़िन्दगी इतनी आसान नहीं है कि उसे कुछ शब्दों में समझाया जा सके!''

डॉ. हान एक स्वाभिमानी, ज़िद्दी और अपने विचारों पर अड़े रहने वाले इन्सान थे। अपनी ज़िन्दगी में पहली बार, उन्होंने अपने भीतर की दुनिया के दरवाज़े किसी के लिए खोले थे। एक ऐसी चीनी लेखिका के सामने जिससे वह पहले कभी मिले नहीं थे, उसे अपनी कहानी सुना रहे थे।

कई बार उनकी कहानी भावुकता का मोड़ ले लेती, कई बार गम्भीर हो जाती और कई बार आँसुओं से भीग जाती और कई बार ऐसा मोड़ आता कि हँसते–हँसते पेट में बल पड़ जाते।

70 साल के डॉ. हान की कहानी सुनकर यही मेरी समझ में आया कि उनकी क़िस्मत बड़ी ताक़तवर रही और कई बार बदक़िस्मती से उनकी क़िस्मत हार गयी और वह भी उसे रोकने में नाकाम रहे। कुल मिलाकर उनकी ज़िन्दगी की कहानी बड़ी ही शानदार थी।

उनका मूल नाम हान चाओशियान था और वह जिलिन प्रान्त के छांगबाई ज़िले में पैदा हुए थे। उन्होंने जिलिन पब्लिक नोर्मल यूनिवर्सिटी से ग्रेजुएशन किया था।

1947 के भूमि सुधार के दौरान उन पर राष्ट्रवादियों का जासूस होने का झूठा आरोप लगा। वह बन्दूक़ की गोलियों को चकमा देकर बच निकले थे और छांगबाई के पहाड़ी जंगलों में जा छुपे थे। बाद में वह दक्षिण कोरिया भाग गये। वहाँ जाकर वह ताइवान के बेहद ऊँचे दर्जे के जासूस बन गये। एक बार च्यांग परिवार ने उनकी सेवाओं के लिए उन्हें सम्मानित करने के लिए आमन्त्रित किया था। जब उन्हें पता चला कि राष्ट्रवादी अधिकारी कितने भ्रष्ट थे तो उन्होंने राजनीतिक मंच से अपने क़दम पीछे खींच लिए और मेडिसिन की पढ़ाई शुरू कर दी और दक्षिण कोरिया में प्रसिद्ध डॉक्टर बन गये। देश के कई राष्ट्रपतियों से उनकी गहरी दोस्ती थी जिनमें पार्क छुंग ही, रोह तेई वू और किम युंग सेम भी शामिल थे। रोह तेई वू ने उन्हें चीन के एक गोपनीय दूत के रूप में काम करने की ज़िम्मेदारी सौंपी और दोनों देशों के बीच आपसी संवाद को फिर से बहाल करने की दिशा में काम करने को कहा। इन सेवाओं के लिए दक्षिण कोरिया सरकार ने उन्हें पदक से सम्मानित किया था।

ज़ाहिर–सी बात है कि 1990 के दशक के सन्दर्भ में, इस तरह की कहानी विवादास्पद थी और कुछ लोगों की नज़रों में हो सकता है कि वह खलनायक भी रहे हों। इसलिए इंटरव्यू के दौरान, मैंने उनकी कहानी में से कुछ ऐसा निकालने की कोशिश की जिसे केवल उनके सकारात्मक योगदान के रूप में देखा जा सके।

उनके बारे में मैंने किताब लिखने की योजना बनायी थी और मैं कुछ ऐसा आध्यात्मिक पहलू उसमें तलाश रही थी जो एक प्रकार से उन्हें उस श्राप से मुक्ति दिला सके जिसके चलते उनकी छवि ख़राब हो गयी थी। चीन की यात्रा से लौटने के बाद दक्षिण कोरिया में तैनात ताइवान के अधिकारियों ने उनसे पूछताछ की थी। यह तो पहले ही बताया जा चुका है कि उनकी चीन यात्रा की योजना रोह तेई वू ने बनायी थी। जब वह इस बारे में बता रहे थे तो अचानक से मेरे दिमाग़ में कुछ कौंध गया।

ताइवानी अधिकारियों ने उनसे सवाल किया, ''हान छेनछाओ तुम्हें राष्ट्रवादी पार्टी ने पाला–पोसा था लेकिन अब तुम कम्युनिस्टों के लिए काम कर रहे हो। क्या तुम सच में भूल बैठे हो कि उन लोगों ने ही तुम्हें बर्बाद किया था। उन्होंने ही तुम्हारे परिवार को अलग–थलग किया था, या तुम ये भी भूल गये हो कि तुम उन्हीं लोगों के कारण अपना सब कुछ गँवा बैठे थे?''

डॉ. हान ने जवाब दिया, ''मुझे भूलने की बीमारी नहीं है, अच्छी तरह याद है, उन्होंने मेरे साथ क्या किया था! आप सही कह रहे हैं, मेरे परिवार के कई सदस्य मारे गये और ख़ुद मुझे कई बार मौत का सामना करना पड़ा, लेकिन ये सब बीत चुका है। अब मैं आपको बताऊँगा, मैं कम्युनिस्टों के लिए काम नहीं कर रहा हूँ, मैं अपने लोगों के लिए काम कर रहा हूँ!

''इस दुनिया में सब कुछ अस्थायी है, सिवाय अपने लोगों के। इससे कोई फ़र्क़ नहीं पड़ता कि ताइवान कितना शक्तिशाली है, यह कभी चीन की जगह नहीं ले सकता। चीनी क्षेत्र का 90 फीसदी से अधिक भू–भाग और इसकी 90 फ़ीसदी आबादी चीन में रहती है। अगर चीन का मुख्य भू–भाग ताक़तवर बनता है तो क्या तभी चीन सही मायने में ताक़तवर बनेगा! देश की ताक़त या कमज़ोरी, हर एक इन्सान के भाग्य का फ़ैसला करती है। मान लिया कि मेरे परिवार का हर एक आदमी मारा गया। अगर इससे चीनी राष्ट्र मज़बूत होता है तो मैं इसे बर्दाश्त करूँगा! मैं पहले ही बूढ़ा हो चुका हूँ, लम्बे समय से संघर्ष कर रहे अपने लोगों के लिए मैं कुछ नहीं कर सकता, लेकिन यदि मैं चीन और दक्षिण कोरिया के बीच सम्बन्ध स्थापित करने में अपना छोटा–सा भी योगदान कर सकता हूँ, यदि मैं दक्षिण कोरिया को चीन के दुश्मन के बजाय दोस्त बना सकता हूँ तो उसके आगे मेरी अपनी पीड़ा क्या मायने रखती है?''

मैं उनकी बातें सुन रही थी। उनके शब्द मेरे कानों में किसी करामाती घण्टी की प्रतिध्वनि से जान पड़ते थे। मुझे समझ आ रहा था कि वह चीन को कितनी गहराई से प्रेम करते हैं और यक़ीन था कि वह अपने देश के लोगों को छोड़कर कभी नहीं जायेंगे। यह बात सही है कि मुझे भी यह मालूम था कि हमारे लोगों का इतिहास कितना रक्त रंजित रहा है...

आख़िरकार मैं उनकी आत्मा की गहराइयों तक पहुँचने में कामयाब हो गयी। यही उनकी आत्मकथा की आत्मा थी। इसलिए मैंने किताब में लिखा :

कम्युनिस्ट पार्टी को लेकर उनके मन में कोई अच्छी भावनाएँ नहीं है और उससे भी कम राष्ट्रवादी पार्टी के लिए, लेकिन जब चीनी लोगो की बात आती है, जिनसे वह एक अटूट बन्धन से बँधे हैं, तो वह दिल से चीनी हैं! कई मौक़ों पर मौत को उन्होंने मात दी, और उन्हे ज़िन्दगी के तमाम उतार–चढ़ावों से जूझना पड़ा, लेकिन उनका दिल कभी नहीं बदला है, और न ही कभी बदलेगा। उनका दिल हमेश

उनकी मातृभूमि के साथ जुड़ा हुआ है, उस देश के साथ जुड़ा हुआ है जिसने उन्हें जन्म दिया और पाला–पोसा...

हालिया वर्षों में कई विदेशी खुफ़िया एजेंसियों ने उनकी क्षमताओं को पहचाना और उनके लिए चीन के बारे में सूचनाएँ एकत्र करने को कहा। इसके लिए वह डॉ. हान को भारी रक़म देने के लिए भी तैयार थे, लेकिन उन्होंने ऐसी हर पेशकश को ठुकरा दिया था।

उनका कहना था, ''मेरे माँ–बाप ने मुझे गर्व के साथ जीना सिखाया है। उन्होंने मुझे अगर कुछ नहीं सिखाया तो वह है, मुनाफ़े के लिए अपने चरित्र को गिराना और राष्ट्रद्रोह करना, वह मुनाफ़ाख़ोरी मेरे माता–पिता ने नहीं सिखायी जो लोगों को अपनों को बेच देने के लिए बाध्य करती है! मैं आपको अभी बता देता हूँ, हान हाओछेंग मेरे बारे में ग़लत राय मत रखिए। मैं इतना बेग़ैरत नहीं हूँ जो अपने पूर्वजों को धोखा देगा!''

हालाँकि डॉ. हान देखने में दुबले–पतले, छोटे क़द के, बूढ़े व्यक्ति थे लेकिन असलियत में वह एक–एक ऐसे इन्सान थे जो किसी से नफ़रत करने की, प्यार करने और बदला लेने की हिम्मत कर सकता है और एक ऐसा इन्सान जिसने दक्षिण कोरिया में एक बड़ी ताक़त हासिल कर ली थी। जिस समय मैं उनका इंटरव्यू कर रही थी तो कुछ ऐसी बातें हुईं जिनसे मेरे कहे का सबूत मिल गया।

पतझड़ आधा बीत चुका था और उत्सव शुरू होने वाला था। उत्सव से एक दिन पहले, राष्ट्रपति किम युंग सम और पूर्व राष्ट्रपति रोह तेई वू ने अपने–अपने सचिवों को डॉ. हान को उपहार देने के लिए भेजा।

जब मैं पेनमुनज्योम देखने गयी थी तो डॉ. हान ने दक्षिण कोरियाई राष्ट्रीय रक्षा विभाग के कमांडर को फ़ोन कर कार लेकर मेरे पास पहुँचने को कहा था।

डॉ. हान ने एक बार हुंदई की बहुत महँगी कार बुक करवायी थी और क़रार के अनुसार कम्पनी को पतझड़ उत्सव से ठीक एक दिन पहले कार की डिलीवरी करनी थी, लेकिन कुछ ऐसा हुआ कि हुंदई कम्पनी के एक प्रतिनिधि ने उसी दिन फ़ोन करके बताया कि कार की डिलीवरी में कुछ महीने की देरी होगी। यह सुनते ही डॉ. हान ग़ुस्से में आ गये, ''मैं कार की डिलीवरी के लिए आपको कल तीन बजे तक का समय देता हूँ, अगर तब तक कार मुझे नहीं मिली तो तुम्हारी नौकरी तो जायेगी ही, मैं

तुम्हारा सिर भी काट दूँगा! सुना तुमने, मेरा नाम हान–छेंग–हाओ है!'' इसके बाद उन्होंने फ़ोन ज़मीन पर पटक दिया। बाद में पता चला कि हुंदई की उस कार की बहुत माँग थी और किसी ने पिछले दरवाज़े से अपनी पहुँच लगाकर डॉ. हान की कार अपने नाम से डिलीवर करवा ली।

उसी शाम, हुंदई की गंगनम ब्रांच का मैनेजर डॉ. हान के घर आया। वह घुटनों के बल ज़मीन पर बैठ गया और अपने दोनों हाथ उनके आगे फैलाकर बार–बार माफ़ी माँगने लगा।

''मुझे माफ़ कर दीजिए, डॉ. हान! यह सब इसलिए हुआ क्योंकि कम्पनी के कर्मचारी क़ानून को समझते नहीं हैं...''

डॉ. हान ने उन्हें कड़ी फटकार लगायी, ''खड़े हो जाओ, मेरे घर में ऐसी हरकतों के लिए कोई जगह नहीं है! मैं आपको यह बताना चाहता हूँ कि चीनी लोग क़ानून की क़ीमत समझते हैं, सामाजिक सम्बन्धों को समझते हैं लेकिन हम लोगों पर धौंस जमाना पसन्द नहीं करते! मैं आपको कार की डिलीवरी के लिए कल तीन बजे तक का समय देता हूँ। अगर तब तक कार यहाँ नहीं पहुँची, तो ये मत सोचो कि मैं तुम्हें ऐसे ही छोड़ दूँगा!''

अगले दिन दोपहर के समय दो बजे, एक महँगी हुंदई कार डॉ. हान के दरवाज़े पर आकर खड़ी हो गयी।

जहाँ तक दक्षिण कोरिया में डॉ. हान की ताक़त की बात है तो जिस घटना के बारे में मैं बता रही हूँ वह तो उसका बेहद छोटा–सा नमूना है।

जब रोह तेई वू राष्ट्रपति पद का चुनाव लड़ रहे थे तो डॉ. हान ने उनके लिए एक लाख लोगों का समर्थन जुटाया था; जब किम युंग सम राष्ट्रपति पद के लिए चुनाव मैदान में थे तो डॉ. हान ने तीस लाख लोगों की रैली का आयोजन किया था; चीन और दक्षिण कोरिया के बीच सम्बन्धों की शुरुआत से पहले, दक्षिण कोरिया में चीनी दूतावास को बचाने के लिए, जिसकी क़ीमत एक अरब अमेरिकी डॉलर थी, डॉ. हान ने विदेशों में बसे चीनी प्रवासी समुदाय को सक्रिय किया था। इस समुदाय ने एकजुट स्वर में ताइवानी प्रशासन की निन्दा की थी जिसने दूतावास को बेचने की अनुमति देने के लिए याचिका दाख़िल की थी। इस दबाव का नतीजा यह हुआ कि ताइवानी प्रशासन को यह याचिका वापस लेने को मजबूर होना पड़ा। इससे भी ज़्यादा हैरानी की बात यह है कि वह दक्षिण कोरिया के एक लाख कार मैकेनिकों के आध्यात्मिक नेता थे!

मैकनिकों की कहानी ने एक बार पूरे कोरिया को हिलाकर रख दिया था।

अगस्त 1989 की बात है। हज़ारों लोगों ने कई महीनों तक राष्ट्रीय संसद का घेराव कर लिया था। सरकारी कामकाज के सिलसिले में जो भी कार संसदीय इमारत के भीतर जाने के लिए आती, वे उसमें आग लगा देते। एक तरह से देश में पूरी अराजकता फैल गयी थी। उन्हें क़ाबू में करने के लिए कुछ भी नहीं किया जा सकता था। यहाँ तक कि पुलिस ने भी हाथ खड़े कर दिये थे। संसदीय इमारत का घेरा डालने वाले ये वे लोग थे जो कभी–न–कभी कबाड़ इकट्ठा करने के काम में लगे हुए थे और बाद में वे कार मैकेनिक बन गये थे। अब वे माँग कर रहे थे कि सरकार उन्हें अपना कारोबार करने का क़ानूनी अधिकार प्रदान करे, लेकिन संसद ने उनकी माँगों को नहीं माना।

एक दिन, रोह तेई वू ने इन घटनाओं का ज़िक्र डॉ. हान से किया। डॉ. हान ने एकदम साफ़गोई से कहा, ''प्राचीन समय से ही, अधिकारियों ने ही हमेशा जनता को बगावत के लिए उकसाया है। अगर आप आम लोगों को बगावत के लिए मजबूर करेंगे तो निश्चित रूप से वे बगावत करेंगे! ये लोग दस साल से ज़्यादा समय से अपने कारोबार को वैधानिक मान्यता दिये जाने की माँग कर रहे हैं तो संसद ने उनकी माँग को अब तक क्यों नहीं माना? मुझे तो पूरा मामला यही समझ में आता है कि लाइसेंसशुदा मरम्मत फैक्ट्रियों के चुनिन्दा मालिक हैं जो संसद में अपने हितों की रक्षा के लिए दबाव डाल रहे हैं और इसीलिए संसद प्रदर्शनकारियों के आवेदनों को मंजूरी देने में देरी कर रही है। इसके बारे में सोचिए, अगर वे अपना पेट तक नहीं भर सकते तो आप क्या सोचते हैं कि वे चुपचाप बैठे रहेंगे और कोई समस्या पैदा नहीं करेंगे?'' राष्ट्रपति के साथ उनकी चर्चा ऐसे ही बड़े साफ़ दिल से होती थी, उसमें किसी प्रकार की चापलूसी, भय या अपना कोई स्वार्थ नहीं रहता था। उन्होंने अपनी बात कहना जारी रखा, ''अगर मैं इस समस्या को सुलझाने में आपकी मदद करूँ तो कैसा रहेगा...''

रोह तेई वू को यक़ीन ही नहीं हुआ कि वह इस मामले में कुछ कर सकते हैं; कोरियाई सरकार पिछले दस सालों से इस मामले को सुलझा नहीं पायी थी तो ऐसे में एक अकेले चीनी आदमी से यह कैसे सम्भव हो सकता है।

बाद में पता चला कि डॉ. हान की 'प्रदर्शनकारियों' के बीच काफ़ी अच्छी छवि थी। जब भी कोई ग़रीब आदमी उनके पास इलाज के लिए

आता तो वह न केवल मुफ़्त में उसका उपचार करते बल्कि अक्सर उसे अपनी ओर से पैसे भी दे देते थे।

उन्होंने यह एकाध बार या केवल कुछ सालों तक नहीं किया था; सियोल में 42 ज़िले थे और सभी 42 ज़िलों में आधे से ज़्यादा प्रदर्शनकारी नेताओं ने डॉ. हान से कभी–न–कभी वित्तीय मदद ली थी।

डॉ. हान ने सियोल के 42 ज़िलों में से हर ज़िले के एक प्रतिनिधि को भोज के लिए आमन्त्रित किया। भोज का आयोजन ग्रेट वॉल चाइनीज़ रेस्त्राँ में किया गया था; भोजन के दौरान डॉ. हान ने वहाँ मौजूद नेताओं से एक विनम्र अपील की और कहा, ''मैंने राष्ट्रपति को बताया है कि लोग भूख को छोड़कर सब कुछ बर्दाश्त कर लेते हैं! मैं यह नहीं कह रहा हूँ कि आप अपना संघर्ष बन्द कर दें, मैं आपसे बस इतना कह रहा हूँ कि आप अपना आन्दोलन क़ानून के दायरे में रहते हुए चलायें! एक नया प्रस्ताव तैयार करें और मैं ख़ुद आपकी लड़ाई को राष्ट्रपति तक लेकर जाऊँगा...''

वहाँ आये लोगों ने ऐसा शानदार खाना कभी नहीं खाया था।

लेकिन संसद सदस्यों ने प्रदर्शनकारियों की माँगों को स्वीकार करने से इनकार कर दिया और आख़िर में रोह तेई वू को अपनी कार्यकारी शक्तियों का इस्तेमाल करते हुए आदेश देना पड़ा कि प्रस्तावों पर विचार किया जाये।

बाद में डॉ. हान के प्रोत्साहन से, दक्षिण कोरिया के एक लाख मैकेनिकों ने 'नेशनल ऑटोमोबाइल यूनियन ऑफ़ कोरिया' का गठन किया, जिसकी पहली बैठक एक स्टेडियम में हुई और उसमें 15 हज़ार प्रतिनिधियों ने भाग लिया।

इस बैठक में डॉ. हान ने भाषण दिया, ''मैं आपकी मदद करना चाहता हूँ। इसका कारण यह है कि हमारे वैश्विक गाँव में रहने वाला हर व्यक्ति एक इन्सान है और हर इन्सान को अपने अस्तित्व को बनाये रखने का समान अधिकार है! अगर आपको समाज में सम्मान नहीं मिलता है तो एक डॉक्टर को सम्मान क्यों मिलना चाहिए। उसके साथ अलग बर्ताव क्यों किया जाना चाहिए? यह सही नहीं है!

''मेडिकल डॉक्टर लोगों का इलाज करते हैं, आप लोगों/कारों का इलाज करते हो...हम सभी डॉक्टर हैं, तो हम लोगों के साथ अलग–अलग व्यवहार क्यों किया जाये? समानता कोई ऐसी चीज़ नहीं है जो हमें दी गयी है, यह केवल संघर्ष और आत्मनिर्भरता से आयी है, लेकिन आप

उन माध्यमों से इसे हासिल नहीं कर सकते जिनका आप इस्तेमाल कर रहे हैं; समस्या खड़ी करना, लूटपाट, आगजनी और चोरी से इसे हासिल नहीं किया जा सकता। अगर आपने इसी तरह से जारी रखा तो आप लोग हमेशा समाज के सबसे निचले तबक़े में ही रहोगे! आज से, आपको अपना पुराना, विध्वंसक रवैया छोड़ना होगा। उस व्यवहार को छह प्रमुख ग़लतियों में श्रेणीबद्ध किया जा सकता है; आज से आपको उनसे छुटकारा पाना होगा...अगर आपने ऐसा नहीं किया तो अगले साल होने वाली संसद की बैठक में आपके आवेदन को मंज़ूरी नहीं दी जायेगी...''

बैठक के दौरान, डॉ. हान ने नेशनल आटोमोबाइल यूनियन ऑफ़ कोरिया के पहले अध्यक्ष को स्वयं उसका ध्वज सौंपा और अध्यक्ष ने यूनियन की ओर से उन्हें 50 ग्राम सोने से बनी चाबी दी जो इस बात का प्रतीक थी कि डॉ. हान ने किस तरह से उनके लिए ज़िन्दगी के दरवाज़े खोले थे।

उसी समय से, प्रदशर्नकारी संसद के दरवाज़े से हट गये और वे मैकेनिक जिन्होंने पूरे कोरिया में इतना हंगामा और अराजकता पैदा कर दी थी, उन्होंने उसके बाद कोई समस्या खड़ी नहीं की। इसी तरह डॉ. हान कोरिया के मैकेनिकों के आध्यात्मिक नेता बन गये थे। उन्होंने जब भी कोरिया में कहीं जाना होता तो चिन्ता करने की ज़रूरत नहीं पड़ती थी। उन्होंने केवल इतना कहना था, ''मैं हान छेंग,छाओ...हूँ।'' और इतना सुनते ही सबसे क़रीब जो भी मैकेनिक होगा, वह उनकी मदद के लिए पहुँच जायेगा। एक समय ऐसा था कि उनका नाम पूरे देश में फैल गया था।

दक्षिण कोरिया के राष्ट्रपति उन्हें 'शानदार चीनी दोस्त' कहकर बुलाते थे, जबकि आम आदमी उनके बारे में कहता था, ''एक इतना अच्छा इन्सान है कि उनके जैसा दुनिया में मिलना मुश्किल है'' या कुछ लोग उन्हें 'चाइनीज़ मैन' भी कहते थे। विदेशी ख़ुफ़िया एजेंसियों के लिए वह केवल 'सनकी चीनी' थे।

लेकिन यह सनकी इन्सान कई बार अपनी कार नहीं ढूँढ़ पाता था क्योंकि उन्हें कभी उसका पंजीकरण नम्बर ही याद नहीं हुआ। उन्हें अपने अस्पताल के तीन टेलीफ़ोन नम्बर याद करने के लिए भी बड़ी मशक़्क़त करनी पड़ी थी।

जब रोह तेई वू पर महाभियोग चलाया गया और उसके बाद उन्हें जेल में डाल दिया गया तो डॉ. हान ने उनके साथ पहले की तरह अपने

सम्बन्ध बनाये रखे। वह बीच–बीच में नियमित रूप से जेल में उनसे मिलने के लिए जाते रहे। कई बार कोई बीमारी होने पर उन्हें रोह तेई वू का इलाज करने के लिए भी जेल में जाना पड़ता था। इससे वू को बड़ी राहत मिली थी। जेल के नियमों के अनुसार, एक बार जेल के डॉक्टर रोह तेई वू की बीमारी का पूरा ब्योरा डॉ. हान को दे देते थे और डॉ. हान भी पूर्व राष्ट्रपति का चेकअप कर लेते थे और दवाइयाँ बता देते थे तो डॉ. हान को तुरन्त जेल से जाना पड़ता था; डॉक्टर को 30 मिनट से ज़्यादा जेल में मरीज़ के पास रहने की अनुमति नहीं थी। जब पहली बार डॉ. हान, वू का इलाज करने के लिए जेल में गये तो उनके साथ जेल के कुछ गार्ड साथ गये। गार्ड ने बताया कि पहले ही डॉ. हान का 30 मिनट का समय बीत चुका है। उन्होंने डॉ. हान से कई बार वहाँ से चले जाने की अपील की।

डॉ. हान ने काफ़ी रुखाई के साथ उनसे कहा, ''आप मुझसे क्या चाहते हैं? मैं एक डॉक्टर हूँ और मैं यहाँ श्री रोह का चेकअप करने आया हूँ और वह भी न्याय विभाग की अपील पर! मैं आपको बता देता हूँ, मेरी दवाई बीमारी का इलाज करती है और मेरे शब्द भी लोगों को दुरुस्त कर देते हैं! श्री रोह की सबसे बड़ी समस्या इस समय उनका शरीर नहीं है बल्कि उनका दिमाग़ है। इसलिए अभी दवाइयों से ज़्यादा मेरे शब्द उनके लिए अधिक महत्त्वपूर्ण हैं और अब फिर से मुझे जाने के लिए मत कहना!'' गार्डों की तो हालत ख़राब हो गयी। उसके बाद उन्होंने डॉ. हान को कुछ नहीं कहा।

हालाँकि डॉ. हान जब भी जेल में जाते तो हमेशा गार्ड उनकी निगरानी करते, लेकिन इसके बावजूद वह श्री रोह से इस तरह बातें करते, मानो वे दोनों पूरी तरह अकेले हों। हर बार दोनों के बीच में इसी तरह घण्टे–दो घण्टे तक बातें होती रहतीं।

एक बार रोह तेई वू ने डॉ. हान से शिकायत की कि उनके पेट के निचले हिस्से में सूजन है और उसमें दर्द भी हो रहा है। उन्होंने बताया कि पेशाब करने में बड़ी तकलीफ़ हो रही है लेकिन पेशाब रोकने पर पेट का दर्द और बढ़ जाता है। डॉ. हान ने जेल के मुख्य वार्डन से कड़ाई से पूछताछ की और बोले, ''क्या दिखता नहीं है कि वह बीमार हैं? आपने उन्हें पेशाब की मात्रा बढ़ाने के लिए कुछ दिया क्यों नहीं? आपने इनकी मदद क्यों नहीं की?'' वार्डन ने जवाब दिया, ''श्री रोह को कुछ भी दवा

देने से पहले हमें प्रशासन से औपचारिक रूप से आवेदन करना होता है। इस प्रक्रिया में कम–से–कम तीन दिन का समय लग जाता है।''

''आप क्या सोचते हैं कि एक आदमी के लिए तीन दिन तक बिना पेशाब किये रहना सम्भव है?''

''लेकिन नियम तो यही कहते हैं...''

''आपके जो भी नियम हों, उन नियमों में यह ज़रूर होना चाहिए कि वह जब भी चाहें पेशाब कर सकें! तीन दिन तक कोई पेशाब रोक कर रखेगा तो उसकी तो जान ही निकल जायेगी। आप तुरन्त उन्हें गरम पानी की बोतल दें और रात को बोतल को उनके पेट पर रखें। जहाँ तक मैं समझता हूँ कि पानी की गरम बोतल के लिए तो प्रशासन की कोई मंज़ूरी नहीं लेनी पड़ेगी?''

मैंने किताब में लिखा, ''इस चीनी इन्सान और दक्षिण कोरियाई राष्ट्रपति के बीच दोस्ती एकदम अटूट है। जब वू के पास सत्ता थी तो उन्होंने कभी डॉ. हान को सत्ता का गुरूर नहीं दिखाया और जब सत्ता हाथ से चली गयी तो डॉ. हान ने भी आँखें नहीं फेरीं। दोनों के बीच दोस्ती का जो फूल खिला था, उसकी ख़ुशबू जीवनभर फैलती रही।''

जब मैं उनका इंटरव्यू कर रही थी तो एक और ऐसी घटना हुई जिसे नज़रअन्दाज़ नहीं किया जा सकता।

एक दिन डॉ. हान ने सियोल घूमने के लिए मेरे साथ एक युवती को भेज दिया। जैसे ही हम कार में बैठे, उस युवती ने अपनी ख़ामोशी तोड़ी और मुझसे कई तरह के सवाल किये, ''सुश्री चाङ, माओत्से तुंग और च्यांग कांई शेक में से, आपको कौन ज़्यादा महान लगता है?''

मैंने उसके सवालों पर कोई ग़ौर नहीं किया और बड़े आराम से जवाब दिया, ''माओत्से तुंग, क्योंकि, अगर माओ नहीं होते तो च्यांग काई शेक और उनकी 80 लाख की सेना को ताइवान तक नहीं खदेड़ा जा सकता था।''

उसने एक दूसरा सवाल किया, ''माओ ने इतने सारे लोगों को मरवाया; क्या मैं इस मामले में आपकी राय जान सकती हूँ?''

मैंने जवाब दिया, ''च्यांग काई शेक ने उससे भी ज़्यादा लोगों को मरवाया था! कौन नेता सत्ता के लिए लोगों को नहीं मरवाता? क्या ताइवान में निर्वासित किये जाने के बाद भी च्यांग काई शेक ने बड़े पैमाने पर लोगों को नहीं मरवाया?''

''क्या आप माओत्से तुंग पर अपने विचार संक्षेप में मुझे बता सकती हैं?''

''माओत्से तुंग अपनी पीढ़ी के एक महान पुरुष थे, लेकिन वह एक आम इन्सान भी थे और इसी नाते उन्होंने कुछ ग़लतियाँ भी कीं जिनका इतिहास अपने हिसाब से मूल्यांकन करेगा। चीन एक अर्द्ध–सामन्ती और अर्द्ध–औपनिवेशिक समाज रहा था और केवल हाल ही में उसमें बदलाव आना शुरू हुआ है और मैं समझती हूँ कि माओ पुराने महाराजाओं और नयी पीढ़ी के नेताओं के बीच एक कड़ी हैं, लेकिन इतिहास के पन्नों में स्थान पाने का उनका हक़ तो बनता ही है; वह एक महान इन्सान थे जिन्होंने चीन की क़िस्मत बदल दी।'' मैंने महसूस किया कि उस युवती का इस सब मामले में कुछ निहित स्वार्थ था और इसीलिए कुछ ही देर बाद मैंने अपने विचार उसके साथ साझा करने बन्द कर दिये।

''सुश्री चाङ, चीन में बहुत बड़े पैमाने पर भ्रष्टाचार है, उसके बारे में आपका क्या कहना है?''

''कोई भी समझदार इन्सान भ्रष्टाचार को सही नहीं कहेगा। भ्रष्टाचार एक वैश्विक समस्या है। क्या यह सच नहीं है कि दक्षिण कोरिया के कई राष्ट्रपतियों की भ्रष्टाचार के चलते ही जनता ने निन्दा की है?''

उसी समय, हम लोग ताइवान के कोरियाई कार्यालय (चीन और दक्षिण कोरिया के बीच सम्बन्धों की शुरुआत होने के बाद देश में ताइवान के दूतावास से उसका दूतावास का दर्जा छीन लिया गया था और उसे केवल कार्यालय का नाम दिया गया था) के सामने से गुज़रे और उस युवती ने तीन बार कहा, ''सुश्री चाङ, जाइए और कुछ देर भीतर बैठिए। ताइवानी राजदूत बहुत ही अच्छे इन्सान हैं। जाकर उनसे मिलिए। वह आपको ताइवान आने का निमन्त्रण देंगे। ताइवान एक ख़ूबसूरत जगह है...''

यह सच है कि ताइवान बहुत ही ख़ूबसूरत है और मेरा वहाँ जाने का बहुत मन है, लेकिन उस समय, उस युवती के पास कहने के लिए और कुछ नहीं था। मेरे भीतर अभी भी एक ख़ास तरह की राजनीतिक संवेदनशीलता है।

बाद में मुझे पता चला कि वह युवती एक स्पेशल एजेंट थी जिसे डॉ. हान के साथ काम करने के लिए ताइवान ने भेजा था। जब डॉ. हान को उसकी असलियत पता चली तो उन्होंने उसे नौकरी से निकाल दिया।

मैंने इंटरव्यू करने के लिए सियोल में 20 दिन बिताये।

जब मैं वहाँ से रवाना होने लगी तो डॉ. हान ने मुझसे हाथ मिलाया

और कुछ गूढ़ शब्दों में कहा, ''सुश्री चाङ, मैं देखना चाहता हूँ कि आप मेरे बारे में कैसा लिखती हैं, लेकिन अभी भी मुझे कुछ सन्देह है...''

डॉ. हान को हमेशा इस बात को लेकर शक रहा था कि पता नहीं मैं उनकी आत्मकथा कैसी लिखूँगी। वह न केवल एक शानदार डॉक्टर थे बल्कि वह एक प्रतिभाशाली तथा शानदार निबन्ध लेखक भी थे। वह स्वयं *वर्ल्ड ऑफ़ चाइना एंड कोरिया* पत्रिका को देखते थे और हर अंक में उनका एक निबन्ध ज़रूर प्रकाशित होता था। उन्होंने मुझसे कई बार कहा था, ''आपके साथ बात करने में बड़ी मेहनत करनी पड़ती है; आपको कोरियाई इतिहास के बारे में कोई समझ नहीं है, तो आप मेरे बारे में कैसे लिखेंगी?''

यह बात एकदम सही थी कि कोरियाई इतिहास के बारे में जानकारी के बिना, कोई तरीक़ा ही नहीं था कि मैं डॉ. हान के बारे में लिख पाती। हर कोई जानता है कि कोरियाई युद्ध के बाद, चीन और दक्षिण कोरिया एक–दूसरे के कट्टर दुश्मन बन गये थे। इसका नतीजा यह था कि चीन में दक्षिण कोरिया के बारे में कोई सामग्री ढूँढ़ना बेहद कठिन था।

चीन लौटने के बाद, मैंने कोरियाई इतिहास, संस्कृति, और उसके रीति–रिवाजों, परम्पराओं को समझने के तमाम प्रयास किये।

मैं समझती हूँ कि डॉ. हान का चरित्र एक अलग ही पहचान लिए हुए है, जीवन का उनका सफ़र किसी सस्पेंस फ़िल्म से कम नहीं रहा है, उनकी सफलताएँ, लोगों की बेहतरी के लिए उनके अथक प्रयास और उनका श्रम–ये सब चीज़ें एक बेहद ख़ास आत्मकथा के लिए काफ़ी हैं।

मैंने उनकी आत्मकथा को उनकी ज़िन्दगी की घटनाओं पर ही केन्द्रित नहीं किया बल्कि मैंने फ़ैसला किया कि इसमें उनके चरित्र और उनके करिश्मे को चित्रित करने के लिए कुछ बेहद महत्त्वपूर्ण घटनाओं को ही शब्दों में पिरोने पर ध्यान केन्द्रित करना उचित रहेगा। मैंने उनकी आत्मकथा को आकार देने में अपनी पुरानी शैली को छोड़ दिया और उसके बजाय एक सटीक वर्णन शैली को अपनाया ताकि मेरे लेखन में कोई घुमाव न हो और उसमें एक प्रकार की झरने की सी गति हो।

सियोल की अपनी दूसरी यात्रा मैंने अगले साल की। मैं अकेली नहीं थी, मेरे साथ थी दो लाख 80 हज़ार शब्दों की पाण्डुलिपि।

जब उन्होंने पाण्डुलिपि पूरी पढ़ ली तो डॉ. हान ने मेरे हाथ पकड़ लिए और उनकी आँखों से गरम आँसू छलक पड़े, दिल की गहराइयों से

यही शब्द निकले, ''सुश्री चाङ, मैंने कभी सपने में भी नहीं सोचा था कि तुम न केवल कोरिया के इतिहास के साथ न्याय करोगी बल्कि मेरी सोच और मेरे लेखन के सार को भी शब्दों का रूप दे दोगी! मैं तो एक बूढ़ा आदमी हूँ और बहुत कम लोग हैं जिनका मैं सम्मान करता हूँ, लेकिन मैं तुम्हारा दिल से सम्मान करता हूँ। तुम शानदार हो!''

जब हम एक–दूसरे से विदा लेने लगे तो डॉ. हान ने मुझसे हँसते हुए पूछा, ''सुश्री चाङ, किताब कब प्रकाशित होगी? मुझे बड़ी उत्सुकता हो रही है कि लोग इसे किस तरह से देखेंगे!''

''चिन्ता मत कीजिए, यह जल्द ही प्रकाशित होगी। जब समय आयेगा तो मैं आपको पब्लिकेशन संवाददाता सम्मेलन के लिए आमन्त्रित करूँगी।''

लेकिन ये बड़ी हैरानी की बात रही, ख़ासतौर से मेरे लिए कि बहुत लम्बे समय तक मैं अपना वादा पूरा नहीं कर पायी।

चीन लौटने के बाद, मैं पाण्डुलिपि को लेकर कई प्रकाशन कम्पनियों के पास गयी, लेकिन सभी के सम्पादक यह तो कह देते कि बहुत अच्छी किताब है, लेकिन हान के नाम पर किताब कुछ जमती नहीं है। मैंने कई बार मंजूरी के लिए इसकी पाण्डुलिपि जमा करायी, लेकिन कोई इसे प्रकाशित करने को ही तैयार नहीं था। आख़िरी बार मैंने इसे एक प्रकाशन कम्पनी को दिया। राइटर्स पब्लिशिंग हाउस में कई विभागों द्वारा इसकी समीक्षा किये जाने के बाद इसे विदेश मामलों के मन्त्रालय के एशिया विभाग को भेज दिया गया। वहाँ भी एक बार फिर से इसे ख़ारिज कर दिया गया।

मेरे एक मित्र सम्पादक ने मुझे सलाह दी, ''तुम इसे भूल जाओ यावन, कोई उम्मीद नहीं है।''

एक प्रवासी चीनी जिसके साथ इतिहास बड़ी ही बेदर्दी से पेश आया, लेकिन उसके बावजूद उस इन्सान को किसी से शिकायत नहीं और जिसने दक्षिण कोरिया तथा चीन के बीच राजनयिक सम्बन्धों को सामान्य बनाने में इतना महान योगदान दिया हो, वह चीन से सम्मान पाने का हक़दार तो है ही। मेरा ऐसा ही मानना था। मैं यह भी मानती हूँ कि यह किताब चीनी राष्ट्र के प्रति एक महान श्रद्धांजलि थी और इस किताब में ऐसी कोई सामग्री नहीं है जो चीनी समाज या चीनी राष्ट्र को किसी तरह से नुक़सान पहुँचा सके! मेरा यह दृढ़ विश्वास है

कि मेरे देश की जो प्रकाशन नीतियाँ हैं वे मेरी किताब को प्रकाशन की पूरी अनुमति देती हैं!

मैंने अपने एक दोस्त के ज़रिये विदेश मन्त्रालय में किसी तरह से एक नेता को पकड़ा। वह काफ़ी पहुँच वाला आदमी था। केन्द्र सरकार के कई नेता जब भी सरकारी यात्रा पर विदेश जाते तो उनके भाषणों के सम्पादन और जाँच का ज़िम्मा उसके ऊपर था। मैंने उससे कहा, ''अगर आप कहेंगे कि वास्तव में ही यह किताब प्रकाशन लायक नहीं है तो मैं अपनी कोशिशें बन्द कर दूँगी।''

उन्होंने किताब थोड़ी–सी पढ़ी और बोले, ''मुझे नहीं लगता कि इस किताब के साथ कोई बड़ी समस्या है। केवल कुछ विशेष हिस्से हैं जहाँ शब्दों का चयन उचित नहीं है। आपको इसे सम्पादित करना होगा।''

मैंने जल्दी से जवाब दिया, ''अगर मैं आपको सम्पादित पाण्डुलिपि दूँ तो क्या आप इसकी सिफ़ारिश कर देंगे?''

''ज़रूर, लेकिन आपको यह काम जल्दी करना पड़ेगा। मेरी नियुक्ति जल्द ही कहीं विदेश में होने वाली है।''

इसके साथ ही मैंने जल्दी से दूसरी बार राइटर्स पब्लिशिंग हाउस को किताब सौंप दी और साथ ही चाइनीज़ राइटर्स एसोसिएशन को एक आवेदन भी जमा करा दिया। एसोसिएशन ने तुरन्त रेडियो फ़िल्म और टेलीविज़न, चीन को एक और आवेदन भेज दिया। विदेश मन्त्रालय को भी एक आवेदन भेजा गया...

दिसम्बर 1998 में, जिस किताब के लिए मैंने चार साल संघर्ष किया और जो इतनी बार नकार दी गयी थी, उसे आख़िरकार राइटर्स पब्लिशिंग हाउस ने प्रकाशित कर ही दिया। इसका शीर्षक दिया गया, *प्रेसिडेंट ऑफ़ कोरियाज चाइनीज़ 'इम्पीरियल फिजीशियन'*।

22 दिसम्बर की सुबह थी। राइटर्स पब्लिशिंग हाउस ने किताब के लिए शानदार संवाददाता सम्मेलन का आयोजन किया। इसमें चाइना फेडरेशन ऑफ़ ओवरसीज चाइनीज़ के उपाध्यक्ष गुओ लिंगोंग; चाइनीज़ राइटर्स एसोसिएशन के सचिव गाओ होंगबो, दक्षिण कोरिया में पूर्व चीनी राजदूत श्री यान और उनकी पत्नी, श्री पेई जियाई और उनकी पत्नी, कोरिया में तैनात एक मन्त्री श्री जेई चिहुआ और उनकी पत्नी, डॉ. हान के बच्चे और बहुत सारे रिपोर्टर शामिल हुए। कोरिया के हुंदई कॉरपोरेशन के एशिया प्रभाग के मुख्य कार्यकारी अधिकारी डॉ. हान के साथ सियोल से

बीजिंग आये थे और वह भी ख़ासतौर पर संवाददाता सम्मेलन के लिए सीईओ ने डॉ. हान को बधाई देने के लिए फूलों का एक गुलदस्ता दिया

संवाददाता सम्मेलन में डॉ. हान, जिन्होंने मौत से कई बार नज़रें मिलायी थीं, वह आँखों में आँसू लिए खड़े थे, काफ़ी देर तक उनके मुँह से कोई शब्द नहीं निकला।

उन्होंने कुछ देर बाद कहा, ''मैंने कभी उम्मीद नहीं की थी कि सुश्री चाङ मेरी ज़िन्दगी का इतनी ख़ूबसूरती के साथ चित्र बनायेंगी। मेरी ज़िन्दगी और मौत के बीच कोई बहुत ज़्यादा फ़ासला नहीं रहा है। अपने बुरे दिनों में...''

इस किताब ने चीन और विदेश में धूम मचा दी। *द अमेरिकन चाइनीज़ टाइम्स* ने इस किताब को कई हिस्सों में छापा। कोई दर्जनभर चीनी समाचार–पत्रों ने या तो इसे सिलसिलेवार तरीक़े से या फिर पूरी किताब को ही प्रकाशित किया। कई समाचार–पत्रों ने इस किताब के अंश प्रकाशित किये। इसके बाद डॉ. हान चीन के घर–घर में एक जाना माना नाम बन गये। चाइना फेडरेशन ऑफ़ ओवरसीज चाइना ने उन्हें मानद उपाध्यक्ष की पदवी दी। विभिन्न चीनी संगठनों ने उन्हें विभिन्न अवसरों पर चीन में आमन्त्रित किया।

किताब को बाद में हेईलोंगच्यांग प्रान्त में श्रेष्ठ साहित्य का प्रथम पुरस्कार प्रदान किया गया।

87

1993 का पतझड़ का मौसम था। मेरी किताब *ए वीमेन क्रॉसिंग द रिवर ऑफ़ मैन* सालों से धूल खा रही थी। अचानक बीजिंग फ़िल्म स्टूडियो के कुछ लोगों की नज़र उस पर पड़ गयी।

युआन फांग नाम के एक पटकथा लेखक ने मुझे फ़ोन किया। वे लोग चाहते थे कि मेरी दो किताबों पर टेलीविज़न ड्रामा बनाया जाये। इनमें *ए वीमेन क्रॉसिंग द रिवर ऑफ़ मैन* और *डार्क रेड ब्लड इन द वेस्टर्न स्काई* शामिल थीं। दोनों किताबों पर उनकी क़रीब 40:40 एपिसोड का ड्रामा बनाने की योजना थी। छेन गुओजुन ड्रामे के निदेशक होंगे जबकि पटकथा युआन फांग और मैं मिलकर लिखेंगे।

युआन फांग के साथ 44 एपिसोड की पटकथा लिखने के लिए मुझे तीन महीने के लिए बीजिंग फ़िल्म स्टूडियो के क्वार्टर में रहना पड़ा। 1995 की गर्मियों में *ए वीमेन क्रॉसिंग द रिवर ऑफ़ मैन* को सी.सी.टी.वी. चैनल पर प्रसारित किया गया। इसका प्रसारण प्राइम टाइम स्लॉट में किया गया था। दर्शकों को यह काफ़ी पसन्द आया। इस बीच, पीपल्स लिटरेचर पब्लिशिंग हाउस ने मेरा उपन्यास टेलीविज़न श्रृंखला के शीर्षक से प्रकाशित कर दिया।

प्रेजेंट एज पत्रिका के पूर्व प्रधान सम्पादक श्री ही शिझी और सुश्री हू युपिंग जो कि पत्रिका की सम्पादक थीं, दोनों ने मेरी किताब के प्रकाशन में मेरी बहुत मदद की।

ए वीमेन क्रॉसिंग द रिवर ऑफ़ मैन की सफलता ने मेरे लेखन करियर का एक और रास्ता खोल दिया।

मेरी समझ यही कहती है कि पटकथा लेखन में अन्य लेखन की तरह घटनाओं के ब्योरे पर उतना ज़ोर नहीं दिया जाता, बल्कि इसमें मुख्य फोकस कहानी के ढाँचे पर रहता है, चरित्रों के संघर्ष, उनके सम्बन्ध और संवादों को अधिक महत्त्व दिया जाता है। इस ड्रामे में मेरी रचनात्मक ताक़त को बेहद ख़ूबसूरती के साथ पेश किया गया था और मेरी कमियों को ढँक दिया गया–मेरी ताक़त कहानी बुनना है, उसकी गहराई में उतरना है, अपने जीवन के अनुभवों का जो ख़ज़ाना मेरे पास है, उसके साथ पाठकों को बाँधना है। पटकथा लेखन काफ़ी आकर्षक है, इससे अच्छी–ख़ासी आय हो जाती है। मेरा कहने का मतलब यह है कि पैसे कमाने के लिए मुझे अपने ऊनी कपड़ों और चमड़े की जैकेटों को अपने कन्धे पर लादकर नहीं घूमना पड़ता। मैंने ख़ुद से पहल करते हुए 20, 20 एपिसोड के तीन टेलीविज़न ड्रामा की पटकथा लिखी। इनमें से एक में मेरे आइस स्केटिंग के अनुभवों को लिया गया था जिसे *ए लाइफ़ ऑफ़ स्नो एंड आइस* नाम दिया गया। इसमें से एक एपिसोड बच्चों की शिक्षा पर आधारित था जिसे *मदर, गिव मी ए हैंड* शीर्षक के तहत शूट किया गया और तीसरे में भ्रष्टाचार की जड़ें खोदी गयी थीं। इसे नाम दिया गया था *फिलियाल सन*।

1997 की गर्मियों का मौसम था और मेरा तबादला च्यामुसी आर्ट सेंटर फ़ॉर दी मासिस से एक प्रान्तीय फ़िल्म और टेलीविज़न यूनिट में कर दिया गया। प्रान्तीय सरकार ने मुझे मानद उपाधि से नवाज़ा और मुझे

'अद्भुत योगदान देने वाली विशेषज्ञ' का तमगा दिया। साथ ही हार्बिन में घर ढूँढ़ने में भी मेरी मदद की।

जिस दिन मैंने च्यामुसी को अलविदा कहा, मेरे कई पुराने दोस्त और नेता मुझे अलविदा कहने आये और कई दोस्तों की आँखों में विदाई के आँसू छलके हुए थे। वे सब लोग मुझे और हियु को छोड़ने के लिए ज़िले की सीमा तक आये और नम आँखों से हाथ हिलाकर हम दोनों को विदाई दी और फिर लौट गये।

मैं कार में बैठी और अपनी गर्दन पीछे घुमायी। कार आगे बढ़ रही थी, शहर और मेरे बीच फ़ासला भी बढ़ता जा रहा था और धीरे–धीरे मैं च्यामुसी...से इतनी दूर निकल आयी कि अब वह सिर्फ़ मेरी यादों के एक कोने में कहीं पर ठहर–सा गया है। हार्बिन तक के पूरे रास्ते में मैं रोती रही। मैं सोचती रही कि लोग कैसे हैं; जब एक इन्सान एक जगह पर होता है तो उसे उस जगह की बहुत–सी चीज़ें अच्छी नहीं लगतीं, लेकिन जैसे ही उसका वहाँ से जाने का वक़्त आता है, तो उसे अपने पुराने घर की याद सताने लगती है, घर पीछे छूटता जाता है और मन का एक कोना भी कहीं वहीं छूट जाता है, घर को छोड़ते हुए कितना दर्द होता है, यह वही जान सकता है, जिसने घर छोड़ा हो। यह शहर मेरे लिए माँ के जैसा है, इस शहर ने मेरी आत्मा से मेरा परिचय कराया।

मैं एक ग़रीब लड़की, जो पहाड़ी घाटी से बाहर निकलकर आती है और एक दिन देश की पहले दर्जे की लेखिका बन जाती है, उसे हेईलोनच्यांग प्रोविंशियल राइटर्स यूनियन के उपाध्यक्ष पद पर बैठाया जाता है, प्रोविंशियल पार्टी कांग्रेस में दो अलग–अलग बैठकों में वह प्रतिनिधि के तौर पर शामिल हो रही है, उसे एक ऐसी विशेषज्ञ की उपाधि दी गयी है जिसने हेईलोंगच्यांग प्रान्त में असाधारण योगदान दिया है। स्टेट कॉउंसिल उसे इसलिए पुरस्कृत करती है, क्योंकि वह अपने प्रयासों से शिक्षा हासिल करती है।

मैं ग्रेट हॉल ऑफ़ दी पीपुल में खड़ी हूँ। मैं उन 194 लोगों की नुमाइन्दगी कर रही हूँ, जिन्होंने अपने दम पर शिक्षा हासिल कर सफलता प्राप्त की। इन सबको पुरस्कारों से नवाज़ा गया है और साथ ही उनकी प्रशंसा में पूरे देश के सामने एक प्रशस्ति–पत्र भी पढ़ा गया है...

इस शहर के साथ मेरी सबसे प्यारी यादें जुड़ी हुई हैं। यही शहर है जहाँ मैंने अपने तमाम सपने देखे, इसी शहर ने आसमान में उड़ने के

लिए पंख दिये, कुछ भ्रम भी पैदा किये और कुछ विफलताओं ने ज़िन्दगी की हक़ीक़त भी समझायी। लेकिन ये विफलताएँ मेरी भावी सफलता और पहचान की पहली सीढ़ी थीं। मैं इस जगह को कभी नहीं भूल पाऊँगी जिसने मेरी हर मन माँगी मुराद पूरी की!

इस बात से कोई फ़र्क़ नहीं पड़ता कि आज मैं ज़िन्दगी में कहाँ पहुँच गयी हूँ या कि उपलब्धियों से मेरी झोली भरी है, यह शहर मेरी माँ की तरह है, मुझे हर बार उसके पास लौटने में ख़ुशी होती है, उसकी बाँहों में समाकर दुनिया के सब दर्द भूल जाती हूँ, उसकी गलियों में घूमना अच्छा लगता है, मैं उसे बताना चाहती हूँ देखो! तुमने मुझे ज़र्रे से आफ़ताब बना दिया है; मैं हमेशा हेईलोंगच्यांग की इस धरती की बेटी रहूँगी जिसकी मिट्टी काली है।

हेईलोंगच्यांग में मेरे सबसे महान अध्यापक रहते हैं, मेरे सबसे क़रीबी दोस्त रहते हैं, मेरे पुराने सहकर्मी रहते हैं, मेरे पुराने बॉस यहाँ रहते हैं जिन्होंने मुझे प्रशिक्षित किया और जिन्हें मुझ पर पूरा भरोसा था। हाँ! इसी शहर में मेरे जान से भी प्यारे दोस्त रहते हैं, वो दोस्त जो मुझे उतना ही जानते हैं, जितना मैं अपने आपको जानती हूँ।

प्रान्तीय फ़िल्म और टेलीविज़न विभाग में तबादला होने के बाद, मैंने शुरुआत में तो यही योजना बनायी थी कि अब कुछ टेलीविज़न ड्रामा सीरीज़ लिखने पर थोड़ा ध्यान लगाऊँगी लेकिन *ए चाइनीज़ वीमेन एट गेस्टापो गनपॉइंट* को लेकर कापीराइट के उल्लंघन का केस होने के बाद मैंने पाया, भले ही मैं बड़ा आदर्शवादी दृष्टिकोण रखती थी और इसी आदर्शवाद के साथ मैंने बहुत से काम शुरू किये थे, बड़ी–बड़ी उम्मीदें लगायी थीं, लेकिन बदक़िस्मती अक्सर मुझ तक पहुँचने का रास्ता ढूँढ़ ही लेती थी।

अध्याय 12

दो आख़िरी वसीयत : एक मेरे लिए और एक मेरे पति के लिए

88

अब वह सब लिखने का वक़्त आ गया है जो मेरी ज़िन्दगी में सबसे कड़वे अनुभवों से उपजा है और जिससे मैंने दीवानों की तरह उम्मीदें बाँधी थीं।

जब मैं मुड़कर उन दिनों को याद करती हूँ तो शरीर में एक सिहरन–सी दौड़ जाती है। ऐसा महसूस होता है कि वे दिन मैंने किसी नरक में गुज़ारे थे। एक ओर तो अदालत में तीन मुक़दमे चल रहे थे तो दूसरी ओर, छह बाइपास सर्जरी करानी थी।

लेकिन सब कुछ गड़बड़ हो गया। 17 फ़रवरी, 2004 की सुबह की बात है। उसी दिन बीजिंग सुप्रीम पीपल्स कोर्ट ने सुश्री चाओ की अपील मामले में सुनवाई शुरू की थी। हियु मेरे साथ अदालत जा रहे थे। जब हम दोनों सीढ़ियों से उतर रहे थे तो अचानक हियु का पैर एक सीढ़ी छोड़कर, अगली सीढ़ी पर जा पड़ा और वह गिर गये। उनकी दो पसलियाँ टूट गयीं। मैं रोने लगी और उनसे लिपट गयी। परमात्मा न जाने किस जन्म का बदला ले रहा था। मुझे जो तकलीफ़ें मिली थीं, वो क्या कम नहीं थीं जो अब मेरे पति को भी सताना शुरू कर दिया था!

29 मार्च, 2001 को जब मैंने श्री सी के साथ चर्चा करते हुए पूरी रात बिता दी थी, उसी दिन से ऐसा हो गया था मानो मैं बदक़िस्मती के किसी अन्धड़ में फँस गयी हूँ जो बार–बार मेरे चारों ओर घूम रहा है। एक के

बाद एक हादसे पेश आ रहे थे और मुझे कोई ऐसी जगह नहीं मिल रही थी कि मैं इनसे बचकर कहीं छुप जाऊँ। इन अनुभवों से, मैंने एक कर्म के बारे में एक गहरी सच्चाई को जाना; अगर परमात्मा ने आपके लिए कुछ तय कर रखा है तो आप उसे रोकने के लिए क़तई कुछ नहीं कर सकते। आप केवल इतना कर सकते हैं कि अपने दाँत भींच लें और पूरी ताक़त लगाकर मुक़ाबला करें, हो सकता है कि आपको बच निकलने का कोई रास्ता मिल जाये। लेकिन मैं जानती हूँ कि क़िस्मत बहुत गहरी चीज़ है, कुछ ऐसा जिसे मैं शब्दों में बयाँ नहीं कर सकती, भले ही मैं लेखक ही क्यों न होऊँ।

मैंने तियानचिन में कार्डियोवस्कुलर हॉस्पिटल के अध्यक्ष ली च्याओछेंग का इंटरव्यू ख़त्म किया ही था। मैं उनके चरित्र की गहराई और दुनिया के बारे में उनके नज़रिये से पहले ही गहरे तक प्रभावित हो चुकी थी। उन्होंने मुझे यह दिखाया था कि भौतिक इच्छाओं के पीछे भाग रही इस दुनिया में अभी भी कम–से–कम एक इन्सान सम्मान के लायक बचा है, जो पवित्र है और जो दुनिया को बचाना चाहता है।

मैंने फ़ैसला किया कि ली च्याओछेंग के बारे में अपना लेख लिखने के बाद ही मैं अपनी सर्जरी कराऊँगी। दरअसल मैंने अपनी एक दोस्त से इस लेख को लेकर वादा कर रखा था। मैं, मेरी तरह दिल की बीमारियों से जूझ रहे और ज़िन्दगी–मौत से संघर्ष करते लोगों को भी यह बताना चाहती थी कि चीन में एक महान डॉक्टर हैं, जिनका विश्वस्तरीय कार्डियोवस्कुलर हॉस्पिटल है। मैं चाहती थी कि आम आदमी को इसका फ़ायदा मिले।

ली च्याओछेंग च्यामुसी में पैदा हुए थे और उनके माता–पिता दोनों ही चिकित्सा जगत का बहुत जाना–माना प्रतिष्ठित नाम थे। 1979 में, उनका फुवाई हॉस्पिटल के कार्डियोवस्कुलर रिसर्च इंस्टीट्यूट में दाख़िला हो गया। उनके प्रवेश परीक्षा में शानदार अंक आये थे और वह कार्डियोवस्कुलर मेडिसिन के शोधार्थी बन गये। यह इंस्टीट्यूट चाइनीज़ अकेडमी ऑफ़ मेडिकल साइंसेज का ही हिस्सा है।

ग्रेजुएशन के बाद वह फुवाई हॉस्पिटल में ही काम करने लगे। हॉस्पिटल ने ही उन्हें आस्ट्रेलिया में पढ़ाई करने के लिए भेज दिया। वहाँ पर उनके आस्ट्रेलियाई संरक्षक ने उन्हें कुछ और समय वहाँ रहकर काम करने के लिए आमन्त्रित किया। इसके लिए उन्हें एक महीने में लाखों अमेरिकी डॉलर का वेतन मिलने की सम्भावना थी, लेकिन अमेरिकी डॉलर उन्हें ललचा नहीं सके; वह चीन लौटने के लिए तैयार थे।

कई साल बाद, उन्होंने पार्टी कमेटी हॉस्पिटल में तबादले के लिए औपचारिक रूप से आवेदन किया। वह हेईलोंगच्यांग में चीन का दूसरा कार्डियोवस्कुलर हॉस्पिटल बनाना चाहते थे। कई साल बाद, जिस समय वह चाइनीज़ अकेडमी ऑफ़ मेडिकल साइंसेज़ में पार्टी कमेटी के सचिव और अकेडमी के उपाध्यक्ष के दोनों पद सँभाल रहे थे, उन्होंने स्वास्थ्य विभाग को अपना इस्तीफ़ा पत्र सौंप दिया और तिआनचिन में अपना अन्तर्राष्ट्रीय स्तर का कार्डियोवस्कुलर अस्पताल स्थापित करने के लिए चले गये। इस अस्पताल का निर्माण तिआनचिन के ताइडा आर्थिक विकास क्षेत्र में किया जाना था।

मुझे एंजाइना का दर्द बार–बार हो रहा था। किसी तरह अपनी साँसें जुटाकर मैंने *फ़ॉर थाउजेंड टाइम्स फ़ॉर थाउजेंड ट्रबल्स* का टंकण पूरा किया। इस किताब के लिए तो यूँ कह लीजिए कि ज़िन्दगी उधार माँग–माँगकर किसी तरह काम पूरा किया था। बहुत सम्भावना तो इसी बात की है कि यह किताब मेरा आख़िरी रिपोर्ताज़ होगी और मेरी आख़िरी विरासत भी।

इस किताब में मैंने न केवल ली शियाओछेंग के वैश्विक प्रेम और ग़रीबों के कल्याण की चाह को शब्द दिये हैं, बल्कि मैंने चीन के चिकित्सा क्षेत्र की व्यवस्था में घर कर चुकी बुराइयों को भी बेनकाब किया है। साथ ही इसमें सार्वजनिक स्वास्थ्य के क्षेत्र में फैले भ्रष्टाचार से भी पर्दा हटाने की कोशिश की है। मैंने दिल की बीमारी से जूझ रहे एक मरीज़ की सच्ची कहानी भी इसमें लिखी है। इसमें आशा और निराशा, ज़िन्दगी और मौत के बीच झूलती मैं भी कहीं–कहीं पर हूँ। मेरी बेबसी और तन्हाई, ज़िन्दगी के प्रति तड़पती अपनी प्यास को भी उकेरा है।

हालाँकि मैं हमेशा एक ज़िन्दादिल और उम्मीद का दामन पकड़कर रखने वाली इन्सान रही हूँ। हँसी–ठहाकों और गीत–संगीत से बहुत ज़्यादा देर मैं दूर नहीं रह सकती। लेकिन अब हालत यह हो गयी है कि चेहरे पर एक मुस्कान लाने के लिए शरीर की सारी ताक़त जुटानी पड़ती है। एक बार मैंने अमेरिकी राष्ट्रपति थ्योडोर रूजवेल्ट के शब्दों के मलहम से अपने आँसुओं को पोंछने की कोशिश की थी, जिन्होंने कहा था, ''आप मौत को एक सामान्य घटना मानकर स्वीकार कर सकते हैं जिससे बचा नहीं जा सकता। अगर आप ऐसा कर सकते हैं तो आप हमेशा–हमेशा के लिए स्वयं को मौत के डर से आज़ाद कर लोगे।'' मैंने एक बार महान

वैज्ञानिक स्टीफन हॉकिंग के शब्दों के सहारे अपने दर्द को पीने की भी कोशिश की थी। हॉकिंग ने मानवता के लिए विज्ञान के चमत्कार पैदा किये थे। उनकी दृढ़ता के साथ मैं अपने हौसलों को परवाज़ देना चाहती थी। मैंने लाओजी और झुआंजी के दर्शन के साथ अपने परेशान हाल दिल को शान्त करने की कोशिश की थी, ''लम्बे जीवन में कोई ख़ुशी नहीं है, छोटा जीवन भी कोई त्रासदी नहीं है, सत्ता में कोई सम्मान नहीं है और ग़रीबी में कोई अपमान नहीं है...'' लेकिन मैंने पाया कि मैं भले ही अपनी ताक़त पर कितना ही गर्व क्यों न करती हूँ, चाहे कितने ही तूफ़ानों से मैंने आँख में आँख डालकर बात की हो, कभी अपना सिर ज़मीन से नहीं लगने दिया हो लेकिन असलियत में मेरी इच्छाशक्ति कमज़ोर पड़ रही थी।

शाम के समय मैं और हियु, दोनों समुद्र के किनारे टहलने निकले। दूर क्षितिज पर सूरज ढल रहा था और समुद्र की लहरें कभी तट से मिलने को आतीं तो अगले ही पल लौट भी जातीं। तट के क़रीब ही मछुआरे गीत गा रहे थे और तट पर घूमते लोग अपनी किसी बात पर ठहाके लगा रहे थे, लेकिन मेरा दिल बुझा हुआ, बाहर समुद्र शान्त था, लेकिन मेरे भीतर भीषण तूफ़ान ठाठे मार रहा था। लहरें इतनी ज़बरदस्त और विनाशकारी थीं कि मेरी हिम्मत जवाब दे रही थी। कुछ देर बाद दस हज़ार घरों में रौशनी जगमगा उठी और उधर आसमान में चाँद भी निकल आया, परन्तु भीतर घोर अँधेरा था—निराशा का अँधेरा। समुद्र किनारे ठण्डी हवा बह रही थी, लेकिन उससे भी मेरे जलते दिल को कोई राहत नहीं मिल सकी।

लोग अक्सर कहते हैं कि ग़म, बेबसी और तन्हाई लेखकों के लिए एक वरदान होती है। लेकिन, मेरे रास्ते में तो ग़म का सागर था जिसमें मैं डूबती जा रही थी, सैंकड़ों फ़ीट ऊँची लहरें मुझे किसी तिनके की मानिन्द बहाये लिए जा रही थीं।

जब तुम्हारी आँखों के सामने तुम्हारी ज़िन्दगी तिनका—तिनका बिखर रही हो तो दार्शनिकों के कहे शब्द कुछ ऐसे ही जान पड़ते हैं मानो मौत की बाँहों में सोये किसी इन्सान के सिरहाने फूलों का गुलदस्ता रख दिया गया हो—फूल ज़िन्दा लोगों के लिए होते हैं; जो आदमी मर रहा है, आख़िरी साँसें गिन रहा है, उसे फूलों की ख़ुशबू नहीं क़ब्र का घुप्प अँधेरा नज़र आता होगा। मेरे भीतर अचानक कोई मुझसे कहने लगा, ''उठो, भागकर अपनी ज़िन्दगी को पकड़ लो, जो तुम्हें छोड़े जा रही है।''

एक बीमार इन्सान सबसे अधिक इन्तज़ार डॉक्टर का ही करता है और चाहता है कि वह उसे आकर बचा ले, साँसों की डोर जो हाथ से छूटी जा रही है उसे थोड़ा और लम्बा कर दे। आज मैं भी उन 40 लाख लोगों में शामिल हो गयी थी जो दिल की बीमारी के मरीज़ थे और जिनकी ज़िन्दगी जीने की इच्छा हर टूटती साँस के साथ बिलख रही थी। सर्जरी से पहले मुझे कुछ ही महीने दर्द सहना पड़ा, लेकिन इन 40 लाख में से बहुत से ऐसे होंगे जिन्हें सालों या दशकों इन्तज़ार करना पड़ता होगा और शायद कुछ तो मौत का दरवाज़ा खुलने तक इन्तज़ार ही करते रहते होंगे...ये इन्तज़ार कितना दर्दनाक, कितना ख़ौफ़नाक और कितना डरावना होता होगा!

ज़िन्दगी का यह ऐसा दौर था, जब हर रोज़ ज़िन्दगी और मौत के बीच की बेहद बारीक रेखा मेरी आँखों के सामने दौड़ती रहती थी। मुझे ऐसा लगता, मानो मैं बेहद नरम बर्फ़ पर चल रही हूँ–ज़रा चूक हुई और मैंने अपना पैर थोड़ा भी ज़ोर से रखा तो मेरे पैरों के नीचे की नाज़ुक बर्फ़ टूट जायेगी और मैं लुढ़कते हुए मौत की खाई में जा गिरूँगी।

शरीर और दिमाग़, दोनों टूटने के कगार पर पहुँच चुके थे, बार–बार एंजाइना दर्द हो रहा था और दर्द से कराहती मैं पूरी रात छत को ताकते हुए ही काट देती थी; अब मैं नींद की गोलियाँ भी नहीं ले रही थी। मेरे बाल बुरी तरह गिर रहे थे; और मेरा मूड भी बहुत चिड़चिड़ा हो चुका था।

हियु और बच्चों ने मेरा हौसला बढ़ाने का पूरा प्रयास किया, जितना वह कर सकते थे। उन्हें उम्मीद थी कि इस तरह मेरी कुछ हिम्मत बँधेगी और पहले की तरह ही मैं फिर से मुक़ाबले के लिए तैयार हो जाऊँगी।

मेरी बेटी ने कहा, ''माँ, जिस साल मैं और मेरे पति बीजिंग गये थे और हमने वहाँ रेस्त्राँ खोला था, उसी साल पहले ही कुछ महीनों में हमारे एक लाख से ज़्यादा युआन डूब गये थे, उस समय हमारे पास वही जमा पूँजी थी। हमने आपको फ़ोन किया और बुरी तरह रोये, लेकिन उस समय आपने कहा था, ''तुम किसलिए रो रहे हो?'' आपने मुझसे यह भी पूछा था कि क्या तुम इस बात के लिए अपनी जान दे दोगी? मैं आपकी बहुत अहसानमन्द हूँ कि आपने मेरा इतना हौसला बढ़ाया, कोई चीज़ आपको हरा नहीं सकती! माँ, मुझे सच में ही उम्मीद है कि आप फिर से पहले की तरह मज़बूती के साथ इस संकट से निकल आओगी...''

इस बीच, मेरा बेटा बोल उठा, ''यूनिवर्सिटी से जब मैंने ग्रेजुएशन

किया था और उसी समय काम करना शुरू ही किया था, तब बसन्त उत्सव मनाया जा रहा था। तभी कम्पनी ने मुझे हेईहे भेज दिया, कम्पनी का कुछ पैसा अटका हुआ था, मुझे उसी के बारे में बात करने के लिए जाना था। मुझे ठण्ड लगी हुई थी और बुख़ार भी था। मैंने आपको फ़ोन किया और मैं रो पड़ा। मैंने कहा था कि मैं बसन्त उत्सव के लिए घर आना चाहता हूँ, लेकिन आपने केवल इतना कहा, ''क्या तुम्हें सही में लग रहा है कि तुम्हारी हालत बहुत ख़राब है? जब तक शरीर में थोड़ी ताक़त नहीं आ जाती, तब तक तुम घर भी कैसे आ सकते हो? तुम्हें कम्पनी का वह पैसा लेकर ही लौटना है!'' आपने यह भी कहा था कि मुझे कम्पनी के कुछ हज़ार युआन ही लेकर नहीं लौटना है बल्कि कड़ी मेहनत का सम्मान करना भी सीखना है। पहले तो मैंने सोचा कि माँ क्या ऐसी होती हैं? उनके मन में मेरे लिए ज़रा–सा भी दुलार नहीं है, लेकिन बसन्त उत्सव के बीत जाने के बाद और जब मैं अपनी कम्पनी का पैसा लेकर लौटा तो मुझे महसूस हुआ कि आप सही थीं। आपने हमें यह भी बताया था, बीजिंग आने के बाद, कि बीजिंग सोने की खान है और यह तुम पर निर्भर करता है कि तुम उसमें से कितना हासिल कर सकते हो। माँ, आप हमेशा हमारी आदर्श रही हैं...''

जानती थी कि पूरा परिवार मेरे वर्तमान को पछाड़ने के लिए मेरे बीते वक़्त का इस्तेमाल करने का खेल खेल रहा था, लेकिन ऐसा लगता था जैसे मेरे वर्तमान को लकवा मार गया हो...मैं अब वह इन्सान ही नहीं रही थी जो कभी होती थी।

क्रूर सच्चाइयों ने मेरी ताक़त छीन ली थी और गहराई में कहीं जो कमज़ोरी दबी पड़ी थी, वह उभरकर सामने आ गयी थी। हालाँकि, मेरा व्यक्तित्व ही था जो अब भी ज़िन्दगी की गाड़ी खींचे जा रहा था, जैसे उसने कभी किताब लिखने के लिए मुझे ताक़त दी थी। वही किताब जिसने तहलका मचा दिया था और ढेरों पुरस्कार, सम्मान से मेरी झोली भर गयी थी। हमेशा की तरह ही मैं हर रोज़ अपने कम्प्यूटर के सामने बैठ जाती, ख़ुद को खींचकर अपने दर्द से दूर करती और पूरी तरह रिपोर्ताज़ लिखने में डूब जाती। मुझे तो याद भी नहीं कि एंजाइना दर्द जब शरीर को तोड़ता था तो मैं कितनी बार अपने ही डेस्क पर झुकी थी...

द सफ़रिंग ऑफ़ द फोर्टी थाउजेंड एंड द फोर मिलियन रिपोर्ताज़ जब मैं लिख रही थी तो ज़िन्दगी छोड़ने की ज़िद पर अड़ी थी और मौत आने

की ज़िद पर। इस रिपोर्ताज़ को बाद में *बीजिंग लिटरेचर* ने प्रकाशित किया था। यह *पीपल्स लिटरेचर*, साहित्यिक पत्रिका *फ्लॉवर सिटी*, गुआंगझोउ, *चाङच्यांग* प्रकाशन और *लिच्यांग* प्रेस समेत विभिन्न प्रकाशनों द्वारा प्रकाशित रिपोर्ताज़ के संग्रह में भी शामिल किया गया। इसे *राइटर्स डायजेस्ट* और *द शेनछेन स्पेशल जोन डेली* समेत कई पाक्षिक पत्रिकाओं ने भी प्रकाशित किया।

यह मेरी तीसरी किताब थी जिसे साहित्यिक जीवनी के लिए विशेष पुरस्कार से सम्मानित किया गया। हेईलोंगच्यांग प्रान्तीय सरकार ने इसे श्रेष्ठ कला की श्रेणी में प्रथम पुरस्कार भी प्रदान किया था। इसे 'नयी सदी की शानदार रचना' का दूसरा पुरस्कार और बेहतरीन चीनी रिपोर्ताज़ के लिए 'चिंट कप' पुरस्कार भी दिया गया। चाइनीज़ राइटर्स एसोसिएशन के रचनात्मक शोध विभाग और *बीजिंग लिटरेचर* पत्रिका ने संयुक्त रूप से इस किताब पर चर्चा के लिए एक सेमिनार का आयोजन किया था। इस सेमिनार में आलोचकों ने मेरे और मेरी किताब की तारीफ़ में जी–भर कर क़सीदे काढ़े।

89

अब मुझे अपने तीन मुक़दमों के बारे में भी थोड़ा–सा लिखना चाहिए।

ये जुलाई 2002 में शुरू हुआ और मुक़दमे अगस्त 2007 तक चले। उसी समय यह किताब प्रिंट होने के लिए गयी थी। मामले पाँच साल तक घिसटते रहे, दर्जनों बार अदालत की कार्यवाही का सामना करना पड़ा। फ़ैसलों से ऐसा लगता है कि जैसे मैं जीत गयी हूँ, लेकिन हक़ीक़त में मुझे भारी नुक़सान उठाना पड़ा। इसके अलावा श्याओशियांग फ़िल्म स्टूडियो के साथ कॉपीराइट के ग़ैर–क़ानूनी हस्तान्तरण का मामला तो अभी भी किसी समझौते पर नहीं पहुँचा है।

इन तीन मुक़दमों को शुरू करना मेरी ज़िन्दगी का सबसे ग़लत फ़ैसला था। इसमें मेरा न केवल क़ीमती समय बर्बाद गया बल्कि मेरी कोशिशें भी विफल रहीं, लेकिन इनसे मुझे केवल एक ही तसल्ली है कि इन्होंने मुझे काफ़ी कुछ सिखा दिया। इन मामलों ने मुझे सिखाया कि लोगों के बीच, एक व्यक्ति और समाज के बीच और महत्त्वाकांक्षा तथा

सच्चाई के बीच ज़मीन–आसमान का अन्तर होता है; इनकी बदौलत मेरा बचपना और नौसिखियापन ख़त्म हो गया। कह सकती हूँ कि मैं थोड़ा और परिपक्व हो गयी।

एक इन्सान होने के नाते, मेरे अधिकारों को बार–बार कुचला गया, मेरे चरित्र पर हमला किया गया और उस समय तो यह भी निश्चित नहीं था कि मैं जीऊँगी भी या नहीं। दिल तक ख़ून नहीं पहुँच रहा था और इसीलिए मुझे दवाओं का सहारा लेना पड़ा और ऑपरेशन टेबल पर लेटने तक ये दवाएँ ही मुझे ज़िन्दा रख सकीं। अभी भी मेरा अन्तःकरण अन्याय के साथ समझौता करने या हार मानने के लिए तैयार नहीं था। मैं नहीं चाहती थी कि मेरी ही तरह दूसरे लेखकों और पटकथा लेखकों के अधिकारों पर कोई डाका डाले। इसीलिए अपने हितों और गरिमा की रक्षा करने के लिए मुझे क़ानून की शरण में जाना पड़ा। हार मानना तो मेरे स्वभाव में ही नहीं था, माँ ने घुट्टी ही कुछ ऐसी पिलायी थी।

एक वरिष्ठ लेखक ने मुझे बताया, ''तुमने एकदम सही काम किया है, यावन। यह बहुत ज़रूरी भी था क्योंकि बहुत से पटकथा लेखक तो लड़ने के लिए तैयार ही नहीं होते। फ़िल्म निर्माण के कारोबार में लगे कुछ लोग हमारे ऊपर इसी प्रकार हमले करते रहते हैं। उनके लिए लेखकों के कॉपीराइट अधिकार पर डाका डालना क़तई शर्मनाक नहीं है बल्कि वे इसमें गर्व महसूस करते हैं! अगर पटकथा लेखक और लेखक अपने अधिकारों की रक्षा के लिए क़ानून का सहारा लेने लग जायें और इन हरामखोरों से उनकी ताक़त छीन लें तो फ़िल्म और टेलीविज़न की दुनिया ही कुछ और हो जायेगी। वहाँ स्वस्थ प्रतिस्पर्धा होगी और लोग क़ानून की क़द्र करेंगे। हर अधिकार के लिए लड़ना पड़ता है और एक पटकथा लेखक का दर्जा और उसके अधिकार भी कोई अलग नहीं हैं...''

मैं केवल इतना कह सकती हूँ कि मेरी ज़िन्दगी का सबसे बुरा, सबसे निराशा भरा और दर्दनाक समय वह था जब मेरे केस की सुनवाई चल रही थी। मन–ही–मन प्रार्थना कर रही थी कि निष्पक्षता के साथ मामले की सुनवाई की जाये और मेरे साथ न्याय हो। मेरे पति बार–बार मुझे याद दिला रहे थे कि एक जज के नाते वह जानते हैं कि क़ानून से बहुत अधिक उम्मीद नहीं लगानी चाहिए, लेकिन इसके बावजूद क़ानून व्यवस्था पर ही मेरी सारी उम्मीदें टिकी थीं। क़ानून व्यवस्था पर यही विश्वास ही था जो मुझे तमाम आशंकाओं से बचाये हुए था।

लेकिन जल्द ही समझ में आ गया कि क़ानून व्यवस्था मेरी उम्मीदों का बोझ नहीं उठा सकती; जब मैं पहली बार अदालत गयी, तो पाया कि इस मामले में मुझे केवल अपने विरोधियों को ही नहीं झेलना था बल्कि मुझे उन जजों से भी निपटना था जिनकी कुशलता का स्तर अलग–अलग था। वे क़ाबिलियत के लिहाज़ से अलग–अलग पायदान पर थे, उनकी पृष्ठभूमि भी अलग–अलग थी और उनका सामाजिक ताना–बाना भी अलग–अलग था।

मैं उन लोगों की ही तरह थी जो ग़लत सोचते थे। मैं भी ग़लती से यह सोचने लगी थी कि क़ानून की अदालत एक ऐसी जगह है जहाँ आप अपने साथ हुए अन्याय को सही तरीक़े से पेश करते हैं और न्याय हासिल करते हैं। मैंने पाया कि दरअसल यह एक ऐसा मंच था जहाँ सभी पक्ष सार्वजनिक रूप से अपने–अपने झूठ बोलते हैं और बेवजह की पेचीदगियों में उलझाकर अपना उल्लू सीधा करते हैं। एक पक्ष दूसरे पक्ष की ओर तीर चलाता है और फिर दूसरा पक्ष भी जवाब में अपने तीर कमान का इस्तेमाल करता है। हर तीर आपके दिल को छेदते हुए निकल जाता है और आपके दिल पर पहले से जो चोट लगी है, उसका घाव हर तीर के साथ बढ़ता जाता है। मैंने फ़िल्म निर्माण कम्पनी को जो पटकथा मूल रूप में दी थी उसमें साफ़ लिखा था कि वह 22 एपिसोड की पटकथा है, लेकिन जब वे लोग अदालत में आये तो अपने साथ एक पटकथा लेकर आये जो केवल 19 एपिसोड लम्बी थी; मैंने यह भी देखा कि कुछ फ़िल्म निर्माता अदालत में जो सबूत लेकर आये थे वे पूरी तरह से झूठे थे...

अदालत में आपकी विपक्षी पार्टी मायने नहीं रखती; चाहे वह ग़लत है या सही, चाहे उन्होंने किसी को चोट पहुँचायी है या ख़ुद चोट खायी है। अदालत की सार्वजनिक बैठक से पहले ही सब कुछ तय हो जाता है। जो चीज़ महत्त्वपूर्ण है, वह है क़ानून–इसी क़ानून के सहारे लोग न्याय की आस लगाते हैं; इसी के सहारे तय होता है कि एक सही फ़ैसले पर कैसे पहुँचा जाये!

वी.सी.डी. और डी.वी.डी. पर पटकथा लेखक के रूप में मुझे श्रेय दिये जाने के मेरे अधिकार का उल्लंघन हुआ था और इसी मामले को लेकर अदालत में सुलह समझौता होना था; विपक्षी पार्टी ने स्वीकार किया कि उससे ग़लती हो गयी और वह *चाइनीज़ सेंट्रल टेलीविज़न पेपर* में सार्वजनिक रूप से माफ़ीनामा प्रकाशित करने को तैयार भी हो गयी।

और इससे भी बढ़कर विपक्षी पार्टी ने मुआवज़े के रूप में 31,700 युआन का भुगतान करने पर भी सहमति जतायी। उन्होंने मुझे रक़म तो दे दी लेकिन सार्वजनिक रूप से माफ़ी माँगने के अपने वादे को उन्होंने कभी पूरा नहीं किया।

सुश्री झाओ के ख़िलाफ़ मेरे मामले की सुनवाई अदालत में छह अलग–अलग सत्रों में हुई। बीजिंग नम्बर 2 इंटरमीडिएट पीपल्स कोर्ट ने अपने आदेश में कहा कि सुश्री झाओ और *टीवी, फ़िल्म एंड लिटरेचर* पत्रिका चाङ यावन से सार्वजनिक रूप से माफ़ी माँगेंगे और उसे टीवी, फ़िल्म एंड लिटरेचर पत्रिका में प्रकाशित करेंगे; सुश्री झाओ चाङ यावन को इस मामले पर ख़र्च हुई राशि के मुआवज़े के तौर पर 1,600 युआन का भुगतान करेंगी; विपक्षी पार्टी को यह भी आदेश दिया गया कि वह क़ानूनी ख़र्चे के रूप में 3,510 युआन का भुगतान करेगी जिसमें से सुश्री झाओ दो हज़ार युआन देंगी। सुश्री झाओ इस फ़ैसले को स्वीकार करने के लिए राज़ी नहीं थीं और उसने बीजिंग सुप्रीम पीपल्स कोर्ट में अपील दाख़िल कर दी, लेकिन सुप्रीम पीपल्स कोर्ट ने भी मूल फ़ैसले को बरक़रार रखा। आख़िर में सुश्री झाओ को मुआवज़ा राशि का भुगतान करना ही पड़ा, लेकिन एक बार फिर से सार्वजनिक रूप से माफ़ी नहीं माँगी गयी।

अदालत में मामले की समाप्ति पर अपने अन्तिम बयान में मैंने सुश्री झाओ से वे शब्द कहे जो मेरे भीतर उमड़–घुमड़ रहे थे :

> *"सुश्री झाओ, हम एक ही पेशे में काम करते हैं और हम दोनों आज जिस मुक़ाम पर पहुँचे हैं, वहाँ का रास्ता दोनों में से किसी के लिए आसान नहीं था। अगर तुम पहले से ही मुझे इस प्रोजेक्ट से बाहर रखने का फ़ैसला नहीं करतीं, इसके बजाय, अगर तुमने पटकथा के प्रति अपनी ज़िम्मेदारी ईमानदारी से निभायी होती, क़रार की क़ानूनी रूप से बाध्यकारी शर्तों का सम्मान किया होता, मेरी पटकथा को निखारने में अपने विवेक और प्रतिभा का इस्तेमाल किया होता तो मेरा मानना है कि शो की उतनी बेइज़्जती और आलोचना नहीं होती जितनी आज हो रही है। इतना ही नहीं, न तो तुम और न ही मैं इस हालात में पहुँचते, जहाँ आज हम एक–दूसरे के सामने खड़े हैं। आख़िर में मैं अपने दिल की एक बात कहना चाहती हूँ। भविष्य में चाहे हम पटकथा लिखें या साहित्य लिखें, मैं उम्मीद करती हूँ कि पहले हम इन्सानों की तरह व्यवहार करेंगे, लेखक की तरह बाद में..."*

ये शब्द विरोधी पार्टी को ख़ाली सुनाने के लिए नहीं थे, वे ख़ुद मेरे अपने लिए भी थे और हर उस इन्सान के लिए थे जो लेखन की दुनिया में काम करता है!

जब मैंने ग़ैर–क़ानूनी तरीक़े से मेरे कॉपीराइट मामले को स्थानान्तरित किये जाने के लिए श्याओशियांग फ़िल्म स्टूडियो के ख़िलाफ़ केस दायर किया तो इस कम्पनी ने उल्टा क़रार का उल्लंघन करने के लिए मेरे ख़िलाफ़ ही दावा ठोंक दिया। मामला हुनान प्रान्त के छांग्सा इंटरमीडिएट पीपल्स कोर्ट में चला। मैं केस जीत गयी। फ़ैसला इस प्रकार रहा : ''चाङ यावन ने फ़िल्म स्टूडियो द्वारा तय की गयी समय सीमा के भीतर सम्पादित पाण्डुलिपि का पहला और दूसरा संस्करण सौंप दिया था। पाण्डुलिपि सौंपे जाने के समय के बारे में उन्होंने समझौते की शर्तों का कोई उल्लंघन नहीं किया है। चाङ यावन और फ़िल्म स्टूडियो के बीच हुए क़रार के अनुसार, ''अगर एक बार चाङ सम्पादित पाण्डुलिपि को सौंप देती हैं तो पार्टी ए को ज़रूरत है कि पार्टी बी पाण्डुलिपि का और सम्पादन करे। इसके बाद दोनों पार्टियों को आगे विचार–विमर्श करना चाहिए ताकि उस समय–सीमा को तय किया जा सके जिस पर नयी पाण्डुलिपि सौंपी जानी है। स्पष्ट है कि यह क़रार लचीला है। जब चाङ यावन ने पाण्डुलिपि का दूसरा सम्पादित प्रारूप सौंपा तो श्याओशियांग फ़िल्म स्टूडियो ने पाण्डुलिपि को मंजूरी नहीं दी, और चाङ यावन को सूचित किये बिना या आपसी सहमति से किसी नयी समय सीमा को तय किये बिना, स्टूडियो ने ख़ुद से ही एक और लेखक को पाण्डुलिपि के सम्पादन के लिए अपने साथ काम करने को आमन्त्रित किया। इस आमन्त्रण को स्वीकार करके इस पर काम भी पूरा कर लिया गया। इसलिए फ़िल्म स्टूडियो यह नहीं कह सकता कि चाङ यावन ने समझौते का उल्लंघन किया... टेलीविज़न ड्रामा *ए चाइनीज़ वीमेन एट गेस्टापो गनपॉइंट* का क़रार स्पष्ट दिखाता है कि चाङ यावन पटकथा की लेखिका हैं। चाङ के पटकथा लेखिका नहीं होने के बारे में फ़िल्म स्टूडियो ने जो दावा पेश किया है वह पर्याप्त नहीं है। यह अदालत फ़िल्म स्टूडियो द्वारा इस सम्बन्ध में जारी किये गये जवाबी आरोप को ख़ारिज करती है। इस फ़ैसले के अनुसार, श्याओशियांग फ़िल्म स्टूडियो को आदेश दिया जाता है कि वह दस दिन के भीतर चाङ यावन को लेखक के रूप में उसको 1,20,000 युआन का भुगतान करे...''

श्याओशियांग फ़िल्म स्टूडियो ने फ़ैसले को स्वीकार करने से इनकार कर दिया और हुनान प्रान्त के सुप्रीम पीपल्स कोर्ट में अपील दाख़िल कर दी। 6 जनवरी, 2004 को हुनान प्रान्त के सुप्रीम पीपल्स कोर्ट ने इस मामले में छठी सुनवाई की। हियु मेरे साथ छांगसा गये थे। हम पहले ही तीन मुक़दमों पर 70 से 80 हज़ार युआन के बीच पैसा ख़र्च कर चुके थे। अभी तक तीन में से दो मुक़दमों में मैंने किसी वकील की सेवाएँ नहीं ली थीं। मैंने ख़ुद ही बचाव पक्ष के वकील की भूमिका निभाई थी!

90

मेरे सभी केस निपट गये थे। अब समय आ गया था कि मैं ऑपरेशन पर ध्यान दूँ।

मेरे दिल की हालत बेहद ख़राब थी। मेरी मानसिक हालत ऐसी थी कि मुझे महसूस होता था कि मैं ऑपरेशन टेबल पर ही दम तोड़ चुकी हूँ। बहुत से काम अधूरे पड़े हैं और मैं इस दुनिया से उन्हें निपटाये बिना ही जा रही हूँ।

मैंने कम्युनिस्ट पार्टी सेंट्रल कमिटी के प्रचार विभाग के प्रभारी को एक पत्र लिखा। इस पत्र में मैंने पूरा ब्योरा दिया कि किस प्रकार मेरे अधिकारों का उल्लंघन हुआ और उसका मेरी मानसिक तथा शारीरिक सेहत पर कितना बुरा असर पड़ा। मैंने यह भी उम्मीद जतायी कि प्रचार विभाग के अधिकारी अधिकारों के हनन की समस्या पर गम्भीरता से ध्यान देंगे ताकि दूसरे लेखकों और पटकथा लेखकों को मेरी तरह बुरे वक़्त का सामना न करना पड़े।

एक दिन, केन्द्रीय प्रचार प्रभाग के एक कर्मचारी ने मुझे फ़ोन किया। वह वार्ता के लिए मुझे विभाग में आमन्त्रित कर रहे थे। बाद में पता चला कि जिस अधिकारी को मेरा पत्र मिला था उन्होंने उस पर लिखित में टिप्पणी की थी।

मैं पहली बार, केन्द्रीय प्रचार प्रभाग में पहुँची, जहाँ मेरी मुलाक़ात साहित्य और कला ब्यूरो के दो अधिकारियों से हुई। वहाँ फ़िल्म ब्यूरो के एक अन्य अधिकारी भी मुझे मिले। कुछ कहने से पहले ही मेरी आँखों से आँसुओं की झड़ी लग गयी। मैंने उन्हें बताया कि मैं काफ़ी वरिष्ठ लेखक हूँ,

पहले ही काफ़ी ख़राब समय काट चुकी हूँ। यह भी बताया कि मैं अपने ख़र्चे पर इंटरव्यू करने के लिए यूरोप गयी थी। मैंने क्वीयान शिउलिंग की अन्तर्राष्ट्रीय कहानी की खोज की और इसके लिए दोनों देशों के चीनी और बेल्जियाई राजदूतों ने मेरे प्रयासों की बेहद सराहना की थी। बेल्जियम के प्रधानमन्त्री तक ने मेरी मेज़बानी की थी, लेकिन आख़िर में, सिर्फ़ मेरे काम को ही मान्यता नहीं दी गयी, बल्कि मेरे अधिकारों तक का उल्लंघन किया गया, लोगों ने हर क़दम पर मुझे किनारे धकेलने की कोशिश की, न केवल बतौर लेखक मेरी फ़ीस हड़प ली गयी, बल्कि मुझे तीन–तीन मुक़दमे झेलने पड़े। मैं न्याय के लिए भटक रही थी, लेकिन किसी ने मेरे पक्ष में आवाज़ नहीं उठायी। अब मेरे दिल का ऑपरेशन होने वाला है; नहीं जानती कि ज़िन्दा रहूँगी भी या नहीं और समाज से मेरी सारी उम्मीदें टूट चुकी हैं।

अब जब मैं इस बारे में सोचती हूँ तो लगता है कि मैंने कुछ ज़्यादा ही कह दिया था कि समाज से मेरी सारी उम्मीदें टूट चुकी हैं। केवल इसलिए मैंने इतनी बड़ी बात कह दी थी क्योंकि मेरे अधिकारों का उल्लंघन किया गया था।

साहित्य और कला ब्यूरो के एक अधिकारी ने कहा, "उम्मीद मत छोड़िए। आपने इतना शानदार काम किया है और उसके लिए आपको इतना परेशान किया गया। मेरी दिली सहानुभूति आपके साथ है। अगर उन लोगों ने क़ानून का पालन किया होता तो कभी वह सब नहीं होता जो हुआ है। आप फ़िल्म और टेलीविज़न की दुनिया में पहली लेखक नहीं हैं जिनके अधिकारों पर इस तरह से डाका डाला गया है; इस मामले पर हम पहले ही गम्भीरता से ध्यान दे रहे हैं। मैं उम्मीद करता हूँ कि आप उम्मीद नहीं छोड़ेंगी। आपको भरोसा रखना होगा; हमारे पास क़ानून है, प्रशासन है, और मीडिया हमारे पक्ष में है। मैं उम्मीद करता हूँ कि ऑपरेशन से पहले आपको थोड़ी मानसिक शान्ति ज़रूर मिलेगी..."

मैंने कहा कि केवल अधिकारों का हनन ही ऐसा मामला नहीं है जिससे पीड़ित को तकलीफ़ होती है बल्कि इससे चीन के फ़िल्म और टेलीविज़न उद्योग की आर्थिक सेहत तथा छवि पर भी बहुत बुरा असर पड़ा था। मैंने *ए चाइनीज़ वीमेन एट गेस्टापो गनपॉइंट* को एक उदाहरण के रूप में पेश किया था कि स्रोत सामग्री का किस प्रकार बेहतर इस्तेमाल किया जाना चाहिए। इसी ने इस उपन्यास को एक ऐसी

उत्कृष्ट कृति बना दिया था जिसे पूरी दुनिया ने सराहा था, लेकिन इसे 'फ़्लाइंग अप्सराज' तक का पुरस्कार नहीं मिला। दरअसल इसे केवल एक पुरस्कार के लिए नामित किया गया था। मैंने सुना कि कास्ट और क्रू को सात लाख का नुक़सान हुआ था और उन्होंने केन्द्रीय सरकार के किसी विभाग से दो लाख उधार लिए थे जो अभी तक चुकाये नहीं गये थे। ये केवल मेरी बात नहीं थी; बहुत से लेखक और पटकथा लेखक थे जिनके कॉपीराइट अधिकार का उल्लंघन हुआ था। बहुत से अच्छे फ़िल्म और टेलीविज़न शो थे जो ऑडियो विजुअल कबाड़ में फेंक दिये गये क्योंकि बहुत से कारणों के चलते उनका प्रसारण नहीं हो सका; बहुत से कारणों के चलते गुणवत्ता से भी समझौता किया गया। मैं उम्मीद करती हूँ कि केन्द्रीय प्रशासन अराजकता और नैतिकता के पूर्ण अभाव जैसे मुद्दों पर गम्भीर रुख़ अपनायेगा जो कि इस समय फ़िल्म और टेलीविज़न इंडस्ट्री में आम बात है। उम्मीद करती हूँ कि वे इस प्रकार के चलन पर रोक लगाने की दिशा में गम्भीरता से प्रयास करेंगे!

उम्मीद करती हूँ कि मेरा रुदन सम्बन्धित सरकारी प्रशासन को नींद से जगाने में मदद करेगा! उम्मीद करती हूँ कि मेरा संघर्ष, जिसके लिए मैंने अपनी ज़िन्दगी को दाँव पर लगा दिया था, लेखकों को उनके वे अधिकार दिलायेगा जिनके वे हक़दार हैं।

नहीं जानती कि ऑपरेशन कैसा रहेगा, लेकिन मुझे केन्द्रीय प्रचार प्रभाग के अधिकारियों से अपने दिल की बात कहने का मौक़ा मिला, यही मेरे लिए बड़ी राहत की बात है।

एक और भी चीज़ थी जिसने मुझे राहत दी।

कई दिन पहले, मैं चाइनीज़ राइटर्स एसोसिएशन के सामान्य कामकाज के बारे में उपाध्यक्ष छेन च्यांगओंग से फ़ोन पर बात कर रही थी। मैंने उन्हें अपने तीन मुक़दमों का कोई ज़िक्र नहीं किया था। एक जगह पर आकर वह बोले, ''मैंने कभी सोचा भी नहीं था कि आपके साथ इतना ग़लत होगा...'' हमारी बातचीत उसके तुरन्त बाद ख़त्म हो गयी।

इस बात को कोई ज़्यादा समय नहीं हुआ था कि एक दिन मुझे द *जर्नल ऑफ़ लिटरेचर एंड आर्ट* की वरिष्ठ पत्रकार हू यानहोंग का फ़ोन आया। उसने बताया कि उपाध्यक्ष च्यांगओंग ने उसे मेरा इंटरव्यू करने के लिए कहा है। मुझे बहुत हैरानी हुई और बहुत अच्छा भी लगा। उनकी यह बात मेरे दिल को छू गयी।

जिस दिन सुबह बीजिंग सुप्रीम पीपल्स कोर्ट में सुनवाई शुरू होने वाली थी हू यानहोंग ख़ासतौर पर मुझसे मिलने आयी। वह अदालत के गेट पर मेरा इन्तज़ार कर रही थी। वह मेरे लिए *द जर्नल ऑफ़ लिटरेचर एंड आर्ट* की एक कॉपी लेकर आयी थी। उसका चेहरा कुछ उतरा हुआ देखकर मैंने पूछा कि कुछ गड़बड़ है क्या। उसकी आँखों में तुरन्त आँसू आ गये और वह सुबकते हुए बोली, ''मेरे पिताजी का देहान्त हो गया है और मैं अभी तक काम पर नहीं जा पायी हूँ।''

मैंने भी रोना शुरू कर दिया। मुझे इसलिए रोना आया कि वह सिर्फ़ मुझे *द जर्नल ऑफ़ लिटरेचर एंड आर्ट* की कॉपी देने के लिए आयी थी। और वह भी इसलिए कि उसने मेरा इंटरव्यू किया था और मेरे बारे में एक लेख लिखा था। इसका शीर्षक *द पाथ चाङ यावन वॉक्ड टू डिफेंड हर राइट्स* था। वह लेख जर्नल के 14 फ़रवरी, 2004 के अंक में आधे पन्ने पर प्रकाशित हुआ था और इसलिए भी कि उपाध्यक्ष छेन च्यांगओंग ने एक निराश लेखिका के प्रति इतना सम्मान दिखाया था...

''थैंक्यू, थैंक्यू, योनहांग... मेहरबानी करके *द जर्नल ऑफ़ लिटरेचर एंड आर्ट* के अधिकारियों को भी मेरा आभार कहना...'' मैंने उसका हाथ पकड़ा और काफ़ी देर तक उसे थामे रही।

मैं जर्नल की कॉपी अपने सीने से इस तरह से लगाये हुए थी मानो इस सान्त्वना की मुझे कितने लम्बे समय से तलाश थी। कॉपी को पकड़कर मुझे एक अनोखा सुकून मिला। ऐसा लगा, ऑपरेशन के लिए जाने से पहले मेरी आख़िरी इच्छा पूरी हो गयी है। ऐसा लग रहा था, मानो जर्नल की वह कॉपी गा रही थी, रो रही थी और मेरे साथ सहानुभूति के मारे, मेरी ख़ातिर न्याय माँग रही थी।

मेरे बारे में लिखे लेख ने कला की दुनिया में तहलका मचा दिया। हू यानहोंग और मुझे बहुत से फ़ोन आये। इस लेख को बाद में *द राइटर्स डाइजेस्ट* ने पुनः प्रकाशित किया।

91

6 मार्च, 2004 का दिन था। हियु की पसलियाँ लगभग ठीक हो चुकी थीं और लियु शियाओछेंग के बारे में मेरा रिपोर्ताज़ पूरा हो गया था।

मेरे ऑपरेशन का समय आ गया था। बीजिंग रवाना होने से एक दिन पहले, चाइनीज़ राइटर्स एसोसिएशन के एक अधिकारी और उनकी पत्नी तथा राइटर्स पब्लिशिंग हाउस के प्रधान सम्पादक होउ चिअुफेन और उनकी पत्नी ने मेरे लिए रात्रिभोज का आयोजन किया। उन्होंने मुझे छह लिली भी दीं और उन्हें सफ़र में अपने साथ ले जाने को कहा...

लिली और अपने दोस्तों की दुआएँ लेकर अगले दिन मैं अपने सफ़र पर रवाना हो गयी।

मैं रास्ता भटक गयी थी और आख़िरकार घर लौट रही थी।

जब एक इन्सान के सामने, इस नश्वर दुनिया को हमेशा के लिए छोड़कर जाने की घड़ी आती है तो ज़िन्दगी के बदलावों के बारे में उसकी समझ और उसकी व्याख्या, पहले के मुक़ाबले पूरी तरह बदल जाती है।

उन चीज़ों के बारे में जब मैं अब सोचती हूँ तो मुझे पक्का यक़ीन नहीं है कि क्यों मैं पटकथा लेखिका के रूप में अपनी पहचान को स्वीकार किये जाने को इतना महत्त्व दे रही थी। इसे इतना गम्भीरता से लेने की कोई ज़रूरत नहीं है! इस सब तनाव से क्या हासिल हुआ। आख़िरकार तो मेरी ही सेहत ख़राब हुई। मैंने ख़ुद को ही दुख पहुँचाया। इसे क़तई कोई महत्त्व दिये जाने की ज़रूरत नहीं थी। मेरे अधिकारों का किसी ने हनन किया, और उस पर इतना सब हंगामा हुआ...ये सब क्या है? मेरी ज़िन्दगी का एक बेहद छोटा–सा वक़्त! एक ऐसा खेल जिसे ख़त्म होने के तुरन्त बाद भुला दिया गया; इस पर इतना ग़ुस्सा होने की ज़रूरत ही नहीं थी! जब कोई इन्सान मरने वाला होता है, ज़िन्दगी की उल्टी गिनती शुरू हो चुकी होती है, तब इस नाम दाम का क्या अर्थ है? छेन यिफेई, फू बाओ, गाओ शियूमिन और होउ युवेइन के बारे में सोचो; इन सबकी अचानक मौत हो गयी, जबकि पारिवारिक सम्पत्ति के नाम पर इनके पास लाखों–लाख धन था, उनमें अद्भुत प्रतिभा थी। अब जबकि वे सब इस दुनिया से जा चुके हैं तो वे अपने पीछे क्या छोड़कर गये हैं? बाद की पीढ़ियों के लिए वे अपना नाम छोड़ गये हैं और कुछ वह काम जो उन्होंने किया था।

जैसा कि बाइबिल कहती है, ''अगर कोई पूरी दुनिया को जीत सकता है, लेकिन इसकी क़ीमत उसे अपनी जान देकर चुकानी पड़ती है तो उसे क्या फ़ायदा हुआ? ऐसी कोई चीज़ है जिसके बदले में ज़िन्दगी को खोया जा सके?''

अधिकारों के हनन की जहाँ तक बात है, अगर मैंने इस मामले को थोड़ा–सा सन्तुलित तरीक़े से लिया होता तो मैं आज ख़ुद को यहाँ नहीं पाती। दूसरी ओर, अगर मेरे संघर्ष से दूसरे लोगों का अधिकार और सम्मान नहीं जुड़ा होता तो भी आज मेरी यह हालत नहीं होती।

लेकिन जीवन की सबसे बड़ी विडम्बना ही यही है कि सुबह सोकर उठो और पता चले कि शाम तो होने ही वाली है।

बहुत देर हो गयी! सच में पहले ही बहुत देर हो गयी!

मेडिसिन विभाग के प्रमुख लियु शियाओछेंग बार–बार मुझसे वादा कर चुके थे, ''आप मेरा भरोसा करो, मैं आपकी ज़िन्दगी फिर से आपके हाथों में सौंप दूँगा!'' लेकिन उनकी गारंटी के बाद भी, मैं जानती थी कि छह बाईपास सर्जरी कोई छोटा मामला नहीं था और मुझे बुरे–से–बुरे के लिए तैयार रहना पड़ेगा।

मैंने अपने सभी दोस्तों को फ़ोन किया।

सफ़र पर रवाना होने से पहले मैंने अपने कम्प्यूटर में अन्तिम विरासत के रूप में दो पत्र छोड़े थे। एक मेरे पति के लिए और एक अपने खुद के लिए।

जो ख़त मेरे अपने लिए था, वह कुछ ही लाइन का था :

''परमात्मा ने तुम्हें यह परी कथाओं–सी ज़िन्दगी दी, लेकिन तुम इसे सँभालकर नहीं रख सकीं और अब तुम्हारा चलने का समय आ गया है। कितनी शर्मिन्दगी की बात है। तो तुम्हें मरना नहीं चाहिए, तुम्हें ज़िन्दगी और मौत के बीच इस मुक़दमे का सामना तो करना ही होगा!''

वह पत्र जो मैंने अपने पति के लिए लिखा था :

मेरे प्रिय हियु,

कल मैं हॉस्पिटल जाऊँगी। हालाँकि लियु शियाओछेंग मेरा ऑपरेशन करेंगे। लेकिन मुझे बुरी–से–बुरी स्थिति के लिए तैयार रहना चाहिए। मैं यहाँ तुम्हारे लिए कुछ बातें लिखकर छोड़ जाना चाहती हूँ। इस ख़ूबसूरत और निर्दयी दुनिया के लिए भी मेरे मन में कुछ बातें हैं जो मैं तुमसे साझा करूँगी।

प्रिय, अगर सच में ही मेरा वक़्त आ गया है तो प्लीज़ ज़्यादा परेशान

मत होना। यह परमात्मा की इच्छा है। मैंने आपको चुना और आपने मुझे चुना, यही मेरी ज़िन्दगी का सबसे बड़ा आशीर्वाद है। हमने एक–दूसरे को टूटकर चाहा है। साथ–साथ ज़िन्दगी के 40 साल गुज़ारे हैं और इस सफ़र में हमें कभी कोई आक्रोश या कोई पछतावा नहीं हुआ। न जाने कितनी ही परेशानियाँ और दर्द हमें झेलने पड़े, लेकिन दुनिया का कोई इम्तिहान हमें एक–दूसरे से अलग नहीं कर सका।

डार्लिंग, आपने पूरी ज़िन्दगी मुझे इतना प्यार दिया कि मेरा आँचल छोटा पड़ गया। तुमने एक पति के साथ ही एक बड़े भाई की तरह भी मुझे प्यार किया। हर क़दम पर आपने मेरा दिल से साथ दिया और मुझे एक फूल की तरह से पाला; इससे ज़्यादा परमात्मा से कोई और क्या माँग सकता है। अगर आपका प्यार और सहारा नहीं होता, मैं कभी भी उस मुक़ाम पर नहीं पहुँच पाती, जहाँ आज मैं खड़ी हूँ। आज ये दिन आया है, मैं पूरी ईमानदारी से आपसे कुछ कहना चाहती हूँ : थैंक्यू, मेरे प्यारे बड़े भाई!

प्रिय, अगर मुझे मरना ही है, तो मुझे सबसे ज़्यादा चिन्ता आपकी है। हमारे दोनों बच्चों की शादी हो चुकी है और उनका अपना परिवार है, अपना करियर है, लेकिन आपको बाक़ी की ज़िन्दगी मेरे बिना काटनी पड़ेगी। मैं उम्मीद करती हूँ कि आपको कोई ईमानदार और आपके लायक़ औरत मिल जायेगी। कोई ख़ूबसूरत महिला मत ढूँढ़ना, हो सकता है वह आपके साथ अच्छा बर्ताव न करे; कोई ऐसा साथी ढूँढ़ना जो आपका साथ दे सके। मुझे हमेशा चिन्ता रहती है कि बाक़ी लोग आपको कहीं दबा न लें और आपका फ़ायदा न उठायें, क्योंकि आप हो ही इतने अच्छे इन्सान, क्योंकि आप इतने रहमदिल हो। हमारे दोनों बच्चों का भविष्य बहुत अच्छा है और उनकी सोच भी अच्छी है। दोनों बच्चों के लिए हमें परमात्मा का आभारी होना चाहिए। जब आप बूढ़े हो जाओगे तो वे आपकी अच्छे से देखभाल करेंगे। पता नहीं आगे ज़िन्दगी कैसे कटेगी, लेकिन हमने जो पैसा जोड़कर रखा है, वह बुढ़ापे में आपके लिए काफ़ी रहेगा।

कहने को तो बहुत कुछ है, जितना ज़्यादा लिखती चली जाऊँगी, उतना ही ज़्यादा दर्द होगा। ये पिछले तीन साल मुझ पर बहुत भारी गुज़रे हैं। लोगों से भरी ये दुनिया कितनी क्रूर है, कितनी ख़तरनाक

है और कितनी बेईमान है! ये सब अब महसूस होता है।
ठीक है, अब मैं यहाँ ख़त्म करूँगी। स्वर्ग से मैं आपको और बच्चों को अपनी शुभकामनाएँ भेजूँगी। उम्मीद करती हूँ कि हमारे पूरे परिवार के आँगन में ऐसे ही ख़ुशियों का मेला लगा रहेगा, ऐसे ही ठहाके गूँजते रहेंगे, जैसा हमारे आँगन में पहले होता था।
प्रिय, मैं एक गाना गाती हूँ जो आपको बहुत पसन्द है। उस गाने के शब्दों के साथ मुझे अब विदा दो :
हवाएँ मेरे जहाज़ के पालों को घुमा रही हैं, मेरा जहाज़ हवाओं के साथ अठखेलियाँ करते हुए आगे बढ़ रहा है, और मुझे उस जगह पर लेकर जा रहा है, जहाँ जाने के लिए मैंने दिन–रात दुआएँ माँगी थीं, मैं अभी तक तुम्हारे पास नहीं पहुँचा हूँ, लेकिन तुम मेरी यादों को अपने दिल में बसाये रखना...
ठीक है, मैं स्वर्ग में आपका इन्तज़ार करूँगी और अगले जन्म में हम फिर से पति–पत्नी बनेंगे।
मैं आपकी और बच्चों की शान्ति, ख़ुशहाली की कामना करती हूँ और मेरा आशीर्वाद हमेशा आप सब लोगों के साथ रहेगा!
आपकी प्रिय पत्नी, यावन, रात्रि दस बजे, 8 मार्च, 2004।

जब ज़िन्दगी की यादों का पन्ना खोलती हूँ, तो उसमें सबसे प्यारी मेरी यही याद है कि मैंने एक अच्छा पति चुना था।

यह बात कोई मायने नहीं रखती कि बाहरी दुनिया ने मेरे साथ कैसा बर्ताव किया। जैसे ही घर पहुँचती थी, हियु मुझे हमेशा अपनी बाँहों में भर लेते और मेरे आँसू उनके कन्धे पर ढलक जाते। वह बहुत ही भले और दूसरे के जज़्बातों की क़द्र करने वाले इन्सान हैं। उनका स्वभाव भी बहुत अच्छा है। हियु की एक अच्छी बात यह भी है कि वह कभी भी मुश्किल से घबराते नहीं हैं। अगर उन्हें मेरी कोई बात पसन्द भी नहीं आती, तब भी वह हर सम्भव तरीक़े से मेरा समर्थन करते आये हैं। हमें दो बार घर बदलना पड़ा। दोनों ही बार ऐसा हुआ कि मेरे लेखन की वजह से हमने घर बदला। हियु ने ही घर का सारा सामान पैक करवाया, लेकिन कभी भी उनके मुँह से शिकायत का एक शब्द मैंने नहीं सुना। मेरी माँ की जिस तरह से उन्होंने देखभाल की, उसने मेरे मन को छू लिया। कोई अपनी माँ की भी क्या सेवा करेगा जो हियु ने मेरी माँ की सेवा की।

माँ को लकवा मार गया था और दो साल तक वह ऐसी ही हालत में रहीं। जब भी मुझे इंटरव्यू के लिए बाहर दौरे पर जाना होता, तो हमेशा हियु ही उनकी देखभाल करते, उनके डायपर बदलते, उनका चेहरा धोते और उन्हें खाना खिलाते...

हियु काफ़ी हाज़िरजवाब और मज़ाकिया इन्सान भी हैं। एक बार क्या हुआ कि मुझे लम्बे समय तक घर से दूर रहना पड़ा। उन्होंने मुझे फ़ोन किया और बोले, ''यावन, मैंने एक नया गाना सीख लिया है, ज़रा सुनो।'' इसके बाद उन्होंने गाना शुरू किया, ''मुझे तुम्हारी याद बहुत सताती है, इतनी याद सताती है कि मैं देर रात से ही सुबह का इन्तज़ार करने लगता हूँ...'' दो लाइन के बाद, मैंने पहले ही रोना शुरू कर दिया।

एक बार और ऐसे ही हियु ने फ़ोन किया। उन्होंने अपनी ख़ुद की लिखी कविता सुनानी शुरू कर दी :

मुझे अभी भी याद है,
एप्रिकोट फ़ॉरेस्ट लेक के किनारे पर वह पोपलर का नन्हा सफ़ेद पेड़,
चाँद की चाँदनी के नीचे एक सुन्दर, लहराती छाया
वह पेड़ था हमारे सबसे पहले चुम्बन का साक्षी,
वह जगह, जहाँ हमारे पहले प्यार ने अँगड़ाई ली
मुझे अभी भी याद है,
आइस रिंक पर वह नन्ही लड़की,
उसके मीठे शहद में लिपटे गीत,
उसके दिल की मासूमियत भरी निश्छलता,
जो लेकर आयी थी मेरी ज़िन्दगी में असीम ख़ुशियाँ और चाहतें...

हमारे रिश्ते की शुरुआत के बाद से, पहले ही 40 साल बीत चुके हैं और वह नन्ही लड़की अब झुर्रियों भरे चेहरे वाली, सफ़ेद बालों वाली बूढ़ी औरत में बदल चुकी है, लेकिन आज भी जब मेरे पति मेरी तारीफ़ करते हैं, तो मेरा चेहरा गुलाबी हो उठता है।

एक बार मैंने अपनी बेटी से कहा था, ''अपनी पूरी ज़िन्दगी में, मैं बहुत से शानदार और प्रतिभाशाली पुरुषों से मिली हूँ और उनका बर्ताव मेरे साथ बहुत अच्छा रहा है, लेकिन मेरा यह मानना है कि उनमें से कोई भी तुम्हारे पिता के पैरों की धूल बराबर भी नहीं था। उन्होंने पूरी

ज़िन्दगी, मुझे दिल से चाहा है। हमारे प्यार को किसी पौधे की तरह सींचा है।''

न जाने कितने आँधी तूफ़ान आये, हमने एक–दूसरे का हाथ थामे रखा। ज़िन्दगी की ऊबड़–खाबड़ राहों पर हम एक–दूसरे का हौसला बढ़ाते हुए आगे बढ़ते रहे। आज, मैं ज़िन्दगी और मौत की परीक्षा दे रही हूँ।

जब हियु के लिए मैं आख़िरी शब्द लिख चुकी तो मैं निढाल होकर ऐसे बिस्तर पर गिर पड़ी, मानो पहले ही मैं मर चुकी हूँ।

9 मार्च, 2004 की सुबह थी। घड़ी में आठ बजे थे। मैंने अपने कम्प्यूटर पर आख़िरी नज़र डाली और उसके बाद घर को एक नज़र देखा। मैं अपने आप से यह सवाल किये बिना नहीं रह सकी, ''क्या मैं कभी लौटूँगी? क्या मैं फिर से अपने प्यारे कम्प्यूटर के सामने बैठकर लिख पाऊँगी? क्या ये घर, इतना प्यार भरा और ख़ुशियों से छलकता, मेरा घर, मेरा रहेगा?''

सब सवालों का कोई निश्चित जवाब नहीं था।

यह जानने का मेरे पास कोई रास्ता नहीं था कि ज़िन्दगी और मौत के बीच की यह खाई कितनी गहरी है और क्या अभी भी मेरी कमज़ोर पड़ चुकी ताक़त इस खाई को कूदकर पार कर पायेगी? अगर मैं जीत जाती हूँ तो मैं ज़िन्दगी की दूसरी पारी जीत जाऊँगी और अगर हार गयी तो मैं एक धुएँ के गुबार में बदल जाऊँगी, इस दुनिया की ख़ूबसूरती और इसकी मक्कारी से भी हमेशा–हमेशा के लिए छूट जाऊँगी।

92

19 मार्च, 2004 को मुझे त्यानजिन के टेडा इंटरनेशनल कार्डियोवस्कुलर हॉस्पिटल में भर्ती करा दिया गया था।

14 मार्च की शाम को चाइनीज़ राइटर्स एसोसिएशन की हेईलोंगच्यांग प्रान्तीय शाखा के उपाध्यक्ष ही चोंगशेंग प्रान्त के ही कॉलेज ऑफ़ लिटरेचर की अध्यक्ष सुश्री ली क्वी जो कि ख़ुद एक प्रसिद्ध कवयित्री हैं और कॉलेज ऑफ़ लिटरेचर से ही झोउ चिंग–ये सभी लोग हार्बिन से ख़ासतौर पर मुझसे मिलने आये। ये लोग मेरे लिए फूल लेकर आये थे। इससे पहले, राइटर्स एसोसिएशन पार्टी समूह की प्रान्तीय शाखा के सचिव

श्री फेंग च्यानफू मुझसे मिलने बीजिंग में आये थे। उन्होंने ज़िन्दगी और मौत की इस जंग को जीतने के लिए मेरा हौसला बढ़ाया।

उपाध्यक्ष ही ने कहा, ''यावन, राइटर्स यूनियन के सभी लोगों को तुम्हारी बहुत चिन्ता है। तुम्हारी सेहत तो वैसे ठीक है, निश्चित रूप से तुम जीत जाओगी...''

कॉलेज के उपाध्यक्ष ली क्वी ने कहा, ''यावन, हर कोई जानता है कि तुम एक रहमदिल इन्सान हो। मुझे विश्वास है कि बुराई पर अच्छाई की जीत होती है। ज़्यादा चिन्ता मत करो। मुझे भरोसा है कि तुम्हें तुम्हारा इनाम मिलेगा, अगर इस दुनिया के लोगों की ओर से नहीं तो स्वर्ग की ओर से ही सही!''

नहीं जानती थी कि स्वर्ग में कोई इनाम मुझे मिलेगा या नहीं। मैं केवल इतना जानती थी कि मेरे पैतृक शहर के ये लोग मेरे क़रीबी दोस्त थे, मेरे लिए ख़ास थे, मैं उनसे कुछ और देर तक बात करना चाहती थी। डर रही थी कि इन लोगों से अब शायद कभी बात नहीं कर पाऊँगी।

रात घिर आयी थी, सब लोग जा चुके थे और मेरे कमरे में एकदम ख़ामोशी थी।

मैं अपनी ज़िन्दगी का यह आख़िरी समय हियु के साथ बिताना चाहती थी, लेकिन डॉक्टरों ने उन्हें बाहर भेज दिया था। उन्होंने ऑपरेशन की मंज़ूरी देने वाले फॉर्म पर अपने हस्ताक्षर किये और वहाँ से चले गये। जब मैंने सर्जरी से पहले का मंज़ूरी पत्र देखा तो पाया कि उसमें साफ़ कहा गया था कि हर तरह के ख़तरे की पूरी आशंका है। मुझे पता था कि इनमें से कोई भी ख़तरा मुझसे मेरी ज़िन्दगी छीन सकता था।

हियु वापस आये। वह यह दिखाने की पूरी कोशिश कर रहे थे कि सब ठीक–ठाक है। उन्होंने मुझे एक गिलास पानी पकड़ाया, उनके हाथ काँप रहे थे...

बाद में उन्होंने मुझे बताया कि जब वह फॉर्म पर हस्ताक्षर कर रहे थे तो वह अपना नाम लिखने से पहले काफ़ी देर तक झिझकते रहे। वह नहीं जानते थे कि यह फॉर्म मेरी ज़िन्दगी बचायेगा या सीधा मुझे दूसरी दुनिया में ले जायेगा!

शाम को ठीक आठ बजे मैं नहायी और आख़िरी बार आईने में अपनी गर्दन के पीछे देखा। मेरी गर्दन ख़ूबसूरत थी, सुराहीदार। मेरी नज़रों में अपने लिए ही तारीफ़ थी; लम्बी और सफ़ेद गर्दन, गर्दन पर झुर्री का कोई

नामो–निशान नहीं जबकि मेरी उम्र 60 साल हो चुकी थी। मुझे गर्मियों में बिना कॉलर वाली ड्रेसिज पहनना पसन्द है।

मेरी गर्दन का पिछला हिस्सा ही वह जगह थी, जहाँ हियु को चूमना सबसे अच्छा लगता था। मैंने अपनी पतली लम्बी बाँहों को भी प्यार से छुआ...अगले दिन डॉक्टर मेरे सीने को खोल देंगे, मेरी बाँहों के सबसे ऊपरी हिस्से को काटेंगे, मेरी धमनियों और शिराओं को निकालेंगे और मेरे दिल की ग्राफ़्टिंग करेंगे...मैं हैरान थी, क्या मेरी गर्दन का पिछला हिस्सा, मेरी बाँहें और बाक़ी सभी कुछ, अभी भी मेरा है?

देर शाम क़रीब दस बजे, हियु और मैंने एक–दूसरे को बाँहों में भर लिया, हम दोनों खिड़की के पास खड़े थे, ये विदाई की वेला थी, किसी ने कुछ नहीं कहा, ख़ामोशी ही बातें कर रही थी...आख़िरी रात में पसरी ख़ामोशी में हम एक–दूसरे में समाये हुए थे।

आख़िर में, हियु ने हमेशा की तरह मेरी गर्दन के पीछे चूमा और बोले, ''मैं अब जा रहा हूँ। तुम्हें आराम करना चाहिए। किसी चीज़ के बारे में मत सोचो, आराम से सो जाओ। ओके, गुड नाइट।'' हियु ने बगल वाला कमरा किराये पर लिया हुआ था। यह कमरा मरीज़ के परिवार के किसी एक सदस्य के लिए था।

हियु के जाने के बाद मैं अकेली थी। एक मेज़ के ऊपर सैकड़ों गुलनार तथा दूसरे फूल रखे थे। सुश्री चाङ चुफांग ने ये गुलनार मेरे लिए भेजे थे; उन्होंने मेरे बेटे को मुझ तक फूल पहुँचाने के लिए दिये थे।

जल्द ही नींद आ गयी। नर्स ने आख़िरी बार ऐनीमा देने के लिए मुझे उठाया। खिड़की से बाहर एक इमारत पर लगी बड़ी–सी घड़ी नज़र आ रही थी। घड़ी में सुबह के छह बज चुके थे। इतनी गहरी नींद शायद नींद की दो गोलियों का नतीजा थी जो नर्स ने मुझे दी थीं। दर्द इतना भयानक होता था कि ठीक से सोये तो छह महीने से ज़्यादा हो गये थे।

हर चीज़ अंजाम तक पहुँच चुकी थी और यहाँ तक आने के बाद, अब मुझे किसी बात की कोई चिन्ता नहीं थी। मैंने ख़ुद को पूरी तरह परमात्मा की दया पर छोड़ दिया था! बड़ा अजीब है लेकिन हवा के बहाव के साथ बहने से मन को बहुत शान्ति मिलती है।

सवा सात बजे, बिस्तर पर लेटे हुए मैंने अपनी आख़िरी डायरी लिखी, ''आज 15 मार्च, 2004 है। खिड़की से बाहर देखती हूँ तो आसमान पर

बादल छाये हुए हैं। पता नहीं, दिनभर बादल छाये रहेंगे या आसमान साफ़ रहेगा। मुझे मौसम के बारे में वैसे ही नहीं पता, जैसे मुझे आज यह नहीं पता कि मेरी ज़िन्दगी का क्या होगा। मैं परमात्मा की आभारी हूँ कि उसने मुझे जो कुछ हो रहा है, उसे स्वीकार करने का धीरज और क्षमता दी है। मेज़ पर फूल रखे हैं और मैं खिड़की से बाहर बादलों को देख सकती हूँ, लेकिन उम्मीद तो यही करती हूँ कि इन फूलों और बादलों पर यह मेरी आख़िरी नज़र नहीं होगी। अगर सच में कहीं परमात्मा है तो मैं प्रार्थना करती हूँ कि वह मुझे दूसरी ज़िन्दगी दे...''

लिखना ख़त्म करने के बाद, मैं फिर से लेट गयी। फिर से सोने का मेरा कोई इरादा नहीं था।

''उठो यावन, उठो। तुम्हारे ऑपरेशन का समय हो गया।'' हियु ने मुझे आवाज़ दी। मैं एक घण्टा और सो चुकी थी।

नर्स ने बाद में मुझसे कहा था कि उन्होंने कभी ऐसा मरीज़ नहीं देखा जो इतना शान्त हो और इतना सुकून महसूस कर रहा हो कि ऑपरेशन से पहले तुरन्त सो जाये।

मुझे कमरे से बाहर ले जाया जा रहा था, मैंने घड़ी पर आख़िरी नज़र डाली–सवा नौ बजे थे।

बच्चे मुझे देख रहे थे, उनकी आँखों में आँसू थे। हियु ने मेरा हाथ पकड़ा, अपना चेहरा मेरे क़रीब लेकर आये और बड़ी ही आत्मीयता के साथ फुसफुसाकर बोले, ''चिन्ता मत करो, यावन! मैं पूरे समय आपके साथ रहूँगा, ठीक कमरे के बाहर। मुझे पूरा भरोसा है, ऑपरेशन सफल होगा...''

मैंने अपने परिवार वालों, उपाध्यक्ष ही...और अध्यक्ष ली क्वी...की ओर हाथ हिलाया। नर्स मुझे व्हीलचेयर पर बिठाकर ऑपरेशन थियेटर में ले गयी।

जब मैं ट्रॉली पर लेटी हुई थी तो मुझे ऐसा महसूस हुआ, जैसे कि मैं एकदम अपनी माँ की तरह हूँ, वैसी ही, जैसी वह मौत से पहले थीं। मेरी माँ 89 साल की होकर मरी थीं और मैं तो अभी 60 साल की भी नहीं हुई थी।

ऑपरेशन थियेटर के भीतर पहुँचने पर मैंने पाया कि वहाँ चारों ओर खड़े सभी लोगों के चेहरे एक जैसे दिख रहे हैं; हर किसी ने सर्जिकल मास्क लगाया हुआ था और मुझे कुछ पता नहीं था कि कौन क्या है। मुझे केवल इतना पता था कि मेरी ज़िन्दगी अब लियु शियाओछेंग, चीफ़ सर्जन; उनके सहयोगी वांग झेनकिंग और झांग वेई तथा एनेस्थिटिस्ट

शू युलियांग तथा कमरे में मौजूद दूसरे लोगों के हाथों में थी जो सब मेडिकल पेशे से ही जुड़े थे।

अगले कुछ घण्टे मेरे पति, मेरे बच्चों और मेरे क़रीबी दोस्तों पर बहुत भारी गुज़रने वाले थे। मुझे तो बेहोशी की दवा दे दी जायेगी, लेकिन ये लोग दर्द से गुज़रते रहेंगे।

ऑपरेशन थियेटर का भारी दरवाज़ा बन्द हो गया, हियु को लगा, जैसे अचानक उनके दिल से कोई धड़कन निकाल ले गया हो।

उन्हें नहीं पता था कि क्या ये दरवाज़ा हमें दो अलग–अलग दुनिया में तो नहीं बाँट देगा?, क्या मैं ज़िन्दा रहूँगी? या अगली बार वह मुझे देखेंगे या मेरी लाश को?

बच्चों ने उन्हें दिलासा देने की कोशिश की। उनसे जाकर आराम करने को कहा, लेकिन वह मेरे पास से एक क़दम भी नहीं हिले। हर मिनट और हर सेकेंड, उनका दिल मेरे दर्द में डूबा हुआ था। वह ऑपरेशन थियेटर के दरवाज़े के पास ही फ़र्श पर लेट गये। उनके कान ऑपरेशन थियेटर के भीतर ही लगे थे कि कोई कुछ आहट सुनाई दे। लेकिन उन्हें कुछ सुनाई नहीं दिया। उन्हें सिर्फ़ और सिर्फ़ अपने ही दिल के ज़ोर–ज़ोर से धड़कने की आवाज़ सुनाई दे रही थी। क़रीब 12 घण्टे सबसे अधिक पीड़ादायक और बेचैनी भरे थे। यह उनकी ज़िन्दगी का सबसे मुश्किल समय था। वह पानी से बाहर निकाल दी गयी मछली की तरह तड़प रहे थे; उन्हें न कहीं लेटने से आराम मिल रहा था और न ही कहीं बैठने से। हियु को अपने दिल की हर धड़कन आख़िरी धड़कन जान पड़ रही थी।

वह रात को 11 बजकर 20 मिनट तक इन्तज़ार करते रहे। आख़िरकार लियु शियाओछेंग ऑपरेशन थियेटर से बाहर निकले और उन्हें बताया, ''सर्जरी ख़त्म हो गयी है, बहन यावन का दिल फिर से धड़कने लगा है।''

हियु की आँखों में पानी भर आया।

16 मार्च की सुबह–14 घण्टे के ऑपरेशन के बावजूद मेरे सीने के घाव पर सही तरीक़े से टाँके नहीं लगाये गये थे। इसलिए मेरा क़रीब पाँच लीटर ख़ून बह गया। मेरे शरीर से न जाने कितनी तरह की ट्यूबें लगी हुई थीं : ऑक्सीजन ट्यूब, IV ट्यूब, हर तरह की ड्रिप और पूरे शरीर को सफ़ेद चादर से ढँका गया था। गम्भीर मरीज़ों को निगरानी यूनिट में रखा जाता है। इसी यूनिट में मैं बिस्तर नम्बर 6 पर लेटी हुई थी, जैसे

कि कोई मुर्दा हो। हर चीज़ काले रंग की थी, लेकिन मुझे कुछ–कुछ महसूस हो रहा था, जैसे कोई मेरे चेहरे को थपथपा रहा हो, एक आवाज़ मुझे कहीं दूर से आती सुनाई दी :

''बहन यावन, उठो, आँखें खोलो। आज 16 तारीख़ है, ऑपरेशन ख़त्म हो चुका है। हमने आपके दिल में छह ग्राफ़्ट लगाये हैं। तुम्हारा पुराना टूटा हुआ दिल ठीक हो गया है।'' लग रहा था, आवाज़ दूर कहीं से आ रही है, कहीं दूर शब्द घने कोहरे में लिपटे हुए मेरी ओर चले आ रहे हैं। शायद ये आवाज़ किसी दूसरी दुनिया से आ रही थी।

पता नहीं ये कौन–सी जगह थी। मैं ज़िन्दा इन्सानों की दुनिया में थी या मुर्दों के बीच या मेरे शरीर को क्या हुआ। लग रहा था, लेटे–लेटे सदियाँ बीत गयी हैं। धीरे–धीरे आँखों के आगे छायी धुन्ध कुछ हटनी–सी शुरू हुई। मैं मेडिसिन विभाग के प्रमुख डॉ. लियु शियाओछेंग की आवाज़ पहचान रही थी, लेकिन अभी भी आँखें नहीं खोल पा रही थी। मुझे याद है कि 15 मार्च की सुबह सवा नौ बजे मुझे व्हीलचेयर पर बिठाकर ऑपरेशन थियेटर में ले जाया गया था। यह बहुत हैरान करने वाली बात थी कि सर्जरी इतनी जल्दी कैसे ख़त्म हो सकती है?

मुझे नहीं मालूम था कि मैं ज़िन्दगी और मौत के बीच, दो अलग–अलग दुनिया में घूमते हुए एक रात और एक दिन का समय बिता चुकी थी।

बहुत कोशिश करके मैंने अपनी चट्टान जैसी भारी पलकों को उठाया, अभी भी आँखों के आगे सफ़ेद–सफ़ेद साये से लहरा रहे थे। धीरे–से अपनी बाँहों और सीने पर नज़र डाली जहाँ सर्जरी के लिए काटा गया था। सब जख़्मों को अब सिल दिया गया था और मोटी–मोटी पट्टी बँधी हुई थी। उस समय जाकर मुझे एहसास हुआ : मैं ज़िन्दा बच गयी थी।

हॉस्पिटल के कर्मचारियों का आभार मैं जन्म–जन्म तक नहीं उतार सकती। उनकी सेवा को शब्दों में नहीं बताया जा सकता। कैसे आभार जताऊँ? मैं एक लेखिका थी लेकिन उनके लिए मेरे शब्द रीते हो गये थे। जो लोग यमराज के दरवाज़े तक जाकर साँसों की दुनिया में फिर से लौटे हैं, केवल वही जानते हैं इन शब्दों का अर्थ ''जीवन बचाने का पुण्य।''

लियु शियाओछेंग ने मेरा दाहिना हाथ पकड़ा और उसे तेज़ी से हिलाया। इसके बाद मेरा बायाँ हाथ पकड़ा और मुझसे पैर हिलाने को कहा। इसके बाद उन्होंने सवाल किया, ''क्या आपको अपने वार्ड का नम्बर याद है?''

मैंने बहुत धीरे–से सिर हिलाकर हामी भरी।

यह देखकर कि मेरा जवाब सामान्य है, लियु शियाओछेंग वहाँ से चले गये। वह अपने साथ अपनी टीम के सभी सदस्यों को भी ले गये।

मैं वहाँ अकेली रह गयी। निगरानी यूनिट में केवल नर्स मौजूद थी।

धुँधलके में से मुझे एक आवाज़ सुनाई दे रही थी, ''यावन, तुम बच गयी हो। अब तुम्हें अपने बारे में लिखना होगा, अपने 60 साल के अनुभवों के बारे में लिखो ताकि हर कोई पढ़े। अगर तुम इस दुनिया से जाने से पहले, अपने बारे में दुनिया को बताये बिना चली गयीं तो यह बहुत शर्मनाक होगा।''

यह आवाज़ किसी और की नहीं; ये मेरे नाज़ुक दिल की आवाज़ थी। मुझे पता था कि यह आवाज़ बहुत लम्बे समय से दबी हुई थी, इस आवाज़ को बाहर निकालने की ज़रूरत थी। मेरा दिल ये बात कहकर हल्का होना चाहता था।

मैं निगरानी यूनिट में लेटी हुई थी। मेरी आत्मा ज़िन्दगी और मौत के बीच दौड़ रही थी। मैंने अपनी ज़िन्दगी की पूरी कहानी लिखने का फ़ैसला उसी समय किया। उसी क्षण से मेरे भीतर हर क्षण को, हर दिन को शिद्दत से जीने की चाह जाग उठी। मुझे अपने कानों में अपनी इस चाहत की धीमी–धीमी–सी आवाज़ सुनाई पड़ रही थी; यह मेरे लिए एक पुकार थी, वैसी ही पुकार जो सर्जरी से पहले कानों से टकरा रही थी। इन आवाज़ों ने ज़िन्दगी और मौत के बीच से उबारा और मुझे ज़बरदस्ती ज़िन्दगी की ओर धकेल दिया ताकि मैं ज़िन्दा रह सकूँ। अब एक नयी आवाज़ मेरी ज़िन्दगी की नाज़ुक डोर को पकड़े हुए थी।

बेहोशी की दवा का असर ख़त्म हो गया और तीनों घावों से उठते दर्द से मेरी चीख़ें निकलने लगीं। दर्द इतना भयंकर था कि मैं सो नहीं पायी, लेकिन अभी भी मैं अपने विचारों और नीम बेहोशी के बीच डूब–उतरा रही थी। न जाने क्या था कि दर्द बीच–बीच में बढ़ जाता।

बाद में, जब मैंने *प्रेजेंट एज* पत्रिका के पूर्व उपप्रधान सम्पादक श्री छांग चेंच्या को ऑपरेशन के बाद के इन विचारों के उतार–चढ़ाव के बारे में बताया, कि कैसे इन विचारों ने मुझे यह आत्मकथा लिखने को प्रेरित किया तो उन्होंने कहा था, ''यावन, तुम वाक़ई कमाल हो। आज मुझे पक्का यक़ीन हो गया है कि कोई तुम्हें परास्त नहीं कर सकता, मौत भी नहीं। अपने आपको सिर्फ़ तुम ही हरा सकती हो।''

उनकी बात सही थी; एक बार मैंने अपने आपको बुरी तरह से पीटा था। निगरानी यूनिट में लेटे हुए, मुझे वैसा ही महसूस हो रहा था, जैसा हर किसी को सर्जरी के बाद होता है; मैं ऐसी भयंकर पीड़ा झेल रही थी जिसकी दूसरे इन्सान के लिए कल्पना करना तक मुश्किल होता है। मेरे शरीर पर तीन जगह बने घावों से उठने वाला दर्द आग की तरह मुझे जला रहा था। मेरा गला प्यास से सूख गया था, लेकिन मुझे पानी पीने की मनाही थी। नर्स ने कई बार मुझे चूसने के लिए बर्फ़ के कुछ टुकड़े दिये। मेरे होंठ इतने ज़्यादा सूख गये थे कि उन पर सूखी चमड़ी की परतें सी चढ़ गयी थीं। मेरा शरीर बेहद कमज़ोर था; मैं बात तक नहीं कर सकती थी। मैं केवल अँगुलियों को हिला–डुलाकर इशारे से नर्स को अपनी बात समझा सकती थी। ऑपरेशन से पहले इशारों की यह भाषा नर्स ने ही मुझे सिखाई थी।

नर्स लगातार मेरी पीठ पर मालिश कर रही थी। इससे मेरी साँस की नली में फँसा बलगम निकल रहा था। हर बार जब भी खाँसती तो मेरे घावों में ऐसा दर्द होता कि मेरी चीख़ छत फाड़कर बाहर तक सुनाई देती। यह मेरी ज़िन्दगी का सबसे ख़तरनाक मोड़ था। मैं लेटी हुई केवल अपने आसपास और दायें–बायें लगी मशीनों को देख सकती थी। एक मशीन पर दिल की धड़कन आ रही थी और दूसरी पर रक्तचाप। हर बार जब भी मेरे दिल की धड़कन ख़तरनाक तरीक़े से बढ़ जाती तो नर्स तुरन्त मुझे गहरी साँसें लेने को कहती। एक–एक गहरी साँस लेने में शरीर की सारी ताक़त लगानी पड़ रही थी...

एक तरफ़ ये दुनिया थी, जहाँ से मैं आयी हूँ और एक तरफ़ दूसरी दुनिया थी, जहाँ मुझे जाना है। इन्हीं दोनों के बीच एक बारीक़–सी पगडण्डी पर मैं चल रही थी। बारीक़ पगडण्डी के सफ़र ने ज़िन्दगी को पूरी तरह एक नये नज़रिये से देखना सिखाया, मुझे बताया कि देखो, यावन, क़िस्मत का एक नया रौशन रास्ता तुम्हारा इन्तज़ार कर रहा है : मौत और कुछ नहीं एक लौ का बुझ जाना है। कृतज्ञता का ऋण, बदले की भावना का बोझ, सम्मान और अपमान, प्रसिद्धि, दौलत और सफलता; सब कुछ बाहरी है, ज़िन्दगी ये सब चीज़ें लेकर नहीं आती है और न ही मौत इन सब चीज़ों को छीनकर ले जाती है, हर चीज़ एक धुएँ और बादल की तरह गुज़र जाने के लिए ही आती है।

इस क्षण, मेरी ज़िन्दगी की सबसे बड़ी हक़ीक़त यही थी कि मैं ज़िन्दा हूँ।

मैंने अपने किसी प्रियजन की आवाज़ सुनी। यह डॉ. वांग झेनकिंग थे जो फ़ोन पर हियु से बात कर रहे थे।

''हियु...'' मेरी आवाज़ इतनी धीमी थी, जैसे शब्द किसी चींटी के मुँह से निकल रहे हों।

''यावन!'' हियु ख़ुशी से चिल्ला पड़े, ''डार्लिंग, आख़िरकार मैं फिर से तुम्हारी आवाज़ सुन पा रहा हूँ! मैं बहुत ख़ुश हूँ! बच्चे और मैं उम्मीद लगा रहे थे कि तुम निगरानी यूनिट से जल्द बाहर आ जाओगी!''

तीन दिन बाद, 18 मार्च की सुबह 11 बजकर 20 मिनट पर मुझे निगरानी यूनिट से व्हीलचेयर पर बिठाकर बाहर लाया गया। हियु पहले से ही दरवाज़े पर इन्तज़ार कर रहे थे, उन्होंने अपनी बाँहें फैलायीं और ख़ुशी से मेरी ओर दौड़े।

अब सर्जरी के बाद ठीक होने का जो दौर था, उसकी शुरुआत हुई, लेकिन यह वक़्त काटना इतना मुश्किल हो गया था, क्योंकि दर्द की लहरें इतनी ऊँची उठ रही थीं कि मेरी बर्दाश्त के बाहर थीं। एक संघर्ष ख़त्म होने के बाद मेरी दूसरी लड़ाई शुरू हो चुकी थी : तीनों घाव इस तरह दर्द कर रहे थे, मानो कोई चाकू से उन्हें कुरेद रहा है, किसी ने उन पर तेज़ाब डाल दिया है। जब भी थोड़ा हिलती–डुलती, मुझे अपने सीने में हड्डियों के चरचराने की आवाज़ सुनाई देती। मेरे सीने को स्टील की तारों से सिला गया था, और जब भी टॉयलेट जाने के लिए उठती, मुझे बिस्तर की रेलिंग का सहारा लेना पड़ता और अपने पैरों पर खड़े होने तक के लिए पूरी जान लगानी पड़ती।

लेकिन चूँकि मैं अभी भी ज़िन्दा थी, इसलिए मेरे चेहरे पर हमेशा मुस्कुराहट रहती। जब तक मैं ज़िन्दा हूँ, मेरी साँसें चल रही हैं, मैं बड़े से बड़ा दर्द बर्दाश्त कर सकती हूँ! नर्स ने मुझे दर्द कम करने के लिए दवाई दी थी, लेकिन मैंने एक भी गोली नहीं ली, क्योंकि मुझे डर था कि उनका मेरी सेहत पर उल्टा असर होगा। निगरानी यूनिट से बाहर आने के तीसरे दिन, मैंने कॉरिडोर में पहला क़दम रखा, एक ओर मैंने दीवार का सहारा लिया हुआ था और दूसरी ओर हियु मेरा हाथ पकड़कर चल रहे थे।

हॉस्पिटल स्टाफ़ और मेरे परिवार ने मेरी इतनी देखभाल की कि मैं बहुत जल्द स्वस्थ हो गयी।

क़रीब 12 दिन बाद लियु शियाओछेंग के सम्बन्ध में अपने रिपोर्ताज़

को और अधिक दिलचस्प बनाने के लिए, मैंने किसी तरह से अपने कमज़ोर शरीर को बिस्तर से उठाया और दो विदेशी मरीज़ों के इंटरव्यू करने के लिए तैयार हो गयी। इन दोनों को बहुत जल्द ही सर्जरी के लिए जाना था और मैं सर्जरी देखने के लिए ऑपरेशन थियेटर के भीतर गयी। डॉ. लियु शियाओछेंग एक चीनी मूल के अमेरिकी मरीज़ की सर्जरी करने वाले थे।

मैं मरीज़ को देख रही थी, मुझे लग रहा था, मानो मैं ही ऑपरेशन टेबल पर लेटी हूँ। मरीज़ की हालत वैसी ही थी जैसे ईसा मसीह सलीब पर चढ़ाया जा रहा हो। मैंने देखा कि कैसे 'मेरे' दिल ने धड़कना बन्द कर दिया और कैसे मेरा पूरा शरीर ज़िन्दा रहने के लिए पूरी तरह बाहर से लगाये गये एक पम्प पर आश्रित था। 'मेरे' सीने में क़रीब आधा फ़ीट का चीरा लगाया गया और आठ इंच के दो चीरे मेरी बाँहों के एकदम ऊपरी सिरे पर लगाये गये। सर्जन ने 'मेरी' बाँहों में लगाये गये चीरों में से दो धमनियाँ बाहर निकालीं जो किसी केंचुए जैसी लग रही थीं और 'मेरे' दिल के भीतर पाँच ग्राफ़्ट लगा दिये...

डॉ. वांग झेनकिंग ने कहा, ''श्रीमती चाङ, आप बहुत हिम्मत वाली हैं। हॉस्पिटल का सारा स्टाफ़ आपको हमारे मरीज़ों को एक आदर्श के रूप में बता रहा है, आपका उदाहरण दिया जा रहा है...''

कोई मुझे एक आदर्श के रूप में देखे, ऐसी मेरी ज़रा भी इच्छा नहीं थी—मैं तो केवल मौत से अपनी ज़िन्दगी को बचाने का संघर्ष कर रही थी और मुझे इस बात का कोई घमण्ड नहीं था। मेरे साथ जो हुआ था, वह जन्मजात स्वभाव का हिस्सा था।

सर्जरी के बाद 19वें दिन, 3 अप्रैल को, हियु और बच्चों के साथ मैं घर जाने के लिए हॉस्पिटल से निकली। मैं अपना कमज़ोर दिल साथ लेकर जा रही थी। हालाँकि डॉक्टरों ने उसे 'स्वस्थ' घोषित कर दिया था। डॉक्टरों ने तमाम तरह की सलाहें मुझे दी थीं। मैं सर्जिकल विभाग की नर्स का 'प्यार' भी अपने साथ लेकर जा रही थी।

मेरी ज़िन्दगी में इससे ज़्यादा अहम कोई और घड़ी नहीं थी, मैं जीवन की ख़ूबसूरती को अचरज से निहार रही थी। जीवन अपने आप में परमात्मा का दिया हुआ कितना करिश्माई उपहार है!

ट्रेन में लेटे हुए, मैं बार–बार, मन–ही–मन अपने आप से कहे जा रही थी, ''मैं अभी भी ज़िन्दा हूँ, मैं अभी भी ज़िन्दा हूँ, मैं अभी भी ज़िन्दा

हूँ...जीवित होना कितना आत्मिक शान्ति का भाव है, जीवित होना कितना आत्मिक शान्ति का भाव है...''

मेरी ज़िन्दगी फिर से मेरे हाथ में थी!

खिड़की के बाहर के नज़ारे ट्रेन की रफ़्तार के साथ बदल रहे थे; एक क्षण को हर चीज़ बेगानी महसूस होती और दूसरे ही क्षण बहुत अपनी। भीतर एक अजीब–सा एहसास था, लगता था, किसी दूसरी दुनिया में हूँ, अब आँखें मूँद लेने का मन हो रहा था। सूरज की रौशनी अलौकिक लग रही थी, पूरे आसमान में मीलों दूर तक कोई बादल नहीं था, हवा में भीनी–भीनी ख़ुशबू थी, पेड़ों की हरी–हरी, नयी पत्तियाँ हवा के झोंकों के साथ सरसरा रही थीं। महज़ 20 दिन पहले पत्तियाँ पीली थीं और झड़ रही थीं, घास की भी नयी कोपलें फूटी थीं...सूरज की रौशनी, हवा, पेड़–हर चीज़, जिसकी क़ीमत मैंने पहले कभी नहीं आँकी थी, अचानक से वह सब बेशक़ीमती सौगात लग रही थी, जिसे मैं अपनी झोली में समेट लेना चाहती थी, जिनकी ख़ूबसूरती को मैं आँखों में भर कर पलकों को मूँद लेना चाहती थी–सब कुछ अचानक कितना ख़ूबसूरत और कितना अपना लगने लगा था।

लेकिन मैं जानती थी कि यह दुनिया, वही दुनिया है जिसे मैं 20 दिन पहले छोड़ गयी थी–यह तो केवल मेरा दिल था जो बदल गया था।

उस क्षण, ऐसा लगा, मानो मैंने फिर से जन्म लिया है, जैसे कि मैं अपने असली जीवन में लौट आयी हूँ। शायद यही निर्वाण है या यूँ कहिए कि यही परम ज्ञान है जिसके बारे में लोग बात करते हैं। मेरे विचार में सबसे महत्त्वपूर्ण बात यह है कि नवजात शिशु एकदम सम्पूर्ण और आत्मा से शुद्ध होता है, इच्छाओं रूपी वासना ने उसे छुआ तक नहीं होता है। जिसे ज़िन्दगी का बखेड़ा कहते हैं, वह तब शुरू होता है जब शिशु बड़ा होता है और समाज में प्रवेश करता है। उस समाज में ही उसके भीतर तमाम तरह की कामनाएँ और इच्छाएँ जन्म लेती हैं और इसके बाद ही वह अनेक तरह की समस्याओं से घिर जाता है।

घर लौटते हुए रास्ते में मैं यह सोच–सोचकर ही ईश्वर का अहसान मानती रही कि उसने मुझे लियु शियाओछेंग से मिलवाया, लेकिन उसी के साथ ही, एक और विचार ने मुझे घेर लिया और मेरा नाजुक–सा दिल कल्पनाओं की उड़ान पर निकल पड़ा।

मैं सोच रही थी कि अगर श्री वांग वेन्लू ने मुझसे लियु शियाओछेंग

का इंटरव्यू करने के लिए नहीं कहा होता तो शायद मैं अभी भी अपनी बीमारी के बारे में अनजान ही रहती, और तब इस बात की पूरी आशंका थी कि एक दिन अचानक से मुझे दिल का दौरा पड़ता...सोचो ज़रा, अगर मैं पहाड़ी घाटी में रहने वाली एक किसान औरत होती, या कोई बेरोज़गार मज़दूर जो महीने भर में मुश्किल से एक या दो सौ युआन ही कमा रही होती और ऐसी हालत में मैं एक लाख युआन से ज़्यादा की रक़म चुकाने के बारे में तो सोच ही नहीं सकती थी जो मेरी सर्जरी पर ख़र्च हुए थे... उस हालात में मैं इस संकट से कैसे पार पाती? मेरी ज़िन्दगी कैसे ख़त्म होती? मेरे जैसे 40 लाख लोग जो दिल की बीमारी के मरीज़ हैं, ज़िन्दगी और मौत के बीच झूल रहे हैं, उनके लिए वह समय कब आयेगा जब वे ज़रूरत पड़ने पर ऑपरेशन करा सकें? बीमारी अपने साथ ढेरों चिन्ताएँ लेकर आती है, लेकिन ये 40 लाख लोग कब इन चिन्ताओं से मुक्त होकर ज़िन्दगी जी सकेंगे? चीन में एक आम आदमी के लिए डॉक्टर के पास जाना बहुत ख़र्चीला मामला है। ऐसे में ऑपरेशन जैसी सब चीज़ें आसान और सस्ती कब होंगी? मैंने अपने इन विचारों के बारे में लियु शियाओछेंग को लेकर लिखे अपने रिपोर्ताज़ के दूसरे हिस्से में क़लम चलायी है।

जब कोई इन्सान मरता है, क्या तभी समझ पाता है कि ज़िन्दगी से ख़ूबसूरत कुछ नहीं है!

इसलिए, मैं दुनिया के कोने–कोने में रहने वाले अपने सभी दोस्तों से पूरी गम्भीरता के साथ कहती हूँ : ज़िन्दगी पानी का बुलबुला है, ज़िन्दगी बहुत नाज़ुक है और पलक झपकते यह हाथ से निकल जाती है। इसे सँभालकर रखो! यह एक दौलत है!

93

मेरा जो ऑपरेशन हुआ, उससे मुझे समझ आया कि प्यार और दोस्ती के क्या मायने हैं।

प्यार केवल हनीमून के समय उठायी जाने वाली क़सम नहीं है, अपने साथी को दिन–रात बाँहों में भरे रहने का नाम भी प्यार नहीं है, यह एक–दूसरे के कानों में प्यारी–प्यारी कनफुसियाँ करना भी नहीं है। प्यार वह है, जब तुम्हारा साथी बुढ़ापे और बीमारी में तुम्हारे साथ खड़ा हो,

जब वह तुम्हें खाना खिलाये, जब वह हाथ–मुँह धोने में तुम्हारी मदद करे, जब वह तुम्हारे लिए गरमा–गरम चाय बनाये, जब वह बुढ़ापे की झुर्रियों से भरे तुम्हारे हाथ को अपने हाथ में लेकर कहे, ''तुम कितनी नन्ही सी, प्यारी सी हो...'' भले ही उस समय तुम्हारे शरीर में इतनी भी ताक़त नहीं बची हो कि तुम जवाब में मुस्कुरा सको।

दोस्ती के बारे में मेरी नयी समझ और भी गहरी है। दोस्ती बेशक़ीमती होती है और यह रिश्ता आत्मा से आत्मा के बीच होता है, इस रिश्ते ने मेरी ज़िन्दगी में नयी जान डाली है, इस रिश्ते में इतनी ताक़त है कि अक्सर हम इसकी ताक़त को ठीक से आँक नहीं पाते।

यह समय मेरे लिए परीक्षा का रहा और इस कठिन घड़ी में मेरे दोस्तों और प्रियजनों ने मुझे घेरे रखा। इसमें दोस्तों का प्यार और जो मेरे बॉस रहे, उनका प्यारभरा स्नेह–इन सबने मुझे मौत से लड़ने के लिए एक नयी ताक़त दी और इन सभी ने मुझे इन्सानी स्वभाव और समाज की प्रकृति के बारे में नयी सोच, नयी समझ दी।

विलियम जेम्स ने एक बार कहा था, ''इन्सान के स्वभाव में, सबसे अधिक गहराई में जो सहज बुद्धि है, वह चाहती है कि दूसरे हमारी अहमियत, हमारी क़ीमत समझें, हमें सराहें।''

उन्होंने एकदम सही कहा था। यह एक सच्चाई है, मैंने अपने ऑपरेशन से पहले और ऑपरेशन के बाद साफ़–साफ़ देखा था। यह मानवीय सहज बुद्धि ही है जिसने मुझे मानवता के ख़ूबसूरत पक्ष को देखने के क़ाबिल बनाया। यह पहली बार था, जब मैंने देखा कि मेरे परिवार के बाहर कितने लोग मुझे प्यार करते हैं, कितने लोगों को मेरी परवाह है जिनमें मेरे पाठक भी शामिल थे। मुझे अपने होने के एहसास की क़ीमत पहले कभी इतनी समझ नहीं आयी थी जितना मैं इसे आज समझ पा रही हूँ।

ऑपरेशन से एक दिन पहले, मुझे अमेरिका से ली शियान का फ़ोन आया। वह ,चीनी मूल की अमेरिकी लेखिका हैं। उन्होंने कहा, ''बहन यावन, मैं पहले ही भगवान बुद्ध के सामने वादा कर चुकी हूँ कि कल से, महान प्रशान्त महासागर के दूसरे छोर से दिन में तीन बार अगरबत्ती जलाऊँगी और आपके लिए एक महीने तक प्रार्थना करूँगी। आप शान्त रहें, भगवान बुद्ध आपका ऑपरेशन सफल करेंगे!''

दस साल से अधिक वक़्त बीत चुका है, लेकिन ली शियान के साथ

मेरा टेलीफ़ोन से सम्पर्क लगातार बना रहता है। चाहे वह किसी समस्या से जूझ रही हों या उनके जीवन में सफलता का कोई नया अध्याय जुड़ा हो, वह हमेशा सबसे पहले मेरे साथ उसे साझा करती हैं।

श्री सुन और श्री यांग दोनों ईसाई हैं और दोनों को मेरी किताब *ए चाइनीज़ वीमेन एट गेस्टापो गनपॉइंट* का अंग्रेज़ी संस्करण बहुत पसन्द आया। किताब को पढ़ने के बाद उन्होंने मुझसे टेलीफ़ोन पर सम्पर्क किया और ई–मेल भी किया। जब उन्होंने सुना कि मेरा ऑपरेशन होने वाला है तो वे मुझसे मिलने और मेरे लिए प्रार्थना करने की ख़ातिर बीजिंग से त्यानजिन में हॉस्पिटल आये।

जब इन दोनों लोगों ने जिनसे मैं कभी नहीं मिली थी और निदेशक लिन वेनहुआ ने अपने हाथ मेरे कन्धे पर रखे और मेरे लिए प्रार्थना की तो मेरी आँखों से आँसुओं का सैलाब बह निकला।

मेरे कई दोस्तों ने ऑपरेशन के दिन फ़ोन करके पूछा कि सर्जरी कैसी रही।

चाइनीज़ राइटर्स एसोसिएशन के पार्टी लीडरशिप ग्रुप के सचिव श्री चिन पिंगहुआ ने ऑपरेशन के सफल होने की शुभकामना देने के लिए मुझे ख़ुद से फ़ोन किया। हार्बिन से लियु शियाओछेंग ने चार–पाँच बार फ़ोन किया और जब मैं ठीक हो गयी तो उन्होंने कहा, ''परमात्मा का शुक्र है। मैं अब फिर से शान्ति से सो सकता हूँ।'' वह एक न्यूरो सर्जन हैं और उन्हें इस प्रकार की सर्जरी से जुड़े ख़तरों का पूरी तरह एहसास था।

एक और इन्सान था जिसने मेरे लिए प्रार्थना की। उस इन्सान से मैं अभी तक नहीं मिली हूँ और वह जेल में बन्द है।

उसका नाम चाङ होंगली है। सात साल पहले उसने मेरे बारे में एक समाचार–पत्र में कोई ख़बर पढ़ी थी। उसके बाद उसने मुझे एक चिट्ठी लिखी जिसमें उसने अपनी ज़िन्दगी के अनुभव बयाँ किये हुए थे। वह एक ग़रीब देश में किसी गाँव में पैदा हुआ था। कुछ हालात ऐसे रहे थे कि उसके पिता की पीट–पीटकर हत्या कर दी गयी थी। उसकी माँ ने किसी दूर गाँव के आदमी से शादी कर ली। वह अपने साथ चाङ होंगली और उसके बड़े भाई को भी ले गयी। उसका सौतेला बाप उसे अक्सर पीटता था। मेढकों को पालने के लिए उसे बहुत कम उम्र में ही स्कूल से निकाल लिया गया, लेकिन एक बार भारी बारिश हुई और सारे मेढक बह गये। एक बार उसने शराब पीकर चोरी कर ली। इसके लिए उसे

13 साल की जेल की सज़ा हुई। मैं कई सालों तक उसके सम्पर्क में रही थी, ख़ुद में सुधार करने के लिए उसका हौसला बढ़ा रही थी। मैंने उसे शुभकामना सन्देश और अपनी किताब की प्रतियाँ भेजी थीं।

एक बार उसने मुझे एक चिट्ठी भेजी, जिसमें लिखा था, ''बहन वेन (उसे मुझे आंटी कहना चाहिए था) आप सोच भी नहीं सकते हो कि आपके जवाब का मुझे कितना इन्तज़ार रहता है? जब भी मुझे आपका ख़त मिलता है, मैं उसे बार–बार पढ़ता हूँ। जब मैं आपकी चिट्ठियों को पढ़ता हूँ तो मेरे भीतर एक उम्मीद पैदा होती है और एक भरोसा जगता है कि मैं ख़ुद को सुधार सकता हूँ। आपके ख़तों को पढ़ने के बाद मैं भविष्य के सपने देखने लगता हूँ। इस दुनिया में अगर मैं सबसे ज़्यादा किसी बात से डरता हूँ तो वह है कि कहीं मेरा आपसे सम्पर्क न टूट जाये। ऐसा इसलिए क्योंकि मुझे उम्मीद है कि जब मुझे छोड़ दिया जायेगा तो मैं आपसे मिल सकूँगा। हम एक–दूसरे के सामने बैठे होंगे। मैं आपसे आपकी ज़िन्दगी के अनुभवों के बारे में बात करूँगा। इसलिए आप मेरी ऐसी दोस्त हैं जिसे मैं खोना नहीं चाहता, आप मेरी टीचर भी हैं, आप मेरी दूसरी ज़िन्दगी की टीचर हैं। जब मैंने सुना कि आपका ऑपरेशन होने वाला है, तो मुझे आपकी बहुत चिन्ता हो गयी, लेकिन मुझे विश्वास है कि आप बीमारी के इस राक्षस को पछाड़ देंगी, क्योंकि मेरे दिमाग़ में आपकी ऐसी तस्वीर है कि कोई ऐसा काम नहीं है जो आप नहीं कर सकतीं! आपके प्रियजन और दोस्त, सभी लोग वहाँ हैं, आपको सहारा देने के लिए। और आपके साथ मैं भी हूँ, आपका छोटा भाई जो हज़ारों मील दूर यहाँ जेल में बन्द है, जो हर रोज़ आपके लिए प्रार्थना करता है, आपके लिए शुभकामनाएँ भेजता है। मुझे पक्का विश्वास है कि आप ठीक हो जाओगी...''

हॉस्पिटल से छुट्टी मिले अभी ज़्यादा समय नहीं हुआ था। मुझे एक हज़ार युआन का एक मनीऑर्डर मिला। इसे हेईलोंगच्यांग से एक लेखिका छेन लिजियाओ ने भेजा था। मैंने हियु से कहा कि इस मनीऑर्डर को तुरन्त वापस कर दें। इसके बाद, उसने मुझे दो हज़ार युआन का एक और मनीऑर्डर भेज दिया। उसे भी मैंने हियु से कह दिया कि लौटा दें।

हियु ने मुझसे पूछा, ''यह तुम दोनों के बीच में क्या चल रहा है?''

सालों पहले मैं छेन लिजियाओ से पहली बार मिली थी। लेखकों के लिए एक प्रान्त स्तरीय सम्मेलन था जिसमें हम लोग मिले थे। मुझे याद

है कि उसने बड़े ही गन्दे और फटे–पुराने कपड़े पहन रखे थे। वह मुझसे बात करने के लिए आयी और मुझसे बोली कि उसका परिवार बहुत ग़रीब है और वे उस साल सर्दियों में कोयला भी नहीं ख़रीद पाये। उसके हाथ ठण्ड के मारे ऐसे जम गये थे कि सूजकर लाल हो गये थे। उसके पास खाने को कुछ नहीं था। भूख से बेहाल थी और उसे माहवारी हो रही थी। अक्सर उसे जलावन की लकड़ियाँ काटने के लिए बाहर जाना पड़ता था। उसके पैरों में भी चोट लगी थी, लेकिन इस सबके बावजूद वह लिख रही थी। जब मैंने यह सब सुना तो, हालाँकि मैंने अपने आपको रोकने की बहुत कोशिश की, लेकिन मैं अपने आँसू नहीं रोक पायी। सम्मेलन ख़त्म हो चुका था। वह विकलांग लेखिका मेरे घर आयी। अपनी पहली मुलाक़ात से ही हम दोनों अच्छी दोस्त बन गयीं। हम दोनों ने ही बहुत दर्द सहा था। यूँ कह लीजिए कि यह दर्द का एक रिश्ता बन गया। हमारी दोस्ती ने उसकी क़िस्मत पलट दी।

ये 1997 की बात है। प्रान्त में लेखकों के प्रतिनिधियों की एक बैठक हो रही थी। उसने मुझे बताया कि सुईहुआ प्रान्त में जिस सांस्कृतिक ब्यूरो से वह जुड़ी है, उसे एक लेखक की तलाश है। उसने मुझे बताया कि वह इस नौकरी के लिए ज़रूरी सभी योग्यताएँ रखती है, लेकिन ब्यूरो में उसकी कोई जान–पहचान नहीं है। उसने कहा कि यही एक ऐसा मौक़ा है, जब वह अपनी ज़िन्दगी को बदल सकती है। इसलिए मैंने एक फ़ोरम में सामूहिक चर्चा में कह दिया, ''हम अक्सर यह बात करते हैं कि हमारे पास प्रतिभाओं की कमी है। हर कोई, हर समय, नयी प्रतिभा की खोज में रहता है, लेकिन इस तरह के होनहार लोग एकदम हमारे सामने हैं, लेकिन हम उन्हें अनदेखा कर देते हैं...''

बातों ही बातों में मैंने छेन लिजियाओ का उदाहरण पेश किया।

सुईहुआ प्रान्त के प्रचार विभाग के उपाध्यक्ष श्री छेन जुन ने तुरन्त इस मामले में अपनी स्थिति स्पष्ट कर दी, ''आप निश्चित रहिए, सुश्री चाङ। मैं लौटने के बाद निश्चित तौर पर छेन लिजियाओ के मामले को तुरन्त देखूँगा!'' उसी दिन उन्होंने छेन लिजियाओ को फ़ौरी मदद के तौर पर 400 युआन दे दिये।

छेन जुन अपनी बात के पक्के निकले और उन्होंने अपनी तरफ़ से भरपूर कोशिश की कि छेन लिजियाओ के साथ उचित बर्ताव हो, लेकिन अभी भी वह नौकरी पाने की हालत में नहीं थी। कुछ समय

बाद, हम दोनों फिर से एक प्रान्त स्तरीय सम्मेलन में मिले। उसने मुझसे कहा कि मैं सुईहुआ प्रान्त में जाकर पार्टी सचिव से उसके बारे में बात करूँ। तीन दिन बाद उसने मुझे फ़ोन करके बताया कि संस्कृति ब्यूरो ने उसे नौकरी को स्वीकार करने की मंजूरी दे दी है। आज वह संस्कृति ब्यूरो में पहले दर्जे की कर्मचारी है और साथ ही हेईलोंगच्यांग प्रान्त की अनुबन्धित लेखिका भी। उसकी काफ़ी सारी किताबें प्रकाशित हो चुकी हैं और उसका लेखन सम्भावनाओं से भरपूर है।

मैंने ही आख़िर उसे फ़ोन करके कहा कि पैसा भेजने की कोई ज़रूरत नहीं है और यह भी कि मैं इस पैसे को स्वीकार भी नहीं कर सकती हूँ। बाद में उसने मुझे भगवान बुद्ध की एक प्रतिमा भेजी जो उसने शाओलिन मन्दिर से ख़रीदी थी। यह डोंगलिंग हरिताश्म से बनी थी। उसने मुझे बताया कि यह प्रतिमा अपने ताक़त और तेज़ से मेरी रक्षा करेगी, यह मेरे मन को शान्त रखेगी और बुरी आत्माओं को क़रीब नहीं आने देगी, यह मेरे पूरे परिवार पर सौभाग्य की बारिश करेगी और उसे सुरक्षित भी रखेगी।

पुश्किन ने एक बार कहा था, ''दोस्ती मेरी दुखों से पीड़ित आत्मा को सबसे ज़्यादा सुकून देती है।''

दोस्ती सच में ही मेरी आत्मा को सुकून दे रही थी; दोस्ती लोगों का एक–दूसरे के साथ रहने और मन को साझा करने का वास्तव में ही एक स्वाभाविक ज़रिया है। दोस्ती में जो प्यार, जो अपनापन, जो आत्मीयत, जो गर्माहट होती है, वह किसी और रिश्ते में नहीं होती।

ऑपरेशन के बाद, मेरे बहुत से दोस्त, बड़ी दूर–दूर से मुझे देखने के लिए आये थे। वे मेरे बर्फ़ की तरह सफ़ेद हाथ को छूते और कहते, ''यावन, हम सबको तुम्हारी बहुत चिन्ता थी...'' उनके शब्द मुझे गर्माहट से भर देते। उसके बाद वे अपने पर्स से पैसे निकालते और मेरे तकिये के नीचे रख देते। इस बात से कोई फ़र्क़ नहीं पड़ता कि वह बहुत मामूली रक़म थी या बहुत ज़्यादा थी। मैं इतनी कमज़ोर थी कि मैं उन्हें न भी नहीं कह सकती थी।

सर्जरी को ज़्यादा समय नहीं हुआ था, चाइनीज़ राइटर्स एसोसिएशन के रचनात्मक विभाग के प्रधान सम्पादक श्री गाओ वेई, विभाग के अध्यक्ष श्री लियु चानशन मुझसे मिलने के लिए बीजिंग से आये। ये लोग राइटर्स यूनियन के लेखक पत्राचार विभाग के प्रतिनिधियों के तौर पर मेरे लिए

उपहार भी लेकर आये थे। श्री गाओ वेई से मिलकर अच्छा लगा। उस समय मुझे बहुत दर्द हो रहा था, लेकिन उन्हें देखकर मुझे एक प्रकार का आराम मिला। उन दोनों के तुरन्त बाद ही पीपल्स लिटरेचर के पूर्व सम्पादक और प्रसिद्ध लेखक छेंग शुझेन अपनी पत्नी के साथ आ पहुँचे। वे दोनों मेरे लिए ढेरों फूल लेकर आये थे...

कुछ लोग कहते हैं, ''बिना दोस्तों के दुनिया ऐसी है, मानो दुनिया से सूरज ही गुम हो गया हो।''

मैं इस बात से सहमत हूँ; इस जीवन में दोस्तों ने मुझे जितना सहारा दिया है, उसका आभार जताने के लिए मेरे पास शब्द नहीं हैं। मेरे दोस्त मेरे लिए परमात्मा के तोहफ़े की तरह हैं। मैं अपने दोस्तों को उतना ही कीमती समझती हूँ जितना सूरज की रौशनी को।

इस किताब को लिखने के दौरान कई घनिष्ठ सम्पादकों और साहित्यिक जगत के आलोचक मित्रों से मेरी लम्बी बातचीत होती थी और बातों का यह दौर तीन–चार घण्टे तक चलता था। इस दौरान मेरे दोस्त अपनी ज़िन्दगी के अनुभवों के बारे में खुलकर बात करते और मेरी किताब पर अपनी राय ज़ाहिर करते। कुछ भी ऐसा नहीं था जो उन्होंने अनकहा छोड़ दिया हो। यह सब बताने का उनका मक़सद एक ही था कि मैं एक अच्छी किताब लिखूँ।

एक दिन, मेरे बचपन की दोस्त हान युहुआ मुझसे मिलने के लिए बेईदेईही आयीं। वह हार्बिन इंस्टीट्यूट ऑफ़ टेक्नोलॉजी में प्रोफ़ेसर हैं। उन्होंने सबसे पहली बात यही बोली, ''यावन, तुमने अपने आपको इस दलदल में कैसे धकेल दिया? मैं तुम्हें बता देती हूँ, शोहरत और पैसे की यह भूख अन्धा कुआँ है। जैसे ही तुम इसमें गिरते हो, तुम गिरते ही चले जाते हो, क्योंकि इसका कोई अन्त नहीं है। इससे अपनी ही ज़िन्दगी तबाह हो जाती है! मुझे तुम्हें इस हालत में देखकर बहुत दुख हुआ है...''

मैंने जवाब दिया, ''मुझे क़तई कोई दुख या पछतावा नहीं है। मैं तो अगर ऑपरेशन टेबल पर ही मर जाती, तो भी मुझे कोई अफ़सोस नहीं होता। मान लो, मैं अगर 100 साल जी जाती हूँ तो मेरे पास अपने सौ सालों की उपलब्धि दिखाने के लिए क्या होगा? ऐसी ज़िन्दगी से क्या फ़ायदा?''

उसका जवाब था, ''तुम्हें इस तरह की बातें करते देख अच्छा लगता है। वरना, मैं अपने ही साथ शान्ति से नहीं रह पाती। जानती हूँ कि

एक एथलीट होने से लेकर यहाँ तक का सफ़र आसान नहीं रहा होगा, लेकिन एक चीज़ जो मुझे समझ में नहीं आती, क्या इतना काफ़ी नहीं है कि तुम अच्छे उपन्यास और रिपोर्ताज़ लिखती हो? तुम फ़िल्म और टेलीविज़न जैसी चीज़ों में क्यों शामिल होना चाहती हो? इस दुनिया में तो हर कोई एक से बढ़कर एक है। हमारे जैसे मूर्खों और नौसिखियों के लिए यहाँ कोई जगह नहीं है। तुम तो अभी इतनी नादान हो और तुम्हें तो इस लाइन का कोई अनुभव भी नहीं है। उनके साथ किसी झंझट–झमेले में मत पड़ो, बस इतना ध्यान रखो कि ज़िन्दगी ठीकठाक मज़े से कटती रहे!''

हाँ, ठीकठाक मज़े से ज़िन्दगी काटना काफ़ी मायने रखता है।

''इसके बाद कुछ और मत लिखना–विखना। ज़िन्दगी में ऐश करो, और क्या चाहिए। इतना काफ़ी है।'' उसने मुझे सलाह दी।

''मैं लिखना बन्द नहीं कर सकती, अगर मैं नहीं लिखती हूँ तो ज़िन्दगी बेमतलब लगती है।''

लेखन काफ़ी सालों पहले ही मेरे स्वभाव का हिस्सा बन चुका था। मुझे सबसे ज़्यादा खुशी अपने कम्प्यूटर के सामने बैठकर लिखने में ही मिलती है। जब तक मैं ज़िन्दा हूँ, लिखती रहूँगी। मैं सिर्फ़ यह कोशिश करूँगी कि ज़िन्दगी उस रास्ते पर न चली जाये, जहाँ पहले जा चुकी थी।

29 जून की सुबह, मेरे घर में कुछ और बेहद ख़ास मेहमान आये।

चाइनीज़ राइटर्स एसोसिएशन के पार्टी लीडरशिप समूह के सचिव, चिन पिंगहुआ; सामान्य कामकाज विभाग के उपाध्यक्ष, छेन च्यांगओंग; महासचिव, त्यान चिमाओ; केन्द्रीय प्रचार प्रभाग के सैद्धान्तिक कला और साहित्य ब्यूरो के प्रमुख, चाइनीज़ राइटर्स एसोसिएशन के प्रशासनिक विभाग के निदेशक, लियांग होंगयिंग; चाइना राइटर्स एसोसिएशन नेटवर्क के प्रधान सम्पादक, छेन क्विरोंग और भी न जाने कितने अधिकारी बीजिंग से मेरे घर आये थे। ये सब लोग मेरे लिए सात सिर वाली तितली के आकार के आर्चिड तथा और भी ढेरों उपहार लेकर आये थे। मैं तो एक ग़रीब लड़की हूँ जो पहाड़ की घाटी में रहती थी और जिसने एक लेखक बनने के लिए ज़िन्दगी भर दर्द और पीड़ा, मुसीबतों और संघर्ष की गठरी ढोयी थी। मौत के पंजों से निकलकर लेखक बनी थी। इतने बड़े–बड़े अधिकारी मुझसे मिलने आये थे, वे मेरी इतनी चिन्ता करते हैं, यह सब देखकर मन पिघल गया। मुझे सचिव चिन पिंगहुआ की बात बड़ी दिल

को छू गयी। उन्होंने कहा, ''यावन, तुमने *ए चाइनीज़ वीमेन एट गेस्टापो गनपॉइंट* के लिए ऐसी–ऐसी शानदार जानकारियाँ खोज निकालीं जिसने चीनी लोगों के सम्मान में चार चाँद लगा दिये और अन्तर्राष्ट्रीय स्तर पर चीन की ख्याति फैलायी। इसका न केवल चीन में भारी स्वागत हुआ बल्कि विदेशों में भी इसने काफ़ी सराहना बटोरी। आपने सांस्कृतिक क्षेत्र में अपना योगदान दे दिया है, लेकिन आपको वह पहचान नहीं मिली जिसकी हक़दार आप थीं, या जो आपको मिलनी चाहिए थी। इसके उलट आपके ऊपर हमले किये गये। यह सब कभी नहीं होना चाहिए था! आपके साथ जो कुछ भी हुआ है, वह साफ़ दिखाता है कि कला और साहित्य के क्षेत्र में भ्रष्टाचार किस क़दर अपनी जड़ें जमा चुका है...''

पिछले तीन सालों में यह पहली बार था, जब मुझे इतना सम्मान दिया गया, मेरे काम को मान्यता दी गयी। इन शब्दों को सुनकर मेरे दिल में अचानक हरकत हुई, वही दिल जिसमें छह बाईपास सर्जरी हो चुकी थीं।

''सचिव, आपकी इन बातों को सुनकर मेरे दिल को बड़ी राहत मिली है। एक लेखक के नाते, मैंने अपने लिए बहुत बड़ी उम्मीदें नहीं लगायी थीं। मैं केवल यह उम्मीद करती हूँ कि मेरे साथ न्याय हो। इन पिछले कुछ सालों में, मैं दूसरे लोगों के लिए चीख़–चीख़कर न्याय माँगती रही हूँ, लेकिन जब मेरे साथ ग़लत किया गया तो मेरे पक्ष में आवाज़ उठाने के लिए कोई आगे नहीं आया...''

सचिव ने कहा, ''परेशान मत हो, यावन, चाइनीज़ राइटर्स एसोसिएशन में सभी को तुम्हारी बहुत चिन्ता है। अगर तुम्हारे साथ भविष्य में फिर कभी ऐसा होता है तो तुम चीनी लेखकों के अधिकारों की रक्षा करने वाली समिति के पास जाकर बात कर सकती हो। वे तुम्हारी मदद के लिए हर सम्भव प्रयास करेंगे।''

विभाग के प्रमुख, लियांग होंगयिंग ने कहा कि वह केन्द्रीय प्रचार प्रभाग के कला और साहित्य ब्यूरो के अधिकारी, यांग चिनियान का प्रतिनिधित्व करते हैं और उम्मीद जताते हैं कि मेरा स्वास्थ्य जल्द ही ठीक होगा।

उन लोगों के जाने के बाद भी मुझे उनका आना तितली के आकार वाले आर्चिड की तरह जान पड़ा; मेरी आत्मा में कहीं–न–कहीं एक ख़ुशबू सी बस गयी जो कि काफ़ी लम्बे समय तक मेरे भीतर समायी रही।

94

मैं ग़लत थी, जो सोच बैठी थी कि मेरा बुरा वक़्त ख़त्म हो चुका है।

लेकिन मैं लगातार अपने हालात और अपने चरित्र को आँकती रही। लेकिन ये आँकना भी ग़लत था।

हॉस्पिटल से छुट्टी तो मिल गयी थी, लेकिन अभी कमज़ोरी बहुत ज़्यादा थी। तीनों घावों में भी अभी काफ़ी दर्द था, लेकिन मैंने हर रोज़ पहाड़ पर चढ़ने और वहाँ टहलने का पक्का इरादा कर लिया था।

क़रीब डेढ़ महीने बाद, एक मई को सुबह का समय था। हियु मेरे साथ माउंट लेईनफेंग पर चढ़ गये। हम दोनों और आगे बढ़ गये। जब हम पहाड़ की चोटी पर पहुँच गये तो हियु ने मेरा हाथ पकड़ा और काफ़ी देर तक ख़ामोश खड़े रहे।

ज़िन्दगी एक बार फिर से हमारी थी!

सुबह सवेरे जब मैं पहाड़ियों के बीच के छोटे–से रास्ते से गुज़रती तो बिना सोचे ही कुछ–न–कुछ गाने लगती। गाते–गाते ही गुलाबी फूल चुनने लग जाती जो कि सड़क के किनारे कहीं–कहीं पर उगे हुए थे। मैं ये फूल घर ले जाने के लिए चुनती थी। दिन के समय, मैं अपनी बालकनी में बैठकर आराम से पढ़ती और अपनी आत्मकथा लिखने की तैयारी करती। मैंने अपने काम की भागदौड़ में ज़िन्दगी के इतने साल गुज़ार दिये थे और अब पहली बार मैं शान्ति से बैठी थी, आराम कर रही थी, पढ़ रही थी। यह सब बहुत शानदार लग रहा था। सालों बाद ऐसा महसूस हो रहा था, मानो मैं अपने पास लौट आयी हूँ।

लेकिन दुनिया तो वही पुरानी दुनिया थी और दुनिया केवल इसलिए बदलने वाली नहीं थी कि मैं बदल गयी हूँ।

25 जुलाई, 2004। मुझे हुनान प्रान्त के सुप्रीम पीपल्स कोर्ट की ओर से एक चिट्ठी मिली जिसमें श्याओशियांग फ़िल्म स्टूडियो के ख़िलाफ़ मेरे मामले में अन्तिम फ़ैसला आना था। यह मामला फ़िल्म स्टूडियो के ख़िलाफ़ मेरे कॉपीराइट के गैर–क़ानूनी इस्तेमाल का था। मेरा दिल अभी पूरी तरह ठीक नहीं हुआ था और मेरी सेहत भी ठीक नहीं थी, अचानक से दिल में बुरी तरह दर्द होने लगा।

उस समय मुझे महसूस हुआ कि मेरा तथाकथित 'सर्वोच्च आत्मज्ञान' उतना सर्वोच्च नहीं था, जितना मैंने सोचा था। उसी समय मुझे यह भी

पता चला कि डॉक्टरों ने केवल मेरे उस दिल को दुरुस्त किया था जो शरीर का हिस्सा था। मेरे दिल का भावनात्मक, आध्यात्मिक हिस्सा अभी भी बहुत कमज़ोर था और कोई डॉक्टर इसका इलाज नहीं कर सकता था।

यह फ़ैसला मुझे और मेरे पति, दोनों को हैरान करने वाला था। हियु ने तो यहाँ तक कहा कि बतौर जज अपने 30 साल के करियर में उन्होंने इस तरह का अन्तिम फ़ैसला कभी नहीं सुना था!

अन्तिम आदेश के लिए मैंने क़रीब दो साल पहले केस दायर किया था और ये दो साल मेरे लिए कितने यातना भरे थे, इसे मैं ही जान सकती हूँ। अदालत में हाज़िरी देने के लिए मैं कई बार छांगशा गयी और इस पर मुझे क़रीब 60–70 हज़ार युआन ख़र्च करने पड़े। पहले आदेश में फ़िल्म स्टूडियो के हितों के पक्ष में फ़ैसला सुनाया गया, लेकिन हुनान के सुप्रीम पीपल्स कोर्ट ने छांगशा इंटरमीडिएट कोर्ट के फ़ैसले को पलट दिया और एक नया फ़ैसला सुनाया, "शुरुआती आदेश में फ़िल्म स्टूडियो को आदेश दिया गया था कि वह चाङ यावन को दस दिनों के भीतर बतौर पटकथा लेखक उनकी 1,60,000 युआन का भुगतान करे जिसमें से 1,50,000 युआन का भुगतान पहले ही किया जा चुका है और बाक़ी दस हज़ार युआन का भुगतान अब किया जाना चाहिए। पहली और दूसरी सुनवाई में 12,520 युआन का ख़र्चा आया है...चाङ यावन इसमें से 6,260 युआन के लिए ज़िम्मेदार है।" इस फ़ैसले ने हर किसी को हैरानी में डाल दिया। लेखक के नाते मेरी फ़ीस 2,50,000 युआन बनती थी, लेकिन फ़ैसले में मुझे इसमें से केवल 10,000 युआन ही मिले। मेरा क़ानूनी ख़र्चा निकालने के बाद, मेरे पास केवल 3,740 युआन ही बचे। यह तो मेरे 2,50,000 के 2 फ़ीसदी से भी कम था! इसमें में भी सबसे ज़्यादा परेशान करने वाली बात यह थी कि हुनान प्रान्त के सुप्रीम पीपल्स कोर्ट ने चीन के अनुबन्ध क़ानून और कॉपीराइट क़ानून के अनुसार अपना फ़ैसला नहीं सुनाया। इसके बजाय उसने अनुचित रूप से अपना फ़ैसला' 'सभी श्रेणियों के कहानी और फ़िल्म लेखकों के पारिश्रमिक सम्बन्धी अस्थायी नियमन' के आधार पर दिया। इस नियमन को मूल रूप से रेडियो, फ़िल्म और टेलीविज़न राज्य प्रशासन द्वारा तैयार किया गया था और इसे राज्य पहले ही निरस्त कर चुका था। मामले के 'तथ्य', 'दृष्टिकोण' और 'क़ानून की धाराएँ' जिनके आधार पर फ़ैसला दिया गया था, वे श्याओशियांग फ़िल्म

स्टूडियो द्वारा परिभाषित 'तथ्यों', 'दृष्टिकोण', और 'क़ानून की धाराओं' के अनुसार था! यह हैरान करने वाली बात थी! क़ानून की धाराओं का उद्धरण देने के मामले तक में वे समान थीं जबकि यह क़ानून अब रद्द किया जा चुका था! जो भी क़ानून के बारे में थोड़ा बहुत जानता है, उसे यह पता होगा कि दीवानी मामलों में यह क़तई असामान्य बात नहीं है कि शुरुआती फ़ैसले को नये फ़ैसले में पूरी तरह पलट दिया जाये, जबकि कोई नया सबूत क़तई कहीं नहीं था।

मैंने एक रिपोर्ट में किसी टेलीविज़न ड्रामा पटकथा लेखिका के बारे में सुना था। उसका नाम वांग डेन था जिसने बतौर लेखक उसकी फ़ीस का भुगतान नहीं करने पर फ़िल्म कम्पनी पर मुक़दमा ठोंक दिया था; उसका केस एकदम मेरे केस की तरह ही था। बीजिंग में द हाईदियान डिस्ट्रिक्ट पीपल्स कोर्ट ने पूरी तरह वांग के दावे को सही ठहराया और फ़िल्म निर्माताओं को उसकी फ़ीस के बकाये का पूरा का पूरा भुगतान करने का आदेश दिया। साथ ही मामले की सुनवाई पर आया ख़र्च भी लेखिका को दिलाया गया। हमारे मामले एकदम एक जैसे थे। दोनों में समझौते का उल्लंघन हुआ था तो ऐसे में हुनान प्रान्तीय सुप्रीम पीपल्स कोर्ट और बीजिंग के हाईदियान डिस्ट्रिक्ट पीपल्स कोर्ट द्वारा सुनाये गये फ़ैसलों में इतना बड़ा अन्तर क्यों था?

कोई रास्ता नहीं था जिससे कि मैं इन सब चीज़ों को समझ सकती। लेकिन मुझे इतना पता था कि हुनान सुप्रीम पीपल्स कोर्ट के पूर्व मुख्य न्यायाधीश को रिश्वत लेने के लिए मौत की सज़ा सुनाई गयी थी, लेकिन सज़ा पर रोक थी।

मैंने फ़ैसले के ख़िलाफ़ अपील करने का फ़ैसला किया लेकिन हियु मेरे इस क़दम के एकदम ख़िलाफ़ थे।

''यावन, अन्तिम फ़ैसले के ख़िलाफ़ अपील करना बहुत मुश्किल काम है, ख़ासतौर से तुम्हारे जैसे मामले में; इस पर एक क्षण के लिए सोचो, सोचो कितने सारे ऐसे बड़े–बड़े मामले लम्बित हैं, ऐसे–ऐसे मामले जिनमें किसी इन्सान की ज़िन्दगी और मौत का फ़ैसला होना है। इनमें से कई अपील मामले तो दशकों तक घिसटते रहते हैं और कोई नतीजा नहीं निकलता; तुम्हें क्या लगता है कि कोर्ट तुम्हारे जैसे मामले को कोई ख़ास महत्त्व देंगे? अगर तुम इस मामले को आगे ले भी जाती हो तो इससे केवल समय और धन की ही बर्बादी होगी। इसलिए प्लीज़, प्लीज़ ये सब मत करो!''

मैं यह मानने को ही तैयार नहीं थी कि पूरे चीन में कोई ऐसी जगह नहीं थी जहाँ लोग तर्क की बात करते हों!

उस समय ही मुझे पता चला कि अगर मैं एक बार फिर से भी मौत से मुलाक़ात करके वापस आ जाऊँ तो भी मेरा स्वभाव बदलने वाला नहीं था। ये स्वभाव मुझे मेरे माँ–बाप से मिला था और ज़िन्दगी की मुसीबतों ने इसे और पक्का कर दिया था। ज़िन्दगी में जो भी सफलता मिली है, वह मेरे इस स्वभाव और चरित्र के कारण ही मिली है। ये मेरी आत्मा है। अपने चरित्र, अपने स्वभाव के बिना, मैं केवल मांस का एक लोथड़ा हूँ जिसमें कोई रीढ़ नहीं है, जिसका कोई आकार नहीं है!

अपने चरित्र के बिना, मैं कुछ भी हासिल नहीं कर पाती!

95

क़ानून व्यवस्था मुझे न्याय नहीं दिला सकती तो और क्या बचा है जिस पर मैं भरोसा कर सकूँ?

हुनान प्रान्तीय सुप्रीम पीपल्स कोर्ट की ओर से अन्तिम फ़ैसले की चिट्ठी मिले चार दिन बीत चुके थे। यह 29 जुलाई, 2004 का दिन था। ऑपरेशन को भी केवल साढ़े चार महीने ही हुए थे। मैं पहली बार अपने कम्प्यूटर के सामने बैठी।

हियु मेरे लिखने के विचार के बारे में क़तई ख़ुश नहीं थे। उनका कहना था कि मेरा शरीर अभी काफ़ी कमज़ोर है और उन्हें डर था कि मैं बहुत जल्द थक जाऊँगी।

लेकिन मेरे पास एक रास्ता था; अपने आपको लेखन में डुबोकर ही मेरे दुखते दिल को कुछ आराम मिल सकता था, लेखन के ज़रिये ही मैं अपने दिमाग़ में मचे विचारों के घमासान को रोक सकती थी, अपने दिमाग़ से बोझ हटा सकती थी और अपनी रचनात्मक भूख को शान्त कर सकती थी जो इतने लम्बे समय से दिनोंदिन बढ़ रही थी!

इसलिए मैंने लिखना शुरू किया। अपनी पूरी ज़िन्दगी को शब्दों में उतारने की ठान ली। शुरुआती कुछ महीने वाक़ई काफ़ी कठिन थे; मेरा शरीर कमज़ोर था और हर रोज़ मैं केवल डेढ़ घण्टा ही कम्प्यूटर के सामने काम कर सकती थी। इसलिए कुछ समय मैं बिस्तर पर लेट जाती

और काग़ज़ पेन लेकर लिखना शुरू कर देती। बाद में मैं उसे कम्प्यूटर पर टाइप कर लेती।

धीरे–धीरे, मैंने अपनी यादों के झरोखों से झाँकना शुरू कर दिया और साथ ही अपने भीतर भी झाँकने लगी, अपने आसपास के माहौल और समाज का भी आकलन दिमाग़ में होने लगा। जिस मानसिक और भावनात्मक पीड़ा से मैं गुज़र रही थी, उसमें इस तरह का आत्मावलोकन और अपने विचारों को एक दिशा देने से मुझे कुछ मानसिक शान्ति मिली। लेखन से मेरे दिल पर बैठा बोझ भी हल्का होने लगा। मेरा दिल किसी प्रेशर कुकर की तरह हो चुका था जो भावनाओं के इतने दबाव में था कि यह दबाव नहीं हटाया जाता तो प्रेशर कुकर फट भी सकता था और जब विचारों का प्रवाह दिल और दिमाग़ से निकलने लगा तो ऐसा लगा, मानो बारिश के बाद सुनहरी धूप खिल उठी हो, धीरे–धीरे मेरे दिल के ऊपर जमा हो चुके काले बादल छँटने लगे।

एक साल बाद, 20 जुलाई, 2005। मैंने आख़िरकार अपना पहला प्रारूप ख़त्म कर लिया जो कि 300,000 शब्दों का था।

उस समय जाकर मुझे महसूस हुआ कि अब मैं फिर से ख़ुद को तरोताज़ा महसूस कर रही हूँ। जो उदासी मुझ पर पिछले तीन साल से छायी हुई थी, वह आख़िरकार हट चुकी थी। सुनहरी धूप, बारिश की बूँदें, आसमान में उड़ते बादल, पगडंडियों के किनारे उगे फूल; जिनसे मैंने अपना मुँह मोड़ लिया था, अब वे सब मिलकर मुझे फिर से पुकार रहे थे और उनकी पुकार मेरे दिल तक पहुँच रही थी। यावन ने फिर से यावन को ढूँढ़ लिया था, दिल इतना हल्का महसूस हुआ जाता था कि मानो अभी हवा के झोंके के साथ उड़ जायेगा! आह! सब कितना ख़ूबसूरत, कितना ख़ुशनुमा और कितना प्यारा था; जी चाहता था, इन सबको अपनी बाँहों में भर लूँ और आँखें मूँद लूँ...आसमान की चादर ओढ़कर धरती के हरे–भरे बिछौने पर लेट जाऊँ!

मेरे जिन भी दोस्तों के साथ अन्याय हुआ है, जिन्हें भी यह लगता है कि कहीं भी तर्क पर बात नहीं होती, और आगे कोई रास्ता नज़र नहीं आता... मैं उन सबसे एक बात कहना चाहती हूँ कि पेन उठाओ, अपने कम्प्यूटर पर बैठो और अपने सारे ग़ुस्से और भावनाओं के ज्वार को लिख डालो, जो भी भीतर ठहर गया है, उसे बह जाने दो। सच कहूँ तो भावनाओं का यह बह जाना ही सबसे बढ़िया दवा है; यह तुम्हारी आत्मा को बचा सकता है!

इस पर मुड़कर सोचती हूँ तो समझ में आता है कि एक लेखक एक साल इस तरह लेखन करे तो वह अपने आपको निराशा के गर्त में गिरने से बचा सकता है, लेकिन उन लोगों का क्या जो ऐसा नहीं कर सकते, जिनके पास अपने साथ हुए अत्याचार का विरोध करने की ताक़त नहीं है? अपने दिल को समझाने के लिए वे कहाँ जायें?

96

मैंने अपील करने के मामले में हथियार नहीं डाले थे और इसी के लिए कई सरकारी विभागों को ख़त पर ख़त लिख डाले। मैं भी उन हज़ारों लोगों में शामिल हो गयी थी, जिन्होंने "अपीलें दाख़िल कर रखी थीं..."

अब यह 2,50,000 युआन की रक़म पाने का मामला भर नहीं रह गया था। यह बात तो सही है कि एक ग़रीब लेखक के लिए यह बहुत बड़ी रक़म है, लेकिन इसकी सही क़ीमत देखी जाये तो ज़िन्दगी के सामने यह कुछ भी नहीं।

तो फिर मैं अपील दाख़िल करने पर इतना क्यों अड़ी हुई थी? अगर एक किसान औरत कुइ जु अपने हक़ के लिए लड़ सकती है तो मेरी जैसी नामी–गिरामी लेखिका कैसे हार मान ले? इससे भी अधिक महत्त्वपूर्ण यह था कि मुझे न्याय में भरोसा था।

अपील दाखिल करने की प्रक्रिया में, मुझे चाइनीज़ राइटर्स एसोसिएशन के सचिव, चिन बिंगहुआ और चीनी लेखकों के अधिकारों सम्बन्धी राइटर्स यूनियन कमिटी के निदेशक, छांग शुइंग की ओर से बहुत सहयोग मिला।

निदेशक, छांग शुइंग ने क़ानून की धाराओं को समझने और अपीलों सम्बन्धी मामले में उपलब्ध सामग्री का तरतीबवार अध्ययन करने में मेरी सहायता की। "हुनान प्रान्त के सुप्रीम पीपल्स कोर्ट का अन्तिम फ़ैसला ग़लत तथ्यों पर आधारित है, इसमें क़ानून को ग़लत तरीक़े से लागू किया गया है और साथ ही इसमें कई अन्य समस्याएँ भी हैं। सभी श्रेणियों की कहानी और फ़िल्म लेखकों के पारिश्रमिक सम्बन्धी अस्थायी नियमन के आधार पर यह फ़ैसला दिया गया। इस नियमन को मूल रूप से रेडियो, फ़िल्म और टेलीविज़न राज्य प्रशासन द्वारा तैयार किया गया था और इसे राज्य दिसम्बर 2003 में पहले ही निरस्त कर चुका था, जबकि यह फ़ैसला

जुलाई 2004 में दिया गया। इस मामले में यह पूरी तरह अस्वीकार्य है कि फ़ैसला देने में उद्योग द्वारा स्थापित दिशा–निर्देशों का पालन किया जाये, जबकि देश के क़ानून की अनेदखी की जाये और यह पूरी तरह से क़ानून के ग़लत क्रियान्वयन का मामला है।''

1 दिसम्बर, 2005, मुझे हुनान प्रान्त के सुप्रीम पीपल्स कोर्ट की ओर से एक चिट्ठी मिली जिसमें कहा गया था कि मेरे मामले पर फिर से सुनवाई होगी।

बाद में पता चला कि नेशनल पीपल्स कांग्रेस के एक विभाग ने मेरे अपील मामले में टिप्पणी पारित की थी जिसमें कहा गया था कि मेरे मामले की फिर से जाँच की जाये। पीपल्स रिपब्लिक ऑफ़ चाइना के सर्वोच्च कोर्ट ने मेरे अपील मामले से जुड़ी सामग्री हुनान प्रान्त के सुप्रीम पीपल्स कोर्ट को भेज दी थी।

इसके कारण मेरी अपील पर फिर से सुनवाई होने की सम्भावना थी।

27 जुलाई, 2006 को निदेशक, छांग शुइंग मेरे मामले की फिर से सुनवाई शुरू होने पर मेरे साथ अदालत की कार्यवाही में हिस्सा लेने के लिए छांगशा गये। तब तक मैं अपने केस के सम्बन्ध में दस बार से ज़्यादा छांगशा की यात्रा कर चुकी थी।

लेकिन मुझे यह जानकर अफ़सोस हुआ कि मेरा यह दौरा भी समय और संसाधनों की बर्बादी ही साबित हुआ; कोई नतीजा नहीं निकला।

10 मार्च, 2007 को मुझे दीवानी मामला नम्बर 19 में हुनान प्रान्त की सुप्रीम पीपल्स कोर्ट द्वारा दिये गये फ़ैसले की जानकारी मिली। फ़ैसला इस प्रकार था : ''यह अदालत पाती है कि मूल फ़ैसला ऐसे तथ्यों पर आधारित था जिनकी वैधता अस्पष्ट थी। निम्नलिखित फ़ैसला पीपुल्स रिपब्लिक ऑफ़ चाइना के दीवानी मामलों के प्रक्रियागत क़ानून की धारा 184 और धारा 154 के अनुच्छेद एक (आइटम 3) के अनुसार दिया गया है; 1. इसलिए दीवानी मामले नम्बर 19 (2003), और दीवानी मामला नम्बर 216 जो कि छांगशा इंटरमीडिएट पीपल्स कोर्ट में (2002) में इस अदालत द्वारा दिया गया फ़ैसला निरस्त किया जाता है; 2. इस मामले को पुनः जाँच के लिए छांगशा के इंटरमीडिएट पीपल्स कोर्ट को वापस भेजा जाता है।''

इस छोटी–सी चिट्ठी को हाथ में पकड़े हुए, ऐसा महसूस हुआ कि मैं रोना चाहती हूँ, लेकिन आँखों में कोई आँसू न था।

ये छोटा–सा मामला पाँच साल से ज़्यादा खिंच गया था। नेशनल पीपल्स कांग्रेस ने इसकी नये सिरे से जाँच का आदेश दिया था; चीन की शीर्ष अदालत ने इस पर टिप्पणी की थी; चीनी लेखकों के हितों का संरक्षण करने वाली चाइनीज़ राइटर्स एसोसिएशन को इसमें शामिल होना पड़ा; इस मामले में दो फ़ैसले और दो आधिकारिक आदेश आये थे; मुझे हेईलोंगच्यांग से छांगशा दस बार से ज़्यादा जाना पड़ा था, यात्रा पर 60 से 70 हज़ार युआन का ख़र्चा आया था, दस्तावेज़ों को देखने की फ़ीस और वकीलों की फ़ीस भी इसमें शामिल थी। और यह सब करने के बाद मुझे बताया गया कि मैं वहीं पहुँच गयी हूँ, जहाँ से मैंने अपनी लड़ाई शुरू की थी!

मैं पूरी तरह बर्बाद हो गयी थी।

पता नहीं था कि यह मामला और कितने महीने और कितने साल चलेगा या इसका क्या नतीजा होगा। क्या और पाँच साल लगेंगे? क्या और 60–70 हज़ार युआन ख़र्च करने पड़ेंगे, फिर से छांगशा के दस चक्कर काटने पड़ेंगे?

कुछ भी सम्भव था! मैं श्याओशियांग फ़िल्म स्टूडियो के ख़िलाफ़ मामला लड़ रही थी, हुनान स्थित इस कम्पनी की प्रान्त में ज़बरदस्त ताक़त थी और मेरा हुनान प्रान्तीय सुप्रीम पीपल्स कोर्ट में उससे मुक़ाबला था। छांगशा इंटरमीडिएट पीपल्स कोर्ट में भी मामला चल रहा था। कहाँ एक इतनी बड़ी कम्पनी और कहाँ मैं एक मामूली लेखिका।

मैं अपने आप से सवाल किये बिना नहीं रह सकती : क्या मामले की फिर से सुनवाई का मक़सद तथ्यों को स्पष्ट तरीक़े से रखना और इसमें शामिल लोगों को निष्पक्ष सुनवाई का अवसर देना तथा उचित न्याय करना नहीं है?

तो फिर सेवानिवृत्त जज ने मामले की तह में जाने की कोशिश क्यों नहीं की? इसके बजाय ढीले–ढाले क़ानूनी प्रावधानों का सहारा लेकर मेरे मामले को फिर से छांगशा इंटरमीडिएट पीपल्स कोर्ट में किसी फुटबॉल की तरह फेंक दिया! क्या ये सही में इसलिए हुआ कि तथ्य स्पष्ट नहीं थे या इसलिए कि सेवानिवृत्त जज अपने हितों की रक्षा करना चाहते थे? क्या उन्होंने इस बात पर ग़ौर किया कि मैं दस बार से ज़्यादा हज़ारों मील का सफ़र कर छांगशा आयी थी या मैंने क्या इसीलिए हज़ारों युआन ख़र्च किये थे कि मैं घूमकर वहीं पहुँच जाऊँ, जहाँ से चली थी?

क्या उन्होंने सोचा कि इससे मुझे कैसा लगेगा? क्या उनको एहसास था कि मैंने इस मामले में अपनी कितनी ताक़त और कितना समय लगाया था? अगर जज मेरी जगह होते, तो क्या मैं विनम्रता के साथ पूछ सकती हूँ कि इस प्रकार के फ़ैसले से उन्हें कैसा लगता? इस देश के क़ानून और न्याय के बारे में वे क्या सोचते?

मैंने एक बार अपने पति से, बतौर जज इस बारे में सवाल पूछा था, ''आप अदालत में बैठकर लोगों को जाँचते हो, लेकिन आपको कौन जाँचता है, जजों को कौन जाँचता है?'' ज़ाहिर–सी बात है कि उनके पास मेरे सवाल का कोई जवाब नहीं था।

उस क्षण, जब मैं हताश और बेबस महसूस कर रही थी, मुझे हेईलोंगच्यांग के एक अनुभवी वकील चुआंग तेईयान का फ़ोन आया। उन्होंने मेरे मामले के बारे में इंटरनेट पर पढ़ा होगा। उन्हें मेरे मामले में काफ़ी रुचि हो गयी थी।

उन्होंने कहा, ''बहन यावन, आपकी पैरवी करने के लिए मुझे कोई फ़ीस नहीं चाहिए। मैं केवल इस केस को लड़ने में आपकी मदद करना चाहता हूँ!''

उन्होंने हुनान प्रान्त के सुप्रीम पीपल्स कोर्ट में दीवानी मामला नम्बर 19 के फ़ैसले का रिकॉर्ड देखा था और इसमें एक भयंकर ग़लती पकड़ी थी!

फ़ैसले का पहला हिस्सा इस प्रकार था : 1. दीवानी मामला नम्बर 19 (2003) में इस अदालत द्वारा दिया गया फ़ैसला एतद्द्वारा रद्द किया जाता है।

मुझे कभी 'केस नम्बर 19 का फ़ैसला' नहीं मिला और तथ्य यह था कि इसे हुनान प्रान्त के सुप्रीम पीपल्स कोर्ट द्वारा रद्द किया गया था और इसका मेरे मामले पर क़तई कोई प्रभाव नहीं पड़ता और इसके बाद भी, जो फ़ैसला उन्होंने दिया है, वह नम्बर 19 का लिखित फ़ैसला है।

जब मैंने हुनान प्रान्त के सुप्रीम पीपल्स कोर्ट के कार्यवाहक जज को फ़ोन किया और उनसे पूछा कि क्या हो रहा है तो उन्होंने केवल इतना कहा कि यह एक 'लिपिकीय ग़लती है।'

एक इन्सान जो पिछले पाँच साल से एक केस को लड़ रहा है, वह क़ानून के बारे में क्या राय हासिल करने की उम्मीद कर सकता है। छांगशा तक की भागदौड़, 60 से 70 हज़ार युआन का ख़र्चा और ये

सब पलभर में ख़त्म हो गया। मैं उसी दोराहे पर खड़ी थी जहाँ से चली थी और मुझे केवल एक काग़ज़ का पुर्ज़ा मिला! और एक फ़ैसला मात्र 'लिपिकीय ग़लती' के चलते निरस्त हो गया?

मैंने केस को आगे लड़ने का फ़ैसला किया, इसलिए नहीं कि मैं बतौर लेखक अपनी 2,50,000 युआन की फ़ीस चाहती थी। इतना पैसा तो केस लड़ने पर ही मेरा ख़र्च हो गया था। मैं इस मामले को इसलिए आगे लेकर जाना चाहती थी क्योंकि मैं क़ानून से कुछ तो न्याय की उम्मीद रखती थी! मैं ख़ुद यह देखना चाहती थी कि एक आम आदमी का न्याय पाने का संघर्ष कितना लम्बा होता है, उसे न्याय तक पहुँचने के लिए कितना लम्बा सफ़र तय करना पड़ता है। मैं इसे अपने लिए नहीं लड़ रही थी, मैं इसे लाखों करोड़ों आम आदमियों के लिए लड़ रही थी जिनकी कोई पृष्ठभूमि नहीं थी, जिनके पास अधिकार नहीं थे, जिनके पास दबाव डालने के लिए कुछ नहीं था और जिनके लिए कोई दूसरा दरवाज़ा या खिड़की नहीं खुली थी। हुनान प्रान्त का सुप्रीम पीपल्स कोर्ट केवल एकमात्र अदालत नहीं थी बल्कि यह पूरे राज्य की व्यवस्था का प्रतिनिधित्व करती थी—एक ऐसी जगह, जहाँ नागरिक समान और उचित न्याय हासिल कर सकते थे!

हालाँकि, मैं ज़िन्दगी के आईने से सभी चीज़ों को देख चुकी थी; मैं दुनिया को समझती थी और मेरा दिल काफ़ी पहले ही शान्त हो चुका था, लेकिन अभी भी मैं यह कहना चाहती हूँ : 12 नवम्बर, 2008 को छांगशा इंटरमीडिएट पीपल्स कोर्ट में अदालत शुरू हुई। मैं फिर से जीत गयी और श्याओशियांग फ़िल्म स्टूडियो ने फिर से अपील दाखिल कर दी।

25 मई, 2009। आख़िरकार मुझे हुनान प्रान्त के सुप्रीम पीपल्स कोर्ट की समीक्षा अदालत से फ़ैसले की अधिसूचना मिली जिसने छांगशा इंटरमीडिएट कोर्ट पीपल्स कोर्ट के फ़ैसले को बरक़रार रखा था और साथ ही श्याओशियांग फ़िल्म स्टूडियो को मुझे लेखक फ़ीस के तौर पर 2,20,000 युआन का भुगतान करने का आदेश दिया था।

सात साल तक मामले को लड़ने के बाद आख़िरकार मैं जीत गयी। यह व्यक्तिगत अधिकारों की रक्षा के लिए केवल मेरी जीत नहीं थी बल्कि यह देश में सभी लेखकों और पटकथा लेखकों के अधिकारों के संरक्षण की जीत थी।

97

इस किताब को लिखने में जो समय मैंने लगाया, उस दौरान मैंने मीडिया रिपोर्ट्स पढ़ीं, जिनमें उन यूनिवर्सिटी छात्रों की त्रासदियों का ज़िक्र किया गया था जो कड़वाहटों से भरी थीं और ग़रीबी ने जिनके जीवन को बदहाल कर दिया था। उन्होंने दूसरे लोगों की जान ली या अपनी जान दे दी। एक वरिष्ठ लेखिका के नाते, बचपन से लेकर मैंने जो बदहाली, ग़रीबी और दुश्वारियाँ झेलीं, उनके आधार पर मैं उन ग़रीब युवा लोगों से कुछ दिल की बातें साझा करना चाहती हूँ। उन युवाओं से कुछ कहना चाहती हूँ जो अपने मुश्किल हालातों के जंजाल से निकलने के लिए अभी भी संघर्ष कर रहे हैं :

"यह हमारी ग़लती नहीं है कि हम ग़रीब हैं, और न ही हम ज़िन्दगियों को बेवजह केवल इसलिए बर्बाद कर सकते हैं कि हम ग़रीब हैं। हमें अपनी क़िस्मतों से लड़ना ही होगा! तुम अगर यह सोचते हो कि तुम्हारे पास साधनों की कमी है तो तुम ग़लत हो। तुम्हारे पास तुम्हारी जवानी और तुम्हारा समय है। अपने इरादों में अटल हो डटे रहो! तुम्हारे पास जो ज्ञान का भण्डार है, उसका सदुपयोग कर अपनी क़ीमत पहचानो, ख़ुद को बदहाली के गर्त से निकालने के लिए खड़े हो जाओ, अपने दिलों में पड़ी गाँठों को खोल दो ताकि तुम भी सूर्य की रौशनी में औरों की तरह जगमगा सको। सूरज की धूप को पी जाओ, सागर के थपेड़ों से टकराओ, अनन्त को बाँहों में भर लो, नीले आसमान को छूने के लिए अपने हाथ ऊपर उठाओ! तुम्हें यह सब करना चाहिए क्योंकि सूरज की धूप, नीला आसमान और महासागर सभी लोगों के लिए एकसमान हैं! चूँकि समाज निरन्तर आगे बढ़ रहा है! ऐसे में मेरा यह मानना है कि जब तुम दृढ़ इरादों के साथ, अपनी जान की बाज़ी लगाकर, अपने दिलोदिमाग़ के साथ अपने काम में डूब जाओगे, पढ़ाई को ज़िन्दगी की परीक्षा मानकर चलोगे–तो आज नहीं तो कल एक दिन आयेगा जब तुम धरती और आसमान के बीच अपने जीने के लिए एक स्वर्ग बना सकोगे! लेकिन तुम्हें हमेशा एक बात याद रखनी चाहिए, यह दुनिया जितनी ग़लत है, उतनी ही सही भी है, जितनी ख़ूबसूरत है, उतनी ही घिनौनी भी है, जितनी उदार है, उतनी ही क्रूर भी है, सूरज की रौशनी है इसमें तो अँधेरा भी है। इसलिए तुम्हें हर चीज़ को उसके स्वरूप में स्वीकार करना सीखना ही होगा।

मैंने अपने ख़ून–पसीने की मेहनत से यह सबक सीखा है, लेकिन हमें दूसरों के साथ उदारता, रहमदिली से पेश आना है। दूसरों से उदारता के साथ वैसे ही पेश आना है, जैसे हम अपने साथ पेश आते हैं। यह उसी प्रकार से सच है जिस प्रकार से यह सच है कि इन्सान होने के नाते हमें धरती और उसके जीवों के साथ उदारता के साथ बर्ताव करना चाहिए। दूसरों के साथ वैसा व्यवहार मत करो, जैसा तुम अपने साथ नहीं चाहते हो।" अगर हर कोई एक–दूसरे के साथ प्रेम और दया भाव से व्यवहार करेगा तो दुनिया में दुख कम हो जायेंगे, समाज में कहीं अधिक शान्ति होगी, कहीं अधिक समरसता होगी।

20 जुलाई, 2015 को मैंने इस किताब का पहला प्रारूप ख़त्म किया था। उस दिन मैं और हियु समुद्र किनारे टहलने निकले।

उस दिन, समुद्र के पानी पर हवा से हल्की–हल्की लहरें–सी उठ रही थीं, दूर क्षितिज में सूरज डूब रहा था, समुद्र के पानी पर डूबते सूरज की रौशनी एक अलग ही दुनिया रच रही थी। लगता था, कोई नीले रंग का साटन का टुकड़ा पूरे समुद्र पर फैला दिया गया था। सच में ही क्या ख़ूबसूरत नज़ारा था!

मेरा मूड आश्चर्यजनक रूप से शान्त और स्थिर था। मैं यह दावा नहीं करती कि मेरे मन की स्थिति "पूर्ण ख़ामोशी में सर्वोच्च शून्य" की थी जिसके बारे में लाओजी ने लिखा है या मैं फिर से किसी नवजात शिशु की तरह शान्त थी, बल्कि ये कहना बेहतर होगा कि मेरे दिमाग़ में विचारों की हलचल नहीं थी और एक प्रकार से शून्य की हालत में था। न नाम की चाहत थी और न दाम की। मैं अपने पूर्व समय में लौट आयी थी, वह समय, जब मैं शोंगहुआ नदी के तट पर धीरे–धीरे टहलती थी, अपने प्रिय के हाथ में हाथ डाले,...अब हमारे क़दमों में वह तेज़ी नहीं थी, जैसी कि पहले होती थी। हमारी चाल बल्कि थोड़ी ढीली–ढाली हो चली थी। उम्र भी तो गयी थी।

लेकिन मैं जानती हूँ कि महासागर आज भी वही महासागर है जैसा वह पहले होता था। कई बार उसकी लहरें ऊँचे उठ जातीं जैसे कोई खूँखार दैत्य, अपने सामने की हर चीज़ को निगल जाना चाहता हो। कई बार लहरें इतनी प्यारी–सी हो जातीं जैसे कोई ख़ूबसूरत युवती। फ़र्क़ केवल इतना था कि अब मेरा दिल शान्त था।

विचारों में खोया मेरा दिमाग़ अचानक से हियु की एक बात पर चला

गया, जो वह अक्सर कहते हैं, ''क्योंकि हम ग़रीब हैं और हमारे पास कुछ नहीं है तो हमें आज़ाद होकर जीना चाहिए, बेख़ौफ़ होकर जीना चाहिए, जैसे पोपलर का पेड़ होता है।''

ज़िन्दगी भर मेरी अपनी क़िस्मत से लड़ाई रही है। हम दोनों हमेशा एक–दूसरे को मात देने का खेल खेलते आये हैं। जीवन का यह सफ़र बड़ा ही ऊबड़–खाबड़ रहा है, लेकिन यह जैसा भी रहा है, इसे मैंने अपनी इच्छा से चुना है और मैंने अपने सपनों के लिए यह संघर्ष किया है। हालाँकि मेरे कुछ फ़ैसले मेरी भूल साबित हुए हैं, लेकिन आख़िरकार वे थे तो मेरे ही अपने फ़ैसले न; मैंने अपने सपनों को साकार किया और मुझे किसी बात का कोई अफ़सोस नहीं है।

मेरी ज़िन्दगी एक आईने की तरह है। इसमें जो नज़र आता है वे केवल मेरे अनुभव नहीं हैं बल्कि गहराई में कहीं वे मेरे उस इतिहास को भी दिखाते हैं जहाँ से मैं आयी हूँ।

आज जहाँ मैं खड़ी हूँ, उसके लिए मैं गहरी घाटियों, ऊँचे पहाड़ों, नदी–नालों को पार करके आयी हूँ। हर रोज़ मैं पहाड़ पर चढ़ती हूँ, गेंद से खेलती हूँ, गीत गाती हूँ और लिखती हूँ, जैसा कि पहले करती थी...मेरी ज़िन्दगी हमेशा से ऐसी ही रही है; ऊर्जा और ख़ुशी से भरी हुई।

आज, मैं अपनी ज़िन्दगी के बारे में जो भी लिखना चाहती थी, सब लिख चुकी हूँ। शायद, मैं जो नहीं लिख पायी, वह मेरी ज़िन्दगी के सबसे दर्दनाक दिन हैं। मैं दर्दनाक दिनों को अपने दिल के धूल भरे तहख़ाने में रखती हूँ। वे दर्दनाक दिन हमेशा मेरे रहेंगे।

29 जुलाई, 2004 से 28 अगस्त, 2007 के बीच, बेईदेईही में लिखी गयी।

3 अक्तूबर, 2010 को संशोधित।

❑❑